本书为国家社科基金重大项目"吴语语料库建设和吴语比较研究"(20&ZD301)的阶段性成果

宣平方言研究

雷艳萍 著

复旦大学出版社

"吴语重点方言研究丛书"编纂委员会

学术顾问：许宝华　王福堂　游汝杰　潘悟云　刘丹青
主　　编：陶　寰
副 主 编：盛益民
委　　员：崔山佳　黄　河　黄晓东　雷艳萍　李旭平　林晓晓
　　　　　　凌　锋　卢笑予　阮桂君　阮咏梅　施　俊　孙宜志
　　　　　　王洪钟　王　健　王文胜　吴　众　徐　波　徐丽丽
　　　　　　袁　丹　张　薇　赵　庸　郑　伟

新描写主义与吴语的调查研究
——"吴语重点方言研究丛书"序

陶　寰　盛益民

一、方言材料的重要性

语言学是经验科学，材料（语料）是研究的根本。语料之于语言学，就如实验数据之于物理学、化学、生物学。相较于标准语，方言语料有以下三方面的特点：

第一，变异丰富。每个方言都是一个独立的语言系统，汉语有多少种方言也即有多少个语言系统，每个语言系统都带着它独特的类型学信息和历史文化信息。同一个方言内部，不同的人群之间也有丰富的变异，这些变异反映了丰富的社会信息和语言演变信息。

第二，口语性强。方言几乎没有独立的书面语形式，只存在于口语之中，瞬间即逝。这就意味着，没有当下的记录，后人就无法窥见这个时代方言的面貌。

第三，文献稀少。历代书面语的记录基本都是标准语的记录，方言记录不成系统，且经常与标准语相错出。由于记录者多为旧时文人，他们的记录多以方言的上层变体即文读音为主，方言中的下层变体也即土俗成分的记录不够充分。近代以来有了传教士用罗马字记录的方言材料,但失之简略,记录的水平也参差不齐。

因此,用现代语言学方法进行的方言调查和方言描写就更具有无可比拟的重要性,中国现代意义上的方言学研究甚至语言学研究正是从描写方言学发端,不是没有原因的。

二、吴语调查的紧迫性

时代的剧变常常导致语言的剧变,汉语史已经为我们提供了鲜活的证据。自改革开放以来,中国的社会形态发生了急剧的变化,表现为:

第一,传统的农业社会开始解体,农民大量外出打工甚至移居城镇,农村人口外流严重。外流的人口产生了大量的双语双方言人群,原先的方言正在磨损。

第二,传统生活和传统观念开始发生变化。旧式家具、农具和各种工匠用具被新式的家具、农具、工匠用具和电器所取代,宗族社会、大家庭被现代小家庭取代,戏曲被流行歌曲和电影、电视取代。表示这些现代器物和观念的词语基本上都来自普通话,很大程度上消弭了方言差异。

第三,教育和现代传媒、通讯的普及使得"语同音"有了确定的标准和快速传播的渠道,很多地方普通话成了日常生活中接触到的最频繁的语码。20世纪80年代以后出生的人从三岁左右开始进入幼儿园一直到二十多岁大学毕业,大部分语言交流时间都是在校园里度过的,由于校园里(尤其是在城市的学校里)极少允许使用方言交流,造成语言学习的关键时期得不到足够的方言刺激。

第四,人口不仅有外流,也有输入,因而语言、方言接触的加剧,双语码人群扩大,在城市里这一点尤其明显。双语码人群除了频繁出现语码转换或语码混合之外,语言的宽容度也逐渐扩大。

这几个方面的因素促使方言的语音、词汇、语法系统同时发生了剧烈的变化,表现为:首先,方言的词汇大量更替,旧词语大量消亡,词汇语音系统中那些依托于旧词语的早期语音层次失落严重;其次,由于普通话这种优势语码的加入,方言的表达功能也开始残缺,语码混合现象增多;最后,方言的使用域开始退缩,公共社交领域,尤其是比较正式的场合使用方言的频率明显减少。随着方言使用域的衰退,方言的社会地位进一步降低,生存空间愈加狭小,从而形成一种万劫不复的恶性循环。

方言的衰退消亡有时代的必然,也有很强的人为因素。所谓时代的必然,乃指汉语丰富复杂的地域方言本身就是过去交通不便、高频交际范围的空间较小造成的结果。得益于交通通信手段的现代化,人们活动空间的增大,不同语码接触的频度上升,地域方言之间的差距越来越小是必然的趋势。而20世纪50年代以来的一系列政策和措施又大大加速了方言衰退的进程。

当然,要完全消灭方言是不可能的,方言差异首先根植于语言的个人变异。可以设想,普通话在各地仍会形成各种变体,这些变体同样会形成各地固有的特色,也即地域方言。只是这些新形成的方言不再是目前各种"旧时代方言"(姑且用这个名称)直接的传承罢了。我们所处的这个时代是这两类方言交替的时期,旧时代的方言仍是许多中老年人的日常交际工具,但年轻一代中许多人已不能熟练使用,因此记录还活着的旧时代方言就成了眼下最紧迫的任务。吴语地区是中国改革开放政策的得风气之先者,社会经济的发展尤为迅速,教育水平也领先于全国其他地区,从一定程度上说,吴语区人民的语言忠诚度也较其他地区为低,很乐意接受标准语的影响,因而伴随着这些社会经济文化优势的就是吴语的衰变消退速度也远高于其他方言。吴语调查记录的迫切性是催生这一丛书最根本的动力。

近年来,汉语方言的处境已得到语言学界、社会以及政策制定者的高度重视,中国语言资源保护计划的启动,其目的也正在于抢救危机中的非物质文化遗产,而方言正是其中最重要的一种。该计划从宏观方面着眼,对于单个方言来说,尚有许多无法顾及的方面,我们的丛书是想从更微观的角度对方言进行深入挖掘,对该计划进行补充完善。

三、吴语调查研究的既有基础与拓展空间

吴语研究开启了现代意义上汉语方言研究的先河,也是今天汉语方言研究的重要组成部分。自赵元任《现代吴语的研究》(1928)诞生以来,吴语研究的学者一直在孜孜不倦地调查、发现问题,尝试用各种方法来研究问题,完善我们对吴语的认识。其所涉及的领域、使用的方法、研究的深度,可以说处在汉语方言研究的前沿。

这是值得骄傲的,但同时我们也不能不看到吴语研究上仍然存在大量的空白领域和不足。首先,就研究对象而言,北部吴语特别是苏沪两地所受的关注较多,南部吴语(尤其是处衢地区)和宣州吴语所受的关注较少;中心城市的方言得到关注较多,农村地区特别是边远地区得到的关注较少。其次,就研究层面来说,吴语研究所涉及的面十分广泛,语音、词汇、语法、历史演变、语言变异等都有大量的论著,但系统的语料仍不够充分。再次,就研究特色来说,吴语研究方法多样,发掘较深,但基础语料出版不够;在出版的论著中,语音(字音)材料比较丰富,词汇、语法材料相对缺乏。

就我们所见,词典和单刊著作有:丹阳、苏州、吴江、江阴、靖江、吕四(启东)、上海市区、松江、嘉定、崇(明)启(东)海(门)、杭州、嘉善、海盐、绍兴、萧山、桐庐、余姚、宁波、鄞县、镇海北仑、舟山、天台、温岭、温州、金华、义乌、雁翅(宣城)等,篇幅大小不一,侧重各有不同。其中上海、苏州两地,研究材料最为丰富,已为深入研究奠定了良好的基础。另外,一些业余爱好者也出版了不少方言著作,如南上海(旧上海县,今闵行区)、奉贤、海宁、桐乡、余杭、德清、绍兴、萧山、嵊州、宁波、慈溪、宁海、乐清、缙云、庆元、衢州、江山,等等。后一类著作通常词汇材料比较丰富,对于了解地方文化很有帮助,但很难满足高水平方言学研究的需要。

在成片的研究方面,赵元任《现代吴语的研究》之后,最早公开出版的是颜逸明先生的《浙南瓯语》;之后,钱乃荣的《当代吴语研究》沿着赵元任的足迹,记录了33个点的语音、词汇、语法材料;曹志耘先生的课题组,十多年来陆续出版了《吴语处衢方言研究》和《吴语婺州方言研究》,收录了南部吴语十多个点的方言材料,填补了西南部吴语研究的一个空白;秋谷裕幸发表了江山、广丰、兰溪、东阳四个点的调查材料;徐越出版了杭嘉湖地区方言的研究成果;王文胜对处州(丽水地区)方言进行了较为深入的比较研究;宣州吴语方面有蒋冰冰的《吴语宣州片方言音韵研究》。

总的来说,这些研究的字音材料较为丰富,词汇材料相对较为简略,语法材料仍不敷深入探讨之用。由于研究的不平衡性,一提到吴语,学界的印象总不出上海、苏州等北部吴语的范围,而忽略了吴语内部的巨大差异。因此,想要全面反映吴语的事实,提升研究的层次,我们仍需发掘更多的语言事实。

本丛书选点方面尽量选择非中心城市,并向南部吴语的婺州、瓯江和处衢三片倾斜。选点是开放的,只要有合适的作者,我们都欢迎加盟。

本丛书定位于描写方言学著作。在当代中国语言学研究中,"描写"这个词曾引起不少争议,如此定位,是基于我们对方言学的一种认识,也是近年来学科发展的一个新趋势。

四、新描写主义的理念与方法

在我们看来,解释也是一种描写,两者没有本质上的区别。"太阳东升西落"是对现象的描写,"地球绕着太阳转"是对这种现象的解释,但也可以看作太阳和地球相对关系的一种描写。它背后隐藏着的是万有引力定律,万有引力定律描写了物体之间引力与它们的质量、距离之间的关系。每一层级的描写都是对前一层级现象的解释,层层深化,推动着我们对世界的认识。交叉学科的研究也不例外,社会语言学、实验语音学、心理语言学、神经语言学等领域的研究都是从另外一些角度对于语言现象的观察描写,同时也是从其他学科的角度来解释语言现象。描写与解释相辅相成。相关的讨论也可参看刘丹青(2017)。

理论与现象的关系也是如此。生成语言学主张句法具有独立性,所以他们从形式的角度描写他们的普遍语法(UG),并以此来解释各种语言中的现象;功能语法认为语法不独立于人类的其他认知模块,所以他们描写其他认知模块中的现象与语言现象之间的关系,总结出一些原则,并以此来解释语言现象。当然,同样是描写,采用不同的描写框架,其结果是完全不同的。这大概就是"横看成岭侧成峰"吧。

总之,在经验科学里描写与解释、理论与现象之间并非互相脱离的两端。理论是我们描写现象、解释现象的框架,现象总是需要通过一定的理论术语才能呈现出来。

尽管如此,在具体研究中理论导向的研究和事实导向的研究仍是泾渭分明的,特别是随着范式的转变,总会有一个时期,研究者会把更多的精力放在新理论的建构上,有时甚至削足适履。近年来,不少研究者意识到,"峰"和"岭"毕竟是客观存在的东西,不因理论的不同而自身有所变化,要想获得更完整的对于"峰""岭"的认知,必须抛弃一些现有理论上的成见,回到更为客观的事实上来,更何况有时候理论上的纷争仅仅出于我们对于事实了解的不足。于是有学者就提出了"新描写主义"的概念,另一些学者虽然没有使用这个术语,主旨却是大体相同的。有意思的是,我们所知的有相似主张的汉语研究学者中,胡建华(2017)和张洪明(2017)两位主要从事生成语言学研究,而陈平(私人交流)则倾向于功能主义,颇有殊途同归的意思,也可见这种面向事实的语言学研究是目前学界的共同心声。前不久,罗仁地在《光明日报》上刊文《尊重语言事实 提倡科学方法》指出,"以经验主义思想为依据,提倡跨学科、多领域的研究范式,并以语言功能为出发点进行解释",是21世纪语言学的重要特征。这可以看作是新描写主义的另一种表达。

新描写主义目前只是一个笼统的认识,尚未有完整清晰的表述,所以下面结合本丛书,从方言调查和研究的角度简单谈一下我们对新描写主义的一些认识。新描写主义包括理念和方法两个层面,理念方面大体有两点:

第一,相对的理论中立。语言事实为研究者的基础,但基于某一派理论的事实描写往往不能为其他流派的学者所用,这就是所谓的理论的"不可通约性"。作为方言学者,我们的任务首先是把未经记录的语言(生语料)记录下来,转写为可供研究者使用的语料(熟语料)。我们的记录和描写并不针对某一特定的理论流派,所以需要尽可能保持理论中立。这就意味着,在描写语料的时候,我们尽可能使用迄今为止语言学界已普遍接受的概念和术语,尽量减少某些理论的特设概念。

第二,类型学的视野。吕叔湘先生曾经强调过语言对比对于语言研究的重要性,很多语言现象在单一系统内很难描写清楚,有了另一个语言系统作为参照,其价值就能得到充分的展现。朱德熙先生则把"普—方—古"的对比研究付诸实践。这种观念与实践跟类型学观念是不谋而合的,但后者建立在一个更广阔的平台之上,目的是给每一个语言系统在世界语言中进行定位。类型学虽非独立的描写框架,但它把每个语言系统放在世界语言之中进行考量的做法则一方面开拓了单一语言系统描写的宽度,另一方面也增加了挖掘的深度。

从方法上来说,生语料的获取和熟语料的研究仍有所不同。

对于生语料的获取,我们推崇所见即所得的调查和验证。以往语言描写基本上站在单一的语言学家立场上,我们主张语言调查描写是语言学家和调查对象互动的结果,因而是一种基于语言使用者的描写。语言学研究发展到今天,我们对于语言的认识已经达到了一个新的高度,理论洞见远远超出语言直觉之上。想要验证一个结论,往往需要一系列专门的实验或测试。实验和测试往往又需要控制一系列的参数,或者进行大样本的调查与统计。我们不否认这些实验的科学性和重要性,但是从调查一个未经记录的语言的角度来说,想要一下子把研究提高到这个水准,难度也是可想而知的。语言调查的第一步,建立在典型案例之上;语言描写的第一步,也只能建立在语言使用者的直觉之上。例如,音系描写的第一步是确定音位系统,在汉语方言的描写中一般是声韵调系统。音节及其组成的声韵调对于语言使用者来说都是可以直接感知到的或者说是透明的;调查者可以通过比较最小对,来确定两个音素是否可以区分意义(调查时可以询问发音人两个字是否同音)。换句话说,确定音位或声韵调是调查者与发音人之间互动的结果,是基于语言使用者直觉的描写。相反,确定区别性特征和某些韵律层级单位则是完全分析性的工作,在田野工作中很难实现。

同样地,描写语言/方言的接触和演变过程,也必须基于使用者的立场。例如方言间的对应接触,从研究者的角度看是"符合历史音韵的对应原则"的,但从语言使用者的角度说,它只是反映了方言之间系统的对应关系。当然,这种对应关系有其历史音韵基础。对说话者来说,这种对应关系或许基于"样本模式"(exemplar based model),也就是说话者对于两个系统音位对应的所有经历的总汇。对应关系的认知和语言系统之间的互相影响也随着交际经历的不同而发生动态的变化。由于语言系统各成分对于说话者来说,其透明度存在着差异,所以这种对应关系并不如研究者那样明确,常常出现无法匹配的情况,造成接触音变上的残余。

而对于熟语料的描写和研究,可以在以下三个方面得到体现:

第一,形式和功能的双向互动描写①。语言是形式和功能的结合,但两者之间又非一一对应关系。一个形式有其核心的功能,又会引申出其他一些功能,在跨语言系统比较的时候,我们发现建立在核心功能之上的对应成分,在引申出的功能上会有很大的差异。即便是核心功能的表达上,对应形式之间也会有相当大的差异,如上海话的"辣海",跟普通话的"着"同样表示状态的持续,但"辣海"可以用在动补短

---

① 这一方面与刘丹青先生所倡导的库藏类型学具有相通性。

语之后,也能用在存在动词或"蛮很+积极形容词"之后,例如"有辣海""蛮好/大/清爽辣海"等,这些都是普通话的"着"所不具备的用法。绍兴话的"则"字句与普通话的"把"字句,都表示处置义,但具体用法上,绍兴话的"则"字句受两方面的限制(许宝华、陶寰,1999;盛益民,2010)。一是只能表达已实现的事件,因而不能出现在祈使句中,例如:

则件衣裳脱塨还(把衣服给脱了,有责备义)

*则(件)衣裳脱还(把衣服脱了)

二是只能表达消极事件,不能表达积极事件。例如:

则只电视机弄破哉(把电视机弄破了)

*则只电视机修好哉(把电视机修好了)

另一方面,同一个功能在不同语言系统中可能会有多种表达手段,下一节中我们会谈到的吴语中体范畴的表达手段就有六七种之多。再如,绍兴话中表示定语领属的方法大概有三种。① "领有者+个个+被领有者",焦点在领有者上。② "人称代词复数+被领有者",通常被领有者是领有者所属的群体,或者领有者、被领有者同属于某个群体。有学者把这种关系归纳为"立场范畴",即领有者与被领有者持有相同立场时可使用该表达方式。③ "领有者+量词+被领有者",这是最中性的表达法。三种形式共同构成了绍兴话的定语领属范畴。

需要指出的是,形式和功能双向互动的描写,吕叔湘先生《中国文法要略》已道夫先路。

我们所说的形式不仅包括词或形态这样的语言单位,也包括某些结构体和句法位置。例如,绍兴话的"量词+名词"结构,如果量词采用中性调,则整个短语表示定指(无距离指示),相当于英语中的定冠词。尽管两者在功能上一致,但绍兴话采用的并非某个固定的标记,而是一个固定的短语格式,并有与之相应的固定的语音形式,这样的结构体属于"广义形态"。其次,句法位置也是形式的一部分,每个句法位置都有一定的允准条件和语义解释。例如:一个名词性成分,除了主语位置之外,还可以出现在什么句法位置,在不同的方言里会有很大的差异。徐烈炯、刘丹青(2007[1998]),刘丹青(2001、2015),胡建华等(2003)认为,在北部吴语中,名词除了可以处于主话题位置(主语之前),还可以处在主语之后的次话题位置上,因而存在 STV 的句式。盛益民(2014)及盛益民、陶寰(2016)试图证明,绍兴话中以某些副词为界,主语与动词之间可以有两个句法位置,例如"我橘子已经皮剥好埭哉"(我已经把橘子皮给剥了)、"我北京已经三埭去过哉"(我已经去过三次北京了)。"已经"前后的两个句法位置上,能出现的名词短语及其功能都有很大的差异。

第二,多学科的交叉互动。随着科技的发展,语言的记录和研究也有了更为丰富的手段。从记录的角度说,今天的语言调查记录已突破了单一的文字、音标记录,而是音频视频的录制编辑技术、计算机技术等的综合运用。这些新技术不仅更为全面真实地记录了语言及相关活动的影像,也为多种分析手段及数据库建立提供了可靠的手段。这种调查研究技术已发展成一门新兴的学科:纪录语言学(黄成龙、李云兵、王锋,2011)。

方言调查记录从口耳之学转向多种手段的运用,丰富了我们的描写和研究手段,例如实验语音学的介入,使我们对于吴语语音有了更为准确的认识。赵元任先生曾说过,(北部)吴语的浊音是一种清音浊流,但它的具体表现究竟如何呢?传统的描写语言学显然很难回答这个问题。通过实验的手段,我们发现它至少在四个参数上跟清音存在着区别,这四个参数分别是:嗓音起始时间、起始基频、后接元音是否带气嗓音以及辅音的闭塞时长。另外,在闭塞面积和肌肉紧张度等方面可能也存在着区别。吴语的浊音在单字音、连读前字和连读后字中有不同程度的变异,主要体现为上述四项参数上的此消彼长。除了声学实验之外,感知实验还能够帮助我们更好地理解这些参数对于听者来说影响程度的大小,进一步确定哪些参数是区别性的,哪些参数是伴随性的,等等。这些研究成果大大丰富了我们对于吴语浊音的认识,显示了多学科互动的威力。

每个语言/方言不仅仅包含一个系统,而是系统、空间和人群的集合体,也就是分布在一定空间中、有一定使用人群的系统。这种观念

对于方言描写、探索语言/方言的演变、语言/方言间的接触尤为重要,因此,新描写主义在方言描写中还需要做到:

第三,深入细致的微观观察。对某一特定语言现象进行的深入细致的描写是语言学中的微观研究,但这里所说的微观观察则是指下面两个方面:一方面是密集布点的方言地理学观察,方言点是一种抽象,在地理上有一定的延伸。这个范围之内各点之间存在着细微的差别,也就是说,在地理上存在着变异。以往方言调查描写对于微观的地理变异观察不足,在描述方言区特征和以地理推移建构方言历史方面颇多疏漏。语料往往从一个县城跳到另一个县城,忽略了大量的乡镇方言,在建立音变的地理链条时颇多断裂。

另一方面是大样本采样的方言变异观察,语言采样的直接呈现是个人变体或称个人方言,而同一言语社区中存在着大量不同的个人变体,个人变体之间的竞争是观察语言微观演变的基础,也是建立科学的历史语言学的基础。宏观的历史演变是微观的共时变异之间在历史长河中的累积。

总而言之,在新描写主义看来,语言系统不再仅仅是一个独立的、静态的系统,而是不断与外界产生着交流的动态系统,因而语言事实的描写也必须充分反映语言的动态性。共时和历时不再是一种必要的区分。

新描写主义的目标是提供更真实也更深入的语料,全面探究语言的结构、认知、社会、人文属性,笔者对新描写主义的描述仍是非常粗浅的。具体到本丛书,迪克逊等学者认为,要完整记录一个语言,需要三本著作:一本词典,一本参考语法,一本长篇语料集。由于各方面的限制,本丛书跟这个目标之间尚有很大的差距。所以,除了本丛书之外,我们还需要开展更多的专题研究。

五、吴语重点方言研究框架

我们的丛书考虑到方言深入调查的难点所在,尽量选取作者自己的母语,至少是同一片的方言作为研究对象,所幸吴语研究的队伍比较庞大,差不多能满足这样的要求。

每一种书的篇幅在 30—35 万字。我们分为两个部分:一部分是"规定动作";另一部分是"自选动作"。所谓"规定动作",即丛书的基本要求。我们设定的框架大体如下:

1. 导言:包括概况、特点(依照吴语的共同特征、该方言片的共同特征、该方言区别于邻近方言的特征分层次叙述)、方言的内部差异(包括年龄差异)。方言内部差别较大时,可以单独设立一章进行讨论。

2. 语音:包括声韵调表(附带有具体的音值描写)、变音(如小称变音、南部吴语一些方言清浊声母在不同音高下的变音、某些数词的特殊变音等)、连读变调(包括成词的变调、结构变调、小称变调、虚词等的依附调等)、文白异读的总体规律、同音字表(不少于 3 000 字)、本字考和古今音比较。

3. 词汇:词汇表不少于 4 500 条词,多多益善,按义类排列。义类的大类下可区分小类,如动物类下面区分家禽家畜、野兽、鸟类、鱼类、虫类等;动词下面区分五官动作、身体姿态、感觉心理、言说动词、系动词等,当然大部分动词很难分类。动词、形容词和量词的调查解释最好结合论元和所搭配的成分,即动词宾语、形容词主语、数量名短语的中心语等。介词、连词、助词等需要举例。多义词语在"方言调查词表"中可能出现在不同的类别之下,著作中应当合并为一个词条。在标音方面,原则上需要标出本调和变调,但在许多方言中,语素的本调往往是不明确的,无法通过变调形式进行"复原",这种情况下我们只能采用变通的办法:留下本调的位置,但不标写本调。

4. 语法:包括词法和句法两部分。词法的重点在派生词和形态变化,如形容词的生动形式、小称、昵称、动词重叠以及某些形态后缀等。句法分为(1) 结构:短语构造(如动补、偏正、介宾等)、语序(如话题化、宾语位置、副词位置)、双宾句、连词和复句;(2) 范畴:如否定、疑问、指称、指代、时体、态(处置、被动)、比较、情态、语气、传信/示证、数量等。语义语用范畴有时跟虚词关系更密切,但常常也与句法结构相关联,因此具体写作的时候可以互相结合,比如:否定词、否定句和否定范畴,比较句和比较范畴,处置句和处置范畴等。把处置和被动合称"态"范畴是否成立,或有争议。语法例句多多益善。

如此设计当然是为了给其他研究者提供更丰富的语料。语音描写自不待言,差不多需要穷尽方言共时音系和历史演变最主要的信息,并能反映小区域内的变异情况。词汇部分我们希望较大多数的描写方言学著作能够有所突破。词语的历史发展是不平衡的,一般来说自由语素的变化速度会快于非自由语素,有些自由语素已经被另一形式替换,但早期的同义形式仍然会保留在合成词中。例如北部吴语筷子已经叫"筷""筷儿"或"筷子",但装筷子的竹筒叫"箸笼"或"筷箸笼","箸"是这一带吴语指称筷子的早期形式;又如吴语的俗语中有一个说法叫"冬冷不算冷,春冷冻杀犊","犊"义为牛犊,已不见于其他场合。苍南蛮话茅草叫"芒竿"或"茅草",闽语的底层词"菅"保留在"清明割菅,谷雨禁山"这个俗语里,意义也特化为"鲜嫩的茅草"。语音的早期层次往往依托于词汇的早期形式存在,例如江山话的苎麻叫"dɯɔ⁴",字即"苎",是澄母和鱼韵的早期层次;眼镜蛇叫"老鸦pʰiaʔ⁷","pʰiaʔ⁷"是"蝮"的口语音,反映了敷母和屋三韵的早期层次。如果没有较多的词汇,这些早期使用的语素以及这些语素早期的语音层次就得不到反映。

考本字的目的也想更多地反映吴语的历史信息,考本字这项研究的实质是寻找汉语方言中的同源语素,建立汉语的词族,确立构词中的形态变化。例如:绍兴话捞鱼用的长柄网兜叫"he¹兜",这个"he¹"本字是"樾",或写作"桸"。这个词普遍存在于吴语之中,各地的意义多少有一些差异,例如上海老派表示舀的意思。从来源上说,"樾"是一个古江东方言词语,郭璞《方言》注说:"今江东通呼勺为樾,音羲。"是支韵晓母字,支韵的见系吴语有 e/ε 一读,如"徛""寄"等。此前一般认为"樾"是闽南方言的特征词,反映了支韵读 ia 这一层次。这个字的考订不仅丰富了吴语支韵的读音,而且给吴语和闽语的同源关系提供了重要的证据。进一步的讨论请参看陶寰、盛益民(2017)。又如：绍兴话管家禽归宿叫做"se¹",这个字的本字是"栖",音义俱合。这个词在婺州片、处衢片方言里表示鸡窝的意思,多读为去声,可能反映了某种构词形态①。进一步说,这两个词的读音还反映了中古支韵和齐韵上古来源和此后演变的复杂性。

  我们给语法部分较多的篇幅,希望能够比较完整地体现某个方言的语法概貌。在句法描写上,我们倾向于用功能范畴来作为描写的基础,主要是基于两方面的考虑。首先,汉语方言的语法描写向来以结构作为描写对象,好处是较容易把握,弊端是容易流于表面,也不太容易体现方言间的语法差异。以功能范畴作为描写的基础,有利于说明某种形式的功能、同一功能范畴内部几种形式之间的差异,也方便进行跨方言比较。例如体范畴在吴语中可以用动词形容词(做补语)、副词、唯补词、体助词、语气词、动词重叠、数量短语等表达手段。唯补词是只能做补语的动词形容词,但虚化程度要高得多,接近助词,放在哪个词类都不太合适,像上海话的"脱"、苏州话的"脱""好"和温州话的"交"(通常写作"爻")等。体助词在一定条件下可以省略,也可以用在动补短语和唯补词之后。不同的手段常常还跟不同的句式结合在一起。从功能范畴出发,我们才能够系统讨论这些形式之间的关系、体助词省略的条件等。其次,吴语体范畴的次范畴划分也跟普通话有很大的差异,一些特殊的次范畴在不同的句法位置上会使用不同的标记。北部吴语的实现体标记也可以表示动作结束以后其状态的持续,有些学者称之为"成续体"或"存续体",如上海话"墙浪_上_挂了一幅画";上一节提到,北部吴语的动补短语后可加上持续体标记表示动词完成以后其结果的持续(似乎还没有学者讨论过这是否也是"成续体"),如上海话"渠_他_只脚掼_摔_断脱_掉_辣海_着_"。

  当然,在有限的篇幅内要全面反映一个方言的全部面貌是很困难的,有取必有舍,因此我们对长篇语料就没有做硬性的规定。方言的

---

① 关于婺州片鸡窝的本字,最早是秋谷裕幸提出的。

长篇语料记录当然是方言单点描写的重要内容。一方面,长篇语料可以分为筹划的和未筹划的两类:前者大体是有一个脚本(比如赵元任使用的"北风和太阳的故事"、中国语言资源有声数据库使用的"牛郎织女的故事"或者 Chafe 使用的短片"梨的故事"等),或者由说话者先进行组织,然后讲述记录;后者则是即兴发挥。另一方面,长篇语料也可以分为叙述和对话两类,两者在语体方面会有较大差别,前者会有较多的流水句,后者话题化的倾向会更加强烈。长篇语料的价值在于它的自然性,反映话语实际使用中的停顿、重音、语调,甚至口误等现象。然而,目前我们还缺乏很好的手段来记录这些语音学要素,如果只能逐词记录其语音,语法现象又不出已经描写的范围,那么长篇语料的实际价值就要大打折扣了。

我们每位作者都接受过良好的方言学训练,共同的学术背景下也有不同的学术兴趣和学术专长,研究的领域多少有些差异。同时,每个方言自身也有不同的特色。这就是设立"自选动作"的初衷。所谓"自选动作"就是作者结合方言特色和个人的学术专长进行的专题研究。例如,宜兴处于江苏、浙江交界地区,苏沪嘉、毗陵、苕溪三个小片的接触地带,宜兴方言就非常适合进行比较细致的方言地理学研究。处衢片方言与闽语有很多共同的语音、词汇现象,语音的历史层次比较丰富,这些著作可展开吴闽语关系的讨论,进行语音的历史层次分析。少数方言有地方韵书或者传教士的记录,这些著作可以探讨百年来的演变。有些学者是实验语音学行家,不妨增加语音的声学分析;有些学者对方言语法有深入的观察,则可以深入探讨某些语法现象。

为了提升书稿的质量,我们在操作上做了一些改变,强调了团队合作。具体来说,首先由陶寰先提出一个编写框架和体例,在工作会议上进行集体讨论,求得最大的共识。没有时间与会的学者也都出具了书面意见,相互之间进行了充分的沟通。

每部书稿的初稿完成以后,由作者将电子版稿件发给编写小组的成员进行集体审读,然后在工作会议上进行讨论。审读讨论的内容包括作者可能遗漏的某些现象、需要展开的问题、不同的学术观点、不同的记音习惯乃至行文的问题、错别字,等等。作者在这些审读意见的基础上进行修改,直至成稿。因此,本丛书不仅仅凝聚了每位作者的心血,更是一项集体合作的成果。

此外,由于我们学识上的局限,加上其他一些客观因素,丛书肯定还存在着不少缺点和错误,我们诚挚地欢迎学界同道提出尖锐的批评意见,以期在后续的吴语语料收集整理中得到完善。希望通过这些研究和交流,加深我们对于吴语、汉语乃至语言的认识。

参考文献

胡建华　2017　走向新描写主义,山东:"2017当代语言学前沿——走向新描写主义"国际学术会议(曲阜师范大学)。

胡建华、潘海华、李宝伦　2003　宁波话与普通话中话题和次话题的句法位置,载徐烈炯、刘丹青主编:《话题与焦点新论》,上海教育出版社。

黄成龙、李云兵、王　锋　2011　纪录语言学:一门新兴交叉学科,《语言科学》第10卷第3期。

刘丹青　2001　吴语的句法类型特点,《方言》第4期。

刘丹青　2015　吴语和西北方言受事前置语序的类型比较,《方言》第2期。

刘丹青　2017　《语言类型学》,中西书局。

罗仁地(Randy J. LaPolla)　2017　尊重语言事实　提倡科学方法——21世纪语言学刍议,《光明日报》,2017年12月3日。

盛益民　2010　绍兴柯桥话多功能虚词"作"的语义演变——兼论太湖片吴语受益者标记来源的三种类型,《语言科学》第2期。

盛益民　2014　《吴语绍兴柯桥话参考语法》,南开大学博士学位论文。

盛益民、陶　寰　2016　话题显赫和动后限制:塑造吴语受事前置的两大因素,第16届中国当代语言学国际研讨会(同济大学)。

盛益民、陶　寰、金春华　2016　准冠词型定指"量名"结构和准指示词型定指"量名"结构——从吴语绍兴方言看汉语方言定指"量名"结构的两种类型,《语言学论丛》第53辑,商务印书馆。

陶　寰　2017　吴语浊音声母的类型及其音系地位,《方言》第3期。

陶　寰、盛益民　2017　谈吴语和闽语的一个同源词"桸",《语言文字周报》(第

1715号),2017年1月4日。

陶寰、金春华、盛益民 2014 吴语绍兴方言的内部分区,载李小凡、项梦冰主编:《承泽堂方言论丛——王福堂教授八秩寿庆论文集》,语文出版社。

陶寰、史濛辉 2017 危险的跳跃:语码转化和语素透明度,《语言研究集刊》第十七辑,上海辞书出版社。

王洪君 2014 《历史语言学方法论与汉语方言音韵史个案研究》,商务印书馆。

徐烈炯、刘丹青 2007[1998] 《话题的结构与功能》(增订本),上海教育出版社。

许宝华、陶寰 1999 吴语的处置句,载伍云姬编:《汉语方言共时与历时语法研讨论文集》,暨南大学出版社。

张洪明 2017 研究方法平议——兼论学术价值观,山东:"2017当代语言学前沿——走向新描写主义"国际学术会议(曲阜师范大学)。

目　录

新描写主义与吴语的调查研究
——"吴语重点方言研究丛书"序（陶　寰　盛益民）……………… 1

第一章　概　况 ………………………………………………… 1
　　第一节　宣平概况 …………………………………………… 1
　　　　一、县境 ………………………………………………… 1
　　　　二、自然环境 …………………………………………… 3
　　　　三、历史沿革 …………………………………………… 3
　　　　四、人口与人文 ………………………………………… 6
　　第二节　宣平方言概况 ……………………………………… 7
　　　　一、宣平境内方言概况 ………………………………… 7
　　　　二、宣平方言内部差异 ………………………………… 8
　　　　三、宣平境内方言比较 ………………………………… 21
　　第三节　发音人信息与体例说明 …………………………… 23
　　　　一、发音人信息 ………………………………………… 23
　　　　二、体例说明 …………………………………………… 24

第二章　音　系 ………………………………………………… 26
　　第一节　声韵调系统 ………………………………………… 26

一、声母 …………………………………………………… 26
　　　二、韵母 …………………………………………………… 27
　　　三、声调 …………………………………………………… 28
　第二节　声韵配合关系 ………………………………………… 29
　第三节　连读变调 ……………………………………………… 32
　　　一、两字组广用式连读变调 ……………………………… 32
　　　二、轻声 …………………………………………………… 37
　第四节　小称及其他音变 ……………………………………… 39
　　　一、小称 …………………………………………………… 39
　　　二、其他音变 ……………………………………………… 42
　第五节　文白异读 ……………………………………………… 47
　　　一、声母文白异读 ………………………………………… 47
　　　二、韵母文白异读 ………………………………………… 49

第三章　音韵比较与特点 ……………………………………… 51
　第一节　古今语音比较 ………………………………………… 51
　　　一、声母的古今比较 ……………………………………… 51
　　　二、韵母的古今比较 ……………………………………… 55
　　　三、声调的古今比较 ……………………………………… 66
　第二节　音韵特点 ……………………………………………… 70
　　　一、声母特点 ……………………………………………… 70
　　　二、韵母特点 ……………………………………………… 72
　　　三、声调特点 ……………………………………………… 75

第四章　同音字汇 ……………………………………………… 77
　第一节　同音字表 ……………………………………………… 77
　第二节　本字考 ………………………………………………… 101

第五章　分类词表 ··· 113
　一、天文 ··· 113
　二、地理 ··· 119
　三、时令时间 ··· 136
　四、生产活动 ··· 145
　五、植物 ··· 169
　六、动物 ··· 187
　七、饮食 ··· 200
　八、服饰 ··· 222
　九、房屋建筑 ··· 233
　十、器具用品 ··· 245
　十一、人品名称 ······································· 265
　十二、亲属、社会关系 ································· 279
　十三、身体 ··· 287
　十四、疾病医疗 ······································· 296
　十五、婚丧风俗 ······································· 307
　十六、日常活动 ······································· 328
　十七、交际 ··· 340
　十八、交通邮政 ······································· 352
　十九、商贸活动 ······································· 357
　二十、文化教育 ······································· 366
　二十一、文体活动 ····································· 374
　二十二、官司诉讼 ····································· 383
　二十三、动作 ··· 386
　二十四、性状 ··· 407
　二十五、数量词 ······································· 424
　二十六、方位、趋向 ··································· 431
　二十七、代词 ··· 436

二十八、副词 ·· 440
　　二十九、介词、连词 ·· 444
　　三十、唯补词、助词等 ····································· 446

第六章　语法概况 ·· 449
第一节　构词法 ·· 449
　　一、复合构词 ·· 449
　　二、加缀构词 ·· 451
　　三、重叠构词 ·· 452
第二节　人称代词 ·· 455
　　一、三身代词 ·· 455
　　二、反身代词、旁称代词和统称代词 ················· 456
第三节　指示词 ·· 458
　　一、方位指示 ·· 459
　　二、人或物指示 ·· 461
　　三、时间指示 ·· 462
　　四、方式指示 ·· 462
　　五、程度指示 ·· 463
第四节　数词和量词 ··· 464
　　一、数词 ·· 464
　　二、量词 ·· 464
　　三、"数量名"结构 ·· 467
　　四、概数的几种形式 ·· 467
　　五、序数词 ··· 470
第五节　领属结构 ·· 471
　　一、"个"字领属结构 ·· 471
　　二、"埨"字领属结构 ·· 471
　　三、无关系词的领属结构 ·································· 472

第六节　助词 …… 472
　　一、结构助词 …… 472
　　二、动态助词 …… 473
　　三、语气助词 …… 474
　　四、比况助词 …… 475
第七节　谓词及谓词性短语 …… 475
　　一、动词重叠 …… 475
　　二、双宾结构 …… 478
　　三、动补结构 …… 480
　　四、性质形容词和状态形容词 …… 483
第八节　介词和介词短语 …… 486
　　一、表"处所"的介词 …… 486
　　二、表"起点""经由""方向"的介词 …… 488
　　三、表"目的地"的介词 …… 489
　　四、表"时间起始"的介词 …… 490
　　五、表"施事""受事"等的介词 …… 491
　　六、表"关涉对象"的介词 …… 492
第九节　致使、处置和被动结构 …… 493
　　一、致使结构 …… 493
　　二、被动结构 …… 494
　　三、处置结构 …… 495
第十节　时体范畴 …… 497
　　一、先行体 …… 497
　　二、行将体 …… 498
　　三、起始体 …… 499
　　四、进行体 …… 500
　　五、持续体 …… 502
　　六、完成体 …… 504

七、经历体 …………………………………………… 505

　　八、重复体 …………………………………………… 505

　　九、反复体 …………………………………………… 506

　　十、尝试体 …………………………………………… 506

第十一节　情态范畴 …………………………………………… 507

　　一、情态动词 ………………………………………… 507

　　二、情态副词 ………………………………………… 514

第十二节　否定范畴和否定句 ………………………………… 517

　　一、一般否定词"弗" ………………………………… 517

　　二、存在否定词"没" ………………………………… 518

　　三、合音否定词"嫑" ………………………………… 520

　　四、其他常用否定复合词 …………………………… 522

第十三节　疑问范畴和疑问句 ………………………………… 524

　　一、是非问 …………………………………………… 524

　　二、特指问 …………………………………………… 525

　　三、选择问 …………………………………………… 529

　　四、正反问 …………………………………………… 529

　　五、附加问 …………………………………………… 531

　　六、基本疑问代词以及疑问代词的活用 …………… 532

第十四节　比较范畴和比较句 ………………………………… 534

　　一、等比句 …………………………………………… 534

　　二、差比句 …………………………………………… 536

　　三、极比句 …………………………………………… 538

　　四、比拟句 …………………………………………… 539

第十五节　语序与后置成分 …………………………………… 540

　　一、话题和语序的关系 ……………………………… 540

　　二、动词谓语句中宾语和补语的位置 ……………… 541

　　三、常见后置成分 …………………………………… 542

第十六节　复句和连词 ………………………………… 553
　　一、并列复句 …………………………………………… 554
　　二、顺承复句 …………………………………………… 554
　　三、解说复句 …………………………………………… 555
　　四、选择复句 …………………………………………… 555
　　五、递进复句 …………………………………………… 556
　　六、偏正复句 …………………………………………… 557
　　七、假设复句 …………………………………………… 558
　　八、因果复句 …………………………………………… 558
　　九、目的复句 …………………………………………… 559
　　十、转折复句 …………………………………………… 560

第七章　宣平畲话 ……………………………………… 561
　第一节　宣平畲话语音 ………………………………… 561
　　一、声韵调系统 ………………………………………… 561
　　二、音韵特点 …………………………………………… 565
　　三、文白异读 …………………………………………… 570
　　四、连读变调、小称及其他语法音变 ………………… 574
　第二节　宣平畲话与宣平话词汇对照表 ……………… 578
　　一、天文地理 …………………………………………… 578
　　二、时间方位 …………………………………………… 579
　　三、植物 ………………………………………………… 581
　　四、动物 ………………………………………………… 582
　　五、房舍器具 …………………………………………… 583
　　六、服饰饮食 …………………………………………… 584
　　七、身体医疗 …………………………………………… 585
　　八、婚丧信仰 …………………………………………… 586
　　九、人品称谓 …………………………………………… 587

十、农工商文 ················· 589

十一、动作行为 ················ 590

十二、性质状态 ················ 591

十三、数量 ··················· 592

十四、代副介连词 ··············· 592

参考文献 ··················· 595

图表目录 ··················· 598

后　记 ···················· 600

第一章
概　况

第一节　宣平概况

本书所说的宣平是指位于浙江省南部、明清时属处州府（今丽水市）的旧宣平县（以下简称"宣平"），大部分区域今属金华市武义县管辖。原县治柳城镇，是宣平县、也是瓯江支流宣平溪流域的经济、文化、交通中心。

一、县境

据清道光《宣平县志》记载，宣平全境东西相距160里，南北相距140里。其四至为：东距丽水70里，戴弄、朱弄分界，自戴弄至缙云县70里；南距丽水60里，槁岭、木勺坛分界，自槁岭至丽水县60里；西距松阳30里，竹客岭上分界，自竹客岭至松阳县30里；北距武义60里，大后陶、小后陶分界，自大后陶至武义县40里；东南距丽水70里，新岭脚、俞村分界，自新岭至丽水县40里；西南距松阳60里，白岸口、桐郎分界，自白岸口至云和县120里；东北距武义60里，小妃、岭下汤分界，自小妃至武义县50里；北距遂昌60里，和尚田分界，自和尚田至遂昌县80里。

宣平县之地域大体介于北纬28°28′—28°47′和东经119°28′—119°48′之间。据民国三十年（1941）的浙江省宣平县乡镇区域详图介绍，宣平全县境域面积约 927 平方公里,北面是金华市武义县,南面是丽水市松阳县,东面是丽水市(旧丽水县),西面是丽水市遂昌县、金华市婺城区(旧汤溪县)。该地域大致相当于今金华市武义县南部的柳城畲族镇、桃溪镇、西联乡、俞源乡、坦洪乡、大溪口乡、三港乡以及新宅乡的部分区域,婺城区南部箬阳乡的部分区域,丽水市莲都区北部的老竹畲族镇、丽新畲族乡、太平乡(主要是原巨溪乡)的部分村落以及联城街道的部分村落,松阳县东北部四都乡的部分村落、板桥畲族乡的部分村落。

宣平全县区域见图 1-1。本图以及下文图 1-3 的绘制参考《武义

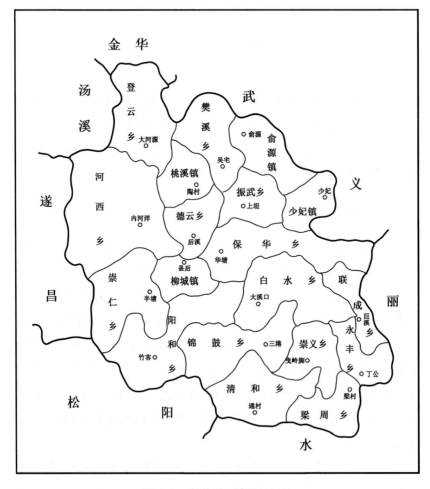

图 1-1　宣平县区域图(1944)

县志》(1990:78)中复制的民国三十三年(1944)的宣平县分乡图。《武义县志》(1990:78)图中的"联仁乡",我们根据史料改为"联成乡"。

二、自然环境

宣平地处山地丘陵地带,属亚热带季风区,气候温暖,四季分明。境域内峰峦连绵,河谷纵横,平地耕地少。

境内诸山分属仙霞岭山脉和括苍山脉。仙霞岭山脉自县境西部西联乡与遂昌县界上的牛头山入境。牛头山属中山地貌,峰峦叠嶂,高耸云霄,千米以上山峰林立,最高点海拔1560米,为浙中之巅。断崖、峭壁、险壑错综有致,壮观优美。宣平溪以东为括苍山脉的延伸。坐落在宣平溪上游的台山景区有"括苍山脉仙景"的美誉,俞源太极星象村位于括苍山脉余脉九龙山下。

宣平境内以山区性河流为主,源短流急,洪枯水位变化明显,水力资源丰富。宣平溪发源于西联乡东坑,主要支流有东溪、西溪、杉溪(曾名竹客溪)、石庙坑、周源溪、石浦溪、曳坑溪等,基本贯穿宣平全境。自柳城镇祝村绿岩潭,向南流经大溪口乡、三港乡,在莲都区港口村汇入瓯江,干流全长72.8公里,全流域面积860平方公里①,是瓯江的一条重要支流。

三、历史沿革②

(一) 宣平县

宣平春秋属越,战国属楚,秦至西汉为回浦县,东汉至南北朝分别属于章安、永宁、松阳县,隋属括苍县,唐至明洪武属丽水县地。

明正统十三年(1448)宣慈矿工暴动。明景泰三年(1452),朝廷镇压暴动后,析处州府丽水县的宣慈、应和两乡及懿德乡北部置宣平县,县治在鲍村(今名柳城)。宣平建县后为处州府所辖十县之一,清袭明制。

---

① 数据来自《浙江省河流规划研究》(2016:43)。
② 此部分内容参看《武义县志》1990年版。

中华民国建立后，北洋政府改革行政区划废府改道，宣平县隶属于瓯海道，南京国民政府建立后又废道，宣平县曾直属于浙江省。民国二十七年（1938），建曳岭、桃溪2个区，全县设19个乡镇、194保、1923甲。曳岭区辖柳城（镇）、阳和、白水、锦鼓、亲仁、崇义、永丰、联成、梁周、清和10个乡镇；桃溪区辖德云、河西、登云、桃溪（镇）、凡溪、保和、振武、少妃（镇）、俞源（镇）9个乡镇。

中华人民共和国成立时，宣平县隶属于丽水专区，1952年丽水专区撤销，宣平县改隶衢州专区，1954年衢州专区撤销后，宣平又改隶金华专区。

1957年10月，宣平县登云乡的大应、瀛头、山坑（今名沙坑）3个行政村划归金华县。

1958年5月，宣平县建制撤销，所属地域分别主要划归相毗邻的金华市武义县和今丽水市莲都区（旧丽水县）。其中大部分划归武义县，原县治——柳城也归武义县管辖，其余部分乡镇划归今丽水市莲都区（旧丽水县）。具体是：柳城、大源、西联、新塘、竹客、三港、溪口、水头、桃溪、坦洪、云华、德云、登云、宣武、明山、凡川16个乡镇划属武义县。崇义、清和、联成、梁周、永丰5个乡并入丽水，清和乡改名丽新乡，联成乡易称巨溪乡。（《丽水市志》1994：16）

之后，武义县境内区划又有新的变化。例如，1960年，原划归武义的竹客人民公社的塘后、章田、汤城、午岭4个村划给遂昌县[①]。截至2023年12月，现武义县境内的原宣平县区域有柳城畲族镇、桃溪镇、坦洪乡、西联乡、三港乡、大溪口乡以及俞源乡、新宅乡的部分村落。现武义县管辖的原宣平县区域见图1-2。

（二）柳城镇

柳城古称鲍村，为宣平县治所在地。位于宣平溪支流东溪、西溪汇合处，北枕占鳌头山，俗谓"地形似葫芦，二水合锦若带"，海拔188米。唐高祖武德年间，随着当地金银矿脉发现和开采，小镇逐渐形成

---

① 该四村目前归属丽水市松阳县四都乡管辖。

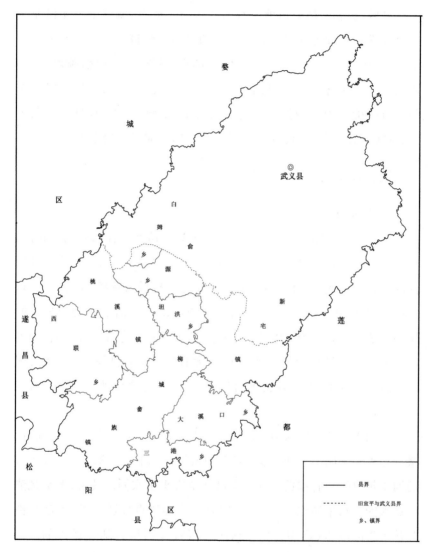

图 1-2 现武义县管辖的原宣平区域图

规模,朝廷在此设立专门负责矿产开采运输管理的发运司。宋朝起为宣平溪流域的文化中心。清康熙五十五年(1716)春,知县张廷祐鉴于县治居民稀少,以仓库加卫,课民种柳,以环县治,留四门通出入。数年之后,柳树长成绿色"城垣",故称"柳城"。(参看《武义柳城镇志》1989:8-11)

柳城,历史上是处州地区有名的古镇。如今,柳城畲族镇既是金华市武义县南部地区经济、文化、交通、医疗保健的中心,也是浙江省畲族主要聚居地之一。截至2023年年底,下辖1个社区(柳城社区)以及27个行政村(县前、县后、丰产、全塘口、金山尖、青坑、郑回、车门、下圩、梁家山、祝村、周处、前湾、江下、云溪、荷丰、华塘、新塘、上黄、竹客、东西、六葱湖、石门洲、乌漱、保丰畈、荷花、金湖源)。

四、人口与人文

(一) 人口

据民国三十年(1941)的浙江省宣平县乡镇区域详图介绍,当时的宣平县人口数为78 173。据初步统计,截至2023年12月,武义县境内的原宣平区域的人口大概为10万左右。柳城畲族镇,3万多人口,其中畲族3 600余人,约占全镇总人口的12%,是浙江省规模最大的民族乡镇。① 该镇金山尖、下圩、江下、荷丰、周处、青坑、车门等村均为畲族村。武义县境内原宣平区域的畲族村还有:桃溪镇种子源、锦源、锦坪、大路山,坦洪乡黄干山、塘齐、西畈,俞源乡钟丛、阳畈,新宅镇柘坑,等。

不同支系畲族迁入本县的时间以及来源地有异。从迁入时间看,最早迁入始于明朝末年。据《武义柳城镇志》(1989:328)记载,明万历四十年(1612)有雷氏一支从遂昌迁至宣平王家弄。其余,多数是清代迁入的。从来源地看,除少数支系是从福建直接迁入外,大部分都是从本省的丽水、云和、景宁、松阳、遂昌、青田等县陆续迁入的。据《武义畲族》(1991:9)记载:"清顺治年间,畲民雷扬担从福建省罗源县塔下村迁移宣平县桃溪镇陶七垄,其后裔分迁车门、圳下②、荒田坪、中央铺、郑山头、青蓬山、赵下、内坞底等村居住。从目前掌握的资料看,这是迁入武义较早的一支畲族。大源畲族乡乌溪畈村的畲民于清

---

① 参见武义县人民政府网 http://www.zjwy.gov.cn/art/2023/2/8/art_1229450856_59284161.html。
② 据当年参编《武义畲族》的钟发品老师告知,"圳下"实为"堰下"。

光绪年间从福建迁入。"

(二)人文

宣平历史悠久,早在三四千年前,就有原始先民生活于此,汤商时有先民定居繁衍,在柳城镇祝村等地曾先后发掘出土过新石器时代原始工具石斧、石镞、石锛等,桃溪镇现有凤凰山商周文化遗址,并完好保存着国家级重点文物保护单位延福寺。唐代道人叶法善在今柳城镇北全塘口村建道观,初名宣道教阳观,后改冲真观。在柳城作为县治的几百年时间里,曾诞生了明代中期的名臣、内阁首辅徐阶(其父时任宣平县丞)。清康熙年间,韩宗纲任宣平县令七年,废止苛捐杂税,修建引水渠,劝课农耕,开发山区,兴办学校,民众尊立韩宗纲为宣平城隍神,以其生日头天——农历五月十六日,为宣平城隍庙会日,世代相传。

第二节 宣平方言概况

一、宣平境内方言概况

宣平早在宋代就已形成宣平溪流域的文化中心,自明景泰三年(1452)建县到1958年撤县,历时五百零六年,已形成一种独具特色的方言,当地人称之为宣平话。

宣平话是原宣平县的主要方言,如今主要分布于以柳城畲族镇为中心的武义县南部地区。根据《中国语言地图集》第2版,宣平话属于吴语上丽片丽水小片,目前使用人口约10万人。

此外,原宣平县域还分布着其他方言,主要有丽水话、松阳话、武义话、金华话等南部吴语,以及畲话、客家话方言岛。其中说松阳话、金华话的人较少,主要分布在与丽水松阳、金华婺城接壤的少数村落。因长期的接触融合,宣平境内的这些方言都带有一定的宣平话色彩。

武义话属于吴语金衢片,当地俗称"武义腔",主要分布在原宣平县北部以及东北部靠近武义的白姆乡八百、小同村,俞源乡吴宅、宋村,以及新宅乡少妃等村。因行政划归武义,如今武义境内的原宣平区域很多人都会说一口流利的武义话,是会讲宣平话、武义话的双方言者。

丽水话属于吴语上丽片丽水小片,当地俗称"下乡腔",主要分布在原宣平县南部所属曳岭区崇义(今莲都区老竹镇)、清和(今莲都区丽新乡)、联成(今莲都区太平乡①)、梁周(今莲都区老竹镇)、永丰(今莲都区老竹镇)5乡以及武义县大溪口乡高水、竹翠等村。

松阳话属于吴语上丽片丽水小片,当地俗称"松阳腔",主要分布在原宣平县南部的竹客乡塘后、章田等村(今属松阳县四都乡)。

金华话属于吴语金衢片,主要分布在原宣平县北部的登云乡大应、瀛头、山坑等村(今属婺城区箬阳乡)。

畲话是宣平畲族的内部通行语言,当地称"畲客话",目前武义境内原宣平区域有17个行政村有较多畲族,这些畲族基本是会讲畲话和宣平话的双方言者,还有部分是会讲畲话、宣平话、武义话的多方言者。

客家话,当地俗称"福建话",现零星分布在柳城镇郑回村的田坪自然村、东坑自然村②,桃溪镇大河源村、红四村的子坑自然村,白姆乡八百村的八百自然村、小同自然村,三港乡曳源村的双村自然村等村。除了客家话,这些客家人还会说宣平话或武义话。

原宣平县域内南部吴语的分布见图1-3,现属武义县管辖的原宣平区域内的畲话、客家话分布见图1-4。

二、宣平方言内部差异

宣平话以柳城镇的话为代表,内部存在一定的地域差别,大致可分为"城内话""西向源头话""上角腔""下角腔""内山腔"五种口音,其中,"内山腔"又分"竹客腔""新塘腔"。但各地口音的差异并不影响彼

---

① 1958年改为"巨溪",2006年与"太平乡"合并。
② 田坪村、东坑村为下山脱贫村,原属西联乡管辖。原属西联乡管辖的石柱源村也有客家话分布,现该村下山脱贫,已归王宅镇双岩行政村。

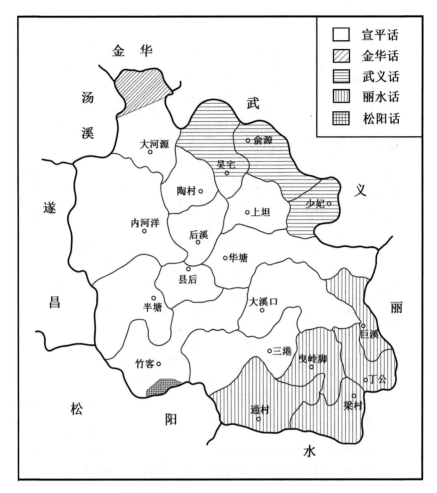

图1-3 原宣平县域内南部吴语分布图

此之间通话。

(一) 宣平方言内部差异地理分布

宣平话几种口音的地理分布情况大致如图1-5所示。

城内话,当地人谓之标准的宣平话,分布以柳城镇为中心,包括县前、县后、丰产、下圩、全塘口、金山尖、青坑、郑回、车门、祝村、前湾、江下等村。[1]

---

[1] 狭义的城内话分布仅限于县前、县后、丰产3个村。随着社会发展,城乡融合,如今城内话的分布范围已经扩大,一些城郊村庄的宣平话与城内基本无异。

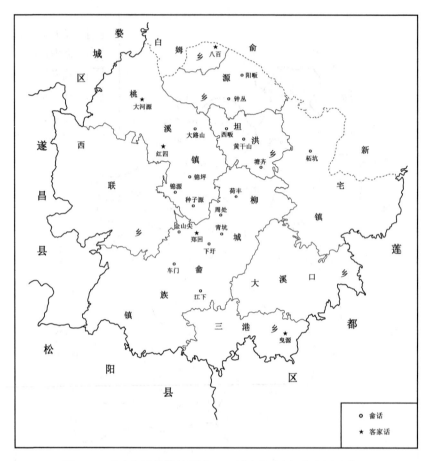

图 1-4 现武义县管辖的原宣平区域内的畲话、客家话分布图

西向源头话,主要分布在西联乡。

上角腔,当地人以"出北门"(古城垣的拱辰门)作为界线,将宣平城区以北区域的宣平话口音称之为上角腔,主要分布在桃溪镇、坦洪乡以及柳城镇保丰畈、金湖源、周处、荷丰、华塘,俞源乡凡岭脚等村。

下角腔,宣平城区南面的宣平溪上游段区域的宣平话口音,主要分布在三港乡、大溪口乡以及柳城镇梁家山、云溪、荷花等村。

竹客腔,属于内山腔的一种,主要分布在柳城镇竹客、东西、六葱湖、石门洲、乌漱等村。

新塘腔,属于内山腔的一种,主要分布在柳城镇新塘、上黄等村。

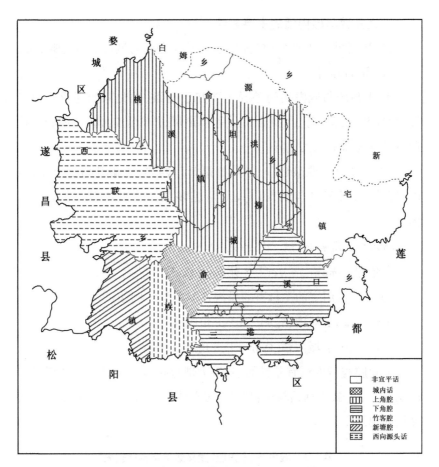

图1-5 现武义县管辖区域的宣平话分片图

(二) 宣平方言内部差异主要特征

在宣平话的几种不同口音中,新塘腔与城内话的差异最为明显,西向源头话与城内话的差异最小。近年来,随着社会发展,文化教育普及,交通条件改善以及下山脱贫政策等影响,宣平话内部的地域差别在逐渐缩小。其中西向源头话与城内话的差异已经很小。根据目前调查,我们暂仅发现"两$_{数词}$"韵母有异。西向源头:两$_{数词}$ la^{223} | 城内:两$_{数词}$ $lɛ^{223}$。

下面,我们比较"上角腔""下角腔""新塘腔""竹客腔"与"城内话"的主要差异。

1. 上角腔与城内话的主要差异

我们以俞源乡凡岭脚村为代表点分析上角腔与城内话的主要差异。

(1) 语音差异

① 上角腔与城内话的差异主要在于精组、知见系的遇摄合口三等、蟹摄开口三四等、止摄开口三等字声母、韵母的读音,声调和连读调暂未发现系统性的差异。

精组、知见系遇摄合口三等、蟹摄开口四等、止摄开口三等字,城内多读[ts]组声母与韵母[ɿ],上角腔多读[tɕ]组声母与韵母[i]。例如:

城内话:洗_{蟹开四上荠心} sɿ^{445}＝死_{止开三上旨心} sɿ^{445}

上角腔:洗_{蟹开四上荠心} ɕi^{445}≠死_{止开三上旨心} sɿ^{445}

② 个别常用字的韵母有非系统性的差异。例如:

来_{蟹开一平咍来}:城内话[lei^{433}] | 上角腔[li^{433}]

竹_{通合三入屋知}:城内话[tyəʔ^5] | 上角腔[təʔ^5]

上角腔与城内话有差异的字音,大部分接近武义话。具体语音对比见表1-1。武义话语料来自《吴语婺州方言研究》(2016)对王宅镇武义话的记录。

表1-1 城内话、上角腔、武义话单字音比较表

例 字	城内话	上角腔	武义话	例 字	城内话	上角腔	武义话
絮_{遇合三去御心}	sɿ^{52}	ɕi^{52}	ɕi^{53}	姊_{止开三上旨精}	tsɿ^{445}	tɕi^{445}	tɕi^{445}
箸_{遇合三去御澄}	dzɿ^{231}	dʑi^{231}	dʑi^{31}	四_{止开三去至心}	sɿ^{52}	ɕi^{52}	ɕi^{53}
鼠_{遇合三上语书}	tsʰɿ^{445}	tɕʰi^{445}	tɕʰi^{445}	痣_{止开三去志章}	tsɿ^{52}	tɕi^{52}	tɕi^{53}
鸡_{蟹开四平齐见}	tsɿ^{324}	tɕi^{324}	tɕie^{24}	记_{止开三去志见}	tsɿ^{52}	tɕi^{52}	tɕi^{53}
溪_{蟹开四平齐溪}	tsʰɿ^{324}	tɕʰi^{324}	tɕʰie^{24}	嬉_{止开三平之晓}	sɿ^{324}	ɕi^{324}	ɕi^{24}
是_{止开三上纸禅}	dzɿ^{223}	dʑi^{223}	dʑi^{334}	便_{山开三去线並}	bəʔ^{23}连词	biəʔ^{23}连词	bie^{31}连词
戏_{止开三去寘晓}	sɿ^{52}	ɕi^{52}	ɕi^{53}	壳_{江开二入觉溪}	kʰəʔ^5	kʰɑʔ^5	kʰɑo^5

（2）词汇差异

上角腔与城内话在词汇方面也有一些差异。例如：

① 疑问代词首个音节，相当于普通话"哪"，本字不明，"城内话"多为"直⁼"[dziəʔ²³]，"上角腔"多为"大⁼"[da²³¹]。

② 奶奶，城内话叫"妈妈"[ma⁵²⁻⁴⁴ ma⁵²]，上角腔叫"老嬷"[lɔ²²³⁻²² mo²²³⁻⁵²]。

③ 处所，上角腔会说"地跟⁼"[di²³¹⁻⁴³ kə³²⁴]，城内无此说法。

④ 热闹，上角腔会说"闹热"[nɔ²³¹⁻⁴³ ȵiəʔ²³]，城内无此说法。

为进一步明晰上角腔与周边方言的关系，我们将之与武义话进行比较，武义话语料来自《吴语婺州方言研究》（2016）对王宅镇武义话的记录。上角腔与城内话有差异的词，大部分接近武义话的说法。具体见表 1-2。

表 1-2　城内话、上角腔、武义话词汇比较表

普通话	城　内　话	上　角　腔	武　义　话
人	人 nin⁴³³	农 nən⁴³³	农 nɔŋ⁴²³
小孩	细人 ɕia⁵²⁻⁴⁴ nin⁴³³⁻²²³ 细人掇⁼ ɕia⁵²⁻⁴⁴ nin⁴³³⁻²² təʔ⁵	细农 ɕia⁵²⁻⁴⁴ nən⁴³³⁻²²³	细农 ɕia⁴⁴⁵ nɔŋ⁴²³ 细伢鬼儿 ɕia⁴⁴⁵ ua⁵³ kuen⁵³
没副词	没 mei⁵²	未 mi²³¹	未 mi³¹/mi⁵³
在介词	倚 gei²²³ 勾 tɕiɯ³²⁴	落 lə²³ 勾 tɕiɯ³²⁴	落 lɑo³³⁴
大家	大齐 da²³¹⁻²² zɿ⁴³³ 大齐人 da²³¹⁻²² zɿ⁴³³⁻⁴³ nin⁴³³⁻⁵²	大家 do²³¹⁻²² ko³²⁴⁻⁵²	大家 dia³¹ kua⁰
哪里	直⁼墥 dziəʔ²³ təʔ⁵	大⁼随 da²³¹ zei⁻⁰ 直⁼墥 dziəʔ²³ təʔ⁵	□里 a³³ li³³⁴
什么作宾语	直⁼式 dziəʔ²³⁻² ɕiə⁵	大⁼式 da²³¹⁻²² ɕiəʔ⁵	待⁼西儿 da³³ ɕin⁵³
为什么	争⁼意 tsɛ³²⁴⁻³² i⁵²	□意 dɛ³²⁴⁻³² i⁵²	待⁼事干 da³³ zɿ³³ kɤ⁵³

2. 下角腔与城内话的主要差异

我们以三港乡曳源村双村自然村为代表点分析下角腔与城内话的主要差异。

(1) 语音差异

① 来母流摄开口三等字,城内话读细音韵母[iɯ],下角腔读洪音韵母[əɯ]。例如:

柳_{流开三上有来}:城内话读[liɯ²²³] | 下角腔读[ləɯ²²³]

② 一些常用字读音有不成系统的差异。例如:

来_{蟹开一平咍来}:城内话读[lei⁴³³] | 下角腔读[li⁴³³]

二_{止开三去至日}:城内话读[n̩i²³¹] | 下角腔读[n̩²³¹]

屋_{通合一入屋影}:城内话读[əʔ⁵] | 下角腔读[uəʔ⁵]

③ 一些词连读调有异。例如:

上角_{宣平城区的北面区域}:城内话读[dziɑ²³¹⁻²² kəʔ⁵] | 下角腔读[dziɑ²³¹⁻⁴³ kəʔ⁵]

下角_{宣平城区南面的宣平溪上游段区域}:城内话读[ia²²³⁻²² kəʔ⁵] | 下角腔读[ia²²³⁻⁴³ kəʔ⁵]

吃乌日_{吃晚饭}:城内话读[tɕʰiəʔ⁵⁻⁴ u³²⁴⁻³² nəʔ-n̩i²³⁻⁵²] | 下角腔读[tɕʰiəʔ⁵⁻⁴ u³²⁴⁻⁵⁵ nəʔ-n̩i²³⁻⁰]

宽慢劲=_{慢慢来}:城内话读[kʰuã³²⁴⁻⁴⁴ mã²³¹⁻²² dzin²²³] | 下角腔读[kʰuã³²⁴⁻⁴⁴ mã²³¹⁻²² tɕin⁵²]

④ 表小后缀"儿"的读音有异。城内话基本读原调[324],下角腔读小称调[52]。例如:

街狗儿_{小狗}:城内话读[ka³²⁴⁻⁴⁴ kɯ⁴⁴⁵⁻⁴⁴ n̩³²⁴] | 下角腔读[ka³²⁴⁻⁴⁴ kɯ⁴⁴⁵⁻⁴⁴ n̩⁵²]

猪儿_{小猪}:城内话读[ti³²⁴⁻⁴⁴ n̩³²⁴] | 下角腔读[ti³²⁴⁻⁴⁴ n̩⁵²]

(2) 词汇差异

下角腔与城内话在词汇方面也有一些差异。例如:

① 鱼鳞,城内话说"屑"[ie⁴⁴⁵],下角腔说"鱼甲"[n̩⁴³³⁻⁴³ kaʔ⁵]或"鱼壳"[n̩⁴³³⁻⁴³ kʰəʔ⁵]。

② 父亲_{面称},城内话说"伯伯"[paʔ⁵⁻⁴ paʔ⁵],下角腔较多人说"叔叔"

[ɕyəʔ⁵⁻⁴ɕyəʔ⁵]。

③ 奶奶，城内话说"妈妈"[ma⁵²⁻⁴⁴ma⁵²]，下角腔说"晚婆"[mã²²³⁻²² mei³²⁴]或"老婆"[lɔ²²³⁻²² mei³²⁴⁻⁵²]。

④ 担拄扁担的辅助工具，城内话说"棒戳"[bɔ̃²²³⁻²² tɕʰyəʔ⁵]，下角腔说"当拄"[tɔ̃⁵²⁻⁴⁴ tu⁵²]或"拄棒"[tu⁵²⁻⁴⁴ bɔ̃²²³]。

⑤ 下面，城内话说"下头"[ia²²³⁻²² dɯ⁴³³⁻²²³]，下角腔说"下底"[ia²²³⁻²² ti⁴⁴⁵]。

⑥ 处所，下角腔会说"沿跟⁼"[iɛ⁴³³⁻⁴³ kə³²⁴]，城内无此说法。

⑦ 为什么，城内话说"争⁼意"[tsɛ³²⁴⁻³² i⁵²]，下角腔说"直⁼生意"[dʑiəʔ²³⁻⁴³ sɛ³²⁴⁻³² i⁵²]。

为进一步明晰下角腔与周边方言的关系，我们将之与丽水话进行比较，丽水话语料来自《浙江方言资源典藏·丽水》(2019)以及作者本人对莲都区丽水话的补充调查。下角腔与城内话有差异的词，大部分接近丽水话的说法。具体见表1-3。

表1-3　城内话、下角腔、丽水话词汇比较表

普通话	城 内 话	下 角 腔	丽 水 话
母亲面称	姆妈 m̩⁻⁵⁵ma⁵²⁻⁰	婆 mei³²⁴	婆 mei²²⁴
苍蝇	苍蝇 tsʰɔ³²⁴⁻⁴⁴ in³²⁴ "苍"韵母特殊	苍蝇 tɕʰiɔ̃³²⁴⁻⁴⁴ in³²⁴	苍蝇 tsʰɔŋ²²⁴ in⁵²
灰铺旧时烧灰肥的小屋	灰铺 xuei³²⁴⁻³² pʰu⁵²	灰寮 xuei³²⁴⁻⁴⁴ liɔ⁴³³	灰寮 xuei²²⁴ liɔ⁵²
忘记	懵记 mən²²³⁻²² tsɿ⁵²	拉记 la³²⁴⁻³² tsɿ⁵²	拉记 lɔ²¹ tsɿ⁵²
拎用手抓着拎	□dʑya²²³	吊 tiɔ⁵²	吊 tiɔ⁵²
包粽子	压粽 aʔ⁵⁻⁴ tsən⁵²（多说） 包粽 pɔ³²⁴⁻³² tsən⁵²（少说）	包粽 pɔ³²⁴⁻³² tsən⁵²	包粽 pə²²⁴ tsɔŋ⁵²
做馃儿	做馃儿 tso⁵²⁻⁴⁴ kuɑ̃⁴⁴⁵	包点心 pɔ³²⁴⁻⁴⁴ tiɛ⁴⁴⁵⁻⁴⁴ sən³²⁴	包点心 pə⁴⁴ tiɛ⁴⁴ sen²²⁴
吃早饭	吃五更 tɕʰiəʔ⁵⁻⁴ ŋ²²³⁻⁴³ kɛ³²⁴	吃天光 tɕʰiəʔ⁵⁻⁴ tiɛ⁴⁴⁵⁻⁴⁴ kɔŋ³²⁴	吃天光 tɕʰiʔ²⁴ tʰiɛ⁴⁴ kɔŋ³²⁴

续 表

普通话	城内话	下角腔	丽水话
砍柴	斫柴 yəʔ⁵⁻⁴ za⁴³³	刲柴 tsʰei⁵²⁻⁴⁴ za⁴³³	刲柴 tsʰei²²⁴ zuɔ²²
这个	爱＝个 ei⁻⁵⁵ ka⁵²⁻⁰ 阿＝个 aʔ⁵⁻⁴ ka⁵²	乙＝个 iəʔ⁵ ka⁵²⁻⁰	乙＝个 iʔ⁵ kuɔ⁰
那个	夺＝个 dəʔ²³⁻² ka⁵² 特＝个 diəʔ²³⁻² ka⁵²	阿＝个 aʔ⁵⁻⁴ ka⁵²	阿＝个 aʔ⁵ kuɔ⁰
这里	爱＝垯 ei⁻⁵⁵ taʔ⁵⁻⁰ 阿＝垯 aʔ⁵⁻⁴ taʔ⁵	乙＝垯 iəʔ⁵ taʔ⁵⁻⁰	乙＝垯 iʔ⁵ tə⁰
那里	夺＝垯 dəʔ²³⁻² taʔ⁵ 特＝垯 diəʔ²³⁻² taʔ⁵	阿＝垯 aʔ⁵⁻⁴ taʔ⁵	阿＝垯 aʔ⁵ tə⁰
哪里	直＝垯 dziəʔ²³ taʔ⁵	菜＝里 tsʰei⁵²⁻⁵⁵ lɛ⁰	撮＝里 tsʰɛʔ⁵ lɛ⁵⁴⁴
别处	别垯地 biəʔ²³⁻² daʔ²³⁻² di²³¹⁻²²³	别里 biəʔ²³⁻² lɛ²²³	别里 bɛʔ² lɛ⁵⁴⁴
完补语	了 liɔ²²³	完 yə²²³	完 ye²²
很	险 ɕiɛ⁴⁴⁵ (后置) 猛 mɛ²²³ (后置)	险 ɕiɛ⁴⁴⁵ (后置)	险 ɕiɛ⁵⁴⁴ (后置)

3. 新塘腔、竹客腔与城内话的主要差异

竹客腔与新塘腔同属于内山腔,两地话语比较接近,不过竹客腔与城内话的差异要比新塘腔与城内话的差异小。可以说,竹客腔与城内话之间的差异,大部分可以在新塘腔中有体现。但是,新塘腔与城内话之间的差异,竹客腔与城内话之间不一定有。所以,我们将竹客腔、新塘腔一同与城内话进行比较,新塘腔以柳城镇新塘行政村苏宅村为代表点,竹客腔以柳城镇竹客行政村江坑村为代表点。

(1) 语音差异

第一,声母方面,主要是新塘腔与城内话有差异。

个别晓母合口今读洪音的字,竹客腔同城内话读声母[x],新塘腔读声母[f]。

第二,韵母方面,新塘腔与城内话有较多的差异。

① 蟹摄合口一等帮端系字,竹客腔同城内话基本读韵母[ei],新塘腔韵母比较复杂,有读韵母[i][ɛ][ei]等多种情况。

② 一部分止摄合口三等字,竹客腔同城内话读韵母[i],新塘腔读韵母[ei]。

③ 大部分效摄字,竹客腔同城内话所读韵母的主元音是[ɔ],新塘腔所读韵母的主元音是[ɒ]。

④ 效流摄开口一等部分字(与声母[k][kʰ]相拼除外),竹客腔同城内话读韵母[əɯ],新塘腔读韵母[əi]。效流摄开口一等与声母[k][kʰ]相拼的字,竹客腔同城内话读韵母[ɯ],新塘腔读韵母[əi]。

⑤ 流摄开口三等字(非组字除外),城内话都读细音韵母[iɯ],当声母非[l]时,新塘腔读韵母[iʷ],竹客腔读韵母[iɯ],当与声母[l]相拼时,新塘腔读洪音韵母[əi]、竹客腔读洪音韵母[əɯ]。

⑥ 咸山摄开口三四等舒声字、梗摄开合口二等舒声字,城内话所读韵母的主元音都是无鼻化色彩的[ɛ],新塘腔、竹客腔所读韵母的主元音是[ɛ̃],其中竹客腔韵母[ɛ̃][iɛ̃]的鼻化色彩比新塘腔弱,但韵母[uɛ̃]的鼻化色彩和新塘腔一样明显。

⑦ 宕摄开口三等舒声字,竹客腔同城内话读韵母[iɑ],新塘腔读韵母[iã]。

⑧ 江摄开口二等入声字,竹客腔同城内话读韵母[əʔ],新塘腔读韵母[oʔ]。

⑨ 少数通摄合口一等入声字,城内话读韵母[əʔ],新塘腔、竹客腔读韵母[uəʔ]。

第三,声调的差异,主要是阴上、阴去两个调类的调值。

① 阴上的调值,城内话读[445],新塘腔读[212],竹客腔基本同城内话读[445]调值,发音人仅偶尔会出现读同新塘腔[212]的情况,所以,竹客腔的阴上调,我们仍记[445]。

② 阴去的调值,竹客腔同城内话读[52],新塘腔读[24]。

第四,连读调、儿化也有些差异。

① 阳平、阳上、阳去前字的连读调,竹客腔同城内话有部分读[43]或[44],新塘腔基本是[22]。

② 阳入前字的连读调,竹客腔同城内话有部分读[43],新塘腔基

本是[2]。

③餜,城内话有儿化读音[kuã⁴⁴⁵],新塘腔、竹客腔分别读[ko²¹²][ko⁴⁴⁵],均无儿化音。

第五,除上述系统规律外,还有一些常用字读音有差异。例如"我""饿"等,详下。

另据发音人告知,"长宕开三平阳澄"父辈会说[dɛ̃⁴³³],但现在的竹客人都只说[dziã⁴³³]。竹客腔老派"长"的声母韵母与松阳[dæ³¹]、遂昌[dɛ̃²²¹]基本一致。(松阳话、遂昌话参看《中国语言资源集·浙江》2023:1310)

城内话、新塘腔、竹客腔具体语音对比见表1-4、1-5。

表1-4 城内话、新塘腔、竹客腔单字音比较表

例 字	城内话	新塘腔	竹客腔	例 字	城内话	新塘腔	竹客腔
我果开一上哿疑	o²²³	ɔ̃²²³	o²²³	留流开三平尤来	liɯ⁴³³	ləi⁴³³	ləɯ⁴³³
饿果开一去箇疑	ŋuɛ²³¹	ŋɛ²³¹	ŋɛ²³¹	柳流开三上有来	liɯ²²³	ləi²²³	ləɯ²²³
去遇合三去御溪	kʰɯ⁵²	kʰəi²⁴	kʰɯ⁵²	酒流开三上有精	tɕiɯ⁴⁴⁵	tɕiɯ²¹²	tɕiɯ⁴⁴⁵
背蟹合一去队帮	pei⁵²	pi²⁴	pei⁵²	旧流开三去宥群	dziɯ²³¹	dziɯ²³¹	dziɯ²³¹
赔蟹合一平灰並	bei⁴³³	bɛ⁴³³	bei⁴³³	甜咸开四平添定	diɛ⁴³³	diɛ̃⁴³³	diɛ⁴³³
灰蟹合一平灰晓	xuei³²⁴	fei³²⁴	xuei³²⁴	剪山开三上狝精	tɕiɛ⁴⁴⁵	tɕiɛ̃²¹²	tɕiɛ⁴⁴⁵
飞止合三平微非	fi³²⁴	fei³²⁴	fi³²⁴	生梗开二平庚生	sɛ³²⁴	sɛ̃³²⁴	sɛ³²⁴
肥止合三平微奉	vi⁴³³	vei⁴³³	vi⁴³³	争梗开二平耕庄	tsɛ³²⁴	tsɛ̃³²⁴	tsɛ³²⁴
高效开一平豪见	kɯ³²⁴	kəi³²⁴	kɯ³²⁴	横梗合二平庚匣	uɛ⁴³³	uɛ̃⁴³³	uɛ⁴³³
好效开一上皓晓	xəɯ⁴⁴⁵	xəi²¹²	xəɯ⁴⁴⁵	凉宕开三平阳来	liã⁴³³	liã⁴³³	liã⁴³³
毛效开一平豪明	mɔ⁴³³	mɔ⁴³³	mɔ⁴³³	想宕开三上养心	ɕiã⁴⁴⁵	ɕiã²¹²	ɕiã⁴⁴⁵
饱效开二上巧帮	pɔ⁴⁴⁵	pɒ²¹²	pɔ⁴⁴⁵	羊宕开三平阳以	iã⁴³³	iã⁴³³	iã⁴³³
笑效开三去笑心	tɕʰiɔ⁵²	tɕʰiɒ²⁴	tɕʰiɔ⁵²	角江开二入觉见	kəʔ⁵	koʔ⁵	kəʔ⁵
鸟效开四上篠端	tiɔ⁴⁴⁵	tiɒ²¹²	tiɔ⁴⁴⁵	壳江开二入觉溪	kʰəʔ⁵	kʰoʔ⁵	kʰəʔ⁵
豆流开一去候定	dəɯ²³¹	dəi²³¹	dəɯ²³¹	屋通合一入屋影	əʔ⁵	uəʔ⁵	uəʔ⁵

表 1-5　城内话、新塘腔、竹客腔连读调比较表

例词	城内话	新塘腔	竹客腔
黄瓜	$\tilde{ɔ}^{433\text{-}43}\text{ko}^{324}$	$\tilde{ɔ}^{433\text{-}22}\text{ko}^{324}$	$\tilde{ɔ}^{433\text{-}43}\text{ko}^{324}$
老师	$\text{lɒ}^{223\text{-}43}\text{sɿ}^{324}$	$\text{lɒ}^{223\text{-}22}\text{sɿ}^{324}$	$\text{lɔ}^{223\text{-}43}\text{sɿ}^{324}$
老大排行第一的人	$\text{lɔ}^{223\text{-}43}\text{do}^{231}$	$\text{lɒ}^{223\text{-}22}\text{do}^{231}$	$\text{lɔ}^{223\text{-}43}\text{do}^{231}$
地方	$\text{di}^{231\text{-}43}\text{fɔ̃}^{324}$	$\text{di}^{231\text{-}22}\text{fɔ̃}^{324}$	$\text{di}^{231\text{-}43}\text{fɔ̃}^{324}$
辣椒	$\text{lɑʔ}^{23\text{-}43}\text{tɕiɔ}^{324}$	$\text{lɑʔ}^{23\text{-}2}\text{tɕiɒ}^{324}$	$\text{lɑʔ}^{23\text{-}43}\text{tɕiɔ}^{324}$
十六	$\text{zəʔ}^{23\text{-}43}\text{ləʔ}^{23}$	$\text{zəʔ}^{23\text{-}2}\text{ləʔ}^{23}$	$\text{zəʔ}^{23\text{-}43}\text{ləʔ}^{23}$

(2) 词汇差异

城内话与新塘腔、竹客腔在词汇方面也有一些差异。例如：

① 串门儿，城内说"嬉"[sɿ^{324}]，新塘腔、竹客腔都说"搞"，读音分别是[kɒ^{212}][kɔ^{445}]。

② 妈妈面称，城内说"姆妈"[$\text{m̩}^{\text{-}55}\text{ma}^{52\text{-}0}$]，新塘腔、竹客腔说"娘"[$\text{ȵiã}^{433}$]。

③ 哪里，城内话、竹客腔说"直═埯"[$\text{dziəʔ}^{23}\text{tɑʔ}^{5}$]，新塘腔说"切═埯"[$\text{tɕʰiəʔ}^{5}\text{tɑʔ}^{5\text{-}0}$]。

④ 谁，城内话、竹客腔说"直═人"[$\text{dziəʔ}^{23}\text{nin}^{433\text{-}52}$]，新塘腔说"直═个"[$\text{dziəʔ}^{23}\text{ka}^{24\text{-}0}$]。

⑤ 这么（那么），城内话、竹客腔说"杂═"[zɔ^{223}]，新塘腔说"阿═"[ɑʔ^{5}]。

⑥ 近指语素，城内话是"爱═"[$\text{ei}^{\text{-}55}$]或"阿═"[ɑʔ^{5}]，新塘腔、竹客腔是"乙═"[iəʔ^{5}]。如"这会儿"，城内说"爱═记"[$\text{ei}^{\text{-}55}\text{tsɿ}^{52\text{-}0}$]或"阿═记"[$\text{ɑʔ}^{5\text{-}4}\text{tsɿ}^{52}$]，新塘腔、竹客腔说"乙═记"[$\text{iəʔ}^{5}\text{tsɿ}^{0}$]。

⑦ 远指语素，城内话是"夺═"[dəʔ^{23}]或"特═"[diəʔ^{23}]，新塘腔、竹客腔是"阿═"[ɑʔ^{5}]。如"那会儿"，城内说"夺═记"[$\text{dəʔ}^{23\text{-}2}\text{tsɿ}^{52}$]或"特═记"[$\text{diəʔ}^{23\text{-}2}\text{tsɿ}^{52}$]，新塘腔、竹客腔说"阿═记"[$\text{ɑʔ}^{5}\text{tsɿ}^{0}$]。

⑧ 在介词，城内说"徛"[gei^{223}]或"勾"[tɕiɯ^{324}]，新塘腔、竹客腔只

说"徛"[gei²²³]。

另据发音人告知,同属竹客腔的顶头、丁鸟等自然村①"我"读音[dzʲiɔ̃⁴³³]、"你"读音[dzʲin⁴³³]。陈忠敏(1996)指出:"上海地区的许多地方,前缀'是'会跟后接代词词干合音"。南部吴语也有此现象,例如:婺州片方言义乌话"我"说"[是侬]"[dzʲioŋ²¹³]。(施俊:2021)我们认为顶头、丁鸟的人称代词"我""你"分别来自"是我""是你"的合音。

为了进一步明晰新塘腔、竹客腔与周边方言的关系,我们将之与遂昌话、松阳话进行比较,遂昌话、松阳话语料来自《中国语言资源集·浙江》(2023)对遂昌、松阳县城话的记录②。新塘腔、竹客腔与城内话有差异的词,大部分接近遂昌话、松阳话的说法。具体见表1-6。

表1-6 城内话、新塘腔、竹客腔、遂昌话、松阳话词汇比较表

普通话	城内话	新塘腔	竹客腔	遂昌话	松阳话
爷爷	爷爷 ia⁴³³⁻²² ia⁴³³⁻⁵²	公 kən³²⁴⁻⁵²	公 kən³²⁴⁻⁵²	公 kəŋ⁴⁵	公公 kəŋ³³ kəŋ²⁴
奶奶	妈妈 ma⁵²⁻⁴⁴ ma⁵²	老婆 lɔ²²³⁻²² mei³²⁴⁻⁵²	老婆 lɔ²²³⁻²² mei³²⁴⁻⁵²	妈 mɒ⁴⁵	嬷嬷 muə³³ muə²⁴
早晨	五更 ŋ²²³⁻⁴³ kɛ³²⁴	天光 tʰie³²⁴⁻⁴⁴ kɔ̃³²⁴	天光 tʰie³²⁴⁻⁴⁴ kɔ̃³²⁴	天光早 tʰiẽ³³ kəŋ⁴⁵ tsɐɯ⁵³³	天光早 tʰiẽ³³ kɔŋ²⁴⁵ tsʌ²¹²
抽屉	推柜 tʰei³²⁴⁻³² dzy²³¹	拔篓 baʔ²³⁻² lə²³	推柜 tʰei³²⁴⁻³² dzy²³¹	屉篓 tʰəɯʔ⁵ ləɯ²³	柜桌格 dzy²¹ tioʔ³ kaʔ⁵
叫	讴 ɔ³²⁴	喊 xã²⁴	喊 xã⁵²	讴 ɐɯ⁴⁵	喊 xɔ̃²⁴
拎用手抓着拎	□dzya²²³	攌 guã²²³	攌 guã²²³	攌 guaŋ¹³	攌 guɔ̃²²
担	担 tã³²⁴	擜 gəʔ²³	担 tã³²⁴	擜 gɛʔ²³	担 tɔ̃⁵³

---

① 这两个自然村现已下山脱贫,丁鸟村迁至柳城镇丰产村,顶头村分散居住在武义各地。
② 原著的近指语素"乙"右上角无同音字标记"=",本书为了统一,"乙"右上角加标"="。

续表

普通话	城内话	新塘腔	竹客腔	遂昌话	松阳话
这个	爱＝个 ei⁻⁵⁵ka⁵²⁻⁰ 阿＝个 aʔ⁵⁻⁴ka⁵²	乙＝个 iəʔ⁵ka²⁴⁻⁰	乙＝个 iəʔ⁵ka⁵²⁻⁰	乙＝个 iʔ⁵kei⁰	乙＝个 iʔ⁵ki⁰
那个	夺＝个 dəʔ²³⁻²ka⁵² 特＝个 diəʔ²³⁻²ka⁵²	阿＝个 ɑʔ⁵ka²⁴⁻⁰	阿＝个 ɑʔ⁵ka⁵²⁻⁰	许个 xaʔ⁵kei⁰	轭＝个 aʔ³ki⁰
这里	爱＝塆 ei⁻⁵⁵tɑʔ⁵⁻⁰ 阿＝塆 aʔ⁵⁻⁴tɑʔ⁵	乙＝塆 iɛʔ⁵tɑʔ⁵⁻⁰	乙＝塆 iɛʔ⁵tɑʔ⁵⁻⁰	乙＝荡 iʔ⁵dɔŋ¹³	乙＝塆 iʔ³tɑʔ⁵
那里	夺＝塆 dəʔ²³⁻²tɑʔ⁵ 特＝塆 diəʔ²³⁻²tɑʔ⁵	阿＝塆 ɑʔ⁵tɑʔ⁵⁻⁰	阿＝塆 ɑʔ⁵tɑʔ⁵⁻⁰	许荡＝ xaʔ⁵dɔŋ¹³	轭＝塆 aʔ³tɑʔ⁵
些	勒 ləʔ⁵²	些 səʔ⁵	些 səʔ⁵	些 sɛʔ⁵	些 sɛʔ⁵
很	险 ɕiɛ⁴⁴⁵（后置） 猛 mẽ²²³（后置）	险 ɕiɛ²¹²（后置）	险 ɕiɛ⁴⁴⁵（后置）	险 ɕiɛ⁵³³（后置）	险 ɕiɛ²¹²（后置）

三、宣平境内方言比较

宣平境内除了南部吴语还有畲话、客家话。下面我们简要梳理一下三种方言的主要差异。

1. 畲话、客家话古全浊声母字今读全部清化，这是畲话、客家话与南部吴语比较显著的差异。古全浊声母字，畲话今读清塞音、塞擦音部分送气，部分不送气，客家话今读基本都送气。例如：

"平"的声母：宣平话[b]｜畲话、客家话[pʰ]

"豆"的声母：宣平话[d]｜畲话、客家话[tʰ]

"厚"的声母：宣平话[g]｜畲话[k]；客家话[kʰ]

"虫"的声母：宣平话[dʑ]｜畲话、客家话[tɕʰ]

2. 客家话有部分来母字读声母[t]，宣平话、畲话来母字基本读[l]。例如：

"绿""凉"的声母：宣平话、畲话[l]｜客家话[t]

3. 客家话有部分书母、禅母、生母、晓母字读声母[f]，宣平话、畲话无此特征。例如：

"水""刷""血"的声母：宣平话、畲话[ɕ]｜客家话[f]

"睡"的声母①：宣平话[z]｜客家话[f]

4. 客家话多以"哩"作为名词后缀，相当于普通话"子"，宣平话、畲话无此后缀。

5. 畲话多以"崽"作为表小的后缀，客家话多以"子"作为表小的后缀，宣平话多是前加形容词"小"表小，少数后加"儿"作为表小的后缀。

下面我们通过部分常用词来比较宣平话、畲话、客家话之间的差异，见表 1-7。

表 1-7　宣平话、畲话、客家话常用词比较表

普通话	宣平话	畲话	客家话	普通话	宣平话	畲话	客家话
今天	今日	今晡	今朝	辣椒	辣椒	辣椒	番椒
明天	明日	□tʰan³⁵头	天光	柴	柴	柴	樵
后天	后日	□xɔn²¹晡	后日	粥	粥	糜	粥
上午	午前	眼₌头	上早	衣服	衣裳	衫	衫
中午	午晡	日昼	昼边	绳子	绳	绳	索子
晚上	乌日	暗晡	夜晡	扫帚	地帚	秆扫	秆扫
天亮	天亮	天皓	天光	鼻子	鼻头	鼻洞	鼻公
开水	开水	沸水	滚水	螃蟹	蟹	老蟹	蟹公

---

① 睡觉，畲话只说"睏"[fun⁴²]；客家话只说"睡"[fei²⁴]；宣平话，一般说"睏"[kʰuə⁵²]，但"午睡"说[n²²³⁻⁴³zei²³¹]，"睡"音[zei²³¹]。

续 表

普通话	宣平话	畲 话	客家话	普通话	宣平话	畲 话	客家话
蛇	蛇	蛇	蛇哩	卖	卖	换	卖
牛	牛	牛	牛哩	走	走	行	行
母牛	牛娘	牛娘	牛嬢	逃	逃	走	逃
小猪	细猪/细猪儿/猪儿	猪崽	猪子	跑	起	走	飚
				骂	謷	骂	骂
鸡	鸡	鸡	鸡哩	哭	叫	叫	喥
公鸡	雄鸡	鸡公	鸡公	陡	竖	崎	崎
割稻子	割稻	割禾	割谷	儿子	儿	崽	儿哩
吃	吃	食	食	女儿	囡	女	女哩
闻	喷=	鼻	鼻	女婿	郎	女婿	郎婿
用	用	使	用	丈夫	老官	丈夫	老公
游玩	嬉	嫽	嫽	妻子	老嬢	夫娘	老婆
抱	□dzia⁴³³	□tsʰon³⁵	揽	大家	大齐	大利=	大家
买	买	换	买	谁	直=人	哪个	么人

第三节 发音人信息与体例说明

本书以城内话作为宣平话的研究主体,所记录的语料基本来自城内,"内山腔""上角腔""下角腔""下乡腔""西向源头"的宣平话以及客家话着重于与"城内话"的差异比较。第七章重点研究畲话。

一、发音人信息

本书主要发音人的信息见表1-8。

表 1-8　发音人信息表

地点	姓名	出生年份	文化程度	职业	调查内容
柳城畲族镇县前村	何新海	1956	初中	农民	宣平话
柳城畲族镇县后村	何献云	1965	高中	商人	宣平话
柳城畲族镇后塘畈村	陈周鹤	1997	大学	展教员	宣平话
柳城畲族镇新塘村苏宅自然村	苏国林	1952	中专	医生	宣平话
柳城畲族镇竹客村江坑自然村	曾伟林	1958	初中	医生	宣平话
西联乡章溪村章五里自然村	钱方规	1941	文盲	农民	宣平话
俞源乡凡岭脚村	祝洪贵	1939	小学	农民	宣平话
柳城畲族镇车门村下湖源自然村	雷森河	1952	中专	医生	宣平话、畲话
三港乡曳源村双村自然村	张国贤	1949	小学	农民	宣平话、客家话
桃溪镇红四村子坑自然村	邹祥明	1935	文盲	农民	客家话

二、体例说明

1. 写不出本字又无同音字可写的音节用"□"表示。例如：□壳 $_{\text{不饱满的籽粒}}$ x$\tilde{a}^{445\text{-}44}$ k^{h}ə?^5。

2. 字的右上角标"="，表示该字为同音字。例如：分$^=$ $_{\text{猪食}}$ fən^{324}。为方便阅读，少数常用字用同音字替代时不标"="号。例如：刷直 $_{\text{笔直}}$ ɕyə?^5 dʑiə?^{23} 中的"刷"。

3. 小称词末尾的"儿"用小字。例如：馃$_\text{儿}$ ku$\tilde{a}^{445}$。

4. 一律在音节的右上角用数字表示调值，轻声调值标作"0"。例如：麦 ma?^{23} ｜ 了$_\text{助词}$ la?^0。

5. 音节中的"-"表示后一音节是连读音值，仅表连读调时"-"上标。例如：耳朵 n̩$^{223\text{-}22}$ to^{445}。若声母也发生变化，单字声母和实际读音用"-"连接，实际读音在后，"-"不上标。例如：茶叶 dz-tso$^{433\text{-}44}$ iə?^{23}。

6. 若字的本调不明，仅有小称调或连读调，则在实际读音前加上标"-"。例如：陈$^=$ 梨$_\text{猕猴桃}$ dzən$^{\text{-}22}$ li^{433}。

7. 单字下加单横线表示白读音，下加双横线表示文读音。例如第二章韵母表，第三章古今语音比较表。

8. 注释、释义一般用小一号字体表示，并在例子里用"～"表示原字。例如：半暝半夜 pə$^{52\text{-}55}$ mɛ$^{231\text{-}0}$ ｜ 细 ɕia^{52}：～人小孩。

9. "｜"表示并列的例子。例如：日间白天 nə^{23} kã$^{324\text{-}0}$ ｜ 落来下来 lə^{23} lei$^{433\text{-}0}$。

10. "/"表示或者。

（1）在文白读中，"/"前为白读音，"/"后为文读音。例如：贵 tɕy^{52} 指价格/kuei^{52} 名字。

（2）若词目有又读，用"/"连接各又读的读音，表示前后读音可以互换，不改变意义。例如：哪杂⁼怎么,怎样 nə$^{223\text{-}22}$ zə^{223} /nɕiɛ$^{223\text{-}22}$ zə^{223}。

（3）用"/"隔开又说的语法例句。例如：渠付我廿块钞票。/渠付乞我廿块钞票。（他付给我二十元钱。）

11. 音标前上标"﹡"，表示该词无此读音。例如：黄历﹡ɔ̃$^{433\text{-}43}$ liəʔ^{23}。句子前上标"﹡"，表示该句子不合语法。

12. 其他体例从俗或随文说明。

第二章
音 系

第一节 声韵调系统

一、声母

宣平话有 28 个声母(包括零声母)。见表 2-1。

表 2-1 宣平话声母表

p 八兵半	pʰ 派片票	b 病爬白	m 麦明问	f 飞风副	v 饭房服
t 多冬竹	tʰ 讨天通	d 甜洞毒	n 脑南奶		l 老蓝路
ts 早真争	tsʰ 菜炒气	dz 茶骑阵		s 丝三山	z 字柴寺
tɕ 酒主九	tɕʰ 清抽春	dʑ 除绳局	ȵ 热年月	ɕ 想双书	ʑ 全谢船
k 高江谷	kʰ 开去客	g 厚衔峡	ŋ 鹅熬硬	x 火好灰	
ø 活县安					

说明:

1. 浊声母的浊感不明显,即"清音浊流",尤其是今读阳平调[433]的浊音声母,与清声母几乎无异。

2. 阳去、阳入零声母音节的起始音有较明显的紧喉摩擦成分。

3. 声母[f][v]有时读成双唇擦音[ɸ][β]。

4. 鼻音、边音实际有两套,一套带紧喉,配阴调(出现在连读调中),可标写为[ʔm][ʔn][ʔȵ][ʔŋ][ʔl];一套带浊流,配阳调,可标写为[ɦm][ɦn][ɦȵ][ɦŋ][ɦl]。紧喉鼻音、边音字数很少,且与带浊流的鼻音、边音互补。为了防止与复辅音混淆,本书对两套鼻音不作区分。

二、韵母

宣平话有 43 个韵母(包括自成音节的[m̩][n̩])。见表 2-2。

表 2-2 宣平话韵母表

ɿ 师丝试戏	i 猪米二飞	u 苦路符副	y 树雨吹岁
a 破赖鞋派	ia 嫁霞写野	ua 怪坏拐快	ya 瘸蹶
ɛ 生打硬梗	iɛ 尖甜棉天	uɛ 歪梗横	
ɔ 宝饱老藕	iɔ 笑钓跳桥		
ə 南半根寸		uə 肝安魂荤	yə 靴丸宣县
o 破过错话	io 靴		
ɯ 去高沟厚	iɯ 牛油久臭		
ei 爱媒美追		uei 惠灰鬼胃	
əɯ 到刀豆走			
ã 兰山万淡	iã 凉酱响羊	uã 官宽弯往	
ɔ̃ 帮方江矿	iɔ̃ 床双龙用		
	in 林紧冰姓		
ən 镇心深东		uən 棍滚稳混	yən 春云串穷
aʔ 百白客麦	iaʔ 湿撒尺鹊	uaʔ 划计~	
ɑʔ 塔鸭八袜		uɑʔ 阔活滑刮	
əʔ 盒十虱北	iɛʔ 接急热药	uəʔ 割国骨	yəʔ 月出绿局
m̩ 姆~妈			
n̩ 五午			

说明:

1. 韵母[u]舌位偏低,开口度略大。

2. 韵母[o]有时有变小的动程,实际音值为[oᵘ]。

3. 韵母[ei][uei]中的元音[i]舌位偏低,实际音值为[ɪ]。

4. 韵母[ɔ][iɔ]中的元音[ɔ]舌位略偏低。

5. 韵母[ɛ][iɛ][uɛ]中的元音[ɛ]舌位偏高,实际音值为[E]。

6. 韵母[yə][iəʔ][yəʔ]中的元音[ə]比韵母[ə][eu][əʔ][uə]中的元音[ə]舌位偏前。

7. 韵母[əɯ]中的元音[ɯ]舌位偏低。

8. 韵母[iɯ]中间有动程,实际音值为[iɤɯ]。

9. [ã][ɔ̃]两组韵母有轻微[ŋ]尾,有时伴随闭唇动作,但不以[m]音收尾。

10. [ən][in]组韵母中的[n]尾以及自成音节的[n]发音部位偏后,实际音值为[ɲ]。

11. 韵母[yən]读阴去调时元音[ə]较弱。

12. 韵母[aʔ][iaʔ]中的元音[a]舌位略偏高。

13. 韵母[ɑʔ][uɑʔ]中元音[ɑ]舌位偏央,实际音值接近[A]。

三、声调

宣平话有8个单字调。见表2-3。

表2-3 宣平话声调表

调 类	调 值	例 字
阴平	324	东该灯风通开天春
阳平	433	门龙牛油铜皮糖红
阴上	445	懂古鬼九统苦讨草
阳上	223	买老五有动罪近后
阴去	52	冻怪半四痛快寸去
阳去	231	卖路硬乱洞地饭树
阴入	5	谷百搭节急拍塔刻
阳入	23	六麦叶月夺白盒罚

说明：

1. 阴平[324]为先略降后升的曲折调，降不明显，以升为主。

2. 阳平[433]先降后平，有时尾部略升，实际调值近[434]。

3. 阴上[445]先发半高平后尾部升。

4. 阳上[223]先发半低平后尾部升，有时升幅略大，接近[224]。

5. 阴去[52]为高降调，有时降幅不够大，时值较短，实际调值为[53]。

6. 阳去[231]为先略升后降的曲折调，升不明显，以降为主，音值整体较低。

7. 阴入[5]为高短调，有时促感较弱。

8. 阳入[23]有时促感较弱，且升幅较大，实际音值为[24]。

第二节　声韵配合关系

宣平话的声韵配合具有以下特点：

1. 韵母[ɿ][ɯ][ioʔ]不能自成音节，只能与辅音声母相拼。[m̩][n̩]不能与任何辅音声母相拼。

2. 声母[p pʰ b m]、[t tʰ d]、[ts tsʰ dz s z]能与开口呼、齐齿呼相拼，与合口呼韵母相拼仅限于单韵母[u]，不能与撮口呼韵母相拼。

3. 声母[f v]，能与开口呼相拼，与齿齿呼韵母相拼仅限于单韵母[i]，与合口呼韵母相拼仅限于单韵母[u]，不能与撮口呼韵母相拼。

4. 声母[n][ȵ]基本形成互补，除"人~家""能~够"[nin⁴³³]、"呢语气词"[niº]外，[n]只能与开口呼、合口呼韵母相拼，[ȵ]只能与齐齿呼、撮口呼韵母相拼。

5. 声母[l]能与四呼相拼。

6. 声母[tɕ tɕʰ dʑ ȵ ɕ z]只能与齐齿呼、撮口呼韵母相拼，不能与开口呼、合口呼韵母相拼。

7. 声母[k kʰ g ŋ x]只能与开口呼、合口呼韵母相拼，不能与齐齿呼、撮口呼韵母相拼。其中声母[k kʰ g]不与韵母[əɯ]相拼，但能与韵母[ɯ]相拼，声母[ŋ x]不与韵母[ɯ]相拼，但能与[əɯ]相拼，两者形成互补，本书分开记作[ɯ][əɯ]两个韵母。

宣平话的主要声韵配合关系见表2-4。

表2-4 宣平话声韵配合表

		p pʰ b m	f v	t tʰ d	n	l	ts tsʰ dz s z	tɕ tɕʰ dʑ ɲ ɕ	k kʰ g	ŋ x	∅
开口呼	ɿ	－	－	－	－	＋	－	－	－	－	－
	a	＋	－	＋	＋	＋	＋	－	＋	＋	＋
	ɛ	＋	－	＋	＋	＋	＋	－	＋	＋	＋
	ɔ	＋	－	＋	＋	＋	＋	－	＋	＋	＋
	ə	＋	－	＋	＋	＋	＋	－	＋	＋	＋
	o	＋	－	＋	＋	＋	＋	－	＋	＋	＋
	ɯ	－	－	－	－	－	－	－	＋	－	－
	ei	＋	－①	＋	＋	＋	＋	－	＋	＋	＋
	ɯe	＋	＋	＋	－	＋	＋	－	＋	＋	＋
	ã	＋	＋	＋	＋	＋	＋	－	＋	＋	＋
	ɔ̃	＋	＋	＋	＋	＋	＋	－	＋	＋	＋
	ən	＋	＋	＋	＋	＋	＋	－	＋	＋	＋
	aʔ	＋	＋	＋	＋	＋	＋	－	＋	＋	＋
	ɑʔ	＋	＋	＋	＋	＋	＋	－	＋	＋	＋
	əʔ	＋	＋	＋	＋	＋	＋	－	＋	＋	＋
	m̩	－	－	－	－	－	－	－	－	－	＋
	n̩	－	－	－	－	－	－	－	－	－	＋
齐齿呼	i	＋	＋	＋	－②	＋	－	＋	－	－	＋
	ia	－	－	＋	＋	＋	－	＋	－	－	＋
	iɛ	＋	－	＋	＋	＋	－	＋	－	－	＋
	iɔ	＋	－	＋	＋	＋	－	＋	－	－	＋

---

① 合音字"𫧃不会"[fei⁵²]例外。
② 语气词"呢"[ni⁰]例外。

续 表

		p pʰ b m	f v	t tʰ d	n	l	ts tsʰ dz s z	tɕ tɕʰ dʑ ɲ ɕ z	k kʰ g	ŋ x	∅
齐齿呼	io	—	—	—	—	—	—	+	—	—	—
	iɯ	—	—	—	—	+	—	+	—	—	+
	iã	—	—	+	—	+	—	+	—	—	+
	iɔ̃	—	—	+	—	+	—	+	—	—	+
	in	+	—	+	+	+	—	+	—	—	+
	iaʔ	—	—	—	—	—	—	+	—	—	—
	iəʔ	+	—	+	—	+	—	+	—	—	+
合口呼	u	+	+	+	+	+	+	—	+	+	+
	ua	—	—	—	—	—	—	—	+	+	+
	uɛ	—	—	—	—	—	—	—	+	+	+
	uə	—	—	—	—	—	—	—	+	+	+
	uei	—	—	—	—	—	—	—	+	+	+
	uã	—	—	—	—	—	—	—	+	+	+
	uən	—	—	—	—	—	—	—	+	+	+
	uaʔ	—	—	—	—	—	—	—	+	—	+
	uɑʔ	—	—	—	—	—	—	—	+	+	+
	uəʔ	—	—	—	—	—	—	—	+	+	+
撮口呼	y	—	—	—	—	+	—	+	—	—	+
	ya	—	—	—	—	—	—	+	—	—	+
	yə	—	—	+	—	—	—	+	—	—	+
	yən	—	—	—	—	—	—	+	—	—	+
	yəʔ	—	—	+	—	+	—	+	—	—	+

第三节 连 读 变 调

一、两字组广用式连读变调

(一) 宣平话两字组广用式连读变调规律

宣平话两字组广用式连调规律见表 2-5。首列为前字本调,首行为后字本调。表中各栏两字组的实际声调用"-"相隔,"-"前是前字连读调,"-"后是后字连读调。

表 2-5 宣平话两字组广用式连读变调规律表

	阴平 324	阳平 433	阴上 445	阳上 223	阴去 52	阳去 231	阴入 5	阳入 23
阴平 324					32-52	32-231		
阴上 445	44-324	44-433	44-445	44-223			44-5	44-23
阴去 52					44-52	44-231		
阴入 5	4-324	4-433	4-445	4-223	4-52	4-231	4-5	4-23
阳平 433					43-52		43-5	
阳上 223	43-324	22-433	22-445	22-223		43-231		43-23
阳去 231					22-52		22-5	
阳入 23	43-324	2-433	2-445	2-223	2-52	43-231	2-5	43-23

(二) 宣平话两字组广用式连读调的特点

1. 属于典型的前变型,前字变,后字基本不变(轻声词、小称词除外)。

2. 阴调与阳调内部各自的变调调值趋向非常一致。

(1) 半高平[44]调是阴调类舒声的连读调,半高短促[4]调是阴入的连读调。其中,[44]调也是宣平话的半阴上调。例如:

前字阴平[324]→[44]:乌猪_{黑猪} u$^{324\text{-}44}$ ti^{324} | 星期 ɕin$^{324\text{-}44}$ dzๅ^{433}

前字阴上[445]→[44]：水田 ɕy⁴⁴⁵⁻⁴⁴ diɛ⁴³³ ｜ 姊妹_{姐妹} tsɿ⁴⁴⁵⁻⁴⁴ mei²³¹

前字阴去[52]→[44]：太公 tʰa⁵²⁻⁴⁴ kən³²⁴ ｜ 菜秧_{菜苗} tsʰei⁵²⁻⁴⁴ iã³²⁴

前字阴入[5]→[4]：北风 pəʔ⁵⁻⁴ fən³²⁴ ｜ 雪毛_{小雪} ɕiəʔ⁵⁻⁴ mɔ⁴³³

（2）[43]调和[22]调是阳调类舒声的连读调，短促[43]调和[2]调是阳入的连读调。其中，[43]调是宣平话的半阳平调，[22]调是宣平话的半阳上调，[2]调是宣平话的半阳入调。具体词例见下文。

3.阴调与阳调各自的连读调分化条件较为统一。

（1）后字阴去、阳去时，阴调类前字有另外的变读。

① 阴调类舒声前字大多变作[44]调，但当后字是阴去、阳去时，所有的阴平[324]前字都读只降不升的半阴平[32]调。例如：

前字阴平[324]→[44]（后字非阴去、阳去）：

天下 tʰiɛ³²⁴⁻⁴⁴ ia²²³ ｜ 猪栏 ti³²⁴⁻⁴⁴ lã⁴³³

前字阴平[324]→[32]（后字阴去、阳去）：

天气 tʰiɛ³²⁴⁻³² tsʰɿ⁵² ｜ 猪料_{猪吃的食材} ti³²⁴⁻³² liɔ²³¹

② 阴调类入声前字大多变作[4]调，但当后字是阴去、阳去时，部分阴入前字仍读原调[5]，后字读轻声。具体见下文轻声分析。

（2）阳调类前字舒声有连读调[43]和[22]，入声有短促连读调[43]和[2]，后字调类是阳调类前字连读调分化为两类的条件。例如前字阳上、阳去、阳入：

前字阳上[223]→[43]（后字阴平、阳去、阳入）：

社区 ʑia²²³⁻⁴³ tɕʰy³²⁴ ｜ 被面 bi²²³⁻⁴³ miɛ²³¹ ｜ 后日 əɯ²²³⁻⁴³ nəʔ²³

前字阳去[231]→[43]（后字阴平、阳去、阳入）：

面包 miɛ²³¹⁻⁴³ pɔ³²⁴ ｜ 电话 diɛ²³¹⁻⁴³ o²³¹ ｜ 大学 da²³¹⁻⁴³ əʔ²³

前字阳入[23]→[43]（后字阴平、阳去、阳入）：

落山_{下山} ləʔ²³⁻⁴³ sã³²⁴ ｜ 月亮 n̠yəʔ²³⁻⁴³ liã²³¹

绿石_{萤石} lyəʔ²³⁻⁴³ ʑiəʔ²³

前字阳上[223]→[22]（后字非阴平、阳去、阳入）：

稻田 dɔ²²³⁻²² diɛ⁴³³ ｜ 冷水 lɛ²²³⁻²² ɕy⁴⁴⁵ ｜ 晚稻 mã²²³⁻²² dɔ²²³ ｜

懒汉 lã²²³⁻²² xuə⁵² ｜ 岭脚 lin²²³⁻²² tɕiəʔ⁵

前字阳去[231]→[22]（后字非阴平、阳去、阳入）：

  大棚 do$^{231\text{-}22}$ bən^{433} ｜ 露水 lu$^{231\text{-}22}$ ɕy^{445} ｜ 大雨 do$^{231\text{-}22}$ y^{223} ｜

  事干 zɿ$^{231\text{-}22}$ kuə^{52} ｜ 大雪 da$^{231\text{-}22}$ ɕiəʔ^{5}

前字阳入[23]→[2]（后字非阴平、阳去、阳入）：

  热头_太阳_ ȵiəʔ$^{23\text{-}2}$ dəɯ^{433} ｜ 热水 ȵiəʔ$^{23\text{-}2}$ ɕy^{445} ｜ 落雨_下雨_ ləʔ$^{23\text{-}2}$ y^{223} ｜

  药店 iəʔ$^{23\text{-}2}$ tiɛ^{52} ｜ 鹁鸪_鸽子_ bəʔ$^{23\text{-}2}$ kəʔ^{5}

阳平读连读调[43]与[22]的分化条件与其他阳调类字略有差异。在阴平[324]、阴去[52]、阳去[231]以及入声[5][23]字前，读[43]调；在阳平[433]、阴上[445]、阳上[223]字前，读[22]调。例如：

前字阳平[433]→[43]：

  栏杆 lã$^{433\text{-}43}$ kuə^{324} ｜ 田畈_田野_ diɛ$^{433\text{-}43}$ fã^{52} ｜ 皮蛋 bi$^{433\text{-}43}$ dã^{231}

  皮夹 bi$^{433\text{-}43}$ kɑʔ^{5} ｜ 同学 dən$^{433\text{-}43}$ əʔ^{23}

前字阳平[433]→[22]：

  眉毛 mi$^{433\text{-}22}$ mɔ^{433} ｜ 雷笋 lei$^{433\text{-}22}$ sən^{445} ｜ 传染 dʑyə$^{433\text{-}22}$ ȵiɛ^{223}

4. 词汇成分、语法结构不影响变调规律，偏正结构、动宾结构、动补结构（趋向动补读轻声除外，见轻声分析）等结构基本按照同一规律变调。例如：

动 宾 结 构	非动宾结构
车洞_钻洞_ tɕʰia$^{324\text{-}32}$ dən^{231}	车站 tɕʰia$^{324\text{-}32}$ dzã^{231}
骑车 dzɿ$^{433\text{-}43}$ tɕʰia^{324}	煤车 mei$^{433\text{-}43}$ tɕʰia^{324}
起身 tsʰɿ$^{445\text{-}44}$ sən^{324}	火车 xo$^{445\text{-}44}$ tɕʰia^{324}
动手 dən$^{223\text{-}22}$ ɕiɯ^{445}	老手 lɔ$^{223\text{-}22}$ ɕiɯ^{445}
放心 fã$^{52\text{-}44}$ sən^{324}	背心 pei$^{52\text{-}44}$ sən^{324}
念经 ȵiɛ$^{231\text{-}43}$ tɕin^{324}	路边 lu$^{231\text{-}43}$ piɛ^{324}
杀猪 sɑʔ$^{5\text{-}4}$ ti^{324}	北风 pəʔ$^{5\text{-}4}$ fən^{324}
落车_下车_ ləʔ$^{23\text{-}43}$ tɕʰia^{324}	律师 liəʔ$^{23\text{-}43}$ sɿ^{324}

（三）宣平话两字组广用式连读调的例外

1. 宣平话连读调的例外主要是阳平前字。

阳平在阴上、阳上、和入声字前有部分词语读[44]调，与阴调类舒声的连读调混同。具体情况见如下分析。

(1) 阳平在部分阴上[445]、阳上[223]、入声[5][23]字前,变调规律与阴调类的舒声相同,变读为[44]调。例如:

前字阳平[433]→[44]:红纸 ən$^{433\text{-}44}$ tsʅ^{445} | 洋瓦$_{机制的瓦片}$ iɑ̃$^{433\text{-}44}$ ŋo^{223}

毛竹 mɔ$^{433\text{-}44}$ tyəʔ^{5} | 蝴蝶 u$^{433\text{-}44}$ diə^{23}

(2) 阳平在阴上[445]、阳上[223]字前连读调是[22]还是[44],在入声[5][23]字前连读调是[43]还是[44],没有规律可循,且有些词不同发音人有不同的处理。例如:

农历 nən$^{433\text{-}43}$ liəʔ^{23}/农历*nən$^{433\text{-}44}$ liəʔ^{23}(不同发音人都认为:"农"只能读连读调[43])

黄历 ɔ̃$^{433\text{-}44}$ liəʔ^{23}/黄历*ɔ̃$^{433\text{-}43}$ liəʔ^{23}(不同发音人都认为:"黄"只能读连读调[44])

阳历 iɑ̃$^{433\text{-}44}$ liəʔ^{23}/阳历*iɑ̃$^{433\text{-}43}$ liəʔ^{23}(不同发音人都认为:"阳"只能读连读调[44])

河北 o$^{433\text{-}43}$ pəʔ^{5}/河北 o$^{433\text{-}44}$ pəʔ^{5}(两种情况都存在)

湖北 u$^{433\text{-}43}$ pəʔ^{5}/湖北 u$^{433\text{-}44}$ pəʔ^{5}(两种情况都存在)

(3) 古次浊平、古全浊平今读阳平调的字都会都串到阴调类读[44]连读调。例如:

朋友 b-pən$^{433\text{-}44}$ iɯ^{223} | 茶籽$_{油茶}$ dz-tso$^{433\text{-}44}$ tsʅ^{445} | 茶叶 dz-tso$^{433\text{-}44}$ iəʔ^{23}

头发 d-təu$^{433\text{-}44}$ fɑʔ^{5} | 礧壳$_{岩石}$ d-tɑ̃$^{433\text{-}44}$ kʰəʔ^{5} | 虫卵 dz-tɕyən$^{433\text{-}44}$ lən^{223}

2. 有少数阴调类词读阳调类的连读调。例如:

警察 tɕ-dʑin$^{445\text{-}22}$ tsʰɑʔ^{5} | 中旬 tɕ-dʑyən$^{324\text{-}22}$ ɕyən^{52}

3. 当连读调出现阴阳调类串调时,原来的全浊声母也同时转换为相应的不送气清声母,原来的不送气清声母也同时转换为相应的全浊声母。具体例词见上。目前调查暂未发现送气清声母读相应全浊声母的例词。

(四) 宣平话两字组广用式连读调举例

宣平话两字组广用式连读调举例见表 2-6。首列为前字本调,首行为后字本调。表中各栏两字组的实际声调用"-"相隔,"-"前是前字连读调,"-"后是后字连读调。同一两字组若有两种以上的变调,则以横线分隔。例字标连读后的实际调值。

表 2-6　宣平话两字组广用式连读调举例

前字＼后字	阴平 324	阳平 433	阴上 445	阳上 223	阴去 52	阳去 231	阴入 5	阳入 23
阴平 324	44 - 324 春分 tɕʰyən⁴⁴ fən³²⁴	44 - 433 清明 tɕʰin⁴⁴ min⁴³³	44 - 445 身体 sən⁴⁴ tʰi⁴⁴⁵	44 - 223 香皂 ɕiã⁴⁴ zɔ²²³	32 - 52 车票 tɕʰia³² pʰiɔ⁵²	32 - 231 车站 tɕʰia³² dzã²³¹	44 - 5 钢笔 kɔ̃⁴⁴ piəʔ⁵	44 - 23 生日 sɛ⁴⁴ nəʔ²³
阳平 433	43 - 324 黄瓜 õ⁴³ ko³²⁴	22 - 433 皮鞋 bi²² a⁴³³	22 - 445 苹果 bin²² ko⁴⁴⁵ / 44 - 445 牙齿 ŋo⁴⁴ tsʰŋ⁴⁴⁵	22 - 223 城市 zin²² zŋ²²³ / 44 - 223 朋友 b-pən⁴⁴ iuɯ²²³	43 - 52 驼背 do⁴³ pei⁵²	43 - 231 名字 min⁴³ zŋ²³¹	43 - 5 成绩 zin⁴³ tɕiʔ⁵ / 44 - 5 头发 d-təɯ⁴⁴ faʔ⁵	43 - 23 农业 nən⁴³ niəʔ²³ / 44 - 23 龙鳖 liə⁴⁴ bəʔ²³
阴上 445	44 - 324 火车 xo⁴⁴ tɕʰia³²⁴	44 - 433 草鞋 tsʰɔ⁴⁴ a⁴³³	44 - 445 水果 ɕy⁴⁴ ko⁴⁴⁵	44 - 223 早米 tsɔ⁴⁴ mi²²³	44 - 52 韭菜 tɕiuɯ⁴⁴ tsʰei⁵²	44 - 231 肯定 kʰən⁴⁴ din²³¹	44 - 5 粉笔 fən⁴⁴ piəʔ⁵	44 - 23 草席 tsʰɔ⁴⁴ ziəʔ²³
阳上 223	43 - 324 老师 lɔ⁴³ sŋ³²⁴	22 - 433 象棋 ziã²² dzŋ⁴³³	22 - 445 稻秆 do²² kuã⁴⁴⁵	22 - 223 稻桶 do²² dən²²³	22 - 52 老气 lɔ²² tsʰŋ⁵²	43 - 231 后面 əɯ⁴³ miɛ²³¹	22 - 5 犯法 vã²² faʔ⁵	43 - 23 技术 dzŋ⁴³ zyəʔ²³
阴去 52	44 - 324 汽车 tsʰŋ⁴⁴ tɕʰia³²⁴	44 - 433 酱油 tɕiã⁴⁴ iuɯ⁴³³	44 - 445 报纸 pɔ⁴⁴ tsŋ⁴⁴⁵	44 - 223 跳舞 tʰiɔ⁴⁴ mo²²³	44 - 52 布裤 pu⁴⁴ kʰu⁵²	44 - 231 算命 sə⁴⁴ min²³¹ / 55 - 0 半暝 pə⁵⁵ me⁰	44 - 5 正式 tɕin⁴⁴ ɕiəʔ⁵	44 - 23 放学 fɔ⁴⁴ əʔ²³ / 55 - 0 四月 sŋ⁵⁵ nyəʔ⁰
阳去 231	43 - 324 地方 di⁴³ fɔ̃³²⁴	22 - 433 大门 do²² mən⁴³³	22 - 445 大水 do²² ɕy⁴⁴⁵	22 - 223 味道 mi²² dɔ²²³	22 - 52 大蒜 da²² sə⁵²	43 - 231 大路 do⁴³ lu²³¹	22 - 5 第一 di²² iəʔ⁵	43 - 23 面食 miɛ⁴³ ziəʔ²³
阴入 5	4 - 324 国家 kuəʔ⁴ ko³²⁴	4 - 433 骨头 kuəʔ⁴ dəɯ⁴³³	4 - 445 刷帚 ɕyəʔ⁴ tɕiuɯ⁴⁴⁵	4 - 223 接受 tɕiəʔ⁴ ziuɯ²²³	4 - 52 织布 tɕiəʔ⁴ pu⁵² / 5 - 0 节气 tɕiəʔ⁵ tsʰŋ⁰	4 - 231 一万 iəʔ⁴ mã²³¹ / 5 - 0 铁路 tʰiəʔ⁵ lu⁰	4 - 5 一百 iəʔ⁴ paʔ⁵	4 - 23 扎实 tsaʔ⁴ zəʔ²³
阳入 23	43 - 324 辣椒 laʔ⁴³ tɕiɔ³²⁴	2 - 433 石头 ziəʔ² dəɯ⁴³³	2 - 445 麦粉 maʔ² fən⁴⁴⁵	2 - 223 活动 uaʔ² dən²²³	2 - 52 力气 liəʔ² tsʰŋ⁵²	43 - 231 绿豆 lyəʔ⁴³ dəɯ²³¹	2 - 5 蜡烛 laʔ² tɕyəʔ⁵	43 - 23 十六 zəʔ⁴³ ləʔ²³

二、轻声

宣平话有些词里的音节（多数是最末音节）或句子里有些词的音，念得又轻又短，这是一种特殊变调现象——轻声。例如：

汉族 xuə$^{52-55}$zəʔ$^{23-0}$ ｜ 下生世_{下辈子} ia$^{223-22}$sɛ$^{324-55}$sʅ$^{52-0}$

笑起讲_{笑着说} tɕʰiɔ$^{52-55}$tɕʰiəʔ^{0}kɔ̃^{445}。

（一）轻声词例

宣平话的轻声词可以分为语法轻声词和习惯轻声词两大类。

1. 语法上读轻声的主要是一些虚词和补语

（1）虚词。例如：

个_的 kə^0 ｜ 了 laʔ^0 ｜ 罢_{相当于"了 2"}baʔ^0 ｜ 把_{概数助词}pu$^{445-0}$ ｜ 哦_吗 faʔ^0 ｜ 噶_{的啊} ka^0 ｜ 欵_呀 ɛ^0 ｜ 嘞_呢 lɛ^0 ｜ 呗_呢 pə^0

（2）一些轻声词与语法结构有关，相当于普通话的补语。例如：

转来_{回来} tyə$^{445-44}$lei$^{433-0}$ ｜ 听着_{听到} tʰin$^{52-55}$dʑiə$^{23-0}$ ｜ 坐起_{坐起来，坐着} zo$^{223-22}$tɕʰiəʔ^0 ｜ 冻去_{着凉} tən$^{52-55}$kʰɯ-xə$^{52-0}$ ｜ 听记_{听一下} tʰin$^{52-55}$tsʅ$^{52-0}$

2. 习惯上读轻声的词

（1）有规律的。例如：

称谓词中的"人"：

中国人 tɕyən$^{324-44}$kuəʔ^{5}nin$^{433-0}$ ｜ 外国人 ua$^{231-22}$kuəʔ^{5}nin$^{433-0}$

城内人_{城里人} zin$^{433-43}$nei^{231}nin$^{433-0}$ ｜ 城外人 zin$^{433-43}$ua^{231}nin$^{433-0}$

乡下人 ɕiã$^{324-44}$ia$^{223-22}$nin$^{433-0}$ ｜ 山头人_{山里人} sã$^{324-44}$dəɯ$^{433-43}$nin$^{433-0}$

农村人 nən$^{433-43}$tsʰə$^{324-32}$nin$^{433-0}$ ｜ 本地人 pə$^{445-44}$di^{231}nin$^{433-0}$

外地人 ua$^{231-43}$di^{231}nin$^{433-0}$ ｜ 外路人 ua$^{231-43}$lu^{231}nin$^{433-0}$

（2）一些轻声词与语法结构无关，仅与组合有关，这些轻声词主要集中在以下 4 个组合。

① 阴去＋阳去：半暝_{半夜} pə$^{52-55}$mɛ$^{231-0}$ ｜ 嫑乐_{不要} fa$^{52-55}$ŋ$^{231-0}$ ｜ 没用 mei$^{52-55}$iõ$^{231-0}$

② 阴去＋阳入：四月 sʅ$^{52-55}$n̠yəʔ$^{23-0}$ ｜ 半日 pə$^{52-55}$nəʔ$^{23-0}$ ｜ 汉族 xuə$^{52-55}$zəʔ$^{23-0}$

③ 阴入＋阴去：铁锈 tʰiəʔ⁵ɕiɯ⁵²⁻⁰ ｜ 福建 fəʔ⁵tɕie⁵²⁻⁰

出数_主要经济来源_ tɕʰyəʔ⁵su⁵²⁻⁰ ｜ 笔记 piəʔ⁵tsʅ⁵²⁻⁰

④ 阴入＋阳去：柏树 paʔ⁵ʐy²³¹⁻⁰ ｜ 铁树 tʰiəʔ⁵ʐy²³¹⁻⁰

野漆树_漆树_ ia²²³⁻²²tsʰəʔ⁵ʐy²³¹⁻⁰

赤豆 tɕʰiaʔ⁵dəɯ²³¹⁻⁰ ｜ 阔面_宽面_ kʰuaʔ⁵miɛ²³¹⁻⁰

鳖帽_鸭舌帽_ piəʔ⁵mɔ²³¹⁻⁰ ｜ 法院 faʔ⁵yə²³¹⁻⁰

（二）轻声词的连读调规则

1. 当后字读轻声时，前字阳去、阴入、阳入一般仍读原调。例如：

阳去[231]：旋记_转一下_ ʐyə²³¹tsʅ⁵²⁻⁰ ｜ 谢谢 ʑia²³¹ʑia²³¹⁻⁰ ｜ 共总_总共_ gən²³¹tsən⁴⁴⁵⁻⁰

阴入[5]：歇店_旅馆旧称_ ɕiəʔ⁵tie⁵²⁻⁰ ｜ 索面_挂面_ səʔ⁵miɛ⁵²⁻⁰ ｜ 柏树 paʔ⁵ʐy²³¹⁻⁰ ｜ 铁路 tʰiəʔ⁵lu²³¹⁻⁰ ｜ 出来 tɕʰyəʔ⁵lei⁴³³⁻⁰ ｜ 节气 tɕiəʔ⁵tsʰʅ⁵²⁻⁰ ｜ 笔记 piəʔ⁵tsʅ⁵²⁻⁰ ｜ 发票 faʔ⁵pʰiɔ⁵²⁻⁰

阳入[23]：日间_白天_ nəʔ²³kã³²⁴⁻⁰ ｜ 落来_下来_ ləʔ²³lei⁴³³⁻⁰

2. 当后字读轻声时，前字阴平、阳平、阴上、阳上分别读半阴平、半阳平、半阴上、半阳上，即：阴平[324]读只降不升的[32]调，阳平[433]读[43]，阴上[445]读不升的[44]调，阳上[223]读不升的[22]调。例如：

阴平[324]→[32]：归来_回来_ kuei³²⁴⁻³²lei⁴³³⁻⁰

阳平[433]→[43]：晴起_放晴_ ʑin⁴³³⁻⁴³tɕʰiəʔ⁰

阴上[445]→[44]：火起_恼火起来_ xo⁴⁴⁵⁻⁴⁴tɕʰiəʔ⁰

阳上[223]→[22]：上去 dʑiã²²³⁻²²kʰɯ-xə⁵²⁻⁰

3. 当后字读轻声时，前字阴去读[55]调。例如：

阴去[52]→[55]：半暝_半夜_ pə⁵²⁻⁵⁵mɛ²³¹⁻⁰ ｜ 四月 sʅ⁵²⁻⁵⁵ȵyəʔ²³⁻⁰

厌气_麻烦_ iɛ⁵²⁻⁵⁵tsʰʅ⁵²⁻⁰ ｜ 过记_过会儿_ ko⁵²⁻⁵⁵tsʅ⁵²⁻⁰

4. 当后字读轻声时，少数非阴去的前字也会变读为[55]调。例如：

阳平[433]→[55]：时节_时候_ z-sʅ⁴³³⁻⁵⁵tɕiəʔ⁵⁻⁰

阴上[445]→[55]：饺子 tɕiɔ⁴⁴⁵⁻⁵⁵tsʅ⁴⁴⁵⁻⁰ ｜ 滚壮_很肥_ kuən⁴⁴⁵⁻⁵⁵tɕiã⁵²⁻⁰

5. 当后字读轻声时，少数非阳去的前字也会变读为[231]调。例如：

阳上[223]→[231]：肚皮~量词,肚子~ du$^{223-231}$ bi$^{433-0}$ | 老大~很大~ lɔ$^{223-231}$ do$^{231-0}$
　　　　　　　里把~一里左右~ li$^{223-231}$ pu$^{445-0}$

第四节　小称及其他音变

一、小称

宣平话的小称形式主要有变调和变韵两种类型。

（一）变调

1. 舒声字小称调的调值

目前尚未发现入声[5][23]有小称的变读调。例如：细叔~叔父,小叔父~ ɕia$^{52-44}$ ɕyəʔ^5 | 细叔叔~小叔父~ ɕia$^{52-44}$ ɕyəʔ$^{5-4}$ ɕyəʔ^5 | 大伯伯~伯父,大伯父~ do$^{231-22}$ paʔ$^{5-4}$ paʔ^5 | 细伯伯~小伯父~ ɕia$^{52-44}$ paʔ$^{5-4}$ paʔ^5。所以本节仅讨论舒声字的小称调。

（1）大部分舒声字的小称调是[52]，与阴去单字调的调值相同，同时浊声母字变为相应的不送气清音声母。例如：

阴平[324]→[52]：箍~蹄髈~ k^{h}u$^{324-52}$ | 镬灶鸡鸡~灶蟋蟀~ əʔ$^{23-2}$ tsɔ$^{52-44}$ tsɿ$^{324-44}$ tsɿ$^{324-52}$

阳平[433]→[52]：黄毛~黄头发的人~ ɔ̃$^{433-44}$ mɔ$^{433-52}$ | 大伯婆~父亲的伯母~ do$^{231-22}$ paʔ$^{5-4}$ b-po$^{433-52}$

阴平[445]→[52]：狮子 sɿ$^{445-44}$ tsɿ$^{445-52}$ | 水街狗~蟋蟀~ ɕy$^{445-44}$ ka$^{324-44}$ kɯ$^{445-52}$ | 包子 pɔ$^{324-32}$ tsɿ$^{445-52}$

阳上[223]→[52]：奶奶~乳房~ na$^{223-22}$ na$^{223-52}$ | 杀猪佬~屠夫~ saʔ$^{5-4}$ ti$^{324-44}$ lɔ$^{223-52}$

（2）少数舒声字的小称调不读[52]。

① 少数阴调类舒声字的小称调是[324]，与阴平单字调的调值相

同。例如：

阴上[445]→[324]：宝宝_{对小孩的爱称} pɔ⁴⁴⁵⁻⁵² pɔ⁴⁴⁵⁻³²⁴

② 少数阴调类舒声字的小称调是[445]，与阴上单字调的调值相同。例如：

阴平[324]→[445]：镬锹_{炒菜的锅铲} əʔ²²³⁻² ɕ ʨʰiɔ³²⁴⁻⁴⁴⁵

稻衣_{稻谷脱粒后混杂在稻谷中的碎稻叶、碎稻秆等} dɔ²²³⁻²² i³²⁴⁻⁴⁴⁵

点心跟_{临近下午三四点钟} tiɛ⁴⁴⁵⁻⁴⁴ sən³²⁴⁻⁴⁴ kə³²⁴⁻⁴⁴⁵

阴去[52]→[445]：单个_{单独一人} tɑ̃³²⁴⁻⁴⁴ ka⁵²⁻⁴⁴⁵ | 半个_{愚蠢的人} pə⁵²⁻⁴⁴ ka⁵²⁻⁴⁴

歪里八笪_{歪斜} xuɛ⁴⁴⁵⁻⁴⁴ li²²³⁻⁴⁴ pɑʔ⁵⁻⁴ ʨʰiɑ⁵²⁻⁴⁴⁵

鞋钻_{纳鞋底用的锥子} a⁴³³⁻⁴⁴ tsə⁵²⁻⁴⁴⁵

③ 少数阳调类舒声字的小称调是[223]，与阳上单字调的调值相同。例如：

阳平[433]→[223]：

细菜篮_{红漆的礼篮} ɕia⁵²⁻⁴⁴ tsʰei⁵²⁻⁴⁴ lɑ̃⁴³³⁻²²³ | 细箩_{小箩} ɕia⁵²⁻⁴⁴ la⁴³³⁻²²³

细牛_{小牛} ɕia⁵²⁻⁴⁴ niɯ⁴³³⁻²²³ | 细鹅_{小鹅} ɕia⁵²⁻⁴⁴ ŋo⁴³³⁻²²³

晚儿头_{继子} mɑ̃²²³⁻²² n̩²²³⁻⁴⁴ dɯ⁴³³⁻²²³ | 细人_{小孩} ɕia⁵²⁻⁴⁴ nin⁴³³⁻²²³

个人_{独自} ka⁵²⁻⁴⁴ nin⁴³³⁻²²³ | 短裤头_{贴身穿的裤衩儿} tə⁴⁴⁵⁻⁴⁴ kʰu⁵²⁻⁴⁴ dɯ⁴³³⁻²²³

阳去[231]→[223]：笑面_{笑脸,笑容} ʨʰiɔ⁵²⁻⁴⁴ miɛ²³¹⁻²²³

④ 少数阳调类舒声字的小称调是[231]，与阳去单字调的调值相同。例如：

阳平[433]→[231]：花头_{本事,收获} xo³²⁴⁻³² dɯ⁴³³⁻²³¹

阳上[223]→[231]：三股辫_{头发分成三股编成的辫子} sɑ̃³²⁴⁻⁴⁴ ku⁴⁴⁵⁻⁴⁴ biɛ²²³⁻²³¹

2. 重叠式亲属称谓词的小称调

(1) 亲属称谓词的最末音节常读小称调，尤其是重叠式称谓词的第二个音节。其中重叠式称谓词的第一个音节也要变调。当阴调类舒声字重叠时，第一个音节一般变读[44]调；当阳调类舒声字重叠时，第一个音节一般变读[22]调。例如：

阴调重叠读[44+52]：

老公公 lɔ$^{223-22}$kən$^{324-44}$kən$^{324-52}$ ｜ 婶婶 sən$^{445-44}$sən$^{445-52}$

阳调重叠读[22+52]：

爷爷祖父 ia$^{433-22}$ia$^{433-52}$ ｜ 舅舅 dziɯ$^{223-22}$dz-tɕiɯ$^{223-52}$

妗妗舅妈 dzin$^{223-22}$dz-tɕin$^{223-52}$ ｜ 弟弟 di$^{223-22}$d-ti$^{223-52}$

(2) 重叠式称谓词小称调的例外。

① 阴调类字重叠变读同阳调类字，第一个音节读[22]调，声母也变为相应的浊音。例如：哥哥 k-go$^{324-22}$ko$^{324-52}$。

② 阳调类字重叠变读同阴调类字，第一个音节读[44]调，声母也变为相应的清音。例如：老婆婆 lɔ$^{223-22}$b-pu$^{433-44}$b-pu$^{433-52}$ ｜ 娘娘伯母 ȵiã$^{433-44}$ȵiã$^{433-52}$ ｜ 妈妈奶奶 ma$^{52-44}$ma^{52}。

③ 重叠式称谓词的第二个音节不变调。例如：妹妹 mei$^{231-43}$mei^{231} ｜ 嫂嫂 sɔ$^{445-44}$sɔ^{445}。

④ 重叠式称谓词的第二个音节变读为[324]，与阴平单字调的调值相同。例如：爷爷公公 ia$^{433-43}$ia$^{433-324}$。

(二) 变韵

宣平话目前仅个别词有小称变读为鼻韵母音的情况，且都读以[ã]为主元音的韵母。

1. "馃"[ko^{445}]→"馃儿"[kuã^{445}]

"馃儿"是指以米粉、面粉、番薯粉、玉米粉等为主要原料制作的各类食品的总称。根据制作的食材、时间、形状以及用途，有"山粉馃儿"[sã$^{324-44}$fən$^{445-44}$kuã^{445}]（一种用番薯粉和芋头制作成皮所包的饺子，有的吴语叫芋饺）、"番薯馃儿"[fã$^{324-44}$z-sɿ$^{433-44}$kuã^{445}]（红薯窝头，一种红薯丝粉制作的糕点）、"清明馃儿"[tɕʰin$^{324-44}$min$^{433-44}$kuã^{445}]（清明时节用鼠曲草或嫩艾草与米粉一起制作的馃儿）、"夫人馃儿"[fu$^{324-44}$ȵin$^{433-44}$kuã^{445}]（唱夫人道场用的馃儿）、"奶奶馃儿"[na$^{223-44}$na$^{223-55}$kuã^{445}]（团子状的清明馃）、"花馃儿"[xo$^{324-44}$kuã^{445}]（饺子状有花边的清明馃）等。

2. "节"[tɕiəʔ^5]→"节儿"[tɕiã^0]

"节儿"不成词语素，仅见于"时节儿"[z-sɿ$^{433-55}$tɕiã^0]（时候）、"央=时节儿"[iã$^{324-32}$z-sɿ$^{433-55}$tɕiã^0]（现在）、"央=节儿"[iã$^{324-32}$tɕiã^0]（现在）等词。

3. "女" [n̩y²²³] → "囡" [nã²²³]

"囡"指女儿,女孩,吴语的"囡"一般认为是"女儿"的合音。能独立成词,也能作为词根和其他语素组合成词。例如:"生囡生女儿" [sɛ³²⁴⁻⁴⁴ nã²²³]、"细囡暖=小女孩儿" [ɕia⁵²⁻⁴⁴ nã²²³⁻²² nə²²³]。

二、其他音变

(一) 量词变调

宣平话量词的变调与数词以及量词的单字调有关。

1. 当数词是阴平调"三" [sã³²⁴],阴上调"九" [tɕiɯ⁴⁴⁵],阳上调"两" [lɛ²²³]、"五" [n̩²²³],阴入调"一" [iəʔ⁵] 时,前字数词的变调基本同两字组广用式连读变调规律,后字量词的具体变调规律见下:

(1) 阴平[324]、阴上[445]变读为[52],同阴去的单字调。阴去[52]仍读原调。例如:

量词[324]→[52]

一车 iəʔ⁵⁻⁴ tɕʰia³²⁴⁻⁵²   一双 iəʔ⁵⁻⁴ ɕiõ³²⁴⁻⁵²   一根 iəʔ⁵⁻⁴ kə³²⁴⁻⁵²
两车 lɛ²²³⁻²² tɕʰia³²⁴⁻⁵²   两双 lɛ²²³⁻²² ɕiõ³²⁴⁻⁵²   两根 lɛ²²³⁻²² kə³²⁴⁻⁵²
三车 sã³²⁴⁻³² tɕʰia³²⁴⁻⁵²   三双 sã³²⁴⁻³² ɕiõ³²⁴⁻⁵²   三根 sã³²⁴⁻³² kə³²⁴⁻⁵²
五车 n̩²²³⁻²² tɕʰia³²⁴⁻⁵²   五双 n̩²²³⁻²² ɕiõ³²⁴⁻⁵²   五根 n̩²²³⁻²² kə³²⁴⁻⁵²
九车 tɕiɯ⁴⁴⁵⁻⁴⁴ tɕʰia³²⁴⁻⁵² 九双 tɕiɯ⁴⁴⁵⁻⁴⁴ ɕiõ³²⁴⁻⁵² 九根 tɕiɯ⁴⁴⁵⁻⁴⁴ kə³²⁴⁻⁵²

量词[445]→[52]

一碗 iəʔ⁵⁻⁴ uã⁴⁴⁵⁻⁵²   一盏 iəʔ⁵⁻⁴ tsã⁴⁴⁵⁻⁵²   一把 iəʔ⁵⁻⁴ pu⁴⁴⁵⁻⁵²
两碗 lɛ²²³⁻²² uã⁴⁴⁵⁻⁵²   两盏 lɛ²²³⁻²² tsã⁴⁴⁵⁻⁵²   两把 lɛ²²³⁻²² pu⁴⁴⁵⁻⁵²
三碗 sã³²⁴⁻³² uã⁴⁴⁵⁻⁵²   三盏 sã³²⁴⁻³² tsã⁴⁴⁵⁻⁵²   三把 sã³²⁴⁻³² pu⁴⁴⁵⁻⁵²
五碗 n̩²²³⁻²² uã⁴⁴⁵⁻⁵²   五盏 n̩²²³⁻²² tsã⁴⁴⁵⁻⁵²   五把 n̩²²³⁻²² pu⁴⁴⁵⁻⁵²
九碗 tɕiɯ⁴⁴⁵⁻⁴⁴ uã⁴⁴⁵⁻⁵² 九盏 tɕiɯ⁴⁴⁵⁻⁴⁴ tsã⁴⁴⁵⁻⁵² 九把 tɕiɯ⁴⁴⁵⁻⁴⁴ pu⁴⁴⁵⁻⁵²

量词[52]

一块 iəʔ⁵⁻⁴ kʰuei⁵²   一副 iəʔ⁵⁻⁴ fu⁵²   一套 iəʔ⁵⁻⁴ tʰɔ⁵²
两块 lɛ²²³⁻²² kʰuei⁵²   两副 lɛ²²³⁻²² fu⁵²   两套 lɛ²²³⁻²² tʰɔ⁵²

第二章 音系

三块 sã$^{324-32}$ k^{h}uei^{52}　　三副 sã$^{324-32}$ fu^{52}　　三套 sã$^{324-32}$ t^{h}ɔ^{52}

五块 n̩$^{223-22}$ k^{h}uei^{52}　　五副 n̩$^{223-22}$ fu^{52}　　五套 n̩$^{223-22}$ t^{h}ɔ^{52}

九块 tɕiɯ$^{445-44}$ k^{h}uei^{52}　　九副 tɕiɯ$^{445-44}$ fu^{52}　　九套 tɕiɯ$^{445-44}$ t^{h}ɔ^{52}

(2) 阳平[433]、阳上[223]变读为[231]，同阳去的单字调。阳去[231]读原调。例如：

量词[433]→[231]

一床 iəʔ$^{5-4}$ zɿã$^{433-231}$　　一条 iəʔ$^{5-4}$ diɔ$^{433-231}$　　一厨一餐 iəʔ$^{5-4}$ dʑy$^{433-231}$

两床 lɛ$^{223-43}$ zɿã$^{433-231}$　　两条 lɛ$^{223-43}$ diɔ$^{433-231}$　　两厨两餐 lɛ$^{223-43}$ dʑy$^{433-231}$

三床 sã$^{324-32}$ zɿã$^{433-231}$　　三条 sã$^{324-32}$ diɔ$^{433-231}$　　三厨三餐 sã$^{324-32}$ dʑy$^{433-231}$

五床 n̩$^{223-43}$ zɿã$^{433-231}$　　五条 n̩$^{223-43}$ diɔ$^{433-231}$　　五厨五餐 n̩$^{223-43}$ dʑy$^{433-231}$

九床 tɕiɯ$^{445-44}$ zɿã$^{433-231}$　　九条 tɕiɯ$^{445-44}$ diɔ$^{433-231}$　　九厨九餐 tɕiɯ$^{445-44}$ dʑy$^{433-231}$

量词[223]→[231]

一里 iəʔ$^{5-4}$ li$^{223-231}$　　一亩 iəʔ$^{5-4}$ məɯ$^{223-231}$　　一两 iəʔ$^{5-4}$ liã$^{223-231}$

两里 lɛ$^{223-43}$ li$^{223-231}$　　两亩 lɛ$^{223-43}$ məɯ$^{223-231}$　　两两 lɛ$^{223-43}$ liã$^{223-231}$

三里 sã$^{324-32}$ li$^{223-231}$　　三亩 sã$^{324-32}$ məɯ$^{223-231}$　　三两 sã$^{324-32}$ liã$^{223-231}$

五里 n̩$^{223-43}$ li$^{223-231}$　　五亩 n̩$^{223-43}$ məɯ$^{223-231}$　　五两 n̩$^{223-43}$ liã$^{223-231}$

九里 tɕiɯ$^{445-44}$ li$^{223-231}$　　九亩 tɕiɯ$^{445-44}$ məɯ$^{223-231}$　　九两 tɕiɯ$^{445-44}$ liã$^{223-231}$

量词[231]

一面 iəʔ$^{5-4}$ miɛ^{231}　　一阵 iəʔ$^{5-4}$ dzən^{231}　　一段 iəʔ$^{5-4}$ dən^{231}

两面 lɛ$^{223-43}$ miɛ^{231}　　两阵 lɛ$^{223-43}$ dzən^{231}　　两段 lɛ$^{223-43}$ dən^{231}

三面 sã$^{324-32}$ miɛ^{231}　　三阵 sã$^{324-32}$ dzən^{231}　　三段 sã$^{324-32}$ dən^{231}

五面 n̩$^{223-43}$ miɛ^{231}　　五阵 n̩$^{223-43}$ dzən^{231}　　五段 n̩$^{223-43}$ dən^{231}

九面 tɕiɯ$^{445-44}$ miɛ^{231}　　九阵 tɕiɯ$^{445-44}$ dzən^{231}　　九段 tɕiɯ$^{445-44}$ dən^{231}

(3) 入声量词不变调。数词"三"变调与两字组有异，读[32]。例如：

阴入[5]

一只 iəʔ$^{5-4}$ tsaʔ^{5}　　一托一层 iəʔ$^{5-4}$ t^{h}əʔ^{5}　　一角 iəʔ$^{5-4}$ kəʔ^{5}

两只 lɛ$^{223-22}$ tsaʔ^{5}　　两托两层 lɛ$^{223-22}$ t^{h}əʔ^{5}　　两角 lɛ$^{223-22}$ kəʔ^{5}

三只 sā$^{324-32}$ tsaʔ^5　　三托三层 sā$^{324-32}$ tʰəʔ^5　　三角 sā$^{324-32}$ kəʔ^5

五只 n̩$^{223-22}$ tsaʔ^5　　五托五层 n̩$^{223-22}$ tʰəʔ^5　　五角 n̩$^{223-22}$ kəʔ^5

九只 tɕiɯ$^{445-44}$ tsaʔ^5　　九托九层 tɕiɯ$^{445-44}$ tʰəʔ^5　　九角 tɕiɯ$^{445-44}$ kəʔ^5

阳入[23]

一盒 iəʔ$^{5-4}$ əʔ^{23}　　一直一趟 iəʔ$^{5-4}$ dziəʔ^{23}　　一叠 iəʔ$^{5-4}$ diəʔ^{23}

两盒 lɛ$^{223-43}$ əʔ^{23}　　两直两趟 lɛ$^{223-43}$ dziəʔ^{23}　　两叠 lɛ$^{223-43}$ diəʔ^{23}

三盒 sā$^{324-32}$ əʔ^{23}　　三直三趟 sā$^{324-32}$ dziəʔ^{23}　　三叠 sā$^{324-32}$ diəʔ^{23}

五盒 n̩$^{223-43}$ əʔ^{23}　　五直五趟 n̩$^{223-22}$ dziəʔ^{23}　　五叠 n̩$^{223-43}$ diəʔ^{23}

九盒 tɕiɯ$^{445-44}$ əʔ^{23}　　九直九趟 tɕiɯ$^{445-44}$ dziəʔ^{23}　　九叠 tɕiɯ$^{445-44}$ diəʔ^{23}

(4) 个别量词有例外。

① "本"阴上[445]变读为[231],其中变读为[231]的声母由清音变为相应的浊音。例如:

一本 iəʔ$^{5-4}$ p-bə$^{445-231}$ ｜ 两本 lɛ$^{223-43}$ p-bə$^{445-231}$ ｜ 五本 n̩$^{223-43}$ p-bə$^{445-231}$ ｜ 九本 tɕiɯ$^{445-44}$ p-bə$^{445-231}$

② "米"阳上[223]不变调。例如:

一米 iəʔ$^{5-4}$ mi^{223} ｜ 两米 lɛ$^{223-22}$ mi^{223} ｜ 五米 n̩$^{223-22}$ mi^{223} ｜ 九米 tɕiɯ$^{445-44}$ mi^{223}

2. 当数词是阴去调"四"[sɿ^{52}],阳去调"廿"[niɛ^{231}],阴入调"七"[tsʰəʔ^5]、"八"[paʔ^5],阳入调"六"[ləʔ^{23}]、"十"[zəʔ^{23}]时,前字变调规律同本章第三节第二部分"轻声词的连读调规则",后字量词读轻声。例如:

四+量词

四双 sɿ$^{52-55}$ ɕiɔ̄$^{324-0}$　　四层 sɿ$^{52-55}$ ʑin$^{433-0}$　　四把 sɿ$^{52-55}$ pu$^{445-0}$

四亩 sɿ$^{52-55}$ məɯ$^{223-0}$　　四副 sɿ$^{52-55}$ fu$^{52-0}$　　四阵 sɿ$^{52-55}$ dzən$^{231-0}$

四角 sɿ$^{52-55}$ kəʔ$^{5-0}$　　四叠 sɿ$^{52-55}$ diəʔ$^{23-0}$

廿二十+量词

廿车 niɛ^{231} tɕʰia$^{324-0}$　　廿床 niɛ^{231} ziɔ̄$^{433-0}$　　廿管 niɛ^{231} kuā$^{445-0}$

廿里 niɛ^{231} li$^{223-0}$　　廿块 niɛ^{231} kʰuei$^{52-0}$　　廿面 niɛ^{231} miɛ$^{231-0}$

廿只 ȵiɛ²³¹ tsaʔ⁵⁻⁰　　　　廿直趟 ȵiɛ²³¹ dziəʔ²³⁻⁰

七/八＋量词

七根 tsʰəʔ⁵ kə³²⁴⁻⁰　　七场 tsʰəʔ⁵ dziã⁴³³⁻⁰　　七碗 tsʰəʔ⁵ uã⁴⁴⁵⁻⁰

七两 tsʰəʔ⁵ liã²²³⁻⁰　　八岁 paʔ⁵ ɕy⁵²⁻⁰　　　八埭行 paʔ⁵ da²³¹⁻⁰

八尺 paʔ⁵ tɕʰia⁵⁻⁰　　　八日 paʔ⁵ nəʔ²³⁻⁰

六/十＋量词

六包 ləʔ²³⁻² pɔ³²⁴⁻⁰　　六排 ləʔ²³⁻² ba⁴³³⁻⁰　　六本 ləʔ²³⁻² pə⁴⁴⁵⁻⁰

六绺 ləʔ²³⁻² liɯ²²³⁻⁰　　十句 zəʔ²³⁻² tɕy⁵²⁻⁰　　十垦层 zəʔ²³⁻² bi²³¹⁻⁰

十帖 zəʔ²³⁻² tʰiə⁵⁻⁰　　十盒 zəʔ²³⁻² əʔ²³⁻⁰

宣平话量词的连读调规律见表 2-7。

表 2-7　宣平话量词连读调规律表

数词及调类	量词连读调	备　　注
阴平：三	1. 阴调舒声读[52] 2. 阳调舒声读[231] 3. 入声读原调[5][23]	1. 数词的连读调基本同两字组广用式连读变调规律，数词"三"特殊，连读调都是[32] 2. 个别量词有例外。例如： (1)"本"阴上[445]变读为[231] (2)"米"阳上[223]不变调
阴上：九		
阳上：两、五		
阴入：一		
阴去：四	读轻声	数词的连读调同轻声词的连读调规则
阳去：廿二十		
阴入：七、八		
阳入：六、十		

（二）时间、处所词变调

宣平话一部分时间、处所词的末尾音节变调，变读后的调值主要为[52][231][223]，与小称调类似。

1. 头[dəɯ⁴³³]

"头"在有些表处所、时间的词尾或读[223]调，或读[231]调。例如：

上头_{上面}dʑiɑ²³¹⁻²² dəɯ⁴³³⁻²²³ ｜ 下头_{下面} iɑ²²³⁻²² dəɯ⁴³³⁻²²³ ｜ 内头_{里面} nei²³¹⁻²² dəɯ⁴³³⁻²²³

另有"前头""后头"两词比较特殊，有变读为[231][324]两种读法。例如：

前头_{(地点或时间的)前面} ʑiɛ⁴³³⁻⁴³ dəɯ⁴³³⁻²³¹ /ʑiɛ⁴³³⁻⁴³ d-təɯ⁴³³⁻³²⁴

后头_{(地点或时间的)后面} ɯɛ⁴³³⁻⁴³ dəɯ⁴³³⁻²³¹ /əɯ⁴³³⁻⁴³ d-təɯ⁴³³⁻³²⁴

2. 沿[iɛ⁴³³]

"沿"在有些表处所的词尾读[231]调。例如：边沿_{旁边} piɛ³²⁴⁻³² iɛ⁴³³⁻²³¹ ｜ 路沿_{路边} lu²³¹⁻⁴³ iɛ⁴³³⁻²³¹。

3. 天[tʰiɛ³²⁴]

"天"在表季节的词尾读[52]调。例如：春天 tɕʰyən³²⁴⁻³² tʰiɛ³²⁴⁻⁵² ｜ 秋天 tɕʰiɯ³²⁴⁻³² tʰiɛ³²⁴⁻⁵² ｜ 冬天 tən³²⁴⁻³² tʰiɛ³²⁴⁻⁵²。

4. 间[kɑ̃³²⁴]

"间"在有些表处所、时间的词尾读[52]调。例如：内间_{里间} nei²³¹⁻²² kɑ̃³²⁴⁻⁵² ｜ 外间_{相通的几间屋子中能直通到外的那一间} uɑ²²³⁻²² kɑ̃³²⁴⁻⁵² ｜ 冬间_{冬天的时候} tən³²⁴⁻³² kɑ̃³²⁴⁻⁵²。

5. 年[ȵiɛ⁴³³]

"年"在有些表时间的词尾读[231]调。例如：明年 mɑ̃⁴³³⁻⁴³ ȵiɛ⁴³³⁻²³¹ ｜ 前年 ʑiɛ⁴³³⁻⁴³ ȵiɛ⁴³³⁻²³¹ ｜ 大前年 do²³¹ ʑiɛ⁴³³⁻⁴³ ȵiɛ⁴³³⁻²³¹ ｜ 后年 əɯ²²³⁻⁴³ ȵiɛ⁴³³⁻²³¹ ｜ 大后年 do²³¹ əɯ²²³⁻⁴³ ȵiɛ⁴³³⁻²³¹。

（三）动词重叠变调

宣平话的动词重叠式一般读轻声。

前字变调规律同本章第三节第二部分"轻声词的连读调规则"。阳去、阴入、阳入读原调；阴平、阳平、阴上、阳上分别读半阴平、半阳平、半阴上、半阳上；阴去读[55]调。

阴平[324]→[32　0]：称称 tɕʰin³²⁴⁻³² tɕʰin³²⁴⁻⁰ ｜ 嬉嬉 sɿ³²⁴⁻³² sɿ³²⁴⁻⁰

阳平[433]→[43　0]：游游 iɯ⁴³³⁻⁴³ iɯ⁴³³⁻⁰ ｜ 尝尝 ʑiɑ⁴³³⁻⁴³ ʑiɑ⁴³³⁻⁰

阴上[445]→[44　0]：走走 tsəɯ⁴⁴⁵⁻⁴⁴ tsəɯ⁴⁴⁵⁻⁰ ｜ 想想 ɕiɑ⁴⁴⁵⁻⁴⁴ ɕiɑ⁴⁴⁵⁻⁰

阳上[223]→[22　0]：坐坐 zo²²³⁻²² zo²²³⁻⁰ ｜ 动动 dən²²³⁻²² dən²²³⁻⁰

阴去[52]→[55 0]：试试 sɿ$^{52\text{-}55}$ sɿ$^{52\text{-}0}$ ｜ 听听 tʰin$^{52\text{-}55}$ tʰin$^{52\text{-}0}$

阳去[231]→[231 0]：念念 ȵiɛ^{231} ȵiɛ$^{231\text{-}0}$ ｜ 望望 mɔ̃^{231} mɔ̃$^{231\text{-}0}$

阴入[5]→[5 0]：摸摸 məʔ^5 məʔ$^{5\text{-}0}$ ｜ 擦擦 tsʰɑʔ^5 tsʰɑʔ$^{5\text{-}0}$

阳入[23]→[23 0]：踏踏 dɑʔ^{23} dɑʔ$^{23\text{-}0}$ ｜ 学学 əʔ^{23} əʔ$^{23\text{-}0}$

(四) 其他

宣平话还有一些零散的音变情况。

1. "去"[kʰɯ^{52}]作为趋向动词在语流中常读作轻声[xə^0]，声母由塞擦音变成擦音，韵母由[ɯ]读作[ə]。例如：拖去 tʰa$^{324\text{-}32}$ kʰɯ-xə$^{52\text{-}0}$ ｜ 走去 tsəɯ$^{324\text{-}44}$ kʰɯ-xə$^{52\text{-}0}$。

2. 量词"个"[ka^{52}]在语流中常读入声[kəʔ^5]，韵母声调均发生变化。例如：一个包 iəʔ$^{5\text{-}4}$ kəʔ^5 pɔ^{324} ｜ 三个猪 sã$^{324\text{-}32}$ kəʔ^5 ti^{324}。

3. 个别字词发生促化。例如："口嘴"[kʰɯ-kʰəʔ$^{445\text{-}4}$ tɕy^{445}]一词中的前字"口"，趋向动词、助词"起"[tɕʰiəʔ^0]（坐起坐起来，坐着 zo$^{223\text{-}22}$ tɕʰiəʔ^0 ｜ 叫起哭起来，哭着 iɔ$^{52\text{-}55}$ tɕʰiəʔ^0）。

4. 个别字词韵头脱落。例如：代词"爱=杂=样子这样"[ei$^{\text{-}44}$ zə$^{223\text{-}22}$ iɑ̃-ɑ̃$^{231\text{-}55}$ tsɿ$^{445\text{-}0}$]、"杂=样子这样"[zə$^{223\text{-}22}$ iɑ̃-ɑ̃$^{231\text{-}55}$ tsɿ$^{445\text{-}0}$]中的"样"。

第五节 文白异读

本节主要讨论宣平话声母和韵母的文白异读。宣平话文白异读主要体现在声母上，韵母的文白异读较少，而且不太成系统，声调暂未调查出文白异读。"/"前所列为白读音，"/"后所列为文读音。

一、声母文白异读

1. 帮母。 白读为声母[m]，文读为声母[p]。例如：

柄 mɛ^{52} 锄头~ / pin^{52} 手~

2. 非组

（1）白读为重唇声母，文读为轻唇声母或零声母。例如：

反 pã⁴⁴⁵~东西；翻找东西/fã⁴⁴⁵~对

味 mi²³¹~道/vi²³¹没~；没趣

肥 bi⁴³³~~肉；肥肉/vi⁴³³~料

文 mən⁴³³语~/vən⁴³³~气

晚 mã²²³~稻/uã²²³~会

(2) 个别微母字白读为零声母，文读为声母[m]。例如：

尾 n̩²²³~巴/mi²²³收~

3. 心、书母

(1) 白读为塞擦音声母，文读为擦音声母。例如：

笑 tɕʰiɔ⁵²讲~/ɕiɔ⁵²名字

湿 tɕʰiaʔ⁵与"干"相对/səʔ⁵风~

(2) 白读为舌面前擦音声母[ɕ]，文读为舌尖前擦音声母[s]。例如：

细 ɕia⁵²与"大"相对/sɿ⁵²仔~

纱 ɕia³²⁴麻、棉等纺成的细缕/so³²⁴~布

4. 邪、禅母。 白读为塞擦音声母，文读为擦音声母。例如：

像 dziã²²³相~；相似/ziã²²³录~

是 dzɿ²²³弗~；不是/zɿ²²³实事求~

上 dziã²³¹楼~/ziã²³¹马~

5. 从母。 白读为擦音声母，文读为塞擦音声母。例如：

集 zəʔ²³~体/dziəʔ²³~中

绝 ʑyəʔ²³~代/dʑyəʔ²³~对

残 zã⁴³³茶籽~；遗漏未被采摘的油茶果实/dzã⁴³³~疾

6. 船母。 个别字白读为舌面前擦音声母[ʑ]，文读为舌尖前擦音声母[z]。例如：

神 ʑin⁴³³~仙/zən⁴³³~经

7. 知母。 白读为舌头音声母[t]，文读为塞擦音声母。例如：

转 tyə⁴⁴⁵~去；回去/tɕyə⁴⁴⁵~让

中 tən³²⁴ ~央；中间 / tɕyən³²⁴ ~国

张 tiã³²⁴⁻⁵² 量词 / tɕiã³²⁴ 千~；一种薄的豆腐干片

8. 章、见组。白读为零声母，文读为辅音声母。例如：

周 iɯ³²⁴ 把~；周岁 / tɕiɯ⁴⁴⁵ 姓~

守 y⁴⁴⁵ ~门 / ɕiɯ⁴⁴⁵ 保~

叫 iɔ⁵² 哭 / tɕiɔ⁵² 呱呱~

9. 见组

（1）白读为[k]组声母，文读为[tɕ]组声母，韵母也随之改变。例如：

加 ko³²⁴ 与"减"相对 / tɕia³²⁴ ~拿大

近 gə²²³ 与"远"相对 / dzin²²³ ~视

（2）三等字白读为[ts][tɕ]组声母，文读为[k]组声母，韵母也随之改变。例如：

贵 tɕy⁵² 价格高 / kuei⁵² 名字

共 dziɔ̃²³¹ 一样；~姓 / gən²³¹ ~产党

二、韵母文白异读

1. 果摄。白读为韵母[a]，文读为韵母[o]。例如：

拖 tʰa³²⁴ ~牢 / tʰo³²⁴ ~拉机

破 pʰa⁵² ~碗 / pʰo⁵² ~坏

箩 la⁴³³ 箩筐 / lo⁴³³ 食~；竹编有提梁有盖的食盒

2. 遇、止摄。白读为自成音节的[n̩]，文读为元音韵母。例如：

吴 n̩⁴³³ 前~；地名 / u⁴³³ 姓~

儿 n̩³²⁴ 儿子 / əɯ²²³ 幼~园

耳 n̩²²³ ~朵 / n̩i²²³ 木~

3. 蟹摄。齐韵白读为韵母[ei]，文读为韵母[i]。例如：

梯 tʰei³²⁴ 楼~ / tʰi³²⁴ ~田

4. 止摄。白读为韵母[y]，文读为韵母[uei]，声母也随之改变。

例如：

贵 tɕy⁵² 价格／kuei⁵² 名字

5. 山摄舒声。 白读为韵母[ən]，文读为韵母[ə]。例如：

断 dən²²³ 绳～了／də²²³ ～根

段 dən²³¹ 量词／də²³¹ 阶～

暖 nən²²³ 与"冷"相对／nə²²³ ～菜；给菜加热

卵 lən²²³ 鸡～／lə²²³ ～脬

6. 深摄入声。 白读为韵母[yəʔ]，文读为韵母[iəʔ]。例如：

习 ʐyəʔ²³ 学～／ʑiəʔ²³ 姓～

7. 臻摄舒声。 白读韵母为[ən]或[ə]，文读为韵母[in]，声母也会随之改变。例如：

新 sən³²⁴ 与"旧"相对／ɕin³²⁴ ～鲜

近 gə²²³ 与"远"相对／dʑin²²³ ～视

8. 宕摄舒声。 白读为韵母[iɔ̃]，文读为韵母[uã]。例如：

王 iɔ̃⁴³³ 姓～／uã⁴³³ 海龙～

9. 梗摄舒声。 白读为韵母[ɛ]，文读为韵母[in]。例如：

柄 mɛ⁵² 锄头～／pin⁵² 手～

10. 通摄舒声。 白读为韵母[iɔ̃]，文读为韵母[ən]。例如：

共 dʑiɔ̃²³¹ ～姓／gən²³¹ ～产党

第三章
音韵比较与特点

本章从声母、韵母、声调三个方面对宣平话的古今语音比较、音韵特点进行讨论。

第一节 古今语音比较

本节古音是指以《切韵》系统为代表的中古音系,今音是指宣平话的今读音。我们以表格的形式进行古今音比较,以揭示宣平话语音演变的一些规律。古音声母系组的分类以及韵摄、声调的排列,均依中国社会科学院语言研究所编《方言调查字表》(修订本)。表中例字单下划线表白读音,双下划线表文读音,下标"又"为又读音。

一、声母的古今比较

声母的古今比较见表3-1。表左把声母分为帮组、非组、端泥组、精组、知组、庄组、章组、日母、见晓组、影组等10组,表端按发音方法把古声母分为清、全浊、次浊三类,表心是古声母的今读音和例字。

表3-1 古今声母比较表

	清		全浊	次浊	清	全浊
帮组	帮 布 pu^{52}	滂 派 p^{h}a^{52}	並 皮 bi^{433}	明 米 mi^{223}		
非组	非 粪 pə^{52} 飞 fi^{324}	敷 覆 p^{h}ə$^{○}$ 副 fu$^{○}$	奉 吠 bi^{231} 浮 vu^{433}	微 万 mã^{231} 诬 u^{324}		

续 表

	清		全浊	次浊		清	全浊
端泥组	端 多 to³²⁴	透 天 tʰiɛ³²⁴	定 桃 dɔ⁴³³	泥 农 nən⁴³³ 女 ȵy²²³	来 路 lu²³¹		
精组	精 做 tso⁵² 尖 tɕiɛ³²⁴	清 菜 tsʰei⁵² 浅 tɕʰiɛ⁴⁴⁵	从 齐 zɿ⁴³³ 晴 zin⁴³³			心 西 sɿ³²⁴ 写 ɕia⁴⁴⁵	邪 祠 zɿ⁴³³ 谢 zia²³¹
知组	知 猪 ti³²⁴ 罩 tso⁵² 忠 tɕyəŋ³²⁴	彻 拆 tsʰaʔ⁵ 超 tɕʰiɛ³²⁴	澄 茶 dzo⁴³³ 直 dziəʔ²³				
庄组	庄 争 tsɛ³²⁴ 捉 tɕyəʔ⁵	初 炒 tsʰɔ⁴⁴⁵ 疮 tɕʰiɔ⁴⁴⁵	崇 柴 za⁴³³			生 晒 sa⁵² 瘦 ɕiu⁵²	
章组	章 纸 tsɿ⁴⁴⁵ 照 tɕiɔ⁵²	昌 吹 tɕʰy³²⁴	船 蛇 zia⁴³³			书 深 sən³²⁴ 水 ɕy⁴⁴⁵	禅 售 dziu²³¹ 石 ziəʔ²³
日母				日 热 niəʔ²³ 耳 ŋ̍²²³			
见晓组	见 鸡 tsɿ⁵² 九 tɕiu⁴⁴⁵ 歌 ko³²⁴	溪 欠 tɕʰiɛ⁵² 苦 kʰu⁴⁴⁵	群 骑 dzɿ⁴³³ 徛 gei²²³ 旧 dziu²³¹	疑 牙 ŋo⁴³³ 月 ŋyəʔ²³ 五 ŋ̍⁴⁴⁵		晓 虎 fu⁴⁴⁵ 戏 sɿ⁵² 火 xo⁴⁴⁵	匣 蟹 xa⁴⁴⁵ 厚 gu²²³ 鞋 a⁴³³ 现 iɛ²³¹ 血 ɕyəʔ⁵
影组	影 矮 a⁴⁴⁵ 音 in³²⁴			云 旺 ɔ²³¹ 有 iu²²³	以 摇 ɕi⁴³³ 浴 yəʔ²³		

上表所列是中古声母宣平话今读的主要规律,少数字与上述古今声母对应规律不符。其中有些是非口语常用字,如:"侦彻母"[tsən³²⁴]、"汝日母"[lu²²³],这些读音产生的原因很多,或受字形影响产生的误读,或是晚近从普通话折合产生的读音。有些是南部吴语普遍存在的一个层次,是古音留存或白读层,如:"打端母"[nɛ²²³],"煮章母"[i⁴⁴⁵],因辖字较少,故将这些字一并另外列出。

古帮母:蓖 bi⁻²² | 搬 bə⁴³³ | 博 bəʔ²³

谱歌~ pʰu⁴⁴⁵

柄白,锄头~ mɛ⁵²

古滂母:玻 po³²⁴ | 怖 pu⁵²

古並母:毙 pi⁵²

捕 pʰu⁴⁴⁵ | 跑 pʰɔ⁴⁴⁵ | 膨肚子胀 pʰɛ³²⁴ | 辟 pʰiəʔ⁵

古明母：母丈~，丈母娘 n̩²²³

古非母：榧草~，香榧 pʰi⁴⁴⁵

古敷母：抚 vu²²³｜妨 vɔ̃⁴³³｜俘~虏 vu⁻²²

古微母：武文，~义，地名 vu²²³｜味文，趣味 vi²³¹｜文文，~气 vən⁴³³

古端母：打 nɛ⁴⁴⁵

古透母：贷 dei²³¹｜踏 dɑʔ²³｜桶 dən²²³

古定母：兑 tei⁵²

涛又 tʰɔ³²⁴｜艇挺 tʰin⁴⁴⁵

古泥母：赁 lin²³¹

碾 tɕiɛ⁴⁴⁵

古来母：隶奴~di²³¹

古精母：兹 sɿ³²⁴

雀孔~tɕʰiaʔ⁵

古从母：蹲 tən³²⁴

剂 tsɿ⁵²

鳍 dzɿ⁴³³｜惭残文，~疾 dzã⁴³³｜暂錾 dzã²³¹

聚 tɕy⁵²｜靖 tɕin⁵²

就 dʑɯ²³¹｜潜钱姓 dʑiɛ⁴³³｜捷疾集量词 dʑiɛʔ²³

古心母：笑白，大~tɕʰiɔ⁵²

古邪母：囚 dʑɯ⁴³³｜像白，相~dʑiã²²³

邪~教 ia⁴³³

古知母：站~岗 dzã²³¹

驻 dʑy²³¹

古彻母：侦 tsən³²⁴

古澄母：瞪 tin⁵²｜橙 tən⁵²

仗 tɕiã⁵²

兆名字 iɔ⁴³³

古庄母：侧文，~面 tsʰəʔ⁵

古初母：栅 saʔ⁵

古崇母：炸~米，一种油炸食品 tsɑʔ⁵

　　　　查 dzo⁴³³｜栈 dzã²³¹

　　　　镯 dʑyəʔ²³

　　　　床崇 ziõ⁴³³｜状 ziõ²³¹

古生母：产生~队 tsʰã⁴⁴⁵

古章母：煮 i⁴⁴⁵｜周白，把~；周岁 iɯ³²⁴｜朘 yən³²⁴

古昌母：赤~脚 tʰiəʔ⁵

　　　　齿 tsʰɿ⁴⁴⁵

　　　　枢 ɕy³²⁴

古船母：示 zɿ²³¹｜神文，~经 zən⁴³³｜实 zəʔ²³

　　　　绳 dʑin⁴³³｜舌 dʑiəʔ²³

古书母：鼠 tsʰɿ⁴⁴⁵｜翅 tsʰɿ⁵²

　　　　湿白，与"干"相对 tɕʰiaʔ⁵

　　　　守白，~门 y⁴⁴⁵｜春 yən³²⁴

古禅母：誓逝 sɿ⁵²

　　　　是白，与"否"相对 dzɿ²²³

　　　　殊 ɕy³²⁴｜淑名字 ɕyəʔ⁵

古日母：人白，一个~ nin⁴³³｜日 nəʔ²³

　　　　如又儒 lu⁴³³｜汝辱 lu²²³｜扰 lɔ²²³

　　　　若 zəʔ²³｜绒白，灯草~茸 zən⁴³³

　　　　然弗~：不然 ɕiɛ³²⁴

　　　　如又 ʐy⁴³³｜乳 ʐy²²³

古见母：俱 dʑy²³¹

　　　　箍 kʰu³²⁴｜概大~kʰei⁵²｜桂~圆 kʰuei⁵²｜昆 kʰuən³²⁴｜矿 kʰɔ⁵²

　　　　懈 ga²²³｜挂 go²³¹｜搅 gɔ²²³

　　　　酵 xɔ⁵²

　　　　嫁 ia⁵²｜箕 i³²⁴｜叫哭 iɔ⁵²

古溪母：杞枸~子 tsɿ⁴⁴⁵

　　　　券 tɕyə⁵²

恢~复 xuei⁻⁴⁴

古群母：键 tɕie⁵² ｜ 菌细~ tɕyən³²⁴ ｜ 竞 tɕin⁵²

擎 ȵin⁴³³

古疑母：咬 程~金 kɔ⁴⁴⁵

乐 音~ləʔ²³

古匣母：系联~; ~统 sʅ⁵² ｜ 兮 神经~~ sʅ⁻⁵⁵

舰 tɕie⁵²

行 弗~; 不行 ɕin³²⁴ ｜ 幸 ɕin⁵²

夏 姓 ʑia²²³ ｜ 下~课 ʑia²³¹

汞 kən⁵²

核~桃鹌 ŋɛʔ²³ ｜ 杏 ŋɛ²²³

古以母：维~生素 vi⁴³³

捐 tɕyə³²⁴

铅~球 tɕʰie³²⁴

铅~笔 kʰã⁴⁴⁵ ｜ 铅~角子 kʰa⁴⁴⁵

二、韵母的古今比较

韵母的古今比较见表 3-2 至表 3-7。表左是古音十六摄，各摄先开口后合口，有舒入相对的摄，舒声在前，入声在后。表头是一二三四等和古声母的系组。表心是例字和读音。

表 3-2 古今韵母比较表之一：古阴声韵一二等

	一 等			二 等			
	帮系	端系	见系	帮系	泥组	知庄组	见系
果开		多 to³²⁴ 箩 la⁴³³	哥 ko³²⁴ 个 量词 ka⁵²				
果合	波 po³²⁴	坐 zo²²³	火 xo⁴⁴⁵				
假开				爬 bo⁴³³ 妈 ma⁵²		茶 dzo⁴³³ 沙沙子 sa³²⁴	牙 ŋo⁴³³ 嫁 ia⁵²

续 表

	一 等			二 等			
	帮系	端系	见系	帮系	泥组	知庄组	见系
假合					傻 sa⁴⁴⁵		瓦 ŋo²²³
遇合	补 pu⁴⁴⁵ 墓 mo²³¹	兔 tʰu⁵² 做 tso⁵²	古 ku⁴⁴⁵				
蟹开	贝 pei⁵²	带 ta⁵² 代 dei²³¹	爱 ei⁵² 艾 uei²³¹	拜 pa⁵²	奶 na²²³	柴 za⁴³³	街 ka³²⁴
蟹合	配 pʰei⁵²	对 tei⁵²	灰 xuei³²⁴				怪 kua⁵²
止开							
止合							
效开	宝 pɔ⁴⁴⁵	桃 dɔ⁴³³ 刀 təɯ³²⁴	稿 kɔ⁴⁴⁵ 高 kɯ³²⁴ 好 xəɯ⁴⁴⁵	包 pɔ³²⁴	闹 nɔ²³¹	吵 tsʰɔ⁴⁴⁵	交 kɔ³²⁴
流开	贸 mo²³¹ 某 məɯ²²³ 母 n̩²²³	走 tsəɯ³²⁴	沟 kɯ³²⁴ 后 əɯ²²³				

表 3-3 古今韵母比较表之二：古阴声韵三四等

	三 四 等							
	帮系	端组	泥组	精组	知章组	庄组	日母	见系
果开								茄番~kɔ³²⁴
果合								瘸 dzya⁴³³ 靴 ɕio³²⁴ 靴 ɕyə³²⁴
假开				写 ɕia⁴⁴⁵	蛇 zia⁴³³			野 ia²²³
假合								

续 表

	三 四 等							
	帮系	端组	泥组	精组	知章组	庄组	日母	见系
遇合	付 fu⁵²		女 ȵy²²³	需 ɕy³²⁴	鼠 tshɿ⁴⁴⁵ 猪 ti³²⁴ 书 ɕy³²⁴	初 tshu³²⁴ 锄 zo⁴³³	如乂 lu⁴³³ 如乂 zy⁴³³	句 tɕy⁵² 锯 kɯ⁵²
蟹开	米 mi²²³	帝 ti⁵²	泥 ȵi⁴³³	西 sɿ³²⁴	世 sɿ⁵²			鸡 tsɿ³²⁴
蟹合	肺 fi⁵²			岁 ɕy⁵² 脆 tshei⁵²	税 ɕy⁵²			卫 uei²³¹
止开	皮 bi⁴³³ 碑 pei³²⁴	地 di²³¹	李 li²²³	四 sɿ⁵²	齿 tshɿ⁴⁴⁵	师 sɿ³²⁴	二 ȵi²¹ 儿 ŋ̍³²⁴	气 tshɿ⁵² 移 i⁴³³
止合	飞 fi³²⁴		泪 li²³¹ 类 lei²³¹	嘴 tɕy⁴⁴⁵	水 ɕy⁴⁴⁵ 追 tsei³²⁴	帅 sa⁵²		贵 tɕy⁵² 亏 khuei³²⁴
效开	票 phiɔ⁵²	吊 tiɔ⁵²	料 liɔ²³¹	消 ɕiɔ³²⁴	烧 ɕiɔ³²⁴		绕 ȵiɔ²³¹	桥 dziɔ⁴³³
流开	富 fu⁵²		留 liɯ⁴³³	酒 tɕiɯ⁴⁴⁵	瘦 ɕiɯ⁵²	手 ɕiɯ⁴⁴⁵		油 iɯ⁴³³

表 3-4　古今韵母比较表之三：古阳声韵一二等

	一 等			二 等			
	帮系	端系	见系	帮系	泥组	知庄组	见系
咸舒开		贪 thə³²⁴ 担 tã³²⁴	憨 xə³²⁴ 掩 ã⁴⁴⁵			站 dzã²³¹	减 kã⁴⁴⁵
咸舒合							
深舒开							
山舒开		炭 thã⁵²	肝 kuə³²⁴	班 pã³²⁴		山 sã³²⁴	奸 kã³²⁴
山舒合	满 mə²²³	团~结 də⁴³³ 团量词 dən⁴³³	官 kuã³²⁴				弯 uã³²⁴

续　表

	一　等			二　等			
	帮　系	端　系	见　系	帮　系	泥组	知庄组	见　系
臻舒开		吞 tʰə³²⁴	根 kə³²⁴ 啃 kʰən³²⁴				
臻舒合	本 pə⁴⁴⁵ 门 mən⁴³³	钝 də²³¹ 盾 dən²³¹	婚 xuə³²⁴ 昏 xuən³²⁴				
宕舒开	帮 pɔ̃³²⁴	汤 tʰɔ̃³²⁴	糠 kʰɔ̃³²⁴				
宕舒合			光 kɔ̃³²⁴				
江舒开				绑 pɔ̃⁴⁴⁵		撞 dziɔ̃²³¹	讲 kɔ̃⁴⁴⁵
曾舒开	朋 bən⁴³³	灯 tin³²⁴ 增 tsən³²⁴	肯 kʰən⁴⁴⁵				
曾舒合			弘 ən⁴³³				
梗舒开				盲 mɛ⁴³³ 棚 bən⁴³³	打端母 nɛ⁴⁴⁵ 冷 lɛ²²³	撑 tsʰe³²⁴	硬 ŋɛ²³¹ 幸 ɕin⁵²
梗舒合							横 uɛ⁴³³ 宏 ən⁴³³
通舒合	懵 mən²²³	东 tən³²⁴	红 ən⁴³³				

表 3-5　古今韵母比较表之四：古阳声韵三四等

	三　四　等							
	帮系	端组	泥组	精组	知章组	庄组	日母	见系
咸舒开		店 tie⁵²	念 nie²³¹	尖 tɕie³²⁴	占 tɕie⁵²		染 nie²²³	剑 tɕie⁵²
咸舒合	凡 vã⁴³³							

续 表

	三 四 等							
	帮系	端组	泥组	精组	知章组	庄组	日母	见系
深舒开	品 p^hin^{445}		林 lin^{433}	心 $sən^{324}$	针 $tsən^{324}$	渗 $sən^{52}$	壬 nin^{231}	金 $tɕin^{324}$
山舒开	变 $piɛ^{52}$	天 $t^hiɛ^{324}$	连 $liɛ^{433}$	仙 $ɕiɛ^{324}$	扇 $ɕiɛ^{52}$		然突~$ziɛ^{433}$	见 $tɕiɛ^{52}$
山舒合	饭 $vã^{231}$		恋 $liɛ^{231}$	宣 $ɕyə^{324}$	船 $zyə^{433}$		软 $nyə^{223}$	远 $yə^{223}$
臻舒开	民 min^{433}		邻 lin^{433}	辛 $sən^{324}$	真 $tsən^{324}$	衬 $ts^hən^{52}$	认 nin^{231}	斤 $tɕin^{324}$
臻舒合	坟 $vən^{433}$		轮照~lin^{433} 轮~胎 $lən^{433}$	笋 $sən^{445}$ 巡 $zyən^{433}$	春 $tɕ^hyən^{324}$		闰 $yən^{231}$	裙 $dʑyən^{433}$
宕舒开			凉 $liɑ^{433}$	墙 $ziɑ^{433}$	伤 $ɕiɑ^{324}$	爽 $sɔ̃^{445}$ 床 $ɕiɔ̃^{433}$	让 $niɑ^{231}$	香 $ɕiɑ^{324}$
宕舒合	方 $fɔ̃^{324}$							旺 $ɔ̃^{231}$ 王 $iɔ̃^{433}$
江舒开								
曾舒开	冰 pin^{324}		菱 lin^{433}		绳 $dzin^{433}$			鹰 in^{324}
曾舒合								
梗舒开	饼 pin^{445}	停 din^{433}	零 lin^{433}	井 $tɕin^{445}$	成 zin^{433}			赢 in^{433}
梗舒合								兄 $ɕyən^{324}$ 营 in^{433}
通舒合	风 $fən^{324}$		垄 $lən^{433}$ 龙 $liɔ̃^{433}$	松 $zən^{433}$ 从 $ziɔ̃^{433}$	肿 $tɕiɔ̃^{445}$ 虫 $dzyən^{433}$	崇 $ɕiɔ̃^{433}$	绒灯草~$zən^{433}$ 绒鸭~衣 $yən^{433}$	共 $dziɔ̃^{231}$ 共 $gən^{231}$ 穷 $dʑyən^{433}$

表 3-6 古今韵母比较表之五：古入声韵一二等

	一 等			二 等			
	帮系	端系	见系	帮系	泥组	知庄组	见系
咸入开		搭 tɑʔ⁵	盒 əʔ²³			插 tsʰɑʔ⁵	鸭 ɑʔ⁵
咸入合							
深入开							
山入开		辣 lɑʔ²³	割 kuəʔ⁵	八 pɑʔ⁵		杀 sɑʔ⁵	瞎 xɑʔ⁵
山入合	拨 pəʔ⁵	脱 tʰəʔ⁵	活 uɑʔ²³			刷 ɕyəʔ⁵	刮 kuɑʔ⁵
臻入开	不 pəʔ⁵	突 dəʔ²³	窟 kʰəʔ⁵ 骨 kuəʔ⁵				
臻入合							
宕入开	摸 məʔ⁵	落 ləʔ²³	各 kəʔ⁵				
宕入合			扩 kʰəʔ⁵				
江入开				剥 pəʔ⁵		桌 tyəʔ⁵	角 kəʔ⁵
曾入开	北 pəʔ⁵	贼 zaʔ²³ 德 tiəʔ⁵	刻 kʰəʔ⁵				
曾入合			国 kuəʔ⁵				
梗入开				百 pɑʔ⁵		拆 tsʰɑʔ⁵	客 kʰɑʔ⁵

续 表

	一 等			二 等			
	帮系	端系	见系	帮系	泥组	知庄组	见系
梗入合							划~船 uaʔ²³ 划计~ uaʔ²³
通入合	木 məʔ²³	读 dəʔ²³	谷 kəʔ⁵				

表 3-7 古今韵母比较表之六：古入声韵三四等

	三 四 等							
	帮系	端组	泥组	精组	知章组	庄组	日母	见系
咸入开		跌 tieʔ⁵	猎 lieʔ²³	接 tɕieʔ⁵	涉 ʑieʔ²³			业 nieʔ²³
咸入合	法 faʔ⁵							
深入开			粒 ləʔ²³ 立 lieʔ²³	集动词 zəʔ²³ 集量词 dzieʔ²³ 习 zyəʔ²³	十 zəʔ²³	涩 səʔ⁵	入 nieʔ²³	急 tɕieʔ⁵
山入开	鳖 pieʔ⁵	铁 tʰieʔ⁵	列 lieʔ²³	切 tɕʰiaʔ⁵ 节 tɕieʔ⁵	彻 tɕʰieʔ⁵ 舌 dzieʔ²³		热 nieʔ²³	歇 ɕieʔ⁵
山入合	袜 maʔ²³		劣 lieʔ²³	雪 ɕieʔ⁵ 绝 zyeʔ²³	说 ɕyeʔ⁵			血 ɕyeʔ⁵
臻入开	笔 pieʔ⁵		栗 lieʔ²³	七 tsʰəʔ⁵ 悉 ɕieʔ⁵	实 zəʔ²³	虱 səʔ⁵	日 nəʔ²³	一 ieʔ⁵
臻入合	佛 vəʔ²³		律 lieʔ²³	戌 ɕyeʔ⁵	出 tɕʰyəʔ⁵			橘 tɕyeʔ⁵
宕入开				削 ɕieʔ⁵ 嚼 zieʔ²³	勺 ʑieʔ²³		若 zəʔ²³ 弱 nieʔ²³	药 ieʔ²³
宕入合	缚 bəʔ²³							

续表

	三　四　等							
	帮系	端组	泥组	精组	知章组	庄组	日母	见系
江入开								
曾入开	逼 piəʔ⁵		力 liəʔ²³	息 ɕiəʔ⁵	直 dziəʔ²³	色 səʔ⁵		极 dziəʔ²³
曾入合								域 yəʔ²³
梗入开	壁 piəʔ⁵	踢 tʰiəʔ⁵	历 liəʔ²³	席 ziəʔ⁵	尺 tɕʰiaʔ⁵ 石 ziəʔ⁵			吃 tɕʰiəʔ⁵
梗入合								疫 yəʔ²³
通入合	福 fəʔ⁵		六 ləʔ²³ 绿 lyəʔ²³	粟 səʔ⁵ 足 tɕyəʔ⁵	熟 zyəʔ²³	缩 səʔ⁵	肉 n̠yəʔ²³	菊 tɕyəʔ⁵

　　上表所列是中古韵母宣平话今读的主要规律，少数字与上述古今声母对应规律不符。有些是非口语常用字，如："舰咸舒开二"[tɕiɛ⁵²]。有些是南部吴语普遍存在的一个层次，是古音留存或白读层，如："饿果开一"[ŋuei²³¹]，"近臻舒开三，与'远'相对"[gə²²³]，因辖字较少，故将这些字一并另外列出。

　　果开一见系：饿 ŋuei²³¹

　　　　　　　阿~托品 aʔ⁵

　　果合一帮系：破白，损坏，不完整 pʰa⁵²

　　　　　　　簸用器具颠动米粮等，扬糠除秽 pei⁵²

　　　　　　　播 pu³²⁴ ｜ 婆大~：大老婆 bu⁴³³

　　果合一端系：脶 li⁴³³

　　　　　　　莎名字 sa³²⁴

　　果合一见系：涴大便 u⁵²

　　假开二帮系：巴尾~ pu³²⁴ ｜ 把一~刀 pu⁴⁴⁵⁻⁵²

　　假开二知庄组：楂麻~：野山楂 tɕia³²⁴ ｜ 纱白，纱线 ɕia³²⁴

假开二见系：下$_{手\sim,底心}$ a^{223}

假合二见系：花$_{熟烂}$ xua^{324}

遇合一帮系：慕$_{\sim名}$ mɘʔ^{23}

遇合一端系：奴$_{\sim才}$ nən^{433}

遇合一见系：吴$_{前\sim,地名}$ n̩^{433}｜午 n̩^{223}

遇合三帮系：武$_{比\sim}$ mo^{223}

遇合三泥组：庐 lu^{433}

遇合三精组：絮$_{棉\sim}$ sɿ^{52}

须$_{胡\sim}$ su^{324}

遇合三知章组：蛛 tu^{324}｜拄 tu^{52}

遇合三庄组：础$_{白,柱\sim}$ tsɿ^{445}｜梳$_{白,头\sim}$ sɿ^{324}

数$_{动词}$ ɕy^{445}

遇合三见系：许$_{白,\sim愿款}$ xəɯ^{445}

许$_{白,几\sim,多少}$ xə^{52}

鱼渔 n̩^{433}

蟹开二帮系：稗 bu^{231}

蟹开二见系：佳 tɕia^{324}

蟹开四端组：梯$_{白,楼\sim}$ tʰei^{324}

蟹开四精组：细$_{白,与"大"相对}$ ɕia^{52}

蟹开三四见系：艺 ŋi^{231}｜系$_{关\sim}$ i^{445}

蟹合一见系：外$_{\sim婆}$ a^{-22}｜外$_{\sim头}$ ua^{231}

蟹合二见系：歪 xuɛ^{445}｜话画 o^{231}

蟹合四见系：畦 y^{231}

止开三帮系：鼻$_{\sim头}$ bəʔ^{23}

秘$_{\sim书,又}$泌 piəʔ^5｜鼻$_{塌\sim}$ biəʔ^{23}｜秘$_{\sim书,又}$ miəʔ^{23}

止开三泥组：履 ly^{223}

止开三精组：紫$_{\sim苏}$ tsu^{445}

止开三庄组：厕 tsʰəʔ^5

止开三日组：儿$_{文,幼\sim班}$而 əɯ^{433}

止开三见系：蚁 ŋa²²³
　　　　　　椅白,交~ y⁴⁴⁵
　　　　　　几~个 kei⁴⁴⁵ ｜ 徛站 gei²²³
止合三帮系：微稍~ uei²³¹
　　　　　　尾白,~巴 n̩²²³
止合三精组：髓 sɿ⁴⁴⁵
　　　　　　翠 tsʰei⁵² ｜ 随又 zei⁴³³
止合三见系：季 tsɿ⁵²
　　　　　　维 vi⁴³³ ｜ 遗 i⁴³³
流开一见系：藕 ŋɔ²²³
流开三帮系：矛 mɔ⁴³³
　　　　　　彪 piɔ³²⁴
　　　　　　否 fəɯ⁴⁴⁵ ｜ 谋 məɯ⁴³³
流开三泥组：廖 liɔ²³¹
流开三庄组：漱乌~；地名 sɔ⁵²
流开三章组：仇有~ zəɯ⁴³³
咸舒开二见系：舰 tɕiɛ⁵²
咸舒开三章组：陕~西 sã⁴⁴⁵
深舒开三日母：任主~ ȵi²³¹
深舒开三见系：今~日 kəʔ⁵
山舒开一见系：看~守所 kʰə⁻⁴⁴ ｜ 韩姓 ə⁴³³
山舒开二见系：雁 ŋa²³¹
　　　　　　　眼白,~睛 ŋɛ²²³
　　　　　　　艰 tɕiɛ³²⁴ ｜ 柬 tɕiɛ⁴⁴⁵ ｜ 谏 tɕiɛ⁵²
山舒开三知组：缠盘~ dʑyə⁴³³ ｜ 缠纠缠 dʑyə²³¹
山舒合一帮系：绊 pã⁵² ｜ 漫 mã²³¹
山舒合一见系：完~成 uə⁴³³
　　　　　　　丸 yə⁴³³
山舒合二见系：关~门 kən³²⁴

　　　　　　　　　还~有 uaʔ²³
山舒合三帮系：晚~会挽 uã⁴⁴⁵
山舒合三章组：穿~针 tɕʰyən³²⁴ ｜ 串 tɕʰyən⁵²
山舒合三见系：铅~角子 kʰa⁴⁴⁵
　　　　　　　　铅~球 tɕʰiɛ³²⁴ ｜ 沿溪~ iɛ⁴³³
　　　　　　　　铅~笔 kʰã⁴⁴⁵
　　　　　　　　宛 uã⁴⁴⁵
臻舒开三精组：津又 tɕin³²⁴ ｜ 进文,先~晋 tɕin⁵²
　　　　　　　　津又 tɕyən³²⁴
臻舒开三知章组：神白,~仙 ʑin⁴³³
　　　　　　　　　趁 tɕʰyən⁵²
臻舒开三见系：近白,与"远"相对 gə²²³
臻舒合三帮系：粪 pə⁵²
臻舒合三精组：遵 tsə³²⁴
宕舒合三帮系：芒白,麦~ mən⁴³³
宕舒合三见系：往 uã⁴⁴⁵
江舒开二见系：腔 tɕʰiã³²⁴
曾舒开三知组：征 tsən³²⁴
曾舒开三见系：孕 yən²³¹
梗舒开二帮系：盲文,~肠炎 mã⁴³³
　　　　　　　　浜沙家~ pɔ̃³²⁴
梗舒开二知组：橙甜~ tən⁵²
梗舒开二见系：梗白,菜~ kuɛ⁴⁴⁵
梗舒开三四帮系：柄白,锄头~ mɛ⁵² ｜ 暝 mɛ²³¹
　　　　　　　　　盟 mən⁴³³
梗舒开三知组：贞侦 tsən³²⁴
梗舒合二见系：矿 kʰɔ̃⁵²
通舒合一见系：瓮 yən⁵²
咸入开一端系：拉 la³²⁴

杂 zəʔ²³

深入开三精组：缉~鞋底 tɕʰiaʔ⁵

深入开三知章组：湿白,与"干"相对 tɕʰiaʔ⁵

蛰~惊 dziəʔ²³

山入开一见系：喝~山,棺木入穴后,风水先生向山神讨口彩 xəʔ⁵

山入合三见系：悦名字 yə⁵²

臻入开三见系：乞 kʰəʔ⁵

宕入开一帮系：膜 mo⁴³³

宕入开一端系：骆~驼 lɑʔ²³

宕入开三见系：跃 iɔ²³¹

江入开二见系：饺 tɕiɔ⁴⁴⁵

曾入开一端系：勒 ləʔ⁵ | səʔ⁵ 塞文,心肌梗~

曾入开三见系：忆亿抑 i⁵²

梗入开二知组：泽文,名字 dzəʔ²³

梗入开三章组：只量词 tsaʔ⁵

通入合一帮系：瀑 baʔ²³

通入合三日母：辱 lu²²³

三、声调的古今比较

宣平话与古音声调的比较见表 3-8，表端是今宣平话阴平、阳平、阴上、阳上、阴去、阳去、阴入、阳入 8 个声调，表左是古调类和古声母的清浊条件。

表 3-8　古今声调比较表

		阴平 [324]	阳平 [433]	阴上 [445]	阳上 [223]	阴去 [52]	阳去 [231]	阴入 [5]	阳入 [23]
古平声	清	天 tʰiɛ³²⁴							
	次浊		门 mən⁴³³						
	全浊		柴 za⁴³³						

续　表

		阴平 [324]	阳平 [433]	阴上 [445]	阳上 [223]	阴去 [52]	阳去 [231]	阴入 [5]	阳入 [23]
古上声	清			草 tʰɔ⁴⁴⁵					
	次浊				冷 lɛ²²³				
	全浊				动 dən²²³				
古去声	清					菜 tsʰei⁵²			
	次浊						卖 ma²³¹		
	全浊						字 zๅ²³¹		
古入声	清							割 kuəʔ⁵	
	次浊								辣 lɑʔ²³
	全浊								直 dziəʔ²³

一些字与上述古今声调对应规律不符，现按古调类和古声母的清浊条件排列如下：

古清平：

[433] 搬 bə⁴³³ ｜ 妨 vɔ̃⁴³³

[445] 伊 i⁴⁴⁵ ｜ 搓 tsʰo⁴⁴⁵ ｜ 毡 tɕiɛ⁴⁴⁵ ｜ 歪 xuɛ⁴⁴⁵ ｜ 蝙 piɛ⁴⁴⁵ ｜ 岗 ₍站₎ kɔ̃⁴⁴⁵

[223] 于 ₍属~₎ y²²³

[52] 岗 ₍山岗₎ kɔ̃⁵² ｜ 拼 ₍拼凑,拼接₎ pʰin⁵² ｜ 听 tʰin⁵² ｜ 洇 in⁵²

[231] 俱 dʑy²³¹

[5] 阿 ₍~托品₎ aʔ⁵

古次浊平：

[324] 宜 ₍便~₎ i³²⁴ ｜ 巫 诬 u³²⁴ ｜ 捞 ₍兜揽₎ lɔ³²⁴ ｜ 猫 mɔ³²⁴ ｜ 黏 ɲiɛ³²⁴ ｜ 然 ₍弗~；不然₎ ɕiɛ³²⁴ ｜ 捐 tɕyə³²⁴ ｜ 讹 o³²⁴ ｜ 危 uei³²⁴ ｜ 搂 ₍挖,掏₎ ləɯ³²⁴ ｜ 蝇 ₍苍~₎ in³²⁴ ｜ 儿 n̩³²⁴

[445] 铅 ₍~角子₎ kʰa⁴⁴⁵ ｜ 铅 ₍~笔₎ kʰɑ̃⁴⁴⁵

[223] 仪 ɲi²²³ ｜ 箩 ₍礼₎ lo²²³

［231］暝 mɛ²³¹｜微稍~uei²³¹｜壬 ȵin²³¹

古全浊平：

［324］涛又 tʰɔ³²⁴｜膨 pʰe³²⁴｜苔舌~tʰei³²⁴｜喉流~;喉咙 əɯ³²⁴｜蹲~点 tən³²⁴

［445］跑 pʰɔ⁴⁴⁵

［223］渠他 gɯ²²³

［52］橙甜~tən⁵²

［231］乎在~糊米~u²³¹｜缠纠缠 dzyə²³¹｜旋 zyə²³¹

古清上：

［324］纪年~tsɿ³²⁴｜估评~ku³²⁴｜杆 kuə³²⁴｜啃 kʰən³²⁴｜蒋 tɕiã³²⁴

［223］抚 vu²²³｜搅 gɔ²²³｜桶 dən²²³

［52］史 sɿ⁵²｜拄 tu⁵²｜哽 kɛ⁵²｜叩 kʰɯ⁵²｜载 tsei⁵²｜悔 xuei⁵²｜喊 xã⁵²｜矿 kʰɔ⁵²

古次浊上：

［433］虏 lu⁴³³｜苇 uei⁴³³｜垄 lən⁴³³

［445］侮 u⁴⁴⁵｜碾 tɕie⁴⁴⁵｜演 iɛ⁴⁴⁵｜挽往晚~会 uã⁴⁴⁵｜勇名字 iɔ̃⁴⁴⁵｜勇威风 yən⁴⁴⁵

古全浊上：

［433］杜 du⁴³³｜绪又 zy⁴³³｜巨 dzy⁴³³｜罢~工 ba⁴³³｜项 ɔ̃⁴³³

［445］蟹 xa⁴⁴⁵｜艇挺 tʰin⁴⁴⁵｜狠 xən⁴⁴⁵｜菌 tɕyən⁴⁴⁵

［52］聚 tɕy⁵²｜浩 xɔ⁵²｜舰键 tɕie⁵²｜幸 ɕin⁵²｜靖 tɕin⁵²｜汞 kən⁵²｜仗 tɕiã⁵²

［231］痔 dzɿ²³¹｜祀 zɿ²³¹｜厦~门 o²³¹｜怠 dei²³¹｜汇~款 uei²³¹｜笨 bən²³¹｜盾 dən²³¹｜混 uən²³¹

古清去：

［324］榨~菜 tsa³²⁴｜稍~微 sɔ³²⁴｜碎 sei³²⁴｜障白内~tɕiã³²⁴｜腕 uã³²⁴｜综 tsən³²⁴｜亲~家 tsʰən³²⁴｜供供养 tɕyən³²⁴

［445］佐 tso⁴⁴⁵｜燕咽 iɛ⁴⁴⁵｜并 pin⁴⁴⁵｜饷 ɕiɑ⁴⁴⁵｜访 fɔ⁴⁴⁵｜统 tʰən⁴⁴⁵

［223］懈 ga²²³

［231］驻 dzy²³¹｜挂 go²³¹｜贷 dei²³¹｜站立 dzã²³¹

［5］秘又泌 piəʔ⁵｜厕 tsʰəʔ⁵

[23]秘又 miəʔ²³

古次浊去：

[324]弄搞 lən³²⁴

[433]伪纬 uei⁴³³ | 涝 lɔ⁴³³ | 疗 liɔ⁴³³ | 馏 liɯ⁴³³ | 缆 lã⁴³³ | 谚 nˌiɛ⁴³³ | 玩 uã⁴³³

[223]屡 ly²²³ | 谊 nˌi²²³ | 砚 nˌiɛ²²³ | 泳 yən²²³

[52]易容~i⁵² | 艳 iɛ⁵²

[23]慕~名 məʔ²³ | 赂 ləʔ²³

古全浊去：

[433]华姓桦 o⁴³³ | 横强~；豪强专横 uɛ⁴³³

[445]系关~i⁴⁴⁵ | 捕逮~pʰu⁴⁴⁵

[223]械 a²²³ | 赚 dzã²²³ | 妗 dʑin²²³ | 电 die²²³ | 叛 bə²²³

[52]誓逝系~统,联~sɿ⁵² | 剂 tsɿ⁵² | 毙 pi⁵² | 翰 xuə⁵² | 兑 tei⁵² | 苋 xã⁵² | 瞪 tin⁵² | 竞 tɕin⁵²

[23]鼻~头 bəʔ²³ | 鼻塌~biəʔ²³

古清入：

[445]哕 ya⁴⁴⁵ | 饺 tɕiɔ⁴⁴⁵

[52]忆亿抑 i⁵²

[23]踏 dɑʔ²³ | 轧 gɑʔ²³ | 博 bəʔ²³ | 郁 yəʔ²³

古次浊入：

[324]拉 la³²⁴

[433]膜 mo⁴³³

[223]辱 lu²²³

[52]悦名字 yə⁵²

[23]跃 iɔ²³¹

[5]摸 məʔ⁵ | 勒 ləʔ⁵ | 育 yəʔ⁵

古全浊入：

[324]炸~米；一种油炸食品 tsɑʔ⁵ | 辟 pʰiə⁵ | 淑 ɕyə⁵

第二节 音韵特点

一、声母特点

1. 古全浊声母字今仍读浊音声母，今读塞音、塞擦音声母按送气与不送气以及清浊进行三分。例如：

帮母[p]：拜 pa^{52}｜北 pə?^{5}　　端母[t]：帝 ti^{52}｜督 tə?^{5}

滂母[pʰ]：派 pʰa^{52}｜扑 pʰə?^{5}　　透母[tʰ]：剃 tʰi^{52}｜脱 tʰə?^{5}

並母[b]：牌 ba^{433}｜白 ba?^{23}　　定母[d]：弟 di^{223}｜读 də?^{23}

2. 个别非、敷、奉母字今读重唇音声母[p][pʰ][b]，大部分微母字今读重唇音声母[m]，不读重唇音声母[m]的微母字基本是非口语常用字。例如：

非母[p]：粪 pə^{52}｜反_{白,翻动} pã^{445}

敷母[pʰ]：覆 pʰə^5

奉母[b]：吠 bi^{231}｜缚 bə?^{23}

微母[m]：舞 mu^{223}｜雾 mu^{231}｜万 mã^{231}｜望 mɔ̃^{231}｜问 mən^{231}｜袜 mɑ?^{23}｜物 mə?^{23}

3. 个别帮端母字今读鼻音声母[m][n]。例如：

帮母[m]：柄_{锄头~}摒_拔 mɛ^{52}｜绷 mɛ^{324}

端母[n]：打 nɛ^{445}｜东 nən^{-44}_{~西：泛指各种具体或抽象的事物}

4. 泥、来母今读声母有别，泥母洪音今读声母[n]，细音今读声母[ɲ]，来母今读声母[l]。个别字声母[n]拼细音。例如：

脑_泥 nɔ^{223}≠老_来 lɔ^{223}　　农_泥 nən^{433}≠笼_来 lən^{433}

扭_泥 ɲiɯ^{223}≠柳_来 liɯ^{223}　　能_{泥,~够} nin^{433}≠菱_来 lin^{433}

5. 不分尖团，精组声母和见晓组声母在今细音前读音相同。例如：

酒_精 tɕiɯ^{445}＝九_见 tɕiɯ^{445}　　接_精 tɕiə?^{5}＝脚_见 tɕiə?^{5}

秋清 tɕʰiɯ³²⁴ = 丘溪 tɕʰiɯ³²⁴　　　签清 tɕʰiɛ³²⁴ = 牵溪 tɕʰiɛ³²⁴
箱心 ɕiã³²⁴ = 香晓 ɕiã³²⁴　　　　修心 ɕiɯ³²⁴ = 休晓 ɕiɯ³²⁴
需心 ɕy³²⁴ = 虚晓 ɕy³²⁴　　　　　戌心 ɕyəʔ⁵ = 血晓 ɕyəʔ⁵

6. 半数知母字今读舌头音声母[t]。例如：

知母[t]：猪 ti³²⁴ | 蛛株 ty³²⁴ | 拄 ty⁵² | 转白,~去,回去 tyə⁴⁴⁵ | 帐账胀张量词 tiã⁵² | 桩 tiã³²⁴ | 中白,~半,对半 tən³²⁴ | 摘 taʔ⁵ | 啄 təʔ⁵ | 着穿 tiəʔ⁵ | 桌竹 tyəʔ⁵

7. 少数章、见母字今读声母脱落。例如：

章母[∅]：煮 i⁴⁴⁵ | 周白,把~,周岁 iɯ³²⁴ | 肫 yən³²⁴ | 斫砍 yəʔ⁵
见母[∅]：萁箕 i³²⁴ | 嫁 ia⁵² | 叫哭 iɔ⁵²

8. 大部分从、崇、船母字今读擦音声母。例如：

从母[z]/[ʐ]：齐 zɿ⁴³³ | 造 zɔ²²³ | 坐 zo²²³ | 贼 zaʔ²³ | 前 ziɛ⁴³³ | 全 zyə⁴³³ | 墙 ziã⁴³³ | 晴 zin⁴³³
崇母[z]/[ʐ]：柴 za⁴³³ | 锄 zo⁴³³ | 愁 zəɯ⁴³³ | 闸 zɑʔ²³ | 床 ziɔ̃⁴³³
船母[z]/[ʐ]：实 zəʔ²³ | 船 ʐyə⁴³³ | 乘 ʐin⁴³³ | 唇 ʐyən⁴³³

9. 少数心、书母字今读塞擦音声母。例如：

心母[tɕʰ]：笑白,讲~ tɕʰiɔ⁵²
书母[tsʰ]/[tɕʰ]：鼠 tsʰɿ⁴⁴⁵ | 湿白,与"干"相对 tɕʰiaʔ⁵

10. 少数邪、禅母字今读塞擦音声母。例如：

邪母[dʑ]：像白,相~ dʑiã²²³
禅母[dz]/[dʑ]：是白,弗~,不是 dzɿ²²³ | 售 dziɯ²³¹ | 上~山 dʑiã²²³ | 上白,楼~ dʑiã²³¹

11. 见、溪母开口二等字今读声母[k][kʰ]。例如：

见母[k]：交 kɔ³²⁴ | 架 ko⁵² | 拣 kã⁴⁴⁵ | 江 kɔ̃⁴⁴⁵ | 甲 kaʔ⁵ | 隔 kaʔ⁵ | 角 kəʔ⁵
溪母[kʰ]：敲 kʰɔ³²⁴ | 嵌 kʰã⁵² | 掐 kʰaʔ⁵ | 确 kʰəʔ⁵

12. 疑母字今读逢洪音大部分读声母[ŋ]，逢细音大部分读声母[ȵ]。例如：

疑母[ŋ]：蚁 ŋa²²³ | 硬 ŋɛ²³¹ | 鹅 ŋo⁴³³ | 额 ŋaʔ²³

疑母[ȵ]：严 ȵiɛ⁴³³ | 牛 ȵiɯ⁴³³ | 元~旦 ȵyə⁴³³ | 月 ȵyəʔ²³

13. 少数匣母字今读声母[g]。例如：

匣母[g]：厚与"薄"相对 gɯ²²³ | 衔 gɑ̃⁴³³ | 含 虹~子树；乌桕树 gən⁴³³ | 峡 gɑʔ²³

14. 个别字今读声母[n]拼细音，与声母[ȵ]拼细音形成对立。例如：

能泥，~够人日，一个~ nin⁴³³ ≠ 银疑人日，丈~ ȵin⁴³³

二、韵母特点

1. 歌麻合韵，以读韵母[o]为主。

（1）果摄字今读以韵母[o]为主，并有[i][u][a][ya][ei][uei]等白读。例如：

脶 li⁴³³ | 浣大便 u⁵² | 个~数 ka⁵² | 瘸 dzya⁴³³ | 簸用器具颠动米粮等，扬糠除秽 pei⁵² | 饿 ŋuei²³¹

（2）歌韵今读韵母有[o][a]文白读的对立。例如：

破白，损坏，不完整 pʰa⁵² /破文，~坏 pʰo⁵² | 拖白，~出去 tʰa³²⁴ /拖文，~拉机 tʰo³²⁴

2. 假摄开合口二等基本合流，以读韵母[o]为主。例如：

家假开二 ko³²⁴ = 瓜假合二 ko³²⁴   虾假开二，~蟆 o⁴³³ = 华假合二，中~ o⁴³³

其中有部分假摄开口二等见系字与开口三等字合流，今读韵母[ia]。例如：

霞假开二 ia⁴³³ = 爷假开三 ia⁴³³   夏假开二，姓~ zia²²³ = 社假开三，公~ zia²²³
下假开二，地~ ia²²³ = 野假开三 ia²²³

3. 遇摄合口一等字以读韵母[u]为主，遇摄合口三等鱼韵字以读韵母[y]为主，遇摄合口三等虞韵字以读韵母[u][y]为主。遇摄合口三等鱼韵字除韵母[y]外，今读还有其他韵母，其中有些是白读层，属于鱼虞有别的层次。例如：

[ɿ]：楮 tsɿ³²⁴ | 础白，柱~ 鼠 tsʰɿ⁴⁴⁵ | 箸 dzɿ²³¹ | 梳白，头~ sɿ³²⁴ | 絮 sɿ⁵²| 薯 zɿ⁴³³

[i]：猪 ti³²⁴ | 榈 li⁴³³ | 滤白，~酒 li²³¹ | 煮 i³²⁴

[u]：庐 lu^{433}｜汝 lu^{223}｜阻 tsu^{445}｜初 ts^{h}u^{324}｜楚 ts^{h}u^{445}｜助 zu^{231}

[ə]：许几~；数量，多少 xə^{52}

[o]：疏白，与"密"相对 so^{324}｜所 so^{445}｜锄 zo^{433}

[ɯ]：锯 kɯ^{52}｜去 k^{h}ɯ^{52}｜渠他 gɯ^{223}

[əɯ]：许~愿款 xəɯ^{445}

[n̩]：鱼渔 n̩^{433}

4. 蟹摄有咍泰有别的残存，个别端系泰韵字今读韵母主元音为[a]。例如：

菜咍韵 ts^{h}ei^{52}≠蔡泰韵 ts^{h}a^{52}　　态咍韵 t^{h}ei^{52}≠泰泰韵 t^{h}a^{52}

5. 止摄开口三等大部分帮组、端组、影组字主要读韵母[i]，大部分精组、知系（日母除外）、见组、晓组主要读韵母[ɿ]，日母字主要读自成音节的[n̩]。例如：

[i]：屁滂母 p^{h}i^{52}｜皮並母 bi^{433}｜梨来母 li^{433}｜意影母 i^{52}｜移以母 i^{433}

[ɿ]：姊精母 tsɿ^{445}｜齿昌母 ts^{h}ɿ^{445}｜迟澄骑群母 dzɿ^{433}｜试书母戏晓母 sɿ^{52}｜市禅母 zɿ^{223}

[n̩]：儿 n̩^{324}｜尔耳白，~朵 n̩^{223}

6. 效流开口一等端组、见系部分字今读合流，读韵母[əɯ][ɯ]。例如：

刀效摄 təɯ^{324}＝兜流摄 təɯ^{324}　　到效摄 təɯ^{52}＝斗流摄，~争 təɯ^{52}

高效摄 kɯ^{324}＝钩流摄 kɯ^{324}　　告效摄 kɯ^{52}＝够流摄 kɯ^{52}

靠效摄 k^{h}ɯ^{52}＝扣流摄 k^{h}ɯ^{52}　　燂效摄，烹调方法 əɯ^{324}＝瓯流摄 əɯ^{324}

7. 古阳声韵字今读有开尾韵[ɛ][iɛ][uɛ][ə][uə][yə]、鼻化韵[ã][iã][uã][ɔ̃][iɔ̃]、鼻尾韵[in][ən][uən][yən]，鼻音韵尾只有一个[n]。今读开尾韵的古韵摄基本情况如下：

[ɛ]：梗摄开口二等字

[iɛ]：咸摄开口三四等字，山摄开口三四等字

[uɛ]：梗摄合口二等字

[ə]：咸摄开口一等覃韵字，山摄合口一等帮、端系字，部分臻摄开

口一等字,臻摄合口一等泥、精组字。例如：

酸$_{山摄}$ sə^{324}＝孙$_{臻摄}$ sə^{324}　　贪$_{咸摄}$ tʰɔ^{324}＝吞$_{臻摄}$ tʰɔ^{324}

[uə]：山摄开口一等晓母、影母字,部分臻摄合口一等晓母、影母字。例如：

鼾$_{山摄}$ xuə^{324}＝婚$_{臻摄}$ xuə^{324}　　安$_{山摄}$ uə^{324}＝温$_{臻摄}$ uə^{324}

[yə]：山摄合口三四等字

8. 咸摄开口一等覃谈韵端系有别,覃韵今读开尾韵母[ə],谈韵今读鼻化韵母[ã]。见系合流,都读开尾韵母[ə]。例如：

潭$_{覃韵}$ də^{433}≠痰$_{谈韵}$ dã^{433}

南$_{覃韵}$ nə^{433}≠蓝篮$_{谈韵}$ lã^{433}（例字声母有异）

感$_{覃韵}$ kə^{445}＝敢$_{谈韵}$ kə^{445}

9. 个别咸摄开口一等舒声字、山摄合口一二等舒声字的白读与通摄合口一等舒声字同韵母,读[ən]。例如：

咸摄：含 gən^{433}

山合一：团$_{糯饭～,糯米饭团}$ dən^{433}｜断$_{白,绳～了}$ dən^{223}｜段$_{白,量词}$ dən^{231}｜暖$_{白,形容词}$ nən^{223}｜卵$_{白,鸡～}$ lən^{223}

山合二：关$_{白,与"开"相对}$ kən^{324}

10. 深臻摄开口三等舒声字今读合流,帮组、端组、泥母、日母以及见系读韵母[in],精组、知系（日母除外）读韵母[ən],与曾梗摄三四等字不同音。例如：

林$_{深摄}$ lin^{433}＝鳞$_{臻摄}$ lin^{433}　　任$_{深摄,责～}$ ȵin^{231}＝认$_{臻摄}$ ȵin^{231}

金$_{深摄}$ tɕin^{324}＝巾$_{臻摄}$ tɕin^{324}　　音$_{深摄}$ in^{324}＝因$_{臻摄}$ in^{324}

心$_{深摄}$ sən^{324}＝新$_{臻摄}$ sən^{324}≠星$_{梗摄}$ ɕin^{324}

针$_{深摄}$ tsən^{324}＝真$_{臻摄}$ tsən^{324}≠蒸$_{曾摄}$ tɕin^{324}

沉$_{深摄}$ dzən^{433}＝陈$_{臻摄}$ dzən^{433}≠程$_{梗摄}$ dzin^{433}

11. 宕摄开口一等、合口一三等舒声字与江摄开口二等舒声字今读合流,今读韵母主要元音是[ɔ̃]。例如：

帮$_{宕摄}$ pɔ̃^{324}＝方$_{宕摄}$ fɔ^{324}＝邦$_{江摄}$ pɔ̃^{324}（例字声母有异）

旁宕摄 bɔ̃⁴³³＝房宕摄 vɔ̃⁴³³＝庞江摄 bɔ̃⁴³³（例字声母有异）

缸宕摄 kɔ̃³²⁴＝光宕摄 kɔ̃³²⁴＝江江摄 kɔ̃³²⁴

杭宕摄 ɔ̃⁴³³＝黄宕摄 ɔ̃⁴³³＝况宕摄 xɔ̃⁵²＝项江摄 ɔ̃⁴³³（例字声母声调有异）

王宕摄,姓~ iɔ̃⁴³³＝双江摄 ɕiɔ̃³²⁴（例字声母声调有异）

12. 曾梗摄开口三等舒声字今读合流,主要读韵母[in]。例如：

冰曾摄 pin³²⁴＝兵梗摄 pin³²⁴　　蒸曾摄 tɕin³²⁴＝正梗摄,~月 tɕin³²⁴

承曾摄 zin⁴³³＝成梗摄 zin⁴³³　　蝇曾摄,谷~ in⁴³³＝赢梗摄 in⁴³³

13. 臻摄谆韵、文韵与通摄东韵字（见组除外）今读合流,主要读韵母[ən][yən]。例如：

分臻摄 fən³²⁴＝风通摄 fən³²⁴　　伦臻摄 lən⁴³³＝隆通摄 lən⁴³³

春臻摄 tɕʰyən³²⁴＝充通摄 tɕʰyən³²⁴　　匀云臻摄 yən⁴³³＝雄通摄 yən⁴³³

14. 通摄东三、钟韵字（帮系除外）今读韵母有别。例如：

隆东韵 lən⁴³³≠龙钟韵 liɔ̃⁴³³　　虫东韵 dʐyən⁴³³≠重钟韵,~复 dʑiɔ̃⁴³³

终东韵 tɕyən³²⁴≠钟钟韵 tɕiɔ̃³²⁴　　熊东韵 yən⁴³³≠容钟韵 iɔ̃⁴³³

15. 古入声韵今读都是喉塞尾[ʔ],韵母有[aʔ][iaʔ][uaʔ][ɑʔ][uɑʔ][əʔ][iəʔ][uəʔ][yəʔ]。

（1）韵母[aʔ][ɑʔ]的来源比较单一。韵母[aʔ]主要来自梗摄开口二等以及个别咸曾开口字；韵母[ɑʔ]主要来自咸山开口一二等以及山摄合口三等字。

（2）[iaʔ][uaʔ][uɑʔ][uəʔ]辖字很少。韵母[iaʔ]零星见于深山宕梗开口三四等字；韵母[uaʔ]零星见于山摄梗摄字；韵母[uɑʔ]零星见于山摄合口一二等字；韵母[uəʔ]零星见山开一以及臻曾摄合口一等字。

（3）宣平话入声字的读音主要集中于韵母[əʔ][iəʔ][yəʔ]。部分深臻摄开口三等字、宕江摄字、山臻通摄合口一等以及通合三屋韵字读韵母[iəʔ]；咸深山臻宕曾梗开口三四等字基本读韵母[iəʔ]；山臻通摄合口三等以及少数宕江开口字读韵母[yəʔ]。

三、声调特点

宣平话的 8 个声调是按声母清浊来分的,平、上、去、入四声按声母清浊各分阴阳,从而形成阴平[324],阳平[433]、阴上[445]、阳上[223]、阴去[52],阳去[231]、阴入[5]、阳入[23]八个调类,即"四声八调"。

绝大部分字都与上述古今声调演变规律对应,但也有少数字例外,这些例外字大部分为非口语常用字或文读音,主要是受普通话影响的结果。详细例字见本章第一节第三部分"声调的古今比较",此不再赘述。

第四章
同音字汇

第一节 同音字表

说明:

1. 本表收录的字以中国社会科学院语言研究所编制的《方言调查字表》(修订本)为基础,补充了一部分口语中使用的方言俗字和有音无字的词语。根据宣平老派音系排列,先按韵母分部,同韵母的字按声母排列,声韵相同的字再按声调排列。

2. 右侧下标"白"的为白读音,下标"文"的为文读音。一个字有多读但又不属于文白异读的,在字的右下角用数字表示,用"1"表示最常用或最口语化的读音,"2"次之,依此类推。下标"又"的为又读音,表示同一个字有不同的读法,但非文白异读,也不区别意义。下标"儿"的为儿化音。

3. 意义有区别的多音字,在字的右侧下标注明该字出现的环境或意义。

4. 方框"□"表示该音节暂无适当的汉字可写,并举例、释义。

5. 下标的注释文字中,用"~"代替被注释的字。

6. 一个字若有多个义项,不同义项之间用";"隔开。

7. 为避免误解,也为音韵比较提供方便,少数字仍采用繁体字或异体字。例如:睏睡。

8. 少部分字没有单字音或单字调不明,只读小称音、连读调或轻声调。例如：□pʰã⁻⁴⁴~肩;肩膀｜妈ma⁵² 小称调｜□tɕʰiã⁰ 试试~;试试看。这些字放在相应的单字音节所有调类后面,且在前面加双竖线"‖"隔开。

1

ts　[324]楮鸡稽知支枝肢栀眵眼泪资姿咨脂饥肚~;~荒肌几茶~;~乎之芝基纪年~机讥叽咔~;一种厚实的斜纹棉织布笰篦~;篦子　[445]纸姊旨指子仔~细止址己杞籽紫1,~色麂跳~　[52]祭际稷芦;高粱制~度;~选济剂计继髻智寄致至置志同~;标~痣纪世~记既季　‖[44]□~ŋɛ³²⁴:石榴

tsʰ　[324]妻溪雌痴欺　[445]础2,柱~;垫在柱子底下的圆石墩鼠启此企耻齿起1,~头岂　[52]觑眯着眼看砌契刺翅次器弃气汽

dz　[433]池驰奇骑迟鳍持其棋期旗麒□雨~;由远而近下来的雨蕲~蛇;一种剧毒蛇　[223]是白,弗~;不是技　[231]箸滞痔治忌绳用力抓、扯□~命;拼命

s　[324]梳白,头~西犀樨木~,花;桂花斯厮筛施牺私师狮螄螺~尸兹司丝思诗嬉熙希稀尿　[445]洗死使驶始喜髓　[52]絮世势誓逝细文,仔~婿系2,~统;联~赐戏四肆史试□吃弗值~;吃了不该吃的　‖[55]兮神经~~

z　[433]薯齐脐匙瓷糍慈磁辞词祠时　[223]荠荠~;荠菜是文,实事求~氏似士仕巳柿市　[231]自示视字祀寺嗣饲事侍

i

p　[324]屄吹牛~　[445]彼鄙比　[52]蔽毙闭庇痹

pʰ　[324]批披剢削,剥离　[445]椑草~;香椑磳壳;岩石表层　[52]屁

b　[433]皮疲脾啤~酒琵枇肥白,~~肉;肥肉　[223]被被子　[231]敝弊币鐅吠被~告避备箄坒量词,层　‖[22]萉~麻

m　[433]迷弥眉楣　[223]米眯尾文,收~　[231]未味白,味道

f　[324]非飞妃　[445]匪　[52]废肺痱费

v　[433]维肥文,~料　[231]味文,趣味

t　[324]猪低堤　[445]底抵胝手~;手骈儿　[52]帝蒂齮~饭;盛饭

tʰ　[324]梯文,电~　[445]体□垫衬　[52]替涕剃屉軆细腻

d　[433]题提蹄啼隶　[223]弟　[231]第递地逮~捕

第四章　同音字汇　79

n　‖[0]呢 语气词

l　[433]胴桐犁黎离篱璃梨厘狸　[223]礼李里理鲤　[231]滤 白,~酒 例厉励丽例厉励丽荔利莉痢吏泪□瞟~:斜眼（舌头或牙齿）露出□纺织品、纤维等纹路变松垮　‖[0]哩 用在句中表示强调停顿,相当于"呢"

tɕ　[52]吱 拟声词

ȵ　[433]泥尼呢 呢子 疑　[223]仪谊耳 文,木~ 拟蕊 花~;花骨朵　[231]艺谜义议二贰毅任 2,主~

ø　[324]萁 狼~;芒萁 箕宜 1,便~ 医衣依　[433]宜 2,~兴;地名 移夷姨怡遗 [445]煮伊系 1,关~ 椅 文,太师~　[223]已以　[52]易 容~ 意忆亿抑　[231]异

u

p　[324]播巴 1,尾~ 笆　[445]把 1,~周;周岁 补谱 1,家~　[52]布怖

pʰ　[324]铺 动词 潽 漫溢□包萝~;带苞叶的玉米棒　[445]普浦捕谱 2,歌~　[52]铺 名词

b　[433]婆 1,颠~;疯婆 蒲菩葡柿 莲子~;莲蓬 匏 瓠瓜　[223]部掊 培土 簿晡 午~;下午　[231]步埠稗伏 孵

m　[223]舞鹉　[231]务雾

f　[324]呼 白,~鸡 夫肤敷麸呋 喃丹;一种高毒农药□~田;在水稻分蘖期间,用田耙等农具给水稻除草　[445]虎浒府腑俯甫脯 明~;墨鱼的干制食品 斧　[52]戽 ~水 付赋傅咐赴讣富副

v　[433]符扶芙浮　[223]抚父釜腐辅武 文,~义;地名 妇负　[231]附　‖[22]俘

t　[324]都 名词 蛛株　[445]堵赌肚 涴~;肚子□用指头、棍棒对着指　[52]妒嘟 拟声词

tʰ　[445]土吐 自主吐　[52]吐 呕吐 兔

d　[433]徒屠途涂图杜　[223]肚 ~肠　[231]度渡镀毒 下毒□面~起;拉着脸

n　[433]奴 文,~隶　[223]努　[231]怒

l　[433]卢炉芦鸬庐鲈 鱼 如 又 儒 ~生 房　[223]鲁橹卤汝辱　[231]路

露鹭　‖[22]□挟~下:腋窝

ts　[324]租　[445]祖1,~传组阻紫2,~苏

tsʰ　[324]粗初　[445]楚础1,基~　[52]醋

s　[324]苏酥梳文,~妆台 疏文,生~须胡~　[52]素诉塑数名词

z　[433]鹴鸲~　[231]助

k　[324]姑估文,评~孤辜跍蹲菇　[445]古估白,~~望;估一估牯股鼓　[52]故固锢雇顾　‖[44]□~刀:砍刀的统称

kʰ　[324]箍枯　[445]苦　[52]库裤

x　[324]呼文,招~

ø　[324]莴~苣笋;莴笋乌钨污巫诬蜈车~;蜻蜓　[433]吴文,姓~梧~桐树胡湖狐壶葫胡蝴糊1,~涂猢~狲;猴子无　[445]坞侮　[223]户　[52]浣屎焐暗火闷烧□埋　[231]误悟乎在~互护糊2,米~

y

l　[433]驴　[223]吕旅缕屡履　[231]虑滤文,过~嘴

tɕ　[324]诸居车~马炮诛朱姓~;~砂珠拘驹龟白,乌~　[445]举苴莴~笋;莴笋主矩嘴□米~;米胚芽□麻~;受压迫等原因,四肢产生发麻的感觉或失去感觉　[52]著聚据注蛀铸句醉贵白,与"便宜"相对

tɕʰ　[324]趋区驱吹炊　[445]处动词取文,录~娶　[52]处处所趣

dʑ　[433]除储渠~道巨1,要~;地名厨橱瞿衢槌锤搋　[223]巨2,艰~拒距柱跽　[231]驻住俱具惧柜

ȵ　[223]女语

ɕ　[324]书舒虚嘘须必~;龙~草需枢输与"赢"相对;运~殊虽　[445]暑许3,姓~数动词水　[52]庶恕岁税墅　‖[44]□~槿花:木槿花

ʑ　[433]徐绪又,光~如又随又孺嫩~;稚嫩序又序叙绪又,光~竖乳麦~精[231]署树遂　‖[22]□香~~田:祖上留下来属于宗族公有的田产

ø　[324]圩下~,地名　[433]余姓~;~粮愚虞娱于姓~盂俞榆逾愉眭围白,桌~[445]椅白,交~;椅子守白,~门　[223]于属~与雨宇禹羽　[231]御~旨;防~誉预豫遇寓芋喻裕

第四章 同音字汇

a

p	[324]巴₃,~面光;耳光芭~蕉叭喇~	[445]把₃,做~戏摆	[52]拜
pʰ	[52]破白,形容词怕帕派		
b	[433]排~队;竹~牌罢~工	[231]败	
m	[433]埋~没 [223]马文,~上买	[231]卖 ‖ [52]妈	
f	[52]嫑别,不用		
t	[52]戴带		
tʰ	[324]拖白,~出去他其~	[52]太泰	
d	[433]驼₂,~腰;弯腰给藤蔓延伸,伸展大~夫 [223]挖用手、爪、耙等抓、聚拢、散开箕炊糕~;竹编无盖子的蒸屉 [231]大文,~学埭走一~;走一趟		
n	[433]拿加~大 [223]奶 [231]耐奈		
l	[324]拉 [433]笋白,笋篁 [223]赖₂,诬~榄₁,橄~源;地名喇~叭 [231]赖₁,留在某处不肯走开癞		
ts	[324]榨斋抓₂,~牌 [52]诈炸~弹债		
tsʰ	[324]差~弗多;差不多;出~钗 [52]蔡		
s	[324]莎名字沙纱文,~帘;纱窗筛~酒;揩酒 [445]傻 [52]晒帅元~		
z	[433]豺柴 [231]寨		
k	[324]阶街 [445]解~放 [52]个又,量词介界芥疥届戒解押~		
kʰ	[324]揩 [445]楷咔~叽;一种厚实的斜纹棉织布铅₂,~角子;硬币		
g	[223]懈 [231]嘎鸭叫声		
ŋ	[223]蚁眼₂,~泪 [231]雁		
x	[324]哈~~镜 [445]蟹		
∅	[433]鞋 [445]矮 [223]下₃,手~底心械机~厂 ‖ [22]外₂,~公		

ia

t	[324]爹 [52]渧动词,滴	
tɕ	[324]楂₁,麻~;野山楂加文,~拿大遮佳名字□卵₂;鸡鸭等禽类的卵巢 [445]贾姓~者 [52]借蔗笳~箩;针线箩 ‖ [44]蚱₂,~了儿;知了	
tɕʰ	[324]车坐~ [52]笡歪,斜	

dʑ	[433]□抱
ɕ	[324]纱白1,纱线 赊□篱;教育小孩或赶牛用的竹枝条　[445]写舍~觉;舍得 [52]泻卸赦舍宿~细白,小
z	[433]斜蛇　[223]夏姓~社　[231]下1,~课谢射麝畲
ø	[433]霞邪耶爷　[223]雅下1,下面也野　[52]嫁亚　[231]夜

ua

k	[445]拐　[52]怪
kʰ	[52]快
x	[324]花2,熟烂
ø	[324]娃~~鱼蛙牛~　[433]怀槐淮　[231]坏外1,~面

ya

tɕ	‖[44]□~手;左手
tɕʰ	[324]□手~过来;手伸过来　‖[44]镲~~钹;小钹
dʑ	[433]瘸　[223]□拎;~弗动　[231]□尿;尿床
ɲ	[433]蹂蹂踏;糟蹋;瘫软
z	[433]□挑唆　[231]唰拟声词
ø	[445]唠

ɛ

pʰ	[324]烹膨肚子胀
b	[433]彭2,姓~搒拍打□牛~;牛虻　[231]掽触碰彭1,~~人;一群人聋聋;聋子‖[22]□~头;山墙
m	[324]绷　[433]盲白,~眼;眼睛　[223]猛蜢蚱~;蝗虫　[231]孟暝 [52]柄白,锄头~摒拔
t	[324]睁1,脚~;脚踝□树~;树干上的短截枝杈
n	[445]打
l	[223]两~个冷　‖[0]嘞语气词,相当于"呢"

第四章 同音字汇

ts   [324]争狰2,手~头；胳膊肘□~意；怎么   [52]挣吃~了；吃撑了

tsʰ   [324]撑   [52]掌桌~

dz   [231]碾伸；强塞

s   [324]生牲甥   [445]省~长；节省   [52]塞塞牙缝

z   ‖[43]昨又

k   [324]更五~庚羹耕   [445]耿梗文，心肌~塞□盒子   [52]哽更更加   ‖
        [44]□碗~槅；橱柜中放餐具的隔层

kʰ   [324]坑

ŋ   [324]□犟□tsɿ⁴⁴~；石榴   [223]眼1,~睛杏   [231]硬

ø   [433]行2,~政村桁~条；横衡   ‖[0]欸语气词，相当于"呀"

iɛ

p   [324]鞭编边1,边缘   [445]蝙扁匾   [52]变遍

pʰ   [324]篇偏   [52]骗片

b   [433]便~宜緶衣服下摆缝起来的边儿   [223]辨辩辫□iaɐ⁴⁴~；蜥蜴   [231]便方~

m   [433]绵棉眠   [223]免勉缅   [231]面脸；~粉

t   [324]颠癫   [445]点1,~火典   [52]踮店

tʰ   [324]添天   [445]舔   [52]㮌用小棒状物拨动或指用来拨动的小棒状器物

d   [433]甜田钿钱填   [223]簟电   [231]殿奠佃垫

l   [433]廉镰帘连鲢鲫~；鲫鱼联怜莲   [223]敛   [231]殓练炼楝榔~槌；洗衣服时用于捶打的棒槌恋

tɕ   [324]尖歼兼艰煎肩坚□~肉；瘦肉   [445]检柬碱~米剪展毡茧   [52]舰占剑谏箭溅战建键荐见犁脚~起；用脚尖抵住

tɕʰ   [324]签~字；求；谦千2,荡秋；钎迁牵□哼；哼喘   [445]浅遣   [52]欠歉千1,表数目扦

dʑ   [433]潜钳钱姓~乾   [223]俭件   [231]健

ȵ   [324]黏   [433]严鲇~鲐；鲇鱼谚言年研   [223]染俨砚   [231]验念廿二+

ɕ   [324]仙鲜然1，弗~；不然轩~间；厢房掀锨火~；火铲先   [445]闪险癣筅饭~；

	炊帚显 [52]线扇动词;名词宪献
z	[433]蝉金~脱壳然2,突~之间前 [223]善□轻缓 [231]贱单姓~
∅	[324]蔫胭烟 [433]炎盐名词阎檐嫌延筵蜓贤弦沿 [445]掩厣鱼鳞;螺类介壳口圆片状的盖片演燕咽餍疮痂匽躲藏 [52]焰厌艳名字堰醼比量,丈量 [231]盐动词现

uɛ

k	[324]惊2,害怕 [445]梗白,菜~
x	[445]歪
∅	[324]喂1,叹词,~,有点难歗 [433]横 ‖[0]喂2,语气词,我吃过了~

ɔ

p	[324]包胞褓烛~;包裹婴儿的袍裙 [445]保堡宝饱 [52]报豹
pʰ	[324]泡浮肿,虚而松软抛脬 [445]跑~步 [52]炮泡~茶
b	[433]袍 [223]抱~歉鲍 [231]暴刨□~一年;第一年 ‖[22]爆~炸
m	[324]猫哞拟声词,牛叫的声音 [433]毛茅锚矛蝥覔~;一种有特殊臭气的昆虫 [223]卯 [231]冒帽貌戊茂贸
t	[445]捣
tʰ	[324]掏滔名字涛又 [445]讨 [52]套
d	[433]桃逃陶萄涛又 [223]道稻 [231]淘加液体搅拌盗导
n	[433]挠摇晃 [223]脑恼 [231]闹
l	[324]捞兜揽 [433]劳牢涝痨~病萝2,~卜 [223]老佬扰 ‖[0]咾语气词,是寻求回应的话语标记唠语气词,表示对事实的确认或强调
ts	[324]遭糟抓1,用指或爪挠 [445]早枣蚤爪找退回,补足 [52]躁灶罩 ‖[44]笊~篱
tsʰ	[324]操抄钞□,推 [445]草~地;~鸡炒吵 [52]糙秒一种把土弄细的农具□有~;产生的数量大,收益可观
s	[324]骚搔摩擦臊箐梢稍1,~微 [445]扫嫂 [52]燥稍2,~息漱乌~;地名悄一~;一阵子 ‖[44]□~龙扁担;两端往上翘的扁担

第四章　同音字汇　85

z　　[433]曹槽巢　[223]皂造　[231]哨放~，□乱跑乱窜

k　　[324]膏药~交郊胶茭~笋，茭白　[445]稿绞铰搞　[52]教校校对较珓~杯；珓玟，占卜用具

kʰ　　[324]敲　[445]烤巧　[52]犒

g　　[223]搅~滚斗；翻跟斗

ŋ　　[433]熬□弯曲，变形　[445]□拧，~面巾　[223]藕　[231]傲乐1，动词，要，有人~

x　　[324]哮□想~了；想疯了　[52]耗浩酵孝　‖[44]号拟声词

ø　　[324]坳讴叫，呼喊凹□~悭，赶紧　[433]豪壕毫　[52]拗用杠棒借助支点挑(tiāo)起东西奥□雨后放晴　[231]号~码效校~长；大~

iɔ

p　　[324]标彪滮(液体)激射而出　[445]表代~，；手~婊裱

pʰ　　[324]飘漂~亮瞟　[445]漂~白□~名字单；列名单　[52]票

b　　[433]瓢嫖藻浮萍　[223]□白~；白癜风

m　　[433]苗描　[223]渺秒　[231]庙妙

t　　[324]刁貂雕　[445]鸟　[52]钓吊

tʰ　　[324]挑~拨　[52]跳粜

d　　[433]条调~解　[231]掉~头调调换

l　　[433]疗聊辽撩潦镽寮单~独~屋；独门独户的房子　[223]了完结，结束　[231]料廖

tɕ　　[324]焦蕉椒昭招骄娇浇　[445]剿缴饺噍擦拭　[52]醮~清；清明扫墓照诏叫文，呱呱~；很好

tɕʰ　　[324]锹超跷~脚；瘸腿　[52]俏笑白，与"哭"相对翘窍

dz　　[433]朝~代潮乔侨桥荞□买进货物，再加价卖出以获取利润　[223]赵兆又挢撬藠老~；藠头　[231]召轿

ȵ　　[433]饶尧　[231]绕

ɕ　　[324]消宵霄硝销逍魈山~；传说中山里的一种鬼怪烧萧箫　[445]小少与"多"相对晓　[52]肖生肖少~先队笑文，名字

ʑ [223]□辣蓼草 [231]韶绍邵姓~

ø [324]妖邀腰要~求 [433]摇谣窑姚 [223]舀兆又 [52]要主~叫白,哭 [231]耀鹞跃

ə

p [324]□~酒:办宴席 [445]本畚~箕:有梁的簸箕 [52]半粪 ‖[0]呗用在句中表示停顿,相当于"呢"

pʰ [324]潘 [52]判

b [433]般搬盘磐~安;地名蟠~桃 盆 [223]伴拌叛

m [433]瞒馒鳗鳗鱼 [223]满 ‖[52]边2,两~

t [324]端~午 [445]短 [52]断判定锻 ‖[44]□~子人:成年的男性

tʰ [324]贪吞1,吞咽 [52]探

d [433]潭团~结 [223]断文,断绝 [231]段文,阶~缎钝

n [433]南喃呋~丹:一种高毒农药男 [223]哪~杂":怎么暖文,~菜:使菜变热□细囡~:小女孩□好好:好好儿 [231]嫩

l [433]弯圞香~:香橼 [223]卵文~脬:阴囊 [52]□些,一~ [231]乱论

ts [324]簪钻动词尊遵罇饭~:盛饭的陶制钵盂 [52]钻电~

tsʰ [324]参~加氽烹调方法村 [445]忖宠爱 [52]窜寸

s [324]酸孙狲猢~:猴子 [445]损 [52]算蒜

z [433]蚕存 [223]□这样,这么 [231]□皱(眉头)

k [324]甘柑疳跟根 [445]感敢橄 ‖[0]个助词"的""地"

kʰ [52]礚坡,岸 ‖[44]看~守所

g [223]近白,与"远"相对

ŋ [223]乐2,需要,应该

x [324]憨 [52]熯燕许1,几~:多少

ø [324]庵恩 [433]函韩 [52]暗与"明"相对

en

k [324]肝竿干~净杆栏~ [445]秆赶 [52]干事~:事情

kʰ	[52]睏睡
x	[324]鼾婚荤　[445]罕蚖糯~；蚯蚓　[52]汉翰
∅	[324]鹌~鹑安鞍胺甲~磷；一种农药氨~水温瘟　[433]寒完魂　[52]按案　[231]岸汗焊□~田：耕田、耙田之后再一次耕田

yə

t	[445]转白，~来
tɕ	[324]专砖娟捐　[445]转白，~账卷文，~饼　[52]眷卷试~绢券
tɕʰ	[324]川穿2，衫袖头~出去圈花~　[445]犬　[52]劝
dʐ	[433]缠2，盘~传宣椽拳权　[231]缠1，纠缠传传记□蟾蜍
ȵ	[433]元1，状~原源　[223]软阮　[231]愿
ɕ	[324]靴文，现代的靴子宣喧揎　[445]选　[52]楦
ʐ	[433]全泉船　[223]□理睬　[231]旋
∅	[324]冤鸳渊　[433]丸圆员缘元2，~宝袁辕园援媛玄悬　[223]远　[52]悦名字怨　[231]院县

o

p	[324]扒用手把东西聚拢到一起或用手拿取波菠玻疤巴2，弗着：巴不得　[445]把2，~握　[52]霸坝
pʰ	[324]坡　[52]破文，~坏
b	[433]婆2，公~爬琶杷钯筢松毛~；用来搂松针等柴草的竹制钯子□下~：下巴　[231]薄~荷耙䎱~牙：龅牙
m	[433]魔磨动词，~刀摩馍蘑麻芝麻，麻疹蟆模苎麻，~具摹膜□~露；雾　[223]马白，骑~码蚂~蟥嬷老~：妻子武白，比~姆3，保~　[231]磨名词，动词，~豆腐墓募嫲~剧
t	[324]多都~是　[445]朵耳~
tʰ	[324]拖文，~拉机　[445]妥椭
d	[433]驼1，骆~驮拿陀　[223]舵惰□用在谓词性词语后面，表示先完成这个动作　[231]大白，与"小"相对

n	[433]挪哪~吒 呐唢~授~茶叶;揉捻茶叶 □挂~;四齿钉耙　[231]糯呶 ‖ [44]□又,~蠊;蚯蚓
l	[433]罗锣笋文1,食~;一种竹篾编制的盛具。有提梁,有盖 萝1,包~; 玉米 逻巡~ 骡螺啰 [223]裸笋文2,礼~;一种竹篾编制的筐形盛具。有提梁,无盖 攞~鱼;捞鱼
ts	[324]渣楂2,山~片 吒哪~　[445]左佐祖2,~公;公公　[52]做
tsʰ	[324]叉杈　[445]搓　[52]锉岔措错
dz	[433]茶搽查
s	[324]嗦啰~纱白2,~布 蓑梭痧砂疏白,与"密"相对 筲~箕;用来淘米、盛米的圆形竹编用具 □饠　[445]锁琐唢~呐所 ‖ [44]□~鐭;镰刀
z	[433]锄　[223]坐　[231]座
k	[324]歌哥茄番~ 锅家加白,与"减"相对 嘉瓜　[445]果裹粿假与"真"相对 寡剐　[52]过假放~ 架驾价
kʰ	[324]科窠夸　[445]可　[52]课搭
g	[433]枷□奇~;不正经　[231]挂
ŋ	[433]蛾鹅俄牙芽　[223]娥瓦　[231]卧
x	[324]虾~皮花1,开~　[445]下2,下种 火伙　[52]货化 ‖ [44]和1,连词,介词　[55]□~人;咱们
∅	[324]阿~弥陀佛 讹鸦桠蜗　[433]荷薄~;~花 河何姓~ 和2,~尚 禾衙蝦~蟆;蚂蟥 华中~;姓~ 划~算;谋划 桦　[445]哑　[223]我祸下2,~巴　[231]贺厦~门 夏立~ 画话 ‖ [44]龌~龊

io

ɕ	[324]靴白,旧时的牛皮靴

ɯ

k	[324]高羔糕勾钩沟　[445]狗枸~杞子　[52]锯告膏~药 够构购
kʰ	[324]抠□卡住或被卡住　[445]考口　[52]去靠铐叩扣寇藗龙头~;龙头鱼晒成的鱼干
g	[433]□畏缩,缩头缩脑　[223]渠他厚与"薄"相对　[231]□倚靠

iɯ

l [433]流刘留榴硫琉瘤馏□~喉;喉咙 [223]柳绺 [231]溜

tɕ [324]揪邹周文,姓~舟州洲鸠阄纠勾头~起;缩着头□射尿~;经常尿床的孩子
[445]酒帚九久韭灸 [52]皱绉咒救究

tɕʰ [324]取白,~责;无理索要秋抽丘邱鳅泥鳅篘酒~;将酒液和酒精分离的滤酒器具
[445]丑小~;子~寅卯 [52]臭

dʑ [433]囚绸筹仇2,报~酬求球 [223]纣臼舅 [231]就售旧

n̠ [433]牛 [223]纽扭 [231]□蔷薇科草莓属植物果实的统称

ɕ [324]修羞馊收休 [445]手首守文,保~朽 [52]秀绣宿星~锈瘦兽

z [223]受□紧凑;坐坐~点 [231]袖寿授

ø [324]周白,把~;周岁忧优幽 [433]尤邮由油蚰蜒~;蛞蝓游犹鱿~鱼
[223]有友酉 [52]幼 [231]又右佑柚釉

ei

p [324]杯碑卑悲 [52]簸用簸箕颠动米粮,扬去糠秕和灰尘贝辈背脊背;人用脊背驮

pʰ [324]胚坯 [52]沛配

b [433]培陪赔裴 [223]倍 [231]佩背焙

m [433]梅枚媒煤霉 [223]每美镁钙~磷;一种肥料 [231]妹媚
[52]没无

f [52]嬒"不会"的合音

t [324]堆 [445]刵扯,拽 [52]对碓兑

tʰ [324]胎台~州苔舌~梯白,楼~推煺用滚水烫除已宰杀的动物身上的毛□流淌,漂流
[445]腿 [52]态退

d [433]台戏~苔湖~;江河中一种丝状绿藻抬鲐鲐~;鲐鱼 [223]待着火~起了;着火
了□手膊;胳膊 [231]贷怠代袋队逮来得~;来得及□缚手;用红绳子宽松绑未满
月婴儿的胳膊

n [231]内

l [324]□戏弄,算计 [433]来莱大~;地名雷 [223]儡傀~;戏累~计垒~球瘤
起~;织物上形成细软的短毛颗粒 [231]累连~;类跠掉落;丢失;自然流产勆来回滚动碾压

ts	[324]灾栽追锥	[52]载三年五~;~货再最			
tsʰ	[324]猜催崔	[445]彩采睬	[52]菜脆翠		
s	[324]碎1,破碎	[52]赛碎2,散~;零碎,零钱			
z	[433]才才能材财裁随又垂	[223]在罪	[231]睡午~瑞		
k	[324]该	[445]改几~岁	[52]概2,~括溉盖天灵 丐~帮钙		
kʰ	[324]开	[445]凯名字	[52]概1,大~K打老~□~卫生;搞卫生		
g	[223]徛1,站	[231]諓倚,斜靠徛2,~屋,建房子			
ŋ	[433]呆发愣				
x	[324]□蒙骗	[445]海	[231]嗨~~笑		
∅	[324]哀埃	[223]亥	[52]爱	[231]碍害	‖[55]□~个;这个

uei

k	[324]规龟文,~鳖丸归	[445]诡轨鬼癸	[52]刽桧桂1,~花贵文,名字		
kʰ	[324]盔魁奎亏	[445]傀~儡戏	[52]块桂2,~圆		
g	[433]逵葵	‖[22]溃胃~疡会~计			
ŋ	[231]饿				
x	[324]灰挥辉徽	[445]烩贿毁	[52]悔晦	‖[44]恢	
∅	[324]煨危萎威	[433]桅回茴伪为行~违围文,包~苇纬蛔~虫			
	[445]委	[223]会能愿动词唯帷伟	[52]畏慰	[231]艾汇~款会开~	
	绘卫惠慧微稍~为~了位魏胃谓猬	‖[43]□~方";灵幡			

əɯ

m	[433]谋	[223]某亩			
f	[445]否~定				
t	[324]刀兜	[445]岛倒~闭斗车~抖	[52]到倒倾倒斗争斗		
tʰ	[324]偷	[445]敨~气;呼气,解气	[52]透		
d	[433]头投骰~子	[231]豆逗痘水~			
l	[324]搂挖,搯	[433]楼	[223]篓	[231]漏陋	
ts	[445]走	[52]奏			

第四章 同音字汇 91

tsʰ　［52］凑

s　［324］搜　［52］嗽

z　［433］愁仇1,仇恨

x　［324］蒿□小睡一会儿　［445］许2,~愿款;许愿好与"坏"相对　［52］鲎虹垢皮肤的污垢　‖［44］□起~咯˜:起鸡皮疙瘩

Ø　［324］熰烹调方法,把蔬菜等放在水里煮欧瓯喉1,流˜~;喉咙　［433］而侯喉2,没~个;嗓音不佳儿文,幼~班　［445］袄呕　［223］后~头;皇~　［231］候

ã

p　［324］班斑颁扳　［445］板版反白,翻动　［52］扮绊

pʰ　［324］攀　［52］盼襻　‖［44］□~肩;肩膀

b　［433］爿甏迈　［231］办

m　［433］蛮盲文,~肠炎　［223］晚白,~稻　［231］慢漫万　‖［22］□常~经经:正儿八经

f　［324］欢白,喜~藩翻番　［445］反文,~对返　［52］泛贩畈大片的田地,多用于地名

v　［433］凡帆烦矾繁　［223］范姓;模~犯　［231］饭

t　［324］耽担动词丹单简~　［445］胆掸疸　［52］担名词旦

tʰ　［324］滩摊瘫　［445］毯坦　［52］炭叹

d　［433］谭谈痰檀磹~壳;岩石坛弹动词□风~;风瘫　［223］淡　［231］但弹子~蛋

n　［433］难困~囊　［223］囡女儿　［231］难逃~齉叹词,表提示,~,做好了

l　［324］斓花里斑~　［433］蓝篮缆兰拦栏　［223］览揽榄2,橄~;植物懒　［231］滥烂

ts　［324］沾瞻剬~肉;剁肉　［445］斩盏　［52］蘸赞

tsʰ　［324］掺餐　［445］铲产　［52］灿□丑,不好看

dz　［433］惭残文,~疾　［223］赚　［231］暂錾站车~;~岗赚错绽栈□~卵;雌雄鸡交合

s　［324］三杉衫珊山删　［445］陕散鞋带~;了伞傘油~;麻花　［52］散分~

z　［433］馋残白,撮~:捡漏

k	[324]监~督间房~奸　[445]减碱简裥拣笕水~：屋檐下或田地间接雨水的竹管　[52]鉴监太~间~隔涧
kʰ	[445]铅₁,~笔尿窗　[52]嵌
g	[433]衔
ŋ	[433]岩颜癌　[223]眼₃,盲~
x	[445]□粮食作物空壳无实　[52]喊苋~菜
∅	[433]咸闲　[445]埯小面积凹陷　[223]限　[231]陷馅

iã

t	[324]张量词　[52]帐账胀
l	[433]良凉量动词粮梁梁　[223]两斤~　[231]亮谅辆量数~
tɕ	[324]将~好,刚好浆蒋张姓~;千~：一种薄的豆腐干片章獐樟障₂,白内~疆僵缰姜姓~;生~蟑~虫;蟑螂　[445]奖桨涨掌长厂~　[52]酱将~军仗障₁,保~瘴‖[0]节儿,时~：时候
tɕʰ	[324]枪昌菖鲳~鱼羌腔　[445]抢厂　[52]畅唱倡呛水或食物进入气管引起不适跄跟跄戗坐或躺着时脚搁在高处‖[0]□做做~：做做看
dz	[433]长与"短"相对肠场强　[223]像白,相似丈上~车□勤-~：过会儿　[231]上白,与"下"相对的方位
ȵ	[433]娘　[223]仰　[231]让
ɕ	[324]相~信箱厢湘襄镶商伤香乡　[445]想鲞赏饷享响　[52]相照~向‖[44]□—髌骨：半月板
z	[433]墙详祥常嫦尝裳偿　[223]象像文,录~橡　[231]匠尚上文,马~：立刻
∅	[324]央秧殃鸯□~时节;现在　[433]羊洋烊蛘蛘：米象,是贮藏谷物的主要害虫杨阳扬疡　[223]养痒　[52]□搀扶　[231]样漾‖[44]□~□biɛ²²³；蜥蜴

uã

k	[324]官棺观~察冠鸡~　[445]管₁,~理馆倮儿,清明~　[52]贯灌罐观道~冠~军惯‖[44]绾开~散带：敞开衣襟

第四章 同音字汇 93

kʰ　[324]宽　[445]款

g　[223]擐提,拎　[231]摜抛,丢弃 □提梁

x　[324]欢文,~迎　[52]焕

ø　[324]弯湾　[433]玩顽还~钞票 环王文,海龙~　[445]碗宛挽晚文,~会
　　往　[223]缓　[231]换患宦

ɔ̃

p　[324]帮邦浜沙家~　[445]榜膀手~骨;手臂骨绑　[52]磅~秤泵

pʰ　[324]乓乒~球　[445]髈翼~;翅膀　[52]胖米~;用米爆的爆米花

b　[433]旁庞　[223]棒　[231]傍~早

m　[433]忙茫亡芒文,~种氓　[223]莽蟒网　[231]望

f　[324]方坊芳枋□ⱬ~;灵幡　[445]仿纺访　[52]放

v　[433]肪妨房防

t　[324]当~时裆开~裤　[445]党挡　[52]当典当档

tʰ　[324]汤　[445]躺耥~田;将水田推平整□青;绿色的刺毛虫　[52]烫赵

d　[433]堂棠螳膛唐糖塘搪~得牢;受得了　[223]荡　[231]蕩闲逛,游荡

n　‖[44]□又,~蟮;蚯蚓

l　[433]郎廊狼榔螂　[231]浪

ts　[324]赃庄装妆　[52]葬

tsʰ　[324]仓苍□动词,曱　[52]创

s　[324]桑丧丧葬　[445]磉~盘;柱础下面的石板爽

z　[433]藏储放　[231]藏西~;脏心~

k　[324]刚名字纲钢缸光江扛豇杠床~;床外侧较粗的可以取放的横木　[445]岗站~
　　广讲1,动词港　[52]岗山岗杠大门~降下降 ‖[0]讲2,用在句末,表示对所听之事的
　　转述、强调

kʰ　[324]康糠　[445]慷　[52]抗炕囥藏,放旷圹砖砌的坟墓矿

g　[433]狂　[223]□畖~;地里畖与畖之间的沟　[231]□悬架 ‖[22]□~螂;
　　螳螂

x　[324]荒慌　[445]谎　[52]况

∅	[324]汪_姓~ [433]行_银~航杭黄簧蟥_蚂~潢皇蝗凰降_投~项 [445]柱□_热头~;较弱的阳光 [231]旺	

iõ

t	[324]桩
l	[433]龙
tɕ	[324]钟_闹~;姓盅供_供养□_交合 [445]种_种子肿 [52]壮种_动词
tɕʰ	[324]疮窗 [445]闯
dʑ	[433]重_~复 [231]撞共_白;相同 ‖[22]□_~鸟;赤腹鹰
ȵ	[433]浓
ɕ	[324]霜孀双_量词;~胞胎胸凶□_硪 [52]□_踹
ʑ	[433]床丛崇 [231]状_~水;倒水
∅	[324]雍 [433]王_白;姓~容镕 [445]拥勇_2,~敢 [231]用

in

p	[324]彬斌宾槟滨冰兵 [445]禀丙秉饼并_合并 [52]殡鬓柄_文,手~ ‖[44]髌镔_~骨;半月板
pʰ	[324]拼_~命姘乒_乒球 [445]品 [52]聘拼_拼凑
b	[433]贫频苹凭平坪评瓶屏萍 [231]病
m	[433]民鸣明名铭酩_死~;烂醉;烂醉如泥蜢_~虫;蚊子 [223]悯敏皿 [231]命
t	[324]登灯丁钉_名词靪疔叮盯砧_板;~;砧板 [445]等顶鼎 [52]凳瀓_让液体里的杂质沉下去瞪钉_动词订
tʰ	[324]厅 [445]艇挺 [52]听
d	[433]亭停廷庭 [231]定锭_银~
n	[433]人_1,一个~能_2,~够
l	[433]林淋临邻鳞磷麟轮_1,轮流陵凌菱灵零铃伶龄玲羚翎笭_丝~;一种捕鱼用的小网菠_菠~菜;菠菜廪_~了儿,蚱~;知了 [223]领岭 [231]赁令另瞵_量词,畦□_~腰;内里脊肉_称重有~;(土地)肥沃
tɕ	[324]今_2,说~道古金襟巾斤筋津_又憎蒸京荆惊_1,~盅精晶睛正_~月征经

第四章　同音字汇

| | □抓物以借力　[445]锦紧谨境景警井整颈　[52]禁进文,先~晋劲瓺饭~:放在锅上蒸米饭的器具 证症敬竟镜竞靖正与"反"相对 政径 |

tɕʰ	[324]钦称名~卿清轻青　[445]请　[52]揿称对~秤庆
dʑ	[433]琴禽擒勤芹惩绳呈程□~丈":过会儿　[223]妗~~:舅母噤打寒~近文,~视　[231]儆避忌,戒惧郑
ȵ	[433]任姓~仁人2,丈~银凝迎宁~波;地名　[223]忍　[231]壬任1,~务纫认韧宁~愿
ɕ	[324]欣升兴~旺行1,弗~:不行声星腥馨　[445]醒　[52]胜兴高~幸性姓圣
z	[433]神白,~仙层乘塍承丞情晴成城诚　[223]静　[231]剩净
ø	[324]音阴因姻殷鹰蝇茏~莺鹦樱英缨　[433]淫寅蝇谷~盈赢形型刑营萤　[445]饮隐瘾影　[223]引　[52]荫洇印应答~映　[231]□震动

ən

pʰ	[324]喷~水□闻　[445]捧　[52]喷~香椪~柑
b	[433]朋棚篷蓬　[231]笨碰
m	[433]门文1,~章纹闻1,听新~芒白,麦~萌盟蒙□击打　[223]懵　[231]闷问梦
f	[324]分~开吩芬纷风枫疯丰封峰蜂锋□猪食　[445]粉　[52]奋
v	[433]焚文2,~气坟闻2,唱新~冯逢缝动词　[223]奉　[231]份凤俸缝名词,缝隙
t	[324]敦墩蹲东文,方向冬中1,~央:中间炖~酒:把酒盛在容器里,再把容器放水里加热　[445]董懂□凹陷之处　[52]顿1,整~扽拉橙甜~冻栋蹬
tʰ	[324]吞2,慢~~通□凹陷　[445]捅统　[52]褪痛
d	[433]团团子屯饨腾藤同铜桐筒童　[223]断白,骨头~了桶动　[231]段白,量词,一~绳盾遁邓噔憨弗愣~;傻不拉几洞
n	[433]奴白,~才能1,~力农脓　[223]暖白,与"冷"相对　‖[44]东~西:泛指事物
l	[324]弄搞,~清楚　[433]仑伦沦轮2,圆;~胎囵圆~吞笼聋隆垄砻去掉稻壳

	愣憨弗~噎;傻不拉几　[223]卵白,鸭~;鸭蛋拢窿　[231]弄名词,墙~
ts	[324]针珍臻真殿把尖形物捶打到其他东西里面去;朝着目标用力投掷 曾姓~增征贞侦棕鬃宗综踪□锄头~;安锄头柄用的楔子　[445]枕诊疹总□挤压,捏　[52]浸进白,~货镇振震粽纵缙~云;地名
tsʰ	[324]侵亲~姊妹;~家聪匆葱囱　[445]寝　[52]衬蹭
dz	[433]沉陈尘　[223]□门~;门槛　[231]阵□沉陷‖[22]□~梨;猕猴桃
s	[324]心芯森参人~深辛新薪身申伸僧松嵩　[445]沈审婶笋榫　[52]渗信讯送宋‖[44]□~臭;狐臭
z	[433]寻秦辰晨神文,~经臣绒1,灯草~;灯芯绒松~树凩望~了;看轻了茸□副词,才　[223]甚尽~量肾蕈野生的蘑菇　[231]慎
k	[324]关白,与"开"相对公蚣工功攻弓躬宫恭供~应　[445]拱巩臡盖子　[52]贡汞
kʰ	[324]啨空~气箜簏~;针线篮　[445]恳肯孔恐　[52]空与"忙"相对控
g	[433]含颔上~;上牙床屲罩状盖子虹~子;乌桕　[231]共文,~产党龚姓~□(头)低垂
x	[324]轰烘亨财运~通哼~鼻;瓮鼻　[445]狠哄　[52]擤~鼻头涕
∅	[324]翁□埋　[433]弘宏红1,~旗洪鸿　[445]塕灰;灰尘　[231]恨

uən

k	[445]滚□尿~;一种用竹筒制作的带长柄的舀尿器具管2,毛~;寒毛　[52]棍绳~身;内衣□烟气或云雾弥漫缭绕
kʰ	[324]昆坤□坞~;山谷　[445]捆　[52]困
x	[324]昏
∅	[433]馄浑　[445]稳　[231]混

yən

tɕ	[324]津又均钧君莙~茈菜军中2,~国忠终　[445]卷白,把东西弯成圆筒状准批~;标~菌细~　[52]俊中~毒众

tɕʰ	[324]穿1,~针 椿春楤尖头担,用以挑柴草等 [445]蜷卷曲 [52]串趁铳□~新:崭新 □~记:~记;趔趔趄趄	
dʐ	[433]群裙琼虫穷 [223]重与"轻"相对 [231]郡仲杜~	
ɕ	[324]熏勋薰兄 [445]□布裤:~裤腰上的串带襻 [52]迅旬舜训	
ʐ	[433]询循巡唇纯莼醇淳鹑巽~峰塔 [231]殉顺	
∅	[324]腌鸡~ 春 [433]匀云荣蓉绒2,鸭~衣 熊雄融 [445]勇1,威风,目中无人 [223]允永泳 [52]熨瓮 [231]润闰韵运晕孕	

aʔ

p	[5]百柏伯迫檗黄~:植物,可入药
pʰ	[5]拍魄脈掰,撕 □香~:燃剩后的香根
b	[23]白瀑
m	[23]麦脉
t	[5]摘笡茶叶~:手工揉捻茶叶时用的竹制器具,两头可以坐人 □~牢了:钩住了
n	[23]□量词,一大~:一大把
ts	[5]责只量词 □豆:豆秸
tsʰ	[5]拆坼开~;裂 策册
dz	[23]择泽白,~村;地名 宅柞~子;橡子 □生~耳;中耳炎 □坠
s	[5]塞白,填塞 栅
z	[23]贼□~眼;耀眼,刺眼
k	[5]格革隔 ‖ [0]噶语气词,相当于普通话"的啊"
kʰ	[5]客
ŋ	[23]额□~断;折断
x	[5]吓
∅	[5]阿~托品;药名 压轭牛~□~个;这个 □~呗;那么,即表示顺着上文的意思,引出应有的结果

iaʔ

tɕʰ	[5]缉湿白,与"干"相对 彻撤切雀2,孔~ 鹊赤1,~豆 尺戚姓~挈大~:撮粮食用的竹编畚斗,无梁 猰老~婆;泼辣、能干的妇女

uaʔ

k　[5]碱_裂趆_跑呱_{~~叫；很不错}□_{麻~；芝麻去皮后的茎秆}

ø　[23]划_{1,计~}

aʔ

p　[5]八叭_{烟~两口；烟抽两口}

b　[23]拔吧_{嘀~；拟声词} ‖ [0]罢_{语气词,相当于普通话"了₂"}

m　[23]袜

f　[5]法发_{头~；~财} ‖ [0]哦_{语气词,吗}

v　[23]乏伐筏垡_{种两~；种两茬}罚_{泡沫}

t　[5]答搭瘩_{疙~}垯_{1我~；我这儿}

tʰ　[5]塔榻塌遢_{邋~}挞_{卵；煎蛋}獭□_{~盘；簸米或用来扬去谷类糠皮的器具}

d　[23]踏达哒_{糊~~；黏糊糊}莚_{著~菜}垯_{2我~；我家}

n　[23]纳捺

l　[5]□_{直~~；哪些} [23]垃_{~圾}腊蜡镴邋_{~遢}辣瘌骆_{白,~驼} ‖ [0]了_{助词,买~两斤}

ts　[5]炸_{~米；一种油炸食品}扎_{刺；缠束}

tsʰ　[5]插擦察

s　[5]撒萨杀煞

z　[23]闸煠_{将整个儿食物直接置水中煮}

k　[5]夹_{白,~生；~裤}甲胛搿_{~屁股；擦屁股}疙_{~瘩}

kʰ　[5]掐硌_{~脚}

g　[23]峡_{山~；山谷}挟_{~菜}轧

x　[5]呷_{喝,~酒}瞎辖

ø　[5]鸭押 [23]狭_{狭窄}

uaʔ

k　[5]括刮

kʰ　[5]阔

第四章　同音字汇　99

x　　[5]豁~亮

∅　　[5]挖□起床,起来　　[23]活滑猾还~有获划2,~船

əʔ

p　　[5]钵拨不剥驳北膊

pʰ　　[5]泼朴扑覆蝮老鸦~;眼镜蛇

b　　[23]鼻1,~头钹坯量词,用于成团的东西鹁~鸽;鸽子便副词,就博薄泊箔锡~;贴以金银色的纸箔,祭祀用品缚搏雹卜萝~

m　　[5]摸　　[23]慕末沫茉~莉花没埋~物莫姓~幕墨默木目穆牧

f　　[5]弗不福幅蝠复重~;恢~腹

v　　[23]佛拜~氟~石服伏~天;三伏天栿袱

t　　[5]掇端啄涿淋笃督□坛子□细人~;小孩

tʰ　　[5]脱托拜~;~上去秃

d　　[23]夺突凸踱独读牍犊渎田~;一丘田的最低注处毒~药碡碢;滚式农具嘚拟声词□又,~个;那个

n　　[23]日

l　　[5]络2,麻~;网兜勒嘞拟声词　　[23]赂粒捋落洛络2,~麻;黄麻骆2,姓~乐快~;音~鹿禄六陆录□乌~头;脑袋瓜

ts　　[5]只副词,~能够执汁折3,~耳质卒作则侧白,~过来渍~菜;腌制蔬菜迹□~水;用泥土等把水拦起来,蓄起来

tsʰ　　[5]厕撮七漆测侧文,~面促蹙皱(眉头)

dz　　[23]侄秩泽文,名字

s　　[5]涩湿文,风~虱失室索塞文,心肌梗~色速肃宿~舍缩粟

z　　[23]杂集2,~体十什~锦菜拾瑟~~抖实凿昨又馨骂若族

k　　[5]个又,量词合~算;划算蛤气~;癞蛤蟆鸽今1,~日圪~头;整理头发各咯2,瞪~~;目不转睛阁搁郭觉角谷嗝打~;斗呃逆

kʰ　　[5]乞给;被窟廓扩确揞壳刻时间单位;雕刻克哭酷咳~嗽

g　　[23]掲只有一头挂有物品的挑担动作咯1,~~抖□~起垢~;起鸡皮疙瘩

ŋ　　[23]核~桃;~酸鹤岳啮咬

x	[5]喝~山;旧时,棺木入穴后,风水先生向山神讨口彩 霍姓 藿~香正气水 黑
∅	[5]搕敷恶与"好"相对 握屋渥泗 [23]合~适盒镬学锅

iə?

p	[5]秘又,~书 泌鳖别~针 憋瘪笔浭挡住渣滓或浸泡的东西,把液体倒出 毕必逼碧壁
pʰ	[5]撇匹肶老~;成人女阴 僻辟劈癹~脚;瘸子
b	[23]别区~;~个 鼻₂,塌 趋驱赶☐疙瘩,蚊子咬后形成的
m	[5]搣捻 [23]秘又,~书 灭篾密蜜
t	[5]跌着穿得德的目~滴十~水 嫡点₂,一~;表示甚少或不定的数量☐~子;虫产卵
tʰ	[5]帖贴铁忒踢剔赤₂,~脚 替介词,把
d	[23]叠碟牒蝶谍嘀~吧;拟声词 特笛敌狄籴买进粮食☐又,~个;那个
l	[23]猎立列烈裂劣栗律捋通过拧、挤的方式使液体渗出 率效~肋力历经~;衣~篰番薯~;一种长方形的竹制器具,多用于晒番薯丝等食物
tɕ	[5]接摺~衣裳;叠衣服 褶劫急级哲折₁,折扣 浙揭节结洁镙锁~;镰刀 吉爵雀₁,麻~脚 即鲫织职积脊绩击激羯~猪;阉猪 蚱₁,~蜢;蝗虫
tɕʰ	[5]妾吃 ‖[0]起₂,关~;关起来
dʑ	[23]捷蛰惊~及集₁,~舌杰疾着 听弗~;听不到 直值殖养~植极剧越~☐泼洒☐~个;哪个
ȵ	[23]聂镊业入热孽捏箬弱虐匿逆
ɕ	[5]胁吸疲运气~;运气差 薛泄设歇雪悉削息熄识式惜适释锡析
z	[23]涉习文,姓~折₂,~本 截嚼勺芍食蚀席石殖骨~;尸骨☐蹿,猛然向上或向前跳
∅	[5]挹噎乙一约益撅拿;给 [23]叶页协药翼亦副词,又 译易交~液熠闪烁

uə?

k	[5]割葛骨国
g	[23]囫~囵吞咽~气;咽气☐半~凳;供一人坐的长条形板凳
x	[5]瘄猫~;婴儿短暂浅睡
∅	[5]颎淹 [23]或

yə?

t　　[5]桌卓竹筑乂

l　　[23]略掠绿

tɕ　　[5]决诀橘捉筑乂祝粥菊鞠足烛嘱欶吮吸

tɕʰ　　[5]缺出屈戳龊醒~畜~生曲酒曲;歌曲蛐~~;蟋蟀触

dʑ　　[23]绝乂,~对掘术白镯逐轴局焗油:一种染发护发的方法□理睬

ɲ　　[23]月肉扨~面;揉面褥玉狱白,破地~:宗教仪式

ɕ　　[5]摔刷唰小口喝说血戌恤叔淑畜~牧所蓄束结~

z　　[23]习白,学绝白,~代术手~熟塾俗续连~集赎属

ø　　[5]斫~柴:砍柴育　[23]阅越穴域疫役郁狱文,牢~之灾浴□抛,甩,丢弃

m̩

ø　　‖[55]姆2,~妈;妈妈

n̩

ø　　[324]儿白,儿子　[433]吴白,前~;地名蜈鱼渔红2,~包　[223]五伍午尔耳白,~朵尾白,~巴母丈~姆1,白~;地名　‖[44]□~瓦;瓦

第二节　本　字　考

本节对现代汉语不常用但宣平话口语常用,以及因宣平话读音特殊而民间多不知其本字的部分方言字进行讨论。字例排序同第一节的同音字表。

【笸 tsŋ³²⁴】箆~:箆子,一种密齿梳。《广韵》平声之韵,居之切。《说文》:"取虮比也。"段玉裁注:"比、笸古今字。比,密也,引申为枇发之比。……云取虮比者,比之至密者也,今江浙皆呼箆笸。"《篇海》:"批具,可以取虮虱。"

【祭 tsŋ⁵²】吃。责怪他人贪吃,或言语者心里不快以及催促小孩

用餐时的用词。詈语：～忒多了｜嫑～忒多了_{不要吃太多了}｜快点～去啊｜快点来～啊。《广韵》去声祭韵，子例切。《说文》："祭祀也。从示，右手持肉。"祭祀时都要摆上酒、肉等供品让神灵、祖先享用，以示祭奠并请求保佑。但世间凡人特别是小孩是不能被供奉着坐享美食的，否则就是令人厌恶的贪吃以及好吃懒做的行为。"祭"就此成为詈语。

【眵 tsʅ^{324}】眼泪～_{眼屎}。《广韵》平声支韵，章移切："目汁凝也。"

【础 tshʅ^{445}】柱～_{垫在柱子底下的圆石墩}。《广韵》上声语韵，创举切："柱下石也。"宣平话有不少遇合三等字今读韵母[ʅ]，如"絮、箸、梳、楮、鼠、薯"等。

【觑 tshʅ^{52}】眯着眼看：～眼_{眯眯眼}。《广韵》去声御韵，七虑切："伺视也。"宣平话有不少遇合三等字今读韵母[ʅ]，如"絮、箸、梳、楮、鼠、薯"等。

【肆 sʅ^{52}】肆意、凌乱堆放：人家堉～起没法望了个_{家里凌乱得没法看了}。《广韵》去声至韵，息利切："陈也，恣也，极也，放也。"

【薯 zʅ^{433}】番～_{红薯}。《广韵》去声御韵，常恕切："薯蓣俗。"声调与宣平话今读阳平不符。本字应为"藷"。藷，《广韵》平声鱼韵，署鱼切："似薯蓣而大。"为阅读方便，本书写作"薯"。

【剕 pʰi^{324}】削，剥离：～菜心_{除去菜秆的外皮层}。《集韵》平声齐韵，篇迷切："削也。"

【鎞 bi^{231}】摩擦：刀～两记｜鞋～～～干净。《集韵》去声霁韵，蒲计切："治刀使利。"

【坒 bi^{231}】量词，层，用于重叠、积累的东西：一～砖。《集韵》去声至韵，毗至切："地相次坒也。"

【渳 mi^{324}】小口微饮：白酒～一口。《广韵》上声纸韵，绵婢切："水貌。"《说文》："饮也。"宣平话今读阴平与之声调不合。

【胝 ti^{324}】手～_{手胼儿}。《广韵》平声脂韵，丁尼切："皮厚也。"

【齝 ti^{52}】盛，装：～饭｜可以～东西｜～～满。《集韵》去声御韵，陟虑切："吴俗谓盛物于器曰齝。"

【軄 tʰi^{52}】细腻：渠个手～～个_{他的手很细腻}。《集韵》上声荠韵，土礼

第四章　同音字汇　103

切:"软谓之軆。"宣平话今读声调与之不合。

【胴 li⁴³³】圆形的指纹。《广韵》平声歌韵,落戈切:"手指文也。"宣平话今读韵母与之不合。

【滤 li²³¹】～酒。《集韵》去声御韵,良据切:"洗也澄也。"宣平话有少数遇合三等字今读韵母[i],如"桐、猪、煮"。也作"漉"。为阅读方便,并从通行角度考虑,本书采用"滤"字。

【萁 i³²⁴】狼～芒萁。《广韵》平声之韵,居之切:"菜似蕨。"宣平话有少数见母字今读零声母,如"嫁、叫哭",符合语音演变规律。

【箕 i³²⁴】竹编盛具:筲～筲筐｜畚～有梁的簸箕。《广韵》平声之韵,居之切。《说文》:"簸也。"宣平话有少数见母字今读零声母,如"嫁、叫哭"。

【煮 i⁴⁴⁵】～饭。《广韵》上声鱼韵,章与切。宣平话有少数章母字今读零声母,如"周把～;周岁",有少数遇合三等字今读韵母[i],如"桐、猪",符合语音演变规律。

【把 pu⁴⁴⁵】～周周岁。《广韵》上声马韵,博下切。说文:"握也。""抓周"是小孩周岁礼中一项很重要的仪式,是中国传统风俗。"把周"即"抓周",今指"周岁"为周岁时抓周礼的引申义。

【潽 pʰu³²⁴】漫溢:粥～出去了。《集韵》上声姥韵,颇五切:"水也。"宣平话今读声调与之不合。

【栿 bu⁴³³】① 名词,花托,花萼房或子房:莲子～莲蓬。② 量词,朵,或用于圆柱形或圆盘形的果实:一～花｜一～莲子。《集韵》平声虞韵,冯无切。《玉篇》:"花萼足也。凡草木房谓之栿。"作量词时读[231]符合古浊声母量词的变调规律。

【晡 bu²²³】午～下午。《广韵》平声模韵,博孤切:"申时。"宣平话今读声调与之不合,[223]或许是变调后的调值。宣平话一部分时间词的末尾音节常发生变调。

【掊 bu²²³】培土:～田塍给田埂加土增厚。《集韵》平声尤韵,房尤切:"把也。"宣平话有少数流开三等字今读韵母[u],如"富、副、浮、妇、负"。宣平话今读声调与之不合。

【伏 bu²³¹】孵:～细鸡孵小鸡。《广韵》去声宥韵,扶富切:"鸟菢子。"

【戽 fu⁵²】～水用桶、盆等工具或直接用双手从低处向高处扬水。《广韵》去声暮韵,荒故切:"戽斗,舟中渫水器也。"

【蜈 u³²⁴】车～蜻蜓。《集韵》平声模韵,汪胡切:"蜈蠋,虫名。"蠋,蝶、蛾类的幼虫。

【孺 ʐy⁴³³】嫩～稚嫩,幼稚。《集韵》平声虞韵,汝朱切。《说文》:"乳子也。"《六书故》:"子幼弱也。"《太平广记》卷三二○《刘道锡》:"厅事东头桑树上,有鬼,形尚孺,长必害人。"

【畦 y⁴³³】菜畦:种了一～大白菜。《广韵》平声齐韵,户圭切:"菜畦。"用作量词时读[231]调。宣平话有少数蟹摄合口字今读韵母[y],如"岁、税"。

【驼 da⁴³³】① 物体中部下凹:棕板～落来棕绷床中部下凹。② 使弯曲:～腰弯腰。《广韵》平声歌韵,徒河切。宣平话有少数果开一字今读韵母[a],如"拖～出去、笴～箕、个～数"。

【绐 da⁴³³】① 从容,松弛:渠～险,一年赚得百把万他很爽,一年能赚百把万。② 藤蔓延伸,伸展:～龙爬藤。《广韵》上声海韵,徒亥切:"丝劳也。"《说文》:"丝劳即绐。"《广雅》:"绐,缠也。丝绐则纡而萦绕。"宣平话今读声调与之不合。

【箽 da²²³】浅口的竹器:炊糕～竹编无盖子的蒸屉 | 短＝～竹编用来置放多种食物的圆形大盒子。《集韵》上声骇韵,徒骇切:"竹器。"

【挖 da²²³】用手、爪、耙等抓、聚拢、散开:我个面乞渠～了我的脸被他抓了。《广韵》上声哿韵,徒可切:"引也。"

【埭 da²³¹】① 名量词,用于成行、成排的物:一～字 | 排做三～。② 动量词,趟:去过两～。《广韵》去声代韵,徒耐切:"以土堨水。"《晋书·谢安传》:"及到新城,策埭于城北。"因堤堰是长条形的,故发展为用于长条形物或直线性行为的量词。

【懈 ga²²³】① 弛缓。② 松懈。《广韵》去声卦韵,古隘切:"懒也,怠也。"汉·扬雄《元后诔》:"穆穆明明,昭事上帝。弘汉祖考,夙夜匪懈。"俗读匣母,宣平话今读匣母。

【渧 tia⁵²】① 动词,滴落。② 量词,滴。《集韵》去声霁韵,郎计切:

"渧瀞,泣也,一曰漉也。"

【𪢒 tɕia⁵²】~箜 针线篮。《广韵》去声霁韵,子计切:"缉麻绖。"

【笡 tɕʰia⁵²】歪,斜。《广韵》去声祃韵,迁谢切:"斜逆也。"

【细 ɕia⁵²】小,与"大"相对:~人 小孩。《广韵》去声霁韵,苏计切:"小也。"当地人多写作"舍"。与"表细小,和'粗'相对"的"细"[sɿ⁵²]不同音。

【蹂 nʲya⁴³³】① 蹂踏:~油菜 把收割回来的油菜晒干,用连枷等农具甩打或采用蹂踏搓揉等方式,使其去壳脱粒。② 糟蹋,蹂躏:东西都乞渠~了 东西都被他糟踏了。③ 瘫软:渠一记便~落去了 他一下子就瘫软下去了。《广韵》平声尤韵,耳由切:"践。"《玉篇》:"蹂践,蹋也。"《诗·大雅》:"或簸或蹂。"《朱传》:"簸扬去糠也。蹂,蹂禾取谷以继之也。"宣平话今读韵母与之不合。

【哕 ya⁴⁴⁵】恶心致使东西从胃中上涌:~上来。《广韵》入声月韵,於月切。《说文》:"气牾也。"《正字通》:"方书:有物无声曰吐,有声无物曰哕,有物有声曰呕。"宣平话今读声调与之不合。

【搒 bɛ⁴³³】用手、棍棒或竹板等拍打:用手~两记|~~干净。《广韵》平声庚韵,薄庚切:"笞打。"

【掽 bɛ²³¹】触碰:手㬹~|我没~着尔。《字汇》:"蒲孟切,彭去声。搈掽,撞也。"

【彭 bɛ²³¹】① 量词,用于成群的人:一~人|一~哥弟姊妹|整大~。② 草木丛:草~ 草丛。《集韵》平声庚韵,逋旁切。《玉篇》:"多貌。"《诗·齐风》:"行人彭彭。"单字调应是[433],今读[231]调符合宣平话古浊声母字作量词时的变调规律。"草木丛"非量词,但也读[231]调,或是量词读音固化使然。

【摒 mɛ⁵²】拔:~草。《广韵》去声劲韵,畀政切:"除也。"宣平话有少数帮母字今读声母[m],如"绷、柄"。

【䟩 tɛ³²⁴】脚~ 脚踝。《集韵》平声耕韵,甾茎切:"足筋。"

【橕 tsʰɛ⁵²】桌~ 桌腿中间的横木。《广韵》去声映韵,他孟切:"邪柱也。"

【磸 dzɛ²³¹】① 伸,伸长,该动作有强行的含义:渠自手~过来撼 他自己手伸过来拿。② 强塞:渠弗想吃,尔㬹拼命~去渠吃 他不想吃,你不要拼命塞给他吃。《广韵》去声映韵,除更切:"塞也。"

【縪 biɛ⁴³³】衣服下摆缝起来的边儿：～放落来。《广韵》平声仙韵，房连切："缝也。"《说文》："交枲也。一曰缉衣也。"宣平话用作名词。

【桋 tʰiɛ⁵²】① 用小棒状物拨动。例如，毛笔蘸墨后在砚台边理顺笔毛，以使笔尖具有最佳书写状态：毛笔～两记。② 用来拨动、挑动的小棒状器物。例如，棕～编制棕制品时用来拨动棕线的棒子。《广韵》去声桋韵，他念切："火杖。"《说文》："炊灶木也。"宣平话有动词、名词的用法。

【碾 tɕiɛ⁴⁴⁵】～米。《集韵》去声仙韵，女箭切："所以轹物器也。"宣平话今读声母、声调与之均不合，宣平话无泥母字读[tɕ]，"碾"[tɕiɛ⁴⁴⁵]或因右半边"展"的误读。展，《集韵》上声狝韵，知演切。"碾"虽非"知母"字，但从通行角度考虑，本书仍写作"碾"。

【轩 ɕiɛ³²⁴】① ～间厢房。② 用木杆秤称重量时秤尾上翘，表示斤两足。《集韵》平声元韵，虚言切："檐宇之末曰轩。"又："车后重曰轩。"明·归有光《项脊轩志》："读书轩中。"《后汉书·马援传》："夫居前不能令人轻，居后不能令人轩，与人怨不能为人患，臣所耻也。"

【厴 iɛ⁴⁴⁵】① 鱼鳞。② 螺类介壳口圆片状的盖儿。《广韵》上声琰韵，於琰切："蟹腹下厴。"

【壓 iɛ⁴⁴⁵】疮痂：结～了，快好了。《集韵》上声琰韵，於琰切："疮痂也。"也有写作"厴"，"厴"见上一字例分析。本书根据释义差异分别写作"厴""壓"两字。

【匽 iɛ⁴⁴⁵】躲藏：渠～起了，我寻弗着他躲起来了，我找不着。《集韵》上声阮韵，隐幰切："《说文》：匿也。"

【躽 iɛ⁵²】比量，丈量：我两个人～过了，还是我更长。《集韵》去声愿韵，於建切："物相当也。"

【淘 do²³¹】① 搅动液体或糊状物。② 加液体搅拌：酱油～饭吃。《集韵》平声豪韵，徒刀切。宣平话今读声调与之不合。

【挠 no⁴³³】① 动词，摇动：尔嫚～你不要摇。② 形容词，摇晃：～个桥，我弗敢走摇晃的桥，我不敢走。《集韵》平声爻韵，尼交切。《字汇》："抓也，搔也，挠乱也。"义不甚合。

【悚 so⁵²】阵子，一段时间：等了一大～等了好一会儿。《集韵》去声号韵,先到切:"快也。"

【乐 ŋo²³¹】要,需要:我想～,渠弗想～我想要,他不想要。《广韵》去声效韵,五教切:"好也。"《集韵》去声效韵,鱼教切:"欲也。"

【噍 tɕio⁴⁴⁵】擦拭:～桌布｜～～干净。《广韵》上声小韵,子小切:"拭也。"也有写作"缴"。缴,《广韵》上声筱韵,古了切:"缠也",义不甚合。故本书采用"噍"字。

【挢 dzio²²³】撬:门乞人～了 门被撬了。《集韵》上声宵韵,巨夭切:"频伸貌。"

【醮 tɕio⁵²】祭祀:～清 清明扫墓。《广韵》去声笑韵,子肖切。《广雅》:"醮,祭也。"战国·宋玉《高唐赋》:"醮诸神,礼太一。"清明扫墓用"醮"字,可能是为了与用作詈语的"祭"予以区分。周边的武义话、丽水话扫墓采用"祭清"的说法。

【叫 io⁵²】哭。《广韵》去声啸韵,古吊切:"呼也。"零声母的读音为脱落声母[tɕ]所致。宣平话有少数见母字今读零声母,如"嫁、箕"。

【鐏 tsə³²⁴】陶制钵盂:饭～ 盛饭的陶钵。《广韵》平声魂韵,祖昆切。

【礚 kʰə⁵²】坡:上～ 上边坡｜下～ 下边坡｜～头 坎坡,堤岸。《广韵》去声勘韵,苦绀切:"岩崖之下。"《集韵》去声勘韵,苦绀切:"险岸。"

【许 xə⁵²】几～ 多少。《广韵》上声语韵,虚吕切。唐·韩愈《桃源图》:"当时万事皆眼见,不知几许犹流传。"宋·苏轼《八月十五日看潮》:"欲识潮头高几许,越山浑在浪花中。"宣平话趋向动词"去"[kʰɯ⁵²]、量词"个"[kʰa⁵²],在语流中主元音常读作[ə],且[52]是古清声母量词的调值。"许"[xə⁵²]符合规律。

【熯 xə⁵²】蒸,主要炊具为箅子、蒸笼,一般用于已熟食物的重新加热:糕～记过再吃 糕重新蒸后再吃。《广韵》去声翰韵,呼旰切:"火干。"

【揎 ɕyə³²⁴】打耳光:乞渠～了一个巴面光 被他扇了一个耳光。《广韵》平声仙韵,苟缘切:"手发衣也。"清·孔尚任《桃花扇》:"难当鸡肋拳揎,拳揎。"

【笸 bo⁴³³】木制或竹制的钯子:谷～｜松毛～。《字汇·竹部》:"笸,五齿笸,用以取草也。"《篇海》白巴切,音琶。

【齙 bo²³¹】牙齿突露在唇外：～牙齙牙。《集韵》去声祃韵,步化切："齿出白。"《字汇》："齿不正也。"

【挼 no⁴³³】揉搓,揉捻：～茶叶。《广韵》平声戈韵奴禾切："挼莎,《说文》曰：摧也,一曰两手相切,摩也。俗作捼。"

【䈱 tɕʰiɯ³²⁴】酒～将酒液和酒糟分离的滤酒器具。《集韵》平声尤韵,初尤切："漉取酒也。"元·范康《竹叶舟》："自酿下黄花酒,亲提着这斑竹䈱。"

【劯 tei⁴⁴⁵】扯,拽：眼镜乞渠～落来了眼镜被他扯下来了。《篇海》都罪切："著力牵也。"

【熄 tʰei³²⁴】把已宰杀的猪、鸡等用滚开水烫后去掉毛：～猪｜～鸡｜～鸭。本字为"煺",煺,《集韵》平声灰韵,通回切："以汤除毛。"《字汇》："同熄。"

【逮 dei²³¹】来得～来得及｜来弗～来不及。《广韵》去声代韵,徒耐切："及也。"《论语·里仁》："古者言之不出,耻躬之不逮也。"普通话成语"力有未逮"指有意愿却做不到。

【瘣 lei²²³】起～织物上形成细软的短毛颗粒。《集韵》上声贿韵,鲁猥切："小肿"。《玉篇》："皮起也。"

【䟏 lei²³¹】① 掉落。② 丢失。③ 自然流产。《集韵》去声队韵,卢对切："足跌。"

【勘 lei²³¹】来回滚动碾压：园糖霜堆～两次放红糖里滚两下。《广韵》去声队韵,卢对切："推也。"

【徛 gei²²³】站立：～起望站起来看。《广韵》上声纸韵,渠绮切："立也。"

【㩻 gei²³¹】倚,斜靠：两脚梯～墙堆扶梯斜倚在墙上。《字汇补》渠盖切："以物相质。"清·遽园《负曝闲谈》第四回："赶忙把手里的雨伞往红木炕床旁边墙角上一㩻。"也有认为本字是"徛",读音[gei²³¹]是"徛"[gei²²³]变调构词的结果。本书根据释义差异分别写作"徛""㩻"两字。

【敨 tʰəɯ⁴⁴⁵】① 把包着、卷着的东西打开：尔～出来乞我望望你打开来让我看看。② 往外出气,与"吸"相对：气都～弗过来气都喘不过来。《集韵》上声厚韵,他口切："展也。"

【熰 əɯ³²⁴】熬(āo),一种简单的烹调方法,把蔬菜等放在水里用文火煮。评议他人厨艺差或自谦时的用词：囥镬堷～起便算罢放锅里熬起来就算了。《广韵》平声豪韵，於刀切："煨也。"《齐民要术》卷八《脯腊》："其鱼草裹泥封，煻灰中爊之。"也作"熝"。熝，《广韵》平声豪韵，於刀切："埋物灰中令熟。"本书采用"爊"字。

【许 xəu⁴⁴⁵】～愿款许愿。《广韵》上声语韵，虚吕切。宣平话有少数遇合三字今读韵母[ɯ]，如"锯、去、渠他"，且声母[x]与韵母[ɯ]不相拼。"许"[xəu⁴⁴⁵]符合规律。

【襻 pʰã⁵²】① 扣住纽扣的套：纽～。② 功用或形状像襻的东西：鞋～。③ 扣住，使分开的东西连在一起：两样东西～做一记。④ 勾肩：两个人～走。《广韵》去声谏韵，普患切。《类篇》："衣系曰襻。"唐·韩愈《崔十七少府摄伊阳，以诗及书见投，因酬三十》："男寒涩诗书，妻瘦剩腰襻。"

【趈 bã⁴³³】迈，跨：～弗过去｜脚～弗上去。《广韵》平声衔韵，白衔切："步渡水。"《类篇》："涉也。趈，或书作䟰。"

【劗 tsã³²⁴】剁：骨头～弗动。《广韵》平声桓韵，借官切："剃发。"《玉篇》："子践、子丸二切，鬚发也，灭也，切也。"

【賺 dzã²³¹】错：我算～了，再算过｜做～了。《集韵》去声陷韵，直陷切。《广雅》："卖也，一曰市物失实。"《说文》："重买也，错也。"

【㢟 kʰã⁴⁴⁵】窗户：～帘窗帘｜囥～堷放窗户那儿。《广韵》上声豏韵，苦减切："牖也，一曰小户。"

【埯 ã⁴⁴⁵】小面积凹陷：眼睛～落去了。《集韵》上声覃韵，邬感切："阬也。"

【跄 tɕʰiã⁵²】走路不稳，打趔趄，跌撞：渠一记～过来他一个趔趄撞过来。《集韵》去声漾韵，七亮切："与蹡同。走也。"蹡，《广韵》："踉蹡，行不正貌。"

【戗 tɕʰiã⁵²】坐或躺着时脚搁在高处：脚老高高个～起脚高高地向上搁着｜脚嫑～别人个凳堷脚不要搁在别人的凳子上。《广韵》去声漾韵，初亮切。老舍《骆驼祥子》："用把椅子戗在背后。"此处"戗"指"撑，支撑"。

【蛘 iã⁴³³】蛀～米象，是贮藏谷物的主要害虫。《广韵》平声阳韵，与章切：

"虫名。"

【擐 guã²²³】拎,多指用手臂环穿着拎:~菜篮。《广韵》去声谏韵,胡惯切:"擐甲。"成语"擐甲执兵"义为穿铠甲,拿武器。宣平话今读声调与之不合。

【搪 dɔ⁴³³】忍受,抵拒:我~得牢_{我能忍受}|~弗牢个痛_{难以忍受的痛}。《广韵》平声唐韵,徒郎切。

【园 kʰɔ⁵²】① 放置:~落来_{放下来}。② 藏放,收藏:红包我~起了_{红包我藏放好了}。《集韵》去声宕韵,口浪切:"藏也。"

【轮 lən⁴³³】形容词,圆:面~~个_{脸圆圆的}。"轮"为俗字,本字为"圞"。圞,《广韵》平声桓韵,落官切:"团圆,圆也。"本书采用俗写字"轮"。

【殿 tsən³²⁴】① 把钉、橛等尖形物捶打到其他东西里面去。② 朝着目标用力投掷。《广韵》平声真韵,职邻切:"击也。"

【尽 zən⁴³³】无能,没本事:乞人望~了_{被人瞧不起}。繁体字为"儘",本书采用简化字"尽"。

【塕 ən⁴⁴⁵】① 尘土,灰尘:灰~_{灰尘}。② 尘土飞扬:外头~猛,尔嫑挖=出去_{外面尘土飞扬,你不要出去}。《广韵》上声董韵,乌孔切:"埲尘起。"宋·陈傅良《送国子监丞颜几圣提举江东分韵得动字》:"方将属耆英,高举出埃塕。"

【棇 tɕʰyən³²⁴】担~_{两头尖的挑担的工具,用于挑柴、挑稻草等}。《广韵》平声东韵,仓红切:"尖头担也。"

【绲 kuən⁵²】里子,即衣服、帽子、鞋子等的衬布:衣裳内头个~破了。《广韵》上声混韵,古本切:"带也。"曹植《七启》:"绲佩绸缪。"宣平话今读声调与之不合,今读[52]或为小称调。

【瀞 tin⁵²】让液体里的杂质沉下去:~~清。《广韵》上声迥韵,都挺切:"泞水貌。"宣平话今读声调与之不合。

【答 lin⁴³³】丝~_{一种捕鱼用的小网}。《广韵》平声青韵,力鼎切:"笼也。"唐·刘肃《大唐新语》:"渔具曰答箵。"

【疄 lin²³¹】量词,畦:今年种了两~芋。《广韵》去声震韵,力刃切:"田垄。"

【儆 dzin²³¹】避忌，戒惧：病还没好，吃东西还乐～ₑ吃东西还得忌口。《广韵》去声映韵，渠敬切："儆慎。"《说文》："戒也。"

【碱 kuaʔ⁵】裂：衣裳～了｜田～坼了。《广韵》入声麦韵，古获切："碱破。"

【趆 kuaʔ⁵】跑：快点～去｜我～弗动了。《广韵》入声辖韵，古頒切："走貌。"

【𡍲 vaʔ²³】① 量词，茬，用于在同一块田地上种植庄稼的次数：种了两～。② 量词，次，回，一段时间：一～｜上～｜前～。《广韵》入声月韵，房越切："耕土。"今量词词义是"耕土"的引申义。

【搨 tʰaʔ⁵】① 涂抹：～粉。② 煎：～饼。《集韵》入声合韵，托合切："冒也，一曰摹也。"

【煠 zaʔ²³】将整个儿食物直接置水中煮：～卵｜～芋｜～番薯｜～粽。《广韵》入声洽韵，士洽切："汤煠。"

【撾 kaʔ⁵】～屁股ₑ擦屁股。旧时人们多用竹片、稻草或细木棍刮揩屁股，故名。《集韵》入声辖韵，居辖切："刮也，折也。"

【涿 təʔ⁵】淋，多指被大雨点淋：衣裳乞雨～湿了｜衣裳快点收起，嫑让渠～雨ₑ衣服快点收好，不要让他淋雨。《集韵》入声觉韵，竹角切：《说文》："流下滴也。"

【碡 dəʔ²³】磟～滚式农具。《广韵》入声屋韵，徒谷切："磟碡，田器。"

【捋 ləʔ²³】① 用手握着条状物向一端滑动、抹取：衫袖头～上去ₑ袖子捋上去｜树叶～落来。② 拉：面嫑～起ₑ不要拉着脸。《广韵》入声末韵，郎括切："手捋也，取也，摩也。"

【若 zəʔ²³】如果：尔～讲弗去，我也弗去。《广韵》入声药韵，而灼切："如也，顺也，汝也，辞也。"《左传·僖公二十三年》："公子若反晋国，则何以报不穀？"唐·李贺《金铜仙人辞汉歌》："天若有情天亦老，携盘独出月荒凉。"

【謺 zəʔ²³】骂：～人。《集韵》入声铎韵，疾各切："詈也。"

【搕 əʔ⁵】敷：～草药。《广韵》入声合韵，乌合切："以手盇也。"

【渥 əʔ⁵】长时间地浸泡：～红曲ₑ制作红曲。《广韵》入声觉韵，於角切。

《说文》:"久渍也。"

【滗 piəʔ⁵】挡住渣滓或泡着的东西,将液体轻轻倒出:药煎好了,~出来凉凉。《广韵》入声质韵,鄙密切:"去滓。"

【䞭 biəʔ²³】赶鸡~鸭驱赶鸡鸭。《集韵》入声职韵,弼力切:"走也。"

【𥰠 liəʔ²³】番薯~一种长方形的竹制器具,多用于晒红薯丝、萝卜干等食物。《集韵》入声帖韵,力协切:"竹筶,所以干物。"

【羯 tɕiəʔ⁵】阉,多指阉猪、牛:~猪。《广韵》入声月韵,居竭切:"犗羯。"

【疲 ɕiəʔ⁵】差,不好:特=个人真~|质量忒~,我弗买。《集韵》入声缉韵,迄及切:"病劣也。""疲"古为晓母,符合语音规律。

【亦 iəʔ²³】又:我~吃了一碗饭。《集韵》入声昔韵,夷益切:"一曰又也。"

【熠 iəʔ²³】闪烁:~记~记一闪一闪。《广韵》入声缉韵,羊入切。《说文》:"盛光也。"《诗经·豳风·东山》:"仓庚于飞,熠燿其羽。"

【𥧌 xuəʔ⁵】猫~婴儿短暂浅睡。《广韵》入声没韵,呼骨切:"睡一觉。"《说文》:"卧惊也。"

【𢬳 n̠yəʔ²³】团弄:~面。《集韵》入声屋韵,女六切:"搎𢬳,不申。"

【摔 ɕyəʔ⁵】① 抛,甩,投掷。② 丢弃。《广韵》入声术韵,所律切。《字汇》朔律切,音率:"弃于地也。"

【唰 ɕyəʔ⁵】小口喝:酒~两口。《集韵》入声辖韵,数滑切:"小尝也。"

【斫 yəʔ⁵】砍伐:~柴。《广韵》入声药韵,之若切:"刀斫。"宣平话有少数章母字今读零声母,如"煮、周把~;周岁",有少数宕摄开口三等入声字今读韵母[yəʔ],如:"略,掠",符合语音演变规律。

第五章
分类词表

说明：

1. 本章按照语义将词分为三十大类，每个大类下又分成若干小类，共收词约 7 000 条。

2. 意义、用法完全相同的词，先列口语常用说法，其余词目及读音后缩一字符另行排列，不再加注释。

3. 每个条目先写汉字，后标读音，再加注释和用例。标音格式同前面的章节，用例的释义用小字。

4. 同一词条若有多个义项，各义项之间用①②③隔开排序。

5. 少数字词读音比较特殊，后加"‖"，并进行补充说明。

6. 其他全文统一的体例，具体见第一章第三节第二部分"体例说明"。

一、天文

(一) 日月星辰

热头 ȵiəʔ$^{23-2}$ dəɯ^{433}　① 太阳。② 阳光：今日～真大

热头上山 ȵiəʔ$^{23-2}$ dəɯ^{433} dziã$^{223-43}$ sã^{324}　太阳上山

热头撑出来 ȵiəʔ$^{23-2}$ dəɯ^{433} tsʰɛ$^{324-32}$ tɕʰyə$^{5-4}$ lei$^{433-0}$　出太阳

　　热头挖⁼出来 ȵiəʔ$^{23-2}$ dəɯ^{433} uaʔ^{5} tɕʰyə$^{5-4}$ lei$^{433-0}$

热头落山 ȵiəʔ$^{23-2}$ dəɯ^{433} ləʔ$^{23-43}$ sã^{324}　太阳下山

　　热头脱落去 ȵiəʔ$^{23-2}$ dəɯ^{433} tʰəʔ^{5} ləʔ$^{23-0}$ kʰɯ-xə$^{52-0}$

热头送山 ȵiəʔ$^{23-2}$ dəɯ$^{433-43}$ sən$^{52-44}$ sã^{324}

热头柱= n̠iəʔ²³⁻² d-tɯ⁴³³⁻⁴⁴ɔ̃⁴⁴⁵   较弱的阳光

晕 yən²³¹   太阳或月亮周围形成的光圈：热头起～了

热头下 n̠iəʔ²³⁻² d-tɯ⁴³³⁻⁴⁴ia²²³   太阳底下

热头光 n̠iəʔ²³⁻² dɯ⁴³³ kɔ̃³²⁴   阳光

热头火 n̠iəʔ²³⁻² d-tɯ⁴³³⁻⁴⁴ xo⁴⁴⁵   炙热的阳光

日午火 nəʔ-nə²³⁻²² n̠²²³⁻²² xo⁴⁴⁵   正午的阳光‖"日"韵母舒化

热头气 n̠iəʔ²³⁻² dɯ⁴³³⁻²² tsʰɿ⁵²   太阳晒后的热气

照日 tɕiɔ⁵²⁻⁴⁴ nəʔ²³   向阳

阴山下 in³²⁴⁻⁴⁴ sã³²⁴⁻⁴⁴ ia²²³   背阴

月亮 n̠yəʔ²³⁻⁴³ liã²³¹

月亮大姊 n̠yəʔ²³⁻² liã²³¹⁻²² da²³¹⁻²² tsɿ⁴⁴⁵⁻⁵²   月亮姐姐。儿童语

眉毛月 mi⁴³³⁻²² mɔ⁴³³⁻⁴⁴ n̠yəʔ²³   弦月

团圆月 də⁴³³⁻²² yə⁴³³⁻⁴³ n̠yəʔ²³   圆月

影 in⁴⁴⁵   影子

星 ɕin³²⁴   星星

满天星 mə²²³⁻²² tʰiɛ³²⁴⁻⁴⁴ ɕin³²⁴

天亮晓 tʰiɛ³²⁴⁻⁴⁴ liã²³¹⁻²² ɕiɔ⁴⁴⁵   启明星

七姊妹 tsʰəʔ⁵⁻⁴ tsɿ⁴⁴⁵⁻⁴⁴ mei²³¹   北斗星

　　七姑星 tsʰəʔ⁵⁻⁴ ku³²⁴⁻⁴⁴ ɕin³²⁴

流星 liɯ⁴³³⁻⁴³ ɕin³²⁴

牛郎星 n̠iɯ⁴³³⁻²² lɔ̃⁴³³⁻⁴³ ɕin³²⁴

织女星 tɕiəʔ⁵⁻⁴ n̠y²²³⁻⁴³ ɕin³²⁴

天狗吃日 tʰiɛ³²⁴⁻⁴⁴ kɯ⁴⁴⁵⁻⁴⁴ tɕʰiəʔ⁵⁻⁴ nəʔ²³   日食

天狗吃月 tʰiɛ³²⁴⁻⁴⁴ kɯ⁴⁴⁵⁻⁴⁴ tɕʰiəʔ⁵⁻⁴ n̠yəʔ²³   月食

天墥 tʰiɛ³²⁴⁻³² taʔ⁰   天上

半天 pə⁵²⁻⁴⁴ tʰiɛ³²⁴   半空,高空

天下 tʰiɛ³²⁴⁻⁴⁴ ia²²³

天公下 tʰiɛ³²⁴⁻⁴⁴ kən³²⁴⁻⁴⁴ ia²²³   露天

天河 tʰiɛ³²⁴⁻⁴⁴ xo⁴³³   银河

天亮 tʰiɛ³²⁴⁻³² liɑ̃²³¹

天大八亮 tʰiɛ³²⁴⁻⁴⁴ d-to²³¹⁻⁴⁴ paʔ⁵ liɑ̃²³¹⁻⁰　天大亮

光线 kõ³²⁴⁻³² ɕiɛ⁵²

(二) 自然现象

风 fən³²⁴

起风 tsʰɿ⁴⁴⁵⁻⁴⁴ fən³²⁴　开始刮风

龙风 liõ⁴³³⁻⁴³ fən³²⁴　台风

　　台风 dei⁴³³⁻⁴³ fən³²⁴

大风 do²³¹⁻⁴³ fən³²⁴

顺风 ʐyən²³¹⁻⁴³ fən³²⁴

对头风 tei⁵²⁻⁴⁴ dɯ⁴³³⁻⁴³ fən³²⁴　逆风

　　逆风 ȵiəʔ²³⁻⁴³ fən³²⁴

弄堂风 lən²³¹⁻²² dõ⁴³³⁻⁴³ fən³²⁴

鬼风 kuei⁴⁴⁵⁻⁴⁴ fən³²⁴

　　鬼头风 kuei⁴⁴⁵⁻⁴⁴ dɯ⁴³³⁻⁴³ fən³²⁴

胡旋风 u⁴³³⁻⁴⁴ ʐyə²³¹⁻⁴³ fən³²⁴　龙卷风

东风 tən³²⁴⁻⁴⁴ fən³²⁴

北风 pəʔ⁵⁻⁴ fən³²⁴

南风 nə⁴³³⁻⁴³ fən³²⁴

西风 sɿ³²⁴⁻⁴⁴ fən³²⁴

风口 fən³²⁴⁻⁴⁴ kʰɯ⁴⁴⁵

风停了 fən³²⁴ din⁴³³ laʔ⁰

云 yən⁴³³

上云 dʑiɑ̃²²³⁻²² yən⁴³³　涌起乌云

乌云 u³²⁴⁻⁴⁴ yən⁴³³

多云 to³²⁴⁻³² yən⁴³³

天雷 tʰiɛ³²⁴⁻⁴⁴ lei⁴³³　雷

响天雷 ɕiɑ̃³²⁴⁻⁴⁴ tʰiɛ³²⁴⁻⁴⁴ lei⁴³³　打雷

乞天雷敲了 kʰəʔ⁵⁻⁴ tʰiɛ³²⁴⁻⁴⁴ lei⁴³³⁻⁴³ kʰɔ³²⁴⁻³² laʔ⁰　被雷击了

霍闪 xəʔ⁵ɕiɛ⁴⁴⁵⁻⁰　闪电

龙熠 liɔ̃⁴³³⁻⁴⁴iəʔ²³　晴天夜晚的闪电

鲎 xɤɯ⁵²　虹

东鲎 tən³²⁴⁻³² xɤɯ⁵²　东边的彩虹：～热头，西鲎雨

西鲎 sɿ³²⁴⁻³² xɤɯ⁵²　西边的彩虹

发天红 faʔ⁵⁻⁴ tʰiɛ³²⁴⁻⁴⁴ən⁴³³　霞的统称

雨 y²²³

落雨 ləʔ²³⁻² y²²³　下雨

浇雨 tɕiɔ³²⁴⁻⁴⁴ y²²³　淋雨

　啄雨 təʔ⁵⁻⁴ y²²³

斜风雨 ʑia⁴³³⁻²² fən³²⁴⁻⁴⁴ y²²³　斜雨,刮大风时斜着下的雨

毛雨丝 mɔ⁴³³⁻⁴⁴ y²²³⁻⁴³ sɿ³²⁴　毛毛雨

小雨 ɕiɔ⁴⁴⁵⁻⁴⁴ y²²³

大雨 do²³¹⁻²² y²²³

天雷雨 tʰiɛ³²⁴⁻⁴⁴ lei⁴³³⁻⁴⁴ y²²³　雷雨

　雷阵雨 lei⁴³³⁻⁴⁴ dzən²³¹⁻²² y²²³

阵雨 dzən²³¹⁻²² y²²³

热头雨 ȵiəʔ²³⁻² dɤɯ⁴³³⁻²² y²²³　太阳雨

长日雨 dz-tɕiã⁴³³⁻⁴⁴ nəʔ²³⁻² y²²³　连阴雨

大风大雨 do²³¹⁻⁴³ fən³²⁴ do²³¹⁻²² y²²³

暴雨 bɔ²³¹⁻²² y²²³

雨旗⁼ y²²³⁻²² dzɿ⁴³³　由远而近下来的雨

雨停了 y²²³ din⁴³³⁻⁴³ laʔ⁰

　雨歇了 y²²³ ɕiəʔ⁵ laʔ⁰

□ɔ⁵²　雨后放晴：天～起了

龙雹 liɔ̃⁴³³⁻⁴⁴ bəʔ²³　冰雹

雪 ɕiəʔ⁵

落雪 ləʔ²³⁻² ɕiəʔ⁵　下雪

雪毛 ɕiəʔ⁵⁻⁴ mɔ⁴³³　小雪

雪花 ɕiəʔ⁵⁻⁴ xo³²⁴

雪柎 ɕiəʔ⁵⁻⁴ bu⁴³³　大雪花

雪子 ɕiəʔ⁵⁻⁴ tsɿ⁴⁴⁵

雨夹雪 y²²³⁻²² kɑʔ⁵⁻⁴ ɕiəʔ⁵

雪烊了 ɕiəʔ⁵ iã⁴³³⁻⁴³ lɑʔ⁰　雪化了

开雪眼 kʰei³²⁴⁻⁴⁴ ɕiəʔ⁵⁻⁴ ŋã²²³　雪天短时放晴，接着又下大雪，其间的暂晴谓之"开雪眼"

乞雪压了 kʰəʔ⁵⁻⁴ ɕiəʔ⁵ aʔ⁵ lɑʔ⁰　被雪压了

冰 pin³²⁴

　冰冻 pin³²⁴⁻³² dən⁵²⁻²³¹

水蜡烛 ɕy⁴⁴⁵⁻⁴⁴ lɑʔ²³⁻² tɕyəʔ⁵　冰凌

釉起 iɯ²³¹ tɕʰiəʔ⁰　结冰

霜 ɕiõ³²⁴

撒霜 sɑʔ⁵⁻⁴ ɕiõ³²⁴　起霜：明日乐～了

　敲霜 kʰɔ³²⁴⁻⁴⁴ ɕiõ³²⁴

乞霜敲了 kʰəʔ⁵⁻⁴ ɕiõ³²⁴ kʰɔ³²⁴⁻³² lɑʔ⁰　农作物因霜冻受到伤害

雾 mu²³¹

　麻⁼露 mo⁴³³⁻⁴³ lu²³¹

　麻⁼露棍⁼ mo⁴³³⁻²² lu²³¹⁻²² kuən⁵²

麻⁼露棍⁼起 mo⁴³³⁻⁴³ lu²³¹ kuən⁵²⁻⁵⁵ tɕʰiəʔ⁰　云雾笼罩

砂⁼ so³²⁴　霾

落砂⁼ ləʔ²³⁻⁴³ so³²⁴　下霾，即有霾

露水 lu²³¹⁻²² ɕy⁴⁴⁵

　麻⁼露水 mo⁴³³⁻²² lu²³¹⁻²² ɕy⁴⁴⁵

上露水 dʑiã²²³⁻²² lu²³¹⁻²² ɕy⁴⁴⁵　下露水，即夜晚或清晨近地面的水气遇冷形成水珠凝结于物体上

地震 di²³¹⁻²² tsən⁵²

(三) 气候

天公 tʰiɛ³²⁴⁻⁴⁴ kən³²⁴　① 天气。② 天

天气 $t^hiɛ^{324-32}\,tsʰʅ^{52}$

晴 $ʑin^{433}$

天晴 $t^hiɛ^{324-44}\,ʑin^{433}$

　　有热头 $iɯ^{223-22}\,ȵiəʔ^{23-2}\,dəɯ^{433}$

大热头 $do^{231-22}\,ȵiəʔ^{23-2}\,dəɯ^{433}$　　大晴天

阴 in^{324}

阴天 $in^{324-44}\,t^hiɛ^{324}$

　　没热头 $mei^{52-55}\,ȵiəʔ^{23-2}\,dəɯ^{433}$

暖 $nən^{223}$　暖和：今日真～

热 $ȵiəʔ^{23}$　　天公～起了

大热 $do^{231-43}\,ȵiəʔ^{23}$　　炎热：～个日子

温沉热 $uən^{324-44}\,dz\text{-}tsən^{433-44}\,ȵiəʔ^{23}$　　闷热

冷 $lɛ^{445}$　　今日真～

大冷 $do^{231-22}\,lɛ^{445}$　　严寒

闷 $mən^{231}$　　因气压低或空气不流通而引起的不舒畅的感觉：今日

　～猛

　　闭 pi^{52}

晴起 $ʑin^{433-43}\,tɕʰiəʔ^{0}$　　放晴

起晴头 $tsʰʅ^{445-44}\,ʑin^{433-22}\,dəɯ^{433}$　　开始放晴

起燥 $tsʰʅ^{445-44}\,sɔ^{52}$　　① 空气很干燥。② 物体很干燥

起冻 $tsʰʅ^{445-44}\,tən^{52}$　　开始结冰，进入寒冬

起地薁 $tsʰʅ^{445-44}\,di^{231-22}\,zən^{223}$　　天寒地冻

大晒 $do^{231-22}\,sa^{52}$　　① 暴晒。② 干旱

晒去了 $sa^{52-55}\,k^hɯ\text{-}xə^{52-0}\,laʔ^{0}$　　干旱

大水 $do^{231-22}\,ɕy^{445}$　　洪水

打大水 $nɛ^{445-44}\,do^{231-22}\,ɕy^{445}$　　发大水

阵= $dzən^{231}$　　① 涝。② 沉陷

推= 去了 $t^hei^{324-32}\,k^hɯ\text{-}xə^{52-0}\,laʔ^{0}$　　① （被水）冲走了。② 涝

雨水多 $y^{223-22}\,ɕy^{445-44}\,to^{324}$

还潮 uã⁴³³⁻²² dzɔ⁴³³　返潮

梅天 mei⁴³³⁻⁴³ tʰiɛ³²⁴　梅雨天

出梅 tɕʰyəʔ⁵⁻⁴ mei⁴³³

敲梅核 kʰɔ³²⁴⁻⁴⁴ mei⁴³³⁻⁴⁴ ŋəʔ²³　旱黄梅,梅雨天无雨

变天 piɛ⁵²⁻⁴⁴ tʰiɛ³²⁴　天气变化,多指由晴转阴雨

伏天 vəʔ²³⁻⁴³ tʰiɛ³²⁴　三伏天

初伏 tsʰu³²⁴⁻⁴⁴ vəʔ²³

中伏 tɕyən³²⁴⁻⁴⁴ vəʔ²³

出伏 tɕʰyəʔ⁵⁻⁴ vəʔ²³

秋老虎 tɕʰiɯ³²⁴⁻⁴⁴ lɔ²²³⁻²² fu⁴⁴⁵

地气 di²²³⁻²² tsʰɿ⁵²　地表的温度

二、地理

(一) 田地

田地 diɛ⁴³³⁻⁴³ di²³¹　水田和旱地的统称

田畈 diɛ⁴³³⁻⁴³ fã⁵²　大片的田,也泛指田野

畈 fã⁵²　大片的田地,多用于地名：鲍～‖《广韵》愿韵方愿切："田畈"

千秋丘 tɕʰiɛ⁵²⁻⁴⁴ iã³²⁴⁻⁴⁴ tɕʰiɯ³²⁴　面积很大的水田

田 diɛ⁴³³

太公田 tʰa⁵²⁻⁴⁴ kən³²⁴⁻⁴⁴ diɛ⁴³³　指祖上留下来属于宗族公有的田产,收入用于宗族公共开支

香=竖=田 ɕiã⁻⁴⁴ ʑy⁻²² diɛ⁴³³

自留地 zɿ²³¹⁻²² liɯ⁴³³⁻⁴³ di²³¹

水田 ɕy⁴⁴⁵⁻⁴⁴ diɛ⁴³³

燥田 sɔ⁵²⁻⁴⁴ diɛ⁴³³　没水的田

烂糊田 lã²³¹⁻²² u⁴³³⁻²² diɛ⁴³³　烂泥田

山垄田 sã³²⁴⁻⁴⁴ lən⁴³³⁻²² diɛ⁴³³　山坡上的田,也指梯田

过水丘 ko⁵²⁻⁴⁴ ɕy⁴⁴⁵⁻⁴⁴ tɕʰiɯ³²⁴　给田灌水时水流途经的田

荒田 xɔ̃³²⁴⁻⁴⁴ diɛ⁴³³

秧田 iɑ̃³²⁴⁻⁴⁴ diɛ⁴³³　培植稻秧的水田

稻田 dɔ²²³⁻²² diɛ⁴³³　种植稻子的田

制种田 tsʅ⁵²⁻⁴⁴ tɕiɔ⁴⁴⁵⁻⁴⁴ diɛ⁴³³　一般指种植杂交水稻稻种的水田

莲子田 liɛ⁴³³⁻⁴⁴ tsʅ⁴⁴⁵⁻⁴⁴ diɛ⁴³³　种植莲子的田

油菜田 iɯ⁴³³⁻⁴⁴ tsʰei⁵²⁻⁴⁴ diɛ⁴³³　种植油菜的田

草籽田 tsʰɔ⁴⁴⁵⁻⁴⁴ tsʅ⁴⁴⁵⁻⁴⁴ diɛ⁴³³　种植紫云英的田

田骨 d-tiɛ⁴³³⁻⁴⁴ kuəʔ⁵　田的质地

空白田 kʰən³²⁴⁻⁴⁴ baʔ²³⁻² diɛ⁴³³　收割后空着的田

田塍 diɛ⁴³³⁻²² ʑin⁴³³　田埂

田后磡 d-tiɛ⁴³³⁻⁴⁴ əɯ²²³⁻²² kʰə⁵²　田背，即田里头地势较高一侧的田埂

田缺 diɛ⁴³³⁻⁴³ tɕʰyəʔ⁵　田埂上用来排灌水的缺口

干堰 kuə³²⁴⁻⁴⁴ iɛ⁵²　田里用来排灌水或行走的沟儿

田渎 d-tiɛ⁴³³⁻⁴⁴ dəʔ²³　一丘田的最低洼处

田角 diɛ⁴³³⁻²² kəʔ⁵　田的角落

地 di²³¹

燥地 sɔ⁵²⁻⁴⁴ di²³¹　旱地

黄泥地 ɔ̃⁴³³⁻²² ȵi⁴³³⁻⁴³ di²³¹

沙塌地 sa³²⁴⁻⁴⁴ tʰɑʔ⁵ di²³¹　沙地

荒地 xɔ̃³²⁴⁻³² di²³¹

麦地 maʔ²³⁻⁴³ di²³¹

菜地 tsʰei⁵²⁻⁴⁴ di²³¹　种植蔬菜的耕地

菜园 tsʰei⁵²⁻⁴⁴ yə⁴³³　种植蔬菜的园子

竹园 tyəʔ⁵⁻⁴ yə⁴³³

大棚 dɔ²³¹⁻²² bən⁴³³　具有保温保湿作用，用于培育种子、种植蔬菜的塑料薄膜棚子

笆篱 pu³²⁴⁻⁴⁴ li⁴³³　篱笆

畦□ y⁴³³⁻⁴⁴ gɔ̃²²³　地里畦与畦之间的沟，用来排灌水或行走

(二) 山

山 sã³²⁴

山头 sã³²⁴⁻⁴⁴ dɯ⁴³³　① 山。② 偏僻山区：～人

大山头 do²³¹⁻²² sã³²⁴⁻⁴⁴ dɯ⁴³³　深山

山场 sã³²⁴⁻⁴⁴ dʑiã⁴³³　山中林场或田地

山顶 sã³²⁴⁻⁴⁴ tin⁴⁴⁵

半山腰 pə⁵²⁻⁴⁴ sã³²⁴⁻⁴⁴ iɔ³²⁴

山脚 sã³²⁴⁻⁴⁴ tɕiəʔ⁵

山岗 sã³²⁴⁻³² kɔ̃⁵²　山脊

　　岗 kɔ̃⁵²

山坞 sã³²⁴⁻⁴⁴ u⁴⁴⁵　山谷

　　坞坤= u⁴⁴⁵⁻⁴⁴ kʰuən³²⁴

　　山峡 sã³²⁴⁻⁴⁴ gaʔ²³

垄 lən⁴³³　① 狭长的山谷。② 用于地名：官山～

山垄 sã³²⁴⁻⁴⁴ lən⁴³³　狭长的山谷

山坳 sã³²⁴⁻⁴⁴ ɔ³²⁴　山间的低凹地

热头坳 ȵiəʔ²³⁻² dɯ⁴³³⁻⁴³ ɔ³²⁴　位于东边的山间低凹地，能够看到太阳升起

磡头 kʰə⁵²⁻⁴⁴ dɯ⁴³³　① 堤岸。② 坎坡，护坡

高山 kɯ³²⁴⁻⁴⁴ sã³²⁴

矮山 a⁴⁴⁵⁻⁴⁴ sã³²⁴

礓壳山 d-tã⁴³³⁻⁴⁴ kʰəʔ⁵⁻⁴ sã³²⁴　岩石山

禁山 tɕin⁵²⁻⁴⁴ sã³²⁴⁻⁴⁴　① 禁止砍伐的山。② 封山（动宾结构）

自留山 zɿ²³¹⁻²² liɯ⁴³³⁻⁴³ sã³²⁴　我国实行农业合作化后，留给农民个人经营的少量山坡，多用于种植树木等，产品归个人所有

火烧山 xo⁴⁴⁵⁻⁴⁴ ɕiɔ³²⁴⁻⁴⁴ sã³²⁴　焚烧以供种植的山

茶叶山 dz-tso⁴³³⁻⁴⁴ iəʔ²³⁻² sã³²⁴　种茶叶的山地

坟山 vən⁴³³⁻⁴³ sã³²⁴　修建坟墓的山地

官山 kuã³²⁴⁻⁴⁴ sã³²⁴　一般指公共的坟山

山洞 sã³²⁴⁻³² dən²³¹

横栏 uɛ⁴³³⁻²² lã⁴³³　盘绕在山腰上的山路

岭 lin²²³

岭头 lin²²³⁻²² dɯ⁴³³

大岭头 do²³¹⁻²² lin²²³⁻²² dɯ⁴³³　常用作地名

岭脚 lin²²³⁻²² tɕiəʔ⁵

踏步 dɑʔ²³⁻⁴³ bu²³¹　台阶,阶梯

　　踏步级 dɑʔ²³⁻² bu²³¹⁻²² tɕiəʔ⁵

洞 dən²³¹

种洞 tɕiɔ̃⁴⁴⁵⁻⁴⁴ dən²³¹　用于贮藏番薯种、芋种等的人工洞穴,一般开挖在朝阳的干燥的山脚或路边

黄长洞 ɔ̃⁴³³⁻²² dziã⁴³³⁻⁴³ dən²³¹　黄鳝的洞穴,多在池塘、湖泊、水田或小河沟的靠岸之处

窟窿 kʰəʔ⁵⁻⁴ lən²²³　① 洞,孔。② 亏空,债务

缝 vən²³¹　① 裂开或自然露出的狭长空处。② 接合的地方

坼 tsʰaʔ⁵　木头、墙壁等的裂缝:爱⁼块板有～了

弄 lən²³¹　两个物体之间较大的空隙:墙～

懂⁼ tən⁴⁴⁵　凹陷之处:一个～

没山没坞 məʔ²³⁻² sã³²⁴⁻⁴⁴ məʔ²³⁻² u⁴⁴⁵　漫山遍野

(三) 水

水 ɕy⁴⁴⁵

海 xei⁴⁴⁵

湖 u⁴³³

溪 tsʰɿ³²⁴

大溪 do²³¹⁻⁴³ tsʰɿ³²⁴　江

坑 kʰɛ³²⁴　小溪

山坑 sã³²⁴⁻⁴⁴ kʰɛ³²⁴　山涧

水路 ɕy⁴⁴⁵⁻⁴⁴ lu²³¹　村庄以及野外的水沟儿

阳沟 iã⁴³³⁻⁴³ kɯ³²⁴　城里排水的水沟儿

堰 iɛ⁵²

塘 dɔ̃⁴³³

水塘 ɕy⁴⁴⁵⁻⁴⁴ dɔ̃⁴³³

鱼塘 n̩⁴³³⁻²² dɔ̃⁴³³

水库 ɕy⁴⁴⁵⁻⁴⁴ kʰu⁵²

山塘水库 sã³²⁴⁻⁴⁴ dɔ̃⁴³³ ɕy⁴⁴⁵⁻⁴⁴ kʰu⁵²

车门水库 tɕʰia³²⁴⁻⁴⁴ mən⁴³³⁻⁴³ ɕy⁴⁴⁵⁻⁴⁴ kʰu⁵²　位于武义县柳城畲族镇车门村

瀑水 baʔ²³⁻² ɕy⁴⁴⁵　瀑布 ‖ "瀑"音特殊，或为"白"字

潭 də⁴³³

水懂＝ ɕy⁴⁴⁵⁻⁴⁴ tən⁴⁴⁵　水坑儿

水池 ɕy⁴⁴⁵⁻⁴⁴ dzɿ⁴³³

水源 ɕy⁴⁴⁵⁻⁴⁴ n̩yon⁴³³

溪沿 tsʰɿ³²⁴⁻⁴⁴ iɛ⁴³³　河岸

　溪边 tsʰɿ³²⁴⁻⁴⁴ piɛ³²⁴

溪滩 tsʰɿ³²⁴⁻⁴⁴ tʰã³²⁴

坝 po⁵²

山脉水 sã³²⁴⁻⁴⁴ maʔ²³⁻² ɕy⁴⁴⁵　山上流下来的水

　山坑水 sã³²⁴⁻⁴⁴ kʰɛ³²⁴⁻⁴⁴ ɕy⁴⁴⁵

　山坑冷水 sã³²⁴⁻⁴⁴ kʰɛ³²⁴⁻⁴⁴ lɛ²²³⁻²² ɕy⁴⁴⁵

　山水 sã³²⁴⁻⁴⁴ ɕy⁴⁴⁵

冷水 lɛ²²³⁻²² ɕy⁴⁴⁵　从泉眼涌出来的水

冷水窟 lɛ²²³⁻²² ɕy⁴⁴⁵⁻⁴⁴ kʰuəʔ⁵　泉眼

　冷水懂＝ lɛ²²³⁻²² ɕy⁴⁴⁵⁻⁴⁴ tən⁴⁴⁵

温泉 uən³²⁴⁻⁴⁴ ʑyə⁴³³

暖汤 nən⁴³³⁻⁴³ tʰɔ̃³²⁴　温水

　温暖汤 uən⁴⁴⁵⁻⁴⁴ nən⁴³³⁻⁴³ tʰɔ̃³²⁴

热水 n̩iaʔ²³⁻² ɕy⁴⁴⁵

化汗水 xo⁵²⁻⁴⁴ uə²³¹⁻²² ɕy⁴⁴⁵　① 水蒸汽。② 返潮时室内的水珠

水蒸汽 ɕy$^{445-44}$ tɕin$^{324-32}$ tsʰɿ^{52}　水上的雾气

浑水 uən$^{433-43}$ ɕy^{445}

清水 tɕʰin$^{324-44}$ ɕy^{445}

自来水 zɿ$^{231-22}$ lei$^{433-44}$ ɕy^{445}

阀= vɑʔ^{23}　泡沫

水阀= ɕy$^{445-44}$ vɑʔ^{23}　水沫

洋皂阀= iã$^{433-44}$ zɔ$^{223-22}$ vɑʔ^{23}　肥皂泡沫

白阀= baʔ$^{23-43}$ vɑʔ^{23}　白色泡沫

水胡旋 ɕy$^{445-44}$ u$^{433-43}$ ʑyə^{231}　水旋

水浪 ɕy$^{445-44}$ lã^{231}　水波浪

(四) 土石、矿物等

糊泥 u$^{433-22}$ ȵi^{433}　泥土统称

烂糊泥 lã$^{231-22}$ u$^{433-22}$ ȵi^{433}　烂泥

糊泥浆 u$^{433-22}$ ȵi$^{433-43}$ tɕiã^{324}　泥浆

糊泥摊浆 u$^{433-22}$ ȵi$^{433-44}$ tʰã$^{324-44}$ tɕiã^{324}　浑身是泥

黄泥 ɔ̃$^{433-22}$ ȵi^{433}

黄泥筋 ɔ̃$^{433-22}$ ȵi$^{433-43}$ tɕin^{324}　很泥泞的黄泥

白石泥 baʔ$^{23-2}$ ziəʔ$^{23-2}$ ȵi^{433}　地下深处的一种泥土，土质细腻，黏性大

塘泥 dɔ̃$^{433-22}$ ȵi^{433}　水塘里的泥土

泥肉 ȵi$^{433-43}$ ȵyəʔ^{23}　泥土的质地：～壮_{土质肥沃}

石头 ziəʔ$^{23-2}$ dəu^{433}

石头窠 ziəʔ$^{23-2}$ dəu$^{433-43}$ kʰo^{324}　石堆

　石头垄 ziəʔ$^{23-2}$ dəu$^{433-22}$ lən^{433}

大石头 do$^{231-22}$ ziəʔ$^{23-2}$ dəu^{433}

石头子 ziəʔ$^{23-2}$ d-təu$^{433-44}$ tsɿ^{445}

　石子 ziəʔ$^{23-2}$ tsɿ^{445}

溪滩石 tsʰɿ$^{324-44}$ tʰã$^{324-44}$ ziəʔ^{23}　鹅卵石

　鹅卵石 ŋo$^{433-22}$ lən$^{223-43}$ ziəʔ^{23}

石板 ʐiəʔ$^{23-2}$ pã^{445}

青石板 tɕʰin$^{324-44}$ ʐiəʔ$^{23-2}$ pã^{445}

礑壳 d-tã$^{433-44}$ kʰəʔ^5　岩石

礑壳榧＝ d-tã$^{433-44}$ kʰəʔ^5 pʰi^{445}　岩石表层

麦麸礑 maʔ$^{23-2}$ fu$^{324-44}$ dã^{433}　质地不硬的石头

白石子 baʔ$^{23-2}$ ʐiəʔ$^{23-2}$ tsɿ^{445}　白色的石子,主要用于铺面装饰,起到美化环境的作用

沙 sa^{324}

石子沙 ʐiəʔ$^{23-2}$ tsɿ$^{445-44}$ sa^{324}　与小石子混杂的沙子

统沙 tʰən$^{445-44}$ sa^{324}　未经筛选、不分粗细的沙子

清水沙 tɕʰin$^{324-44}$ ɕy$^{445-44}$ sa^{324}　没泥的沙子

糊沙 u$^{433-43}$ sa^{324}　和泥混杂的沙子

粗沙 tsʰu$^{324-44}$ sa^{324}

细沙 sɿ$^{52-55}$ sa^{324}

绵沙 miɛ$^{433-43}$ sa^{324}

铁砂 tʰiəʔ$^{5-4}$ so^{324}

洋灰 iã$^{433-43}$ xuei^{324}

　水泥 ɕy$^{445-44}$ ɲi^{433}

白水泥 baʔ$^{23-2}$ ɕy$^{445-44}$ ɲi^{433}

石灰 ʐiəʔ$^{23-43}$ xuei^{324}

生石灰 sɛ$^{324-44}$ ʐiəʔ$^{23-43}$ xuei^{324}　石灰的一种,与水反应后生成熟石灰

熟石灰 ʐyəʔ$^{23-2}$ ʐiəʔ$^{23-43}$ xuei^{324}　石灰的一种,是生石灰与水反应生成的粉状物

石膏 ʐiəʔ$^{23-43}$ kɔ^{324}

砖 tɕyə^{324}

　砖头 tɕyə$^{324-44}$ dəu^{433}

青砖 tɕʰin$^{324-44}$ tɕyə^{324}

红砖 ən$^{433-43}$ tɕyə^{324}

空心砖 $k^hən^{324-44}$ $sən^{324-44}$ $tɕyə^{324}$

砖坯 $tɕyə^{324-44}$ p^hei^{324}

地砖 di^{231-43} $tɕyə^{324}$　瓷砖

　　地缸砖 di^{231-22} $kɔ̃^{324-44}$ $tɕyə^{324}$

半块头 $pə^{52-44}$ k^huei^{52-44} $dəɯ^{433}$　半截砖

　　半支砖 $pə^{52-44}$ $tsʅ^{324-44}$ $tɕyə^{324}$

生坯 $sɛ^{324-44}$ p^hei^{324}　陶、瓷土、耐火材料等经加工、成形、干燥但未烧成的半制品

预制块 y^{231-22} $tsʅ^{52-44}$ k^huei^{52}

预制板 y^{231-22} $tsʅ^{52-44}$ $pã^{445}$

花岗岩 xo^{324-44} $kɔ̃^{445-44}$ $ŋã^{433}$

大理石 da^{231-22} li^{223-43} $ʑiəʔ^{23}$

瓦 $ŋo^{223}$

　　□瓦 $n̩^{-44}$ $ŋo^{223}$　‖ "□"[$n̩^{-44}$]本字调不明，或是"屋"[$əʔ^5$]，因受后字"瓦"[$ŋo^{223}$]的声母影响而导致音变

瓦坯 $ŋo^{223-43}$ p^hei^{324}

亮瓦 $liã^{231-22}$ $ŋo^{223}$　明瓦，嵌于屋顶用以取光的玻璃瓦片

土瓦 t^hu^{445-44} $ŋo^{223}$　土窑烧制的瓦片

洋瓦 $iã^{433-44}$ $ŋo^{223}$　机制的瓦片

琉璃瓦 $liɯ^{433-44}$ li^{433-44} $ŋo^{223}$

煤 mei^{433}

煤球 mei^{433-22} $dʑiɯ^{433}$

煤气 mei^{433-43} $ts^hʅ^{52}$

洋油 $iã^{433-22}$ $iɯ^{433}$　煤油

清油 $tɕ^hin^{324-44}$ $iɯ^{433}$　乌桕籽实榨出来的油，用来点油灯

汽油 $ts^hʅ^{52-44}$ $iɯ^{433}$

柴油 za^{433-22} $iɯ^{433}$

炭 $t^hã^{52}$

白炭 $baʔ^{23-2}$ $t^hã^{52}$　用大块木头烧成的木炭，略呈白色，结实耐烧

乌炭 u³²⁴⁻³² tʰã⁵²　用杂木烧成的木炭，较碎小，呈黑色

硬柴炭 ŋɛ²³¹⁻²² za⁴³³⁻⁴³ tʰã⁵²　用硬木柴烧成的炭

松树炭 zən⁴³³⁻⁴³ ʐy²³¹ tʰã⁵²　用松木烧成的炭

灰 xuei³²⁴　物体燃烧后剩下的东西

灰塕 xuei³²⁴⁻⁴⁴ ən⁴⁴⁵　灰尘

火 xo⁴⁴⁵

火星 xo⁴⁴⁵⁻⁴⁴ ɕin³²⁴　极小的火花

火烟 xo⁴⁴⁵⁻⁴⁴ iɛ³²⁴　物质燃烧时所生的气体

　　烟 iɛ³²⁴

火烧起 xo⁴⁴⁵⁻⁴⁴ ɕio³²⁴⁻³² tɕʰiəʔ⁰　① 燃烧起来。② 发生火灾

　　火着起 xo⁴⁴⁵⁻⁴⁴ dei²²³⁻²² tɕʰiəʔ⁰

烧火堆 ɕio³²⁴⁻⁴⁴ xo⁴⁴⁵⁻⁴⁴ tei³²⁴　在野外空旷的地方架木柴燃烧，多为冬天取暖

金 tɕin³²⁴

黄金 ɔ̃⁴³³⁻⁴³ tɕin³²⁴

银 ȵin⁴³³　① 银。② 银子

铜 dən⁴³³

铁 tʰiəʔ⁵

钢铁 kɔ̃³²⁴⁻⁴⁴ tʰiəʔ⁵

白铁 baʔ²³⁻² tʰiəʔ⁵

铁皮 tʰiəʔ⁵⁻⁴ bi⁴³³

洋铁皮 iã⁴³³⁻⁴⁴ tʰiəʔ⁵⁻⁴ bi⁴³³　镀锡铁皮或镀锌铁皮

铁板 tʰiəʔ⁵⁻⁴ pã⁴⁴⁵

铁丝 tʰiəʔ⁵⁻⁴ sɿ³²⁴

钢板 kɔ̃³²⁴⁻⁴⁴ pã⁴⁴⁵

钢珠 kɔ̃³²⁴⁻⁴⁴ tɕy³²⁴

锡 ɕiəʔ⁵

镴 lɑʔ²³　锡和铅的合金

矾 vã⁴³³

铅 k^{h}a^{445}

铝合金 ly$^{223-44}$ əʔ$^{23-43}$ tɕin^{324}

硫黄 liɯ$^{433-22}$ ɔ̃^{433}

水银 ɕy$^{445-44}$ n̠in^{433}

玻璃 po$^{324-44}$ li^{433}

铁锈 t^{h}iəʔ^5 ɕiɯ$^{52-0}$

上铁锈 dziã$^{223-22}$ t^{h}iəʔ^5 ɕiɯ$^{52-0}$　生铁锈

　　上锈 dziã$^{223-22}$ ɕiɯ^{52}

　　上铁浆 dziã$^{223-22}$ t^{h}iəʔ$^{5-4}$ tɕiã^{324}

火石 xo$^{445-44}$ ziəʔ^{23}

食铁石 ziəʔ$^{23-2}$ t^{h}iəʔ$^{5-4}$ ziəʔ^{23}　磁铁

氟石 vəʔ$^{23-43}$ ziəʔ^{23}　萤石

　　绿石 lyəʔ$^{23-43}$ ziəʔ^{23}

矿 k^{h}ɔ̃^{52}

石塘 ziəʔ$^{23-2}$ dɔ̃^{433}　采石场

绿石矿 lyəʔ$^{23-2}$ ziəʔ$^{23-2}$ k^{h}ɔ̃^{52}　萤石矿

金矿 tɕin$^{324-32}$ k^{h}ɔ̃^{52}

煤矿 mei$^{433-43}$ k^{h}ɔ̃^{52}

弄坑银矿 lən$^{231-43}$ k^{h}ɛ$^{324-32}$ n̠in$^{433-43}$ k^{h}ɔ̃^{52}　或写"砻坑银矿",明朝属丽水县宣慈乡,位于今武义西联乡牛头山一带。因矿场萎缩,税额无降,致银矿工人于明正统十三年(1448)秋揭竿而起,引发大规模的浙西南矿工大起义。平定矿工暴动后,朝廷于景泰三年(1452)析丽水宣慈、应和两乡及懿德乡北部,置宣平县,以鲍村(今柳城)为县治

(五) 地名、住所等

墩地 dɑʔ$^{23-2}$ di$^{231-223}$

　　地方 di$^{231-43}$ fɔ̃^{324}

国家 kuəʔ$^{5-4}$ ko^{324}

中国 tɕyən$^{324-44}$ kuəʔ^5

省 sɛ⁴⁴⁵

地区 di²³¹⁻⁴³ tɕʰy³²⁴

市 zɿ²²³

县 yə²³¹

区 tɕʰy³²⁴

镇 tsən⁵²

乡 ɕiã³²⁴

公社 kən³²⁴⁻⁴⁴ ʑia²²³

社区 ʑia²²³⁻⁴³ tɕʰy³²⁴

村 tsʰə³²⁴

行政村 ɛ⁴³³⁻⁴³ tɕin⁵²⁻⁵⁵ tsʰə³²⁴

自然村 zɿ²³¹⁻²² ʑiɛ⁴³³⁻²² tsʰə³²⁴

生产队 sɛ³²⁴⁻⁴⁴ tsʰã⁴⁴⁵⁻⁴⁴ dei²³¹

大队 da²³¹⁻⁴³ dei²³¹

墙弄 ʑiã⁴³³⁻⁴³ lən²³¹　　胡同，小巷

街路 ka³²⁴⁻³² lu²³¹　　街道

老街 lɔ⁴³³⁻⁴³ ka³²⁴　　柳城～

城市 ʑin⁴³³⁻²² zɿ²²³

城门 ʑin⁴³³⁻²² mən⁴³³

城墙 ʑin⁴³³⁻²² ʑiã⁴³³

城内 ʑin⁴³³⁻⁴³ nei²³¹　　城里

城外 ʑin⁴³³⁻⁴³ ua²³¹

乡下 ɕiã³²⁴⁻⁴⁴ ia²²³

农村 nən⁴³³⁻⁴³ tsʰə³²⁴

老家 lɔ²²³⁻⁴³ ko³²⁴

人家墢 nin⁴³³⁻⁴³ ko³²⁴⁻³² dɑʔ²³　　家里

户口 u²²³⁻²² kʰɯ⁴⁴⁵

转户口 tɕyə⁴⁴⁵⁻⁴⁴ u²²³⁻²² kʰɯ⁴⁴⁵　　农业户口转为非农业户口。2014年户籍制度改革后已无农业户口与非农业户口的区分

迁户口 tɕʰiɛ³²⁴⁻³² u²²³⁻²² kʰɯ⁴⁴⁵　把户口从一地转到另一地

买户口 ma²²³⁻²² u²²³⁻²² kʰɯ⁴⁴⁵　农业户口的人花钱转为非农业户口。2014年户籍制度改革后已无农业户口与非农业户口的区分

外国 ua²³¹⁻²² kuəʔ⁵

本地 pə⁴⁴⁵⁻⁴⁴ di²³¹

外地 ua²³¹⁻⁴³ di²³¹

上角 dziã²²³⁻²² kəʔ⁵　旧县宣平城区的北面区域,即现桃溪镇、坦洪乡等地

下角 ia²²³⁻²² kəʔ⁵　旧县宣平城区南面的宣平溪上游段区域,即现三港乡、大溪口乡等地

下乡 ia²²³⁻⁴³ ɕiã³²⁴　旧县宣平城区南面的宣平溪下游段区域,即现丽水莲都区老竹镇、丽新乡等地,以曳岭为界直至莲都区联城镇稿岭村这一区域

内山 nei²³¹⁻⁴³ sã³²⁴　旧县宣平城区西面区域,即原新塘乡、竹客乡所辖区域,以及西联乡的高山区域

竹客源 tyəʔ⁵⁻⁴ kʰaʔ⁵ n̻yə⁴³³　原竹客乡所辖区域,今柳城镇东西、六葱湖、石门洲等行政村

西向源头 sɿ³²⁴⁻³² ɕiã⁵²⁻⁵⁵ n̻yə⁴³³⁻²² dəɯ⁴³³　旧县宣平城区的西北区域,即现西联乡管辖的区域,也是宣平溪的源头

交界 kɔ³²⁴⁻³² ka⁵²

交界荡⁼ kɔ³²⁴⁻⁴⁴ ka⁵²⁻⁴⁴ dɔ̃²²³　交界处

北京 pəʔ⁵⁻⁴ tɕin³²⁴

天津 tʰiɛ³²⁴⁻⁴⁴ tɕyən³²⁴ / tʰiɛ³²⁴⁻⁴⁴ tɕin³²⁴

上海 ʑiã²²³⁻²² xei⁴⁴⁵

重庆 dziɔ̃⁴³³⁻⁴³ tɕʰin⁵²

河北 o⁴³³⁻⁴⁴ pəʔ⁵ / o⁴³³⁻⁴³ pəʔ⁵

山西 sã³²⁴⁻⁴⁴ sɿ³²⁴

辽宁 liɔ⁴³³⁻²² n̻in⁴³³

吉林 tɕiəʔ⁵⁻⁴ lin⁴³³

黑龙江 xəʔ⁵⁻⁴ liõ⁴³³⁻⁴³ kɔ̃³²⁴

江苏 kɔ̃³²⁴⁻⁴⁴ su³²⁴

安徽 uə³²⁴⁻⁴⁴ xuei³²⁴

福建 fəʔ⁵ tɕiɛ⁵²⁻⁰

台湾 dei⁴³³⁻⁴³ uã³²⁴

江西 kɔ̃⁴⁴⁵⁻⁴⁴ sʅ³²⁴

山东 sã³²⁴⁻⁴⁴ tən³²⁴

河南 o⁴³³⁻²² nə⁴³³

湖北 u⁴³³⁻⁴⁴ pəʔ⁵ / u⁴³³⁻⁴³ pəʔ⁵

湖南 u⁴³³⁻²² nə⁴³³

广东 kɔ̃⁴⁴⁵⁻⁴⁴ tən³²⁴

海南 xei⁴⁴⁵⁻⁴⁴ nə⁴³³

四川 sʅ⁵²⁻⁴⁴ tɕʰyə³²⁴

贵州 kuei⁵²⁻⁴⁴ tɕiɯ³²⁴

云南 yən²²³⁻²² nə⁴³³

陕西 sã⁴⁴⁵⁻⁴⁴ sʅ³²⁴

甘肃 kə³²⁴⁻⁴⁴ səʔ⁵

青海 tɕʰin³²⁴⁻⁴⁴ xei⁴⁴⁵

内蒙古 nei²³¹⁻²² mən²²³⁻²² ku⁴⁴⁵

广西 kɔ̃⁴⁴⁵⁻⁴⁴ sʅ³²⁴

西藏 sʅ³²⁴⁻³² zɔ̃²³¹

宁夏 ȵin⁴³³⁻⁴³ o²³¹ /ȵin⁴³³⁻⁴³ õ²³¹ ‖ "夏"韵母有时鼻化

新疆 sən³²⁴⁻⁴⁴ tɕiã³²⁴

香港 ɕiã³²⁴⁻⁴⁴ kɔ̃⁴⁴⁵

澳门 ɔ⁵²⁻⁴⁴ mən⁴³³

浙江 tɕiəʔ⁵⁻⁴ kɔ̃³²⁴

杭州 õ⁴³³⁻⁴³ tɕiɯ³²⁴ ‖ 至"丽水"为浙江省下辖的 11 个地级市（2023 年数据）

宁波 ȵin⁴³³⁻⁴³ po³²⁴

温州 uə³²⁴⁻⁴⁴ tɕiɯ³²⁴

嘉兴 ko³²⁴⁻⁴⁴ ɕin³²⁴

湖州 u⁴³³⁻⁴³ tɕiɯ³²⁴

绍兴 ziɔ²³¹⁻⁴³ ɕin³²⁴

金华 tɕin³²⁴⁻⁴⁴ o⁴³³

衢州 dʐy⁴³³⁻⁴³ tɕiɯ³²⁴

舟山 tɕiɯ³²⁴⁻⁴⁴ sã³²⁴

台州 tʰei³²⁴⁻⁴⁴ tɕiɯ³²⁴

丽水 li²³¹⁻²² ɕy⁴⁴⁵

处州府 tɕʰy⁴⁴⁵⁻⁴⁴ tɕiɯ³²⁴⁻⁴⁴ fu⁴⁴⁵　明朝景泰三年（1452）起，处州府辖丽水、松阳、缙云、青田、遂昌、庆元、宣平、云和、龙泉、景宁 10 县，1949 年 10 月设丽水专区

宣平县 ɕyə⁴⁴⁵⁻⁴⁴ bin⁴³³⁻⁴³ yə²³¹　明朝景泰三年（1452）置县，原处州府辖县，县治位于柳城镇。1958 年撤县，所属地域分别划归毗邻的丽水市莲都区、松阳县以及金华市武义县

婺城 mo²³¹⁻²² ʑin⁴³³　‖至"武义"为金华市下辖的 9 个县级行政区（2023 年数据）

金东 tɕin³²⁴⁻⁴⁴ təŋ³²⁴

浦江 pʰu⁴⁴⁵⁻⁴⁴ kɔ̃³²⁴

磐安 bə⁴³³⁻⁴³ uə³²⁴

兰溪 lã⁴³³⁻⁴³ tsʰɿ³²⁴

义乌 ȵi²³¹⁻⁴³ u³²⁴

东阳 təŋ³²⁴⁻⁴⁴ iã⁴³³

永康 yəŋ²²³⁻⁴³ kʰɔ̃³²⁴

武义 vu²²³⁻⁴³ ȵi²³¹

松阳 səŋ³²⁴⁻⁴⁴ iã⁴³³　丽水市的下辖县。旧宣平县的南部以及西南部与今松阳县的四都乡、望松街道交界

遂昌 zy²³¹⁻⁴³ tɕʰiã³²⁴　丽水市的下辖县。旧宣平县的西部与今遂昌县的濂竹乡交界

柳城 liɯ²²³⁻²² zin⁴³³　　原宣平县治所在地 ‖ 本词条至"坦洪"为原宣平县下辖、今属金华市武义县下辖的乡镇（2023 年数据）

柳城畲族镇 liɯ²²³⁻²² zin⁴³³⁻⁴³ ʑia²³¹ zəʔ²³⁻² tsən⁵²

桃溪 dɔ⁴³³⁻⁴³ tsʰɿ³²⁴

西联 sɿ³²⁴⁻⁴⁴ liɛ⁴³³

三港 sã³²⁴⁻⁴⁴ kɔ̃⁴⁴⁵

大溪口 do²³¹⁻²² tsʰɿ³²⁴⁻⁴⁴ kʰɯ⁴⁴⁵

坦洪 tʰã⁴⁴⁵⁻⁴⁴ ən⁴³³

县前 yə²³¹⁻²² ziɛ⁴³³　　‖ 柳城畲族镇下辖 1 个社区（柳城社区）以及 27 个行政村。本词条至"金湖源"为各行政村村名（2023 年数据）

县后 yə²³¹⁻²² əɯ²²³

丰产 fən³²⁴⁻⁴⁴ tsʰã⁴⁴⁵

全塘口 ʑyə⁴³³⁻²² d-tɔ̃⁴³³⁻⁴⁴ kʰɯ⁴⁴⁵

金山尖 tɕin³²⁴⁻⁴⁴ sã³²⁴⁻⁴⁴ tɕiɛ³²⁴

青坑 tɕʰin³²⁴⁻⁴⁴ kʰɛ³²⁴

郑回 dʑin²³¹⁻²² uei⁴³³

车门 tɕʰia³²⁴⁻⁴⁴ mən⁴³³

下圩 ia²²³⁻⁴³ y³²⁴

梁家山 liã⁴³³⁻⁴⁴ ko³²⁴⁻⁴⁴ sã³²⁴ / liã⁴³³⁻⁴⁴ kɔ̃³²⁴⁻⁴⁴ sã³²⁴　　‖ "家"韵母有时鼻化

祝村 tɕyəʔ⁵⁻⁴ tsʰə³²⁴

周处 tɕiɯ³²⁴⁻³² tɕʰy⁵²

前湾 ziɛ⁴³³⁻⁴³ uã³²⁴

江下 kɔ̃³²⁴⁻⁴⁴ ia²²³

云溪 yən⁴³³⁻⁴³ tsʰɿ³²⁴

荷丰 o⁴³³⁻⁴³ fən³²⁴

华塘 o⁴³³⁻⁴⁴ dɔ̃⁴³³

新塘 sən³²⁴⁻⁴⁴ dɔ̃⁴³³

上黄 dʑiã²³¹⁻²² ɔ̃⁴³³　　中国传统村落，位于武义、松阳、遂昌三县交界

处，被誉为"江南布达拉宫"，建有国内首个中国科学院大气边界层顶生态环境观测站

竹客 tyəʔ$^{5-4}$ kʰaʔ^5

东西 tən$^{324-44}$ sɿ^{324}

六葱湖 ləʔ$^{23-2}$ tsʰəʔ$^{5-4}$ u^{433} ‖"葱"韵母促化

石门洲 ʑiəʔ$^{23-2}$ mən$^{433-43}$ tɕiɯ^{324}

乌漱 u$^{324-32}$ sɔ^{52}

保丰畈 pɔ$^{445-44}$ fən$^{324-32}$ fɑ̃^{52}

荷花 o$^{433-43}$ xo^{324}

金湖源 tɕin$^{324-44}$ u$^{433-22}$ n̠yə^{433}

太平直街 tʰa$^{52-44}$ bin$^{433-43}$ dʑiəʔ$^{23-43}$ ka^{324} ‖本词条至"城东路"为柳城畲族镇主要街道名

太平横街 tʰa$^{52-44}$ bin$^{433-43}$ uɛ$^{433-43}$ ka^{324}

县前横街 yə$^{231-22}$ ʑiɛ$^{433-43}$ uɛ$^{433-43}$ ka^{324}

县后横街 yə$^{231-22}$ əɯ$^{223-22}$ uɛ$^{433-43}$ ka^{324}

司前街 sɿ$^{324-44}$ ʑiə$^{433-43}$ ka^{324}

曹门街 zɔ$^{433-22}$ mən$^{433-43}$ ka^{324}

廿米街 n̠iə^{231} mi$^{223-0}$ ka^{324} 20米街

城东路 ʑin$^{433-43}$ tən$^{324-32}$ lu^{231}

南门 nə$^{433-22}$ mən^{433} 柳城的南门，为旧县宣平县城的"迎恩门"

太平门 tʰa$^{52-44}$ bin$^{433-22}$ mən^{433} 柳城的西门

北门头 pəʔ$^{5-4}$ mən$^{433-22}$ dəɯ^{433} 旧宣平县城北出口曾有"拱辰门"，该区域现称为"北门头"

通济桥 tʰən$^{324-44}$ tsɿ$^{52-55}$ dʑiɔ^{433} 位于柳城南门一里处，跨西溪。原名通德桥，由宋末郑松创建，明嘉靖年间架屋桥，改名为通济桥。后多次修建，现为公路桥

大桥头 do$^{231-22}$ dʑiɔ$^{433-22}$ dəɯ^{433} 对通济桥附近区域的泛称

宣平溪 ɕyə$^{324-44}$ bin$^{433-43}$ tsʰɿ^{324} 瓯江支流之一。发源于西联乡东坑，从柳城镇向南经大溪口乡、三港乡流入丽水市境内，至丽水

莲都区联城镇港口村与大溪汇合

西溪 sɿ$^{324-44}$ tsʰɿ^{324}　位于柳城畲族镇西面,宣平溪的主要支流。是自宣平溪源头至柳城镇祝村河流流域的统称,向东南注入宣平溪

东溪 tən$^{324-44}$ tsʰɿ^{324}　位于柳城畲族镇东面,宣平溪的主要支流。一源头自桃溪镇,一源头自坦洪乡,两源在桃溪镇西叶桥汇合,后经柳城镇黄家滩,南流与西溪汇合注入宣平溪

牛头山 ȵiɯ$^{433-44}$ dəɯ$^{433-43}$ sã^{324}　坐落于武义县西南的西联乡境内,距离柳城畲族镇 13 公里,是浙中第一高峰。牛头山森林公园是瓯江主要支流宣平溪源头,被誉为"江南九寨沟"

后龙山 əɯ$^{223-22}$ liõ$^{433-43}$ sã^{324}　位于柳城畲族镇太平北路尽头处,内有著名画家潘洁滋画馆

白马山 baʔ$^{23-2}$ mo$^{433-43}$ sã^{324}　位于柳城镇西 3 公里处

白水脚 baʔ$^{23-2}$ ɕy$^{445-44}$ tɕiə^{5}　位于柳城畲族镇西面 2 公里处,瀑布高约 60 米

三石潭 sã$^{324-44}$ ʑiəʔ$^{23-2}$ də^{433}　位于柳城镇金川村口

台山寺 tʰei$^{324-44}$ sã$^{433-32}$ zɿ^{231}　始建于北宋乾德年间(963)[①]。位于柳城畲族镇境内,距离镇中心 13 公里。寺院厢房后有一井,虽位于孤山绝顶,池水却常年满盈,水清甘美,可供数百人饮用,当地人称之为"仙井"

延福寺 iɛ$^{433-44}$ fəʔ^{5} zɿ$^{231-0}$　位于桃溪镇福平山,该寺是江南著名的元代木构建筑,全国重点文物保护单位。1934 年 11 月,林徽因、梁思成曾对延福寺进行 9 天的实地考察研究。现存山门、天王殿、大殿、观音堂及厢房等建筑。大殿建于元延祐四年(1317)。面阔三间,平面方形,单檐歇山顶,明代增建下檐,形成五开间重檐的外观。檐下斗栱为单抄双下昂六铺作。寺内

[①] 参看金华市人民政府网 http://www.jinhua.gov.cn/art/2012/12/6/art_1229159932_56073467.html。

尚存宋代铜钟与元、明碑刻①

巽峰塔 ʑyən²²³⁻²² fən³²⁴⁻⁴⁴ tʰɑʔ⁵　位于柳城畲族镇镇东南三里龙帽山上。单塔建设于清道光三十年(1850)，次年落成

莱峰塔 lei⁴³³⁻²² fən³²⁴⁻⁴⁴ tʰɑʔ⁵　又名宣平石塔，位于柳城镇城南一公里处，与同位于城区东南龙帽山上巽峰塔遥遥相望。始建于梁大同年间，2002 年重建，2003 年落成，塔高 26 米，七层六面②

十里荷花 zəʔ²³⁻² li²²³⁻²² o⁴³³⁻⁴³ xo³²⁴　位于柳城畲族镇新荷村，种植宣莲 5 000 余亩，有优质籽莲、观赏莲、睡莲等上百个荷花、莲花系列品种，形成"小小田园集天下名莲，株株名荷任游客尽赏"的美丽景观

叶法善冲真观 iəʔ²³⁻² fɑʔ⁵⁻⁴ ʑie²²³⁻²² tɕʰyən³²⁴⁻⁴⁴ tsən³²⁴⁻⁴⁴ kuã⁵²　位于柳城畲族镇全塘口村。公元 717 年，叶法善奏请朝廷告老还乡获唐玄宗恩请，回全塘口创立宣阳观。公元 1066 年，宋英宗赐名冲真观

三、时令时间

(一) 季节

季节 tsɿ⁵²⁻⁴⁴ tɕieʔ⁵

四季 sɿ⁵²⁻⁴⁴ tsɿ⁵²

春天 tɕʰyən³²⁴⁻³² tʰie³²⁴⁻⁵²

两头春 le²²³⁻²² dɯ⁴³³⁻⁴³ tɕʰyən³²⁴　农历年初一个立春、年尾一个立春

六月天 ləʔ²³⁻² ȵyəʔ²³⁻² tʰie³²⁴　夏天

　六月 ləʔ²³⁻⁴³ ȵyəʔ²³

　夏天 o²³¹ tʰie³²⁴

---

① 参看浙江省人民政府网 https://www.zj.gov.cn/art/2020/12/2/art_1229441734_114.html。

② 参看浙江省地名与行政区划网 http://www.tcmap.com.cn/zhejiangsheng/wuyi_liuchengzuzhen_xinhecun.html。

秋天 tɕʰiɯ³²⁴⁻³² tʰiɛ³²⁴⁻⁵²

冬天 tən³²⁴⁻³² tʰiɛ³²⁴⁻⁵²

冬间 tən³²⁴⁻³² kã³²⁴⁻⁵²　　冬天的时候

节气 tɕiəʔ⁵ tsʰɿ⁵²⁻⁰

立春 liəʔ²³⁻⁴³ tɕʰyən³²⁴

　　交春 kɔ³²⁴⁻⁴⁴ tɕʰyən³²⁴

雨水 y²²³⁻²² ɕy⁴⁴⁵

惊蛰 tɕin³²⁴⁻⁴⁴ dʑiəʔ²³

春分 tɕʰyən³²⁴⁻⁴⁴ fən³²⁴

清明 tɕʰin³²⁴⁻⁴⁴ min⁴³³

谷雨 kəʔ⁵⁻⁴ y²²³

立夏 liəʔ²³⁻⁴³ o²³¹

小满 ɕiɔ⁴⁴⁵⁻⁴⁴ mə²²³

芒种 mã⁴³³⁻⁴³ tɕiõ⁵²

夏至 o²³¹⁻²² tsɿ⁵²

小暑 ɕiɔ⁴⁴⁵⁻⁴⁴ ɕy⁴⁴⁵

大暑 da²³¹⁻²² ɕy⁴⁴⁵

立秋 liəʔ²³⁻⁴³ tɕʰiɯ³²⁴

处暑 tɕʰy⁵²⁻⁴⁴ ɕy⁴⁴⁵

白露 baʔ²³⁻⁴³ lu²³¹

秋分 tɕʰiɯ³²⁴⁻⁴⁴ fən³²⁴

寒露 uə⁴³³⁻⁴³ lu²³¹

霜降 ɕiõ³²⁴⁻³² kõ⁵²

立冬 liəʔ²³⁻⁴³ tən³²⁴

小雪 ɕiɔ⁴⁴⁵⁻⁴⁴ ɕiəʔ⁵

大雪 da²³¹⁻²² ɕiəʔ⁵

过冬 ko³²⁴⁻⁴⁴ tən³²⁴　　冬至

小寒 ɕiɔ⁴⁴⁵⁻⁴⁴ uə⁴³³

大寒 da²³¹⁻²² uə⁴³³

季度 tsɿ⁵²⁻⁴⁴ du²³¹

(二) 年

年 ȵiɛ⁴³³

年份 ȵiɛ⁴³³⁻⁴³ vən²³¹

今年 kəʔ⁵ ȵiɛ⁴³³⁻⁰ ‖ "今"韵母促化

明年 mã⁴³³⁻⁴³ ȵiɛ⁴³³⁻²³¹

后年 əɯ²²³⁻⁴³ ȵiɛ⁴³³⁻²³¹

大后年 do²³¹ əɯ²²³⁻⁴³ ȵiɛ⁴³³⁻²³¹

旧年 dziɯ²³¹⁻²² ȵiɛ⁴³³ 去年

前年 ʑiɛ⁴³³⁻⁴³ ȵiɛ⁴³³⁻²³¹

大前年 do²³¹ ʑiɛ⁴³³⁻⁴³ ȵiɛ⁴³³⁻²³¹

前两年 ʑ-ɕiɛ⁴³³⁻³² lɛ⁴⁴⁵⁻⁵⁵ ȵiɛ⁴³³⁻⁰ 往年

年初 ȵiɛ⁴³³⁻⁴³ tsʰu³²⁴

年中央 ȵiɛ⁴³³⁻⁴³ tən³²⁴⁻⁴⁴ iã³²⁴ 年中间

年底 ȵiɛ⁴³³⁻⁴⁴ ti⁴⁴⁵

上半年 dziã²³¹⁻²² pə⁵²⁻⁴⁴ ȵiɛ⁴³³

下半年 ia²²³⁻²² pə⁵²⁻⁴⁴ ȵiɛ⁴³³

半来年 pə⁵²⁻⁴⁴ lei⁴³³⁻²² ȵiɛ⁴³³ 半年左右

半年 pə⁵²⁻⁵⁵ ȵiɛ⁴³³⁻⁰

年把 ȵiɛ⁴³³⁻⁴³ pu⁴⁴⁵⁻⁰ 一年左右

年年 ȵiɛ⁴³³⁻⁴³ ȵiɛ⁴³³⁻²³¹

　　年加年 ȵiɛ⁴³³⁻⁴⁴ ko³²⁴⁻⁴⁴ ȵiɛ⁴³³

　　每年 mei²²³⁻⁴³ ȵiɛ⁴³³⁻²³¹

一年到头 iəʔ⁵⁻⁴ ȵiɛ⁴³³⁻³² təɯ⁵²⁻⁴⁴ dəɯ⁴³³ 一整年

刨=一年 bɔ²³¹ iəʔ⁵⁻⁴ ȵiɛ⁴³³

　　第一年 di²³¹⁻²² iəʔ⁵ ȵiɛ⁴³³⁻⁰

　　头一年 dəɯ⁴³³⁻⁴³ iəʔ⁵⁻⁴ ȵiɛ⁴³³⁻²³¹

刨=两年 bɔ²³¹ lɛ²²³⁻⁵⁵ ȵiɛ⁴³³⁻⁰ 最初几年

头两年 dəɯ⁴³³⁻⁴³ lɛ²²³⁻⁵⁵ ȵiɛ⁴³³⁻⁰ ① 最初几年。② 前几年

头两年 dəɯ⁴³³⁻⁴³ lɛ²²³⁻²² ȵiɛ⁴³³　最初的两年

好两年 xəɯ⁴⁴⁵⁻⁴⁴ lɛ²²³⁻⁴⁴ ȵiɛ⁴³³　好几年

全年 ʑyə⁴³³⁻²² ȵiɛ⁴³³　整年

　　通年 tʰən³²⁴⁻⁴⁴ ȵiɛ⁴³³⁻²³¹

大年 do²³¹⁻²² ȵiɛ⁴³³　丰收的年份

细年 ɕia⁵²⁻⁴⁴ ȵiɛ⁴³³　歉收的年份

当年 tɔ̃³²⁴⁻⁴⁴ ȵiɛ⁴³³⁻²³¹　在事情发生的同一年

(三) 月

月 ȵyəʔ²³

月日 ȵyəʔ²³⁻⁴³ nəʔ²³　月,月数：渠爱⁼个～做得好猛他这个月干得很好｜帮我做了三个～

一个月 iəʔ⁵⁻⁴ kəʔ⁵ ȵyəʔ²³

　　一个月日 iəʔ⁵⁻⁴ kəʔ⁵ ȵyəʔ²³⁻⁴³ nəʔ²³

月份 ȵyəʔ²³⁻⁴³ vən²³¹

上半月 dʑiɑ²³¹⁻²² pə⁵²⁻⁴⁴ ȵyəʔ²³

　　上旬 dʑiɑ²³¹⁻²² ɕyən⁵²　‖"旬"声母声调特殊

下半月 ia²²³⁻²² pə⁵²⁻⁴⁴ ȵyəʔ²³

　　下旬 ia²²³⁻²² ɕyən⁵²

中旬 tɕ-dʑyən³²⁴⁻²² ɕyən⁵²

月初 ȵyəʔ²³⁻⁴³ tsʰu³²⁴

月半 ȵyəʔ²³⁻² pə⁵²

月底 ȵyəʔ²³⁻² ti⁴⁴⁵

大月 do²³¹⁻⁴³ ȵyəʔ²³　大建,农历三十天的月份

细月 ɕia⁵²⁻⁴⁴ ȵyəʔ²³　小建,农历二十九天的月份

闰月 yən²³¹⁻⁴³ ȵyəʔ²³

爱⁼个月 ei⁻⁵⁵ kəʔ⁵⁻⁴ ȵyəʔ²³　这个月

　　爱⁼个月日 ei⁻⁵⁵ kəʔ⁵⁻⁴ ȵyəʔ²³⁻⁴³ nəʔ²³

刨⁼个月 bo²³¹ kəʔ⁵⁻⁴ ȵyəʔ²³　第一个月

　　刨⁼个月日 bo²³¹ kəʔ⁵⁻⁴ ȵyəʔ²³⁻⁴³ nəʔ²³

头个月 dəw⁴³³⁻⁴³ kəʔ⁵⁻⁴ n̩yəʔ²³　① 第一个月。② 上个月

　头个月日 dəw⁴³³⁻⁴³ kəʔ⁵⁻⁴ n̩yəʔ²³⁻⁴³ nəʔ²³

上个月 dʑiã²³¹⁻²² kəʔ⁵⁻⁴ n̩yəʔ²³

　上个月日 dʑiã²³¹⁻²² kəʔ⁵⁻⁴ n̩yəʔ²³⁻⁴³ nəʔ²³

　前个月 ʑiɛ⁴³³⁻⁴³ kəʔ⁵⁻⁴ n̩yəʔ²³

　前个月日 ʑiɛ⁴³³⁻⁴³ kəʔ⁵⁻⁴ n̩yəʔ²³⁻⁴³ nəʔ²³

下个月 ia²²³⁻²² kəʔ⁵⁻⁴ n̩yəʔ²³

　下个月日 ia²²³⁻²² kəʔ⁵⁻⁴ n̩yəʔ²³⁻⁴³ nəʔ²³

　再个月 tsei⁵²⁻⁵⁵ kəʔ⁵⁻⁴ n̩yəʔ²³

　再个月日 tsei⁵²⁻⁵⁵ kəʔ⁵⁻⁴ n̩yəʔ²³⁻⁴³ nəʔ²³

月月 n̩yəʔ²³⁻⁴³ n̩yəʔ²³

　每月 mei²²³⁻⁴³ n̩yəʔ²³

　每个月 mei²²³⁻²² kəʔ⁵⁻⁴ n̩yəʔ²³

　每个月日 mei²²³⁻²² kəʔ⁵⁻⁴ n̩yəʔ²³⁻⁴³ nəʔ²³

　个个月 ka⁵²⁻⁴⁴ ka⁵²⁻⁵⁵ n̩yəʔ²³

　个个月日 ka⁵²⁻⁴⁴ ka⁵²⁻⁵⁵ n̩yəʔ²³⁻⁴³ nəʔ²³

(四) 日

日 nəʔ²³

今日 kəʔ⁵ nəʔ²³⁻⁰　今天 ‖ "今"韵母促化

明日 mã⁴³³⁻⁴³ nəʔ²³　明天

后日 əw²²³⁻⁴³ nəʔ²³　后天

大后日 do²³¹ əw²²³⁻⁴³ nəʔ²³　大后天

昨暝 zəʔ²³⁻⁴³ mɛ²³¹ / zɛ⁻⁴³ mɛ²³¹　昨天 ‖ "昨"韵母有时舒化

前日 ʑiɛ⁴³³⁻⁴³ nəʔ²³　前天

大前日 do²³¹ ʑiɛ⁴³³⁻⁴³ nəʔ²³　大前天

当日 tɔ̃³²⁴⁻⁴⁴ nəʔ²³　就在本日，同一天

间一日 kã⁵²⁻⁵⁵ iəʔ⁵⁻⁴ nəʔ²³　隔一天

刨⁼两日 bɔ²³¹ lɛ²²³⁻⁵⁵ nəʔ²³⁻⁰　最初几天

头两日 dəw⁴³³⁻⁴³ lɛ²²³⁻⁵⁵ nəʔ²³⁻⁰　① 最初几天。② 前几天

头两日 dɯ⁴³³⁻⁴³ lɛ²²³⁻⁴³ nəʔ²³　最初的两天

前两日 ʑiɛ⁴³³⁻⁴³ lɛ²²³⁻⁵⁵ nəʔ²³⁻⁰　前几天

早两日 tsɔ⁴⁴⁵⁻⁴⁴ lɛ²²³⁻⁵⁵ nəʔ²³⁻⁰　早几天

整日 tɕin⁴⁴⁵⁻⁴⁴ nəʔ²³　整天

日日 nəʔ²³⁻⁴³ nəʔ²³　每天

　见日 tɕiɛ⁵²⁻⁴⁴ nəʔ²³

　每日 mei²²³⁻⁴³ nəʔ²³

半日 pə⁵²⁻⁵⁵ nəʔ²³⁻⁰

半大日 pə⁵²⁻⁵⁵ do²³¹⁻⁴³ nəʔ²³　大半天，即白天的大部分时间。强调时间很长

　大半日 do²³¹⁻²² pə⁵²⁻⁵⁵ nəʔ²³⁻⁰

上半日 dʑiã²³¹⁻²² pə⁵²⁻⁴⁴ nəʔ²³

下半日 ia²²³⁻²² pə⁵²⁻⁴⁴ nəʔ²³

十几日 zəʔ²³⁻² kei⁴⁴⁵⁻⁴⁴ nəʔ²³

　十把日 zəʔ²³ pu⁴⁴⁵⁻⁵⁵ nəʔ²³⁻⁰

　十来日 zəʔ²³ lei⁵²⁻⁵⁵ nəʔ²³⁻⁰

日把 nəʔ²³ pu⁴⁴⁵⁻⁰　一天左右

天亮跟 tʰiɛ³²⁴⁻⁴⁴ liã²³¹⁻²² kə³²⁴　拂晓

五更 n̩²²³⁻⁴³ kɛ³²⁴　早晨

五更早 n̩²²³⁻²² kɛ³²⁴⁻⁴⁴ tsɔ⁴⁴⁵　清早

天早 tʰiɛ³²⁴⁻⁴⁴ tsɔ⁴⁴⁵　一大早：渠～便来了

午前 n̩²²³⁻²² ʑiɛ⁴³³　上午

日午 nəʔ-nə²³⁻²² n̩²²³　中午‖"日"韵母舒化

　日午头 nəʔ-nə²³⁻²² n̩²²³⁻²² dɯ⁴³³

午晡 n̩²²³⁻²² bu²²³　下午

点心 tiɛ⁴⁴⁵⁻⁴⁴ sən³²⁴　吃过中饭至晚饭前的时间，一般是下午三四点钟，因这个时间段常吃小吃暂时充饥，故名

点心跟 tiɛ⁴⁴⁵⁻⁴⁴ sən³²⁴⁻⁴⁴ kə³²⁴⁻⁴⁴⁵

　点心边 tiɛ⁴⁴⁵⁻⁴⁴ sən³²⁴⁻⁴⁴ piɛ³²⁴

乌日跟 u³²⁴⁻⁴⁴ nəʔ-n̠i²³⁻⁴⁴ kə³²⁴⁻⁴⁴⁵ / u³²⁴⁻⁴⁴ nəʔ-n̠in²³⁻⁴⁴ kə³²⁴⁻⁴⁴⁵　黄昏‖
"日"韵母舒化，受后一音节[kə⁴⁴⁵]声母影响，有时还会鼻化

乌日晓 u³²⁴⁻⁴⁴ nəʔ-n̠i²³⁻⁴⁴ ɕiɔ⁴⁴⁵

乌日 u³²⁴⁻³² nəʔ-n̠i²³⁻⁵²　晚上

日间 nəʔ²³ kã³²⁴⁻⁰　白天

暝间 mɛ²³¹ kã³²⁴⁻⁰　夜晚

半暝 pə⁵²⁻⁵⁵ mɛ²³¹⁻⁰　半夜

上半暝 dʑiã²³¹⁻²² pə⁵²⁻⁴⁴ mɛ²³¹　上半夜

下半暝 ia²²³⁻²² pə⁵²⁻⁴⁴ mɛ²³¹　下半夜

整暝 tɕin⁴⁴⁵⁻⁴⁴ mɛ²³¹　整夜

全暝 ʑyə⁴³³⁻⁴³ mɛ²³¹

日暝 nəʔ²³⁻⁴³ mɛ²³¹　日夜

暝暝 mɛ²³¹⁻⁴³ mɛ²³¹　夜夜

半暝三更 pə⁵²⁻⁴⁴ mɛ²³¹⁻²² sã³²⁴⁻⁴⁴ kɛ³²⁴　半夜三更

三日两暝 sã³²⁴⁻⁴⁴ nəʔ²³⁻² lɛ²²³⁻⁴³ mɛ²³¹　三日两夜

日子 nɔʔ²³⁻² tsɿ⁴⁴⁵　①固定的某一天口期：拣个好～结婚。②天数：做了好点～。③生活，生计：～弗好过

星期 ɕin³²⁴⁻⁴⁴ dzɿ⁴³³　①指连续七天排列的周而复始的作息日期：～五。②周末

星期一 ɕin³²⁴⁻⁴⁴ dz-tsɿ⁴³³⁻⁴⁴ iəʔ⁵

星期二 ɕin³²⁴⁻⁴⁴ dzɿ⁴³³⁻⁴³ n̠i²³¹

星期日 ɕin³²⁴⁻⁴⁴ dzɿ⁴³³⁻⁴³ nəʔ²³　星期天

一个星期 iəʔ⁵⁻⁴ kəʔ⁵ ɕin³²⁴⁻⁴⁴ dzɿ⁴³³

个个星期 ka⁵²⁻⁴⁴ ka⁵²⁻⁵⁵ ɕin³²⁴⁻⁴⁴ dzɿ⁴³³　每个星期

下个星期 ia²²³⁻²² kəʔ⁵⁻⁴ ɕin³²⁴⁻⁴⁴ dzɿ⁴³³　下个星期

初一 tsʰu³²⁴⁻⁴⁴ iəʔ⁵

初二 tsʰu³²⁴⁻³² n̠i²³¹

初十 tsʰu³²⁴⁻⁴⁴ zəʔ²³

十五 zəʔ²³⁻² n̩²²³

(五) 其他时间概念

时间 z$_1^{433-43}$ kã^{324}　～到了

时节 z-s$_1^{433-55}$ tɕiəʔ$^{5-0}$　时候：吃饭个～弗讲话

　　时节儿 z-s$_1^{433-55}$ tɕiã$^{-0}$

　　时候 z$_1^{433-43}$ əɯ^{231}

细时节 ɕia$^{52-55}$ z-s$_1^{433-55}$ tɕiəʔ$^{5-0}$　小时候

工夫 kən$^{324-44}$ fu^{324}　① 时间：没～做。② 一天的工作时间：帮我
　　做了三个～

钟头 tɕiɔ̃$^{324-44}$ dəɯ^{433}　小时：等了一个～

两三个钟头 lɛ$^{223-22}$ sã$^{324-44}$ ka$^{52-55}$ tɕiɔ̃$^{324-44}$ dəɯ^{433}　两三个小时

一刻钟 iəʔ$^{5-4}$ kʰəʔ^{5} tɕiɔ̃^{324}

分钟 fən$^{324-44}$ tɕiɔ̃^{324}

秒钟 miɔ$^{223-43}$ tɕiɔ̃^{324}

先时节 ɕiɛ$^{324-32}$ z-s$_1^{433-55}$ tɕiəʔ$^{5-0}$　从前

以前 i$^{223-22}$ ziɛ^{433}　① 以前：～我没做过。② 前：十年～，我去过
　　之前 ts$_1^{324-44}$ ziɛ^{433}

先遍 ɕiɛ$^{324-32}$ piɛ^{52}　前次：～渠堉做好事我没去过,爱遍⁼我也
　　弗去

央⁼时节 iã$^{324-32}$ z-s$_1^{433-55}$ tɕiəʔ$^{5-0}$　现在

　　央⁼时节儿 iã$^{324-32}$ z-s$_1^{433-55}$ tɕiã$^{-0}$

　　央⁼节儿 iã$^{324-32}$ tɕiã$^{-0}$

　　爱⁼记 ei^{-55} ts$_1^{52-0}$

　　现在 iɛ$^{231-22}$ zei^{223}

勤⁼丈⁼ dʑin$^{433-43}$ dʑiã^{231}　过会儿

每丈⁼ mei$^{433-43}$ dʑiã^{231}　之前,以往：渠～老老来个,今日没来歆

头先 dəɯ$^{433-43}$ ɕiɛ^{324}　先前

　　先 ɕiɛ^{324}

头记 dəɯ$^{433-43}$ ts$_1^{52}$　① 第一回。② 先前

后头 əɯ$^{223-43}$ dəɯ$^{433-231}$　后来

过后 ko$^{52-44}$ əɯ^{223}　①后来：～我晓得了。②往后，以后：～再讲

再两日 tsei$^{52-55}$ lɛ$^{223-55}$ nəʔ$^{23-0}$　往后，以后

　　再日 tsei$^{52-55}$ nəʔ$^{23-0}$

以后 i$^{223-22}$ əɯ^{223}　①以后：～我没听着过。②后：十年～

　　之后 tsɿ$^{324-44}$ əɯ^{223}

前 ʑiɛ^{433}　十年～

后 əɯ^{223}　十年～

过记 ko$^{52-55}$ tsɿ$^{52-0}$　过会儿

一生世 iəʔ$^{5-4}$ sɛ$^{324-55}$ sɿ$^{52-0}$　一辈子

头生世 dəɯ$^{433-43}$ sɛ$^{324-55}$ sɿ$^{52-0}$　上辈子

下生世 ia$^{223-22}$ sɛ$^{324-55}$ sɿ$^{52-0}$

黄历 ɔ̃$^{433-44}$ liəʔ^{23}　历书

日历 nəʔ$^{23-43}$ liəʔ^{23}

挂历 go$^{231-43}$ liəʔ^{23}

农历 nən$^{433-43}$ liəʔ^{23}

　　阴历 in$^{324-44}$ liəʔ^{23}

阳历 iã$^{433-44}$ liəʔ^{23}

时辰 zɿ$^{433-22}$ zən^{433}

天干 tʰiɛ$^{324-44}$ kuə^{324}

甲 kɑʔ^5

乙 iəʔ^5

丙 pin^{445}

丁 tin^{324}

戊 mɔ^{231}

己 tsɿ^{445}

庚 kɛ^{324}

辛 sən^{324}

壬 n̠in^{231}

癸 kuei^{445}

地支 di²³¹⁻⁴³ tsʅ³²⁴

子 tsʅ⁴⁴⁵

丑 tɕʰiɯ⁴⁴⁵

寅 in⁴³³

卯 mɔ²²³

辰 zən⁴³³

巳 zʅ²²³

午 n̩²²³

未 mi²³¹

申 sən³²⁴

酉 iɯ²²³

戌 ɕyəʔ⁵

亥 ei²²³

四、生产活动

(一) 农事

农业 nən⁴³³⁻⁴³ ȵiəʔ²³

野做 ia²²³⁻²² tso⁵²　胡做,乱做

　乱做 lə²³¹⁻²² tso⁵²

　乱做三⁼添⁼ lə²³¹⁻²² tso⁵²⁻⁵⁵ sã³²⁴⁻⁴⁴ tʰiɛ³²⁴

　野做三⁼添⁼ ia²²³⁻²² tso⁵²⁻⁵⁵ sã³²⁴⁻⁴⁴ tʰiɛ³²⁴

　野乱做 ia²²³⁻²² lə²³¹⁻²² tso⁵²

　胡乱做 u⁴³³⁻⁴⁴ lə²³¹⁻²² tso⁵²

勤耕勤做 dʑ-tɕin⁴³³⁻⁴⁴ kɛ³²⁴⁻⁴⁴ dʑin⁴³³⁻⁴³ tso⁵²　勤劳苦干

半死懒做 pə⁵²⁻⁴⁴ sʅ⁴⁴⁵⁻⁴⁴ lã²²³⁻²² tso⁵²　磨洋工,做事懒散拖延

年成 ȵiɛ⁴³³⁻²² ʑin⁴³³

收成 ɕiɯ³²⁴⁻⁴⁴ ʑin⁴³³

出数 tɕʰyəʔ⁵ su⁵²⁻⁰　经济主要来源、支撑：全家人便靠爱⁼个超市～个

种田地 tɕiɔ⁵²⁻⁴⁴ diɛ⁴³³⁻⁴³ di²³¹　干农活儿

到田畈去 tɑɯ⁵²⁻⁴⁴ diɛ⁴³³⁻⁴³ fã⁵²⁻⁵⁵ kʰɯ-xə⁵²⁻⁰　下地（干活儿）

早工 tsɔ⁴⁴⁵⁻⁴⁴ kən³²⁴　早饭前干的活儿

开早工 kei³²⁴⁻⁴⁴ tsɔ⁴⁴⁵⁻⁴⁴ kən³²⁴　早饭前去干活儿

暝工 mɛ⁴³³⁻⁴³ kən³²⁴　夜间的活儿

开暝工 kei³²⁴⁻⁴⁴ mɛ⁴³³⁻⁴³ kən³²⁴　开夜工

工分 kən³²⁴⁻⁴⁴ fən³²⁴　农业生产合作社、人民公社计算社员工作量和劳动报酬的单位

开荒 kʰei³²⁴⁻⁴⁴ xɔ̃³²⁴　垦拓荒山、荒地

开山 kʰei³²⁴⁻⁴⁴ sã³²⁴　① 开垦荒山。② 确定墓位后，破土做坟时孝子用锄头刨土的仪式

开田 kʰei³²⁴⁻⁴⁴ diɛ⁴³³　垦荒为田

派水 pʰa⁵²⁻⁴⁴ ɕy⁴⁴⁵　引水灌溉

望水 mɔ̃²³¹⁻²² ɕy⁴⁴⁵　到田间查看水情

望田水 mɔ̃²³¹⁻²² d-tiɛ⁴³³⁻⁴⁴ ɕy⁴⁴⁵

擐水 guã²²³⁻²² ɕy⁴⁴⁵　提水

戽水 fu⁵²⁻⁴⁴ ɕy⁴⁴⁵　用桶、盆等工具或直接用双手从低处向高处扬水

车水 tɕʰia³²⁴⁻⁴⁴ ɕy⁴⁴⁵　用水车引水灌溉

浇水 tɕiɔ³²⁴⁻⁴⁴ ɕy⁴⁴⁵　用水浇灌

洇水 in⁵²⁻⁴⁴ ɕy⁴⁴⁵　① 用水浇灌。② 水四处散开或渗透：爱⁼个纸会～个

穿牛鼻头 tɕʰyən³²⁴⁻⁴⁴ ȵiɯ⁴³³⁻⁴⁴ bəʔ²³⁻² dəɯ⁴³³　① 牛长到两岁左右，不再放纵自由，要将牛鼻孔穿上绳，对其进行约束，从此学习耕田，开始劳作。② 指儿童初入学堂，发蒙

教牛 kɔ⁵²⁻⁴⁴ ȵiɯ⁴³³　① 驯牛耕田。② 比喻对初入学的孩子进行教学

耕田 kɛ³²⁴⁻⁴⁴ diɛ⁴³³　用犁翻松田土

耙田 bo²³¹⁻²² diɛ⁴³³　用耙将已犁水田中的泥块弄碎

汗=田 uə²³¹ die⁴³³　耕田、耙田之后再一次耕田

耖田 tsʰɔ⁵²⁻⁴⁴ die⁴³³　用耖将已犁、耙水田中的土弄得更细

耥田 tʰɔ⁴⁴⁵⁻⁴⁴ die⁴³³　用农具田耥将已犁、耙、耖水田的土抹平整

做田塍 tso⁵²⁻⁴⁴ die⁴³³⁻²² ʑin⁴³³　新田做田埂

掊田塍 bu²²³⁻²² die⁴³³⁻²² ʑin⁴³³　给田埂加土增厚

挈干堰 tɕʰiaʔ⁵⁻⁴ kuə³²⁴⁻⁴⁴ ie⁵²　挖田里用来排灌水的沟儿

种稻 tɕiɔ̃⁵²⁻⁴⁴ dɔ²²³　种植稻子

浸种 tsən⁵²⁻⁴⁴ tɕiɔ̃⁴⁴⁵　把水稻的种子放清水浸泡 24 个小时左右，摊晒略干后再置药水里浸泡 24 个小时左右，使其发芽

催芽 tsʰei³²⁴⁻⁴⁴ ŋo⁴³³　稻种孵芽

　伏芽 bu²³¹⁻²² ŋo⁴³³

下 xo⁴⁴⁵　下种：～秧‖"下"声母声调特殊

下秧 xo⁴⁴⁵⁻⁴⁴ iɑ̃³²⁴　将已经孵化好的谷种撒入秧田

制秧 tsɿ⁵²⁻⁴⁴ iɑ̃³²⁴　分株移栽秧苗

　移秧 i⁴³³⁻⁴³ iɑ̃³²⁴

掰秧 mɛ⁵²⁻⁴⁴ iɑ̃³²⁴　拔秧苗

种田绳 tɕiɔ̃⁵²⁻⁴⁴ die⁴³³⁻²² dʑin⁴³³　人工插秧的辅助用绳，用以起到规范秧行的作用

种田 tɕiɔ̃⁵²⁻⁴⁴ die⁴³³　① 插秧。② 务农，耕种田地：一生世～

开秧门 kʰei³²⁴⁻⁴⁴ iɑ̃³²⁴⁻⁴⁴ mən⁴³³　第一天插秧

关秧门 kən³²⁴⁻⁴⁴ iɑ̃³²⁴⁻⁴⁴ mən⁴³³　最后一天插秧

补墩 pu⁴⁴⁵⁻⁴⁴ tən³²⁴　在漏种的位置或庄稼苗枯死的位置补插、补种庄稼苗

掰稗 mɛ⁵²⁻⁴⁴ bu²³¹　拔稗子

夫=田 fu³²⁴⁻⁴⁴ die⁴³³　耘田，在水稻分蘖期间，用田耙等农具给水稻除草

赶露水 kuə⁴⁴⁵⁻⁴⁴ lu²³¹⁻²² ɕy⁴⁴⁵　稻子尚未孕穗之前，敲落稻株上的露水

赶花粉 kuə⁴⁴⁵⁻⁴⁴ xo³²⁴⁻⁴⁴ fən⁴⁴⁵　给杂交水稻制种的稻种实施人工

授粉

制种 tsๅ⁵²⁻⁴⁴ tɕiɔ̃⁴⁴⁵　生产已经培育成功的作物品种，多指种植杂交水稻的种稻

稻草人 dɔ²²³⁻²² tsʰɔ⁴⁴⁵⁻⁴⁴ nin⁴³³

农忙 nən⁴³³⁻²² mɔ̃⁴³³

双抢 sən³²⁴⁻⁴⁴ tɕʰiã⁴⁴⁵

割稻 kuəʔ⁵⁻⁴ dɔ²²³

打稻 nɛ⁴⁴⁵⁻⁴⁴ dɔ²²³

撮稻头 tsʰəʔ⁵⁻⁴ dɔ²²³⁻²² dəɯ⁴³³　捡稻穗

敲稻头 kʰɔ³²⁴⁻⁴⁴ dɔ²²³⁻²² dəɯ⁴³³　捶打尚未完全脱粒的谷穗使其脱粒

扡稻衣 da²²³⁻²² dɔ²²³⁻²² i³²⁴⁻⁴⁴⁵　用钯梳除混杂在稻谷中的碎稻叶、碎稻秆等

筛谷 sๅ³²⁴⁻⁴⁴ kəʔ⁵　用筛子使谷与谷穗、残叶等分开

晒谷坛 sa⁵²⁻⁴⁴ kəʔ⁵⁻⁴ dã⁴³³　晒谷场

　　地簟坛 di²³¹⁻²² diɛ²²³⁻²² dã⁴³³

晒谷 sa⁵²⁻⁴⁴ kəʔ⁵

拢谷 lɔ̃²²³⁻²² kəʔ⁵　晒稻谷时，用木钯反复推拉翻动稻谷

扫谷 sɔ⁴⁴⁵⁻⁴⁴ kəʔ⁵　收稻谷时，用扫帚将稻谷扫成一堆

团簟 də⁴³³⁻²² diɛ²²³　抓住簟子的角，将晒在簟子上的稻谷往簟子中心聚拢

风谷 fən³²⁴⁻⁴⁴ kəʔ⁵　用扇车将稻谷中的稻粒与秕谷、杂草等分离出来

　　扇谷 ɕiɛ⁵²⁻⁴⁴ kəʔ⁵

上仓 dziã²²³⁻⁴³ tsʰɔ̃³²⁴　粮食作物入仓

碓米 tei⁵²⁻⁴⁴ mi²²³　①用臼子舂米。②打瞌睡

碾米 tɕiɛ⁴⁴⁵⁻⁴⁴ mi²²³　利用机械力去除谷壳

筛米 sๅ³²⁴⁻⁴⁴ mi²²³　用米筛使米与谷分开

扇米 ɕiɛ⁵²⁻⁴⁴ mi²²³　用扇车将米与谷、糠等分离出来

筛糠 sๅ³²⁴⁻⁴⁴ kʰɔ̃³²⁴　用筛子使米与糠分开

糠爿 kʰɔ³²⁴⁻⁴⁴ bã⁴³³　尚未碾碎的糠

米主⁼ mi²²³⁻²² tɕy⁴⁴⁵　碾碎的米

做种 tso⁵²⁻⁴⁴ tɕiɔ̃⁴⁴⁵　留着作种子

谷种 kəʔ⁵⁻⁴ tɕiɔ̃⁴⁴⁵　水稻的种子

稻衣 dɔ²²³⁻²² i³²⁴⁻⁴⁴⁵　稻谷脱粒后混杂在稻谷中的碎稻叶、碎稻秆等

　　稻秆衣 dɔ²²³⁻²² kuə⁴⁴⁵⁻⁴⁴ i³²⁴⁻⁴⁴⁵

稻秆 dɔ²²³⁻²² kuə⁴⁴⁵　稻草

揪稻秆 tɕiɯ³²⁴⁻⁴⁴ dɔ²²³⁻²² kuə⁴⁴⁵　扎稻草束

稻秆蓬 dɔ²²³⁻²² kuə⁴⁴⁵⁻⁴⁴ bən⁴³³　稻草垛

蓬稻秆 b-pən⁴³³⁻⁴⁴ dɔ²²³⁻²² kuə⁴⁴⁵　堆稻草垛

放莲子 fɔ⁵²⁻⁴⁴ liɛ⁴³³⁻⁴⁴ tsʅ⁴⁴⁵　种植莲子

摘莲子 taʔ⁵⁻⁴ liɛ⁴³³⁻⁴⁴ tsʅ⁴⁴⁵　摘莲蓬

做莲子 tso⁵²⁻⁴⁴ liɛ⁴³³⁻⁴⁴ tsʅ⁴⁴⁵　莲子剥制加工，包括从莲蓬里取出莲子，将莲子去壳，剥离外层膜，除去莲子心，烘干等过程

挖莲子 uɑʔ⁵⁻⁴ liɛ⁴³³⁻⁴⁴ tsʅ⁴⁴⁵　从莲蓬里取出莲子

　　挖莲籽粒 uɑʔ⁵ liɛ⁴³³⁻⁴⁴ tsʅ⁴⁴⁵⁻⁴⁴ ləʔ²³

莲子剥壳 liɛ⁴³³⁻⁴⁴ tsʅ⁴⁴⁵⁻⁴⁴ pəʔ⁵⁻⁴ kʰəʔ⁵　莲子去壳

莲子剥衣 liɛ⁴³³⁻⁴⁴ tsʅ⁴⁴⁵⁻⁴⁴ pəʔ⁵⁻⁴ i³²⁴　剥离莲子的外层薄膜

莲子通心 liɛ⁴³³⁻⁴⁴ tsʅ⁴⁴⁵⁻⁴⁴ tʰən³²⁴⁻⁴⁴ sən³²⁴⁻⁴⁴　除去莲子心

焙莲子 bei²³¹⁻²² liɛ⁴³³⁻⁴⁴ tsʅ⁴⁴⁵　烘莲子

掘地 dʑyəʔ²³⁻⁴³ di²³¹　挖地

开坑 kʰei³²⁴⁻⁴⁴ kʰən³²⁴　挖下种的坑儿

埋坑 mə⁴³³⁻⁴³ kʰən³²⁴　农作物种子下种后，将种植坑儿覆盖上土壤

白坑 baʔ²³⁻² kʰən³²⁴　不放肥料的农作物种植坑儿

种麦 tɕiɔ̃⁵²⁻⁴⁴ maʔ²³　播麦子的种子

铲麦 tsʰã⁴⁴⁵⁻⁴⁴ maʔ²³　给麦子松土、除草

割麦 kuəʔ⁵⁻⁴ maʔ²³　收割麦子

种豆 tɕiɔ̃⁵²⁻⁴⁴ dəɯ²³¹　播豆的种子

扦豇豆扦 tɕʰiɛ⁵² kɔ³²⁴⁻⁴⁴ dəɯ²³¹⁻²² tɕʰiɛ⁵²　插供豇豆藤蔓攀援的竹枝

条等

挴豆 mɛ⁵²⁻⁴⁴ dəɯ²³¹　拔豆

打豆 nɛ⁴⁴⁵⁻⁴⁴ dəɯ²³¹　把收割回来的豆子晒干,用连枷等农具甩打或采用在大木桶沿甩拼等方式,使带其的黄豆去壳脱粒

剥豆 pəʔ⁵⁻⁴ dəɯ²³¹

种包萝 tɕiɔ̃⁵²⁻⁴⁴ pɔ³²⁴⁻⁴⁴ lo⁴³³　播玉米的种子

掰包萝 pʰaʔ⁵⁻⁴ pɔ³²⁴⁻⁴⁴ lo⁴³³　掰玉米

捋包萝 ləʔ²³⁻² pɔ³²⁴⁻⁴⁴ lo⁴³³　捋取玉米粒

下油菜秧 xo⁴⁴⁵⁻⁴⁴ iɯ⁴³³⁻⁴⁴ tsʰei⁵²⁻⁴⁴ iã³²⁴　播油菜的种子

栽油菜 tsei³²⁴⁻³² iɯ⁴³³⁻⁴³ tsʰei⁵²　栽油菜苗

割油菜 kuəʔ⁵⁻⁴ iɯ⁴³³⁻⁴³ tsʰei⁵²　收割油菜

踩油菜 n̠ya⁴³³⁻⁴³ iɯ⁴³³⁻⁴³ tsʰei⁵²　把收割回来的油菜晒干,用连枷等农具甩打或采用踩踏搓揉等方式,使其去壳脱粒

下菜秧 xo⁴⁴⁵⁻⁴⁴ tsʰei⁵²⁻⁴⁴ iã³²⁴　播菜的种子

菜种 tsʰei⁵²⁻⁴⁴ tɕiɔ̃⁴⁴⁵　菜的种子

　菜籽 tsʰei⁵²⁻⁴⁴ tsɿ⁴⁴⁵

菜秧 tsʰei⁵²⁻⁴⁴ iã³²⁴　菜苗

种菜 tɕiɔ̃⁵²⁻⁴⁴ tsʰei⁵²

栽菜 tsei³²⁴⁻³² tsʰei⁵²　栽菜苗

松菜 sən³²⁴⁻³² tsʰei⁵²　间菜苗。按一定的株距留下粗壮的菜苗,把多余的菜苗拔掉

摘菜 iəʔ⁵⁻⁴ tsʰei⁵²　（到菜园）采摘蔬菜

挴菜 mɛ⁵²⁻⁴⁴ tsʰei⁵²　拔菜

剔菜脚 pʰi³²⁴⁻⁴⁴ tsʰei⁵²⁻⁴⁴ tɕiəʔ⁵　剥离青菜根部的菜叶

夹笆篱 kɑʔ⁵⁻⁴ pu³²⁴⁻⁴⁴ li⁴³³　编篱笆墙

插番薯 tsʰɑʔ⁵⁻⁴ fã³²⁴⁻⁴⁴ zɿ⁴³³　栽番薯苗

铲番薯 tsʰã⁴⁴⁵⁻⁴⁴ fã³²⁴⁻⁴⁴ zɿ⁴³³　给番薯松土、除草

反番薯 pã³²⁴⁻⁴⁴ fã³²⁴⁻⁴⁴ zɿ⁴³³　翻番薯藤蔓。当番薯生长到一定程度后,将藤蔓轻轻提起翻向一边

掘番薯 dʑyəʔ²³⁻² fã³²⁴⁻⁴⁴ zɿ⁴³³　挖番薯

种洋芋 tɕiɔ̃⁴⁴⁵⁻⁴⁴ iã⁴³³⁻⁴³ y²³¹　洋芋种下种

培芋 bu²²³⁻²² y²³¹　给毛芋地里的毛芋培土

掘芋 dʑyəʔ²³⁻² y²³¹　挖毛芋

踏油麻 dɑʔ²³⁻² iɯ⁴³³⁻²² mo⁴³³　芝麻播种之后，用脚将地面踩实，不再覆土

搒油麻 bɛ⁴³³⁻⁴³ iɯ⁴³³⁻²² mo⁴³³　甩打芝麻束，使芝麻脱粒

踏络麻 dɑʔ²³⁻² ləʔ²³⁻² mo⁴³³　以前栽种黄麻，将种苗栽进泥土里，然后在表土上用脚稍以踩踏，故名

放麻 fɔ⁵²⁻⁴⁴ mo⁴³³　以种根种植苎麻

做麻 tso⁵²⁻⁴⁴ mo⁴³³　苎麻剥制加工，即从苎麻茎秆上剥取苎麻皮，以及分离苎麻纤维的过程

脈麻 pʰaʔ⁵⁻⁴ mo⁴³³　从苎麻茎秆上剥取苎麻皮

浸麻 tsən⁵²⁻⁴⁴ mo⁴³³　将剥取下来的苎麻皮及时浸水，饱含水分后的麻壳和苎麻纤维易于分离

刮麻 kuɑʔ⁵⁻⁴ mo⁴³³　用麻刀以抽拉的方式刮去苎麻外层皮，留下苎麻纤维

晒麻 sa⁵²⁻⁴⁴ mo⁴³³　晒已经剥制完工的苎麻纤维

摘茶籽 taʔ⁵⁻⁴ dz-tso⁴³³⁻⁴⁴ tsɿ⁴⁴⁵　摘油茶

撮茶籽残 tsʰəʔ⁵⁻⁴ dz-tso⁴³³⁻⁴⁴ tsɿ⁴⁴⁵⁻⁴⁴ zã⁴³³　采摘收获时被遗漏的油茶果实

撮残 tsʰəʔ⁵⁻⁴ zã⁴³³　捡收获时落下的粮食或他人挑拣后的剩余

拣茶籽 kã⁴⁴⁵⁻⁴⁴ dz-tso⁴³³⁻⁴⁴ tsɿ⁴⁴⁵　将开裂油茶果的籽实和外壳分开

摘棉花 taʔ⁵⁻⁴ miɛ⁴³³⁻⁴³ xo³²⁴

种树 tɕiɔ̃⁵²⁻⁴⁴ ʑy²³¹

　栽树 tsei³²⁴⁻³² ʑy²³¹

斫树 yəʔ⁵⁻⁴ ʑy²³¹　砍树

背树 pei⁵²⁻⁴⁴ ʑy²³¹　扛树

斫柴 yəʔ⁵⁻⁴ za⁴³³　砍柴

破柴 $p^ha^{52-44}za^{433}$　劈柴

脱树桠 $t^hə\text{ʔ}^{5-4}\text{ʑ}y^{231-43}o^{324}$　砍除活树上的树枝

劈树桠 $p^hiə\text{ʔ}^{5-4}\text{ʑ}y^{231-43}o^{324}$　劈除已砍伐树上的树枝

扡松毛衣 $da^{223-22}zə\text{ʔ}^{23-2}mɔ^{433-44}i^{324}$　用笆子聚拢收集松针，用来当柴火‖"松"韵母促化

担担 $tã^{324-32}tã^{52}$　挑担

调肩 $diɔ^{231-22}tɕiɛ^{324}$　换肩

调担 $diɔ^{231-22}tã^{52}$　换着挑

磨刀 $mo^{433-43}təɯ^{324}$

铲草 $ts^hã^{445-44}ts^hɔ^{445}$　用锄头等农具除草

割草 $kuə\text{ʔ}^{5-4}ts^hɔ^{445}$

挴草 $mɛ^{433-44}ts^hɔ^{445}$　拔草

割蒿 $kuə\text{ʔ}^{5-4}xəɯ^{324}$　割各种草以及小灌木的嫩枝，踩在水田里作为绿肥。蒿是其中的一种，故名

毒草 $du^{231-22}ts^hɔ^{445}$　用除草剂除草

毒虫 $du^{231-22}dʑyən^{433}$　用农药杀虫

农药 $nən^{433-43}iə\text{ʔ}^{23}$

呋喃丹 $fu^{324-44}nə^{433-43}tã^{324}$　一种具有高毒性的杀虫、杀螨、杀线虫剂

敌敌畏 $diə\text{ʔ}^{23-2}diə\text{ʔ}^{23-2}uei^{52}$　一种常用的环境卫生杀虫剂

乐果 $lə\text{ʔ}^{23-2}ko^{445}$　一种主要用来防治蚜虫和螨类的杀虫剂

甲胺磷 $kɑ\text{ʔ}^{5-4}uə^{324-44}lin^{433}$　一种杀虫、杀螨剂

肥料 $vi^{433-43}liɔ^{231}$

用料 $iɔ̃^{231-43}liɔ^{231}$　施肥

茶枯 $dzo^{433-43}k^hu^{324}$　野山茶油果实榨油后剩下茶籽饼。可以用来毒杀野杂鱼、泥鳅等。以前也常用来洗衣服、洗头

菜枯 $ts^hei^{52-44}k^hu^{324}$　油菜籽榨油后剩下的压成饼状的渣滓。是一种高效有机肥，广泛应用在农作物及果树栽种中，效果极佳

焐灰 $u^{52-44}xuei^{324}$　暗火烧制泥灰

烧灰 $ɕiɔ^{324-44}xuei^{324}$

泥灰 ŋi⁴³³⁻⁴³ xuei³²⁴　将杂草、树叶等和泥混杂一起以暗火燃烧而成的灰,是常用的肥料

炉灰 lu⁴³³⁻⁴³ xuei³²⁴　柴火在炉灶内燃烧后的灰烬

灰团 xuei³²⁴⁻⁴⁴ dən⁴³³　和屎尿等搅拌后做成团状的泥灰,便于给农作物下肥

撮灰 tshəʔ⁵⁻⁴ xuei³²⁴　用手抓一小撮灰肥,放在给农作物根部的一种下肥方式

插灰 tshɑʔ⁵⁻⁴ xuei³²⁴　用手抓一小团灰肥,放在给农作物根部的一种下肥方式

撒灰 sɑʔ⁵⁻⁴ xuei³²⁴　给农作物撒灰肥

稻草灰 dɔ²²³⁻²² tshɔ⁴⁴⁵⁻⁴⁴ xuei³²⁴　稻草烧成的灰。用稻草灰制作的碱水浸米,所包的粽子具有黏弹性,口感好

担尿桶 tã³²⁴⁻⁴⁴ sɿ³²⁴⁻⁴⁴ dən²²³　挑便桶

浇尿桶 tɕiɔ³²⁴⁻⁴⁴ sɿ³²⁴⁻⁴⁴ dən²²³　浇粪

粪 pə⁵²　人粪尿、厩肥等农家肥

牛栏粪 ȵiɯ⁴³³⁻²² lã⁴³³⁻⁴³ pə⁵²　牛圈里牛粪、草等沤成的肥料,是本地农家肥之一

　牛粪 ȵiɯ⁴³³⁻⁴³ pə⁵²

猪栏粪 ti³²⁴⁻⁴⁴ lã⁴³³⁻⁴³ pə⁵²　猪圈里猪粪、草等沤成的肥料,是本地主要的农家肥

　猪粪 ti³²⁴⁻³² pə⁵²

浓粪 ȵiɔ̃⁴³³⁻⁴³ pə⁵²　粪尿混合的农家肥

清尿 tɕhin³²⁴⁻⁴⁴ sɿ³²⁴　单一的尿液肥

抓粪 tsa³²⁴⁻³² pə⁵²　用铁耙耙猪、牛等牲畜的厩肥

出粪 tɕhyəʔ⁵⁻⁴ pə⁵²　清除猪、牛等牲畜的厩肥

摊粪 thã³²⁴⁻³² pə⁵²　将猪、牛等牲畜的厩肥摊放在田地里

撮牛浼 tshəʔ⁵⁻⁴ ȵiɯ⁴³³⁻⁴³ u³²⁴　捡牛粪,用来做肥料

化学肥 xo⁵²⁻⁴⁴ əʔ²³⁻² vi⁴³³　化肥

氨水 uɑ³²⁴⁻⁴⁴ ɕy⁴⁴⁵

肥田粉 vi⁴³³⁻²² d-tiɛ⁴³³⁻⁴⁴ fən⁴⁴⁵　硫酸铵，一种人造肥料

尿素 sๅ³²⁴⁻³² su⁵²　一种有机化合物，通常用作植物的氮肥

钙镁磷 kei⁵²⁻⁴⁴ mei²²³⁻²² lin⁴³³　钙镁磷肥，是一种多元素肥料，水溶液呈碱性，可改良酸性土壤

过磷酸钙 ko⁵²⁻⁴⁴ lin⁴³³⁻⁴³ sə³²⁴⁻³² kei⁵²　是一种磷酸盐肥料，其主要成分是磷酸一钙

做水库 tso⁵²⁻⁴⁴ ɕy⁴⁴⁵⁻⁴⁴ kʰu⁵²　修建水库

做水路 tso⁵²⁻⁴⁴ ɕy⁴⁴⁵⁻⁴⁴ lu²³¹　修建水沟儿

拨水路 pəʔ⁵⁻⁴ ɕy⁴⁴⁵⁻⁴⁴ lu²³¹　疏通水沟儿

(二) 农具

犁 li⁴³³　耕地的农具

犁头 li⁴³³⁻²² dəɯ⁴³³　犁铧

犁壁 li⁴³³⁻⁴⁴ piəʔ⁵　犁镜。安在犁铧上方，表面光滑，作用是把犁起的土翻在一边

犁撩盘 li⁴³³⁻⁴⁴ liɔ⁴³³⁻²² bə⁴³³　犁舵

犁摘=钩 li⁴³³⁻²² taʔ⁵⁻⁴ kɯ³²⁴　犁辕与犁舵连接的钩子

犁檝 li⁴³³⁻⁴³ tɕʰyən³²⁴　犁辕，即犁上方的主梁，前端有铁钩用于连接轭绳

犁檝头 li⁴³³⁻⁴³ tɕʰyən³²⁴⁻⁴⁴ dəɯ⁴³³　犁辕的前端，上有铁钩用于连接轭绳

犁拖 li⁴³³⁻⁴³ tʰa³²⁴　安装犁铧的木座

犁田桩 li⁴³³⁻²² diɛ⁴³³⁻⁴³ tiɔ³²⁴　犁箭

犁手 li⁴³³⁻⁴⁴ ɕiɯ⁴⁴⁵　犁梢，即犁的扶手

牛轭 ȵiɯ⁴³³⁻⁴⁴ aʔ⁵　套在牛脖子上的轭

牛口络 ȵiɯ⁴³³⁻⁴⁴ kʰɯ⁴⁴⁵⁻⁴⁴ ləʔ⁵　牛笼嘴

牛鼻针 ȵiɯ⁴³³⁻⁴⁴ biəʔ²³⁻⁴³ tsən³²⁴　用来穿牛鼻子的针

铜鼻 dən⁴³³⁻⁴³ biəʔ²³　铜制的牛鼻桊

牛绳 ȵiɯ⁴³³⁻²² dzin⁴³³　牵牛用的绳子

耙 bo²³¹　① 用于碎土、平地的农具。② 用耙碎土、平地，或用耙

聚拢或散开杂草、谷物

耙杠 bo²³¹⁻⁴³ kɔ̃³²⁴　耙上装铁刀片的两横木,耙田时,耙田人的双脚分踩其上

耙床 bo²³¹⁻²² ziɔ̃⁴³³

耙横头 bo²³¹⁻²² uɛ⁴³³⁻²² dəɯ⁴³³　耙上与耙杠相接的两根木料,与耙杠一起构成"井"状耙框

耙齿 bo²³¹⁻²² tsʰʅ⁴⁴⁵　耙上的铁刀片

耙耕绳 bo²³¹⁻²² kɛ³²⁴⁻⁴⁴ dzin⁴³³　连接耙与牛轭的绳子

田钯 diɛ⁴³³⁻²² bo⁴³³　专用于水稻田间除草的农具。柄长三四米,前端为有刃的铁片圆箍

包萝钯 pɔ³²⁴⁻⁴⁴ lo⁴³³⁻²² bo⁴³³　多用于除草的农具

草耙 tsʰɔ⁴⁴⁵⁻⁴⁴ bo⁴³³

挂呐= go²³¹⁻²² no⁴³³　四齿钉耙。用铁锻造,形如梳,适用于耙草、厩肥等

三角钯 sã³²⁴⁻⁴⁴ kəʔ⁵⁻⁴ bo⁴³³　三角形的铁钯,适用于挖沙子、石子等

谷箔 kəʔ⁵⁻⁴ bo⁴³³　一种用木板做成的短齿钯子,有很长的柄,主要用于翻晒稻谷、麦子等

松毛箔 sən²²³⁻⁴⁴ mɔ⁴³³⁻²² bo⁴³³　用来搂松针等柴草的竹制钯子

耖 tsʰɔ⁵²　① 耖田的农具。② 耖田

耖齿 tsʰɔ⁵²⁻⁴⁴ tsʰʅ⁴⁴⁵　耖上的铁齿,直形尖长

耖床 tsʰɔ⁵²⁻⁴⁴ ziɔ̃⁴³³　耖上镶嵌铁齿的铁横杠

耖柱 tsʰɔ⁵²⁻⁴⁴ dzy²²³　支撑耖手的两根柱状构件

耖手 tsʰɔ⁵²⁻⁴⁴ ɕiɯ⁴⁴⁵　耖的扶手

耖腿 tsʰɔ⁵²⁻⁴⁴ tʰei⁴⁴⁵　耖床两末端和耖齿平行的底部呈弧形构件,耖田时系绳子与牛轭连接,闲置时起到支撑摆放的作用

耕绳 kɛ³²⁴⁻⁴⁴ dzin⁴³³　牛轭的绳子

勠礋 lei²³¹⁻⁴³ dəʔ²³　滚式农具,多以木头装成七叶放射齿状,在水田工作,碎土、整平泥浆,以便插秧

勠梯 lei²³¹⁻⁴³ tʰei³²⁴　以二级的木梯作为简易的滚式农具,在水田

工作，碎土、整平泥浆，以便插秧

秧田耥 iɑ̃³²⁴⁻⁴⁴ d-tiɛ⁴³³⁻⁴⁴ tʰɔ̃⁴⁴⁵　一种T形的木制农具，用来把经过耕、耙、耖的水田在播种前进行再处理，以使水田面平整

锄头 zo⁴³³⁻²² dɯ⁴³³

阔板锄 kʰuaʔ⁵⁻⁴ pã⁴⁴⁵⁻⁴⁴ zo⁴³³　锄板较宽的锄头

细田挖 ɕia⁵²⁻⁴⁴ diɛ⁴³³⁻²² uaʔ⁵　小挖锄，多用来栽菜

细锄头 ɕia⁵²⁻⁴⁴ zo⁴³³⁻²² dɯ⁴³³　小锄头

两齿挖 lɛ²²³⁻²² tsʰʅ⁴⁴⁵⁻⁴⁴ uaʔ⁵　两个齿的铁耙，多用来扒拉牛粪、猪粪等

两齿锄 lɛ²²³⁻²² tsʰʅ⁴⁴⁵⁻⁴⁴ zo⁴³³　头部有两个尖角的锄头，多用来挖硬地

羊角锄 iɑ̃⁴³³⁻⁴⁴ kəʔ⁵⁻⁴ zo⁴³³　十字镐

烟锄 iɛ³²⁴⁻⁴⁴ zo⁴³³　多用于给烟叶培土

锄头针＝ zo⁴³³⁻²² dɯ⁴³³⁻⁴³ tsən³²⁴　安锄头柄用的楔子

衔针＝ gã⁴³³⁻⁴³ tsən³²⁴　安锄头柄用的铁楔子

锄头脑 zo⁴³³⁻²² d-tɯ⁴³³⁻⁴⁴ nɔ⁴⁴⁵　锄头的尾部

锄头角 zo⁴³³⁻²² d-tɯ⁴³³⁻⁴⁴ kəʔ⁵

锄头板 zo⁴³³⁻²² d-tɯ⁴³³⁻⁴⁴ pã⁴⁴⁵

锄头柄 zo⁴³³⁻²² dɯ⁴³³⁻⁴³ mɜ⁵²

洋锹 iɑ̃⁴³³⁻⁴³ tɕʰiɔ³²⁴

　　铁锹 tʰiəʔ⁵⁻⁴ tɕʰiɔ³²⁴

锁＝镙 so⁻⁴⁴ tɕiəʔ⁵　镰刀‖"锁＝"本字调不明

刀 tɯ³²⁴

牯＝刀 ku⁻⁴⁴ tɯ³²⁴　砍刀的统称‖"牯＝"本字调不明

柴刀 za⁴³³⁻⁴³ tɯ³²⁴

草刀 tsʰɔ⁴⁴⁵⁻⁴⁴ tɯ³²⁴

炭刀 tʰã⁵²⁻⁴⁴ tɯ³²⁴　烧炭人砍柴用的刀

牯＝刀夹 ku⁻⁴⁴ tɯ³²⁴⁻⁴⁴ kaʔ⁵　一种插柴刀等砍类刀具的小木匣。为中空的小长方体，两端各系一根细绳，外出干活儿时横向系

于腰间

磨石 mo⁴³³⁻⁴⁴ ziəʔ²³　磨刀石

砂轮 sõ³²⁴⁻⁴⁴ lən⁴³³　磨刀具用的工具。用磨料和胶结物质混合后，在高温下烧结制成，多作轮状

砂皮 sõ³²⁴⁻⁴⁴ bi⁴³³　砂皮纸。用来对木制品或金属制品、塑料制品等器物表面进行打磨光洁的用品

柄 mɛ⁵²　把儿：刀～

麻刀 mo⁴³³⁻⁴³ təɯ³²⁴　一种专门用来刮去苎麻外层皮的刀具

扁担 piɛ⁴⁴⁵⁻⁴⁴ tã⁵²

毛竹扁担 mɔ⁴³³⁻⁴⁴ tyəʔ⁵⁻⁴ piɛ⁴⁴⁵⁻⁴⁴ tã⁵²　用毛竹做成的扁担

杉树扁担 sã³²⁴⁻⁴⁴ ʐy²³¹⁻²² piɛ⁴⁴⁵⁻⁴⁴ tã⁵²　用杉木做成的扁担

硬柴扁担 ŋɛ²³¹⁻²² za⁴³³⁻⁴³ piɛ⁴⁴⁵⁻⁴⁴ tã⁵²　用硬木做成的扁担

韭菜扁 tɕiɯ⁴⁴⁵⁻⁴⁴ tsʰei⁵²⁻⁴⁴ piɛ⁴⁴⁵　形如韭菜的扁担

燥⁼龙扁担 sɔ⁻⁴⁴ liɔ̃⁴³³⁻⁴⁴ piɛ⁴⁴⁵⁻⁴⁴ tã⁵²　两端往上翘的扁担‖"燥⁼"本字调不明，指向上翘

摘⁼担 taʔ⁵ tã⁵²⁻⁰　两端有钩的担子‖"摘⁼"是"钩"的意思，下同

铁摘⁼担 tʰiɛ⁵⁻⁴ taʔ⁵ tã⁵²⁻⁰　两端有铁钩的担子

水摘⁼担 ɕy⁴⁴⁵⁻⁴⁴ taʔ⁵ tã⁵²⁻⁰　两端有钩的扁担，常用来挑水

　　摘⁼钩担 taʔ⁵⁻⁴ kɯ³²⁴⁻³² tã⁵²

扁担钉 piɛ⁴⁴⁵⁻⁴⁴ tã⁵²⁻⁵⁵ tin³²⁴　扁担两头凸起的楔子，用来防止挂绳滑落

担楤 tã³²⁴⁻⁴⁴ tɕʰyən³²⁴　两头尖的挑担的工具，用于挑柴、挑稻草等

　　柴楤 za⁴³³⁻⁴³ tɕʰyən³²⁴

柴绳 za⁴³³⁻²² dʑin⁴³³　专门用于捆柴的绳子

柴绳摘⁼钩 za⁴³³⁻²² dʑin⁴³³⁻⁴³ taʔ⁵⁻⁴ kɯ³²⁴　捆柴绳子上的钩子

棒戳 bɔ̃²²³⁻²² tɕʰyəʔ⁵　担拄，一般与挑担者的肩膀等高，常与扁担配对使用，是扁担的辅助工具。挑担时架在另一边肩膀上用以分担重量，休息时用以顶住担子

棒戳旗头 bɔ̃²²³⁻²² tɕʰyəʔ⁵ dzɿ⁴³³⁻²² dəɯ⁴³³　担拄有浅槽一端的顶部

棒戳箍 bɔ²²³⁻²² tɕʰyəʔ⁵ kʰu³²⁴　担挂上端的浅槽

柴夹 z-sa⁴³³⁻⁴⁴ kɑʔ⁵　旧时用竹篾制成的挑柴工具

箩箕 la⁴³³⁻⁴³ i³²⁴　箩筐

箩 la⁴³³

细箩 ɕia⁵²⁻⁴⁴ la⁴³³⁻²²³　小箩筐，多用于红白喜事的礼担

箩盖 la⁴³³⁻⁴⁴ kən⁴⁴⁵　箩筐盖，一般小箩筐才有。除了用来盖箩筐，还可以用来装物

箩线 la⁴³³⁻⁴³ ɕiɛ⁵²　箩筐上的绳子

塌=盘 tʰɑʔ⁵⁻⁴ bə⁴³³　大竹匾，平底、浅边框，直径约1~1.5米，多用来盛接或摊晾粮食、馃品等

畚箕 pə⁴⁴⁵⁻⁴⁴ i³²⁴　簸箕，有提梁的

大畚箕 do²³¹⁻²² pə⁴⁴⁵⁻⁴⁴ i³²⁴　大簸箕

细畚箕 ɕia⁵²⁻⁴⁴ pə⁴⁴⁵⁻⁴⁴ i³²⁴　小簸箕

畚箕挈 pə⁴⁴⁵⁻⁴⁴ i³²⁴⁻⁴⁴ tɕʰiaʔ⁵　有提梁的小簸箕

畚箕掼= pə⁴⁴⁵⁻⁴⁴ i³²⁴⁻³² guã²³¹　簸箕上的提梁

掼= guã²³¹　提梁。篮、壶、提包等的提手

菜篮 tsʰei⁵²⁻⁴⁴ lã⁴³³

武义篮 vu²²³⁻²² n̠i²³¹⁻²² lã⁴³³　以篾丝编制，孔眼较密，篮子的提手是一较宽的竹片，多用来装蔬菜、待洗的衣物等。从县城武义传过来，故名

松阳篮 sən³²⁴⁻⁴⁴ iã⁴³³⁻⁴³ lã⁴³³　以篾片编制，孔眼较疏，篮子的提手由一宽、两窄竹片构成，多用来装蔬菜、待洗的衣物等。从邻近的松阳县传过来，故名

杭州篮 ɔ̃⁴³³⁻⁴⁴ tɕiɯ³²⁴⁻⁴⁴ lã⁴³³　竹编的、下小上大底较深桶形子篮子。多以篾丝编制，精致美观，一般用来当礼篮。从杭州一带传过来，故名

菜篮掼= tsʰei⁵²⁻⁴⁴ lã⁴³³⁻⁴³ guã²³¹　菜篮上的提梁

筛 sɿ³²⁴　筛子

三角筛 sã³²⁴⁻⁴⁴ kəʔ⁵⁻⁴ sɿ³²⁴　孔眼是三角的筛子，多用来筛稻谷

四方筛 sๅ$^{52-44}$ fã$^{324-44}$ sๅ^{324}　孔眼是四方的筛子，多用来筛稻谷

米筛 mi$^{433-43}$ sๅ^{324}　用来筛米的筛子

糠筛 kʰɔ$^{324-44}$ sๅ^{324}　孔眼很小的筛子，多用来筛粉状物

地簟 di$^{231-22}$ diɛ^{223}　用篾片编织的、席子状的晒粮食器具

主家簟 tɕy$^{324-44}$ ko$^{324-44}$ diɛ^{223}　请篾匠编织的、篾片编织得比较精细密实的席子状晒粮食器具

客簟 kʰaʔ$^{5-4}$ diɛ^{223}　从市场购置的、篾片编织得较为普通的席子状晒粮食器具，比"主家簟"更短。该类簟子大多为邻县松阳人编织

丈二簟 dʑiã$^{231-22}$ ȵi$^{231-22}$ diɛ^{223}　丈二宽的、席子状的晒粮食器具，"客簟"的一种

八尺簟 pɑʔ$^{5-4}$ tɕʰia$^{5-4}$ diɛ^{223}　八尺宽的、席子状的晒粮食器具

大挈 do$^{231-22}$ tɕʰiaʔ^{5}　撮粮食用的竹编畚斗，无提梁

番薯簁 fã$^{324-44}$ zๅ$^{433-43}$ liə^{23}　一种竹制器具，用较粗的篾丝编成，长方形，一般用于晒物，常用来晒番薯丝等，有时也用于分隔或遮挡空间

打稻机 nɛ$^{445-44}$ dɔ$^{223-43}$ tsๅ^{324}

稻桶 dɔ$^{223-22}$ dən^{223}　一种圆形的大木桶，用来摔打稻穗，使脱粒

勒桶簟 lei$^{231-22}$ dən$^{223-22}$ diɛ^{223}　用篾片编织的、席子状的农具，打稻时插在木桶上把三面围起来，以防稻谷溅出

勒桶梯 lei$^{231-22}$ dən$^{223-22}$ tʰei^{324}　放在稻桶里打稻的农具，样式像梯子，打稻时稻穗摔打其上，使脱粒

豆绞 dəɯ$^{231-22}$ kɔ^{445}　连枷

灰榜 xuei$^{324-44}$ bɛ^{433}　用来敲灰肥的长木棒

风车 fən$^{324-44}$ tɕʰia^{324}　扇车，利用风力吹走粮食中杂物的大型农具。用法是把谷物从顶部的斗里倒进去，慢慢往下落，落的过程中摇动内部的木扇，用风力把空壳、尘土、草屑等从左侧吹出去，让干净的籽粒落下，从前面的出口淌出来

风车肚肠 fən$^{324-44}$ tɕʰia$^{324-44}$ du$^{223-22}$ dʑiã^{433}　扇车的风道

风车舌 fən³²⁴⁻⁴⁴ tɕʰia³²⁴⁻⁴⁴ ziəʔ²³　扇车下边的出料口

风车叶 fən³²⁴⁻⁴⁴ tɕʰia³²⁴⁻⁴⁴ iəʔ²³　扇车的扇叶

风车手 fən³²⁴⁻⁴⁴ tɕʰia³²⁴⁻⁴⁴ ɕiɯ⁴⁴⁵　扇车的摇把

风车斗 fən³²⁴⁻⁴⁴ tɕʰia³²⁴⁻⁴⁴ təɯ⁴⁴⁵　扇车的喂料斗

戽水桶 fu⁵²⁻⁴⁴ ɕy⁴⁴⁵⁻⁴⁴ dən²²³　双人戽水时用的桶,上下相对作四耳,系绳四根,两根系在桶口,两根系在桶尾。戽水时两人在水边相对而立,两人双手各提一根绳子,控制水桶舀水倒水

水泵 ɕy⁴⁴⁵⁻⁴⁴ põ⁵²　用以抽水或压水的泵,是抽水机的主要部件

水车 ɕy⁴⁴⁵⁻⁴⁴ tɕʰia³²⁴　用木头制作,能把水从低处抽到高处的抽水工具

水车架 ɕy⁴⁴⁵⁻⁴⁴ tɕʰia³²⁴⁻³² ko⁵²　水车的架子

水车轮盘 ɕy⁴⁴⁵⁻⁴⁴ tɕʰia³²⁴⁻⁴⁴ lin⁴³³⁻²² bə⁴³³　水车轮子

龙骨 liõ⁴³³⁻⁴⁴ kuəʔ⁵　水车的链子

尿滚⁼ sʅ³²⁴⁻⁴⁴ kuən⁴⁴⁵　一种用竹筒制作的带长柄的舀尿器具

尿勺 sʅ³²⁴⁻⁴⁴ ziəʔ²³　舀尿的勺子

碓 tei⁵²

水碓 ɕy⁴⁴⁵⁻⁴⁴ tei⁵²

碓臼 tei⁵²⁻⁴⁴ dʑiɯ²²³　臼子

树碓臼 ʐy²³¹⁻²² tei⁵²⁻⁴⁴ dʑiɯ²²³　木头制作的臼子

踏碓 dɑʔ²³⁻² tei⁵²　① 用脚踏的碓(名词)。② 踩踏杵杆一端使杵头起落(动宾结构)

梭钻 so³²⁴⁻⁴⁴ tsə³²⁴　小石臼

麦磨 maʔ²³⁻⁴³ mo²³¹　石磨

麦磨架 maʔ²³⁻² mo²³¹⁻²² ko⁵²　放置石磨的架子

麦磨手 maʔ²³⁻² mo²³¹⁻²² ɕiɯ⁴⁴⁵　磨把手

麦磨担钩 maʔ²³⁻² mo²³¹⁻²² tã³²⁴⁻⁴⁴ kɯ³²⁴　双人操作的磨,磨把上装有一根长约两米的"丁字"形"石磨钩",该装置一头用绳子吊在屋檐的挑梁上,推磨的人用双手握住磨杆子两边横木上,利用杠杆原理,推动磨盘使之运作

麦磨心 maʔ²³⁻² mo²³¹⁻²² sən³²⁴　磨脐儿

麦磨爿 maʔ²³⁻² mo²³¹⁻²² bã⁴³³　磨盘

麦磨齿 maʔ²³⁻² mo²³¹⁻²² tsʰʅ⁴⁴⁵　磨盘的纹理

麦磨洞 maʔ²³⁻² mo²³¹⁻²² dən²³¹　上片磨盘的孔，粮食从该孔进入两块磨盘中间

开麦磨 kʰei³²⁴⁻⁴⁴ maʔ²³⁻⁴³ mo²³¹　凿磨盘的纹理

麦磨槽 maʔ²³⁻² mo²³¹⁻²² zɔ⁴³³　石磨槽

石勔 ziəʔ²³⁻⁴³ lei²³¹　石磙子

碓臼捶 tei⁵²⁻⁴⁴ dʑiɯ²²³⁻²² dʐy⁴³³　臼杵

石捶 ziəʔ²³⁻² dʐy⁴³³　石头打制的碓杵

绳 dʑin⁴³³　绳子

棕绳 tsən³²⁴⁻⁴⁴ dʑin⁴³³　以棕毛搓制的绳索

麻绳 mo⁴³³⁻²² dʑin⁴³³　麻制的绳索

稻秆绳 dɔ²²³⁻²² kuə⁴⁴⁵⁻⁴⁴ dʑin⁴³³　以稻草搓制的绳索

塑料绳 su⁵²⁻⁴⁴ liɔ²³¹⁻²² dʑin⁴³³

棍 kuən⁵²　棍子

袋 dei²³¹　袋子

麻袋 mo⁴³³⁻⁴³ dei²³¹　用麻线编织的袋子

布袋 pu⁵²⁻⁴⁴ dei²³¹

蛇壳袋 z-ɕia⁴³³⁻⁴⁴ kʰəʔ⁵ dei²³¹⁻⁰　蛇皮袋。外观似蛇皮，故名

塑料袋 su⁵²⁻⁴⁴ liɔ²³¹⁻²² dei²³¹

抽口袋 tɕʰiɯ³²⁴⁻⁴⁴ kʰɯ⁴⁴⁵⁻⁴⁴ dei²³¹　抽拉式袋口的袋子

手皮袋 tɕʰiɯ³²⁴⁻⁴⁴ bi⁴³³⁻⁴³ dei²³¹　皮或人造革的手拎袋

麻络 mo⁴³³⁻⁴⁴ ləʔ⁵　网兜

(三) 其他

养 iã²²³　① 饲养动物：～猪｜～鸡。② 抚育，抚养。③ 使身心得到滋补和休息：身体～～好

养牛 iã²²³⁻²² ȵiɯ⁴³³

望牛 mɔ̃²³¹⁻²² ȵiɯ⁴³³　放牛

养猪 iã$^{223\text{-}43}$ ti^{324}

羯 tɕiəʔ^5　阉：～猪

羯猪 tɕiəʔ$^{5\text{-}4}$ ti^{324}　阉猪

赶公猪 kuɛ$^{445\text{-}44}$ kən$^{324\text{-}44}$ ti^{324}　带自家养的种猪去给别家母猪配种，一般是以步行的方式驱赶前往目的地

杀猪 sɑʔ$^{5\text{-}4}$ ti^{324}　① 杀猪。② 做生意宰客

草 tsʰɔ^{445}　牲畜剥皮或褪毛前的重量：一百斤～

栏 lã^{433}

爿 bã^{433}　牲畜宰杀之后，把头、内脏、尾巴去掉后的重量：一百斤～

饲 zๅ^{231}　喂：～饭｜～细人｜～猪

饲猪 zๅ$^{231\text{-}43}$ ti^{324}　喂猪

猪料 ti$^{324\text{-}32}$ liɔ^{231}　猪吃的食材

摙猪料 iəʔ$^{5\text{-}4}$ ti$^{324\text{-}32}$ liɔ^{231}　取猪吃的食材

糠 kʰɔ^{324}　从稻谷等籽实上脱落下来的皮壳，常用作家畜饲料

麦麸 maʔ$^{23\text{-}43}$ fu^{324}　麦皮，即小麦加工面粉时的副产品，常用作家畜饲料

猪草 ti$^{324\text{-}44}$ tsʰɔ^{445}　猪吃的草类植物

摒猪草 mɛ$^{433\text{-}44}$ ti$^{324\text{-}44}$ tsʰɔ^{445}　打猪草

分= fən^{324}　猪食

烧分= ɕiɔ$^{324\text{-}44}$ fən^{324}　煮猪食

分= 水 fən$^{324\text{-}44}$ ɕy^{445}　泔水

分= 槽 fən$^{324\text{-}44}$ zɔ^{433}　猪食槽

分= 木勺 fən$^{324\text{-}44}$ məʔ$^{23\text{-}43}$ ziəʔ^{23}　舀猪食的勺子，因多为木制，故名

分= 凹兜 fən$^{324\text{-}44}$ ɔ$^{324\text{-}44}$ təɯ^{324}　用来拎猪食的有提梁的小桶

养鸡 iã$^{445\text{-}44}$ tsๅ^{324}

饲鸡 zๅ$^{231\text{-}43}$ tsๅ^{324}　喂鸡

糠饭 xɔ̃$^{324\text{-}32}$ vã^{231}　一种用饭和糠拌成的喂养家禽的饲料

养鸭 iã$^{445\text{-}44}$ ɑʔ^5

赶鸡趄鸭 kuə⁴⁴⁵⁻⁴⁴ tsʅ³²⁴⁻³² biə³²³⁻² ɑʔ⁵　驱赶鸡鸭

摘茶叶 taʔ⁵⁻⁴ dz-tso⁴³³⁻⁴⁴ iəʔ²³

炒茶叶 tsʰɔ⁴⁴⁵⁻⁴⁴ dz-tso⁴³³⁻⁴⁴ iəʔ²³　茶叶传统加工法，指用锅加制热茶

挼茶叶 no⁴³³⁻⁴³ dz-tso⁴³³⁻⁴⁴ iəʔ²³　揉捻茶叶

茶叶笪 dz-tso⁴³³⁻⁴⁴ iəʔ²³⁻² tɑʔ⁵　手工揉捻茶叶时用的竹制器具，两头可以坐人

焙茶叶 bei²³¹ dz-tso⁴³³⁻⁴⁴ iəʔ²³　烘制茶叶

茶焙 dzo⁴³³⁻⁴³ bei²³¹　一种竹编的制茶器具。馒头的形状，可在下面加火用以焙茶

放香菇 fɔ⁵²⁻⁴⁴ ɕiã³²⁴⁻⁴⁴ ku³²⁴　栽培香菇

香菇棚 ɕiã³²⁴⁻⁴⁴ ku³²⁴⁻⁴⁴ bən⁴³³　栽培香菇的棚子

香菇筒 ɕiã³²⁴⁻⁴⁴ ku³²⁴⁻⁴⁴ dən⁴³³　香菇菌棒

摘香菇 taʔ⁵⁻⁴ ɕiã³²⁴⁻⁴⁴ ku³²⁴　采摘香菇

养蚕 iã⁴⁴⁵⁻⁴⁴ zə⁴³³

摘桑叶 taʔ⁵⁻⁴ sɔ̃³²⁴⁻⁴⁴ iəʔ²³

蚕盘 zə⁴³³⁻²² bə⁴³³　蚕匾

蚕茧 z-sə⁴³³⁻⁴⁴ tɕiɛ⁴⁴⁵

养蜂 iã⁴⁴⁵⁻⁴⁴ fən³²⁴

割蜂糖 kuəʔ⁵⁻⁴ fən³²⁴⁻⁴⁴ dɔ̃⁴³³　土法取蜂蜜

蜂箱 fən³²⁴⁻⁴⁴ ɕiã³²⁴　养蜂用的箱子

蜂桶 fən³²⁴⁻⁴⁴ dən²²³　养蜂用的圆木桶

蜂巢 fən³²⁴⁻⁴⁴ cz³²³

蜂蜡 fən³²⁴⁻⁴⁴ lɑʔ²³　蜜蜂腹部的蜡腺分泌的蜡质，是蜜蜂造蜂巢的材料

打猎 nɛ⁴⁴⁵⁻⁴⁴ liəʔ²³

打野猪 nɛ⁴⁴⁵⁻⁴⁴ ia²²³⁻⁴³ ti³²⁴

打铳 nɛ⁴⁴⁵⁻⁴⁴ tɕʰyən⁵²　放枪

铳 tɕʰyən⁵²　用火药发射弹丸的一种旧式火器，常用于打猎

土铳 $tʰu^{445\text{-}44}\ tɕʰyən^{52}$

枪 $tɕʰiɑ^{324}$

手枪 $ɕiɯ^{445\text{-}44}\ tɕʰiɑ^{324}$

步枪 $bu^{231\text{-}22}\ tɕʰiɑ^{324}$

炮 $pʰɔ^{52}$

打炮 $nɛ^{445\text{-}44}\ pʰɔ^{52}$

手榴弹 $ɕiɯ^{445\text{-}44}\ liɯ^{433\text{-}43}\ dã^{231}$

硝 $ɕiɔ^{324}$　火药

弓箭 $kən^{324\text{-}32}\ tɕiɛ^{52}$

射箭 $ʑia^{231\text{-}22}\ tɕiɛ^{52}$

剑 $tɕiɛ^{52}$

宝剑 $pɔ^{445\text{-}44}\ tɕiɛ^{52}$

野猪夹 $ia^{223\text{-}22}\ ti^{324\text{-}44}\ kaʔ^{5}$　一种捕野兽的铁夹子，因野兽中属野猪危害最大且数量较多，故称

养鱼 $iɑ^{445\text{-}44}\ n̩^{433}$

钓鱼 $tiɔ^{52\text{-}44}\ n̩^{433}$

钓鱼竹 $tiɔ^{52\text{-}44}\ n̩^{433\text{-}44}\ tyəʔ^{5}$　钓鱼竿

　　钓鱼秆 $tiɔ^{52\text{-}44}\ n̩^{433\text{-}44}\ kuə^{445}$

钓鱼钩 $tiɔ^{52\text{-}44}\ n̩^{433\text{-}43}\ kɯ^{324}$

　　钓鱼针 $tiɔ^{52\text{-}44}\ n̩^{433\text{-}43}\ tsən^{324}$

网 $mã^{223}$

丝笭 $sɿ^{324\text{-}44}\ lin^{433}$　一种捕鱼用的小网

放丝笭 $fɔ^{52\text{-}44}\ sɿ^{324\text{-}44}\ lin^{433}$　撒小渔网

拖丝笭 $tʰa^{324\text{-}44}\ sɿ^{324\text{-}44}\ lin^{433}$　收小渔网

浮牌 $vu^{433\text{-}22}\ ba^{433}$　浮漂

鳗剪 $mə^{433\text{-}44}\ tɕiɛ^{445}$　夹泥鳅的钳子

毒鱼 $du^{231\text{-}22}\ n̩^{433}$　将茶籽饼屑或石灰洒入水里药鱼，被药死的鱼能食用，且该方式对水生植物无毒杀作用

触鱼 tɕʰyəʔ⁵⁻⁴ n̩⁴³³　电鱼

炸鱼 tsa⁵²⁻⁴⁴ n̩⁴³³　用炸药捕鱼

攞鱼 lo²²³⁻²² n̩⁴³³　捞鱼

搭鱼 kʰo⁵²⁻⁴⁴ n̩⁴³³　捕鱼，捉鱼

搭鳅 kʰo⁵²⁻⁴⁴ tɕʰiɯ³²⁴　捉泥鳅

钓黄长 tio⁵²⁻⁴⁴ ɔ̃⁴³³⁻²² dzĩã⁴³³　钓黄鳝

摸螺蛳 məʔ⁵⁻⁴ lo⁴³³⁻⁴³ sʅ³²⁴

撮螺蛳 tsʰəʔ⁵⁻⁴ lo⁴³³⁻⁴³ sʅ³²⁴　捡螺蛳

养珍珠 iã²²³⁻⁴⁴ tsən³²⁴⁻⁴⁴ tɕy³²⁴

打油 nɛ⁴⁴⁵⁻⁴⁴ iɯ⁴³³　榨油

油车 iɯ⁴³³⁻⁴³ tɕʰia³²⁴　榨油用的器具

绞糖 kɔ⁴⁴⁵⁻⁴⁴ dɔ̃⁴³³　榨甘蔗汁制作红糖

弹米胖 dã²³¹⁻²² mi²²³⁻²² pʰɔ̃⁵²　用大米爆爆米花

弹包萝胖 dã²³¹⁻²² pɔ³²⁴⁻⁴⁴ lo⁴³³⁻⁴³ pʰɔ̃⁵²　用玉米爆爆米花

烟夹 iɛ³²⁴⁻⁴⁴ kɑʔ⁵　用于烟叶晾晒的夹烟装置

烟板 iɛ³²⁴⁻⁴⁴ pã⁴⁴⁵　切烟丝时用的两块压烟叶板

切烟 tɕʰiaʔ⁵⁻⁴ iɛ³²⁴　切烟丝

烧窑 ɕio³²⁴⁻⁴⁴ iɔ⁴³³　烧制砖瓦、陶器、瓷器等

烧砖 ɕio³²⁴⁻⁴⁴ tɕyən³²⁴　烧制砖块

烧瓦 ɕio³²⁴⁻⁴⁴ ŋo⁴⁴⁵　烧制瓦片

烧炭 ɕio³²⁴⁻³² tʰã⁵²　烧制木炭

烧缸钵 ɕio³²⁴⁻⁴⁴ kɔ̃³²⁴⁻⁴⁴ pəʔ⁵　烧制缸类陶器

上釉 dziã²³¹⁻⁴³ iɯ²³¹

做手艺 tso⁵²⁻⁴⁴ ɕiɯ⁴⁴⁵⁻⁴⁴ n̩i²³¹

手艺 ɕiɯ⁴⁴⁵⁻⁴⁴ n̩i²³¹

手工 ɕiɯ⁴⁴⁵⁻⁴⁴ kən³²⁴　①靠手的技能做出的工作：做～。②用手操作的：～做个

供饭 tɕyən³²⁴⁻³² vã²³¹　负责工匠的饭食

做泥水 tso⁵²⁻⁴⁴ n̩i⁴³³⁻⁴⁴ ɕy⁴⁴⁵　做泥瓦工，最主要的活儿是盖房子

做木 tso⁵²⁻⁴⁴ məʔ²³　干木工活儿

做大木 tso⁵²⁻⁴⁴ do⁴³³⁻⁴³ məʔ²³　盖房子的木工活儿

做细木 tso⁵²⁻⁴⁴ ɕia⁵²⁻⁴⁴ məʔ²³　打家具的木工活儿

箍桶 kʰu³²⁴⁻⁴⁴ dən²²³　打制木桶、木盆等

箍勳桶 kʰu³²⁴⁻⁴⁴ lei²³¹⁻²² dən²²³　打制大木桶

箍饭甑 kʰu³²⁴⁻⁴⁴ vã²³¹⁻²² tɕin⁵²　打制饭甑

解板 ka⁴⁴⁵⁻⁴⁴ pã⁴⁴⁵　锯木板

油漆 iɯ⁴³³⁻⁴⁴ tsʰəʔ⁵　①名词,油类和漆类涂料。②动词,用油或漆涂抹

油 iɯ⁴³³　上漆：还没～过

喷漆 pʰən³²⁴⁻⁴⁴ tsʰəʔ⁵

打石 nɛ⁴⁴⁵⁻⁴⁴ ziəʔ²³　打制石器

破石头 pʰa⁵²⁻⁴⁴ ziəʔ²³⁻² dɯ⁴³³　使石头开裂

放炮 fɔ̃⁵²⁻⁴⁴ pʰɔ⁵²　用火药爆破岩石、矿石等

打铁 nɛ⁴⁴⁵⁻⁴⁴ tʰiəʔ⁵　打制铁器

溅水 tɕiɛ⁵²⁻⁴⁴ ɕy⁴⁴⁵　淬火

钉秤 tin⁵²⁻⁴⁴ tɕʰin⁵²　做秤

拉丝 la³²⁴⁻⁴⁴ sɿ³²⁴　把金属材料拉制成丝状或条状物

　　拉钢筋 la³²⁴⁻⁴⁴ kɔ̃³²⁴⁻⁴⁴ tɕin³²⁴

电焊 diɛ²²³⁻⁴³ uə²³¹

做篾 tso⁵²⁻⁴⁴ miəʔ²³　编制竹器

破篾 pʰa⁵²⁻⁴⁴ miəʔ²³　把竹子剖成篾条

打箩 nɛ⁴⁴⁵⁻⁴⁴ la⁴³³　编制箩筐

打菜篮 nɛ⁴⁴⁵⁻⁴⁴ tsʰei⁵²⁻⁴⁴ lã⁴³³　编制菜篮

打畚箕 nɛ⁴⁴⁵⁻⁴⁴ pə⁴⁴⁵⁻⁴⁴ i³²⁴　编制有梁的簸箕

穿棕 tɕʰyən³²⁴⁻⁴⁴ tsən³²⁴　编制棕制品

穿棕板 tɕʰyən³²⁴⁻⁴⁴ tsən³²⁴⁻⁴⁴ pã⁴⁴⁵　编制棕绷

穿蓑衣 tɕʰyən³²⁴⁻⁴⁴ so³²⁴⁻⁴⁴ i³²⁴　编制蓑衣

扎地帚 tsaʔ⁵⁻⁴ di²³¹⁻²² tɕiɯ⁴⁴⁵　做扫把

做香 tso$^{52\text{-}44}$ ɕiã^{324}　制作祭祀祖先或神佛时用的香

补镬 pu$^{445\text{-}44}$ əʔ^{23}　补锅

补缸 pu$^{445\text{-}44}$ kã^{324}

补碗 pu$^{445\text{-}44}$ uã^{445}

凿字 zəʔ$^{23\text{-}43}$ zɿ^{231}　在瓷器上刻字

刻字 kʰəʔ$^{5\text{-}4}$ zɿ^{231}

刻私章 kʰəʔ$^{5\text{-}4}$ sɿ$^{445\text{-}44}$ tɕiã^{324}

雕花 tiɔ$^{324\text{-}44}$ xo^{324}

剃头 tʰi$^{52\text{-}44}$ dɯ^{433}　理发

剃光头 tʰi$^{52\text{-}44}$ kã$^{324\text{-}44}$ dɯ^{433}　① 理成光头。② 在评比、竞赛等活动中没有任何名次或一分未得

轧头发 gaʔ$^{23\text{-}2}$ d-tɯ$^{433\text{-}44}$ faʔ^{5}　剪头发

轧劗发 gaʔ$^{23\text{-}2}$ tsã$^{324\text{-}44}$ faʔ^{5}　剪刘海

烫头发 tʰõ$^{52\text{-}44}$ d-tɯ$^{433\text{-}44}$ faʔ^{5}

染头发 ȵiɛ$^{223\text{-}22}$ d-tɯ$^{433\text{-}44}$ faʔ^{5}

焗油 dʑyəʔ$^{23\text{-}2}$ iɯ^{433}　一种染发护发的方法。一般在头发上抹上染发护发油膏，在特制的罩子里用蒸汽加热，使油质渗入头发

弹棉絮 dã$^{433\text{-}22}$ miɛ$^{433\text{-}43}$ sɿ^{52}

绩麻 tɕiəʔ$^{5\text{-}4}$ mo^{433}　把麻搓捻成线

纺纱 fɔ$^{445\text{-}44}$ ɕia^{324}

织布 tɕiəʔ$^{5\text{-}4}$ pu^{52}

染布 ȵiɛ$^{223\text{-}22}$ pu^{52}

做衣裳 tso$^{52\text{-}44}$ i$^{324\text{-}44}$ ʑiã^{433}　做衣服

脈布 pʰaʔ$^{5\text{-}4}$ pu^{52}　买布，扯布

踏洋车 daʔ$^{23\text{-}2}$ iã$^{433\text{-}43}$ tɕʰia^{324}　踩缝纫机

贴缏 tʰiəʔ$^{5\text{-}4}$ biɛ^{433}　给衣服里子的边儿缝上窄条儿

额⁼缏 ŋaʔ$^{23\text{-}2}$ biɛ^{433}　衣服折边‖"额⁼"是"折"的意思

敲边 kʰɔ$^{324\text{-}44}$ piɛ^{324}　用机器给衣服锁边，以免衣料边缝处的丝线散开

包边 pɔ³²⁴⁻⁴⁴ piɛ³²⁴　给衣服、鞋子等的边缘缝上布条带子

插花 tsʰɑʔ⁵⁻⁴ xo³²⁴　①绣花。②把花插在瓶、盘、盆等容器里

挑花 tʰiɔ⁴⁴⁵⁻⁴⁴ xo³²⁴　用彩色的线在棉布或麻布上挑出许多细小的十字,构成各种图案

织毛线衣 tɕiəʔ⁵⁻⁴ mɔ⁴³³⁻⁴⁴ ɕiɛ⁵²⁻⁴⁴ i³²⁴　织毛衣

　织毛线 tɕiəʔ⁵⁻⁴ mɔ⁴³³⁻⁴³ ɕiɛ⁵²

卷毛线 tɕyən⁴⁴⁵⁻⁴⁴ mɔ⁴³³⁻⁴³ ɕiɛ⁵²

做鞋 tso⁵²⁻⁴⁴ a⁴³³

垫鞋底 diɛ²³¹⁻²² a⁴³³⁻⁴⁴ ti⁴⁴⁵　糊鞋底

纫鞋底 ȵin²³¹⁻²² a⁴³³⁻⁴⁴ ti⁴⁴⁵　用锥子在鞋底上扎小孔,便于针线穿过

缉鞋底 tɕʰiaʔ⁵ a⁴³³⁻⁴⁴ ti⁴⁴⁵　纳鞋底

鞋底线 a⁴³³⁻⁴⁴ ti⁴⁴⁵⁻⁴⁴ ɕiɛ⁵²　一种较粗的麻线,用于纳鞋底

糊鞋面 u⁴³³⁻²² a⁴³³⁻⁴³ miɛ²³¹　制作鞋帮

上鞋 dziã²²³⁻²² a⁴³³　把制成的鞋帮和鞋底缝合起来,使鞋成形 ‖ 也作"绱鞋"

楦鞋 ɕyə⁵²⁻⁴⁴ a⁴³³　用楦子填紧或撑大鞋子的中空部分

做草鞋 tso⁵²⁻⁴⁴ tsʰɔ⁴⁴⁵⁻⁴⁴ a⁴³³　制作草鞋

轧花 ɡaʔ²³⁻⁴³ xo³²⁴　剪花

缨带 in³²⁴⁻³² ta⁵²　织带

　织带 tɕiəʔ⁵⁻⁴ ta⁵²

打箬帽 nɛ⁴⁴⁵⁻⁴⁴ ȵiaʔ²³⁻⁴³ mɔ²³¹　编织斗笠

开工 kʰei³²⁴⁻⁴⁴ kən³²⁴

歇工 ɕiəʔ⁵⁻⁴ kən³²⁴　收工

打工 nɛ⁴⁴⁵⁻⁴⁴ kən³²⁴

打零工 nɛ⁴⁴⁵⁻⁴⁴ lin⁴³³⁻⁴³ kən³²⁴

零工 lin⁴³³⁻⁴³ kən³²⁴

日日工 nə²³⁻² nə²³⁻² kən³²⁴　每天做工

煞尾 saʔ⁵⁻⁴ mi²²³　收尾

做落脚 tso⁵²⁻⁴⁴ lə²³⁻² tɕiəʔ⁵　完成任务

五、植物

(一) 粮食作物

稻 dɔ²²³　稻子

乌节稻 u³²⁴⁻⁴⁴ tɕiəʔ⁵⁻⁴ dɔ²²³　一种老品种水稻,稻秆节呈黑色,故名

杂交稻 zəʔ²³⁻² kɔ³²⁴⁻⁴⁴ dɔ²²³

早稻 tsɔ⁴⁴⁵⁻⁴⁴ dɔ²²³

晚稻 mã²²³⁻²² dɔ²²³

头熟 dəu⁴³³⁻⁴³ ʐyəʔ²³　在同一块田地上一年内接连种植两季作物,称第一季种植的农作物为"头熟"

二熟 ni⁴³³⁻⁴³ ʐyəʔ²³　在同一块田地上一年内接连种植两季作物,称第二季种植的农作物为"二熟"

头垡 dəu⁴³³⁻⁴³ vɑʔ²³　① 头茬,一年中在一块地上先种植的作物。② 前一段时间:～我还望着渠过

秧 iã³²⁴　① 水稻的幼苗。② 植物的幼苗:菜～

做肚 tsɔ⁵²⁻⁴⁴ tu⁴⁴⁵　稻麦等作物在抽穗前秆子呈现粗大饱满之状

出头 tɕʰyəʔ⁵⁻⁴ dəu⁴³³　① 抽穗。② 从困苦、磨难中解脱出来:儿有工作了,尔～了

稻花 dɔ²²³⁻⁴³ xo³²⁴　稻子开的花

稻曲 dɔ²²³⁻²² tɕʰyəʔ　附着于稻穗上墨绿色或黑色的小球体,是由稻绿核菌引起的、发生在水稻上的一种病害 ‖ 也作"稻麯"

稻头 dɔ²²³⁻²² dəu⁴³³　稻穗

稻蓬 dɔ²²³⁻⁴³ bən²³¹　稻株

稻秆 dɔ²²³⁻²² kuə⁴⁴⁵　稻草

稻株 dɔ²²³⁻⁴³ tu³²⁴　稻茬儿

谷 kəʔ⁵　稻谷

糯谷 no²³¹⁻²² kəʔ⁵

燥谷 sɔ⁵²⁻⁴⁴ kəʔ⁵　晒干的稻谷

新谷 sən³²⁴⁻⁴⁴ kəʔ⁵　新收获的稻谷

陈谷 dzən⁴³³⁻⁴³ kəʔ⁵　陈年的稻谷

吃谷 tɕʰiəʔ⁵⁻⁴ kəʔ⁵　用来做饭的稻谷

当年谷 tɔ̃³²⁴⁻⁴⁴ niɛ⁴³³⁻⁴⁴ kəʔ⁵　当年的稻谷

□壳 xã⁴⁴⁵⁻⁴⁴ kʰəʔ⁵　不饱满的籽粒

谷芒 kəʔ⁵⁻⁴ mən⁴³³　稻谷的芒刺

稃 bu²³¹　稃子

莲子 liɛ⁴³³⁻⁴⁴ tsɿ⁴⁴⁵　① 莲子。② 莲子的籽实

宣莲 ɕyə³²⁴⁻⁴⁴ liɛ⁴³³　宣平莲子，中国三大名莲之一。以颗大粒圆、饱满肉厚、肉酥味美、营养丰富、药用价值高而著名，清嘉庆六年（1802）列为朝廷贡品。主要产地为原宣平县（今武义县的柳城、西联等乡镇），故名

白莲 baʔ²³⁻² liɛ⁴³³　开白色莲花的莲子

老莲 lɔ²²³⁻²² liɛ⁴³³　老莲子

乌莲 u³²⁴⁻⁴⁴ liɛ⁴³³　外壳又黑又硬的老莲子

通心莲 tʰən³²⁴⁻⁴⁴ sən³²⁴⁻⁴⁴ liɛ⁴³³　已经除去种仁内绿色胚芽的莲子

莲子花 liɛ⁴³³⁻⁴⁴ tsɿ⁴⁴⁵⁻⁴⁴ xo³²⁴

　　荷花 o⁴³³⁻⁴³ xo³²⁴

　　莲花 liɛ⁴³³⁻⁴³ xo³²⁴

莲子叶 liɛ⁴³³⁻⁴⁴ tsɿ⁴⁴⁵⁻⁴⁴ iəʔ²³　莲叶

莲子柄 liɛ⁴³³⁻⁴⁴ tsɿ⁴⁴⁵⁻⁴⁴ bu⁴³³　莲蓬

莲子□ liɛ⁴³³⁻⁴⁴ tsɿ⁴⁴⁵⁻⁴⁴ xã⁴⁴⁵⁻⁵²　籽实不饱满的莲子‖"□"［xã⁴⁴⁵］指粮食作物空壳无实

莲子心 liɛ⁴³³⁻⁴⁴ tsɿ⁴⁴⁵⁻⁴⁴ sən³²⁴　成熟莲子种仁内的绿色胚芽，泡茶饮用，有清心火、止遗精的作用

莲子壳 liɛ⁴³³⁻⁴⁴ tsɿ⁴⁴⁵⁻⁴⁴ kʰəʔ⁵　莲蓬籽实的外壳

莲子衣 liɛ⁴³³⁻⁴⁴ tsɿ⁴⁴⁵⁻⁴⁴ i³²⁴　莲蓬籽实的外膜

麦 maʔ²³　麦子

大麦 do²³¹⁻⁴³ maʔ²³　① 大麦。② 胖子

细麦 ɕia⁵²⁻⁴⁴ maʔ²³　小麦

花麦 xo³²⁴⁻⁴⁴ maʔ²³　荞麦

麻雀麦 mo⁴³³⁻⁴⁴ tɕiəʔ⁵⁻⁴ maʔ²³　野燕麦

麦芒 maʔ²³⁻² mən⁴³³

麦头 maʔ²³⁻² dɯu⁴³³　麦穗

麦秆 maʔ²³⁻² kuə⁴⁴⁵　麦秸

麦根 maʔ²³⁻⁴³ kə³²⁴　麦茬儿

黄粟 ɤ̃⁴³³⁻⁴⁴ səʔ⁵　小米

芦穄 lu⁴³³⁻⁴³ tsʅ⁵²　高粱

芦穄梗 lu⁴³³⁻⁴⁴ tsʅ⁵²⁻⁴⁴ kuɛ⁴⁴⁵　高粱秆

包萝 pɔ³²⁴⁻⁴⁴ lo⁴³³　玉米

包萝梗 pɔ³²⁴⁻⁴⁴ lo⁴³³⁻⁴⁴ kuɛ⁴⁴⁵　玉米秸

包萝铺⁼ pɔ³²⁴⁻⁴⁴ lo⁴³³⁻⁴³ pʰu³²⁴　包着苞叶的玉米棒

包萝须 pɔ³²⁴⁻⁴⁴ lo⁴³³⁻⁴³ su³²⁴　玉米须

包萝花 pɔ³²⁴⁻⁴⁴ lo⁴³³⁻⁴³ xo³²⁴　玉米花

包萝肚 pɔ³²⁴⁻⁴⁴ lo⁴³³⁻⁴⁴ tu⁴⁴⁵　玉米棒芯

糯米包萝 no²³¹⁻²² mi²²³⁻²² pɔ³²⁴⁻⁴⁴ lo⁴³³　糯玉米

甜包萝 diɛ⁴³³⁻²² pɔ³²⁴⁻⁴⁴ lo⁴³³　甜玉米

豆 dɯu²³¹　①豆。②黄豆

绿豆 lyəʔ²³⁻⁴³ dɯu²³¹

赤豆 tɕʰiaʔ⁵ dɯu²³¹⁻⁰

乌豆 u³²⁴⁻³² dɯu²³¹　黑豆

青豆 tɕʰin³²⁴⁻³² dɯu²³¹

田塍豆 diɛ⁴³³⁻²² zin⁴³³⁻⁴³ dɯu²³¹　种在田埂上的豆子

豆荚 dɯu²³¹⁻²² kɑʔ⁵

豆责⁼ dɯu²³¹⁻²² tsaʔ⁵　豆秸
　豆柴 dɯu²³¹⁻²² za⁴³³

半扇仁 pə⁵²⁻⁴⁴ ɕiɛ⁵²⁻⁴⁴ ȵin⁴³³　半饱满的籽实

番薯 fɑ̃³²⁴⁻⁴⁴ zʅ⁴³³　红薯,统称

红头豹 ən⁴³³⁻²² dɯu⁴³³⁻⁴³ pɔ⁵²　红薯的一个品种,水分较多,熟食口

感细软香甜

红心番薯 ən$^{433-43}$ sən$^{324-32}$ fã$^{324-44}$ zɿ^{433}

硬番薯 ŋe$^{231-22}$ fã$^{324-44}$ zɿ^{433}　　口感硬的番薯

胜利豹 ɕin$^{324-44}$ li$^{223-22}$ pɔ^{52}　　胜利百号红薯。硬番薯的一种,多用来磨番薯粉

苹果番薯 bin$^{433-22}$ ko$^{445-44}$ fã$^{324-44}$ zɿ^{433}　　红心番薯,一般用来晒番薯片、番薯干

青田老 tɕʰin$^{324-44}$ d-tiɛ$^{324-44}$ lɔ$^{223-52}$　　白皮白心且个头大的番薯

卵黄番薯 lən$^{223-22}$ uɔ̃$^{433-43}$ fã$^{324-44}$ zɿ^{433}　　淀粉含量高,甜度高的红心番薯

广东白 kɔ̃$^{445-44}$ tən$^{324-44}$ baʔ^{23}　　水分含量多,松脆,甜度高,适于生食

广东红 kɔ̃$^{445-44}$ tən$^{324-44}$ ən^{433}　　甜度高,多用来晒番薯片、番薯干的番薯

番薯龙 fã$^{324-44}$ zɿ$^{433-22}$ liɔ̃^{433}　　番薯藤蔓

番薯汁 fã$^{324-44}$ zɿ$^{433-22}$ tsəʔ^{5}　　番薯藤蔓、块根的白色汁液,衣物沾上后不易清洗

洋芋 iã$^{433-43}$ y^{231}　　马铃薯

芋 y^{231}　　毛芋

芋头 y$^{231-22}$ dɯ^{433}　　芋母,每株芋中最大的块茎

芋艿 y$^{231-22}$ na^{223}　　芋母周边的小芋子

芋苇 y^{231} uei^{433}　　毛芋秆

芋汁 y^{231} tsəʔ^{5}　　毛芋梗的浆汁,衣物沾上后不易清洗

老花生 lɔ$^{223-22}$ xo$^{324-44}$ sɛ^{324}　　花生‖"老"应是"落"的音变

老花生米 lɔ$^{223-22}$ xo$^{324-44}$ sɛ$^{324-44}$ mi^{223}　　花生米

老花生壳 lɔ$^{223-22}$ xo$^{324-44}$ sɛ$^{324-44}$ kʰəʔ^{5}　　花生壳

老花生衣 lɔ$^{223-22}$ xo$^{324-44}$ sɛ$^{324-44}$ i^{324}　　花生衣

油菜 iɯ$^{433-43}$ tsʰei^{52}

油菜籽 iɯ$^{433-44}$ tsʰei$^{52-44}$ tsɿ^{445}

油麻 iɯ$^{433-22}$ mo^{433}　　芝麻

千斤拔 tɕʰiɛ⁵²⁻⁴⁴ tɕin³²⁴⁻⁴⁴ bɑʔ²³　蓖麻。刺扎入皮肤,若针都挑不出,用蓖麻油涂抹,刺会自行出来,有"四两拨千斤"的疗效,故名

蓖麻 bi⁻²² mo⁴³³ ‖ "蓖"单字调不明

热头花 ȵiəʔ²³⁻² dəɯ⁴³³⁻⁴³ xo³²⁴　① 向日葵。② 葵花籽儿

茶籽 dz-tso⁴³³⁻⁴⁴ tsʅ⁴⁴⁵　① 油茶。② 油茶的果实

茶籽卵 dz-tso⁴³³⁻⁴⁴ tsʅ⁴⁴⁵⁻⁴⁴ lən²²³　油茶的果实

茶籽树 dz-tso⁴³³⁻⁴⁴ tsʅ⁴⁴⁵⁻⁴⁴ ʑy²³¹　油茶树

茶籽花 dz-tso⁴³³⁻⁴⁴ tsʅ⁴⁴⁵⁻⁴⁴ xo³²⁴　油茶花

茶籽泡 dz-tso⁴³³⁻⁴⁴ tsʅ⁴⁴⁵⁻⁴⁴ pʰɔ³²⁴　茶桃

茶籽片 dz-tso⁴³³⁻⁴⁴ tsʅ⁴⁴⁵⁻⁴⁴ pʰiɛ⁵²　茶桃的变种,片状,故称

茶籽壳 dz-tso⁴³³⁻⁴⁴ tsʅ⁴⁴⁵⁻⁴⁴ kʰəʔ⁵　油茶果实的壳

茶籽残 dz-tso⁴³³⁻⁴⁴ tsʅ⁴⁴⁵⁻⁴⁴ zã⁴³³　收获时遗漏未被采摘的油茶果实:撮～

棉花 miɛ⁴³³⁻⁴³ xo³²⁴

棉花桃 miɛ⁴³³⁻⁴⁴ xo³²⁴⁻⁴⁴ dɔ⁴³³

麻 mo⁴³³　苎麻、黄麻等草本植物的统称

青麻 tɕʰin³²⁴⁻⁴⁴ mo⁴³³

络麻 ləʔ²³⁻² mo⁴³³　黄麻

麻䇲⁼ mo⁴³³⁻⁴⁴ kuaʔ⁵　苎麻去皮后的茎秆,白色,不硬较脆。捆扎成把,沉放在河流池塘里用塘泥盖着浸泡一段时间,洗净后呈空心状,晒干用于起火、引火或照明

麻皮 mo⁴³³⁻²² bi⁴³³　苎麻茎秆上的皮

麻壳 mo⁴³³⁻⁴⁴ kʰəʔ⁵　从苎麻皮上用麻刀剥离下来的外层表皮,绿色

麻叶 mo⁴³³⁻⁴⁴ iəʔ²³　苎麻叶,可用该嫩叶和米粉一起制作粿儿

残 zã⁴³³　收获后落下的粮食或挑拣、饮食后的剩余:茶籽～

(二) 蔬菜

水菜 ɕy⁴⁴⁵⁻⁴⁴ tsʰei⁵²　有绿叶的菜

　青菜 tɕʰin³²⁴⁻³² tsʰei⁵²

白菜 baʔ²³⁻² tsʰei⁵²

大白菜 do²³¹⁻²² baʔ²³⁻² tsʰei⁵²

细白菜 ɕia⁵²⁻⁴⁴ baʔ²³⁻² tsʰei⁵²　小白菜

包心菜 pɔ³²⁴⁻⁴⁴ sən³²⁴⁻³² tsʰei⁵²

黄芽菜 õ⁴³³⁻²² ŋo⁴³³⁻⁴³ tsʰei⁵²

花菜 xo³²⁴⁻³² tsʰei⁵²

菠薐菜 po³²⁴⁻⁴⁴ lin⁴³³⁻⁴³ tsʰei⁵²　菠菜

芹菜 dzin⁴³³⁻⁴³ tsʰei⁵²

水芹菜 ɕy⁴⁴⁵⁻⁴⁴ dzin⁴³³⁻⁴³ tsʰei⁵²　野生的芹菜

芥菜 ka⁵²⁻⁴⁴ tsʰei⁵²

苋菜 xã⁵²⁻⁴⁴ tsʰei⁵²

苋菜梗 xã⁵²⁻⁴⁴ tsʰei⁵²⁻⁴⁴ kuɛ⁴⁴⁵　苋菜秆，腌制后可作菜肴

蒻芷菜 tɕyən³²⁴⁻⁴⁴ daʔ²³⁻² tsʰei⁵²

空心菜 kʰən³²⁴⁻⁴⁴ sən³²⁴⁻³² tsʰei⁵²

苦麻菜 kʰu⁴⁴⁵⁻⁴⁴ mo⁴³³⁻²² tsʰei⁵²　苦荬菜

木耳菜 məʔ²³⁻² ŋi²²³⁻²² tsʰei⁵²

莴苣笋 u³²⁴⁻⁴⁴ tɕy⁴⁴⁵⁻⁴⁴ sən⁴⁴⁵　莴笋

莴苣笋叶 u³²⁴⁻⁴⁴ tɕy⁴⁴⁵⁻⁴⁴ sən⁴⁴⁵⁻⁴⁴ iəʔ²³　莴笋叶

茭笋 kɔ³²⁴⁻⁴⁴ sən⁴⁴⁵　茭白

韭菜 tɕiɯ⁴⁴⁵⁻⁴⁴ tsʰei⁵²

韭黄 tɕiɯ⁴⁴⁵⁻⁴⁴ õ⁴³³

芫菜 yə⁴³³⁻⁴³ tsʰei⁵²　芫荽

香荠 ɕiã³²⁴⁻⁴⁴ zɿ²²³　荠菜的一种，可食用，常用来包馄饨、水饺，味道鲜美

田荠 d-tiɛ⁴³³⁻⁴⁴ zɿ²²³　荠菜的一种，一般用来作猪饲料

大叶田荠 do²³¹⁻⁴³ iəʔ²³ d-tiɛ⁴³³⁻⁴⁴ zɿ²²³　大叶荠菜

细叶田荠 ɕia⁵²⁻⁴⁴ iəʔ²³ d-tiɛ⁴³³⁻⁴⁴ zɿ²²³　小叶荠菜，又称碎米荠

金针 tɕin³²⁴⁻⁴⁴ tsʰən³²⁴　黄花菜

葱 tsʰən³²⁴

葱叶 tsʰən³²⁴⁻⁴⁴ iəʔ²³

葱梗 tsʰən³²⁴⁻⁴⁴ kuɛ⁴⁴⁵　　葱白

香葱 ɕiã³²⁴⁻⁴⁴ tsʰən³²⁴　　野葱

大蒜 da²³¹⁻²² sə⁵²　　蒜

大蒜心 da²³¹⁻²² sə⁵²⁻⁴⁴ sən³²⁴　　蒜苗

大蒜树 da²³¹⁻²² sə⁵²⁻⁴⁴ bu⁴³³　　蒜头

大蒜子 da²³¹⁻²² sə⁵²⁻⁴⁴ tsɿ⁴⁴⁵　　大蒜的种子

老藠 lɔ²²³⁻²² dʑiɔ²²³　　藠头。一种百合科葱属多年生鳞茎植物

老藠头 lɔ²²³⁻²² dʑiɔ²²³⁻²² dɤɯ⁴³³　　藠头的鳞茎，泡制食用，味道爽脆开胃

生姜 sɛ³²⁴⁻⁴⁴ tɕiã³²⁴　　姜

生姜苇 sɛ³²⁴⁻⁴⁴ tɕiã³²⁴⁻⁴⁴ uei⁴³³　　姜秆

嫩姜 nə²³¹⁻⁴³ tɕiã³²⁴

老姜 lɔ²²³⁻⁴³ tɕiã³²⁴

洋姜 iã⁴³³⁻⁴³ tɕiã³²⁴

洋葱 iã⁴³³⁻⁴³ tsʰən³²⁴

辣椒 lɑʔ²³⁻⁴³ tɕiɔ³²⁴

甜椒 diɛ⁴³³⁻⁴³ tɕiɔ³²⁴

青椒 tɕʰin³²⁴⁻⁴⁴ tɕiɔ³²⁴

　　青辣椒 tɕʰin³²⁴⁻⁴⁴ lɑʔ²³⁻⁴³ tɕiɔ³²⁴

灯笼椒 tin³²⁴⁻⁴⁴ lən⁴³³⁻⁴³ tɕiɔ³²⁴

辣苏 lɑʔ²³⁻⁴³ su³²⁴　　茄子

番茄 fã³²⁴⁻⁴⁴ ko³²⁴　　西红柿

萝卜 lɔ⁴³³⁻⁴⁴ bəʔ²³　　‖"卜"本字为"菔"。菔，入声屋韵房六切："芦菔，菜也。"

红萝卜 ən⁴³³⁻⁴⁴ lɔ⁴³³⁻⁴⁴ bəʔ²³　　胡萝卜

萝卜空心了 lɔ⁴³³⁻⁴⁴ bəʔ²³ kʰən³²⁴⁻⁴⁴ sən³²⁴⁻³² lɑʔ⁰　　萝卜糠了

　　萝卜空膪了 lɔ⁴³³⁻⁴⁴ bəʔ²³ kʰən³²⁴⁻⁴⁴ pəʔ⁵ lɑʔ⁰

萝卜菜缨 lɔ⁴³³⁻⁴⁴ bəʔ²³⁻² tsʰei⁵²⁻⁴⁴ in³²⁴　　萝卜缨子

黄瓜 õ$^{433-43}$ ko^{324}

天萝 t^{h}iɛ$^{324-44}$ lo^{433}　丝瓜，无棱的

金瓜 tɕin$^{324-44}$ ko^{324}　南瓜

金瓜肚 tɕin$^{324-44}$ ko$^{324-44}$ tu^{445}　南瓜瓤

金瓜龙 tɕin$^{324-44}$ ko$^{324-44}$ liõ^{433}　南瓜藤

金瓜须 tɕin$^{324-44}$ ko$^{324-44}$ ɕy^{324}　南瓜茎上的卷须

冬瓜 tən$^{324-44}$ ko^{324}

苦瓜 k^{h}u$^{445-44}$ ko^{324}

匏 bu^{433}　瓠瓜。嫩的，可食的 ‖《广韵》肴韵薄交切："瓠也"。今读韵母特殊

葫芦 u$^{433-22}$ lu^{433}　① 瓠瓜。老的，用于制作水瓢、水壶等。② 用老瓠瓜制作而成的装茶用具

山药 sã$^{324-44}$ iəʔ^{23}

藕 ŋo^{223}

豇豆 kõ$^{324-32}$ dɤɯ^{231}

八月豇 paʔ$^{5-4}$ n̠yəʔ$^{23-43}$ kõ^{324}　八月可以采摘的豇豆

寒露豇 uə$^{433-44}$ lu$^{231-43}$ kõ^{324}　寒露时节可以采摘的豇豆

豇豆扦 kõ$^{324-44}$ dɤɯ$^{231-22}$ tɕ^{h}iɛ^{52}　供豇豆、豌豆等藤蔓攀爬、缠绕的竿子

大刀豆 do$^{433-43}$ tɤɯ$^{324-32}$ dɤɯ^{231}　刀豆

蚕豆 zə$^{433-43}$ dɤɯ^{231}　豌豆

佛豆 vəʔ$^{23-43}$ dɤɯ^{231}　蚕豆

扁豆 piɛ$^{445-44}$ dɤɯ^{231}

薄荷 bo$^{231-22}$ o^{433}

紫苏 tsu$^{445-44}$ su^{324}

食曲 ziəʔ$^{23-2}$ tɕ^{h}yəʔ^{5}　鼠曲草。常用来制作清明馃

蓬 bən^{433}　蓬蒿

铰剪蓬 ko$^{445-44}$ tɕiɛ$^{445-44}$ bən^{433}　牡蒿。因叶片顶端缺口较多，好似被剪过一般，故名

苦益菜 kʰu⁴⁴⁵⁻⁴⁴ iəʔ⁵ tsʰei⁵²⁻⁰　多年草本，全年可采，鲜用或晒干均可，味道微苦

木龙头 məʔ²³⁻² liõ⁴³³⁻²³¹ dɯ⁴³³⁻²³¹　马兰头‖读音特殊，暂写作"木龙头"

酸苋 sə³²⁴⁻³² xã⁵²　马齿苋

菜叶 tsʰei⁵²⁻⁴⁴ iəʔ²³

梗 kuɛ⁴⁴⁵　植物的枝或茎

菜梗 tsʰei⁵²⁻⁴⁴ kuɛ⁴⁴⁵　菜秆

菜心 tsʰei⁵²⁻⁴⁴ sən³²⁴　① 除去外皮层的菜秆。② 蔬菜的中心层

菜根 tsʰei⁵²⁻⁴⁴ kə³²⁴

(三) 水果

水果 ɕy⁴⁴⁵⁻⁴⁴ ko⁴⁴⁵

苹果 bin⁴³³⁻²² ko⁴⁴⁵

桃 dɔ⁴³³　桃子

毛桃 mɔ⁴³³⁻²² dɔ⁴³³

黄桃 õ⁴³³⁻²² dɔ⁴³³

水蜜桃 ɕy⁴⁴⁵⁻⁴⁴ miəʔ²³⁻² dɔ⁴³³

国庆桃 kuəʔ⁵⁻⁴ tɕʰin⁵²⁻⁴⁴ dɔ⁴³³　该品种的桃子一般在九月底十月初成熟，故名

蟠桃 bə²²³⁻²² dɔ⁴³³

桃脂 dɔ⁴³³⁻⁴³ tsɿ³²⁴　桃胶

梨 li⁴³³

香梨 ɕiã³²⁴⁻⁴⁴ li⁴³³

雪梨 ɕiəʔ⁵⁻⁴ li⁴³³

鸡爪梨 tsɿ³²⁴⁻⁴⁴ tsɔ⁴⁴⁵⁻⁴⁴ li⁴³³　拐枣

麦李 maʔ²³⁻² li²²³　李子

红心李 ən⁴³³⁻²² sən³²⁴⁻⁴⁴ li²²³

桃形李 dɔ⁴³³⁻²² in⁴³³⁻⁴⁴ li²²³

葡萄 bu⁴³³⁻²² dɔ⁴³³

杏梅 ŋɛ²²³⁻²² mei⁴³³　杏

橘 tɕyəʔ⁵　橘子

金橘 tɕin³²⁴⁻⁴⁴ tɕyəʔ⁵

橘衣 tɕyəʔ⁵⁻⁴ i³²⁴　橘络

椪柑 pʰən⁵²⁻⁴⁴ kə³²⁴

柚 iɯ²³¹　柚子

甜橙 diɛ⁴³³⁻⁴³ tən⁵²　橙子‖"橙"读音特殊

香圞 ɕiã³²⁴⁻⁴⁴ lə⁴³³　香橼，果皮泡水当茶喝，有疏肝理气、宽中、化痰的功效

陈⁼梨 dzən⁻²² li⁴³³　猕猴桃‖"陈⁼"本字调不明

香蕉 ɕiã³²⁴⁻⁴⁴ tɕiɔ³²⁴

西瓜 sɿ³²⁴⁻⁴⁴ ko³²⁴

甜瓜 diɛ⁴³³⁻⁴³ ko³²⁴

梨瓜 li⁴³³⁻⁴³ ko³²⁴　是甜瓜的一个品种

黄柿 ɔ̃⁴³³⁻⁴⁴ zɿ²²³　柿子

枇杷 bi⁴³³⁻²² bo⁴³³

鸡⁼□ tsɿ⁻⁴⁴ ŋɛ³²⁴　‖"鸡⁼"本字调不明

　　石榴 ziəʔ²³⁻² liɯʔ⁴³³

青枣 tɕʰin³²⁴⁻⁴⁴ tsɔ⁴⁴⁵

红枣 ən⁴³³⁻⁴⁴ tsɔ⁴⁴⁵

大栗 do²³¹⁻⁴³ liəʔ²³　栗子的统称

土大栗 tʰu⁴⁴⁵⁻⁴⁴ do²³¹⁻⁴³ liəʔ²³　老品种的土栗子，小颗粒

毛板红 mɔ⁴³³⁻²² pã⁴⁴⁵⁻⁴⁴ ən⁴³³　新品种的大板栗

魁栗 kʰuei³²⁴⁻⁴⁴ liəʔ²³　新品种的小栗子

杨梅 iã⁴³³⁻²² mei⁴³³

桑叶乌 sɔ̃³²⁴⁻⁴⁴ iəʔ²³⁻⁴³ u³²⁴　桑葚

樱桃 in³²⁴⁻⁴⁴ dɔ⁴³³

核桃 ŋəʔ²³⁻² dɔ⁴³³

山核桃 sã³²⁴⁻⁴⁴ ŋəʔ²³⁻² dɔ⁴³³

白果 baʔ²³⁻² ko⁴⁴⁵　银杏

草榧 tsʰɔ⁴⁴⁵⁻⁴⁴ pʰi⁴⁴⁵　香榧

橄榄 kə⁴⁴⁵⁻⁴⁴ lã²²³

槟榔 pin³²⁴⁻⁴⁴ lɔ̃⁴³³

甘蔗 kə³²⁴⁻³² tɕia⁵²

甘蔗标 kə³²⁴⁻⁴⁴ tɕia⁵²⁻⁴⁴ piɔ⁴⁴⁵　甘蔗稍

青蔗 tɕʰin³²⁴⁻³² tɕia⁵²　甘蔗的一种，外表皮呈绿色

紫蔗 tsɿ⁴⁴⁵⁻⁴⁴ tɕia⁵²　甘蔗的一种，外表皮呈深紫色

荔枝 li²³¹⁻⁴³ tsɿ³²⁴

桂圆 kʰuei⁵²⁻⁴⁴ yən⁴³³　‖"桂"声母特殊

　　圆眼 yən⁴³³⁻⁴⁴ ŋã²²³

桂圆肉 kʰuei⁵²⁻⁴⁴ yən⁴³³⁻⁴⁴ ȵyəʔ²³

菠萝 po³²⁴⁻⁴⁴ lo⁴³³

芒果 mɔ̃⁴³³⁻²² ko⁴⁴⁵

麻楂 mo⁴³³⁻⁴³ tɕia³²⁴　野山楂

蒲荠 bu⁴³³⁻²² zɿ⁴³³　荸荠

菱角 lin⁴³³⁻⁴⁴ kəʔ⁵

苦槠 kʰu⁴⁴⁵⁻⁴⁴ tsɿ³²⁴

木莲 məʔ²³⁻² liɛ⁴³³　薛荔子

柞子 dzaʔ²³⁻² tsɿ⁴⁴⁵　橡子，即栎木子

公□ kən³²⁴⁻³² ȵiɯ²³¹　蓬蘽

大公□ do⁴³³⁻⁴³ kən³²⁴⁻³² ȵiɯ²³¹　覆盆子

蛇□ ʑia⁴³³⁻⁴³ ȵiɯ²³¹　蛇莓

大麦甜菇 do²³¹⁻²² ma⁴³³⁻² maʔ²³⁻² diɛ⁴³³⁻⁴³ ku³²⁴　野生羊奶果

蒂 ti⁵²　花或瓜果跟枝茎相连的部分：西瓜～

(四) 树木

树 ʐy²³¹　① 树。② 木头

柴 za⁴³³　柴火

柴窠 za⁴³³⁻⁴³ kʰo³²⁴　灌木丛

柴窠彭 za⁴³³⁻²² kʰo³²⁴⁻⁴⁴ bɛ²³¹

柴彭窠 za⁴³³⁻²² bɛ²³¹⁻⁴³ kʰo³²⁴

彭 bɛ²³¹　草木丛：柴～｜刺～｜草～

硬柴 ŋɛ²³¹⁻²² za⁴³³　质地坚硬的木柴

柴汁 z-sa⁴³³⁻⁴⁴ tsəʔ⁵　树的汁液

树苗 ʑy²³¹⁻²² miɔ⁴³³

叶 iəʔ²³

树叶 ʑy²³¹⁻⁴³ iəʔ²³

柴叶 za⁴³³⁻⁴³ iəʔ²³

树壳 ʑy²³¹⁻²² kʰəʔ⁵　树皮

树桠 ʑy²³¹⁻⁴³ o³²⁴　树枝

标 piɔ⁴⁴⁵　梢儿‖"标"声调特殊

树标 ʑy²³¹⁻²² piɔ⁴⁴⁵　树梢儿

根 kə³²⁴

树根 ʑy²³¹⁻⁴³ kə³²⁴

树株 ʑy²³¹⁻⁴³ tu³²⁴　树茬儿

没株 məʔ²³⁻⁴³ tu³²⁴　树茬儿和地面平

树疤 ʑy²³¹⁻⁴³ po³²⁴

树脻= ʑy²³¹⁻⁴³ tɛ³²⁴　树干上的短截枝杈

松树 zən⁴³³⁻⁴³ ʑy²³¹

松针 z-sən⁴³³⁻⁴⁴ tsən³²⁴　长在树上的松针

松毛衣 zəʔ²³⁻² mɔ⁴³³⁻⁴⁴ i³²⁴　掉落地上的松针‖"松"韵母促化

松毛卵 zəʔ²³⁻² mɔ⁴³³⁻⁴⁴ lən²²³　松球

　　松毛嘎嘎 z-sən⁴³³⁻⁴⁴ mɔ⁴³³⁻⁴⁴ ga²³¹⁻⁴³ g-ka²³¹⁻³²⁴　儿童语

松香 z-sən⁴³³⁻⁴⁴ ɕiã³²⁴

松花 z-sən⁴³³⁻⁴⁴ xo³²⁴

柏树 paʔ⁵ ʑy²³¹⁻⁰

　　樟柏 tɕiã³²⁴⁻⁴⁴ paʔ⁵

扁柏 piɛ⁴⁴⁵⁻⁴⁴ paʔ⁵

轮柏 lən⁴³³⁻⁴⁴ paʔ⁵　圆柏

杉树 sã̄³²⁴⁻³² ʑy²³¹

杉刺桠 sã̄³²⁴⁻⁴⁴ tsʰɿ⁵²⁻⁴⁴ o³²⁴　杉针

　杉树刺 sã̄³²⁴⁻⁴⁴ ʑy²³¹⁻²² tsʰɿ⁵²

水杉 ɕy⁴⁴⁵⁻⁴⁴ sã̄³²⁴

红豆杉 ən⁴³³⁻²² dɯ²³¹⁻⁴³ sã̄³²⁴

杨柳树 iã̄⁴³³⁻⁴⁴ liɯ²²³⁻⁴³ ʑy²³¹　柳树

白杨树 baʔ²³⁻² iã̄⁴³³⁻⁴³ ʑy²³¹　杨树

黄荆柴 ɔ̃⁴³³⁻⁴⁴ tɕin³²⁴⁻⁴⁴ za⁴³³　黄荆

苦楝树 kʰu⁴⁴⁵⁻⁴⁴ liɛ⁴³³⁻²² ʑy²³¹

桑叶树 sɔ̃³²⁴⁻⁴⁴ iəʔ²³⁻² ʑy²³¹　桑树

桑叶 sɔ̃³²⁴⁻⁴⁴ iəʔ²³

桐子树 d-tən⁴³³⁻⁴⁴ tsɿ⁴⁴⁵⁻⁴⁴ ʑy²³¹　油桐树

桐子 d-tən⁴³³⁻⁴⁴ tsɿ⁴⁴⁵

桐油 dən⁴³³⁻²² iɯ⁴³³

虹子树 gən⁴³³⁻²² tsɿ⁴⁴⁵⁻⁴⁴ ʑy²³¹　乌桕树

虹子 gən⁴³³⁻²² tsɿ⁴⁴⁵　乌桕

乌饭柴 u³²⁴⁻⁴⁴ vã̄²³¹⁻²² za⁴³³　乌稔树

铁树 tʰiəʔ⁵ ʑy²³¹⁻⁰

梧桐树 u⁴³³⁻²² dən⁴³³⁻⁴³ ʑy²³¹

樟树 tɕiã̄³²⁴⁻³² ʑy²³¹

枫树 fən³²⁴⁻³² ʑy²³¹

野漆树 ia²²³⁻²² tsʰəʔ⁵ ʑy²³¹⁻⁰　漆树

金刚刺 tɕin³²⁴⁻⁴⁴ kɔ̃³²⁴⁻³² tsʰɿ⁵²　金刚刺根用于酿酒

棕榈树 tsən³²⁴⁻⁴⁴ li⁴³³⁻⁴³ ʑy²³¹

棕榈叶 tsən³²⁴⁻⁴⁴ li⁴³³⁻⁴⁴ iəʔ²³

棕榈籽 tsən³²⁴⁻⁴⁴ li⁴³³⁻⁴⁴ tsɿ⁴⁴⁵　棕榈的籽实

棕榈籽柎 tsən³²⁴⁻⁴⁴ li⁴³³⁻⁴⁴ tsɿ⁴⁴⁵⁻⁴⁴ bu⁴³³　连柄的整枝棕榈籽

棕 tsən³²⁴　棕榈叶鞘的纤维

棕毛 tsən$^{324-44}$ mɔ^{433}

(五) 花草、菌类
1. 花

花 xo^{324}

花蕊 xo$^{324-44}$ ȵi^{223}　花骨朵

　　花蕾 xo$^{324-44}$ lei^{223}

花片 xo$^{324-44}$ pʰiɛ^{52}　花瓣

花粉 xo$^{324-44}$ fən^{445}

梅花 mei$^{433-43}$ xo^{324}

梅丹 mei$^{433-43}$ tã^{324}　牡丹

木樨花 məʔ$^{23-2}$ sɿ$^{324-44}$ xo^{324}

　　桂花 kuei$^{52-44}$ xo^{324}

桃花 dɔ$^{433-43}$ xo^{324}

油菜花 iɯ$^{433-44}$ tsʰei$^{52-44}$ xo^{324}　油菜的花

喇叭花 la$^{223-22}$ pa$^{324-44}$ xo^{324}

长茅花 dz-tɕiã$^{433-44}$ mɔ$^{433-44}$ xo^{324}　杜鹃花

指甲花 tsəʔ$^{5-4}$ kɑʔ$^{5-4}$ xo^{324}　凤仙花 ‖ "指"韵母促化

菊花 tɕyəʔ$^{5-4}$ xo^{324}

野菊花 ia$^{223-22}$ tɕyəʔ$^{5-4}$ xo^{324}

水仙花 ɕy$^{445-44}$ ɕiɛ$^{324-44}$ xo^{324}

兰花 lã$^{433-43}$ xo^{324}

吊兰 tiɔ$^{52-44}$ lã^{433}　铁皮石斛。因石斛花附生在树上枝条下垂，故
　　名。与学名吊兰的植物属两种不同种类

茉莉花 məʔ$^{23-2}$ li$^{231-43}$ xo^{324}

草籽花 tsʰɔ$^{445-44}$ tsɿ$^{445-44}$ xo^{324}　紫云英的花

茶花 dzo$^{433-43}$ xo^{324}

山茶花 sã$^{324-44}$ dzo$^{433-43}$ xo^{324}

黄栀花 õ$^{433-44}$ tsɿ$^{324-44}$ xo^{324}　栀子花

鸡冠花 tsɿ$^{324-44}$ kuã$^{324-44}$ xo^{324}

月月红 ȵyəʔ²³⁻² ȵyəʔ²³⁻² ən⁴³³　月季花

芙蓉花 vu⁴³³⁻²² yən⁴³³⁻⁴³ xo³²⁴

水⁼槿花 ɕy⁻⁴⁴ tɕin⁴⁴⁵⁻⁴⁴ xo³²⁴　木槿花‖"水⁼"本字调不明

金银花 tɕin³²⁴⁻⁴⁴ ȵin⁴³³⁻⁴³ xo³²⁴

乌烟 u³²⁴⁻⁴⁴ iɛ³²⁴　① 罂粟。② 鸦片

2. 草

草 tsʰɔ⁴⁴⁵

草窠 tsʰɔ⁴⁴⁵⁻⁴⁴ kʰo³²⁴　草丛

　草窠彭 tsʰɔ⁴⁴⁵⁻⁴⁴ kʰo³²⁴⁻⁴⁴ bɛ²³¹

草汁 tsʰɔ⁴⁴⁵⁻⁴⁴ tsəʔ⁵　草的汁液

草根 tsʰɔ⁴⁴⁵⁻⁴⁴ kə³²⁴

青气 tɕʰin³²⁴⁻³² tsʰɿ⁵²　植物散发出来的气息

野草 ia²²³⁻²² tsʰɔ⁴⁴⁵

草籽 tsʰɔ⁴⁴⁵⁻⁴⁴ tsɿ⁴⁴⁵　紫云英

长茅草 dʐ-tɕiã⁴³³⁻⁴⁴ mɔ⁴³³⁻⁴⁴ tsʰɔ⁴⁴⁵　飞蓬

黄竿 ɔ̃⁴³³⁻⁴³ kuə³²⁴　黄茅

籽乌黏 tsɿ⁴⁴⁵⁻⁴⁴ u³²⁴⁻⁴⁴ ȵiɛ³²⁴　苍耳

蝦蟆草 o⁴³³⁻⁴⁴ mo⁴³³⁻⁴⁴ tsʰɔ⁴⁴⁵　白茅

蝦蟆衣 o⁴³³⁻⁴⁴ mo⁴³³⁻⁴³ i³²⁴　车前,可入药,有祛痰、镇咳、平喘等作用

街狗尾巴 ka³²⁴⁻⁴⁴ kɯ⁴⁴⁵⁻⁴⁴ n̩²²³⁻⁴³ pu³²⁴　狗尾草

犁头草 li⁴³³⁻²² d-təɯ⁴³³⁻⁴⁴ tsʰɔ⁴⁴⁵　长萼堇菜。其叶略似旧式犁上的铧,故名。可入药,能清热解毒

□ ʑiɔ²²³　小植株辣蓼草,可以做酒

大水□ do²³¹⁻²² ɕy⁴⁴⁵⁻⁴⁴ ʑiɔ²²³　大植株辣蓼草

九重楼 tɕiɯ⁴⁴⁵⁻⁴⁴ dʑiɔ̃²²³⁻²² lɤɯ⁴³³　夏枯草。有清火明目之功效,能治目赤肿痛、头痛等

野响炮 ia²²³⁻²² ɕiã⁴⁴⁵⁻⁴⁴ pʰɔ⁵²　一种草本植物,夏季开花,果时萼增大如灯笼状,圆卵形或近圆形,秋后成熟时外皮为黄色或暗色

菖蒲 tɕʰiã³²⁴⁻⁴⁴ bu⁴³³　根茎有淡淡的芳香，端午节有把菖蒲叶和艾捆一起插门上的习俗

水菖蒲 ɕy⁴⁴⁵⁻⁴⁴ tɕʰiã³²⁴⁻⁴⁴ bu⁴³³　叶子呈剑状，叶面光亮

蒲草 bu⁴³³⁻⁴³ tsʰɔ⁴⁴⁵　香蒲

艾 uei²³¹　艾草

折耳 tsəʔ⁵⁻⁴ n̩²²³　鱼腥草

龙须草 liã⁴³³⁻⁴⁴ ɕy³²⁴⁻⁴⁴ tsʰɔ⁴⁴⁵

奶奶草 na²²³⁻²² na²²³⁻⁴⁴ tsʰɔ⁴⁴⁵　奶草

礠壳草 d-tã⁴³³⁻⁴⁴ kʰəʔ⁵⁻⁴ tsʰɔ⁴⁴⁵　长在岩石上草，常用于打草绳

染卵草 nʑiɛ²²³⁻²² lən²²³⁻²² tsʰɔ⁴⁴⁵　茜草。用茜草根和蛋一起煮，能使蛋壳呈红色，故名

　　红卵草 ɔn⁴³³⁻²² lən²²³⁻²² tsʰɔ⁴⁴⁵

水草 ɕy⁴⁴⁵⁻⁴⁴ tsʰɔ⁴⁴⁵

藻 biɔ⁴³³

青藻 tɕʰin³²⁴⁻⁴⁴ biɔ⁴³³

紫藻 tsɿ⁴⁴⁵⁻⁴⁴ biɔ⁴³³

水葫芦 ɕy⁴⁴⁵⁻⁴⁴ u⁴³³⁻²² lu⁴³³　一种浮水草本植物，常用来做猪食

水白菜 ɕy⁴⁴⁵⁻⁴⁴ baʔ²³⁻² tsʰei⁵²　一种水生飘浮草本植物，常用来做猪食

万年青 mã²²³⁻²² nʑiɛ⁴³³⁻⁴³ tɕʰin³²⁴

仙人掌 ɕiɛ³²⁴⁻⁴⁴ nin⁴³³⁻⁴⁴ tɕiã⁴⁴⁵

仙人球 ɕiɛ³²⁴⁻⁴⁴ nin⁴³³⁻⁴⁴ dʑɯ⁴³³

3. 竹

毛竹 mɔ⁴³³⁻⁴⁴ tyəʔ⁵

大毛竹 do²³¹⁻²² mɔ⁴³³⁻⁴⁴ tyəʔ⁵

细毛竹 ɕia⁵²⁻⁴⁴ mɔ⁴³³⁻⁴⁴ tyəʔ⁵　小毛竹

雷竹 lei⁴³³⁻⁴⁴ tyəʔ⁵　一种早竹

三月竹 sã³²⁴⁻⁴⁴ nʑyəʔ²³⁻² tyəʔ⁵　三月左右长笋的竹

金竹 tɕin³²⁴⁻⁴⁴ tyəʔ⁵　一种笋质美味的竹子

花竹 xo$^{324-44}$ tyəʔ^5　枝干有花纹的竹子

乌紫竹 u$^{324-44}$ tsʅ$^{445-44}$ tyəʔ^5　紫竹

孝顺竹 xɔ$^{52-44}$ ʑyən$^{231-22}$ tyəʔ^5

苦竹 k^{h}u$^{445-44}$ tyəʔ^5

水竹 ɕy$^{445-44}$ tyəʔ^5

石竹 ʑiəʔ$^{23-2}$ tyəʔ^5

毛竹鞭 mɔ$^{433-44}$ tyəʔ$^{5-4}$ piɛ^{324}　竹鞭

毛竹节 mɔ$^{433-44}$ tyəʔ$^{5-4}$ tɕiəʔ^5　竹节

毛竹篱纱= mɔ$^{433-44}$ tyəʔ$^{5-4}$ li$^{433-43}$ ɕia^{324}　竹枝

　篱纱= li$^{433-43}$ ɕia^{324}

毛竹叶 mɔ$^{433-44}$ tyəʔ$^{5-4}$ iəʔ^{23}

毛竹衣 mɔ$^{433-44}$ tyəʔ$^{5-4}$ i^{324}　竹膜，即竹管内壁的白色薄膜

毛竹爿 mɔ$^{433-44}$ tyəʔ$^{5-4}$ bã^{433}　竹片

篾爿 miəʔ$^{23-2}$ bã^{433}　篾片

篾丝 miəʔ$^{23-43}$ sʅ^{324}

篾青 miəʔ$^{23-43}$ tɕ^{h}in^{324}　竹子的外层皮，质地较韧

篾黄 miəʔ$^{23-2}$ ɔ̃^{433}　竹子的内层皮，质地较脆

箍桶篾 k^{h}u$^{324-44}$ dən$^{223-22}$ miəʔ^{23}　用来箍桶的竹篾

笋 sən^{445}

雷笋 lei$^{433-22}$ sən^{445}

春笋 tɕ^{h}yən$^{324-44}$ sən^{445}

冬笋 tən$^{324-44}$ sən^{445}

竹鞭笋 tyəʔ$^{5-4}$ piɛ$^{324-44}$ sən^{445}　竹鞭新长出的前端部分

黄泥笋 ɔ̃$^{433-22}$ ȵi$^{433-22}$ sən^{445}　尚未钻出地面的笋

笋种 sən$^{445-44}$ tɕiɔ̃^{445}　留着用以长毛竹的笋

笋壳 sən$^{445-44}$ k^{h}əʔ^5

笋衣 sən$^{445-44}$ i^{324}　尖端鲜嫩的里层笋壳，可食用

笋尖 sən$^{445-44}$ tɕiɛ^{324}　笋尖端最嫩的部分

箬 ȵiəʔ^{23}　箬叶，用来包粽子、编斗笠

4. 藤、蕨、菌等

龙 liɔ̃⁴³³　藤蔓

绐龙 da⁴³³⁻²² liɔ̃⁴³³　爬藤

葛绳龙 kuəʔ⁵⁻⁴ dzin⁴³³⁻²² liɔ̃⁴³³　葛藤

千斤 tɕʰiɛ⁵²⁻⁴⁴ tɕin³²⁴　千斤藤,多年生草质藤本植物

狼萁 lɔ̃⁴³³⁻⁴³ i³²⁴　芒萁。大型陆生蕨类植物,生于疏林下、火烧迹地或山野向阳地,常当柴烧

大脚狼萁 do²³¹⁻²² tɕiəʔ⁵⁻⁴ lɔ̃⁴³³⁻⁴³ i³²⁴　大芒萁

山粉荽 sã³²⁴⁻⁴⁴ fən⁴⁴⁵⁻⁴⁴ uei⁴³³　蕨菜

咕咕藤 ku³²⁴⁻⁴⁴ ku³²⁴⁻⁴⁴ dən⁴³³　金沙藤。多年生攀援蕨类植物,野生于路边、山坡、草丛中,攀援他物而生长。秋季孢子未脱落时采割藤叶,晒干,搓或打下孢子,有清热解毒、利水通淋等功效

海金沙 xei⁴⁴⁵⁻⁴⁴ tɕin³²⁴⁻⁴⁴ sa³²⁴

猢狲姜 u⁴³³⁻⁴⁴ sə³²⁴⁻⁴⁴ tɕiã³²⁴　骨碎补,是槲蕨的根茎,有止痛、强骨的功效

猢狲藤根 u⁴³³⁻⁴⁴ sə³²⁴⁻⁴⁴ dən⁴³³⁻⁴³ kə³²⁴　南五味子根,有消肿止痛、祛风活络、活血理气的功效

刺 tsʰɿ⁵²　① 刺儿。② 荆棘

刺窠 tsʰɿ⁵²⁻⁴⁴ kʰo³²⁴　荆棘丛

　　刺窠彭 tsʰɿ⁵²⁻⁴⁴ kʰo³²⁴⁻³² bɛ²³¹

酒掇⁼刺 tɕiɯ⁴⁴⁵⁻⁴⁴ təʔ⁵ tsʰɿ⁵²⁻⁰　金樱子

木耳 məʔ²³⁻² ȵi²²³

蕈 zən²²³　蘑菇,野生的

蘑菇 mo⁴³³⁻⁴³ ku³²⁴

香菇 ɕiã³²⁴⁻⁴⁴ ku³²⁴

冬菇 tən³²⁴⁻⁴⁴ ku³²⁴　香菇的一种,冬季收成

春菇 tɕʰyən³²⁴⁻⁴⁴ ku³²⁴　香菇的一种,春季收成

花菇 xo³²⁴⁻⁴⁴ ku³²⁴　香菇的一种,顶上有花纹,质量好

平菇 bin⁴³³⁻⁴³ ku³²⁴　菇的一种,表面平滑,菌肉色白

金针菇 tɕin³²⁴⁻⁴⁴ tsən³²⁴⁻⁴⁴ ku³²⁴　菇的一种，菌柄细长，似金针菜，故名

礓壳蕈 d-tã⁴³³⁻⁴⁴ kʰəʔ⁵⁻⁴ zən²²³　石耳，长在岩石上的地衣

　　礓头蕈 d-tã⁴³³⁻⁴⁴ d-təɯ⁴³³⁻⁴⁴ zən²²³

青衣 tɕʰin³²⁴⁻⁴⁴ i³²⁴　青苔

湖苔 u⁴³³⁻²² dei⁴³³　江河中一种丝状绿藻

六、动物

(一) 牲畜

牲徒 sɛ³²⁴⁻⁴⁴ du⁴³³　① 牲口。② 骂卑鄙、禽兽不如的人。詈语

黄瘴 ɔ̃⁴³³⁻⁴³ tɕiã⁵²　牲口，多用来咒骂牛、猪。詈语

黄瘴搒去 ɔ̃⁴³³⁻⁴³ tɕiã⁵² bɛ⁴³³⁻⁴³ kʰɯ-xə⁵²⁻⁰　染瘴疫。用于咒骂顽劣不羁的牛、猪等牲口，相当于"该死的"

扁毛 piɛ⁴⁴⁵⁻⁴⁴ mɔ⁴³³　① 禽类。② 骂卑鄙、禽兽不如的人。詈语

马 mo²²³

驴 ly⁴³³

牛 ȵiɯ⁴³³

哞哞 mɔ³²⁴⁻⁴⁴ mɔ³²⁴⁻⁵²　牛。儿童语

水牛 ɕy⁴⁴⁵⁻⁴⁴ ȵiɯ⁴³³

黄牛 ɔ̃⁴³³⁻²² ȵiɯ⁴³³

水牯 ɕy⁴⁴⁵⁻⁴⁴ ku⁴⁴⁵　成年的雄性水牛

黄牯 ɔ̃⁴³³⁻⁴⁴ ku⁴⁴⁵　成年的雄性黄牛

牛娘 ȵiɯ⁴³³⁻²² ȵiã⁴³³　母牛的统称

水牛娘 ɕy⁴⁴⁵⁻⁴⁴ ȵiɯ⁴³³⁻²² ȵiã⁴³³　母水牛

牛儿 ȵiɯ⁴³³⁻⁴³ n̩³²⁴　牛犊

　　细牛 ɕia⁵²⁻⁴⁴ ȵiɯ⁴³³⁻²²³

香⁼竖⁼牛 ɕiã⁻⁴⁴ zy⁻²² ȵiɯ⁴³³　指祖上留下来属于宗族公有的牛

羊 iã⁴³³

绵羊 miɛ⁴³³⁻²² iã⁴³³

山羊 sã³²⁴⁻⁴⁴ iã⁴³³

猪 ti³²⁴

叭叭 no²³¹⁻⁴³ no²³¹　猪。儿童语

雄猪 yən⁴³³⁻⁴³ ti³²⁴

雌猪 tsʰɿ³²⁴⁻⁴⁴ ti³²⁴

公猪 kən³²⁴⁻⁴⁴ ti³²⁴　种猪，配种用的公猪

肉猪 n̠yəʔ²³⁻⁴³ ti³²⁴　已阉的专供肉用的猪

猪娘 ti³²⁴⁻⁴⁴ n̠iã⁴³³　母猪

  猪娘爿 ti³²⁴⁻⁴⁴ n̠iã⁴³³⁻²² bã⁴³³

细猪 ɕia⁵²⁻⁴⁴ ti³²⁴　小猪

  猪儿 ti³²⁴⁻⁴⁴ n̠³²⁴

  细猪儿 ɕia⁵²⁻⁴⁴ ti³²⁴⁻⁴⁴ n̠³²⁴

乌猪 u³²⁴⁻⁴⁴ ti³²⁴　黑猪

两头乌 lɛ²²³⁻²² dəɯ⁴³³⁻⁴³ u³²⁴　一种良种猪，颈部臀部色黑，中段及腿色白

白猪 baʔ²³⁻⁴³ ti³²⁴

花猪 xo³²⁴⁻⁴⁴ ti³²⁴　毛色黑白相间的猪

缙云猪 tsən⁵²⁻⁴⁴ yən⁴³³⁻⁴³ ti³²⁴　来自缙云县的生猪品种。20世纪宣平人多饲养从丽水缙云县贩卖来的小猪品种

半槽猪 pə⁵²⁻⁴⁴ zɔ⁴³³⁻⁴³ ti³²⁴　半大不小的猪，尚不能宰杀

  槽猪 zɔ⁴³³⁻⁴³ ti³²⁴

主家猪 tɕy⁴⁴⁵⁻⁴⁴ ko³²⁴⁻⁴⁴ ti³²⁴　农家散养猪，一般喂养农家自种的五谷杂粮和纯生态农作物

饲料猪 zɿ²³¹⁻²² liɔ⁴³³⁻⁴³ ti³²⁴　养猪场里的猪，一般喂养配方饲料

过年猪 ko⁵²⁻⁴⁴ n̠iɛ⁴³³⁻⁴³ ti³²⁴　饲养到除夕前为过春节而宰杀的猪

转栏 tyə⁴⁴⁵⁻⁴⁴ lã⁴³³　母猪或母牛等牲口发情

配种 pʰei⁵²⁻⁴⁴ tɕyõ⁴⁴⁵　使雌雄动物的生殖细胞结合以繁殖后代。早年农家散养牲口，一般是主人将母牛赶到养公牛的人家配种，将公猪赶到养母猪的人家配种

头窠 dəu⁴³³⁻⁴³ kʰo³²⁴　母猪生的第一窝小猪

挤栏 dzio²²³⁻²² lã⁴³³　猪乱拱猪栏

反栏 fã⁴⁴⁵⁻⁴⁴ lã⁴³³　猪乱拱猪粪

调栏 dio²³¹⁻²² lã⁴³³　换栏，即给生长到一定程度的小猪更换猪栏

出栏 tɕʰyəʔ⁵⁻⁴ lã⁴³³　猪已长成，可提供屠宰

猫 mo³²⁴

雄猫 yən⁴³³⁻⁴³ mo³²⁴

雌猫 tsʰɿ³²⁴⁻⁴⁴ mo³²⁴

猫爹 mo³²⁴⁻⁴⁴ tia³²⁴　成年的公猫

猫娘 mo³²⁴⁻⁴⁴ ȵiã⁴³³　成年的母猫

街狗 ka³²⁴⁻⁴⁴ kɯ⁴⁴⁵　狗，统称

雄街狗 yən⁴³³⁻²² ka³²⁴⁻⁴⁴ kɯ⁴⁴⁵　雄狗

雌街狗 tsʰɿ³²⁴⁻⁴⁴ ka³²⁴⁻⁴⁴ kɯ⁴⁴⁵　雌狗

街狗爹 ka³²⁴⁻⁴⁴ kɯ⁴⁴⁵⁻⁴⁴ tia³²⁴　成年的公狗

街狗娘 ka³²⁴⁻⁴⁴ kɯ⁴⁴⁵⁻⁴⁴ ȵiã⁴³³　成年的母狗

细街狗 ɕia⁵²⁻⁴⁴ ka³²⁴⁻⁴⁴ kɯ⁴⁴⁵　小狗

土街狗 tʰu⁴⁴⁵⁻⁴⁴ ka³²⁴⁻⁴⁴ kɯ⁴⁴⁵
　土狗 tʰu⁴⁴⁵⁻⁴⁴ kɯ⁴⁴⁵

癫街狗 tiɛ³²⁴⁻⁴⁴ ka³²⁴⁻⁴⁴ kɯ⁴⁴⁵　疯狗

狼狗 lɔ̃⁴³³⁻⁴⁴ kɯ⁴⁴⁵

吠 bi²³¹　（狗）叫

街狗黏雌 ka³²⁴⁻⁴⁴ kɯ⁴⁴⁵⁻⁴⁴ ȵiɛ³²⁴⁻⁴⁴ tsʰɿ³²⁴　狗交媾

兔 tʰu⁵²

长毛兔 dziã⁴³³⁻²² mo⁴³³⁻⁴³ tʰu⁵²

月月兔 ȵyəʔ²³⁻² ȵyəʔ²³⁻² tʰu⁵²　一种繁殖能力很强的兔种，一年可生产近10胎

兔毛 tʰu⁵²⁻⁴⁴ mo⁴³³

换毛 uã²³¹⁻²² mo³²⁴　禽兽类旧毛脱落而长出新毛的生理现象

粗毛 tsʰu³²⁴⁻⁴⁴ mo⁴³³

鸡 tsʅ³²⁴

雄鸡 yən⁴³³⁻⁴³ tsʅ³²⁴　　公鸡

草鸡 tsʰɔ⁴⁴⁵⁻⁴⁴ tsʅ³²⁴　　雌鸡 ‖ 也作"骒鸡"

鸡娘 tsʅ³²⁴⁻⁴⁴ ȵiã⁴³³　　已生蛋的母鸡

赖伏鸡 la²³¹⁻²² bu²³¹⁻⁴³ tsʅ³²⁴　　抱窝鸡

赖伏 la²³¹⁻⁴³ bu²³¹　　抱窝

鸡儿 tsʅ³²⁴⁻⁴⁴ n̩³²⁴　　小鸡

　　细鸡 ɕia⁵²⁻⁴⁴ tsʅ³²⁴

乌骨鸡 u³²⁴⁻⁴⁴ kuəʔ⁵⁻⁴ tsʅ³²⁴

主家鸡 tɕy⁴⁴⁵⁻⁴⁴ ko³²⁴⁻⁴⁴ tsʅ³²⁴　　农家放养于野外,不是以配方饲料为主食喂养的土种鸡

生疏鸡 sɛ³²⁴⁻⁴⁴ su³²⁴⁻⁴⁴ tsʅ³²⁴　　新到陌生环境的鸡

茅坑鸡 mɔ⁴³³⁻⁴⁴ kʰɛ³²⁴⁻⁴⁴ tsʅ³²⁴　　曾掉进厕所的鸡

鸡冠 tsʅ³²⁴⁻⁴⁴ kuã³²⁴

鸡脚钯 tsʅ³²⁴⁻⁴⁴ tɕiəʔ⁵⁻⁴ bu⁴³³　　鸡爪

　　鸡脚爪 tsʅ³²⁴⁻⁴⁴ tɕiəʔ⁵⁻⁴ tsɔ⁴⁴⁵

鸡相啄 tsʅ³²⁴⁻³² ɕiã⁴⁴⁵⁻⁴⁴ təʔ⁵　　鸡相斗

挓 da²²³　　用爪子扒拉:谷乞鸡～出去了

　　推 tʰei³²⁴

啼 di⁴³³　　(公鸡)打鸣儿

生 sɛ³²⁴　　下:鸡～卵

寻窠 zən⁴³³⁻⁴³ kʰo³²⁴　　母鸡、鸭、鹅等找窝(下蛋)

伏 bu²³¹　　孵:～细鸡

伏细鸡 bu²³¹⁻²² ɕia⁵²⁻⁴⁴ tsʅ³²⁴　　孵小鸡

踏雄 dɑʔ²³⁻² yən⁴³³　　雌雄鸡交合

　　站⁼卵 dzã²³¹⁻²² lən²²³

现窠 iɛ²³¹⁻⁴³ kʰo³²⁴　　引窝

现窠卵 iɛ²³¹⁻²² kʰo³²⁴⁻⁴⁴ lən²²³　　引窝蛋。为诱使母鸡在自家窝里多下蛋,不到别处下野蛋,养鸡人常在鸡窝里留下一个不取的蛋

头生卵 dəu$^{433-43}$ sɛ$^{324-44}$ lən^{223}　头生蛋。母鸡下的第一窝鸡蛋，大概只有十几个，之后过一段时间再下蛋

软屁卵 ȵyə$^{223-22}$ pʰi$^{52-44}$ lən^{223}　软壳蛋，鸡无力时会产下此类蛋

双卵黄 ɕiɔ$^{324-44}$ lən$^{223-22}$ ɔ̃^{433}　双黄蛋

赖伏卵 la$^{231-22}$ bu$^{231-22}$ lən^{223}　毛蛋，孵化不成功的蛋

半成卵 pə$^{52-44}$ ʑin$^{433-22}$ lən^{223}

卵遮= lən$^{223-43}$ tɕia^{324}　鸡鸭等禽类的卵巢

鸡浼 tsɿ$^{324-32}$ u^{52}　鸡粪

啄 təʔ^5　鸡～米

切 tɕʰiaʔ^5　鸭鹅等扁嘴动物用嘴啄人的动作

鸭 ɑʔ^5

雄鸭 yən$^{433-44}$ ɑʔ^5

草鸭 tsʰɔ$^{445-44}$ ɑʔ^5　雌鸭

鸭牯 ɑʔ$^{5-4}$ ku^{445}　成年的公鸭

鸭娘 ɑʔ$^{5-4}$ ȵiã^{433}　已下蛋的母鸭

水鸭 ɕy$^{445-44}$ ɑʔ^5

番鸭 fã$^{324-44}$ ɑʔ^5　一种体重比普通家鸭大比鹅小的鸭子。头大，脚矮，行动迟缓。生长快，容易肥育。脸及颈上部皮肤粗红，嘴基部与眼部有不规则肉瘤，公鸭尤为明显。羽毛有白色和杂色两种

细鸭 ɕia$^{52-44}$ ɑʔ^5　小鸭

鸭儿 ɑʔ$^{5-4}$ n̩^{324}

新鸭 sən$^{324-44}$ ɑʔ^5　鸭龄未超过1年的鸭

老鸭 lɔ$^{223-22}$ ɑʔ^5　鸭龄1年以上的鸭

鹅 ŋo^{433}

公鹅 kən$^{324-44}$ ŋo^{433}

草鹅 tsʰɔ$^{445-44}$ ŋo^{433}　雌鹅

鹅娘 ŋo$^{433-22}$ ȵiã^{433}　已下蛋的母鹅

细鹅 ɕia$^{52-44}$ ŋo$^{433-223}$　小鹅‖"鹅"变调

鹅儿 ŋo⁴³³⁻⁴³ n̩³²⁴

公鹅质 kən³²⁴⁻⁴⁴ ŋo⁴³³⁻⁴⁴ tsəʔ⁵　公鹅头顶上的包

瘟 uə³²⁴　① 流行性急性传染病。② 遭瘟疫死亡：鸡都～了

猪瘟 ti³²⁴⁻⁴⁴ uə³²⁴

鸡瘟 tsʅ³²⁴⁻⁴⁴ uə³²⁴

(二) 野兽

野货 ia²²³⁻²² xo⁵²　野兽

　　野兽 ia²²³⁻²² ɕiɯ⁵²

老虎 lɔ²²³⁻²² fu⁴⁴⁵

老虎娘 lɔ²²³⁻²² fu⁴⁴⁵⁻⁴⁴ n̠ia⁴³³　母老虎

白老虎 baʔ²³⁻² lɔ²²³⁻²² fu⁴⁴⁵

东北虎 tən³²⁴⁻⁴⁴ pəʔ⁵⁻⁴ fu⁴⁴⁵

豹 pɔ⁵²　豹子

金钱豹 tɕin³²⁴⁻⁴⁴ dʑiɛ⁴³³⁻⁴³ pɔ⁵²

狮子 sʅ⁴⁴⁵⁻⁴⁴ tsʅ⁴⁴⁵⁻⁵²

狼 lɔ̃⁴³³

熊 yən⁴³³

街狗熊 ka³²⁴⁻⁴⁴ kɯ⁴⁴⁵⁻⁴⁴ yən⁴³³　狗熊

大熊猫 do²³¹⁻²² yən⁴³³⁻⁴³ mɔ³²⁴

猢狲 u⁴³³⁻⁴³ sə³²⁴　猴子

狐狸 u⁴³³⁻²² li⁴³³

野猪 ia²²³⁻⁴³ ti³²⁴

黄鼠老 ɔ̃⁴³³⁻⁴⁴ tsʰʅ⁴⁴⁵⁻⁴⁴ lɔ²²³　黄鼠狼

老鼠 lɔ²²³⁻²² tsʰʅ⁴⁴⁵

山老鼠 sã³²⁴⁻⁴⁴ lɔ²²³⁻²² tsʰʅ⁴⁴⁵　山鼠

田老鼠 d-tiɛ⁴³³⁻⁴⁴ lɔ²²³⁻²² tsʰʅ⁴⁴⁵　田鼠

松鼠 z-sən⁴³³⁻⁴⁴ tsʰʅ⁴⁴⁵

老鼠皮翼 lɔ²²³⁻²² tsʰʅ⁴⁴⁵⁻⁴⁴ b-pi⁴³³⁻⁴⁴ iəʔ²³　蝙蝠

枪猪 tɕʰia³²⁴⁻⁴⁴ ti³²⁴　豪猪

刺猬 tsʰɿ⁵²⁻⁴⁴ uei²³¹

水獭 ɕy⁴⁴⁵⁻⁴⁴ tʰɑʔ⁵

穿山甲 tɕʰyə³²⁴⁻⁴⁴ sã³²⁴⁻⁴⁴ kɑʔ⁵

鹿 ləʔ²³

跳麂 tʰiɔ⁵²⁻⁴⁴ tsɿ⁴⁴⁵

野兔 ia²²³⁻²² tʰu⁵²

骆驼 lɑʔ²³⁻² do⁴³³

象 ziã²²³

麒麟 dzɿ⁴³³⁻²² lin⁴³³

龙 liõ⁴³³

青龙 tɕʰin³²⁴⁻⁴⁴ liõ⁴³³

海老龙 xei⁴⁴⁵⁻⁴⁴ lɔ²²³⁻²² liõ⁴³³　水龙王

龙甲 liõ⁴³³⁻⁴⁴ kɑʔ⁵　龙的鳞甲

四不像 sɿ⁵²⁻⁴⁴ pəʔ⁵⁻⁴ ziã²²³　貔貅

(三) 鸟

鸟 tiɔ⁴⁴⁵　鸟儿

麻雀 mo⁴³³⁻⁴⁴ tɕiəʔ⁵

喜鹊 sɿ⁴⁴⁵⁻⁴⁴ tɕʰiaʔ⁵

老鸦 lɔ²²³⁻⁴³ o³²⁴　乌鸦

燕燕 iɛ⁴⁴⁵⁻⁴⁴ iɛ⁴⁴⁵　燕子

雁 ŋa²³¹

天鹅 tʰiɛ³²⁴⁻⁴⁴ ŋo⁴³³

山鸡 sã³²⁴⁻⁴⁴ tsɿ³²⁴　野鸡

竹鸡 tyəʔ⁵⁻⁴ tsɿ³²⁴

野鸭 ia²²³⁻²² ɑʔ⁵

鹁鸽 bəʔ²³⁻² kəʔ⁵　鸽子

野鹁鸽 ia²²³⁻²² bəʔ²³⁻² kəʔ⁵　斑鸠

八哥 pɑʔ⁵⁻⁴ ko³²⁴

鹤 ŋəʔ²³

白鹤 baʔ²³⁻⁴³ ŋəʔ²³

老鹰 lɔ²²³⁻⁴³ in³²⁴

撞⁼鸟 dziɔ̃²³¹⁻²² tiɔ⁴⁴⁵　赤腹鹰。体型比老鹰小，会捕食鸟和小鸡‖"撞⁼"本字调不明

麻雀鹰 mo⁴³³⁻⁴⁴ tɕiəʔ⁵⁻⁴ in³²⁴　雀鹰。体型比赤腹鹰小，会抓捕食鸟和小鸡

猫头鹰 mɔ³²⁴⁻⁴⁴ dəɯ⁴³³⁻⁴³ in³²⁴

鸬鹚 lu⁴³³⁻²² zu⁴³³

白鸬鹚 baʔ²³⁻² lu⁴³³⁻²² zu⁴³³　白鹭

白头翁 baʔ²³⁻² dəɯ⁴³³⁻⁴³ ən³²⁴

白面鸟 baʔ²³⁻² miɛ²³¹⁻²² tiɔ⁴⁴⁵　白鹡鸰

啄木鸟 təʔ⁵⁻⁴ məʔ²³⁻² tiɔ⁴⁴⁵

茅坑鸟 mɔ⁴³³⁻⁴⁴ kʰɛ³²⁴⁻⁴⁴ tiɔ⁴⁴⁵　鹊鸲

翠叶鸟 tsʰei⁵²⁻⁴⁴ iəʔ²³⁻² tiɔ⁴⁴⁵　翠鸟

清明鬼子 tɕʰin³²⁴⁻⁴⁴ min⁴³³⁻⁴⁴ kuei⁴⁴⁵⁻⁵⁵ tsʅ⁴⁴⁵⁻⁰　强脚树莺。主要栖息于海拔 1 600—2 400 米高度阔叶林树从和灌丛间，春夏之间常发出清脆的叫声，从早到晚久鸣不休，但一般只闻其声，不见其影

凤凰 vən²³¹⁻²² ɔ̃⁴³³

鸳鸯 yə³²⁴⁻⁴⁴ iɑ̃³²⁴

口甲 kʰɯ³²⁴⁻⁴⁴ kɑʔ⁵　喙，鸟类的嘴

翼髈 iəʔ²³⁻² pʰɔ̃⁴⁴⁵　翅膀

脚爪 tɕiəʔ⁵⁻⁴ tsɔ⁴⁴⁵　爪子，鸟的

尾巴 n̩²²³⁻⁴³ pu³²⁴

窠 kʰo³²⁴　窝

鸟窠 tiɔ⁴⁴⁵⁻⁴⁴ kʰo³²⁴　鸟窝

老鼠窠 lɔ²²³⁻²² tsʰʅ⁴⁴⁵⁻⁴⁴ kʰo³²⁴　老鼠窝

做窠 tso⁵²⁻⁴⁴ kʰo³²⁴　筑巢

背窠 pei⁵²⁻⁴⁴ kʰo³²⁴　燕子等动物用嘴衔东西做窝

(四) 蛇、虫

蛇 ʑia⁴³³

毒蛇 dəʔ²³⁻² ʑia⁴³³

青蛇 tɕʰin³²⁴⁻⁴⁴ ʑia⁴³³　翠青蛇，无毒

竹叶青 tyəʔ⁵⁻⁴ iəʔ²³⁻⁴³ tɕʰin³²⁴　一种全身翠绿的毒蛇

蕲蛇 dzɿ⁴³³⁻²² ʑia⁴³³　尖吻蝮，相传被咬的人走不出五步就毒发而死，故又称五步蛇

蕲蛇盖 dzɿ⁴³³⁻²² ʑia⁴³³⁻⁴³ kei⁵²　龟壳花蛇，一种中小型剧毒蛇。头呈明显三角形，颈较细，形如一个烙铁头，短尾，花纹较细

老鸦蝮 lɔ²²³⁻²² o³²⁴⁻⁴⁴ pʰəʔ⁵　眼镜蛇

百节蛇 paʔ⁵⁻⁴ tɕieʔ⁵⁻⁴ ʑia⁴³³　银环蛇，身上一节白一节黑的蛇

乌梢蛇 u³²⁴⁻⁴⁴ sɔ³²⁴⁻⁴⁴ ʑia⁴³³　乌蛇，一种无毒蛇

油菜花 iɯ⁴³³⁻⁴⁴ tsʰei⁵²⁻⁴⁴ xo³²⁴　王锦蛇，一种无毒蛇。背面黑色，混杂黄花斑，似菜花，故名

泥蛇 ȵi⁴³³⁻²² ʑia⁴³³　一种水蛇。黑色，穴居成群，咬人有毒。通常生活在小溪河、沼泽地、水沟、稻田及池塘中，栖息于淡水水域的水草下、淤泥里或有水的洞穴中

水蛇 ɕy⁴⁴⁵⁻⁴⁴ ʑia⁴³³　生活于水中的蛇

蛇毒 ʑia⁴³³⁻⁴³ dəʔ²³

蛇胆 ʑia⁴³³⁻²² tã⁴⁴⁵

蛇壳 ʑia⁴³³⁻⁴³ kʰəʔ⁵　蛇蜕下来的皮

脱壳 tʰəʔ⁵⁻⁴ kʰəʔ⁵　(蛇)蜕皮

蛇洞 ʑia⁴³³⁻⁴³ dən²³¹

搅雌 gɔ²²³⁻⁴³ tsʰɿ³²⁴　雌雄蛇交合

秧⁼辫⁼ iã⁻⁴⁴ biɛ²²³　蜥蜴‖"秧⁼"本字调不明

虫 dʑyən⁴³³　虫子

虫卵 dʑ-tɕyən⁴³³⁻⁴⁴ lən²²³

得⁼子 tieʔ⁵⁻⁴ tsɿ⁴⁴⁵　蛾类产卵

生虫 sɛ³²⁴⁻⁴⁴ dʑyən⁴³³　食物长蛆虫

虫蚄 dzyən⁴³³⁻⁴³ tɕy⁵² 　树木、书籍、粮食等被米象、天牛、蛾等虫子咬食

壁虫 piəʔ⁵⁻⁴ dzyən⁴³³ 　蛀蚀衣物的虫子：衣裳乞～壁⁼去了 衣服被虫子蛀蚀了

蛛蛛 tu³²⁴⁻⁴⁴ tu³²⁴ 　蜘蛛

蛛蛛毛窠 tu³²⁴⁻⁴⁴ tu³²⁴⁻⁴⁴ mɔ⁴³³⁻⁴³ kʰo³²⁴ 　蜘蛛网

白蚁虎 baʔ²³⁻² ŋa²²³⁻²² fu⁴⁴⁵ 　壁虎

水街狗 ɕy⁴⁴⁵⁻⁴⁴ ka³²⁴⁻⁴⁴ kɯ⁴⁴⁵⁻⁵² 　蝼蛄

毛辣虫 mɔ⁴³³⁻⁴⁴ lɑʔ²³⁻² dzyən⁴³³ 　松毛虫，黑色

青耥⁼ tɕʰin³²⁴⁻⁴⁴ tʰɔ̃⁴⁴⁵ 　绿色的刺毛虫

蜈蚣 n̩⁴³³⁻⁴³ kən³²⁴

米虫 mi²²³⁻²² dzyən⁴³³ 　米里的蛀虫

蛀蚌 tɕy⁵²⁻⁴⁴ iɑ̃⁴³³ 　米象，是贮藏谷物的主要害虫。成虫啮食谷粒，幼虫蛀食谷粒内部

茅坑虫 mɔ⁴³³⁻⁴⁴ kʰɛ³²⁴⁻⁴⁴ dzyən⁴³³ 　厕所里的蛆虫

穿蚁 tɕʰyən³²⁴⁻⁴⁴ ŋa²²³ 　蚂蚁的统称

大穿蚁 do²³¹⁻²² tɕʰyən³²⁴⁻⁴⁴ ŋa²²³ 　大黑蚁

黄蚁 ɔ̃⁴³³⁻⁴⁴ ŋa²²³

臭蚁 tɕʰiɯ⁵²⁻⁴⁴ ŋa²²³ 　一种小蚂蚁，常侵入室内

白蚁 baʔ²³⁻² ŋa²²³

穿蚁窠 tɕʰyən³²⁴⁻⁴⁴ ŋa²²³⁻²² kʰo³²⁴ 　蚁窝

糯⁼蟮 no⁻⁴⁴ xuə⁴⁴⁵ / nɔ̃⁻⁴⁴ xuə⁴⁴⁵ 　蚯蚓‖"糯⁼"本字调不明

大糯⁼蟮 do²³¹⁻²² no⁻⁴⁴ xuə⁴⁴⁵ / do²³¹⁻²² nɔ̃⁻⁴⁴ xuə⁴⁴⁵ 　大蚯蚓

细糯⁼蟮 ɕia⁵²⁻⁴⁴ no⁻⁴⁴ xuə⁴⁴⁵ / ɕia⁵²⁻⁴⁴ nɔ̃⁻⁴⁴ xuə⁴⁴⁵ 　小蚯蚓

乌地蚕 u³²⁴⁻⁴⁴ di²³¹⁻²² zə⁴³³ 　地老虎。专吃玉米幼苗

白地蚕 baʔ²³⁻² di²³¹⁻²² zə⁴³³ 　蛴螬。专吃番薯、毛芋等

番薯耥⁼ fɑ³²⁴⁻⁴⁴ z-sɿ⁴³³⁻⁴⁴ tʰɔ̃⁴⁴⁵ 　专门吃番薯叶的虫子

蜒蚰 iɛ⁴³³⁻²² iɯ⁴³³ 　蛞蝓

蜗牛 o³²⁴⁻⁴⁴ ȵiɯ⁴³³ 　养殖的蜗牛

红田螺 ən⁴³³⁻²² diɛ⁴³³⁻²² lo⁴³³

狂⁼螂 gɔ⁻²² lɔ̃⁴³³　　螳螂‖"狂⁼"本字调不明

滚浼虫 kuən⁴⁴⁵⁻⁴⁴ u⁵²⁻⁴⁴ dzyən⁴³³　　屎壳郎

放屁虫 fɔ̃⁵²⁻⁴⁴ pʰi⁵²⁻⁴⁴ dzyən⁴³³

斑蝥 pã³²⁴⁻⁴⁴ mɔ⁴³³　　一种有特殊臭气的昆虫

稻飞虱 dɔ²²³⁻²² fi³²⁴⁻⁴⁴ səʔ⁵　　一种水稻害虫。一般多集聚于稻丛下部叶背及叶鞘上刺吸汁液,使叶变黄黑,以至枯死

蚕 zə⁴³³

蚕浼 zə⁴³³⁻⁴³ u⁵²　　蚕沙

蚕卵 z-sə⁴³³⁻⁴⁴ lən²²³　　蚕蛹

蜂 fən³²⁴　　蜜蜂

土蜂 tʰu⁴⁴⁵⁻⁴⁴ fən³²⁴　　我国土生土长的独特蜂种,主要指中华蜜蜂

洋蜂 iɑ⁴³³⁻⁴³ fən³²⁴　　海外引进的蜂种

车蜂 tɕʰia³²⁴⁻⁴⁴ fən³²⁴　　马蜂

蜂窠 fən³²⁴⁻⁴⁴ kʰo³²⁴　　蜂窝

车蜂窠 tɕʰia³²⁴⁻⁴⁴ fən³²⁴⁻⁴⁴ kʰo³²⁴　　马蜂窝

叮 tin³²⁴　　蜇

乞车蜂叮去了 kʰəʔ⁵⁻⁴ tɕʰia³²⁴⁻⁴⁴ fən³²⁴ tin³²⁴⁻³² kʰɯ-xə⁵²⁻⁰ laʔ⁰　　被马蜂蜇了

蝴蝶 u⁴³³⁻⁴⁴ dieʔ²³

车鹉 tɕʰia³²⁴⁻⁴⁴ u³²⁴　　蜻蜓

蚱了ㄦ tɕieʔ-tɕia⁵⁻⁴⁴ lin⁴³³　　知了,统称‖"蚱"韵母舒化

蚱蜢 tɕieʔ⁵⁻⁴ mɛ²²³　　蝗虫

蛐蛐 tɕʰyəʔ⁵⁻⁴ tɕʰyəʔ⁵　　蟋蟀

镬灶鸡 əʔ²³⁻² tsɔ⁵²⁻⁴⁴ tsɿ³²⁴　　灶蟋蟀

　　镬灶鸡鸡 əʔ²³⁻² tsɔ⁵²⁻⁴⁴ tsɿ³²⁴⁻⁴⁴ tsɿ³²⁴⁻⁵²　　儿童语

螟虫 min⁴³³⁻²² dzyən⁴³³　　蚊子,统称

大螟虫 do²³¹⁻²² min⁴³³⁻²² dzyən⁴³³　　大蚊子

细螟虫 ɕia⁵²⁻⁴⁴ min⁴³³⁻²² dzyən⁴³³　　小蚊子

大水螟虫 do²³¹⁻²² ɕy⁴⁴⁵⁻⁴⁴ min⁴³³⁻²² dzyən⁴³³　　水黾

苍蝇 tsʰɔ³²⁴⁻⁴⁴ in³²⁴　‖ "苍"的韵母特殊

尿桶苍蝇 sɿ³²⁴⁻⁴⁴ dən²²³⁻²² tsʰɔ³²⁴⁻⁴⁴ in³²⁴　绿蝇

牛榜= ȵiɯ⁴³³⁻²² bɛ⁴³³　牛虻。一种叮咬并吸食牛、马等家畜血液的虻科昆虫

　　牛苍蝇 ȵiɯ⁴³³⁻⁴⁴ tsʰɔ³²⁴⁻⁴⁴ in³²⁴

　　大苍蝇 do²³¹⁻²² tsʰɔ³²⁴⁻⁴⁴ in³²⁴

牛草蛛 ȵiɯ⁴³³⁻⁴⁴ tsʰɔ³²⁴⁻⁴⁴ tu³²⁴　牛蜱

谷蝇 kəʔ⁵⁻⁴ in⁴³³　谷蛾

蟑虫 tɕiã³²⁴⁻⁴⁴ dzyən⁴³³　蟑螂

跳蚤 tʰiɔ⁵²⁻⁴⁴ tsɔ⁴⁴⁵

虱 səʔ⁵　虱子

虱子 səʔ⁵⁻⁴ tsɿ⁴⁴⁵　虱卵

火焰虫 xo⁴⁴⁵⁻⁴⁴ iɛ⁵²⁻⁴⁴ dzyən⁴³³　萤火虫

田鸡 diɛ⁴³³⁻⁴³ tsɿ³²⁴　青蛙,统称

田鸡卵 d-tiɛ⁴³³⁻⁴⁴ tsɿ³²⁴⁻⁴⁴ lən²²³　青蛙卵

虾蟆待= o⁴³³⁻⁴⁴ mo⁴³³⁻⁴⁴ dei²²³　蝌蚪

气蛤 tsʰɿ⁵²⁻⁴⁴ kəʔ⁵　癞蛤蟆

　缠= dzyə²³¹

牛蛙 ȵiɯ⁴³³⁻⁴³ ua³²⁴

娃娃鱼 ua³²⁴⁻⁴⁴ ua³²⁴⁻⁴⁴ n̩⁴³³

虾蟆 o⁴³³⁻²² mo⁴³³　蚂蟥 ‖ 该名称特殊。"蝌蚪"叫"虾蟆待="[o⁴³³⁻⁴⁴ mo⁴³³⁻⁴⁴ dei²²³]

　　蚂蟥 mo²²³⁻²² ɔ̃⁴³³

扁担虾蟆 piɛ⁴⁴⁵⁻⁴⁴ tã⁵²⁻⁵⁵ o⁴³³⁻²² mo⁴³³　牛蚂蟥

　　大虾蟆 do²³¹⁻²² o⁴³³⁻²² mo⁴³³

(五) 水产

鱼 n̩⁴³³

清水鱼 tɕʰin³²⁴⁻⁴⁴ ɕy⁴⁴⁵⁻⁴⁴ n̩⁴³³　在河溪里成长的鱼类

　　大溪鱼 do²³¹⁻⁴³ tsʰɿ³²⁴⁻³² n̩⁴³³

鲤鱼 li$^{433-22}$ n̩^{433}

草鱼 tsʰɔ$^{445-44}$ n̩^{433}

大头鱼 do$^{231-22}$ dəɯ$^{433-22}$ n̩^{433}　鳙鱼

鲫鲢 tɕiəʔ$^{5-4}$ liɛ^{433}　鲫鱼

　　鲫鲢壳 tɕiəʔ$^{5-4}$ liɛ$^{433-44}$ kʰəʔ^{5}

白鲫 baʔ$^{23-2}$ tɕiəʔ^{5}　白鲫鱼

白鱼赸﹦ baʔ$^{23-2}$ n̩$^{433-44}$ kuaʔ^{5}　白鲦

吃﹦刷﹦ tɕʰiəʔ$^{5-4}$ ɕyəʔ^{5}　马口鱼

石斑鱼 ʑiəʔ$^{23-2}$ pã$^{324-44}$ n̩^{433}

老虎鱼 lɔ$^{223-22}$ fu$^{445-44}$ n̩^{433}　鳜鱼

鲈鱼 lu$^{433-22}$ n̩^{433}

鲇鮔 n̠iɛ$^{433-22}$ dei^{433}　鲇鱼

无赖狗 u$^{433-44}$ la$^{223-22}$ kɯ^{445}　黑鱼

沙鳅 sa$^{324-44}$ tɕʰiɯ^{324}　鳅科沙鳅属的鱼类，外形酷似泥鳅，常与泥沙为伴

叶鱼 iəʔ$^{23-2}$ n̩^{433}　青尾鲴

黄摘﹦刺 ɔ̃$^{433-44}$ taʔ^{5} tsʰɿ$^{52-0}$　黄颡鱼

青鱼 tɕʰin$^{324-44}$ n̩^{433}

罗非鱼 lo$^{433-44}$ fi$^{324-44}$ n̩^{433}

金鱼 tɕin$^{324-44}$ n̩^{433}

翘口枷 tɕʰiɔ$^{52-44}$ kʰɯ$^{445-44}$ bu^{433}　刀鱼

鳗 mə^{433}　鳗鲡

黄长 ɔ̃$^{433-22}$ dʑiã^{433}　黄鳝

鳅 tɕʰiɯ^{324}　泥鳅

虾公 xo$^{324-44}$ kən^{324}　虾，统称

黄 ɔ̃^{433}　① 虾卵。② 蟹黄

蟹 xa^{445}　螃蟹，统称

毛蟹 mɔ$^{433-44}$ xa^{445}

鳖 piəʔ⁵　甲鱼

乌龟 u³²⁴⁻⁴⁴ tɕy³²⁴

扇壳 ɕiɛ³²⁴⁻⁴⁴ kʰəʔ⁵　① 河蚌。② 喻指女阴

扇壳儿 ɕiɛ³²⁴⁻⁴⁴ kʰəʔ⁵ bã⁴³³⁻⁰　河蚌

田螺 diɛ⁴³³⁻²² lo⁴³³

螺蛳 lo⁴³³⁻⁴³ sɿ³²⁴　① 小型种的田螺。② 以植物叶和嫩芽为食的蜗牛

螺蛳壳 lo⁴³³⁻⁴⁴ sɿ³²⁴⁻⁴⁴ kʰəʔ⁵

黄鱼 ɔ̃⁴³³⁻²² n̩⁴³³

鲳鱼 tɕʰiã³²⁴⁻⁴⁴ n̩⁴³³

　鲳鱼鳖 ⁼ tɕʰiã³²⁴⁻⁴⁴ n̩⁴³³⁻²² piəʔ⁵

带鱼 ta⁵²⁻⁴⁴ n̩⁴³³

鱿鱼 iɯ⁴³³⁻⁴⁴ n̩⁴³³

鱼子 n̩⁴³³⁻⁴⁴ tsɿ⁴⁴⁵　鱼卵

鱼秧 n̩⁴³³⁻⁴³ iã³²⁴　鱼苗

　鱼苗 n̩⁴³³⁻²² miɔ⁴³³

厣 iɛ⁴⁴⁵　① 鱼鳞。② 螺类介壳口圆片状的盖儿

鱼泡 n̩⁴³³⁻⁴³ pʰɔ⁵²　鱼鳔儿

鱼刺 n̩⁴³³⁻⁴³ tsʰɿ⁵²

鱼吸 ⁼ n̩⁴³³⁻⁴⁴ ɕiəʔ⁵　鱼鳃片

　鱼叶吸 ⁼ n̩⁴³³⁻⁴⁴ iəʔ²³⁻² ɕiəʔ⁵

鱼鳍 n̩⁴³³⁻²² dzɿ⁴³³

七、饮食

(一) 米面主食

粮食 liã⁴³³⁻⁴⁴ ʑiəʔ²³

伙食 xo⁴⁴⁵⁻⁴⁴ ʑiəʔ²³

米 mi²²³

珍珠白米 tsən$^{324-44}$ tɕy$^{324-32}$ baʔ$^{23-2}$ mi^{223}　　优质大米

糙米 tsʰɔ$^{324-44}$ mi^{223}

糯米 no$^{231-22}$ mi^{223}

早米 tsɔ$^{445-44}$ mi^{223}　　早稻的米

晚米 mã$^{223-22}$ mi^{223}　　晚稻的米

新米 sən$^{324-44}$ mi^{223}　　本年新收获稻谷的米

黑米 xəʔ$^{5-4}$ mi^{223}

冻米 tən$^{52-44}$ mi^{223}　　每年冬至前后,把蒸熟的糯米饭摊开,冻上几个昼夜,以不结冰为度,后再晾干,用大火拌沙炒熟后,米粒胀大酥脆,色白味香,和麦芽糖拌匀,用来制作冻米糖

饭 vã^{231}

饭粒 vã$^{231-43}$ ləʔ^{23}

生米心 sɛ$^{324-44}$ mi$^{223-43}$ sən^{324}　　(饭)夹心

现成饭 iɛ$^{231-22}$ ʑin$^{433-43}$ vã^{231}　　上一餐或更早做的饭,或他人吃剩的饭

糯米饭 no$^{231-22}$ mi$^{223-22}$ vã^{231}

糯饭团 no$^{231-22}$ vã$^{231-22}$ dən^{433}　　糯米饭团

芥菜饭 ka$^{52-44}$ tsʰei$^{52-44}$ vã^{231}　　芥菜和糯米一起焖制的饭

洋芋饭 iã$^{433-22}$ y$^{231-43}$ vã^{231}　　洋芋和糯米一起焖制的饭

芋饭 y$^{231-43}$ vã^{231}　　毛芋和糯米一起焖制的饭

蚕豆饭 zə$^{433-22}$ dəɯ$^{231-43}$ vã^{231}　　豌豆饭。将豌豆加肉丁炒熟,然后加糯米和水焖煮即成,是立夏日吃的美食

乌饭饭 u$^{324-44}$ vã$^{231-43}$ vã^{231}　　用乌饭树的叶子加工制作成黑色的糯米饭

　　乌饭 u$^{324-32}$ vã^{231}

包萝饭 pɔ$^{324-44}$ lo$^{433-43}$ vã^{231}　　早年将用饭甑蒸熟的玉米粉当作饭食。主要见于西联等乡镇

杂饭 zəʔ$^{23-43}$ vã^{231}　　汤饭

炒饭 tsʰɔ$^{445-44}$ vã^{231}

油炒饭 iɯ³³³⁻⁴⁴ tsʰɔ⁴⁴⁵⁻⁴⁴ vã²³¹

卵炒饭 lən²²³⁻⁴⁴ tsʰɔ⁴⁴⁵⁻⁴⁴ vã²³¹　　蛋炒饭

酱油饭 tɕiɑ⁵²⁻⁴⁴ iɯ⁴³³⁻⁴³ vã²³¹

抽水饭 tɕʰiɯ³²⁴⁻⁴⁴ ɕy⁴⁴⁵⁻⁴⁴ vã²³¹　　焖制的饭

便饭 biɛ²³¹⁻⁴³ vã²³¹　　日常吃的简单饭食

百家饭 paʔ⁵⁻⁴ ko³²⁴⁻³² vã²³¹　　来自多户人家的饭食，一般指工匠或走江湖的人吃的饭

镬着 əʔ²³⁻² dei²²³　　锅巴

汤水 tʰɔ³²⁴⁻⁴⁴ ɕy⁴⁴⁵　　米汤

粥 tɕyəʔ⁵　　稀饭

麦鸡头粥 maʔ²³⁻² tsɿ³²⁴⁻⁴⁴ d-təɯ⁴³³⁻⁴⁴ tɕyəʔ⁵　　面疙瘩稀饭

番薯粥 fã³²⁴⁻⁴⁴ z-sɿ⁴³³⁻⁴⁴ tɕyəʔ⁵

绿豆粥 lyəʔ²³⁻² dəɯ²³¹⁻²² tɕyəʔ⁵

莲子粥 liɛ⁴³³⁻⁴⁴ tsɿ⁴⁴⁵⁻⁴⁴ tɕyəʔ⁵

黑米粥 xəʔ⁵⁻⁴ mi²²³⁻²² tɕyəʔ⁵

八宝粥 paʔ⁵⁻⁴ pɔ⁴⁴⁵⁻⁴⁴ tɕyəʔ⁵

粉 fən⁴⁴⁵　　面儿：辣椒～

米粉 mi²²³⁻²² fən⁴⁴⁵

面粉 miɛ²³¹⁻²² fən⁴⁴⁵

　麦粉 maʔ²³⁻² fən⁴⁴⁵

包萝粉 pɔ³²⁴⁻⁴⁴ lo⁴³³⁻⁴⁴ fən⁴⁴⁵　　玉米粉

番薯粉 fã³²⁴⁻⁴⁴ z-sɿ⁴³³⁻⁴⁴ fən⁴⁴⁵　　以番薯为原料制成的淀粉

洗番薯粉 sɿ⁴⁴⁵⁻⁴⁴ fã³²⁴⁻⁴⁴ z-sɿ⁴³³⁻⁴⁴ fən⁴⁴⁵　　以番薯为原料制成淀粉。先将番薯碾碎，然后用水过滤挤压，番薯粉沉淀在底部，晒干保存

糊 u²³¹　　① 米、麦、玉米等粉和水调成的稠状食物。② 煮糊、羹等食物的搅拌动作

羹 kɛ³²⁴　　用肉、菜等勾芡煮成的糊状食物

汤 tʰɔ³²⁴　　① 烹调后汁儿特别多的食物：卵～。② 食物煮后所得

的汁水：～水_{米汤}。③ 热水，开水：暖～

糊汤 u$^{231-43}$ tʰɔ̃^{324}　以煮的方法烹制糊状食品：今日～吃

米糊 mi$^{223-43}$ u^{231}

麦糊 maʔ$^{23-43}$ u^{231}　面粉糊

包萝糊 pɔ$^{324-44}$ lo$^{433-43}$ u^{231}　玉米糊

面 miɛ^{231}　面条食品的统称

索面 səʔ^5 miɛ$^{231-0}$　① 面条。② 挂面

长面 dʑiã$^{433-43}$ miɛ^{231}　挂面

短面 tə$^{445-44}$ miɛ^{231}　30 厘米左右的短面条

阔面 kʰuɑʔ^5 miɛ$^{231-0}$　宽面

香拍⁼面 ɕiã$^{445-44}$ pʰaʔ^5 miɛ$^{231-0}$　细面。粗细如同燃剩后的香根，故名

水牵面 ɕy$^{445-44}$ tɕʰiɛ$^{324-32}$ miɛ^{231}　手擀面

洋面 iã$^{433-43}$ miɛ^{231}　机制的面条

番薯粉面 fã$^{324-44}$ z-sɿ$^{433-44}$ fən$^{445-44}$ miɛ^{231}　① 以鲜薯为原料先加工成淀粉再加工制作的粉丝，或直接以淀粉为原料加工制作的粉丝。② 鸡蛋、番薯淀粉加水搅拌成糊状后摊成的面皮，切成条状，一般是放汤煮

做番薯粉面 tso$^{52-44}$ fã$^{324-44}$ z-sɿ$^{433-44}$ fən$^{445-44}$ miɛ^{231}　加工制作番薯粉丝

麦鸡头 maʔ$^{23-2}$ tsɿ$^{324-44}$ dəɯ^{433}　面疙瘩

麦鳅 maʔ$^{23-43}$ tɕʰiɯ^{324}　面粉揉成面团后，用面杖擀薄，折叠起来，切成细条，加入蔬菜等煮熟，即可食用

山粉鳅 sã$^{324-44}$ fən$^{445-44}$ tɕʰiɯ^{324}　番薯粉和毛芋揉成面团后，用面杖擀薄，折叠起来，切成细条，加入蔬菜等煮熟，即可食用

索粉干 səʔ$^{5-4}$ fən$^{445-44}$ kuə^{324}　粉干

溜粉 liɯ$^{231-22}$ fən^{445}　一种用淀粉制作的粗粉条

烂面 lã$^{231-43}$ miɛ^{231}　酵子

面娘 miɛ^{231} ȵiã^{433}

馒头 mə$^{433-22}$ dəɯ^{433}

包子 pɔ$^{324-32}$ tsɿ$^{445-52}$

小笼包子 ɕiɔ$^{445-44}$ lən$^{433-43}$ pɔ$^{324-32}$ tsɿ$^{445-52}$

面包 miɛ$^{231-43}$ pɔ^{324}

葱卷 tsʰən$^{324-32}$ tɕyə^{52}

饺子 tɕiɔ$^{445-55}$ tsɿ$^{445-0}$

山粉粿儿 sã$^{324-44}$ fən$^{445-44}$ kuã^{445}　芋饺。一种用番薯粉和芋头制作成皮所包的饺子

面食 miɛ$^{231-43}$ ziəʔ^{23}

　　馄饨 uən$^{433-43}$ dən^{231}

面食皮 miɛ$^{231-22}$ ziəʔ$^{23-2}$ bi^{433}　馄饨皮

馅 ã^{231}　馅儿

面食馅 miɛ$^{231-22}$ ziəʔ$^{23-2}$ ã^{231}　馄饨馅儿

包面食 pɔ$^{324-44}$ miɛ$^{231-43}$ ziəʔ^{23}　包馄饨

粿儿馅 kuã$^{445-44}$ ã^{231}　粿的馅儿

汤圆 tʰɔ$^{324-44}$ yə^{433}　糯米粉制作的小圆球形食品，无馅儿

麻勔 mo$^{433-43}$ lei^{231}　糯米粉制作的小圆球形食品，无馅儿，外裹红糖、白糖、芝麻粉、豆粉等食用

麻糍 mo$^{433-22}$ zɿ^{433}　以糯米制作的糍粑，里面包红糖等甜馅儿

麻糍片 mo$^{433-22}$ zɿ$^{433-43}$ pʰiɛ^{52}　糍粑，油煎或煮着吃

乌饭麻糍 u$^{324-44}$ vã$^{231-22}$ mo$^{433-22}$ zɿ^{433}　用乌饭树叶汁浸泡的糯米加工制作的麻糍

舂麻糍 yən$^{324-44}$ mo$^{433-22}$ zɿ^{433}　将蒸热的糯米置石臼内捣烂成团

粽 tsən^{52}　粽子

大栗粽 do$^{231-22}$ liəʔ^{23} tsən^{52}　板栗粽

床头粽 ziɕ$^{433-22}$ dəɯ$^{433-43}$ tsən^{52}　长条形枕头状的粽子

四角粽 sɿ$^{52-44}$ kəʔ^{5} tsən$^{52-0}$　四个角的粽子

细挈粽 ɕia$^{52-44}$ tɕʰiaʔ^{5} tsən$^{52-0}$　锥形的粽子，一般用于道场

绿豆粽 lyəʔ$^{23-2}$ dəɯ$^{231-22}$ tsən^{52}　绿豆和糯米一起包制的粽子

赤豆粽 tɕʰiaʔ⁵⁻⁴ dəɯ²³¹⁻²² tsən⁵²　赤豆和糯米一起包制的粽子

蚕豆粽 z-sə⁴³³⁻⁴⁴ dəɯ²³¹⁻²² tsən⁵²　豌豆和糯米一起包制的粽子

菜干粽 tsʰei⁵²⁻⁴⁴ kuə³²⁴⁻³² tsən⁵²　以霉干菜和肉为陷儿的粽子

甜粽 diɛ⁴³³⁻⁴³ tsən⁵²　甜馅儿的粽子

水蒸糕 ɕy⁴⁴⁵⁻⁴⁴ tɕin³²⁴⁻⁴⁴ kɯ³²⁴

年糕 n̩iɛ⁴³³⁻⁴³ kɯ³²⁴

饭馃 vã²³¹⁻²² ko⁴⁴⁵　由饭团制作的米馃。米煮至半成熟，置石臼捣烂成团状，之后用蒸笼蒸熟，再置于石臼继续捶打，最后制作成条状，与年糕相似

番薯丝 fã³²⁴⁻⁴⁴ zɿ⁴³³⁻⁴³ sɿ³²⁴　番薯刨成丝，然后晒干，是可储存起来的一种杂粮

天萝絮 tʰiɛ³²⁴⁻⁴⁴ lo⁴³³⁻⁴³ sɿ⁵²

油条 iɯ⁴³³⁻²² diɔ⁴³³

泡天萝絮 pʰɔ⁵²⁻⁴⁴ tʰiɛ³²⁴⁻⁴⁴ lo⁴³³⁻⁴³ sɿ⁵²　炸油条

泡油条 pʰɔ⁵²⁻⁴⁴ iɯ⁴³³⁻²² diɔ⁴³³

浆 tɕiã³²⁴

豆浆 dəɯ²³¹⁻⁴³ tɕiã³²⁴

甜浆 diɛ⁴³³⁻⁴³ tɕiã³²⁴　甜的豆浆

咸浆 ã⁴³³⁻⁴³ tɕiã³²⁴　咸的豆浆

豆腐花 dəɯ²³¹⁻²² vu²²³⁻⁴³ xo³²⁴　豆腐脑

藕粉 ŋɔ²²³⁻²² fən⁴⁴⁵

下爬⁼残 o²²³⁻²² bo⁴³³⁻²² zã⁴³³　他人吃剩的或咀嚼过的事物

(二) 荤素食材

山货 sã³²⁴⁻³² xo⁵²　山区物产

土产 tʰu⁴⁴⁵⁻⁴⁴ tsʰã⁴⁴⁵　某地出产的具有地方色彩的产品（多指农副产品）

土出 tʰu⁴⁴⁵⁻⁴⁴ tɕʰyəʔ⁵　① 某地出产的具有地方色彩的产品（多指农副产品）。② 农家自养自种的土特产

水产 ɕy⁴⁴⁵⁻⁴⁴ tsʰã⁴⁴⁵

海鲜 xei⁴⁴⁵⁻⁴⁴ ɕiɛ³²⁴

野生 ia⁴⁴⁵⁻⁴⁴ sɛ³²⁴

正宗 tɕin⁵²⁻⁵⁵ tsən³²⁴

肉 n̠yəʔ²³

壮肉 tɕiã⁵²⁻⁴⁴ n̠yəʔ²³　肥肉

  肥肥肉 bi⁴³³⁻²² b-pi⁴³³⁻⁴⁴ n̠yəʔ²³　儿童语

尖⁼肉 tɕiɛ³²⁴⁻⁴⁴ n̠yəʔ²³　瘦肉

野猪肉 ia²²³⁻²² ti³²⁴⁻⁴⁴ n̠yəʔ²³

土猪肉 tʰu⁴⁴⁵⁻⁴⁴ ti³²⁴⁻⁴⁴ n̠yəʔ²³　农家散养猪的猪肉

猪娘肉 ti³²⁴⁻⁴⁴ n̠iã⁴³³⁻²³ n̠yəʔ²³　母猪肉,营养低且口感香味都特别差

新鲜肉 ɕin³²⁴⁻⁴⁴ ɕiɛ³²⁴⁻⁴⁴ n̠yəʔ²³

现成肉 iɛ²³¹⁻²² z̠-ɕin⁴³³⁻⁴⁴ n̠yəʔ²³　① 昨日或更早宰杀的肉。② 上一餐或更早烹调的肉,以及他人吃剩的肉

骨头肉 kuəʔ⁵⁻⁴ dɯ⁴³³⁻⁴³ n̠yəʔ²³　剔骨肉

酱油肉 tɕiã⁵²⁻⁴⁴ iɯ⁴³³⁻⁴⁴ n̠yəʔ²³　① 用酱油腌制的肉。② 用酱油炒制的肉

腊肉 lɑʔ²³⁻⁴³ n̠yəʔ²³

夹心肉 kɑʔ⁵⁻⁴ sən³²⁴⁻⁴⁴ n̠yəʔ²³

前夹心 ʑiɛ⁴³³⁻⁴³ kɑʔ⁵⁻⁴ sən³²⁴　前段夹心肉

后夹心 əɯ²²³⁻²² kɑʔ⁵⁻⁴ sən³²⁴　后段夹心肉

三层肉 sã³²⁴⁻⁴⁴ ʑin⁴³³⁻⁴³ n̠yəʔ²³　五花肉

硬肋 ŋɛ²³¹⁻⁴³ liəʔ²³　肋条

腰令⁼ iɔ³²⁴⁻³² lin²³¹　腰条肉,猪前胛和后腿之间那块带肋排的肉,因位于猪的腰身部位,故名。目前市场上通常是和肋排分开来卖

内抽肉 nei²³¹⁻⁴⁴ tɕʰiɯ³²⁴⁻⁴⁴ n̠yəʔ²³　内里脊

红头肉 n̩⁴³³⁻²² d-tɤɯ⁴³³⁻⁴⁴ n̠yəʔ²³　猪脖子处有宰杀时留下刀口的肉

前胛 ʑiɛ⁴³³⁻²² kɑʔ⁵　猪前腿的上部

后胛 əɯ$^{223-22}$ kɑʔ^5　猪后腿的上部
前腿肉 ʑiɛ$^{433-22}$ tʰei$^{445-44}$ ȵyəʔ^{23}　猪前腿上的肉
后腿肉 əɯ$^{223-22}$ tʰei$^{445-44}$ ȵyəʔ^{23}　猪后腿上的肉
腿包 tʰei$^{445-44}$ pɔ^{324}　猪后腿棒子骨前面的一块半球形肉
脚箍 tɕiəʔ^5 kʰu$^{324-0}$　蹄髈
　　箍 kʰu$^{324-52}$
猪脚 ti$^{324-44}$ tɕiəʔ^5　猪蹄子
　　猪脚骨 ti$^{324-44}$ tɕiəʔ$^{5-4}$ kuəʔ^5
猪脚尖 ti$^{324-44}$ tɕiəʔ$^{5-4}$ tɕiɛ^{324}　猪蹄尖儿
脚蹄 tɕiəʔ$^{5-4}$ di^{433}　马、猪、牛、羊等牲畜的蹄子
脚蹄筋 tɕiəʔ$^{5-4}$ di$^{433-43}$ tɕin^{324}　蹄筋，通常指食用猪、牛、羊等牲畜四肢上的筋
屁股肉 pʰi$^{52-44}$ ku$^{445-44}$ ȵyəʔ^{23}　屁股周边的肉
肚下拖 du$^{223-22}$ ia$^{223-43}$ tʰa^{324}　奶脯肉
猪头 ti$^{324-44}$ dəɯ^{433}
　　猪头爿 ti$^{324-44}$ dəɯ$^{433-22}$ bã^{433}
猪头肉 ti$^{324-44}$ d-təɯ$^{433-44}$ ȵyəʔ^{23}
猪口封 ti$^{324-44}$ kʰɯ$^{445-44}$ fən^{324}　猪唇
　　猪口栩 ti$^{324-44}$ kʰɯ$^{445-44}$ bu^{433}
猪脑髓 ti$^{324-44}$ nɔ$^{223-22}$ sɿ^{445}　猪脑子
猪尾巴 ti$^{324-44}$ n̩$^{223-43}$ pu^{324}
猪血 ti$^{324-44}$ ɕyəʔ^5
猪脂渣 ti$^{324-44}$ tsɿ$^{324-44}$ tsɔ^{324}　猪油渣
猪口舌 ti$^{324-44}$ kʰɯ$^{445-44}$ dʑiəʔ^{23}　猪舌头
猪耳朵 ti$^{324-44}$ n̩$^{223-22}$ to^{445}
猪肝 ti$^{324-44}$ kuə^{324}
猪肺 ti$^{324-32}$ fi^{52}
猪肚 ti$^{324-44}$ tu^{445}
猪肚肠 ti$^{324-44}$ du$^{223-22}$ dʑiã^{433}

大肚肠 do⁴³³⁻²² du²²³⁻²² dzia̰⁴³³　大肠

细肚肠 ɕia⁵²⁻⁴⁴ du²²³⁻²² dzia̰⁴³³　小肠

猪腰子 ti³²⁴⁻⁴⁴ iɔ³²⁴⁻⁴⁴ tsɿ⁴⁴⁵　猪肾

猪草鞋 ti³²⁴⁻⁴⁴ tsʰɔ⁴⁴⁵⁻⁴⁴ a⁴³³　猪胰腺

肚内货 du²²³⁻²² nei²³¹⁻²² xo⁵²　猪牛羊的内脏

猪三福 ti³²⁴⁻⁴⁴ sã³²⁴⁻⁴⁴ fəʔ⁵　杀猪宴‖"福"本字或为"腩"

□猪三福 pə³²⁴⁻⁴⁴ ti³²⁴⁻⁴⁴ sã³²⁴⁻⁴⁴ fəʔ⁵　摆杀猪宴‖"□"[pə³²⁴]操办的意思

牛肚 ȵiɯ⁴³³⁻⁴⁴ tu⁴⁴⁵

羊肚 ia̰⁴³³⁻⁴⁴ tu⁴⁴⁵

百叶肚 paʔ⁵⁻⁴ iəʔ²³⁻² tu⁴⁴⁵　牛羊的重瓣胃

牛口舌 ȵiɯ⁴³³⁻⁴⁴ kʰɯ⁴⁴⁵⁻⁴⁴ dziəʔ²³　牛舌头

项颈缠 õ²²³⁻²² tɕin⁴⁴⁵⁻⁴⁴ dʐyə²³¹　牛脖子肉

猪皮 ti³²⁴⁻⁴⁴ bi⁴³³

肉皮 ȵyəʔ²³⁻² bi⁴³³

肉块 ȵyəʔ²³⁻² kʰuei⁵²

肉片 ȵyəʔ²³⁻² pʰiɛ⁵²

肉碎 ȵyəʔ²³⁻⁴³ sei³²⁴

肉丸 ȵyəʔ²³⁻² yə⁴³³　碎肉和豆腐揉团成小球状，油炸烹制而成

排骨 ba⁴³³⁻²² kuəʔ⁵

嫩骨 nə²³¹⁻²² kuəʔ⁵　脆骨

香肠 ɕia̰³²⁴⁻⁴⁴ dzia̰⁴³³

火腿 xo⁴⁴⁵⁻⁴⁴ tʰei⁴⁴⁵

火腿肉 xo⁴⁴⁵⁻⁴⁴ tʰei⁴⁴⁵⁻⁴⁴ ȵyəʔ²³

响铃 ɕia̰⁴⁴⁵⁻⁴⁴ lin⁴³³

葱花肉 tsʰən³²⁴ xo³²⁴⁻⁴⁴ ȵyəʔ²³

街狗肉 ka³²⁴⁻⁴⁴ kɯ⁴⁴⁵⁻⁴⁴ ȵyəʔ²³

鸡肉 tsɿ³²⁴⁻⁴⁴ ȵyəʔ²³

鸡壳 tsɿ³²⁴⁻⁴⁴ kʰəʔ⁵　鸡架

鸡血 tsʅ$^{324-44}$ ɕyə^5

鸡肚杂 tsʅ$^{324-44}$ du$^{223-43}$ zə^{23}　鸡杂儿

鸡肚肠 tsʅ$^{324-44}$ du$^{223-22}$ dʑiɑ̃^{433}

鸡肫 tsʅ$^{324-44}$ yən^{324}

鸡肫皮 tsʅ$^{324-44}$ yən$^{324-44}$ bi^{433}

卵 lən^{223}　① 蛋的统称。② 特指鸡蛋

　嘎嘎卵 ga$^{231-22}$ g-ka$^{231-44}$ lən^{223}　儿童语

鸡卵 tsʅ$^{324-44}$ lən^{223}　鸡蛋

鸭卵 ɑʔ$^{5-4}$ lən^{223}　鸭蛋

盐卵 iɛ$^{433-22}$ lən^{223}　咸蛋

皮蛋 bi$^{433-43}$ dɑ̃^{231}　松花蛋

鹌鹑蛋 uə$^{324-44}$ ʐyə$^{433-43}$ dɑ̃^{231}

卵壳 lən$^{223-22}$ kʰə^5　蛋壳

卵黄 lən$^{223-22}$ ɔ̃^{433}　蛋黄

卵白 lən$^{223-43}$ baʔ^{23}　蛋白

卵清 lən$^{223-43}$ tɕʰin^{324}　蛋清

鸭掌 ɑʔ$^{5-4}$ tɕiɑ̃^{445}

鱼干 n̩$^{433-43}$ kuə^{324}

龙头鲞 liɔ̃$^{433-22}$ dəɯ$^{433-43}$ kʰɯ^{52}　龙头鱼晒成的鱼干

鲞 ɕiɑ̃^{445}

　白鲞 baʔ$^{23-2}$ ɕiɑ̃^{445}

明脯 min$^{433-44}$ fu^{445}　墨鱼的干制食品。经剖开去掉内脏后晒干而成

虾皮 xo$^{324-44}$ bi^{433}　虾米，干的

海参 xei$^{445-44}$ sən^{324}

海蜇头 xei$^{445-44}$ tsəʔ$^{5-4}$ dəɯ^{433}

豆腐 dəɯ$^{231-22}$ v-fu$^{223-52}$

盐卤豆腐 iɛ$^{433-44}$ lu$^{223-44}$ dəɯ$^{231-22}$ v-fu$^{223-52}$　用盐卤水点浆制作的豆腐

白豆腐 baʔ²³⁻² dɯ²³¹⁻²² v-fu²²³⁻⁵²　黄豆制作的，未经煎、炸的豆腐

绿叶豆腐 lyɔʔ²³⁻⁴³ iəʔ²³ dɯ²³¹⁻²² v-fu²²³⁻⁵²　观音豆腐，是用腐婢树叶特制而成的豆腐

豆腐干 dɯ²³¹⁻²² vu²²³⁻²² kuə³²⁴

千张 tɕʰiɛ⁵²⁻⁴⁴ tɕiã³²⁴

豆腐娘 dɯ²³¹⁻²² vu²²³⁻²² ȵiã⁴³³　一种豆制品。将浸泡好的豆放置石磨研磨，连浆带渣一起炖煮即可食用

泡豆腐 pʰɔ⁵²⁻⁴⁴ dɯ²³¹⁻²² v-fu²²³⁻⁵²　① 豆腐泡儿。豆腐的油炸制品，一般为小圆球状，中心空。② 油炸豆腐泡儿

豆腐片 dɯ²³¹⁻²² vu²²³⁻²² pʰiɛ⁵²　经过油炸或油煎的片状豆腐

豆腐皮 dɯ²³¹⁻²² vu²²³⁻²² bi⁴³³

豆腐丸 dɯ²³¹⁻²² vu²²³⁻²² yə⁴³³

豆腐霉 dɯ²³¹⁻²² vu²²³⁻²² mei⁴³³　豆腐乳

豆腐渣 dɯ²³¹⁻²² vu²²³⁻²² tso³²⁴

豆芽 dɯ²³¹⁻²² ŋo⁴³³　豆芽菜

绿豆芽 lyɔʔ²³⁻² dɯ²³¹⁻²² ŋo⁴³³　绿豆经水浸渍萌发出的豆芽

冻 tən⁵²　汤汁凝成的半固体

鱼冻 n̩⁴³³⁻⁴³ tən⁵²　鱼烹煮后的汤汁凝结成的半固体

猪脚冻 ti³²⁴⁻⁴⁴ tɕiəʔ⁵ tən⁵²⁻⁰　猪蹄子烹煮后的汤汁凝结成的半固体

豆冻 dɯ²³¹⁻²² tən⁵²　豆和骨头、肉皮烹煮后的汤汁凝结成的半固体

白木耳 baʔ²³⁻² məʔ²³⁻² ȵi²²³

海带 xei⁴⁴⁵⁻⁴⁴ ta⁵²

紫菜 tsɿ⁴⁴⁵⁻⁴⁴ tsʰei⁵²

榨菜 tsa⁵²⁻⁴⁴ tsʰei⁵²

什锦菜 zəʔ²³⁻² tɕin⁴⁴⁵⁻⁴⁴ tsʰei⁵²

菜干 tsʰei⁵²⁻⁴⁴ kuə³²⁴

咸菜 ã⁴³³⁻⁴³ tsʰei⁵²

生菜 sɛ³²⁴⁻³² tsʰei⁵²　① 酸菜。② 叶用莴苣，可生食

豇豆干 kɔ̃³²⁴⁻⁴⁴ dɯ²³¹⁻⁴³ kuə³²⁴

辣苏干 laʔ²³⁻² su³²⁴⁻⁴⁴ kuə³²⁴　茄子干

金瓜干 tɕin³²⁴⁻⁴⁴ ko³²⁴⁻⁴⁴ kuə³²⁴　南瓜干

笋干 sən⁴⁴⁵⁻⁴⁴ kuə³²⁴

匏片 bu⁴³³⁻⁴³ pʰiɛ⁵²　切片晒干的瓠瓜

萝卜干 lɔ⁴³³⁻⁴⁴ bəʔ²³⁻² kuə³²⁴　晒干的萝卜条

萝卜瓜 lɔ⁴³³⁻⁴⁴ bəʔ²³⁻² ko³²⁴⁻⁵²　腌制的萝卜条

黄瓜生 ɔ̃⁴³³⁻⁴⁴ ko³²⁴⁻⁴⁴ sɛ³²⁴　腌黄瓜

洋芋饼 iã⁴³³⁻⁴⁴ y²³¹⁻²² pin⁴⁴⁵　土豆饼

（三）菜肴

菜 tsʰei⁵²

素菜 su⁵²⁻⁴⁴ tsʰei⁵²

吃素 tɕʰiəʔ⁵⁻⁴ su⁵²

　弗见荤 fəʔ⁵⁻⁴ tɕiɛ⁵²⁻⁴⁴ xuə³²⁴

荤菜 xuə³²⁴⁻³² tsʰei⁵²

吃荤 tɕʰiəʔ⁵⁻⁴ xuə³²⁴

开荤 kʰei³²⁴⁻⁴⁴ xuə³²⁴　① 孩童初次接触荤食。② 吃素的人开始食肉

土菜 tʰu⁴⁴⁵⁻⁴⁴ tsʰei⁵²　具有地方特色的传统菜肴

粗菜 tsʰu³²⁴⁻³² tsʰei⁵²　自家种植的菜肴

冷盘 lɛ²²³⁻²² bə⁴³³

　冷菜 lɛ²²³⁻²² tsʰei⁵²

火锅 xo⁴⁴⁵⁻⁴⁴ ko³²⁴

熟食 ʐyəʔ²³⁻⁴³ ʑiəʔ²³

现成菜 iɛ²³¹⁻²² ʑin⁴³³⁻⁴³ tsʰei⁵²　上一餐或更早做的菜，或他人吃剩的菜

菜脚 tsʰei⁵²⁻⁴⁴ tɕiəʔ⁵　① 菜吃后剩余的部分。② 青菜根部的叶片

粗菜淡饭 tsʰu³²⁴⁻³² tsʰei⁵² dã²²³⁻⁴³ vã²³¹

配酒菜 pʰei⁵²⁻⁴⁴ tɕiɯ⁴⁴⁵⁻⁴⁴ tsʰei⁵²　下酒菜

菜干肉 tsʰei⁵²⁻⁴⁴ kuə³²⁴⁻⁴⁴ n̻yəʔ²³　霉干菜肉

红烧肉 ən⁴³³⁻²² ɕiɔ³²⁴⁻⁴⁴ n̻yəʔ²³

大排 do²³¹⁻²² ba⁴³³

白切鸡 baʔ²³⁻² tɕʰiaʔ⁵⁻⁴ tsɿ³²⁴

鸡汁 tsɿ³²⁴⁻⁴⁴ tsəʔ⁵　整鸡不加水蒸制出来的汁儿

烤鸭 kʰɔ⁴⁴⁵⁻⁴⁴ ɑʔ⁵

啤酒鸭 bi⁴³³⁻²² tɕiɯ⁴⁴⁵⁻⁴⁴ ɑʔ⁵　与啤酒一起炖的鸭肉，鸭肉入口鲜香

箬帽卵 n̻iaʔ²³⁻² mɔ²³¹⁻² lən²²³　荷包蛋，因状如斗笠，故名

卵鳖 lən²²³⁻²² piəʔ⁵　卧果儿。水烧开以后，把鸡蛋去壳，整个儿放在水里煮熟

姜汤卵 tɕiã⁴⁴⁵⁻⁴⁴ tʰɔ̃³²⁴⁻⁴⁴ lən²²³　姜汤蛋

茶叶卵 dz-tso⁴³³⁻² iəʔ²³⁻² lən²²³　茶叶蛋

咸菜卵 ã⁴³³⁻⁴⁴ tsʰei⁵²⁻⁴⁴ lən²²³　咸菜炒蛋

煠卵 zɑʔ²³⁻² lən²²³　煮鸡蛋，鸡蛋不去壳，直接放在水里煮熟

生菜卵 sɛ³²⁴⁻⁴⁴ tsʰei⁵²⁻⁴⁴ lən²²³　酸菜的汁水煮蛋

卵花 lən²²³⁻⁴³ xo³²⁴　蛋花

清汤 tɕʰin³²⁴⁻⁴⁴ tʰɔ̃³²⁴　只有盐、葱的汤水

清汤白煠 tɕʰin³²⁴⁻⁴⁴ tʰɔ̃³²⁴⁻⁴⁴ baʔ²³⁻⁴³ zɑʔ²³　除了盐，不加油以及任何作料的菜

菜汤 tsʰei⁵²⁻⁴⁴ tʰɔ̃³²⁴

　菜卤 tsʰei⁵²⁻⁴⁴ lu²²³

　　卤 lu²²³

卵汤 lən²²³⁻⁴³ tʰɔ̃³²⁴　蛋汤

鸡汤 tsɿ³²⁴⁻⁴⁴ tʰɔ̃³²⁴

骨头汤 kuəʔ⁵⁻⁴ dɯ⁴³³⁻⁴³ tʰɔ̃³²⁴

姜汤 tɕiã³²⁴⁻⁴⁴ tʰɔ̃³²⁴　生姜汤

酸汤 sə³²⁴⁻⁴⁴ tʰɔ̃³²⁴　宴席快要结束时的菜品，酸味的羹糊

生菜滚豆腐 sɛ³²⁴⁻³² tsʰei⁵²⁻⁵⁵ kuən⁴⁴⁵⁻⁴⁴ dɯ²³¹⁻²² v-fu²²³⁻⁵²　酸菜煮豆腐

猪血滚豆腐 ti³²⁴⁻⁴⁴ ɕyəʔ⁵ kuən⁴⁴⁵⁻⁴⁴ dɯ²³¹⁻²² v-fu²²³⁻⁵²　猪血煮豆腐

酒糟豆腐 tɕiɯ⁴⁴⁵⁻⁴⁴ tsɔ³²⁴⁻³² dəɯ²³¹⁻²² v-fu²²³⁻⁵²　酒糟煮豆腐

酒糟芋 tɕiɯ⁴⁴⁵⁻⁴⁴ tsɔ³²⁴⁻³² y²³¹　酒糟煮毛芋

生菜芋 sɛ³²⁴⁻⁴⁴ tsʰei⁵²⁻⁴⁴ y²³¹　酸菜煮毛芋

藕饼 ŋ²²³⁻²² pin⁴⁴⁵　藕片夹肉馅，在加蛋黄调成的面粉浆里打个滚，油炸后食用

浇头 tɕiɔ³²⁴⁻⁴⁴ dəɯ⁴³³　指浇在菜肴上用来调味或点缀的汁儿，也指加在盛好的主食上的菜肴

(四) 烟酒茶水

烟 iɛ³²⁴　烟草制成品：吃～

香烟 ɕiã³²⁴⁻⁴⁴ iɛ³²⁴

老烟 lɔ²²³⁻⁴³ iɛ³²⁴　旱烟

土烟 tʰu⁴⁴⁵⁻⁴⁴ iɛ³²⁴

烟叶 iɛ³²⁴⁻⁴⁴ iəʔ²³　栽培的烟草叶，一般用于制作香烟

烟丝 iɛ³²⁴⁻⁴⁴ sɿ³²⁴　烟叶加工后切成的细丝

过滤嘴 ko⁵²⁻⁴⁴ ly²³¹⁻²² tɕy⁴⁴⁵　① 装在香烟末端的起过滤作用的咬嘴，多以泡沫塑料制成。② 带过滤嘴的香烟

香烟头 ɕiã³²⁴⁻⁴⁴ iɛ³²⁴⁻⁴⁴ dəɯ⁴³³　烟蒂

烟□ iɛ³²⁴⁻⁴⁴ kɛ⁴⁴⁵　烟盒

烟筒 iɛ³²⁴⁻⁴⁴ dən²²³　旱烟管，烟斗

水烟筒 ɕy⁴⁴⁵⁻⁴⁴ iɛ³²⁴⁻⁴⁴ dən²²³　一种吸烟器具，吸时烟从水中通过

香烟壳 ɕiã³²⁴⁻⁴⁴ iɛ³²⁴⁻⁴⁴ kʰəʔ⁵

酒 tɕiɯ⁴⁴⁵

酒气 tɕiɯ⁴⁴⁵⁻⁴⁴ tsʰɿ⁵²　酒味

老酒 lɔ²²³⁻²² tɕiɯ⁴⁴⁵　黄酒

烧酒 ɕiɔ³²⁴⁻⁴⁴ tɕiɯ⁴⁴⁵　白酒

土烧 tʰu⁴⁴⁵⁻⁴⁴ ɕiɔ³²⁴　土法烧制的白酒

糯米酒 no²³¹⁻²² mi²²³⁻²² tɕiɯ⁴⁴⁵　糯米和酒曲酿的酒

红曲酒 ən⁴³³⁻⁴⁴ tɕʰyəʔ⁵ tɕiɯ⁴⁴⁵　用红曲酿的酒

陈酒 dzən⁴³³⁻²² tɕiɯ⁴⁴⁵

武义大曲 vu²²³⁻⁴³ n̪i²³¹ da²³¹⁻²² tɕʰyəʔ⁵　武义生产的具有独特风味的浓香型大曲酒

莲子酒 liɛ⁴³³⁻⁴⁴ tsɿ⁴⁴⁵⁻⁴⁴ tɕiɯ⁴⁴⁵　以莲子为原料酿造的酒

杨梅酒 iã⁴³³⁻²² mei⁴³³⁻⁴⁴ tɕiɯ⁴⁴⁵　用杨梅浸泡的白酒

陈⁼梨酒 dzən⁴³³⁻²² li⁴³³⁻⁴⁴ tɕiɯ⁴⁴⁵　用猕猴桃浸泡的白酒

蛇酒 ʑia⁴³³⁻²² tɕiɯ⁴⁴⁵　用蛇浸泡的白酒

三两半 sã³²⁴⁻⁴⁴ liã²²³⁻²² pə⁵²　一种药酒,具有益气活血,祛风通络的功效

国公酒 kuəʔ⁵⁻⁴ kən³²⁴⁻⁴⁴ tɕiɯ⁴⁴⁵　一种药酒,具有散风祛湿,舒筋活络的功效

药酒 iəʔ²³⁻² tɕiɯ⁴⁴⁵

茅台 mɔ⁴³³⁻²² dei⁴³³

五粮液 n̩²²³⁻²² liã⁴³³⁻⁴³ iəʔ²³

啤酒 bi⁴³³⁻²² tɕiɯ⁴⁴⁵

葡萄酒 bu⁴³³⁻²² dɔ⁴³³⁻²² tɕiɯ⁴⁴⁵

甜酒娘 diɛ⁴³³⁻²² tɕiɯ⁴⁴⁵⁻⁴⁴ n̪iã⁴³³　江米酒

卵酒 lən²²³⁻²² tɕiɯ⁴⁴⁵　与卧果儿或蛋花一起煮的酒,一般是家酿黄酒

做酒 tso⁵²⁻⁴⁴ tɕiɯ⁴⁴⁵　酿酒

浸酒 tsən⁵²⁻⁴⁴ tɕiɯ⁴⁴⁵　将人参、猕猴桃、枸杞或蛇浸入酒中,制作药酒

烧烧酒 ɕio³²⁴⁻⁴⁴ ɕio³²⁴⁻⁴⁴ tɕiɯ⁴⁴⁵　烧制白酒

曲 tɕʰyəʔ⁵　酒曲

红曲 ən⁴³³⁻⁴⁴ tɕʰyəʔ⁵

白曲 baʔ²³⁻² tɕʰyəʔ⁵

老曲 lɔ²²³⁻²² tɕʰyəʔ⁵

曲娘 tɕʰyəʔ⁵⁻⁴ n̪iã⁴³³　母曲

做红曲 tso⁵²⁻⁴⁴ ən⁴³³⁻⁴⁴ tɕʰyəʔ⁵　制作红曲

渥红曲 əʔ⁵⁻⁴ ən⁴³³⁻⁴⁴ tɕʰyəʔ⁵

酒糟 tɕiɯ⁴⁴⁵⁻⁴⁴ tsɔ³²⁴

茶 dzo⁴³³

茶叶 dz-tso⁴³³⁻⁴⁴ iəʔ²³　① 茶树。② 茶树的嫩叶。③ 经过加工可冲泡作饮料的茶树嫩叶

茶叶彭 dz-tso⁴³³⁻⁴⁴ iəʔ²³ bɛ²³¹　茶树丛

黄金茶 õ⁴³³⁻⁴⁴ tɕin³²⁴⁻⁴⁴ dzo⁴³³　茶叶优良品种之一

白毛尖 baʔ²³⁻² mɔ⁴³³⁻⁴³ tɕiɛ³²⁴　茶叶优良品种之一。茶牙尖细如条，芽叶隐约有白毫，色泽绿中带黄

细叶福鼎 ɕia⁵²⁻⁴⁴ iəʔ²³⁻² fəʔ⁵⁻⁴ tin⁴⁴⁵⁻³²⁴　小叶福鼎，茶叶优良品种之一

迎霜 ȵin⁴³³⁻⁴³ ɕiõ³²⁴　茶叶优良品种之一

乌顶早 u³²⁴⁻⁴⁴ tin⁴⁴⁵⁻⁴⁴ tsɔ⁴⁴⁵　茶叶优良品种之一

白茶 baʔ²³⁻² dzo⁴³³

绿茶 lyəʔ²³⁻² dzo⁴³³

红茶 ən⁴³³⁻²² dzo⁴³³

土茶 tʰu⁴⁴⁵⁻⁴⁴ dzo⁴³³　本地产的一般粗茶

野茶叶 ia²²³⁻²² dz-tso⁴³³⁻⁴⁴ iəʔ²³　从野茶树上采摘来的茶叶

老茶树 lɔ²²³⁻²² dzo⁴³³⁻⁴³ zy²³¹　树龄较长的茶树

老茶壳 lɑʔ²³⁻² dz-tso⁴³³⁻⁴⁴ kʰəʔ⁵　留在茶树上未摘的老茶叶‖"老"韵母促化

清明茶 tɕʰin³²⁴⁻⁴⁴ min⁴³³⁻²² dzo⁴³³　清明节前后采摘制作的茶叶

谷雨茶 kəʔ⁵⁻⁴ y²²³⁻²² dzo⁴³³　谷雨前后采摘制作的茶叶

石林撑 ziəʔ²³⁻² lin⁴³³⁻⁴³ tsʰɛ³²⁴　野生山蜡梅。采摘幼嫩芽叶，晒干后泡饮，具有清凉解毒、防抗感冒、助消化、止泻、减肥、消脂降压、预防心脑血管疾病等作用

苦丁茶 kʰu⁴⁴⁵⁻⁴⁴ tin³²⁴⁻⁴⁴ dzo⁴³³　① 冬青科的大叶冬青。② 大叶冬青茶泡制的茶水

茶叶茶 dz-tso⁴³³⁻⁴⁴ iəʔ²³⁻² dzo⁴³³　放茶叶的茶水

菊花茶 tɕyəʔ⁵⁻⁴ xo³²⁴⁻⁴⁴ dzo⁴³³

冷茶 lɛ²²³⁻²² dzo⁴³³　温度低的茶

凉茶 liɑ⁴³³⁻²² dzo⁴³³　降火的茶

新茶 sən³²⁴⁻⁴⁴ dzo⁴³³　当年春季从茶树上采摘的头几批鲜叶加工而成的茶叶

陈茶叶 dzən⁴³³⁻²² dz-tso⁴³³⁻⁴⁴ iəʔ²³　上年甚至更长时间采制加工而成的茶叶

隔暝茶 kaʔ⁵⁻⁴ mɛ²³¹⁻²² dzo⁴³³　隔夜茶

糖茶 dɔ̃⁴³³⁻²² dzo⁴³³　放了糖的茶

茶脚 dz-tso⁴³³⁻⁴⁴ tɕiəʔ⁵　没喝完的剩茶

茶叶卤 dz-tso⁴³³⁻⁴⁴ iəʔ²³⁻² lu²²³　茶叶水

茶叶渣 dz-tso⁴³³⁻⁴⁴ iəʔ²³⁻⁴³ tso³²⁴　泡饮过的茶叶

茶垢 dzo⁴³³⁻⁴³ xɯ⁵²　茶杯等泡茶用具上留下的污垢

滚汤 kuən⁴⁴⁵⁻⁴⁴ tʰɔ̃³²⁴　喝的开水

白滚汤 baʔ²³⁻² kuən⁴⁴⁵⁻⁴⁴ tʰɔ̃³²⁴　白开水

烹茶 pʰɛ³²⁴⁻⁴⁴ dzo⁴³³　烧水用以泡茶

烧茶 ɕiɔ³²⁴⁻⁴⁴ dzo⁴³³

洋奶 iɑ̃⁴³³⁻⁴⁴ na²²³　一种罐装的甜炼乳。20世纪八九十年代，宣平人多购买"擒雕"牌甜炼乳

牛奶 ȵiɯ⁴³³⁻⁴⁴ na²²³

奶粉 na²²³⁻²² fən⁴⁴⁵

酸奶 sə³²⁴⁻⁴⁴ na²²³

蜂糖 fən³²⁴⁻⁴⁴ dɔ̃⁴³³　蜂蜜

饮料 in⁴⁴⁵⁻⁴⁴ liɔ²³¹

汽水 tsʰʅ⁵²⁻⁴⁴ ɕy⁴⁴⁵

冷饮 lɛ²²³⁻²² in⁴⁴⁵

(五) 糖果点心(零食糖果等)

点心 tiɛ⁴⁴⁵⁻⁴⁴ sən³²⁴　① 正餐之外的餐饮。② 主人给到访客人烧制的小吃

夜宵 ia²²³⁻⁴³ ɕiɔ³²⁴

闲食 ɑ̃⁴³³⁻⁴⁴ ziəʔ²³

零食 lin⁴³³⁻⁴⁴ ziəʔ²³

罐头 kuã⁵²⁻⁴⁴ dɯ⁴³³　罐头食品

糖 dɔ̃⁴³³　食用糖及糖制食品的统称

欸欸糖 tɕyəʔ⁵⁻⁴ tɕyəʔ⁵⁻⁴ dɔ̃⁴³³　水果糖的统称

糖油 dɔ̃⁴³³⁻²² iɯ⁴³³　麦芽糖

冻米糖 tən⁵²⁻⁴⁴ mi²²³⁻²² dɔ̃⁴³³　将上乘糯米蒸熟后放在露天晒、冻，然后下锅炒，使之膨化，再和麦芽糖搅拌、压实、切片制成

老花生糖 lɔ²²³⁻²² xo³²⁴⁻⁴⁴ sɛ³²⁴⁻⁴⁴ dɔ̃⁴³³　花生和麦芽糖一起制作的糕点

油麻糖 iɯ⁴³³⁻²² mo⁴³³⁻²² dɔ̃⁴³³　芝麻和麦芽糖一起制作的糕点

番薯丝糖 fã³²⁴⁻⁴⁴ z̩⁴³³⁻²² sɹ̩³²⁴⁻³² dɔ̃⁴³³　番薯丝和麦芽糖一起制作的糕点

黄粟糖 ɔ̃⁴³³⁻⁴⁴ səʔ⁵⁻⁴ dɔ̃⁴³³　小米和麦芽糖一起制作的糕点

包萝糖 pɔ³²⁴⁻⁴⁴ lo⁴³³⁻²² dɔ̃⁴³³　玉米爆米花和麦芽糖一起制作的糕点

索粉干糖 səʔ⁵⁻⁴ fən⁴⁴⁵⁻⁴⁴ kuɛ³²⁴⁻⁴⁴ dɔ̃⁴³³　粉干和麦芽糖一起制作的糕点

豆黄糖 dɯ⁴³³⁻²² ɔ̃⁴³³⁻²² dɔ̃⁴³³　玉米粉、豆粉和麦芽糖一起制作的糕点

谷花糖 kəʔ⁵⁻⁴ xo³²⁴⁻⁴⁴ dɔ̃⁴³³　早年用稻谷直接炒制爆米花，然后加入玉米粉、豆粉、麦芽糖制作的糕点

米胖糖 mi²²³⁻²² pʰɔ̃⁵²⁻⁴⁴ dɔ̃⁴³³　爆米花和麦芽糖一起制作的糕点

葱梗糖 tsʰən³²⁴⁻⁴⁴ kuɛ⁴⁴⁵⁻⁴⁴ dɔ̃⁴³³　用麦芽糖制作的长管状糖果，外面多粘满芝麻

馃ㄦ kuã⁴⁴⁵　以米粉、面粉、番薯粉、玉米粉等为主要原料制作的各类食品的总称

夫人馃ㄦ fu³²⁴⁻⁴⁴ n̩in⁴³³⁻⁴⁴ kuã⁴⁴⁵　唱夫人道场用的馃儿。用米粉制作而成的指头大小的馃儿，有红、绿、黄、白等颜色，内包甜馅儿

鸡冠脂 tsɹ̩³²⁴⁻⁴⁴ kuã³²⁴⁻⁴⁴ tsɹ̩³²⁴　一种猪肠边脂肪裹糯米粉蒸制的糕点。糯米炒熟后磨粉，加上红糖，裹猪肠边的脂肪，蒸熟即可

食用

番薯馃ɿ fɑ̃$^{324-44}$ z-sɿ$^{433-44}$ kuɑ̃^{445}　番薯丝粉制作的糕点，即番薯窝头。将番薯丝碾成的粉用水揉成团，之后用筷子辅助捏成空心的小管状，蒸熟呈深褐色，软软糯糯甚是美味

番薯汤圆 fɑ̃$^{324-44}$ z-sɿ$^{433-44}$ tʰɔ̃$^{324-44}$ yə^{433}　番薯丝粉制作的汤圆状糕点，一般和粥一起煮

老鼠ɿ lɔ$^{223-22}$ tsʰɿ$^{445-44}$ n̩^{324}　小管状的番薯窝头

寿桃馃 ʑiɯ$^{231-22}$ d-tɔ$^{433-44}$ ko^{445}　寿桃状的豆沙馅供果

糕 kɯ^{324}

发糕 fɑʔ$^{5-4}$ kɯ^{324}

麦糕 maʔ$^{23-43}$ kɯ^{324}　用面粉蒸制的糕点

千层糕 tɕʰiɛ$^{52-44}$ ʑin$^{433-43}$ kɯ^{324}　用米粉分层蒸制而成，食用时可以分层的糕点

实地糕 zəʔ$^{23-2}$ di$^{231-43}$ kɯ^{324}　不是分层蒸制而成的糕点

蓬糕 bən$^{433-43}$ kɯ^{324}　艾糕，用捣烂的艾草和米粉蒸制的糕点

山粉糕 sɑ̃$^{324-44}$ fən$^{445-44}$ kɯ^{324}　用番薯粉蒸制的糕点

蛋糕 dɑ̃$^{433-43}$ kɯ^{324}

鸡卵糕 tsɿ$^{324-44}$ lən$^{223-43}$ kɯ^{324}　鸡蛋糕

糕片 kɯ$^{324-32}$ pʰiɛ^{52}

洋红 iɑ̃$^{433-22}$ ən^{433}　一种红色颜料的统称，用来点缀糕点或染鸡蛋等

大洋红 do$^{231-22}$ iɑ̃$^{433-22}$ ən^{433}　一种深红色的颜料，用来点缀糕点或染鸡蛋等

细洋红 ɕia$^{52-44}$ iɑ̃$^{433-22}$ ən^{433}　一种淡红色的颜料，用来点缀糕点等

洋绿 iɑ̃$^{433-44}$ lyəʔ^{23}　一种绿色的颜料，用来点缀糕点等

豇豆酥 kɔ̃$^{324-44}$ dəɯ$^{231-43}$ su^{324}　用麦粉油炸制作的小条状糕点，香酥可口，手指般大小，如豇豆般粗细，故名

油酥 iɯ$^{433-43}$ su^{324}　油酥饼

饼 pin^{445}

饼干 pin⁴⁴⁵⁻⁴⁴ kuə³²⁴

豆饼 dɯ²³¹⁻²² pin⁴⁴⁵　将黄豆、米粉、面粉和在一起油炸的饼

油饼 iɯ⁴³³⁻⁴⁴ pin⁴⁴⁵　一种扁而圆的油炸食品，类似温州的灯盏糕。外层金黄，主料是米粉（掺些豆粉），中部隆起，馅料以萝卜丝、肉末、葱为主。外酥内软，酥香可口

油筒饼 iɯ⁴³³⁻⁴⁴ dən⁴³³⁻²² pin⁴⁴⁵　用面筋和葱制作的一种油煎食品

金瓜饼 tɕin³²⁴⁻⁴⁴ ko³²⁴⁻⁴⁴ pin⁴⁴⁵　用南瓜和面粉制作的饼

油麻球 iɯ⁴³³⁻²² mo⁴³³⁻²² dziɯ⁴³³　芝麻球

麦饼 maʔ²³⁻² pin⁴⁴⁵　用面粉制作的饼

麦糊 maʔ²³⁻² u⁴³³　用面粉摊烙的饼

花麦饼 xo³²⁴⁻⁴⁴ maʔ²³⁻² pin⁴⁴⁵　用荞麦粉制作的饼

包萝饼 pɔ³²⁴⁻⁴⁴ lo⁴³³⁻²² pin⁴⁴⁵　用玉米粉制作的饼

麻饼 mo⁴³³⁻⁴⁴ pin⁴⁴⁵　用苎麻叶制作的饼

糠饼 kʰɔ̃³²⁴⁻⁴⁴ pin⁴⁴⁵　用糠制作的饼

缸饼 kɔ̃³²⁴⁻⁴⁴ pin⁴⁴⁵　烧饼

桶饼 dən²²³⁻²² pin⁴⁴⁵

菜干酥 tsʰei⁵²⁻⁴⁴ kuə³²⁴⁻⁴⁴ su³²⁴　酥饼

月饼 ȵyəʔ²³⁻² pin⁴⁴⁵

起酥 tsʰɿ⁴⁴⁵⁻⁴⁴ su³²⁴　苏式月饼

生菜饼 sɛ³²⁴⁻⁴⁴ tsʰei⁵²⁻⁴⁴ pin⁴⁴⁵　酸菜馅儿饼

橘饼 tɕyəʔ⁵⁻⁴ pin⁴⁴⁵

油馓 iɯ⁴³³⁻⁴⁴ sã⁴⁴⁵　麻花

洋米 iɑ⁴³³⁻⁴⁴ mi²²³　一种指头大小的条状食品。肥肉裹面粉油炸，出锅后再裹白糖。常作酒宴的冷盘

炸米 tsaʔ⁵⁻⁴ mi²²³　一种油炸食品。肥肉细条裹上面粉后油炸，再放经熬制过的白糖水里均匀地沾上糖液，凉却后即可食

油枣 iɯ⁴³³⁻⁴⁴ tsɔ⁴⁴⁵　江米条

卵结 lən²²³⁻²² tɕieʔ⁵　蛋卷

包萝花 pɔ³²⁴⁻⁴⁴ lo⁴³³⁻⁴³ xo³²⁴　用玉米爆的爆米花

包萝胖 pɔ³²⁴⁻⁴⁴ lo⁴³³⁻⁴³ pʰɔ̃⁵²

米胖 mi²²³⁻²² pʰɔ̃⁵²　　用大米爆的爆米花

番薯爪 fɑ̃³²⁴⁻⁴⁴ z-sɿ⁴³³⁻⁴⁴ tsɔ⁴⁴⁵　　煮熟后烘干的红薯条

番薯片 fɑ̃³²⁴⁻⁴⁴ zɿ⁴³³⁻⁴³ pʰiɛ⁵²　　煮熟后烘干的红薯片

洋芋片 iɑ̃⁴³³⁻⁴⁴ y²³¹⁻²² pʰiɛ⁵²　　土豆片

棒冰 bɔ̃²²³⁻⁴³ pin³²⁴

柞子豆腐 dzaʔ²³⁻² tsɿ⁴⁴⁵⁻⁴⁴ dəɯ²³¹⁻²² v-fu²²³⁻⁵²　　用橡子粉即栎木子粉制作的豆腐。呈栗壳色，韧而光滑，入口清凉，一般直接加糖当冷饮食用

苦槠豆腐 kʰu⁴⁴⁵⁻⁴⁴ tsɿ⁴⁴⁵⁻⁴⁴ dəɯ²³¹⁻²² v-fu²²³⁻⁵²　　用苦槠子粉制作的豆腐。细嫩而结实，爽口而柔韧，具有清热解毒的功效，一般直接加糖当冷饮食用

木莲豆腐 məʔ²³⁻² liɛ⁴³³⁻⁴⁴ dəɯ²³¹⁻²² v-fu²²³⁻⁵²　　用薜荔子汁水制作的豆腐。色微黄，具有祛风除湿、消肿解毒的功效，一般直接加糖当冷饮食用

仙草豆腐 ɕiɛ⁴⁴⁵⁻⁴⁴ tsʰɔ⁴⁴⁵⁻⁴⁴ dəɯ²³¹⁻²² v-fu²²³⁻⁵²　　是一种清凉小吃。鲜仙草放在锅里煮成汤汁，去渣后渗入米浆边煮边搅拌，直至煮成绿色的米糊，冷却凝固后即为仙草豆腐。食用时用刀划成如豆腐大小的方块，添加糖、薄荷等调料，味道软滑芳香

青草腐 tɕʰin³²⁴⁻⁴⁴ tsʰɔ⁴⁴⁵⁻⁴⁴ v-fu²²³⁻⁵²

绿豆汤 lyəʔ²³⁻² dəɯ²³¹⁻⁴³ tʰɔ̃³²⁴

山楂片 sɑ̃³²⁴⁻⁴⁴ tso³²⁴⁻³² pʰiɛ⁵²

燥货 sɔ⁵²⁻⁴⁴ xo⁵²　　干果

葡萄干 bu⁴³³⁻²² dɔ⁴³³⁻⁴³ kuə³²⁴

蜜枣 miəʔ²³⁻² tsɔ⁴⁴⁵

瓜子 ko³²⁴⁻⁴⁴ tsɿ⁴⁴⁵　　一般指葵花籽

金瓜子 tɕin³²⁴⁻⁴⁴ ko³²⁴⁻⁴⁴ tsɿ⁴⁴⁵　　南瓜子

西瓜子 sɿ³²⁴⁻⁴⁴ ko³²⁴⁻⁴⁴ tsɿ⁴⁴⁵

吊瓜子 tiɔ⁵²⁻⁴⁴ ko³²⁴⁻⁴⁴ tsɿ⁴⁴⁵　　栝楼子。为多年生草质藤本，因其形

状似小西瓜，果实从藤上向下挂，故名

(六) 作料

香料 ɕiã$^{324\text{-}32}$ liɔ^{231}　作料，调味品

猪脂 ti$^{324\text{-}44}$ tsʅ^{324}　猪油，是"板油""花油""肉油"的统称

板油 pã$^{445\text{-}44}$ iɯ^{433}　指猪肉里面、内脏外面成片成块的油脂

花油 xo$^{324\text{-}44}$ iɯ^{433}　肥油，多指猪肠子旁边粘连的类似花形的油脂

肉油 ȵyəʔ$^{23\text{-}2}$ iɯ^{433}　肥肉熬制的油

菜油 tsʰei$^{52\text{-}44}$ iɯ^{433}　菜籽油

茶油 dzo$^{433\text{-}22}$ iɯ^{433}　茶籽油

油麻油 iɯ$^{433\text{-}44}$ mo$^{433\text{-}22}$ iɯ^{433}　芝麻油

豆油 dəɯ$^{231\text{-}22}$ iɯ^{433}

老花生油 lɔ$^{223\text{-}22}$ xo$^{324\text{-}44}$ sɛ$^{324\text{-}44}$ iɯ^{433}　花生油

荤油 xuə$^{324\text{-}44}$ iɯ^{433}　动物油，多指猪油

素油 su$^{52\text{-}44}$ iɯ^{433}　食用的植物油，如花生油、豆油、菜籽油

酱油 tɕiã$^{52\text{-}44}$ iɯ^{433}

盐 iɛ^{433}

粗盐 tsʰu$^{324\text{-}32}$ iɛ^{433}

细盐 sʅ$^{52\text{-}55}$ iɛ^{433}

盐卤 iɛ$^{433\text{-}44}$ lu^{223}　一般指制取食盐后残留的母液，常作为凝固剂用于制作豆腐

醋 tsʰu^{52}

陈醋 dzən$^{433\text{-}43}$ tsʰu^{52}

白醋 baʔ$^{23\text{-}2}$ tsʰu^{52}

香醋 ɕiã$^{324\text{-}32}$ tsʰu^{52}

米醋 mi$^{223\text{-}22}$ tsʰu^{52}

味精 mi$^{231\text{-}43}$ tɕin^{324}

鸡精 tsʅ$^{324\text{-}44}$ tɕin^{324}

胡椒粉 u$^{433\text{-}22}$ tɕiɔ$^{324\text{-}44}$ fən^{445}

辣椒粉 laʔ$^{23\text{-}2}$ tɕiɔ$^{324\text{-}44}$ fən^{445}

辣椒油 lɑʔ$^{23-2}$ tɕiɔ$^{324-44}$ iɯ^{433}

辣椒酱 lɑʔ$^{23-43}$ tɕiɔ$^{324-32}$ tɕiã^{52}

麻酱 mo$^{433-43}$ tɕiã^{52}　　芝麻酱

豆爿酱 dəɯ$^{231-22}$ bã$^{433-43}$ tɕiã^{52}　　豆瓣酱

　　豆酱 dəɯ$^{433-22}$ tɕiã^{52}

冰糖 pin$^{324-44}$ dɔ̃^{433}

糖霜 dɔ̃$^{433-43}$ ɕiɔ̃^{324}　　白糖

砂糖 so$^{324-44}$ dɔ̃^{433}　　红糖

　　红糖 ən$^{433-22}$ dɔ̃^{433}

糖精 dɔ̃$^{433-43}$ tɕin^{324}

碱水 kã$^{324-44}$ ɕy^{445}

小苏打 ɕiɔ$^{445-44}$ su$^{324-44}$ nɛ^{445}　　碱粉

花椒 xo$^{324-44}$ tɕiɔ^{324}

桂皮 kuei$^{52-44}$ bi^{433}

茴香 uei$^{433-43}$ ɕiã^{324}

当归 tɔ̃$^{324-44}$ kuei^{324}

五加皮 n̩$^{223-22}$ ko$^{324-44}$ bi^{433}

枸杞子 kɯ$^{445-44}$ tsɿ$^{445-44}$ tsɿ^{445}

八、服饰

(一) 衣裤

着个 tiəʔ^5 kə^0　　穿的

衣裳 i$^{324-44}$ ziã^{433}　　衣服

大襟 do$^{231-43}$ tɕin^{324}　　纽扣在胸右侧的中式衣服

细襟 ɕia$^{52-44}$ tɕin^{324}　　小襟，中式大襟衣服的里襟

直襟 dziəʔ$^{23-43}$ tɕin^{324}　　对襟。两襟相对，纽扣在胸前正中的中式衣服

长衫 dziã$^{433-43}$ sã^{324}

　　长布衫 dz̥-tɕiã$^{433-44}$ pu$^{52-44}$ sã^{324}

夹袍 kɑʔ$^{5\text{-}4}$ bɔ^{433}　夹层的长衫

便衣 biɛ$^{231\text{-}43}$ i^{324}

大衣 da$^{231\text{-}43}$ i^{324}

呢大衣 n̠i$^{433\text{-}44}$ da$^{231\text{-}43}$ i^{324}

风衣 fən$^{324\text{-}44}$ i^{324}

半作＝衣 pə$^{52\text{-}44}$ tsəʔ$^{5\text{-}4}$ i^{324}　半长的风衣

西装 sʅ$^{324\text{-}44}$ tsɔ̃^{324}

军装 tɕyən$^{324\text{-}44}$ tsɔ̃^{324}

中山装 tɕyən$^{324\text{-}44}$ sã$^{324\text{-}44}$ tsɔ̃^{324}

蝙蝠衫 piɛ$^{445\text{-}44}$ fəʔ$^{5\text{-}4}$ sã^{324}

皮衣 bi$^{433\text{-}43}$ i^{324}

外套 ua$^{231\text{-}22}$ tʰɔ^{52}

杰克衫 dʑiəʔ$^{23\text{-}2}$ kʰəʔ$^{5\text{-}4}$ sã^{324}　夹克衫

拉链衫 la$^{324\text{-}44}$ liɛ$^{231\text{-}22}$ sã^{324}

衬衫 tsʰən$^{52\text{-}44}$ sã^{324}

背心 pei$^{52\text{-}44}$ sən^{324}

绲身 kuən$^{52\text{-}44}$ sən^{324}　内衣

　汗衣 uə$^{231\text{-}43}$ i^{324}

棉绲身 miɛ$^{433\text{-}44}$ kuən$^{52\text{-}44}$ sən^{324}　比棉袄薄的一种内穿棉衣

棉袄 miɛ$^{433\text{-}44}$ əɯ^{445}

鸭绒衣 ɑʔ$^{5\text{-}4}$ yən$^{433\text{-}43}$ i^{324}　羽绒服

汗衣络 uə$^{231\text{-}22}$ i$^{324\text{-}44}$ ləʔ^{5}　汗衫

胸罩 ɕiɔ̃$^{324\text{-}32}$ tsɔ^{52}

睡衣 zei$^{231\text{-}43}$ i^{324}

卫生衣 uei$^{231\text{-}22}$ sɛ$^{324\text{-}44}$ i^{324}　绒衣

卫生裤 uei$^{231\text{-}43}$ sɛ$^{324\text{-}32}$ kʰu^{52}　绒裤

棉毛衫 miɛ$^{324\text{-}44}$ mɔ$^{433\text{-}43}$ sã^{324}　一种较厚的棉针织品上衣

棉毛裤 miɛ$^{324\text{-}44}$ mɔ$^{433\text{-}43}$ kʰu^{52}　一种较厚的棉针织品裤子

毛线衣 mɔ$^{433\text{-}44}$ ɕiɛ$^{52\text{-}44}$ i^{324}　毛衣

毛线背心 mɔ⁴³³⁻⁴⁴ ɕiɛ⁵²⁻⁴⁴ pei⁵²⁻⁴⁴ sən³²⁴

马夹 mo²²³⁻²² kɑʔ⁵

烛裸 tɕyəʔ⁵⁻⁴ pɔ³²⁴　包裹婴儿的袍裙

罩衣 tsɔ⁵²⁻⁴⁴ i³²⁴　倒背衣。孩童穿的后背系带的罩衫，加穿在其他衣服外面，以对里面的衣服进行保护

百家衣 paʔ⁵⁻⁴ ko³²⁴⁻⁴⁴ i³²⁴　旧俗为使婴儿长寿向多家集钱买布制作小孩衣服

雨衣 y²²³⁻⁴³ i³²⁴

蓑衣 so³²⁴⁻⁴⁴ i³²⁴　用棕编制而成，披在身上的简陋雨具

长袖 dʑiã⁴³³⁻⁴³ ziɯ²³¹　长袖的衣服

短袖 tə⁴⁴⁵⁻⁴⁴ ziɯ²³¹　短袖的衣服

衫袖 sã³²⁴⁻³² ziɯ²³¹　袖子

衫袖口 sã³²⁴⁻⁴⁴ ziɯ²³¹⁻²² kʰɯ⁴⁴⁵　袖口

衫袖头 sã³²⁴⁻⁴⁴ ziɯ²³¹⁻²² dəɯ⁴³³

泡泡袖 pʰɔ³²⁴⁻⁴⁴ pʰɔ³²⁴⁻³² ziɯ²³¹　袖山处宽松蓬起呈泡泡状的袖型

衫袖套 sã³²⁴⁻⁴⁴ ziɯ²³¹⁻²² tʰɔ⁵²　袖套

领 lin²²³　领子

倚领 gei²²³⁻²² lin²²³　立领

翻领 fã⁴⁴⁵⁻⁴⁴ lin²²³

轮领 lən⁴³³⁻⁴⁴ lin²²³　圆领

和尚领 o⁴³³⁻⁴⁴ ziã²³¹⁻²² lin²²³　圆形的无领型领

硬领 ŋɛ²³¹⁻²² lin²²³

高领 kɯ³²⁴⁻⁴⁴ lin²²³

矮领 a⁴⁴⁵⁻⁴⁴ lin²²³

假领 ko⁴⁴⁵⁻⁴⁴ lin²²³　装饰性的衬衫领子

毛领 mɔ⁴³³⁻⁴⁴ lin²²³

荷叶领 o⁴³³⁻⁴⁴ iəʔ²³⁻² lin²²³　荷叶边的装饰性衣领

布裤 pu⁵²⁻⁴⁴ kʰu⁵²　裤子

短裤 tə⁴⁴⁵⁻⁴⁴ kʰu⁵²

西装短裤 sɿ³²⁴⁻⁴⁴ tsɔ̃³²⁴⁻³² tə⁴⁴⁵⁻⁴⁴ kʰu⁵²

短裤头 tə⁴⁴⁵⁻⁴⁴ kʰu⁵²⁻⁴⁴ dəɯ⁴³³⁻²²³　贴身穿的裤衩儿

三角裤 sã³²⁴⁻⁴⁴ kəʔ⁵ kʰu⁵²⁻⁰　贴身穿的三角形裤衩儿

单裤 tã³²⁴⁻³² kʰu⁵²

夹裤 kɑʔ⁵ kʰu⁵²⁻⁰

便裤 biɛ²³¹⁻²² kʰu⁵²　一种中式长裤，裤腰肥大

毛线裤 mɔ⁴³³⁻⁴⁴ ɕiɛ⁵²⁻⁴⁴ kʰu⁵²

运动衫 yən²³¹⁻²² dən⁴³³⁻⁴³ sã³²⁴

运动裤 yən²³¹⁻²² dən⁴³³⁻²² kʰu⁵²

牛仔裤 ȵiɯ⁴³³⁻²² tsɿ⁴⁴⁵⁻⁴⁴ kʰu⁵²

布裤裆 pu⁵²⁻⁴⁴ kʰu⁵²⁻⁴⁴ tɔ̃³²⁴　两条裤腿相连的部分

开裆裤 kʰei³²⁴⁻⁴⁴ tɔ̃³²⁴⁻³² kʰu⁵²　裤裆开衩的裤子

囫囵裤 guəʔ²³⁻² lən⁴³³⁻⁴³ kʰu⁵²　合裆裤

背带裤 pei⁵²⁻⁴⁴ ta⁵²⁻⁴⁴ kʰu⁵²

喇叭裤 la²²³⁻⁴³ pa³²⁴⁻³² kʰu⁵²

直统裤 dʑiəʔ²³⁻² tʰən⁴⁴⁵⁻⁴⁴ kʰu⁵²　直筒裤

大脚裤 dɔ²³¹⁻²² tɕiə⁵ kʰu⁵²⁻⁰

细脚裤 ɕia⁵²⁻⁴⁴ tɕiəʔ⁵ kʰu⁵²⁻⁰

半作⁼裤 pə⁵²⁻⁴⁴ tsəʔ⁵ kʰu⁵²⁻⁰　九分裤或七分裤

踏脚裤 dɑʔ²³⁻² tɕiəʔ⁵ kʰu⁵²⁻⁰　一种裤腿下有弹性带，穿时踩于脚底下的裤子

布裤脚 pu⁵²⁻⁴⁴ kʰu⁵²⁻⁴⁴ tɕiəʔ⁵　裤腿

布裤腰 pu⁵²⁻⁴⁴ kʰu⁵²⁻⁴⁴ iɔ³²⁴　裤腰

布裤□ pu⁵²⁻⁴⁴ kʰu⁵²⁻⁴⁴ ɕyən⁴⁴⁵　裤腰上的串带襻，是用于穿皮带的小环

　皮带□ bi⁴³³⁻⁴³ ta⁵²⁻⁴⁴ ɕyən⁴⁴⁵

布裤带 pu⁵²⁻⁴⁴ kʰu⁵²⁻⁴⁴ ta⁵²　裤腰带

皮带 bi⁴³³⁻⁴³ ta⁵²

宽紧带 kʰuã³²⁴⁻⁴⁴ tɕ-dʑin⁴⁴⁵⁻²² ta⁵²　松紧带

裆 tɔ̃³²⁴　①两裤腿相连的地方。②两条腿的中间

旗袍 dzɿ⁴³³⁻²² bɔ⁴³³

裙 dʑyən⁴³³

连身裙 liɛ⁴³³⁻²² sən³²⁴⁻⁴⁴ dʑyən⁴³³　连衣裙

半身裙 pə⁵²⁻⁴⁴ sən³²⁴⁻⁴⁴ dʑyən⁴³³

背带裙 pei⁵²⁻⁴⁴ ta⁵²⁻⁴⁴ dʑyən⁴³³

劳裙 lɔ⁴³³⁻⁴⁴ dʑyən⁴³³　围裙

　　布劳裙 pu⁵²⁻⁴⁴ lɔ⁴³³⁻⁴⁴ dʑyən⁴³³

汤布 tʰɔ̃³²⁴⁻³² pu⁵²　男人出门干活儿时围在腰间的长布条，白粗布做成。主要用来擦汗，也可垫在肩上，披在身上

尿片 sɿ³²⁴⁻³² pʰiɛ⁵²

布肚 pu⁵²⁻⁴⁴ du²²³　肚兜儿

体⁼射 tʰi⁴⁴⁵⁻⁴⁴ ʑia²³¹　围嘴儿。中间镂空的圆形布制品，套在小孩脖子上，以保持前胸脖子周围衣服的干净

体⁼围 tʰi⁴⁴⁵⁻⁴⁴ y⁴³³　围嘴儿。围在小孩胸部的布，上有两根系带，系于后颈处，以保持前胸脖子周围衣服的干净

袋 dei²³¹　衣兜

奶奶袋 na²²³⁻²² na²²³⁻⁵⁵ dei²³¹　胸部的衣兜

贴口袋 tʰiaʔ⁵⁻⁴ kʰɯ⁴⁴⁵⁻⁴⁴ dei²³¹　在衣服上贴一块布做成的衣兜

搂袋 lɤɯ³²⁴⁻³² dei²³¹　挖袋，又称开袋。把衣服剪个口子，另加贴边和袋布做成，看起来就一条窄窄的线

插手袋 tsʰɑʔ⁵⁻⁴ ɕɯ⁴⁴⁵⁻⁴⁴ dei²³¹　在衣服上贴一块布做成的衣兜

纽子 ȵiɯ²²³⁻²² tsɿ⁴⁴⁵

　　纽扣 ȵiɯ²²³⁻²² kʰɯ⁵²

布纽 pu⁵²⁻⁴⁴ ȵiɯ²²³　布扣子

骨纽 kuəʔ⁵⁻⁴ ȵiɯ²²³　塑料或金属纽扣，与"布纽"相对

纽襻 ȵiɯ²²³⁻²² pʰɑ̃⁵²　中式衣服上用布做的扣住纽扣的套

纽子洞 ȵiɯ²²³⁻²² tsɿ⁴⁴⁵⁻⁴⁴ dən²³¹　扣眼儿

捺扣 nɑʔ²³⁻² kʰɯ⁵²　子母扣儿

风纪扣 fən³²⁴⁻⁴⁴ tsɿ⁵²⁻⁴⁴ kʰɯ⁵²　制服、中山装等服装领口上的搭扣

拉链 la³²⁴⁻³² liɛ²³¹

绲 kuən⁵²　里子，即衣服、帽子、鞋子等的衬布

缏 biɛ⁴³³　衣服下摆缝起来的边儿

裥 kã⁴⁴⁵　① 衣服的褶子。② 皱纹

料作 liɔ²³¹⁻²² tsəʔ⁵　料子

布料 pu⁵²⁻⁴⁴ liɔ²³¹

布 pu⁵²

土布 tʰu⁴⁴⁵⁻⁴⁴ pu⁵²　手工纺织的布

洋布 iã⁴³³⁻⁴³ pu⁵²　机器织的布，与手工纺织的"土布"相对

粗洋布 tsʰu³²⁴⁻⁴⁴ iã⁴³³⁻⁴³ pu⁵²　机器织的布，做工比较粗糙

细洋布 sɿ⁵²⁻⁴⁴ iã⁴³³⁻⁴³ pu⁵²　机器织的布，做工比较精细

白洋布 baʔ²³⁻² iã⁴³³⁻⁴³ pu⁵²　机器织的白布

永康大布 yən²²³⁻⁴³ kʰɔ̃³²⁴ do²³¹⁻²² pu⁵²　用于背孩子的长带子，多为永康人织的布，该布料比较厚实，故名

棉布 miɛ⁴³³⁻⁴³ pu⁵²

纱布 so³²⁴⁻³² pu⁵²

丝 sɿ³²⁴

真丝 tsən³²⁴⁻⁴⁴ sɿ³²⁴

绸 dʑiɯ⁴³³

　　缎 də²³¹

　　绸缎 dʑiɯ⁴³³⁻⁴³ də²³¹

丝光棉 sɿ³²⁴⁻⁴⁴ kɔ̃³²⁴⁻⁴⁴ miɛ⁴³³　经过丝光处理后呈绢丝光泽的棉纱或棉布

的确良 tiəʔ⁵⁻⁴ kʰəʔ⁵⁻⁴ liã⁴³³

的确咔 tiəʔ⁵⁻⁴ kʰəʔ⁵⁻⁴ kʰa⁴⁴⁵　的卡，用涤纶织成的咔叽布

咔叽 kʰa⁴⁴⁵⁻⁴⁴ tsɿ³²⁴　一种厚实的斜纹棉织布

灯草绒 tin³²⁴⁻⁴⁴ tsʰɔ⁴⁴⁵⁻⁴⁴ zən⁴³³　灯芯绒

呢 ȵi⁴³³　呢子

咔司米 kʰa⁴⁴⁵⁻⁴⁴ sɿ³²⁴⁻⁴⁴ mi²²³　开司米，细而软的优良毛线或毛纺织品

尼龙 ȵi⁴³³⁻²² lən⁴³³

塑料 su⁵²⁻⁴⁴ liɔ²³¹

塑料布 su⁵²⁻⁴⁴ liɔ²³¹⁻²² pu⁵²

格子 kaʔ⁵⁻⁴ tsɿ⁴⁴⁵　方格形图案的布

绺条 liɯ²²³⁻²² diɔ⁴³³　有条形图案的布

破布 pʰa⁵²⁻⁴⁴ pu⁵²　从旧衣服上裁剪下来的布块儿

破布碎 pʰa⁵²⁻⁴⁴ pu⁵²⁻⁴⁴ sei³²⁴　从旧衣服上裁剪下来的零碎布块儿

布碎 pu⁵²⁻⁴⁴ sei³²⁴　做衣服剪裁后剩下的零碎布块儿

布头 pu⁵²⁻⁴⁴ dəɯ⁴³³　① 成匹的布卖剩下来的不成整料的部分，一般指 6 尺以下的剩余布料。② 做衣服剪裁后剩下的零碎布块儿

纱 ɕia³²⁴　麻、棉等纺成的细缕

线 ɕiɛ⁵²

洋线 iã⁴³³⁻⁴³ ɕiɛ⁵²　绕成圆柱形的棉线，裁缝用

起瘰 tsʰɿ⁴⁴⁵⁻⁴⁴ lei²²³　起毛头，织物上形成细软的短毛颗粒

(二) 鞋帽

帽 mɔ²³¹　帽子

草凉帽 tsʰɔ⁴⁴⁵⁻⁴⁴ liã⁴³³⁻⁴³ mɔ²³¹　草帽

箬帽 ȵiəʔ²³⁻⁴³ mɔ²³¹　斗笠

鳖帽 piəʔ⁵ mɔ²³¹⁻⁰　鸭舌帽一种，前进帽

大头帽 do²³¹⁻²² dəɯ⁴³³⁻⁴³ mɔ²³¹　① 大头帽子。② 比喻恭维讨好的话，高帽子

猢狲帽 u⁴³³⁻⁴³ sə³²⁴⁻³² mɔ²³¹　猴头帽。线织的帽子，帽身比较长，头部位置中间有两个小孔。不冷的时候，卷起来戴在头上，冷的时候拉下来，裹住整个头部以及脖子，只露出眼睛，像猴头，故称

兔帽 tʰu⁵²⁻⁵⁵ mɔ²³¹　兔头帽

军帽 tɕyə$^{324-32}$ mɔ^{231}

大礼帽 da$^{231-22}$ li$^{223-22}$ mɔ^{231}

硬壳帽 ŋɛ$^{223-22}$ kʰə^5 mɔ$^{231-0}$

田钯帽 diɛ$^{433-22}$ bo$^{231-43}$ mɔ^{231}　一种形如田钯的圈形帽子

狗头帽 kɯ$^{445-44}$ dəɯ$^{433-43}$ mɔ^{231}　狗头形的帽子

石榴帽 ʑiə?$^{23-2}$ liɯ$^{433-43}$ mɔ^{231}　石榴状帽顶的帽子

菱角帽 lin$^{433-44}$ kə?^{5} mɔ$^{231-0}$　菱角状帽顶的帽子

乌纱帽 u$^{324-44}$ so$^{324-32}$ mɔ^{231}　古代官吏戴的一种帽子，也用来比喻官位

帽唇 mɔ$^{231-22}$ ʑyən^{433}　帽檐儿

　帽边 mɔ$^{231-43}$ piɛ^{324}

帽口舌 mɔ$^{231-44}$ kʰɯ$^{445-44}$ dʑiə?^{23}　帽舌

帽顶 mɔ$^{231-44}$ tin^{445}

帽圈 mɔ$^{231-43}$ tɕʰyə^{324}

帽梁 mɔ$^{231-22}$ liã^{433}

横包 uɛ$^{433-43}$ pɔ^{324}　抹额，即包裹额头的巾饰

鞋 a^{433}　鞋子

草鞋 tsʰɔ$^{445-44}$ a^{433} / tsʰa$^{445-44}$ a^{433}

单鞋 tã$^{324-44}$ a^{433}

布鞋 pu$^{52-44}$ a^{433}

皮鞋 bi$^{433-22}$ a^{433}

暖鞋 nən$^{433-22}$ a^{433}　棉鞋

凉鞋 liã$^{433-22}$ a^{433}

皮凉鞋 b-pi$^{433-44}$ liã$^{433-22}$ a^{433}

拖鞋 tʰa$^{324-44}$ a^{433}

凉鞋拖 liã$^{433-22}$ a$^{433-43}$ tʰa^{324}　木屐

鞋套 a$^{433-43}$ tʰɔ^{52}　雨鞋

高筒鞋套 kɯ$^{324-44}$ dən$^{223-22}$ a$^{433-43}$ tʰɔ^{52}　高筒雨鞋

半筒鞋套 pə$^{52-44}$ dən$^{223-22}$ a$^{433-43}$ tʰɔ^{52}　矮筒雨鞋

毛线鞋 mɔ$^{433-44}$ ɕiɛ$^{52-44}$ a^{433}　鞋面用毛线编织的鞋子

解放鞋 ka$^{445-44}$ fɔ$^{52-44}$ a^{433}

白球鞋 baʔ$^{23-2}$ dʑiɯ$^{433-22}$ a^{433}

青年鞋 tɕʰin$^{324-44}$ ȵiɛ$^{433-22}$ a^{433}　20世纪八九十年代比较流行的一款鞋

护士鞋 u$^{231-22}$ zʅ$^{223-22}$ a^{433}　20世纪八九十年代比较流行的一款女士小白鞋，平底、浅口，也是医院护士时常穿的工作鞋，故名

旅游鞋 ly$^{223-22}$ iɯ$^{433-22}$ a^{433}

回力 uei$^{433-44}$ liəʔ^{23}　"回力"牌胶鞋

细脚鞋 ɕia$^{52-44}$ tɕiəʔ$^{5-4}$ a^{433}　弓鞋，小脚穿的鞋子

水田袜 ɕy$^{445-44}$ diɛ$^{434-43}$ mɑʔ^{23}　一种在水田里干活时穿的长筒防水鞋

樟柏鞋 tɕiã$^{324-44}$ paʔ$^{5-4}$ a^{433}　孩子周岁时穿的鞋，有些鞋面绣着柏树枝

浅口鞋 tɕʰiɛ$^{445-44}$ kʰɯ$^{445-44}$ a^{433}

宽紧鞋 kʰuã$^{324-44}$ tɕ-dʑin$^{445-22}$ a^{433}　鞋口处有松紧带的鞋子

松紧鞋 sən$^{324-44}$ tɕ-dʑin$^{445-22}$ a^{433}

平底鞋 bin$^{433-22}$ ti$^{445-44}$ a^{433}

高脚鞋 kɯ$^{324-44}$ tɕiəʔ$^{5-4}$ a^{433}　高跟鞋

高帮鞋 kɯ$^{324-44}$ pɔ̃$^{324-44}$ a^{433}

塑料底鞋 su$^{52-44}$ liɔ$^{231-22}$ ti$^{445-44}$ a^{433}

靴 ɕyə^{324}　现代的靴子

靴 ɕio^{324}　旧时的牛皮靴，脚底钉着铁钉

鞋带 a$^{433-43}$ ta^{52}

鞋襻 a$^{433-43}$ pʰã^{52}　鞋帮上用以系扣的带子

鞋珠 a$^{433-43}$ tɕy^{324}　鞋带穿孔上的"金属圈"

鞋底 a$^{433-44}$ ti^{445}

鞋面 a$^{433-43}$ miɛ^{231}　鞋帮的面儿

鞋绲 a$^{433-43}$ kuən^{52}　鞋帮的里子

鞋楦头 a⁴³³⁻⁴⁴ ɕyə⁵²⁻⁴⁴ dəɯ⁴³³　鞋楦子

鞋拔 a⁴³³⁻⁴⁴ baʔ²³　鞋拔子

袜 maʔ²³　袜子

布袜 pu⁵²⁻⁴⁴ maʔ²³　布袜子

毛线袜 mɔ⁴³³⁻⁴⁴ ɕiɛ⁵²⁻⁴⁴ maʔ²³　用毛线编织的袜子

尼龙袜 ȵi²²³⁻²² lən⁴³³⁻⁴³ maʔ²³

长筒袜 dz-tɕiã⁴³³⁻⁴⁴ dən²²³⁻²² maʔ²³

洋袜 iã⁴³³⁻⁴⁴ maʔ²³

袜底 maʔ²³⁻² ti⁴⁴⁵

　鞋垫 a⁴³³⁻⁴³ diɛ²³¹

裹脚 ko⁴⁴⁵⁻⁴⁴ tɕiə⁵　绑腿

扎脚布 tsaʔ⁵⁻⁴ tɕiə⁵ pu⁵²⁻⁰　旧时女性裹小脚的布

(三) 配饰

金银宝贝 tɕin³²⁴⁻³² ȵin⁴³³⁻⁴³ pɔ⁴⁴⁵⁻⁴⁴ pei⁵²

金器 tɕin³²⁴⁻³² tsʰʅ⁵²　金质器物

银器 ȵin⁴³³⁻⁴³ tsʰʅ⁵²　银质器物

珍珠 tsən³²⁴⁻⁴⁴ tɕy³²⁴

玉 ȵyəʔ²³

戒指 ka⁵²⁻⁴⁴ tsʅ⁴⁴⁵⁻⁵²

金戒指 tɕin³²⁴⁻⁴⁴ ka⁵²⁻⁴⁴ tsʅ⁴⁴⁵⁻⁵²

手镯 ɕiɯ⁴⁴⁵⁻⁴⁴ dzyəʔ²³

手链 ɕiɯ⁴⁴⁵⁻⁴⁴ liɛ²³¹

钗 tsʰa³²⁴

金钗 tɕin³²⁴⁻⁴⁴ tsʰa³²⁴

头插 d-təɯ⁴³³⁻⁴⁴ tsʰaʔ⁵　一种一端尖的簪子，利于插发，一般较短

簪 tsə³²⁴　簪子

扁簪 piɛ⁴⁴⁵⁻⁴⁴ tsə³²⁴　一种略呈扁形的簪子

头髻络 d-təɯ⁴³³⁻⁴⁴ tsʅ⁵²⁻⁴⁴ləʔ⁵　发髻兜

头发箍 d-təɯ⁴³³⁻⁴⁴ faʔ⁵⁻⁴ kʰu³²⁴　发圈

头发夹 d-təɯ$^{433\text{-}44}$ faʔ$^{5\text{-}4}$ kaʔ^5　发卡

头发络 d-təɯ$^{433\text{-}44}$ faʔ$^{5\text{-}4}$ləʔ^5　发箍

耳朵嵌 n̩$^{223\text{-}22}$ to$^{445\text{-}44}$ kʰã$^{52\text{-}445}$　耳环

项圈 õ$^{223\text{-}43}$ tɕʰyə^{324}　颈圈

项链 ʑiã$^{433\text{-}43}$ liɛ^{231}

胭脂 iɛ$^{324\text{-}44}$ tsɿ^{324}

水粉 ɕy$^{445\text{-}44}$ fən^{445}　女性的化妆品

香水 ɕiã$^{324\text{-}44}$ ɕy^{445}

香水精 ɕiã$^{324\text{-}44}$ ɕy$^{445\text{-}44}$ tɕin^{324}

指甲油 tsəʔ$^{5\text{-}4}$ kaʔ$^{5\text{-}4}$ iɯ^{433}　一种用来美化并保护指甲的化妆品 ‖ "指"韵母促化

面油 miɛ$^{231\text{-}22}$ iɯ^{433}　擦于面部，用于保护脸面皮肤的润肤油的总称

甘油 kə$^{324\text{-}44}$ iɯ^{433}

面膜 miɛ$^{231\text{-}22}$ mo^{433}

口红 kʰɯ$^{445\text{-}44}$ ən^{433}

头发油 d-təɯ$^{433\text{-}44}$ faʔ$^{5\text{-}4}$ iɯ^{433}　抹在头发上的油状或膏状化妆品

摩丝 mo$^{433\text{-}43}$ sɿ^{324}　20世纪八九十年代常用的一种泡沫状头发定型剂

眼镜 ŋã$^{223\text{-}22}$ tɕin^{52}

老花镜 lɔ$^{223\text{-}43}$ xo$^{324\text{-}32}$ tɕin^{52}

手表 ɕiɯ$^{445\text{-}44}$ piɔ^{445}

电子表 diɛ$^{231\text{-}22}$ tsɿ$^{445\text{-}44}$ piɔ^{445}

挂表 go$^{231\text{-}22}$ piɔ^{445}　怀表

手套 ɕiɯ$^{445\text{-}44}$ tʰɔ^{52}

口罩 kʰɯ$^{445\text{-}44}$ tsɔ^{52}

耳朵套 n̩$^{223\text{-}22}$ to$^{445\text{-}44}$ tʰɔ^{52}

围巾 uei$^{433\text{-}43}$ tɕin^{324}　围在脖子上的装饰或御寒纺织品

四方巾 sɿ$^{52\text{-}44}$ fã$^{324\text{-}44}$ tɕin^{324}　正方形的围巾

项颈套 ɔ̃²²³⁻²² tɕin⁴⁴⁵⁻⁴⁴ tʰɔ⁵²　脖子套，即套在脖子上的御寒纺织品

带 ta⁵²　带子

大带 do²³¹⁻²² ta⁵²　用来背孩子的长布带。用带子兜住孩子的屁股和腰背，顺着大人的肩膀绕到胸前，交叉后又转至后背，缠上两圈后交汇于肚前打个活结儿。这样既可以将孩子绑在后背随身带着，又可以腾出手来干活儿

领带 lin²²³⁻²² ta⁵²

领结 lin²²³⁻²² tɕiəʔ⁵

插袋 tsʰɑʔ⁵⁻⁴ dei²³¹　搭在肩上的褡裢

扎包 tsɑʔ⁵⁻⁴ pə³²⁴　系在腰上的褡裢，用来放银元等贵重物品

橡皮箍 ʑiɑ̃²²³⁻²² bi⁴³³⁻⁴³ kʰu³²⁴　橡皮筋

流苏 liɯ⁴³³⁻⁴³ su³²⁴　装在车马、楼台、帐幕等上面的穗状饰物

九、房屋建筑

(一) 住宅院落

屋宇 əʔ⁵⁻⁴ y²²³　房屋和建筑物的统称

屋 əʔ⁵　房子，整座的，不包括院子

徛屋 gei²³¹⁻²² əʔ⁵　建房子

竖屋 ʑy²²³⁻²² əʔ⁵　建泥木结构房子时，把房子的木结构整体竖起来。是建房的主要一环，要请阴阳先生择良辰吉日

□归屋 pə³²⁴⁻⁴⁴ kuei³²⁴⁻⁴⁴ əʔ⁵　乔迁新居，要请阴阳先生根据全家人的生辰八字择良辰吉日

地基 di²³¹⁻⁴³ tsɿ³²⁴　① 供建筑用的土地。② 承受建筑物重量的土层或岩层

屋基 əʔ⁵⁻⁴ tsɿ³²⁴　房屋的地基

茅草屋 mɔ⁴³³⁻⁴⁴ tsʰɔ⁴⁴⁵⁻⁴⁴ əʔ⁵　用茅草、稻草等盖顶的房子

茅草铺 mɔ⁴³³⁻⁴⁴ tsʰɔ⁴⁴⁵⁻⁴⁴ pʰu⁵²　用茅草、稻草等盖顶的简易小房子

瓦屋 ŋo²²³⁻²² əʔ⁵　瓦房

泥墙屋 ȵi⁴³³⁻²² ʑ-ɕiɑ̃⁴³³⁻⁴⁴ əʔ⁵　泥墙房

糊泥屋 u³³⁻²² n̠i⁴³³⁻⁴⁴ əʔ⁵

黄泥屋 õ⁴³³⁻²² n̠i⁴³³⁻²² əʔ⁵

山头屋 sã³²⁴⁻⁴⁴ dɤɯ⁴³³⁻⁴³ əʔ⁵　早年山里人的房子，一般没有厅堂

洋房屋 iã⁴³³⁻²² v-fõ⁴³³⁻²² əʔ⁵

洋房 iã⁴³³⁻²² võ⁴³³

店面屋 tiɛ⁵²⁻⁴⁴ miɛ²³¹⁻²² əʔ⁵　铺面房

老屋 lɔ²²³⁻²² əʔ⁵　老房子

新屋 sən³²⁴⁻⁴⁴ əʔ⁵　新房子

大退屋 do²³¹⁻²² tʰei⁵²⁻⁴⁴ əʔ⁵　大房子

柴屋 za⁴³³⁻⁴³ əʔ⁵　摆放柴火的房子

茅坑屋 mɔ⁴³³⁻⁴⁴ kʰɛ³²⁴⁻⁴⁴ əʔ⁵　安置茅坑的房子，即旧式简陋的厕所

灰铺 xuei³²⁴⁻³² pʰu⁵²　专门用来烧制灰肥的简易房子

平房 bin⁴³³⁻²² võ⁴³³

套房 tʰɔ⁵²⁻⁴⁴ võ⁴³³

商品房 ɕiã³²⁴⁻⁴⁴ pʰin⁴⁴⁵⁻⁴⁴ võ⁴³³

二手房 n̠i²³¹⁻²² ɕiɯ⁴⁴⁵⁻⁴⁴ võ⁴³³

别墅 biəʔ²³⁻² ɕy⁵²

三层楼 sã³²⁴⁻⁴⁴ ʑin⁴³³⁻²² lɤɯ⁴³³　三层的混凝土小洋楼，是农村自建房较常见的一种建筑结构，故名

三间 sã³²⁴⁻⁴⁴ kã³²⁴　一进有三间的房子

三间屋 sã³²⁴⁻⁴⁴ kã³²⁴⁻⁴⁴ əʔ⁵

排三 ba⁴³³⁻⁴³ sã³²⁴

三间两柱头 sã³²⁴⁻⁴⁴ kã³²⁴⁻³² lɛ²²³⁻²² dʐ-tɕy²³⁻⁴⁴ dɤɯ⁴³³　一进有三间正房以及两边是厢房的房子，一共有五间

五间 ŋ²²³⁻⁴³ kã³²⁴　一进有五间的房子

排五 b-pa⁴³³⁻⁴⁴ ŋ²²³

排七 b-pa⁴³³⁻⁴⁴ tsʰəʔ⁵　一进有五间正房以及两边是厢房的房子，一共有七间

大排七 do²²³⁻²² b-pa⁴³³⁻⁴⁴ tsʰəʔ⁵　开间大的"排七"房子

细排七 ɕia⁵²⁻⁴⁴ b-pa⁴³³⁻⁴⁴ tsʰəʔ⁵　开间小的"排七"房子

五间两客轩 n̩²²³⁻⁴³ kã³²⁴⁻³² lɛ²²³⁻²² kʰaʔ⁵⁻⁴ ɕiɛ³²⁴　一进有五间正房以及两边各有两间厢房的房子，一共有九间

九间头 tɕiɯ⁴⁴⁵⁻⁴⁴ kã³²⁴⁻⁴⁴ dɤɯ⁴³³　一进有九间的房子

朝南屋 dʑiɔ⁴³³⁻²² nə⁴³³⁻⁴³ əʔ⁵　坐北朝南的房子

单寮独屋 tã³²⁴⁻⁴⁴ liɔ⁴³³⁻⁴⁴ dɤʔ²³⁻² əʔ⁵　独门独户的房子

共一退屋 dʑiɔ̃²³¹ iəʔ⁵⁻⁴ tʰei⁵²⁻⁵⁵ əʔ⁵⁻⁰　同一幢房子

入深 ȵiəʔ²³⁻⁴³ sən³²⁴　进深，院子、房间等的深度

开间 kʰei³²⁴⁻⁴⁴ kã³²⁴　一间房子的宽度

统间 tʰən⁴⁴⁵⁻⁴⁴ kã³²⁴　两间以上的房间连在一起，没有隔墙的建筑形式

间 kã³²⁴　① 房间，统称。② 卧室

大间 do²³¹⁻⁴³ kã³²⁴　厅堂，中式传统建筑的主体建筑。主要用于接待宾客，举行重大庆典，以及家庭聚会、议事、宴会等

香火大间 ɕiã³²⁴⁻⁴⁴ xo⁴⁴⁵⁻⁴⁴ do²³¹⁻⁴³ kã³²⁴　香火堂，即供奉着神龛的厅堂

下间 ia²²³⁻⁴³ kã³²⁴　厨房

楼梯间 lɤɯ⁴³³⁻⁴⁴ tʰei³²⁴⁻⁴⁴ kã³²⁴　楼梯底下的房间

正间 tɕin⁵²⁻⁴⁴ kã³²⁴　正房

轩间 ɕiɛ³²⁴⁻⁴⁴ kã³²⁴　厢房

　柱头 dʐ-tɕy²²³⁻⁴⁴ dɤɯ⁴³³

　　客轩 kʰaʔ⁵⁻⁴ ɕiɛ³²⁴

内间 nei²³¹⁻²² kã³²⁴⁻⁵²　里间。相通的几间屋子中不直接与室外相通的房间

外间 ua²²³⁻²² kã³²⁴⁻⁵²　相通的几间屋子中能直通到外的那一间

尿桶间 sɿ³²⁴⁻⁴⁴ dən²²³⁻⁴³ kã³²⁴　摆放尿桶的房间或小隔间

卫生间 uei²³¹⁻²² sɛ³²⁴⁻⁴⁴ kã³²⁴

客厅 kʰaʔ⁵⁻⁴ tʰin³²⁴　用于接待客人的大厅

前厅 ziɛ⁴³³⁻⁴³ tʰin³²⁴　两进以上建筑的第一进院

前梯 ʑiɛ⁴³³⁻⁴³ tʰei³²⁴

后厅 əɯ²²³⁻⁴³ tʰin³²⁴　两进以上建筑的第二进院

后梯 əɯ²²³⁻⁴³ tʰei³²⁴

楼上 ləɯ⁴³³⁻⁴³ dʑiã²³¹

楼下 ləɯ⁴³³⁻⁴⁴ ia²²³

弄堂 lən²³¹⁻²² dõ⁴³³　房子中间供人穿行的过道、走廊

骑马楼 dz-tsʅ⁴³³⁻⁴⁴ mo²²³⁻²² ləɯ⁴³³

走廊 tsəɯ⁴⁴⁵⁻⁴⁴ lõ⁴³³

阳台 iã⁴³³⁻²² dei⁴³³

晒台 sa⁵²⁻⁴⁴ dei⁴³³

坛 dã⁴³³　场院

(二) 房屋结构

屋顶 əʔ⁵⁻⁴ tin⁴⁴⁵

瓦背 ŋo²²³⁻²² pei⁵²

　□瓦背 n̩⁻⁴⁴ ŋo²²³⁻²² pei⁵²　‖ "□"[n̩⁻⁴⁴]本字调不明

栋 tən⁵²　屋脊

界檐头 ka⁵²⁻⁴⁴ iɛ⁴³³⁻²² dəɯ⁴³³　屋檐滴水处

界檐唇 ka⁵²⁻⁴⁴ iɛ⁴³³⁻²² ʑyən⁴³³　屋檐下面的滴水处

前檐 ʑiɛ⁴³³⁻²² iɛ⁴³³　房子前面的檐

后檐 əɯ²²³⁻²² iɛ⁴³³　房子后面的檐

上檐 dʑiã²³¹⁻²² iɛ⁴³³　双层房檐中的上层房檐

下檐 ia²²³⁻²² iɛ⁴³³　双层房檐中的下层房檐

瓦檐头水 o²²³⁻⁴⁴ iɛ⁴³³⁻⁴⁴ d-təɯ⁴³³⁻⁴⁴ ɕy⁴⁴⁵　从房檐上淌下来的水 ‖ "瓦"声母脱落

水筧 ɕy⁴⁴⁵⁻⁴⁴ kã⁴⁴⁵　屋檐下或田地间接雨水的竹管

斗瓦 təɯ⁵²⁻⁴⁴ ŋo²²³　盖瓦

传瓦 dʑyə⁴³³⁻⁴³ ŋo²²³　盖瓦时传递瓦片

煞总 saʔ⁵⁻⁴ tsən⁴⁴⁵　盖房檐时收尾

稻草籨 do²²³⁻²² tsʰɔ⁴⁴⁵⁻⁴⁴ liəʔ²³　旧时用于盖房顶的稻草片

稻秆簌 dɔ²²³⁻²² kuə⁴⁴⁵⁻⁴⁴ liəʔ²³

打稻草簌 nɛ⁴⁴⁵⁻⁴⁴ dɔ²²³⁻²² tsʰɔ⁴⁴⁵⁻⁴⁴ liəʔ²³　编稻草片

稻草拼 dɔ²²³⁻²² tsʰɔ⁴⁴⁵⁻⁴⁴ pʰin³²⁴　旧时用于遮挡外墙的稻草帘

打稻草拼 nɛ⁴⁴⁵⁻⁴⁴ dɔ²²³⁻²² tsʰɔ⁴⁴⁵⁻⁴⁴ pʰin³²⁴　编稻草帘

油毛毡 iɯ⁴³³⁻²² mɔ⁴³³⁻⁴⁴ tɕiɛ⁴⁴⁵

墙 ʑiã⁴³³

打墙 nɛ⁴⁴⁵⁻⁴⁴ ʑiã⁴³³　夯筑泥墙

墙桶 ʐ-ɕiã⁴³³⁻⁴⁴ dən²²³　夯筑泥墙用的木板槽子

墙挟箸 ʐ-ɕiã⁴³³⁻⁴⁴ gaʔ²³⁻² dzʅ²³¹　帮助夹住两块墙板的装置

墙槌 ʑiã⁴³³⁻²² dzy⁴³³　夯筑泥墙时从上往下捶打泥土的木杵

墙坼 ʐ-ɕiã⁴³³⁻⁴⁴ tsʰaʔ⁵　墙体上的缝隙

墙洞 ʑiã⁴³³⁻⁴³ dən²³¹　墙上的孔洞

街狗雄⁼穿 ka³²⁴⁻⁴⁴ kɯ⁴⁴⁵⁻⁴⁴ yən⁴³³⁻⁴³ tɕʰ yən³²⁴　门旁墙上挖的洞，适于鸡狗等进出

墙脚 ʐ-ɕiã⁴³³⁻⁴⁴ tɕiəʔ⁵

钎墙脚 tɕʰiɛ³²⁴⁻⁴⁴ ʐ-ɕiã⁴³³⁻⁴⁴ tɕiəʔ⁵　挖墙脚

砌墙脚 tsʰʅ⁵²⁻⁴⁴ ʐ-ɕiã⁴³³⁻⁴⁴ tɕiəʔ⁵　垒墙脚

围墙 uei²²³⁻²² ʑiã⁴³³

照墙 tɕiɔ⁵²⁻⁴⁴ ʑiã⁴³³　照壁

榜⁼头 bɛ⁻²² dɯ⁴³³　山墙‖"榜⁼"本字调不明

榜⁼头尖 bɛ⁴³³⁻²² dɯ⁴³³⁻⁴³ tɕiɛ³²⁴　山墙尖

糊泥墙 u⁴³³⁻²² n̠i⁴³³⁻²² ʑiã⁴³³　泥墙

三合土 sã³²⁴⁻⁴⁴ əʔ²³⁻² tʰu⁴⁴⁵　石灰、黄泥、小石子三者混合而成的建筑材料，用于筑墙或地面基础

砖头墙 tɕyə³²⁴⁻⁴⁴ d-tɯ⁴³³⁻⁴⁴ ʑiã⁴³³

　砖墙 tɕyə³²⁴⁻⁴⁴ ʑiã⁴³³

腰砖 iɔ³²⁴⁻⁴⁴ tɕyə³²⁴　砌砖

滴水 tiəʔ⁵⁻⁴ ɕy⁴⁴⁵　一座房屋和毗邻的建筑物之间为了排泄雨水而留下的空地

梁 liã⁴³³

栋梁 tən⁵²⁻⁴⁴ liã⁴³³

圈梁 tɕʰyə³²⁴⁻⁴⁴ liã⁴³³　　现代建筑中，房屋基础上部沿房屋外墙四周及横墙上的连续封闭的钢筋混凝土梁

上栋梁 dzia²²³⁻²² tən⁵²⁻⁴⁴ liã⁴³³　　架栋梁。是建屋重大工序，需要择良辰吉日

抛梁 pʰɔ³²⁴⁻⁴⁴ liã⁴³³　　旧时新建木结构房子，房屋建成上梁时举行的庆典仪式。木匠总师傅腰捆麻绳，手拿斧头，肩背角尺，一边上楼梯，一边诵上梁文。接着等候在两侧的师傅们将梁架好，之后各位师傅一起将麻糍片、糕片、粽、小棒槌等从梁上向四下撒抛，宾客们争相去抢这些小物品

挑梁 tʰiɔ⁴⁴⁵⁻⁴⁴ liã⁴³³　　悬挑梁，是从主体结构延伸出来悬挑构件

抽楣 tɕʰɯ³²⁴⁻⁴⁴ mi⁴³³　　枋。柱子之间的横梁

牛腿 ȵɯ⁴³³⁻⁴⁴ tʰei⁴⁴⁵　　用于主要柱子与横梁衔接处的木雕构件，上面雕有人物、动物、花草甚至戏曲故事情节

桁条 ɛ⁴³³⁻²² diɔ⁴³³　　檩，用于架跨在房梁上起托住椽了或屋面板作用的小梁

橡 dʑyə⁴³³　　椽子

龙骨 liã⁴³³⁻⁴⁴ kuəʔ⁵　　人字形屋脊处固定椽子的骨架

面里 miɛ³²⁴⁻⁴⁴ li²²³　　屋檐最下端连接椽子的木条

包封 pɔ³²⁴⁻⁴⁴ fən³²⁴　　屋檐最下端椽子的挡水板

柱 dʑy²²³　　柱子

栋柱 tən⁵²⁻⁴⁴ dʑy²²³　　连接栋梁的柱子

柱础 dʑy²²³⁻²² tsʰɿ⁴⁴⁵　　垫在柱子底下的圆石墩

礕盘 sõ⁴⁴⁵⁻⁴⁴ bə⁴³³　　柱础下面的石板

地栿 di²³¹⁻⁴³ vəʔ²³　　栏杆的栏板或房屋的墙面底部与地面相交处的长板，有石造和木造两种

栋瓦 tən⁵²⁻⁴⁴ ŋo²²³　　屋顶正脊的瓦片

栋砖 tən⁵²⁻⁴⁴ tɕyə³²⁴　　屋顶正脊的砖

榫头 sən⁴⁴⁵⁻⁴⁴ dəɯ⁴³³　器物或构件上利用凸凹方式相连接的凸出部分

斗榫头 təɯ⁵²⁻⁴⁴ sən⁴⁴⁵⁻⁴⁴ dəɯ⁴³³　合榫

门 mən⁴³³

大门 do²³¹⁻²² mən⁴³³

笡门 tɕʰia⁵²⁻⁴⁴ mən⁴³³　弄堂门

　　弄堂门 lən²³¹⁻²² dõ⁴³³⁻²² mən⁴³³

后门 əɯ²²³⁻²² mən⁴³³

八字门 paʔ⁵⁻⁴ zɿ²³¹⁻²² mən⁴³³　形似"八"字的大门，是一种较为讲究和气派的门，一般见于大户人家

半截门 pə⁵²⁻⁴⁴ ziəʔ²³⁻² mən⁴³³　一种紧挨着大门的矮门，安在外侧、往外打开，约一米高，既利于采光通风，又可防止鸡鸭等进入屋内

腰门 iɔ³²⁴⁻⁴⁴ mən⁴³³

推拉门 tʰei³²⁴⁻⁴⁴ la³²⁴⁻⁴⁴ mən⁴³³

卷闸门 tɕyə⁴⁴⁵⁻⁴⁴ zaʔ²³⁻² mən⁴³³　卷帘门

双扇门 ɕiõ⁴⁴⁵⁻⁴⁴ ɕiɛ⁵²⁻⁴⁴ mən⁴³³

门板 mən⁴³³⁻⁴⁴ pã⁴⁴⁵　①门扇。②店铺临街的一面的可装可卸的木板

门架 mən⁴³³⁻⁴³ ko⁵²

门枋 mən⁴³³⁻⁴³ fõ³²⁴　门架两边的竖木

门横头 mən⁴³³⁻²² uɛ⁴³³⁻²² dəɯ⁴³³　门架上方的横木

门环 mən⁴³³⁻²² uã⁴³³

门销 mən⁴³³⁻⁴³ ɕiɔ³²⁴　门闩，闩门的短横木

门杠 mən⁴³³⁻⁴³ kõ⁵²　竖插的门闩

大门杠 do²³¹⁻²² mən⁴³³⁻⁴³ kõ⁵²　竖插的用来闩大门门扇的粗大棍子

门阵⁼ mən⁴³³⁻⁴⁴ dzən²²³　门槛

门臼 mən⁴³³⁻⁴⁴ dʑiɯ²²³　安门轴的圆孔，上下各一

门扇后 mən⁴³³⁻⁴⁴ ɕiɛ⁵²⁻⁴⁴ əɯ²²³　门后

门帘 mən$^{433-22}$ liɛ^{433}

锁 so^{445}

竹节锁 tyəʔ$^{5-4}$ tɕiəʔ$^{5-4}$ so^{445}　　锁身有竹节纹路的铁制或铜制锁

驼背锁 do$^{231-22}$ pei$^{52-44}$ so^{445}　　肚子鼓起来的锁

弹子锁 dã$^{231-22}$ tsɿ$^{445-44}$ so^{445}

锁匙 so$^{445-44}$ zɿ^{433}　　钥匙

锁匙箍 so$^{445-44}$ zɿ$^{433-43}$ k^{h}u^{324}　　锁匙环

　　锁匙穿 so$^{445-44}$ zɿ$^{433-43}$ tɕ^{h}yən^{324}

插销 tsʰɑʔ$^{5-4}$ ɕiɔ^{324}

㦿门 k^{h}ã$^{445-44}$ mən^{433}　　窗

　　㦿 k^{h}ã^{445}

㦿门盘 k^{h}ã$^{445-44}$ mən$^{433-22}$ bə^{433}　　窗台

㦿齿 k^{h}ã$^{445-44}$ tsʰɿ^{445}　　窗棂

花㦿 xo$^{324-44}$ k^{h}ã^{445}

纱㦿 sa$^{324-44}$ k^{h}ã^{445}　　纱窗

天㦿 tʰiɛ$^{324-44}$ k^{h}ã^{445}　　天窗。设在屋顶上用以通风和透光的窗子

㦿门帘 k^{h}ã$^{445-44}$ mən$^{433-22}$ liɛ^{433}　　窗帘

㦿帘布 k^{h}ã$^{445-44}$ liɛ$^{433-43}$ pu^{52}　　窗帘布

㽷 piɛ^{445}

板壁 pã$^{445-44}$ piəʔ^{5}　　房子里面的木墙板，用来区隔房间

滚板壁 k^{h}uən$^{445-44}$ pã$^{445-44}$ piəʔ^{5}　　木匠制作板壁

三合板 sã$^{324-44}$ əʔ$^{23-2}$ pã^{445}

地坪 di$^{231-22}$ bin^{433}　　楼板

　　地坪板 di$^{231-22}$ b-pin$^{433-44}$ pã^{445}

　　楼板 ləɯ$^{433-44}$ pã^{445}

弹地坪 dã$^{231-22}$ di$^{231-22}$ bin^{433}　　木匠铺制楼板

楼栅 ləɯ$^{433-44}$ saʔ^{5}　　用来架楼板的栅栏式的木头

牵栅 tɕʰiɛ$^{324-44}$ saʔ^{5}　　柱子之间的"楼栅"，两端穿进柱子

楼梯 ləɯ$^{433-43}$ tʰei^{324}　　梯子

两脚梯 lɛ²²³⁻²² tɕiəʔ⁵⁻⁴ tʰei³²⁴ 可移动的梯子

楼梯杠 ləɯ⁴³³⁻⁴⁴ tʰei³²⁴⁻⁴⁴ kɔ̃³²⁴ 楼梯两侧边的夹板

楼梯步 ləɯ⁴³³⁻⁴³ tʰei³²⁴⁻³² bu²³¹ 楼梯阶

楼梯板 ləɯ⁴³³⁻⁴⁴ tʰei³²⁴⁻⁴⁴ pã⁴⁴⁵ 楼梯上的踏板

楼梯下 ləɯ⁴³³⁻⁴⁴ tʰei³²⁴⁻⁴⁴ ia²²³ 楼梯底下

楼梯脚 ləɯ⁴³³⁻⁴⁴ tʰei³²⁴⁻⁴⁴ tɕiəʔ⁵ 楼梯最下部接触地面的部分

栏杆 lã⁴³³⁻⁴³ kuə³²⁴

夹模板 kaʔ⁵⁻⁴ mo⁴³³⁻⁴⁴ pã⁴⁴⁵ 现浇时用的工具性模板

现浇 iɛ²³¹⁻⁴³ tɕio³²⁴ 建造房屋结构，搭好架子和木质模块后直接浇注水泥，一次成型

浇水泥 tɕio³²⁴⁻³² ɕy⁴⁴⁵⁻⁴⁴ n̠i⁴³³ 浇筑水泥

浇水泥地 tɕio³²⁴⁻³² ɕy⁴⁴⁵⁻⁴⁴ n̠i⁴³³⁻⁴³ di²³¹ 浇筑水泥地

水磨地 ɕy⁴⁴⁵⁻⁴⁴ mo⁴³³⁻⁴³ di²³¹ 水磨石地面

假砖地 ko³²⁴⁻⁴⁴ tɕyə³²⁴⁻³² di²³¹ 早年用石灰、黄泥、石砾等铺就，再用盐卤水细磨的地面

粉 fən⁴⁴⁵ 粉刷

粉墙 fən⁴⁴⁵⁻⁴⁴ ziã⁴³³ 刷墙

装潢 tsɔ̃³²⁴⁻⁴⁴ ɔ̃⁴³³

　装修 tsɔ̃³²⁴⁻⁴⁴ ɕiɯ³²⁴

反漏 pã⁴⁴⁵⁻⁴⁴ ləɯ²³¹ 翻修屋顶

（三）设施

镬灶 əʔ²³⁻² tsɔ⁵² 灶，统称

泥镬灶 n̠i⁴³³⁻⁴⁴ əʔ²³⁻² tsɔ⁵² 垒灶

平灶 bin⁴³³⁻⁴³ tsɔ⁵² 旧时没有烟囱的柴火灶

烟囱灶 iɛ³²⁴⁻⁴⁴ tɕʰyən³²⁴⁻³² tsɔ⁵² 有烟囱的柴火灶

镬灶头 əʔ²³⁻² tsɔ⁵²⁻⁴⁴ dəɯ⁴³³ 灶台

镬灶门 əʔ²³⁻² tsɔ⁵²⁻⁴⁴ mən⁴³³ 灶的烧火口

镬灶穿 əʔ²³⁻² tsɔ⁵²⁻⁴⁴ tɕʰyən³²⁴ 灶膛，即炉灶内腔

镬灶下窠 əʔ²³⁻² tsɔ⁵²⁻⁴⁴ ia²²³⁻⁴³ kʰo³²⁴ 柴火灶堆柴火以及人烧火的

区域

肚炉床 du$^{223-22}$ lu$^{433-22}$ ziɔ̃^{433}　灶膛前用来堆积炉灰的槽子，也是灶和柴草隔离的地方

镬灶栅 əʔ$^{23-2}$ tsɔ$^{52-44}$ saʔ^5　灶膛漏灰的装置

画墨 o$^{231-43}$ məʔ^{23}　锅烟子

火烟头 xo$^{445-44}$ iɛ$^{324-44}$ dəɯ^{433}　旧时无烟囱柴火灶往灶门口外冒的火烟。一般会在灶门口上方挂一土茶壶，利用火苗烧茶

烟囱 iɛ$^{324-44}$ tɕʰyən^{324}

结烟囱 tɕiəʔ$^{5-4}$ iɛ$^{324-44}$ tɕʰyən^{324}　砌烟囱

煤球炉 mei$^{433-22}$ dʑɯ$^{433-22}$ lu^{433}

微波炉 uei$^{324-44}$ po$^{324-44}$ lu^{433}

煤气灶 mei$^{433-44}$ tsʰʅ$^{52-44}$ tsɔ^{52}

煤气瓶 mei$^{433-44}$ tsʰʅ$^{52-44}$ bin^{433}　煤气罐

煤气管 mei$^{433-44}$ tsʰʅ$^{52-44}$ kuã^{445}

油烟机 iɯ$^{433-22}$ iɛ$^{324-44}$ tsʅ^{324}

茅坑 mɔ$^{433-43}$ kʰɛ^{324}　厕所，旧式的

茅坑缸 mɔ$^{433-44}$ kʰɛ$^{324-44}$ kɔ̃^{324}　旧式厕所中用作粪缸的缸

茅坑桶 mɔ$^{433-44}$ kʰɛ$^{324-44}$ dən^{223}　旧式厕所中用作粪缸的木桶

茅坑板 mɔ$^{433-44}$ kʰɛ$^{324-44}$ kɔ̃^{324}　粪缸上供坐便的木板

茅坑枷 mɔ$^{433-44}$ kʰɛ$^{324-44}$ go^{433}　粪缸上供坐便的木制架子

牛栏 ȵiɯ$^{433-22}$ lã^{433}

牛栏仓 ȵiɯ$^{433-22}$ lã$^{433-43}$ tsʰɔ̃^{324}　牛栏里可拆卸的横栅栏门

牛栏仓齿 ȵiɯ$^{433-22}$ lã$^{433-43}$ tsʰɔ̃$^{324-44}$ tsʰʅ^{445}　牛栏里横栅栏门上的横木

牛栏插 ȵiɯ$^{433-22}$ lã$^{433-44}$ tsʰaʔ^5　牛栏里横栅栏门上拴住横木的竖插，多为竹片

猪栏 ti$^{324-44}$ lã^{433}　猪圈

猪笼 ti$^{324-44}$ lən^{433}

街狗窠 ka$^{324-44}$ kɯ$^{445-44}$ kʰo^{324}　狗窝

兔栏 $t^hu^{52-44}lã^{433}$

鸡睡⁼ $tsʅ^{324-32}zei^{231}$　鸡晚上的住处

鸡窠 $tsʅ^{324-44}k^ho^{324}$　鸡下蛋的窝

鸡笼 $tsʅ^{324-44}lən^{433}$　竹篾编成的用于装鸡或圈养鸡的笼子

鸡笼岖 $tsʅ^{324-44}lən^{433-22}gən^{433}$　竹篾编织成的网格状罩子，上小下大，底部空，用来圈养鸡、鸭等，以防走丢或遭到伤害

横头篮 $uɛ^{433-44}dəu^{433-22}lã^{433}$　竹篾编成的用于装鸡笼子，上面有梁，给亲戚家送礼时用

鸡槽 $tsʅ^{324-44}zɔ^{433}$　盛鸡食的容器

归睡⁼ $kuei^{324-44}zei^{231}$　（鸡、鸭、鹅等）进窝睡觉

水井 $ɕy^{445-44}tɕin^{445}$

车库 $ɕy^{445-44}k^hu^{52}$

车篷 $tɕ^hia^{324-44}bən^{433}$

搭篷 $tɑʔ^{5-4}bən^{433}$　用竹篾、苇席、帆布等做成的遮蔽风雨、阳光的用具

搭架 $tɑʔ^{5-4}ko^{52}$　搭架子

桩 $tiã^{324}$　一头插入地里的木棍或石柱

打桩 $nɛ^{445-44}tiã^{324}$

桩桠杈 $tiã^{324-44}o^{324-43}tsʰo^{324}$　竖在地上带枝杈的竹竿，用于架晾衣竿

桩 $tiã^{324-52}$　晾晒衣服用的竹竿，一般架在"桩桠杈"上

轧牢齿 $gɑʔ^{23-2}lɔ^{433-22}tsʰʅ^{445}$　栅栏

(四) 其他建筑

建筑 $tɕiɛ^{52-44}tyəʔ^5 / tɕiɛ^{52-44}tɕyəʔ^5$

牌坊 $ba^{433-43}fɔ̃^{324}$

凉亭 $liã^{433-22}din^{433}$　亭子

塔 $t^hɑʔ^5$

　宝塔 $pɔ^{445-44}t^hɑʔ^5$

水塔 $ɕy^{445-44}t^hɑʔ^5$

电杆树 diɛ²³¹⁻²² kuə³²⁴⁻⁴⁴ ʑy²³¹　电线杆

窑 iɔ⁴³³

瓦窑 ŋo²²³⁻²² iɔ⁴³³

大礼堂 da²³¹⁻²² li²²³⁻²² dɔ̃⁴³³

大会堂 da²³¹⁻²² uei²³¹⁻²² dɔ̃⁴³³

社屋 ʑia²²³⁻²² əʔ⁵　大集体时期农村里公家的房子

办公室 pã²³¹⁻²² kən³²⁴⁻⁴⁴ səʔ⁵

会议室 uei²³¹⁻²² ȵi²³¹⁻²² səʔ⁵

工厂 kən³²⁴⁻⁴⁴ tɕʰiã⁴⁴⁵

　厂 tɕʰiã⁴⁴⁵

砖瓦厂 tɕyə³²⁴⁻⁴⁴ ŋo²²³⁻²² tɕʰiã⁴⁴⁵

农具厂 nən⁴³³⁻⁴⁴ dʑy²³¹⁻²² tɕʰiã⁴⁴⁵

拉丝厂 la³²⁴⁻⁴⁴ sɿ³²⁴⁻⁴⁴ tɕʰiã⁴⁴⁵

犁耙厂 li⁴³³⁻²² bu⁴³³⁻²² tɕʰiã⁴⁴⁵

碾米厂 tɕiɛ⁴⁴⁵⁻⁴⁴ mi²²³⁻²² tɕʰiã⁴⁴⁵

茶叶厂 dz-tso⁴³³⁻⁴⁴ iəʔ²³⁻² tɕʰiã⁴⁴⁵

水厂 ɕy⁴⁴⁵⁻⁴⁴ tɕʰiã⁴⁴⁵

　自来水厂 zɿ²³¹⁻²² lei⁴³³⁻⁴⁴ ɕy⁴⁴⁵⁻⁴⁴ tɕʰiã⁴⁴⁵

电厂 diɛ²²³⁻²² tɕʰiã⁴⁴⁵

　发电厂 faʔ⁵⁻⁴ diɛ²²³⁻²² tɕʰiã⁴⁴⁵

电站 diɛ²²³⁻⁴³ dzã²³¹

　水电站 ɕy⁴⁴⁵⁻⁴⁴ diɛ²²³⁻⁴³ dzã²³¹

粮站 liã²³¹⁻⁴³ dzã²³¹

加油站 ko³²⁴⁻⁴⁴ iɯ⁴³³⁻⁴³ dzã²³¹

文化站 mən⁴³³⁻⁴³ xo⁵²⁻⁵⁵ dzã²³¹

广播站 kɔ̃⁴⁴⁵⁻⁴⁴ pu³²⁴⁻³² dzã²³¹

电视台 diɛ²³¹⁻²² zɿ²³¹⁻²² dei⁴³³

仓库 tsʰɔ̃³²⁴⁻³² kʰu⁵²

粮库 liã⁴³³⁻⁴³ kʰu⁵²

林场 lin⁴³³⁻²² dʑiã⁴³³

农场 nən⁴³³⁻²² dʑiã⁴³³

畜牧场 ɕyʔ⁵⁻⁴ məʔ²³⁻² dʑiã⁴³³

照相馆 tɕiɔ⁵²⁻⁴⁴ ɕia⁵²⁻⁴⁴ kuã⁴⁴⁵

养老院 iã⁴⁴⁵⁻²² lɔ⁴³³⁻⁴³ yə²³¹

十、器具用品

(一) 一般家具

家私 ko³²⁴⁻⁴⁴ sʅ³²⁴　家庭财产

家具 ko³²⁴⁻³² dʑy²³¹

东西 nən³²⁴⁻⁴⁴ sʅ³²⁴ / tən³²⁴⁻⁴⁴ sʅ³²⁴

古董 ku⁴⁴⁵⁻⁴⁴ tən⁴⁴⁵　① 古代留传下来的器物。② 顽固守旧的人
　　老古董 lɔ²²³⁻²² ku⁴⁴⁵⁻⁴⁴ tən⁴⁴⁵

桌 tyəʔ⁵

吃饭桌 tɕʰiəʔ⁵⁻⁴ vã²³¹⁻²² tyəʔ⁵　饭桌

八仙桌 paʔ⁵⁻⁴ ɕiɛ³²⁴⁻⁴⁴ tyəʔ⁵　可坐八人的方桌

大八仙 do²³¹⁻²² paʔ⁵⁻⁴ ɕiɛ³²⁴　大八仙桌

细八仙 ɕia⁵²⁻⁴⁴ paʔ⁵⁻⁴ ɕiɛ³²⁴　小八仙桌

细撑桌 ɕia⁵²⁻⁴⁴ tsʰɛ³²⁴⁻⁴⁴ tyəʔ⁵　小撑桌，可折叠

轮桌 lən⁴³³⁻⁴⁴ tyəʔ⁵　圆桌

大轮桌 do²³¹⁻²² lən⁴³³⁻⁴⁴ tyəʔ⁵　大圆桌

长条桌 dʐ-tɕiã⁴³³⁻⁴⁴ diɔ⁴³³⁻²² tyəʔ⁵　案子
　　和⁼桌 o⁴³³⁻²² tyəʔ⁵

茶几 dzo⁴³³⁻⁴³ tsʅ³²⁴

桌围 tyəʔ⁵⁻⁴ y⁴³³　祭祀或盛宴时，围在方桌前的缎子装饰品或布片

桌掌 tyəʔ⁵ tsʰɛ⁵²⁻⁰　桌腿中间的横木

交椅 kɔ³²⁴⁻⁴⁴ y⁴⁴⁵　椅子

太椅 tʰa⁵²⁻⁴⁴ y⁴⁴⁵　躺椅

太师椅 tʰa⁵²⁻⁴⁴ sʅ³²⁴⁻⁴⁴ i⁴⁴⁵

细交椅 ɕia$^{52-44}$ kɔ$^{324-44}$ y^{445}　小椅子

凳 tin^{52}　凳子

四尺凳 sɿ$^{52-44}$ tɕʰiaʔ$^{5-4}$ tin^{52}　供二人坐的长条形板凳

半囻⁼凳 pə$^{52-44}$ guəʔ$^{23-2}$ tin^{52}　供一人坐的长条形板凳

角牌凳 kəʔ$^{5-4}$ ba$^{433-43}$ tin^{52}　骨牌凳

细凳 ɕia$^{52-44}$ tin^{52}　小凳子

镬灶凳 əʔ$^{23-2}$ tsɔ$^{52-44}$ tin^{52}　炉灶前烧火时坐的凳子，比较矮

麻凳 mo$^{433-43}$ tin^{52}　用于剥制加工苎麻的凳子

春凳 tɕʰyən$^{324-32}$ tin^{52}　一种板面宽大的长凳，可供两人坐。旧时出嫁女儿时，常上置被褥，贴喜花，请人抬着进夫家，是常见的嫁妆之一

凳脚 tin$^{52-44}$ tɕiəʔ^{5}

坐车 zo$^{433-43}$ tɕʰia^{324}　一种婴儿车，木制或竹制，小孩儿坐在里面，可固定住身体

沙发 sa$^{324-44}$ fɑʔ^{5}

靠背 kʰɔ$^{52-44}$ pei^{52}　椅了、沙发等坐具供背部倚靠的部分

稻草饼 dɔ$^{223-22}$ tsʰɔ$^{445-44}$ pin^{445}　蒲团，一般多用稻草编成，故名

梳妆台 su$^{324-44}$ tsɔ̃$^{324-44}$ dei^{433}

写字台 ɕia$^{445-44}$ zɿ$^{231-22}$ dei^{433}

橱 dʐy^{433}　柜子

大橱 do$^{231-22}$ dʐy^{433}　存放衣物的柜式家具，一般有 4 扇门

三合橱 sã$^{324-44}$ əʔ$^{23-2}$ dʐy^{433}　存放衣物的柜式家具，一般有 3 扇门，其中 2 扇是双开门

大衣橱 da$^{231-22}$ i$^{324-44}$ dʐy^{433}　大衣柜

　挂衣橱 ko$^{231-22}$ i$^{324-44}$ dʐy^{433}

五斗橱 n̩$^{223-22}$ təu$^{445-44}$ dʐy^{433}　装有五个抽屉的柜子

箱 ɕiã^{324}　箱子

皮箱 bi$^{433-43}$ ɕiã^{324}

推柜 tʰei$^{324-32}$ dʐy^{231}　抽屉

(二) 卧室家具

床 ʑiõ⁴³³

稻秆床 dɔ²²³⁻²² kuə⁴⁴⁵⁻⁴⁴ ʑiõ⁴³³　旧时铺稻草的床，冬天睡很暖和

白藤床 baʔ²³⁻² dən⁴³³⁻²² ʑiõ⁴³³　床板以白藤编制的床，夏天睡很凉快

硬板床 ŋɛ²³¹⁻²² pã⁴⁴⁵⁻⁴⁴ ʑiõ⁴³³

毛竹床 mɔ⁴³³⁻⁴⁴ tyəʔ⁵⁻⁴ ʑiõ⁴³³　竹床

棕板床 tsən³²⁴⁻⁴⁴ pã⁴⁴⁵⁻⁴⁴ ʑiõ⁴³³　棕绷床

棕板 tsən³²⁴⁻⁴⁴ pã⁴⁴⁵　棕绷

月门床 ŋyəʔ²³⁻² mən⁴³³⁻²² ʑiõ⁴³³　月洞床。四面围子与挂檐上下连成一体，除床门外，形成一个方形的完整花罩，图案繁华

葫芦床 u⁴³³⁻⁴⁴ lu⁴³³⁻²² ʑiõ⁴³³　床架子上有较多小木葫芦装饰的床

钢丝床 kõ³²⁴⁻⁴⁴ sʅ³²⁴⁻⁴⁴ ʑiõ⁴³³

席梦思 ʑieʔ²³⁻² mən²³¹⁻⁴³ sʅ³²⁴　席梦思床

摇篮 iɔ³²⁴⁻²² lã⁴³³　婴儿的卧具，大多篾制

生疏床 sɛ³²⁴⁻⁴⁴ su³²⁴⁻⁴⁴ ʑiõ⁴³³　没睡过的陌生床

床架 ʑiõ⁴³³⁻⁴³ ko⁵²　床架子

床板 z-ɕiõ⁴³³⁻⁴⁴ pã⁴⁴⁵　铺设于床台上的木板

床杠 ʑiõ⁴³³⁻⁴³ kõ³²⁴　床外侧较粗的横木，可以取放

床后拼 z-ɕiõ⁴³³⁻⁴⁴ əɯ⁴³³⁻⁴³ pʰin³²⁴　床内侧的架子

床脚 z-ɕiõ⁴³³⁻⁴⁴ tɕiəʔ⁵

床垫 ʑiõ⁴³³⁻⁴³ diɛ²³¹　垫在床上的用品

床稻秆 z-ɕiõ⁴³³⁻⁴⁴ dɔ²²³⁻²² kuə⁴⁴⁵　用来当床垫的稻草

床罩 ʑiõ⁴³³⁻⁴³ tsɔ⁵²　覆盖在床上以防灰尘用的罩子

床横头 z-ɕiõ⁴³³⁻⁴⁴ uɛ⁴³³⁻²² dəɯ⁴³³　床的两头

通铺 tʰən³²⁴⁻⁴⁴ pʰu⁵²　连在一起的铺位

被 bi²²³　被子

棉絮 miɛ⁴³³⁻⁴³ sʅ⁵²

鸭绒被 aʔ⁵⁻⁴ yən⁴³³⁻⁴⁴ bi²²³　羽绒被

被面 bi²²³⁻⁴³ miɛ²³¹

被绲 bi²²³⁻²² kuən⁵²　被里，即被子贴身盖的一面

被头 bi²²³⁻²² dɯ⁴³³　被子盖于头部的一端

床头巾 ziõ⁴³³⁻²² dɯ⁴³³⁻⁴³ tɕin³²⁴　缝在被子上盖于头部一端的长毛巾，便于拆洗，以保持被里清洁

被单 bi²²³⁻⁴³ tã³²⁴　床单

棉褥 miɛ⁴³³⁻⁴⁴ ȵyə²³　褥子

被套 bi²²³⁻²² tʰɔ⁵²

被窠 bi²²³⁻⁴³ kʰo³²⁴　被窝

毯 tʰã⁴⁴⁵

毛毯 mɔ⁴³³⁻⁴⁴ tʰã⁴⁴⁵

面巾毯 miɛ²³¹⁻²² tɕin³²⁴⁻⁴⁴ tʰã⁴⁴⁵　毛巾毯

电热毯 diɛ²²³⁻²² ȵiəʔ²³⁻² tʰã⁴⁴⁵

草席 tsʰɔ⁴⁴⁵⁻⁴⁴ ziəʔ²³

篾席 miəʔ²³⁻⁴³ ziəʔ²³

枕头 tsən⁴⁴⁵⁻⁴⁴ dɯ⁴³³

枕头巾 tsən⁴⁴⁵⁻⁴⁴ dɯ⁴³³⁻⁴³ tɕin³²⁴

枕头套 tsən⁴⁴⁵⁻⁴⁴ dɯ⁴³³⁻⁴³ tʰɔ⁵²

稻秆枕头 dɔ²²³⁻²² kuə⁴⁴⁵⁻⁴⁴ tsən⁴⁴⁵⁻⁴⁴ dɯ⁴³³　旧时将稻秆稍作捆扎后用作枕头

花麦枕头 xo³²⁴⁻⁴⁴ maʔ²³⁻² tsən⁴⁴⁵⁻⁴⁴ dɯ⁴³³　由荞麦填充而成的枕头

芒花枕头 mən⁴³³⁻⁴³ xo³²⁴⁻³² tsən⁴⁴⁵⁻⁴⁴ dɯ⁴³³　由芒草花填充而成的枕头

海绵枕头 xei⁴⁴⁵⁻⁴⁴ miɛ⁴³³⁻⁴³ tsən⁴⁴⁵⁻⁴⁴ dɯ⁴³³

谷枕头 kəʔ⁵ tsən⁴⁴⁵⁻⁴⁴ dɯ⁴³³　由谷物填充而成的枕头。一般用于女儿的嫁妆

菊花枕 tɕyəʔ⁵⁻⁴ xo³²⁴⁻⁴⁴ tsən⁴⁴⁵　由菊花填充而成的枕头

布帐 pu⁵²⁻⁴⁴ tiã⁵²　蚊帐

布帐竹 pu⁵²⁻⁴⁴ tiã⁵²⁻⁴⁴ tyʔ⁵　支撑蚊帐的细竹竿

布帐架 pu⁵²⁻⁴⁴ tiã⁵²⁻⁴⁴ ko⁵²　床上方用于撑蚊帐的架子

布帐顶 pu$^{52-44}$ tiɑ̃$^{52-44}$ tin^{445}　蚊帐顶

布帐钩 pu$^{52-44}$ tiɑ̃$^{52-44}$ kɯ^{324}　蚊帐的挂钩

(三) 炊事用具

镬 əʔ^{23}　锅，统称

大镬 do$^{231-43}$ əʔ^{23}　大锅

细镬 ɕia$^{52-44}$ əʔ^{23}　小锅

铜镬 d-tən$^{433-44}$ əʔ^{23}　铜锅

四斤铜镬 sɿ$^{52-44}$ tɕin$^{324-44}$ d-tən$^{433-44}$ əʔ^{23}　能煮四斤米的锅

三斤铜镬 sɑ̃$^{324-44}$ tɕin$^{324-44}$ d-tən$^{433-44}$ əʔ^{23}　能煮三斤米的锅

平底镬 bin$^{433-22}$ ti$^{445-44}$ əʔ^{23}　平底锅

两耳镬 lɛ$^{223~22}$ ȵi$^{223~22}$ əʔ^{23}　双耳锅

分=镬 fən$^{324-44}$ əʔ^{23}　专门用于煮猪食的锅

钢精镬 kɔ̃$^{324-44}$ tɕin$^{324-44}$ əʔ^{23}　铝锅

电饭罐 diɛ$^{223-22}$ vɑ̃$^{231-22}$ kuɑ̃^{52}　电饭锅

高压罐 kɯ$^{324-44}$ aʔ^{5} kuɑ̃$^{52-0}$　高压锅

镬靥 əʔ$^{23-2}$ kən^{445}　锅盖

板靥 pɑ̃$^{445-44}$ kən^{445}　① 锅盖。② 木制的锅盖

铜镬靥 d-tən$^{433-44}$ əʔ$^{23-2}$ kən^{445}　铜锅盖

　　汽盖 tsʰɿ$^{52-44}$ kei^{52}

风撑炉 fən$^{324-44}$ tsʰɛ$^{324-44}$ lu^{433}　黄土烧制的暖锅，由一个带有三脚架、双拎环的铁箍套着，如古鼎形。从炉灶中取出尚未燃尽的炭火作为火种，再加上新炭，就可热菜、温酒；也可放在餐桌中间烫菜，边煮边吃

勺 ziəʔ^{23}　勺子

木勺 məʔ$^{23-43}$ ziəʔ^{23}　① 木头打制的勺子。② 泛指一切勺子

铁木勺 tʰiəʔ$^{5-4}$ məʔ$^{23-43}$ ziəʔ^{23}　铁勺子

塑料木勺 su$^{52-44}$ liɔ$^{231-22}$ məʔ$^{23-43}$ ziəʔ^{23}　塑料勺子

水滚=　ɕy$^{445-44}$ kuən^{445}　一种用竹筒制作的带长柄的舀水器具，多用于紧口坛子或深水缸

葫芦勺 u⁴³³⁻²² lu⁴³³⁻²² ziəʔ²³　用半个葫芦干壳做成的勺子

米筒 mi²²³⁻²² dɯn⁴³³　用来舀米的器具，早年多用竹筒制成

插勺 tsʰɑʔ⁵⁻⁴ ziəʔ²³　一种平头方勺，多用来铲装谷物

酒漏 tɕiɯ⁴⁴⁵⁻⁴⁴ ləɯ²³¹　用来方便把酒灌到细口瓶子的工具

酒提 tɕiɯ⁴⁴⁵⁻⁴⁴ di⁴³³　从酒坛里提酒的容器，早年多用竹筒制成

酒筎 tɕiɯ⁴⁴⁵⁻⁴⁴ tɕʰiɯ³²⁴　将酒液和酒糟分离的滤酒器具。多用质地柔韧的篾青丝编制，网眼细小。传统的发酵酿酒法，酒糟和酒液是混合在一起的，在舀酒前需用该器具过滤

缸 kɔ̃³²⁴

水缸 ɕy⁴⁴⁵⁻⁴⁴ kɔ̃³²⁴

五斗缸 n̩²²³⁻²² təɯ⁴⁴⁵⁻⁴⁴ kɔ̃³²⁴　能装5担水左右的缸

十斗缸 zəʔ²³⁻² təɯ⁴⁴⁵⁻⁴⁴ kɔ̃³²⁴　能装10担水左右的缸，一般是当地最大的缸

酒缸 tɕiɯ⁴⁴⁵⁻⁴⁴ kɔ̃³²⁴

米缸 mi⁴⁴⁵⁻⁴⁴ kɔ̃³²⁴

米瓮 mi⁴⁴⁵⁻⁴⁴ yən⁵²

脚趺头瓮 tɕiəʔ⁵⁻⁴ k-gu³²⁴⁻²² dəɯ⁴³³⁻⁴³ yən⁵²　一种陶制容器，直壁平底，口较大，高度及膝，故名

掇= təʔ⁵　坛子

酒掇= tɕiɯ⁴⁴⁵⁻⁴⁴ təʔ⁵　酒坛子

十斤掇= zəʔ²³⁻² tɕin³²⁴⁻⁴⁴ təʔ⁵　能装10斤酒水的坛子

廿斤掇= n̠iə²³¹ tɕin³²⁴⁻⁴⁴ təʔ⁵　能装20斤酒水的坛子

四十斤掇= sɿ⁵²⁻⁴⁴ zəʔ²³⁻² tɕin³²⁴⁻⁴⁴ təʔ⁵　能装40斤酒水的坛子，一般是当地最大的坛子

炭掇= tʰã⁵²⁻⁴⁴ təʔ⁵　用于装木炭的坛子

瓶 bin⁴³³　瓶子

酒瓶 tɕiɯ⁴⁴⁵⁻⁴⁴ bin⁴³³

酱油瓶 tɕiã⁵²⁻⁴⁴ iɯ⁴³³⁻²² bin⁴³³

壶 u⁴³³

酒壶 tɕiɯ⁴⁴⁵⁻⁴⁴ u⁴³³

茶壶 dzo⁴³³⁻²² u⁴³³

铜茶壶 d-tən⁴³³⁻⁴⁴ dzo⁴³³⁻²² u⁴³³

铅壶 kʰa⁴⁴⁵⁻⁴⁴ u⁴³³

茶鳖 dz-tso⁴³³⁻⁴⁴ piəʔ⁵　一种扁形茶壶。因形状、大小如甲鱼，故名

杯 pei³²⁴

茶杯 dzo⁴³³⁻⁴³ pei³²⁴

酒杯 tɕiɯ⁴⁴⁵⁻⁴⁴ pei³²⁴

保温杯 pɔ⁴⁴⁵⁻⁴⁴ uə³²⁴⁻⁴⁴ pei³²⁴

碗 uã⁴⁴⁵

细碗 ɕia⁵²⁻⁴⁴ uã⁴⁴⁵　小碗

麦斗碗 maʔ²³⁻² d-təɯ⁴³³⁻⁴⁴ uã⁴⁴⁵　一种较大的碗，外壁绘有麦穗花纹，多用来盛饭

五花碗 n̩²²³⁻⁴⁴ xo³²⁴⁻⁴⁴ uã⁴⁴⁵　一种大碗，外壁绘有花，碗口圈为红色，多用来盛菜

高脚碗 kɯ³²⁴⁻⁴⁴ tɕiə⁵⁻⁴ uã⁴⁴⁵

木碗 məʔ²³⁻² uã⁴⁴⁵

洋铁碗 iã⁴³³⁻⁴⁴ tʰiəʔ⁵⁻⁴ uã⁴⁴⁵　搪瓷碗

塑料碗 su⁵²⁻⁴⁴ liɔ²³¹⁻²² uã⁴⁴⁵

碗料 uã⁴⁴⁵⁻⁴⁴ liɔ²³¹　瓷器

碟 diəʔ²³

酱油碟 tɕiã⁵²⁻⁴⁴ iɯ⁴³³⁻⁴⁴ diəʔ²³

盘 bə⁴³³　盘子

桶盘 dən²²³⁻²² bə⁴³³　酒席上用来端菜的器具。旧时一般用篾编制，呈圆形；现多为木制呈长方形

盂盘 y⁴³³⁻²² bə⁴³³　祭祀时盛猪头等祭品或杀猪时盛猪血的器具。木制，呈矮桶状

罐 kuã⁵²

汤罐 tʰɔ³²⁴⁻³² kuã⁵²　锅灶上利用灶火支道烧火的罐儿。多为铜制，

一般砌在"菜锅"的内炉壁,锅灶下方有水龙头可以接出。只要灶膛一烧火,很易受热,罐里面的水能烧开,用于盥洗

木勺罐 məʔ²³⁻⁴³ ziəʔ²³⁻² kuã⁵² 一种有柄的罐。因罐身上的柄似木勺柄,故名

两耳罐 lɛ²²³⁻²² n̠i²²³⁻²² kuã⁵² 环耳罐。一种盛贮食物用的陶制品,罐肩上有对称的半月形耳,故名

钢精罐 kɔ̃³²⁴⁻⁴⁴ tɕin³²⁴⁻³² kuã⁵² 不锈钢制成的罐

盐卤罐 iɛ⁴³³⁻⁴⁴ lu²²³⁻²² kuã⁵² 盛盐卤的罐

猪脂罐 ti³²⁴⁻⁴⁴ tsʅ³²⁴⁻³² kuã⁵² 盛猪油的罐

酱油罐 tɕiã⁵²⁻⁴⁴ iɯ⁴³³⁻⁴³ kuã⁵² 盛酱油的罐

钵 pəʔ⁵ 陶制容器。陶制器具"钵""盆"不分,无"盆"一说。"钵"既指略敛口的"钵",也指侈口的陶制盆。"钵"有大有小,用来盛饭、菜、茶水等

缸钵 kɔ̃³²⁴⁻⁴⁴ pəʔ⁵ 陶制容器的统称

菜钵 tsʰoi⁵²⁻⁴⁴ pəʔ⁵ 盛菜的陶制钵盂

饭罉 vã²³¹⁻⁴³ tsə³²⁴ 盛饭的陶制钵盂

桶 dən²²³

水桶 ɕy⁴⁴⁵⁻⁴⁴ dən²²³

凹兜 ɔ³²⁴⁻⁴⁴ təɯ³²⁴ 用来拎的小水桶,有提手,多用来舀水,当勺用

茶桶 dzo⁴³³⁻²² dən²²³ 由竹筒制作而成的装茶用具

洗碗桶 sʅ⁴⁴⁵⁻⁴⁴ uã⁴⁴⁵⁻⁴⁴ dən²²³ 洗碗盆

饭桶 vã²³¹⁻²² dən²²³ ① 装米饭的桶。② 比喻饭量大、能吃不能干的人

杀猪桶 saʔ⁵⁻⁴ ti³²⁴⁻⁴⁴ dən²²³ 一种大木桶,杀猪时用来盛开水烫猪

豆腐桶 dəɯ²³¹⁻²² vu²²³⁻²² dən²²³ 一种较大的木桶,做豆腐过滤豆浆时用来盛豆浆

豆腐袋 dəɯ²³¹⁻²² vu²²³⁻²² dei²³¹ 一种大布袋,做豆腐过滤豆浆时用来装磨好的豆浆糊,通过挤压,过滤浆液

豆腐篮 dəɯ²³¹⁻²² vu²²³⁻²² lã⁴³³ 一种有大孔的桶形竹筐,做豆腐过滤

豆浆时用来盛放装着豆浆糊的大布袋

豆腐架 dəɯ$^{231-22}$vu$^{223-22}$ko^{52}　一种"井"字木架子,做豆腐过滤豆浆时悬空架在豆腐桶上,用来盛放豆腐篮

豆腐布 dəɯ$^{231-22}$vu$^{223-22}$pu^{52}　包豆腐的纱布,豆腐成型阶段,把豆腐花盛到里面挤压水分

豆腐闸 dəɯ$^{231-22}$vu$^{223-22}$zaʔ^{23}　两个四方形木框,上下框长宽一致,下框略高于上框。豆腐成型阶段,将装着豆腐花的纱布放入框槽内,上覆重物以压出水分

幞桌布 tɕiɔ$^{445-44}$tyəʔ^{5}pu$^{52-0}$　擦桌布

饭筅 vã$^{231-22}$ɕiɛ^{445}　炊帚。刷洗锅碗等的炊事用具,一般用竹丝编制而成

箸 dzʅ^{231}　筷子

箸筒 dzʅ$^{231-22}$dən^{433}　装筷子的筒

调羹 diɔ$^{433-43}$kɛ^{324}　汤匙

饭匙 vã$^{231-22}$zʅ^{433}　饭勺

镬㪐 əʔ$^{23-2}$tɕhiɔ$^{324-445}$　炒菜的锅铲

饭盒 vã$^{231-43}$əʔ^{23}

饭甑 vã$^{231-22}$tɕin^{52}　放在锅上蒸米饭的器具,由盖、身、底三部分组成,外部略像木桶。一般是用木条箍成,呈上大下小桶状,中间用竹篾编织的藤条捆住,两侧有耳方便端持,有盖,底部是木箅子结构的镂空底盘,让蒸汽透过,将米饭蒸熟

屉 thi^{52}　箅子

炊糕篯 tɕhy$^{324-44}$kɯ$^{324-44}$da^{223}　竹编无盖子的蒸屉

蒸笼 tɕin$^{324-44}$lən^{433}

粿儿印 kuã$^{445-44}$in^{52}　制作各类粿品的模子

匲 kən^{445}　盖子

菜罨 tshei$^{52-44}$gən^{433}　菜罩子

瓶匲 b-pin$^{433-44}$kən^{445}　瓶盖

撮 tshəʔ^5　塞子。堵住洞眼、瓶口等的东西

瓶撮 b-pin$^{433-44}$ ts^{h}ə^5　瓶塞子

碗橱 uã$^{445-44}$ dʑy^{433}　放餐具、食物的橱柜

碗更＝橱 uã$^{445-44}$ kɛ$^{-44}$ dʑy^{433}　橱柜中放餐具的隔层‖"更＝"本字调不明

冰箱 pin$^{324-44}$ ɕiã^{324}

冰橱 pin$^{324-44}$ dʑy^{433}　冰柜

筲箕 sɔ$^{324-44}$ i^{324}　一种圆形竹器，上端口比下端口略大，多用于淘米、盛米、盛饭等‖"筲"韵母特殊

笊篱 tsɔ$^{-44}$ li^{433}　早年多用竹篾编织，常用来捞米饭‖"笊"单字调不明

蒲草袋 bu$^{433-43}$ ts^{h}ɔ$^{445-44}$ dei^{231}　用蒲草编制的用于带饭的袋子。山区田地路途较远，交通不便，人们外出干农活常常是早出晚归需要带饭。在米饭中间放些菜，压成饭团放置其中，带到山里或田间

棕包 tsən$^{324-44}$ pɔ^{324}　用棕榈丝编制的用于带饭的袋子。条件好的人家将装有饭菜的"草包"放在"棕包"内，带到田间地头，饭菜不易冷却，具有较好的保温效果

薄刀 bə$^{23-43}$ təɯ^{324}　菜刀

番薯刨 fã$^{324-44}$ zɿ$^{433-43}$ bɔ^{231}　是一种专门用来刨丝的刨子，大多是木底、铜刨样式，一般用于刨萝卜丝、番薯丝、土豆丝、南瓜丝等

板砧 pã$^{445-44}$ tin^{324}　砧板

面板 miɛ$^{231-22}$ pã^{445}　做面食用的平光的木板

火锹 xo$^{445-44}$ ɕiɛ^{324}　火铲，烧火时铲柴灰用

铁钳 t^{h}iə$^{5-4}$ dʑiɛ^{433}　火钳，烧火时夹柴火、炭火用

火叉 xo$^{445-44}$ ts^{h}o^{324}　一种小铁叉，烧火时拨柴火用

火筒 xo$^{445-44}$ dən^{433}　吹火筒

柴爿 za$^{433-22}$ bã^{433}　经过截断、剖劈的木柴，作燃料用

火柴头 xo$^{445-44}$ za$^{433-22}$ dəɯ^{433}　正在燃烧或未烧透的木头

柴堆 za$^{433-43}$ tei^{324}　柴垛

锯末 kɯ$^{52-44}$ mə^{23}　锯木时掉下来的小碎末，常用来烧火

刨花 bɔ$^{231\text{-}43}$ xo^{324}　刨木料时刨下来的薄片，多呈卷状，常用来烧火

洋火 iɑ̃$^{433\text{-}44}$ xo^{445}　火柴

洋火□ iɑ̃$^{433\text{-}44}$ xo$^{445\text{-}44}$ kɛ^{445}　火柴盒‖"□"[kɛ^{445}]是盒子的意思

火刀 xo$^{445\text{-}44}$ tɯ^{324}

火石 xo$^{445\text{-}44}$ ziəʔ^{23}

纸煤 tsɿ$^{445\text{-}44}$ mei^{433}　用易于引火的纸搓成的细纸卷

打火机 nɛ$^{445\text{-}44}$ xo$^{445\text{-}44}$ tsɿ^{324}

(四) 生活用具

面桶 miɛ$^{231\text{-}22}$ dən^{223}　脸盆

面桶架 miɛ$^{231\text{-}22}$ dən$^{223\text{-}22}$ ko^{52}　脸盆架

脚桶 tɕiəʔ$^{5\text{-}4}$ dən^{223}　脚盆

浴桶 yəʔ$^{23\text{-}2}$ dən^{223}　澡盆

勖桶 lei$^{231\text{-}22}$ dən^{223}　大木桶的统称，做豆腐或杀猪时使用

大勖桶 do$^{231\text{-}22}$ lei$^{231\text{-}22}$ dən^{223}　① 特大的木桶。② 零分：考了个～

细勖桶 ɕia$^{52\text{-}44}$ lei$^{231\text{-}22}$ dən^{223}　中等大的木桶

分=水桶 fən^{324} ɕy$^{445\text{-}44}$ dən^{223}　泔水桶

尿桶 sɿ$^{324\text{-}44}$ dən^{223}　便桶

尿挈 sɿ$^{324\text{-}44}$ tɕʰiaʔ^{5}　带把手的小便桶

马桶 mo$^{433\text{-}22}$ dən^{223}

尿壶 sɿ$^{324\text{-}44}$ u^{433}　夜壶

火桶 xo$^{445\text{-}44}$ dən^{223}　站桶，用木板箍成的用以暂放幼儿的木桶。桶型较高，上窄下宽，下部有个透气的隔层，小孩子站在隔层上。冬天，可以在隔层下放置火盆取暖

桶箍 dən$^{223\text{-}43}$ kʰu^{324}　箍木桶的箍子。以前多为竹制，现在多为铁制

桶篾 d-tən$^{223\text{-}44}$ miəʔ^{23}　箍木桶用的竹篾箍子

　篾箍 miəʔ$^{23\text{-}43}$ kʰu^{324}

柜 dʐy^{231}　柜子

谷柜 kəʔ⁵⁻⁴ dʑy²³¹　储存谷物的柜子

谷仓 kəʔ⁵⁻⁴ tsʰɔ̃³²⁴　用木板搭成一个柜子状的容器，正面有门，可以一扇一扇往上叠加。一般建在房子的楼上

衣柜 i³²⁴⁻³² dʑy²³¹　以前放衣服的四方的柜子，向上翻盖

书橱 ɕy³²⁴⁻⁴⁴ dʑy⁴³³

□ kɛ⁴⁴⁵　盒子

热水器 n̢iəʔ²³⁻² ɕy⁴⁴⁵⁻⁴⁴ tsʰɿ⁵²

喷头 pʰən³²⁴⁻⁴⁴ dəɯ⁴³³　花洒

热水瓶 n̢iəʔ²³⁻² ɕy⁴⁴⁵⁻⁴⁴ bin⁴³³

　　热水壶 n̢iəʔ²³⁻² ɕy⁴⁴⁵⁻⁴⁴ u⁴³³

热水瓶撮 n̢iəʔ²³⁻² ɕy⁴⁴⁵⁻⁴⁴ b-pin⁴³³⁻⁴⁴ tsʰəʔ⁵　热水瓶塞子

茶叶筒 dz-tso⁴³³⁻⁴⁴ iəʔ²³⁻² dən⁴³³

饼干箱 pin⁴⁴⁵⁻⁴⁴ kuɑ³²⁴⁻⁴⁴ ɕiã³²⁴　铁皮做的箱子，本是储存饼干的器具，由于其可重复使用且具有防潮防味道漏出等特点，从而成为了储存干货食品的器具

洋油箱 iɑ⁴³³⁻²² iɯ⁴³³⁻⁴³ ɕiã³²⁴　铁皮做的箱子，用米盛煤油

纸箱 tsɿ⁴⁴⁵⁻⁴⁴ ɕiã³²⁴

　　纸柏箱 tsɿ⁴⁴⁵⁻⁴⁴ paʔ⁵⁻⁴ ɕiã³²⁴

纸柏 tsɿ⁴⁴⁵⁻⁴⁴ paʔ⁵　纸板

硬纸柏 ŋɛ²³¹⁻²² tsɿ⁴⁴⁵⁻⁴⁴ paʔ⁵　硬纸板

胡须刀 u⁴³³⁻⁴⁴ su³²⁴⁻⁴⁴ təɯ³²⁴

洗面水 sɿ⁴⁴⁵⁻⁴⁴ miɛ²³¹⁻²² ɕy⁴⁴⁵　洗脸水

面巾 miɛ²³¹⁻⁴³ tɕin³²⁴　毛巾，洗脸用

手巾 ɕiɯ⁴⁴⁵⁻⁴⁴ tɕin³²⁴　手绢

𠷂脚布 tɕiɔ⁴⁴⁵⁻⁴⁴ tɕiəʔ⁵ pu⁵²⁻⁰　擦脚布

洋皂 iɑ⁴³³⁻⁴⁴ zɔ²²³　肥皂，洗衣服用

香皂 ɕiã³²⁴⁻⁴⁴ zɔ²²³

洗发精 sɿ⁴⁴⁵⁻⁴⁴ fɑʔ⁵⁻⁴ tɕin³²⁴

洋皂粉 iɑ⁴³³⁻⁴⁴ zɔ²²³⁻²² fən⁴⁴⁵

洗衣粉 sʅ⁴⁴⁵⁻⁴⁴ i³²⁴⁻⁴⁴ fən⁴⁴⁵

洗衣机 sʅ⁴⁴⁵⁻⁴⁴ i³²⁴⁻⁴⁴ tsʅ³²⁴

鞋刷 a⁴³³⁻⁴⁴ ɕyəʔ⁵

敉槌 liɛ²³¹⁻²² dʐy⁴³³　棒槌，洗衣服时用于捶打‖敉，《广韵》霰韵郎甸切："捶打物也"

细敉槌 ɕia⁵²⁻⁴⁴ liɛ²³¹⁻²² dʐy⁴³³　小棒槌

衣裳板 i³²⁴⁻⁴⁴ ʑ-ɕiã⁴³³⁻⁴⁴ pã⁴⁴⁵　洗衣板儿

衣裳架 i³²⁴⁻⁴⁴ ziã⁴³³⁻⁴³ ko⁵²　衣架的统称

布裤夹 pu⁵²⁻⁴⁴ kʰu⁵²⁻⁴⁴ kɑʔ⁵　裤夹

樟脑丸 tɕiã³²⁴⁻⁴⁴ nɔ²²³⁻²² yə⁴³³

花落水 xo⁴⁴⁵⁻⁴⁴ lə²³⁻² ɕy⁴⁴⁵　花露水

螟虫香 min⁴³³⁻⁴⁴ dʐyən⁴³³⁻⁴³ ɕiã³²⁴　蚊香

苍蝇搒 tsʰɔ³²⁴⁻⁴⁴ in³²⁴⁻⁴⁴ bɛ⁴³³　苍蝇拍

苍蝇黏 tsʰɔ³²⁴⁻⁴⁴ in³²⁴⁻⁴⁴ niɛ³²⁴　粘蝇纸

老鼠夹 lɔ²²³⁻²² tsʰʅ⁴⁴⁵ kɑʔ⁵

头梳 dəu⁴³³⁻⁴³ sʅ³²⁴　梳子

篦箜 bi²³¹⁻⁴³ tsʅ³²⁴　篦子，一种密齿梳

镜 tɕin⁵²

望远镜 mã²³¹⁻²² yə²²³⁻²² tɕin⁵²

放大镜 fã⁵²⁻⁴⁴ da²³¹⁻²² tɕin⁵²

针 tsən³²⁴　缝衣针

针屁股 tsən³²⁴⁻⁴⁴ pʰi⁵²⁻⁴⁴ ku⁴⁴⁵　针尾

针头 tsən³²⁴⁻⁴⁴ dəu⁴³³　针尖

针孔 tsən³²⁴⁻⁴⁴ kʰən⁴⁴⁵　针鼻

针脚 tsən³²⁴⁻⁴⁴ tɕiəʔ⁵　缝纫时前后两针之间的距离

鞋钻 a⁴³³⁻⁴⁴ tsə⁵²⁻⁴⁴⁵　纳鞋底用的锥子

穿针钻 tɕʰyən³²⁴⁻⁴⁴ tsən³²⁴⁻³² tsə⁵²　尾部有孔眼的锥子，与缝衣针相似。纳鞋底时用来钻眼儿且可引线

抵指 ti⁴⁴⁵⁻⁴⁴ tsʅ⁴⁴⁵⁻⁵²　顶针儿

别针 piəʔ⁵⁻⁴ tsən³²⁴

毛线针 mɔ⁴³³⁻⁴⁴ ɕie⁵²⁻⁴⁴ tsən³²⁴　织毛衣的棒针

毛线钩 mɔ⁴³³⁻⁴⁴ ɕie⁵²⁻⁴⁴ kɯ³²⁴　钩线编织用的带小钩的针

铰剪 kɔ⁴⁴⁵⁻⁴⁴ tɕie⁴⁴⁵　剪子

指甲刀 tsəʔ⁵⁻⁴ kɑʔ⁵⁻⁴ təɯ³²⁴　指甲剪

耳朵挖 n̩²²³⁻²² to⁴⁴⁵⁻⁴⁴ uɑʔ⁵　耳挖子

刷 ɕyəʔ⁵　刷子

鸡毛刷 tsɿ³²⁴⁻⁴⁴ mɔ⁴³³⁻⁴⁴ ɕyəʔ⁵　鸡毛掸子

嶜箜 tɕia⁵²⁻⁴⁴ kʰən³²⁴　针线篮。多为竹篾编制，一般都要上漆，有些有精美的图案。多用来放置女红所用的针线、剪刀、顶针等小物件。旧时是姑娘出嫁的必备嫁妆，并作为婚房中的装饰品

短⁼箼 tə⁻⁴⁴ da²²³　捧盒，一种竹编的可以置放多种食物的圆形大盒子‖"短⁼"[tə⁻⁴⁴]或为"掇端"[təʔ⁵]的舒化音

细菜篮 ɕia⁵²⁻⁴⁴ tsʰei⁵²⁻⁴⁴ lã⁴³³⁻²²³　红漆的礼篮

礼箩 li²²³⁻⁴⁴ lo²²³　一种竹篾编制的筐形盛具。比箩筐小，有提梁，无盖。可用来装置食物，用于送饭；也用于装置香烛、纸钱等，提着去奔丧或参加各类祭祀活动

细礼箩 ɕia⁵²⁻⁴⁴ li²²³⁻⁴⁴ lo²²³　①一种竹篾编制的小筐形盛具。有提梁，无盖。多用来装置各种零碎的小物件。②用棕榈叶编织的小提篮，小孩子的玩具

食箩 ziəʔ²³⁻² lo⁴³³　一种单层或多层（一般不超过三层）的圆形或方形食盒，竹篾精细编制，有提梁，有盖

雨伞 y²²³⁻²² sã⁴⁴⁵

　凉伞 liã⁴³³⁻⁴⁴ sã⁴⁴⁵

雨伞布 y²²³⁻²² sã⁴⁴⁵⁻⁴⁴ pu⁵²

雨伞骨 y²²³⁻²² sã⁴⁴⁵⁻⁴⁴ kuəʔ⁵

雨伞柄 y²²³⁻²² sã⁴⁴⁵⁻⁴⁴ mɛ⁵²

夹涴纸 kɑʔ⁵⁻⁴ u⁵²⁻⁴⁴ tsɿ⁴⁴⁵　手纸

地帚 di²³¹⁻²² tɕiɯ⁴⁴⁵　扫帚

竹纱=地帚 tyə ʔ⁵⁻⁴ ɕia³²⁴⁻⁴⁴ di²³¹⁻²² tɕiɯ⁴⁴⁵　用竹枝条扎成的扫帚

芒花地帚 mən⁴³³⁻⁴⁴ xo³²⁴⁻⁴⁴ di²³¹⁻²² tɕiɯ⁴⁴⁵　用芒草花序扎成的扫帚

拖帚 tʰo³²⁴⁻⁴⁴ tɕiɯ⁴⁴⁵　拖把

刷帚 ɕyəʔ⁵⁻⁴ tɕiɯ⁴⁴⁵

芒花刷 mən⁴³³⁻⁴⁴ xo³²⁴⁻⁴⁴ ɕyəʔ⁵

垃圾 laʔ²³⁻² səʔ⁵

垃圾大挈 laʔ²³⁻² səʔ⁵⁻⁴ do²³¹⁻²² tɕʰia⁵　装垃圾的畚斗，有把手

梗 kuɛ⁴⁴⁵　拐杖

老人梗 lɔ²²³⁻²² nin⁴³³⁻⁴⁴ kuɛ⁴⁴⁵　老人杖

篱纱= li⁴³³⁻⁴³ ɕia³²⁴　教育小孩或赶牛用的竹枝条

皮夹 bi⁴³³⁻⁴³ kɑʔ⁵　皮夹子

浆糊 tɕiã³²⁴⁻⁴⁴ u⁴³³

胶水 kɔ³²⁴⁻⁴⁴ ɕy⁴⁴⁵

公章 kən³²⁴⁻⁴⁴ tɕiã³²⁴

私章 sɿ³²⁴⁻⁴⁴ tɕiã³²⁴

花钵 xo³²⁴⁻⁴⁴ pəʔ⁵　花盆

喷水壶 pʰən³²⁴⁻⁴⁴ ɕy⁴⁴⁵⁻⁴⁴ u⁴³³

扇 ɕiɛ⁵²

蒲扇 bu⁴³³⁻⁴³ ɕiɛ⁵²

鸡毛扇 tsɿ³²⁴⁻⁴⁴ mɔ⁴³³⁻⁴³ ɕiɛ⁵²

麦秆扇 maʔ²³⁻² kuə⁴⁴⁵⁻⁴⁴ ɕiɛ⁵²

纸扇 tsɿ⁴⁴⁵⁻⁴⁴ ɕiɛ⁵²

电风扇 diɛ²²³⁻⁴³ fən³²⁴⁻³² ɕiɛ⁵²

摇头扇 iɔ⁴³³⁻²² dəɯ⁴³³⁻⁴³ ɕiɛ⁵²

落地扇 lɔʔ²³⁻² di²³¹⁻²² ɕiɛ⁵²

吊扇 tiɔ⁵²⁻⁴⁴ ɕiɛ⁵²

空调 kʰən³²⁴⁻⁴⁴ diɔ⁴³³

火笼 xo⁴⁴⁵⁻⁴⁴ lən⁴³³

火笼䇒 xo⁴⁴⁵⁻⁴⁴ lən⁴³³⁻²² gən⁴³³　烘笼。圆筒形的竹制烘烤用具，里

面有一竹编隔层,形成笼框,底下放小火盆,隔层上搁放待烘的衣物、尿布等

火钵 xo$^{445-44}$ pəʔ^5　火盆

热水袋 nʑiəʔ$^{23-2}$ ɕy$^{445-44}$ dei^{231}

蜡烛 laʔ$^{23-2}$ tɕyəʔ^5

洋烛 iã$^{433-44}$ tɕyəʔ^5　洋蜡烛

蜡烛芯 laʔ$^{23-2}$ tɕyəʔ$^{5-4}$ sən^{324}　蜡烛中心的白线

蜡烛花 laʔ$^{23-2}$ tɕyəʔ$^{5-4}$ xo^{324}　蜡烛燃烧时烛心结成的花状物

蜡烛头 laʔ$^{23-2}$ tɕyəʔ^5 dɯ^{433}　蜡烛将要燃尽后剩余下的部分

蜡烛台 laʔ$^{23-2}$ tɕyəʔ$^{5-4}$ dei^{433}

火篾 xo$^{445-44}$ miəʔ^{23}　由薄篾片制成的照明物。篾片晒干后浸入水中,浸透了再晒干即可使用

篾爿火把 miəʔ$^{23-2}$ bã$^{433-43}$ xo$^{445-44}$ bu^{445}　以薄篾片捆扎的火把

灯 tin^{324}

灯笼 tin$^{324-44}$ lən^{433}

灯笼壳 tin$^{324-44}$ lən$^{433-44}$ kʰəʔ^5　灯笼的外壳

灯罩 tin$^{324-32}$ tsɔ^{52}

灯盏 tin$^{324-44}$ tsã^{445}

灯盏叠 tin$^{324-44}$ tsã$^{445-43}$ diəʔ^{23}　有两层以上的灯盏

灯草 tin$^{324-44}$ tsʰɔ^{445}　灯芯草

洋油灯 iã$^{433-22}$ iɯ$^{433-43}$ tin^{324}　煤油灯

汽灯 tsʰɿ$^{52-44}$ tin^{324}

电灯 diɛ$^{223-43}$ tin^{324}

台灯 dei$^{433-43}$ tin^{324}

路灯 lu$^{433-43}$ tin^{324}

灯泡 tin$^{324-32}$ pʰɔ^{52}

日光灯 nəʔ$^{23-2}$ kɔ̃$^{324-44}$ tin^{324}

十五支光 zəʔ$^{23-2}$ n̩$^{223-22}$ tsɿ$^{52-44}$ kɔ̃^{324}　十五瓦

一百支光 iəʔ$^{5-4}$ paʔ^5 tsɿ$^{52-44}$ kɔ̃^{324}　一百瓦

灯丝 tiŋ³²⁴⁻⁴⁴ sɿ³²⁴

钨丝 u³²⁴⁻⁴⁴ sɿ³²⁴　灯泡内的灯丝

启辉器 tsʰɿ⁴⁴⁵⁻⁴⁴ xuei³²⁴⁻³² tsʰɿ⁵²　日光灯继电器

灯头 tiŋ³²⁴⁻⁴⁴ dɯ⁴³³　安装灯泡用的接口

电线 diɛ²²³⁻²² ɕiɛ⁵²

明线 miŋ⁴³³⁻⁴³ ɕiɛ⁵²　可见到的线路

网线 mã²²³⁻²² ɕiɛ⁵²

电筒 diɛ²²³⁻²² dən⁴³³　手电筒

　　手电筒 ɕiɯ⁴⁴⁵⁻⁴⁴ diɛ²²³⁻²² dən⁴³³

电珠 diɛ²²³⁻⁴³ tɕy³²⁴　小的电灯泡。通常指手电筒里所用的一种

电池 diɛ²²³⁻²² dzɿ⁴³³

开关 kʰei³²⁴⁻⁴⁴ kuã³²⁴　接通、中断或转换电流的设备

电压 diɛ²²³⁻²² aʔ⁵

变压器 piɛ⁵²⁻⁴⁴ aʔ⁵ tsʰɿ⁵²⁻⁰

插头 tsʰɑʔ⁵⁻⁴ dɯ⁴³³

插座 tsʰɑʔ⁵⁻⁴ zo²³¹

两插 lɛ²²³⁻²² tsʰɑʔ⁵　有两个插孔的插座

三插 sã³²⁴⁻³² tsʰɑʔ⁵　有三个插孔的插座

充电器 tɕʰyən³²⁴⁻⁴⁴ diɛ²²³⁻²² tsʰɿ⁵²

电瓶 diɛ²²³⁻²² biŋ⁴³³

电表 diɛ²²³⁻²² piɔ⁴⁴⁵

电费 diɛ²²³⁻²² fi⁵²

通电 tʰən³²⁴⁻⁴⁴ diɛ²²³　电力系统开始供电

碰电 pʰən⁵²⁻⁴⁴ diɛ²²³　电短路

停电 diŋ⁴³³⁻²² diɛ²²³

跳闸 tʰiɔ⁵²⁻⁴⁴ zɑʔ²³

触电 tɕʰyəʔ⁵⁻⁴ diɛ²²³

电视机 diɛ²²³⁻²² zɿ²³¹⁻⁴³ tɕi³²⁴

彩电 tsʰei⁴⁴⁵⁻⁴⁴ diɛ²²³⁻²³¹　彩色电视机

遥控器 iɔ$^{433-43}$ k^{h}ən$^{52-55}$ tsʅ$^{52-0}$

自鸣钟 zʅ$^{231-22}$ min$^{433-43}$ tɕiɔ̃^{324}

闹钟 nɔ$^{231-43}$ tɕiɔ̃^{324}

散碎 sã$^{445-44}$ sei^{52}　细碎,零碎：撮～｜买～

七样八样 ts^{h}əʔ^5 iã$^{231-0}$ paʔ^5 iã$^{231-0}$　零零碎碎,各式各样

　　七七八八 ts^{h}əʔ$^{5-4}$ ts^{h}əʔ$^{5-4}$ paʔ$^{5-4}$ paʔ^5

记认 tsʅ$^{52-44}$ ȵin^{231}　指便于记住和识别的标志：借来个碗做个～

做记认 tso$^{52-44}$ tsʅ$^{52-44}$ ȵin^{231}　做记号或标志

（五）工匠用具

斧头 fu$^{445-44}$ dəɯ^{433}

钳 dziɛ^{433}　钳子

老虎钳 lɔ$^{223-22}$ fu$^{445-44}$ dziɛ^{433}

扳钳 pã$^{324-44}$ dziɛ^{433}

锯 kɯ^{52}　① 锯子。② 用锯子切割

柴锯 za$^{433-43}$ kɯ^{52}　锯木柴的锯子

刨 bɔ^{231}　刨子

长刨 dʑiã$^{433-43}$ bɔ^{231}　一种木工刨,一般用于刨削木板的拼缝

细推刨 ɕia$^{52-44}$ t^{h}ei$^{324-32}$ bɔ^{231}　一种木工刨,一般用于需精细加工的面板净光

半作⁼刨 pə$^{52-44}$ tsɛʔ^5 bɔ$^{231-0}$　一种木工刨,一般用于刨削工艺要求一般的木材表面

一字刨 iaʔ$^{5-4}$ zʅ$^{231-43}$ bɔ^{231}　一种木工刨,一般用于刨削不同形状圆弧和弯曲的工件

锉 ts^{h}o^{52}　① 锉刀。② 用锉磨东西

螺丝刀 lo$^{433-22}$ sʅ$^{324-44}$ təɯ^{324}

气钻 ts^{h}ʅ$^{52-44}$ tsɔ^{52}　一种手持式气动工具,主要用于对金属构件的钻孔工作

车钻 tɕ^{h}ia$^{324-32}$ tsɔ^{52}　一种木匠和篾匠常用的手拉钻,通过绳子来回拉动主轴,使钻头慢慢深入

凿 zəʔ²³　凿子

两寸凿 lɛ²²³⁻²² tsʰə⁵²⁻⁴⁴ zəʔ²³　刀口 2 寸宽的凿子

寸半凿 tsʰə⁵²⁻⁴⁴ pə⁵²⁻⁴⁴ zəʔ²³　刀口 1 寸半宽的凿子

墨斗 məʔ²³⁻² təu⁴⁴⁵

作马 tsəʔ⁵⁻⁴ mo²²³　一种鞍马形的台子。台面是一段粗硬木头，三腿，木匠在上面劈木头

三脚马 sã³²⁴⁻⁴⁴ tɕiə ʔ⁵⁻⁴ mo²²³　① 锯木时用以搁木材的架子。三足鼎立的木头支架，用两节粗木头交叉成"X"型再加一根长腿构成。② 用三根篾条编制成的三脚玩具

篾刀 miəʔ²³⁻⁴³ təu³²⁴　篾匠用来劈竹片的厚背刀

刮刀 kuɑʔ⁵⁻⁴ təu³²⁴　一种固定在长条凳上用来对竹篾进行加工的刀片，与一块坚韧的皮质布条配合使用。即将竹篾置于该刀片与皮布之间，用力往后拉，以去除竹篾上多余的部分，达到均匀的厚薄度

剑门 tɕiɛ⁵²⁻⁴⁴ mən⁴³³　是对竹篾的宽度加以固定并进行加工的一对刀片，像两把剑做成的门，故名。刃口与刃口相对，并根据需要确定之间的距离。篾条由一小段竹条压住并从中往后抽，经过这一工序的篾条就宽窄一致了

锤 dʐy⁴³³　锤子

铁锤 tʰiəʔ⁵⁻⁴ dʐy⁴³³

木锤 məʔ²³⁻² dʐy⁴³³　木制的锤子

石锤 ʑiəʔ²³⁻² dʐy⁴³³　石制的锤子，在石臼上使用

铁钉 tʰiəʔ⁵⁻⁴ tin³²⁴　钉子，统称

洋钉 iã⁴³³⁻⁴³ tin³²⁴　机制铁钉

水泥钉 ɕy⁴⁴⁵⁻⁴⁴ n̠i⁴³³⁻⁴³ tin³²⁴

图画钉 du⁴³³⁻²² o²³¹⁻⁴³ tin³²⁴　图钉

螺丝 lo⁴³³⁻⁴³ sɿ³²⁴

风箱 fən³²⁴⁻⁴⁴ ɕiã³²⁴

铁墩 tʰiəʔ⁵⁻⁴ tən³²⁴　铁砧，铁匠常用器具

铁鳗= tʰiəʔ⁵⁻⁴ mə⁴³³　尖头钢棒，通常用来撬岩石
　　钢钎 kɔ̃³²⁴⁻⁴⁴ tɕʰiə³²⁴
墙桶 ʑ-ɕiɑ̃⁴³³⁻⁴⁴ dən²²³　夯筑泥墙用的木板槽子。一个长方体的木板槽子，左右两侧和一头为木板，上下和另一头为空
墙锤 ʑiɑ̃⁴³³⁻²² dʑy⁴³³　夯筑泥墙时用的木杵，从上往下捶打以夯实泥土
泥桶 n̠i⁴³³⁻⁴⁴ dən²²³　搅拌或放置石灰、水泥的一种容器
泥夹 n̠i⁴³³⁻⁴⁴ kɑʔ⁵　瓦匠用来抹灰泥的器具
砖刀 tɕyə³²⁴⁻⁴⁴ təɯ³²⁴　瓦刀，瓦匠用来砌墙、砍砖的工具
弹簧 dɑ̃²³¹⁻²² ɔ̃⁴³³
纺车 fɑ̃⁴⁴⁵⁻⁴⁴ tɕʰia³²⁴
织布机 tɕiəʔ⁵⁻⁴ pu⁵²⁻⁴⁴ tsɿ³²⁴
洋车 iɑ̃⁴³³⁻⁴³ tɕʰia³²⁴　缝纫机
针钳 tsən³²⁴⁻⁴⁴ dʑiɛ⁴³³　镊子
烫铁 tʰɔ̃⁵²⁻⁴⁴ tʰiəʔ⁵　在电熨斗之前，裁缝用于熨烫衣服的有柄的铁块
电烫 diɛ²²³⁻²² tʰɔ̃⁵²　电熨斗
画粉 o²³¹⁻²² fən⁴⁴⁵　裁剪衣服时用来画线的粉块
剃头箱 tʰi⁵²⁻⁴⁴ dəɯ⁴³³⁻⁴³ ɕiɑ̃³²⁴　理发师装工具的箱子
剃头布 tʰi⁵²⁻⁴⁴ dəɯ⁴³³⁻⁴³ pu⁵²　理发时围在胸前的布
剃刀 tʰi⁵²⁻⁴⁴ təɯ³²⁴
剃刀布 tʰi⁵²⁻⁴⁴ təɯ³²⁴⁻³² pu⁵²　鐾刀布
洋剪 iɑ̃⁴³³⁻⁴⁴ tɕiɛ⁴⁴⁵　推子，理发工具
花瓦 xo³²⁴⁻⁴⁴ ŋo²²³　搓线瓦，旧时盖在膝盖骨上用于搓麻线的瓦片
麻石头 mo⁴³³⁻⁴⁴ ʑiəʔ²³⁻² dəɯ⁴³³　旧时用于压麻线的石头
黄蜡 ɔ̃⁴³³⁻⁴⁴ lɑʔ²³　一种取自蜂巢的黄色蜜蜡，纳鞋底时用来磨擦鞋底线，使之光滑易穿过鞋底
棉絮弓 miɛ⁴³³⁻⁴⁴ sɿ⁵²⁻⁴⁴ kən³²⁴　弹棉弓
棉絮槌 miɛ⁴³³⁻⁴⁴ sɿ⁵²⁻⁴⁴ dʑy⁴³³　弹棉槌

棉絮盘 miɛ$^{433-44}$ sʅ$^{52-44}$ bə^{433}　弹棉时用来磨、压的磨盘，使棉絮与棉线平贴

棕爪 tsən$^{324-44}$ tsɔ^{445}　将棕片梳成棕丝的铁耙子，一般 5 个齿

棕绞 tsən$^{324-44}$ kɔ^{445}　将棕丝拧绞成棕线的器具

铁扁担 tʰiəʔ$^{5-4}$ piɛ$^{445-44}$ tã^{52}　编制棕制品时用来编穿棕线的钩针

棕㭒 tsən$^{324-32}$ tʰiɛ^{52}　编制棕制品时用来拨动棕线的棒子

棕抓 tsən$^{324-44}$ tsa^{324}　使棕制品更密实的铁耙子，一般 2 个齿

烟夹 iɛ$^{324-32}$ kɑʔ^{5}　晾晒烟叶时的夹烟装置

烟刨 iɛ$^{324-32}$ bɔ^{231}　用来刨旱烟丝的刨子

鞋样 a$^{433-43}$ iã^{231}　做鞋的图样

草鞋钯 tsʰɔ$^{445-44}$ a$^{433-22}$ po^{433}　做草鞋的主要工具。一个带弯钩以及 7 个齿的木架，起到固定作用

草鞋腰 tsʰɔ$^{445-44}$ a$^{433-43}$ iɔ^{324}　连接草鞋与工具的装置，系在制作者的腰部

草鞋槌 tsʰɔ$^{445-44}$ a$^{433-22}$ dzẓy^{433}　做草鞋时用的木槌。既可用于捶打草鞋使其柔软，也用于拍打草鞋边，固定造型

草鞋撑 tsʰɔ$^{445-44}$ a$^{433-43}$ tsʰɛ$^{324-52}$　做草鞋时用来推紧挤压的工具，使鞋底厚实瓷密

十一、人品名称

（一）一般称谓

人 nin^{433}

中国人 tɕyən$^{324-44}$ kuəʔ^{5} nin$^{433-0}$

外国人 ua$^{231-22}$ kuəʔ^{5} nin$^{433-0}$

城内人 zin$^{433-43}$ nei^{231} nin$^{433-0}$　城里人

城外人 zin$^{433-43}$ ua^{231} nin$^{433-0}$

乡下人 ɕiã$^{324-44}$ ia$^{223-22}$ nin$^{433-0}$

山头人 sã$^{324-44}$ dəɯ$^{433-43}$ nin$^{433-0}$　山里人

山坞串＝ sã$^{324-44}$ u$^{445-32}$ tɕʰyən^{52}　乡巴佬

农村人 nən⁴³³⁻⁴³ tsʰə³²⁴⁻³² nin⁴³³⁻⁰

本地人 pə⁴⁴⁵⁻⁴⁴ di²³¹ nin⁴³³⁻⁰

外地人 ua²³¹⁻⁴³ di²³¹ nin⁴³³⁻⁰

  外路人 ua²³¹⁻⁴³ lu²³¹ nin⁴³³⁻⁰

  外头人 ua²³¹⁻²² dəɯ⁴³³⁻²² nin⁴³³⁻⁰

移民 i⁴³³⁻²² min⁴³³

上角人 dʑiɑ²²³⁻²² kəʔ⁵ nin⁴³³⁻⁰ 旧县宣平城区北面区域的居民，即现武义县桃溪镇、坦洪乡等地居民

下角人 iɑ²²³⁻²² kəʔ⁵ nin⁴³³⁻⁰ 旧县宣平城区南面的宣平溪上游段区域的居民，即现武义县三港乡、大溪口乡等地居民

下乡人 iɑ²²³⁻⁴³ ɕiɑ³²⁴⁻³² nin⁴³³⁻⁰ 旧县宣平城区南面的宣平溪下游段区域的居民，即现丽水莲都区老竹镇、丽新乡等地居民

内山人 nei²³¹⁻⁴³ sã³²⁴⁻³² nin⁴³³⁻⁰ 旧县宣平城区西面区域的居民，即原新塘乡、竹客乡等地居民，以及西联乡高山区域的居民

生疏人 sɛ³²⁴⁻⁴⁴ su³²⁴⁻³² nin⁴³³⁻⁰ 陌生人

永康精 yən²²³⁻²² kʰɔ³²⁴⁻⁴⁴ tɕin³²⁴ 永康人，贬称

武义鬼 vu²²³⁻²² n̠i²³¹⁻²² kuei⁴⁴⁵／vu²²³⁻²² n̠i²³¹⁻²² kuei⁴⁴⁵⁻⁵² 武义人，贬称

松阳鬼 sən³²⁴⁻⁴⁴ iɑ⁴³³⁻⁴⁴ kuei⁴⁴⁵ 松阳人，贬称

宣平老实 ɕyə⁴⁴⁵⁻⁴⁴ bin⁴³³⁻⁴³ lɔ²²³⁻⁴³ zəʔ²³ 宣平人，自称

汉族 xuə⁵²⁻⁵⁵ zəʔ²³⁻⁰

明家人 min⁴³³⁻⁴³ ko³²⁴⁻⁵⁵ nin⁴³³⁻⁰ 汉族人，与"畲家人"相对应的称谓：我是～，渠是畲家人

畲族 ʑia²³¹ zəʔ²³⁻⁰

畲家人 ʑia²³¹ ko³²⁴⁻⁴⁴ nin⁴³³⁻⁰ 畲族人

  畲客人 ʑia²³¹⁻²² kʰaʔ⁵⁻⁴ nin⁴³³

畲客婆 ʑia²³¹⁻²² kʰaʔ⁵⁻⁴ bu⁴³³ 畲族妇女，背称

老乡 lɔ⁴³³⁻⁴³ ɕiɑ³²⁴

同乡 dən⁴³³⁻⁴³ ɕiɑ³²⁴

大人 do²³¹⁻²² nin⁴³³ ① 成人：已经是～了。② 家里的长辈：人家

埕～弗同意 家里的长辈不同意

短⁼子人 tə⁻⁴⁴ tsʅ⁴⁴⁵⁻⁴⁴ nin⁴³³　男人，成年的‖"短⁼"本字调不明

媛主家 yə²²³⁻²² tɕy⁴⁴⁵⁻⁴⁴ ko³²⁴　女人，已婚的

媛主家胚 yə²²³⁻²² tɕy⁴⁴⁵⁻⁴⁴ ko³²⁴⁻⁴⁴ pʰiəʔ⁵　女人，已婚的，贬称

光棍 kɔ³²⁴⁻³² kuən⁵²　单身汉

大囡 do²³¹⁻²² nã²²³　老姑娘

菜篮囡 tsʰei⁵²⁻⁴⁴ lã⁴³³⁻⁴⁴ nã²²³　遗弃的女婴，旧时常装在菜篮里遗弃，故名

店牀囡 tiɛ⁵²⁻⁴⁴ kʰã⁴⁴⁵⁻⁴⁴ nã²²³　遗弃的女婴，旧时常遗弃在店铺窗下，以便他人能及时发现，故名

寡妇 kɔ⁴⁴⁵⁻⁴⁴ vu²²³

嫩儿 nə²³¹⁻⁴³ n̩³²⁴　婴儿

　嫩儿花 nə²³¹⁻²² n̩³²⁴⁻⁴⁴ xo³²⁴

细人 ɕia⁵²⁻⁴⁴ nin⁴³³⁻²²³　① 小孩。② 男孩

　细人掇⁼ ɕia⁵²⁻⁴⁴ nin⁴³³⁻²² təʔ⁵

麻痘 mo⁴³³⁻⁴³ dəɯ²³¹　小孩，昵称

　细麻痘 ɕia⁵²⁻⁴⁴ mo⁴³³⁻⁴³ dəɯ²³¹

　麻痘骨 mo⁴³³⁻⁴⁴ dəɯ²³¹⁻²² kuəʔ⁵

细囡暖⁼ ɕia⁵²⁻⁴⁴ nã²²³⁻²² nə²²³　小女孩儿

后生 əɯ²²³⁻⁴³ sɛ³²⁴　年轻人，一般指男性

　后生人 əɯ²²³⁻²² sɛ³²⁴⁻⁴⁴ nin⁴³³

带胎来个 ta⁵²⁻⁴⁴ tʰei³²⁴⁻³² lei⁴³³⁻⁴³ kə⁰　遗腹子

老人家 lɔ²²³⁻²² nin⁴³³⁻⁴³ ko³²⁴　老人

老太公 lɔ²²³⁻²² tʰa⁵²⁻⁴⁴ kən³²⁴

老公公 lɔ²²³⁻²² kən³²⁴⁻⁴⁴ kən³²⁴⁻⁵²

老骨殖 lɔ²²³⁻²² kuəʔ⁵⁻⁴ ziəʔ²³³　老太公，贬称

老白虎 lɔ²²³⁻²² baʔ²³⁻² fu⁴⁴⁵　老太婆，贬称

老太婆 lɔ²²³⁻²² tʰa⁵²⁻⁴⁴ bu⁴³³

老婆婆 lɔ²²³⁻²² b-pu⁴³³⁻⁴⁴ b-pu⁴³³⁻⁵²

老猍婆 lɔ²²³⁻²² tɕʰiaʔ⁵⁻⁴ bu⁴³³　① 老太婆，贬称。② 泼辣、能干的妇女

老弗死 lɔ²²³⁻²² fəʔ⁵⁻⁴ sɿ⁴⁴⁵　老不死

亲眷 tsʰən³²⁴⁻³² tɕyə⁵²　亲戚

嫡亲 tiəʔ⁵⁻⁴ tsʰən³²⁴　血统关系最接近的亲属

邻舍 lin⁴³³⁻⁴³ ɕia⁵²　邻居

隔壁邻舍 kaʔ⁵⁻⁴ piəʔ⁵⁻⁴ lin⁴³³⁻⁴³ ɕia⁵²　隔壁邻居

两隔壁 lɛ²²³⁻²² kaʔ⁵⁻⁴ piəʔ⁵　房屋互邻：我两个是～

客 kʰaʔ⁵　① 客人。② 顾客

人客 nin⁴³³⁻⁴⁴ kʰaʔ⁵　客人

朋友 b-pən⁴³³⁻⁴⁴ iɯ²²³

　　朋友家 b-pən⁴³³⁻⁴⁴ iɯ²²³⁻⁴³ kɔ³²⁴

同学 dən⁴³³⁻⁴³ əʔ²³

同年 dən⁴³³⁻²² n̠iɛ⁴³³　同岁

伴 bə²²³　同伴，伙伴

细人伴 ɕia⁵²⁻⁴⁴ nin⁴³³⁻²² bə²²³　小伙伴

因暖⁼伴 nã²²³⁻²² nə²²³⁻²² bə²²³　女伴

敌人 diəʔ²³⁻² nin⁴³³

冤家 yə³²⁴⁻⁴⁴ ko³²⁴

对头 tei⁵²⁻⁴⁴ dəɯ⁴³³　仇敌，对手

冤家对头 yə³²⁴⁻⁴⁴ ko³²⁴⁻³² tei⁵²⁻⁴⁴ dəɯ⁴³³

宝贝 pɔ⁴⁴⁵⁻⁴⁴ pei⁵²　① 贵重珍奇的东西。② 心爱的人。③ 珍贵的：爱⁼个东西～险

心肝宝贝 sən³²⁴⁻⁴⁴ kuə³²⁴⁻³² pɔ⁴⁴⁵⁻⁴⁴ pei⁵²　① 贵重珍奇的东西。② 心爱的人

宝宝 pɔ⁴⁴⁵⁻⁵² pɔ⁴⁴⁵⁻³²⁴　对小孩的爱称

财主 z-sei⁴³³⁻⁴⁴ tɕy⁴⁴⁵

　　财主老官 z-sei⁴³³⁻⁴⁴ tɕy⁴⁴⁵⁻⁴⁴ lɔ²²³⁻⁴³ kuã³²⁴

太太 tʰa⁵²⁻⁴⁴ tʰa⁵²　① 官吏或有身份、地位人们的妻子。② 不用

做家务，养尊处优的女人

小姊 ɕiɔ⁴⁴⁵⁻⁴⁴ tsɿ⁴⁴⁵　小姐

讨饭人 tʰɔ⁴⁴⁵⁻⁴⁴ vã²³¹⁻²² nin⁴³³　乞丐

婊子 piɔ⁴⁴⁵⁻⁴⁴ tsɿ⁴⁴⁵　妓女

嫖客 biɔ⁴³³⁻⁴³ kʰɤʔ⁵

姘头 pʰin³²⁴⁻⁴⁴ dɯ⁴³³

相好个 ɕiã³²⁴⁻⁴⁴ xəɯ⁴⁴⁵⁻⁴⁴ kə⁰　情人

拐子 kua⁴⁴⁵⁻⁴⁴ tsɿ⁴⁴⁵⁻⁵²　骗子

烂僚 lã²³¹⁻²² liɔ⁴³³　恶棍，无赖

　　流氓 liɯ⁴³³⁻²² mɔ̃⁴³³

烂僚头 lã²³¹⁻²² liɔ⁴³³⁻²² dɯ⁴³³　流氓头子

　　流氓头 liɯ⁴³³⁻²² mɔ̃⁴³³⁻²² dɯ⁴³³

贼 zaʔ²³

　　贼骨头 zaʔ²³⁻² kuəʔ⁵⁻⁴ dɯ⁴³³

　　小偷 ɕiɔ⁴⁴⁵⁻⁴⁴ tʰəɯ³²⁴

土匪 tʰu⁴⁴⁵⁻⁴⁴ fi⁴⁴⁵⁻⁵²

强盗 dʑiã⁴³³⁻⁴³ dɔ²³¹

长毛 dʑiã⁴³³⁻²² mɔ⁴³³　太平天国起义军

烂糊兵 lã²³¹⁻²² u⁴³³⁻⁴⁴ pin³²⁴　混日子的兵

烂人 lã²³¹⁻²² nin⁴³³　能力低下或得过且过的人

夹脚 kɑ⁵⁻⁴ tɕiəʔ⁵　家伙，含谐谑意

野人 ia²²³⁻²² nin⁴³³　喻指经常在外游荡不归家的人或言行举止与
　众不同的人

败子 ba²³¹⁻²² tsɿ⁴⁴⁵

浪子 lɔ̃²³¹⁻²² tsɿ⁴⁴⁵

懒汉 lã²²³⁻²² xuə⁵²

吃白食个 tɕʰiə⁵⁻⁴ baʔ²³⁻⁴³ ziəʔ²³ kə⁰　游手好闲、不务正业，靠占他人
　便宜为生的人

活宝 uɑʔ²³⁻² pɔ⁴⁴⁵

酒鬼 tɕiɯ⁴⁴⁵⁻⁴⁴kuei⁴⁴⁵

半暝鬼 pə⁵²⁻⁴⁴mɛ²³¹⁻²²kuei⁴⁴⁵　喻指半夜才归家的人

鸡爬命 tsȵ³²⁴⁻⁴⁴bo⁴³³⁻⁴³min²³¹　很会干活的人

赖叫猫 lɑ²³¹⁻²²iɔ⁵²⁻⁴⁴mɔ³²⁴　爱哭的人

　　哭死鬼 kʰə ʔ⁵⁻⁴sȵ⁴⁴⁵⁻⁴⁴kuei⁴⁴⁵

辣骨头 lɑʔ²³⁻²kuəʔ⁵⁻⁴dəɯ⁴³³　顽皮淘气的孩子

哪吒 no⁴³³⁻⁴³tso³²⁴　神话传说人物，也形容顽皮捣蛋的孩子

白＝叶＝骨 baʔ²³⁻²iəʔ²³⁻²kuəʔ⁵　没有话语权的可怜女子

犁＝草＝婆 li⁴³³⁻²²tsʰɔ⁴⁴⁵⁻⁴⁴bu⁴³³　雷厉风行的女子

妖精 iɔ³²⁴⁻⁴⁴tɕin³²⁴

两百五 lɛ²²³⁻²²pɑ⁵⁻⁴n̩²²³　常指傻头傻脑，不懂事，又倔强莽撞的人

十三点 zəʔ²³⁻²sã³²⁴⁻⁴⁴tiɛ⁴⁴⁵　言行不合常理、疯疯癫癫或傻里傻气的人

半雌雄 pə⁵²⁻⁴⁴tsʰȵ³²⁴⁻⁴⁴yən⁴³³　常指女性化的男人或男性化的女人

跟马屁 kə³²⁴⁻⁴⁴mo²²³⁻²²pʰi⁵²　①跟屁虫。② 动词，跟风：渠真会～

半个 pə⁵²⁻⁴⁴ka⁵²⁻⁴⁴⁵　愚蠢的人

懵懂天师 mən²²³⁻²²tən⁴⁴⁵⁻⁴⁴tʰiɛ³²⁴⁻⁴⁴sȵ³²⁴　稀里糊涂的人

半羯鸡 pə⁵²⁻⁴⁴tɕiəʔ⁵⁻⁴tsȵ³²⁴　非母语的话语说得不标准的人

三脚猫 sã³²⁴⁻⁴⁴tɕiəʔ⁵⁻⁴mɔ⁴³³　技艺不精的人

半个仙 pə⁵²⁻⁴⁴ka⁵²⁻⁴⁴ɕiɔ³²⁴　半仙，预料事情比较准确的人

小气鬼 ɕiɔ⁴⁴⁵⁻⁴⁴tsʰȵ⁵²⁻⁴⁴kuei⁴⁴⁵

　　掐算鬼 kʰɑʔ⁵⁻⁴sə⁵²⁻⁴⁴kuei⁴⁴⁵

　　精鬼 tɕin³²⁴⁻⁴⁴kuei⁴⁴⁵

热心肠 ȵiɛʔ²³⁻²sən³²⁴⁻⁴⁴dʑiã⁴³³　对人热情、乐于替别人办事的人

吵死鬼 tsʰɔ⁴⁴⁵⁻⁴⁴sȵ⁴⁴⁵⁻⁴⁴kuei⁴⁴⁵

天搭 tʰiɛ³²⁴⁻⁴⁴tɑʔ⁵　能说会道的人

接嘴下挈 tɕiəʔ⁵⁻⁴tɕy⁴⁴⁵⁻⁴⁴ia²²³⁻²²tɕʰiaʔ⁵　爱接嘴的人

告嘴肶 kɔ⁵²⁻⁴⁴tɕy⁴⁴⁵⁻⁴⁴pʰiəʔ⁵　爱打小报告的人

无赖狗 u⁴³³⁻⁴⁴ la²²³⁻²² kɯ⁴⁴⁵　癞皮狗

赤脚大仙 tʰiə⁵⁻⁴ tɕiəʔ⁵ da²³¹⁻⁴³ ɕiɛ³²⁴　赤脚的人

大麦壮 do²³¹⁻²² maʔ²³⁻² tɕiɔ̃⁵²　胖子

　　壮便猪 tɕiɔ̃⁵²⁻⁴⁴ biəʔ²³⁻⁴³ ti³²⁴

　　老壮 lɔ²²³⁻²² tɕiɔ̃⁵²

四只眼 sɿ⁵²⁻⁴⁴ tsaʔ⁵⁻⁴ ŋã²²³　戴眼镜的人

柴垫 za⁴³³⁻⁴³ diɛ⁴³³　经常被父母抽打的人

老手 lɔ²²³⁻²² ɕiɯ⁴⁴⁵　① 熟手，富有经验的人。② 动作娴熟，富有
　　经验

名字 min⁴³³⁻⁴³ zɿ²³¹

造号 zɔ²²³⁻⁴³ ɔ²³¹　绰号

书名 ɕy³²⁴⁻⁴⁴ min⁴³³　① 各类出版物名称。② 小孩入学时用的正
　　式名字

取名道姓 tɕʰiɯ⁴⁴⁵⁻⁴⁴ min⁴³³⁻⁴⁴ dɔ²²³⁻²² ɕin⁵²　取绰号

娘名 n̺iã⁴³³⁻²² min⁴³³　乳名

　　细名 ɕia⁵²⁻⁴⁴ min⁴³³

(二) 职业称谓

…师 …sɿ³²⁴　对手艺人的尊称，后置于人名：志伟～

…先 …ɕiɛ³²⁴　对德高望重者、文化人、医生等人尊称，后置于人
　　名：金伟～

种田个 tɕiɔ̃⁵²⁻⁴⁴ diɛ⁴³³⁻⁴³ kə⁰

　　种田人 tɕiɔ̃⁵²⁻⁴⁴ diɛ⁴³³⁻²² nin⁴³³

　　农民 nən⁴³³⁻²² min⁴³³

　　背锄头个 pei⁵²⁻⁴⁴ zo⁴³³⁻²² dəɯ⁴³³⁻⁴³ kə⁰

师父 sɿ³²⁴⁻⁴⁴ vu²²³　师傅

师父爹 sɿ³²⁴⁻⁴⁴ vu²²³⁻²² tiã³²⁴　女性师傅的丈夫

师父娘 sɿ³²⁴⁻⁴⁴ vu²²³⁻²² n̺iã⁴³³　师娘

师爷 sɿ³²⁴⁻⁴⁴ ia⁴³³　师傅的师傅

徒弟 d-tu⁴³³⁻⁴⁴ di²²³

带徒弟 ta$^{52-44}$ d-tu$^{433-44}$ di^{223}

拜师 pa$^{52-44}$ sɿ^{324}　拜师学艺

出师 tɕʰyəʔ$^{5-4}$ sɿ^{324}　学徒期满，学成技艺

做手艺个 tso$^{52-44}$ ɕiɯ$^{445-44}$ ȵi^{231} kə^0　手艺人

　吃手艺饭个 tɕʰiəʔ$^{5-4}$ ɕiɯ$^{445-44}$ ȵi$^{231-22}$ vã^{231} kə^0

吃百家饭个 tɕʰiəʔ$^{5-4}$ paʔ$^{5-4}$ ko$^{324-32}$ vã^{231} kə^0　一般指工匠或走江湖的人

泥水老师 ȵi$^{433-44}$ ɕy$^{445-44}$ lɔ$^{223-43}$ sɿ^{324}　泥水匠，尊称，面称

做泥水个 tso$^{52-44}$ ȵi$^{433-44}$ ɕy$^{445-44}$ kə^0　泥水匠，背称

做木老师 tso$^{52-44}$ məʔ$^{23-2}$ lɔ$^{223-43}$ sɿ^{324}　木匠，尊称，面称

做木个 tso$^{52-44}$ məʔ^{23} kə^0　木匠，背称

做篾老师 tso$^{52-44}$ miəʔ$^{23-2}$ lɔ$^{223-43}$ sɿ^{324}　篾匠，尊称，面称

做篾个 tso$^{52-44}$ miəʔ^{23} kə^0　篾匠，背称

衣裳老师 i$^{324-44}$ z-ɕiã$^{433-44}$ lɔ$^{223-43}$ sɿ^{324}　裁缝，尊称，面称

做衣裳个 tso$^{52-44}$ i$^{324-44}$ ziã$^{433-43}$ kə^0　裁缝，背称

剃头老师 tʰi$^{52-44}$ d-təɯ$^{433-44}$ lɔ$^{223-43}$ sɿ^{324}　理发师，尊称，面称

剃头个 tʰi$^{52-44}$ dəɯ$^{433-43}$ kə^0　理发师，背称

剃头脬 tʰi$^{52-44}$ dəɯ$^{433-43}$ pʰɔ^{324}　理发师，贬称

打铁老师 nɛ$^{445-44}$ tʰiəʔ^5 lɔ$^{223-43}$ sɿ^{324}　铁匠，尊称，面称

打铁个 nɛ$^{445-44}$ tʰiəʔ^5 kə^0　铁匠，背称

打铁鬼 nɛ$^{445-44}$ tʰiəʔ$^{5-4}$ kuei^{445}　铁匠，贬称

打铜老师 nɛ$^{445-44}$ dən$^{433-43}$ lɔ$^{223-43}$ sɿ^{324}　铜匠，尊称，面称

打铜个 nɛ$^{445-44}$ dən$^{433-43}$ kə^0　铜匠，背称

打镴老师 nɛ$^{445-44}$ lɑʔ$^{23-2}$ lɔ$^{223-43}$ sɿ^{324}　锡匠，尊称，面称

打镴个 nɛ$^{445-44}$ lɑʔ^{23} kə^0　锡匠，背称

补镬个 pu$^{445-44}$ əʔ^{23} kə^0　补锅匠，背称

穿棕老师 tɕʰyən$^{324-44}$ tsən$^{324-44}$ lɔ$^{223-43}$ sɿ^{324}　编制棕制品的艺人，尊称，面称

穿棕个 tɕʰyən$^{324-44}$ tsən$^{324-32}$ kə^0　编制棕制品的艺人，背称

油漆老师 iɯ⁴³³⁻⁴⁴ tsʰəʔ⁵ lɔ²²³⁻⁴³ sɿ³²⁴　油漆匠，尊称，面称

油漆个 iɯ⁴³³⁻⁴⁴ tsʰəʔ⁵ kə⁰　油漆匠，背称

弹棉絮老师 dã⁴³³⁻²² miɛ⁴³³⁻⁴³ sɿ⁵² lɔ²²³⁻⁴³ sɿ³²⁴　弹棉匠，尊称，面称

弹棉絮个 dã⁴³³⁻²² miɛ⁴³³⁻⁴³ sɿ⁵²⁻⁵⁵ kə⁰　弹棉匠，背称

杀猪老师 sɑʔ⁵⁻⁴ ti³²⁴⁻⁴⁴ lɔ²²³⁻⁴³ sɿ³²⁴　屠夫，尊称，面称

杀猪个 sɑʔ⁵⁻⁴ ti³²⁴⁻³² kə⁰　屠夫，背称

杀猪佬 sɑʔ⁵⁻⁴ ti³²⁴⁻⁴⁴ lɔ²²³⁻⁵²　屠夫，贬称

羯猪老师 tɕiəʔ⁵⁻⁴ ti³²⁴⁻⁴⁴ lɔ²²³⁻⁴³ sɿ³²⁴　阉猪师傅，尊称，面称

羯猪个 tɕiəʔ⁵⁻⁴ ti³²⁴⁻³² kə⁰　阉猪人，背称

赶公猪人 kuɛ⁴⁴⁵⁻⁴⁴ kən³²⁴⁻⁴⁴ ti³²⁴⁻³² nin⁴³³⁻⁰　专门饲养为母猪配种的公猪的人。当别家母猪需要配种时，就带自家养的种猪去给别家母猪配种

厨子老师 dʐ-tɕy⁴³³⁻⁴⁴ tsɿ⁴⁴⁵⁻⁴⁴ lɔ²²³⁻⁴³ sɿ³²⁴　厨师，尊称，面称

厨师 dʐy⁴³³⁻⁴³ sɿ³²⁴

厨子 dʐ-tɕy⁴³³⁻⁴⁴ tsɿ⁴⁴⁵　厨师

烧吃个 ɕiɔ³²⁴⁻⁴⁴ tɕʰiəʔ⁵ kə⁰　厨师，背称

驾驶员 tɕia⁵²⁻⁴⁴ sɿ⁴⁴⁵⁻⁴⁴ yə⁴³³

开车个 kei³²⁴⁻⁴⁴ tɕʰia³²⁴⁻³² kə⁰　驾驶员，背称

船老板 ʐ-ɕyə⁴³³⁻⁴⁴ lɔ²²³⁻²² pã⁴⁴⁵　船老大，尊称，面称

船夫 ʐyə⁴³³⁻⁴³ fu³²⁴　艄公

撑船个 tsʰɛ³²⁴⁻⁴⁴ ʐyə⁴³³⁻⁴³ kə⁰　艄公，背称

担夫 tã³²⁴⁻⁴⁴ fu³²⁴　挑夫

轿客 dʑiɔ²³¹⁻²² kʰaʔ⁵　轿夫

做生意个 tso⁵²⁻⁴⁴ sɛ³²⁴⁻³² i⁵²⁻⁵⁵ kə⁰　商人，背称

搞副业个 kɔ⁴⁴⁵⁻⁴⁴ fu⁵²⁻⁵⁵ niəʔ²³⁻⁰ kə⁰　20世纪80年代对挣外快人的称呼

开店个 kʰei³²⁴⁻⁴⁴ tiɛ⁵²⁻⁵⁵ kə⁰　经营店铺的人

摆摊个 pa⁴⁴⁵⁻⁴⁴ tʰã³²⁴⁻³² kə⁰　小摊贩

猪贩 ti³²⁴⁻³² fã⁵²　猪贩子

做吃个 tso$^{52\text{-}44}$ tɕʰi^{25} kə^0　做餐饮的人
落⁼斗⁼客 ləʔ$^{23\text{-}2}$ təɯ$^{445\text{-}44}$ kʰaʔ^5　货郎
老板 lɔ$^{223\text{-}22}$ pã^{445}
老板娘 lɔ$^{223\text{-}22}$ pã$^{445\text{-}44}$ niã^{433}
包头 pɔ$^{324\text{-}44}$ dəɯ^{433}　包工头
主家 tɕy$^{445\text{-}44}$ ko^{324}　东家，即居所的主人，宴会主人，雇主
望店个 mɔ̃$^{231\text{-}22}$ tiɛ$^{52\text{-}55}$ kə^0　店员
　守店个 y$^{445\text{-}44}$ tiɛ$^{52\text{-}55}$ kə^0
　顾店个 ku$^{52\text{-}44}$ tiɛ$^{52\text{-}55}$ kə^0
服务员 vəʔ$^{23\text{-}2}$ mu$^{231\text{-}22}$ yə^{433}
临时工 lin$^{433\text{-}22}$ zʅ$^{433\text{-}43}$ kən^{324}
合同工 əʔ$^{23\text{-}2}$ dən$^{433\text{-}43}$ kən^{324}
小工 ɕiɔ$^{445\text{-}44}$ kən^{324}　在工地现场的杂工
长年 dziã$^{433\text{-}22}$ niɛ^{433}　长工
保姆 pɔ$^{445\text{-}44}$ mo^{223}
带人个 ta$^{52\text{-}44}$ nin$^{433\text{-}43}$ kə^0　保姆，背称
扫地个 sɔ$^{445\text{-}44}$ di^{231} kə^0　清洁工
　搞卫生个 kɔ$^{445\text{-}44}$ uei$^{231\text{-}43}$ sɛ$^{324\text{-}32}$ kə^0
门卫 mən$^{433\text{-}43}$ uei^{231}
守门个 y$^{445\text{-}44}$ mən$^{433\text{-}43}$ kə^0　门卫，背称
讨账个 tʰɔ$^{445\text{-}44}$ tiã$^{52\text{-}55}$ kə^0　要账的人
老顾客 lɔ$^{223\text{-}22}$ ku$^{52\text{-}44}$ kʰaʔ^5　老主顾
老客 lɔ$^{223\text{-}22}$ kʰaʔ^5　旧时妓女熟识的狎客
特务 diəʔ$^{23\text{-}43}$ mu^{231}
叛徒 bə$^{223\text{-}22}$ du^{433}
民兵 min^{433} pin^{324}
居民个 tɕ-dʑy$^{324\text{-}22}$ min$^{433\text{-}43}$ kə^0　非农业户口的人。2014 年户籍制
　度改革后已无农业户口与非农业户口的区分
居民户 tɕ-dʑy$^{324\text{-}22}$ min$^{433\text{-}44}$ u^{223}　非农业户口

发工资个 faʔ⁵⁻⁴ kən³²⁴⁻⁴⁴ tsɿ³²⁴⁻³² kə⁰　有固定收入的人

先生 ɕiɛ³²⁴⁻⁴⁴ sɛ³²⁴　① 教书的老师。② 对以做法事、算命、看风水等为业者的称谓

教书先生 kɔ³²⁴⁻⁴⁴ ɕy³²⁴⁻⁴⁴ ɕiɛ³²⁴⁻⁴⁴ sɛ³²⁴

老师 lɿ²²³⁻⁴³ sɿ³²⁴　① 教书的老师。② 对技艺者的尊称

学生 əʔ²³⁻⁴³ sɛ³²⁴

医师 i³²⁴⁻⁴⁴ sɿ³²⁴　医生

赤脚医师 tʰiəʔ⁵⁻⁴ tɕiəʔ⁵⁻⁴ i³²⁴⁻⁴⁴ sɿ³²⁴　赤脚医生

　　赤脚医生 tʰiəʔ⁵⁻⁴ tɕiəʔ⁵⁻⁴ i³²⁴⁻⁴⁴ sɛ³²⁴

草药医 tsʰɔ⁴⁴⁵⁻⁴⁴ iə²³⁻⁴³ sɿ³²⁴　乡野郎中

接生娘 tɕiəʔ⁵⁻⁴ sɛ³²⁴⁻⁴⁴ n̠iɑ̃⁴³³　接生婆

护士 u²³¹⁻²² zɿ²²³

公务员 kən³²⁴⁻⁴⁴ mu²³¹⁻²² yə⁴³³

解放军 ka⁴⁴⁵⁻⁴⁴ fɔ̃⁵²⁻⁵⁵ tɕyən³²⁴

警察 tɕ-dʑin⁴⁴⁵⁻²² tsʰɑʔ⁵

送信个 sən⁵²⁻⁴⁴ sən⁵²⁻⁵⁵ kə⁰　邮递员

电工 diɛ²²³⁻⁴³ kən³²⁴

工程师 kən³²⁴⁻⁴⁴ dʑin⁴³³⁻⁴³ sɿ³²⁴

会计 guei⁻²² tsɿ⁵²　‖ "会"只有连读调

出纳 tɕʰyəʔ⁵⁻⁴ nɑʔ²³

望风水个 mɔ̃²³¹⁻²² fən³²⁴⁻⁴⁴ ɕy⁴⁴⁵⁻⁴⁴ kə⁰　风水先生，背称

风水先生 fən³²⁴⁻⁴⁴ ɕy⁴⁴⁵⁻⁴⁴ ɕiɛ³²⁴⁻⁴⁴ sɛ³²⁴

　　地理仙 di²³¹⁻²² li²²³⁻²² ɕiɛ³²⁴

　　阴阳仙 in³²⁴⁻⁴⁴ iɑ̃⁴³³⁻⁴³ ɕiɛ³²⁴

算命先生 sə⁵²⁻⁴⁴ min²³¹⁻²² ɕiɛ³²⁴⁻⁴⁴ sɛ³²⁴

介绍人 ka⁵²⁻⁴⁴ ziɔ²³¹⁻²² nin⁴³³

账房 tiɑ̃⁵²⁻⁴⁴ vɔ̃⁴³³　① 旧时企业或私人家中管理银钱货物出入的地方。② 在账房管理银钱货物出入的人。③ 红白喜事时负责收礼记账以及各种开支的人

同共 dən⁴³³⁻⁴³ dzɿɔ̃²³¹　红白喜事时来帮忙的人

大灶 dɔ²³¹⁻²² tsɔ⁵²　红白喜事时负责饭、面条、汤圆等主食的帮忙人

细灶 ɕia⁵²⁻⁴⁴ tsɔ⁵²　红白喜事时负责烧菜的帮忙人

杂执 zəʔ²³⁻² tsəʔ⁵　红白喜事时打杂的人，哪里需要就得去帮忙的人

值酒 dzieʔ²³⁻² tɕiɯ⁴⁴⁵　红白喜事酒宴上负责酒水的人

管家人 kuã⁴⁴⁵⁻⁴⁴ ko³²⁴⁻⁴⁴ nin⁴³³

当家人 tõ³²⁴⁻⁴⁴ ko³²⁴⁻⁴⁴ nin⁴³³

奴才 nən⁴³³⁻²² zei⁴³³　‖"奴"韵母特殊

老奶 lɔ²²³⁻²² na²²³　丫环

(三) 职务称谓

领导 lin⁴³³⁻⁴³ dɔ²³¹

头头 dəɯ⁴³³⁻²² dəɯ⁴³³　头儿

当官个 tõ³²⁴⁻⁴⁴ kuã³²⁴⁻³² kə⁰　当官的

　　做官个 tso⁵²⁻⁴⁴ kuã³²⁴⁻³² kə⁰

当兵个 tõ³²⁴⁻⁴⁴ pin³²⁴⁻³² kə⁰　① 军人。② 军队中最基层的成员。③ 跑腿，下手

正个 tɕin⁵²⁻⁵⁵ kə⁰　正职

副个 fu⁵²⁻⁵⁵ kə⁰　副职

主席 tɕy⁴⁴⁵⁻⁴⁴ zieʔ²³

总书记 tsən⁴⁴⁵⁻⁴⁴ ɕy³²⁴⁻³² tsɿ⁵²

总理 tsən⁴⁴⁵⁻⁴⁴ li²²³

委员 uei⁴⁴⁵⁻⁴⁴ yə⁴³³

委员长 uei⁴⁴⁵⁻⁴⁴ yə⁴³³⁻⁴⁴ tɕiã⁴⁴⁵

常委 ziã⁴³³⁻²² uei⁴⁴⁵

人大代表 nin⁴³³⁻⁴³ da²³¹ dei²³¹⁻²² piɔ⁴⁴⁵

秘书 mieʔ²³⁻⁴³ ɕy³²⁴

秘书长 mieʔ²³⁻² ɕy³²⁴⁻⁴⁴ tɕiã⁴⁴⁵

部长 bu²³¹⁻²² tɕiã⁴⁴⁵

省长 sɛ⁴⁴⁵⁻⁴⁴ tɕiã⁴⁴⁵

厅长 tʰin³²⁴⁻⁴⁴ tɕiã⁴⁴⁵

市长 zɿ²²³⁻²² tɕiã⁴⁴⁵

处长 tɕʰy⁵²⁻⁴⁴ tɕiã⁴⁴⁵

县长 yə²³¹⁻²² tɕiã⁴⁴⁵

 县官 yə²³¹⁻⁴³ kuã³²⁴　旧称

局长 dʑyəʔ²³⁻² tɕiã⁴⁴⁵

科长 kʰo³²⁴⁻⁴⁴ tɕiã⁴⁴⁵

办公室主任 bã²³¹⁻²² kən³²⁴⁻⁴⁴ səʔ⁵ tɕy⁴⁴⁵⁻⁴⁴ ȵi²³¹　‖"任"韵母特殊

镇长 tsən⁵²⁻⁴⁴ tɕiã⁴⁴⁵

书记 ɕy³²⁴⁻³² tsɿ⁵²

乡长 ɕiã³²⁴⁻⁴⁴ tɕiã⁴⁴⁵

村长 tsʰə³²⁴⁻⁴⁴ tɕiã⁴⁴⁵

队长 dei²³¹⁻²² tɕiã⁴⁴⁵

大队长 da²³¹⁻²² dei²³¹⁻²² tɕiã⁴⁴⁵

细队长 ɕia⁵²⁻⁴⁴ dei²³¹⁻²² tɕiã⁴⁴⁵　小队长

组长 tsu⁴⁴⁵⁻⁴⁴ tɕiã⁴⁴⁵

社员 ʑia²²³⁻²² yə⁴³³

党员 tɔ̃⁴⁴⁵⁻⁴⁴ yə⁴³³

团员 də⁴³³⁻²² yə⁴³³

经理 tɕin³²⁴⁻⁴⁴ li²²³

主任 tɕy⁴⁴⁵⁻⁴⁴ ȵi²³¹

董事 tən⁴⁴⁵⁻⁴⁴ zɿ²³¹

董事长 tən⁴⁴⁵⁻⁴⁴ zɿ²³¹⁻²² tɕiã⁴⁴⁵

行长 ɔ̃⁴³³⁻²² tɕiã⁴⁴⁵　银行行长

会长 uei²³¹⁻²² tɕiã⁴⁴⁵

会员 uei²³¹⁻²² yə⁴³³

校长 ɔ²³¹⁻²² tɕiã⁴⁴⁵

教导主任 kɔ⁵²⁻⁴⁴ dɔ²³¹⁻²² tɕy⁴⁴⁵⁻⁴⁴ ȵi²³¹

总务主任 tsən⁴⁴⁵⁻⁴⁴ mu²³¹ tɕy⁴⁴⁵⁻⁴⁴ ȵi²³¹

班主任 pã³²⁴⁻⁴⁴ tɕy⁴⁴⁵⁻⁴⁴ ȵi²³¹

团支部书记 də⁴³³⁻²² tsʅ³²⁴⁻⁴⁴ bu²³¹⁻⁴³ ɕy³²⁴⁻³² tsʅ⁵²

组织委员 tsu⁴⁴⁵⁻⁴⁴ tɕiəʔ⁵ uei⁴⁴⁵⁻⁴⁴ yə⁴³³

宣传委员 ɕyə³²⁴⁻⁴⁴ dʑyə⁴³³ uei⁴⁴⁵⁻⁴⁴ yə⁴³³

学习委员 əʔ²³⁻⁴³ ʑyəʔ²³ uei⁴⁴⁵⁻⁴⁴ yə⁴³³

劳动委员 lɔ⁴³³⁻⁴⁴ dən²²³ uei⁴⁴⁵⁻⁴⁴ yə⁴³³

体育委员 tʰi⁴⁴⁵⁻⁴⁴ yəʔ⁵ uei⁴⁴⁵⁻⁴⁴ yə⁴³³

文艺委员 mən⁴³³⁻⁴³ ȵi²³¹ uei⁴⁴⁵⁻⁴⁴ yə⁴³³

卫生委员 uei²³¹⁻⁴³ sɛ³²⁴ uei⁴⁴⁵⁻⁴⁴ yə⁴³³

课代表 kʰo⁵²⁻⁴⁴ dei²³¹⁻²² piɔ⁴⁴⁵

军官 tɕyən³²⁴⁻⁴⁴ kuã³²⁴

元帅 ȵyə⁴³³⁻⁴³ sa⁵²

将军 tɕiã⁵²⁻⁴⁴ tɕyən³²⁴　将级军官

司令 sʅ³²⁴⁻³² lin²³¹　司令员，负责指挥所属军队军事工作的高级指挥人员

军长 tɕyən³²⁴⁻⁴⁴ tɕiã⁴⁴⁵

师长 sʅ³²⁴⁻⁴⁴ tɕiã⁴⁴⁵

旅长 ly²²³⁻²² tɕiã⁴⁴⁵

团长 də⁴³³⁻²² tɕiã⁴⁴⁵

营长 in⁴³³⁻²² tɕiã⁴⁴⁵

连长 liɛ⁴³³⁻²² tɕiã⁴⁴⁵

排长 ba⁴³³⁻²² tɕiã⁴⁴⁵

班长 pã³²⁴⁻⁴⁴ tɕiã⁴⁴⁵　① 部队编制中，率领一个班的领导士官。② 学校每一班级中，负责管理或执行班级事务的学生

士兵 zʅ²²³⁻⁴³ pin³²⁴

工兵 kən³²⁴⁻⁴⁴ pin³²⁴

勤务兵 dzin⁴³³⁻²² mu²³¹⁻⁴³ pin³²⁴

参谋长 tsʰə³²⁴⁻⁴⁴ məɯ⁴³³⁻⁴⁴ tɕiã⁴⁴⁵

皇帝 õ⁴³³⁻⁴³ ti⁵²

皇后 õ⁴³³⁻⁴⁴ əɯ²²³

太子 tʰa⁵²⁻⁴⁴ tsɿ⁴⁴⁵

公主 kən³²⁴⁻⁴⁴ tɕy⁴⁴⁵

宰相 tsei⁴⁴⁵⁻⁴⁴ ɕiã⁵²

国师 kuəʔ⁵⁻⁴ sɿ³²⁴

太监 tʰa⁵²⁻⁴⁴ kã⁵²

保长 pɔ⁴⁴⁵⁻⁴⁴ tɕiã⁴⁴⁵　旧时保甲制中每保的头目

甲长 kɑʔ⁵⁻⁴ tɕiã⁴⁴⁵　旧时户籍编制，十户为甲，其头目称甲长

族长 zəʔ²³⁻² tɕiã⁴⁴⁵　旧时宗法制度下家庭的首领

十二、亲属、社会关系

(一) 长辈

上辈 dziã⁴³³⁻²² pei⁵²

上代 dziã⁴³³⁻⁴³ dei²³¹

总太公 tsən⁴⁴⁵⁻⁴⁴ tʰa⁵²⁻⁴⁴ kən³²⁴　一个村庄或姓氏的始祖

太公大人 tʰa⁵²⁻⁴⁴ kən³²⁴⁻⁴⁴ do²³¹ nin⁴³³⁻⁰　已经去世的长辈

太公 tʰa⁵²⁻⁴⁴ kən³²⁴　① 祖宗，祖先：拜～。② 曾祖父

太嬷 tʰa⁵²⁻⁴⁴ mo²²³⁻⁵²　曾祖母

爷爷 ia⁴³³⁻²² ia⁴³³⁻⁵²　祖父

妈妈 ma⁵²⁻⁴⁴ ma⁵²　奶奶

大公 do²³¹⁻²² kən³²⁴⁻⁵²　爷爷的哥哥

大婆 do²³¹⁻²² b-pu⁴³³⁻⁵²　爷爷的嫂嫂

外公 a̅⁻²² kən³²⁴⁻⁵²　外祖父 ‖ "外"[a̅⁻²²]只有连读调

外婆 a̅⁻²² b-pu⁴³³⁻⁵²　外祖母

爹娘 tia³²⁴⁻⁴⁴ ȵiã⁴³³　父母

爹 tia³²⁴　父亲，背称

　老爹 lɔ²²³⁻⁴³ tia³²⁴

伯 paʔ⁵

娘 ȵiã⁴³³　母亲，背称

　　老娘 lɔ²²³⁻²² ȵiã⁴³³

　　妈 ma⁵²

亲爹 tsʰən³²⁴⁻⁴⁴ tia³²⁴　干爹，一般是没有血缘关系的人，也可以是大樟树、大石头、岩壁等

亲娘 tsʰən³²⁴⁻⁴⁴ ȵiã⁴³³　干妈，一般是没有血缘关系的人，也可以是大樟树、大石头、岩壁等

伯伯 paʔ⁵⁻⁴ paʔ⁵　爸爸，面称

姆妈 m̩⁻⁵⁵ ma⁵²⁻⁰　妈妈，面称

晚爹 mã²²³⁻⁴³ tia³²⁴　继父，背称

晚娘 mã²²³⁻²² ȵiã⁴³³　继母，背称

晚娘毒 mã²²³⁻²² ȵiã⁴³³⁻⁴⁴ dəʔ²³　心肠狠毒的继母

奶爹 na²²³⁻⁴³ tia³²⁴　奶妈的丈夫

奶娘 na²²³⁻²² ȵiã⁴³³　奶妈

丈人 dʑiã²³¹⁻²² ȵin⁴³³　岳父，背称

丈母 dʑiã²³¹⁻²² n̩²²³　岳母，背称

爷爷 ia⁴³³⁻⁴³ ia⁴³³⁻³²⁴　夫之父，背称

　　祖公 tso⁴⁴⁵⁻⁴⁴ kən³²⁴

嬷 mo²²³⁻⁵²　夫之母，背称

　　大家 da²³¹⁻⁴³ ko³²⁴

大伯伯 do²³¹⁻²² paʔ⁵⁻⁴ paʔ⁵　① 伯父。② 大伯父

细伯伯 ɕia⁵²⁻⁴⁴ paʔ⁵⁻⁴ paʔ⁵　小伯父

大娘娘 do²³¹⁻²² ȵiã⁴³³⁻⁴⁴ ȵiã⁴³³⁻⁵²　① 伯母。② 大伯母

细娘娘 ɕia⁵²⁻⁴⁴ ȵiã⁴³³⁻⁴⁴ ȵiã⁴³³⁻⁵²　小伯母

娘娘 ȵiã⁴³³⁻²² ȵiã⁴³³⁻⁵²　姑姑

大娘 do²³¹⁻²² ȵiã⁴³³⁻⁵²　大姑姑

细娘 ɕia⁵²⁻⁴⁴ ȵiã⁴³³⁻⁵²　小姑姑

姑夫 ku³²⁴⁻⁴⁴ fu³²⁴　姑父

大姑夫 do²³¹⁻²² ku³²⁴⁻⁴⁴ fu³²⁴　大姑父

细姑夫 ɕia⁵²⁻⁴⁴ ku³²⁴⁻⁴⁴ fu³²⁴　小姑父

叔叔 ɕyəʔ⁵⁻⁴ ɕyəʔ⁵　叔父

大叔叔 do²³¹⁻²² ɕyəʔ⁵⁻⁴ ɕyəʔ⁵　大叔父

细叔 ɕia⁵²⁻⁴⁴ ɕyəʔ⁵　① 叔父。② 小叔父

细叔叔 ɕia⁵²⁻⁴⁴ ɕyəʔ⁵⁻⁴ ɕyəʔ⁵　小叔父

婶婶 sən⁴⁴⁵⁻⁴⁴ sən⁴⁴⁵⁻⁵²　叔母

大婶婶 do²³¹⁻²² sən⁴⁴⁵⁻⁴⁴ sən⁴⁴⁵⁻⁵²　大叔母

细婶 ɕia⁵²⁻⁴⁴ sən⁴⁴⁵⁻⁵²　① 叔母。② 小叔母

细婶婶 ɕia⁵²⁻⁴⁴ sən⁴⁴⁵⁻⁴⁴ sən⁴⁴⁵⁻⁵²　小叔母

舅舅 dʑiɯ²²³⁻²² dʐ-tɕiɯ²²³⁻⁵²

大舅舅 do²³¹⁻²² dʑiɯ²²³⁻²² dʐ-tɕiɯ²²³⁻⁵²

细舅舅 ɕia⁵²⁻⁴⁴ dʑiɯ²²³⁻²² dʐ-tɕiɯ²²³⁻⁵²　小舅舅

妗妗 dʑin²²³⁻²² dʐ-tɕin²²³⁻⁵²　舅妈

大姨 do²³¹⁻²² i⁴³³⁻⁵²　① 姨妈。② 大姨妈

细姨 ɕia⁵²⁻⁴⁴ i⁴³³⁻⁵²　① 姨妈。② 小姨妈

姨夫 i⁴³³⁻⁴³ fu³²⁴　姨父

伯公 paʔ⁵⁻⁴ kən³²⁴　丈夫的伯父

大伯公 do²³¹⁻²² paʔ⁵⁻⁴ kən³²⁴⁻⁵²　父亲的伯伯‖小称,与上一条"伯公"声调有异

伯婆 paʔ⁵⁻⁴ bo⁴³³　丈夫的伯母

大伯婆 do²³¹⁻²² paʔ⁵⁻⁴ b-po⁴³³⁻⁵²　父亲的伯母‖小称,与上一条"伯婆"声调有异

叔公 ɕyəʔ⁵⁻⁴ kən³²⁴　丈夫的叔叔

叔公 ɕyəʔ⁵⁻⁴ kən³²⁴⁻⁵²　父亲的叔叔‖小称,与上一条"丈夫的叔叔"声调有异

叔婆 ɕyəʔ⁵⁻⁴ bo⁴³³　丈夫的婶婶

叔婆 ɕyəʔ⁵⁻⁴ b-po⁴³³⁻⁵²　父亲的婶婶‖小称,与上一条"丈夫的婶婶"声调有异

姑公 ku³²⁴⁻⁴⁴ kən³²⁴　丈夫的姑父

姑公 ku³²⁴⁻⁴⁴ kən³²⁴⁻⁵²　父亲的姑父‖小称，与上一条"丈夫的姑父"声调有异

姑婆 ku³²⁴⁻⁴⁴ bo⁴³³　丈夫的姑妈

姑婆 ku³²⁴⁻⁴⁴ b-po⁴³³⁻⁵²　父亲的姑妈‖小称，与上一条"丈夫的姑妈"声调有异

舅公 dʑiɯ²²³⁻⁴³ kən³²⁴　丈夫的舅舅

舅公 dʑiɯ²²³⁻²² kən³²⁴⁻⁵²　父亲的舅舅‖小称，与上一条"丈夫的舅舅"声调有异

舅婆 dʑiɯ²²³⁻²² bo⁴³³　丈夫的舅妈

舅婆 dʑiɯ²²³⁻²² b-po⁴³³⁻⁵²　父亲的舅妈‖小称，与上一条"丈夫的舅妈"声调有异

姨公 i⁴³³⁻⁴³ kən³²⁴　丈夫的姨夫

姨公 i⁴³³⁻²² kən³²⁴⁻⁵²　父亲的姨夫‖小称，与上一条"丈夫的姨夫"声调有异

姨婆 i⁴³³⁻²² bo⁴³³　丈夫的姨妈

姨婆 i⁴³³⁻²² b-po⁴³³⁻⁵²　父亲的姨妈‖小称，与上一条"丈夫的姨妈"声调有异

表伯 piə⁴⁴⁵⁻⁴⁴ paʔ⁵　父亲的表哥

表娘 piə⁴⁴⁵⁻⁴⁴ n̠iã⁴³³⁻⁵²　①父亲表哥的妻子。②父亲的表姐

表叔 piə⁴⁴⁵⁻⁴⁴ ɕyəʔ⁵　父亲的表弟

表婶 piə⁴⁴⁵⁻⁴⁴ sən⁴⁴⁵⁻⁵²　①父亲表弟的妻子。②父亲的表妹

表舅舅 piə⁴⁴⁵⁻⁴⁴ dʑiɯ²²³⁻²² dʑ-tɕiɯ²²³⁻⁵²　母亲的表兄弟

表妗妗 piə⁴⁴⁵⁻⁴⁴ dʑin²²³⁻²² dʑ-tɕin²²³⁻⁵²　母亲表兄弟的妻子

表姨 piə⁴⁴⁵⁻⁴⁴ i⁴³³⁻⁵²　母亲的表姐妹

表姨夫 piə⁴⁴⁵⁻⁴⁴ i⁴³³⁻⁴³ fu³²⁴　母亲表姐妹的丈夫

娘家 n̠iã⁴³³⁻⁴³ ko³²⁴

婆家 bu⁴³³⁻⁴³ ko³²⁴

　夫家 fu³²⁴⁻⁴⁴ ko³²⁴

丈人埭 dʑiɑ̃²³¹⁻²² n̻in⁴³³⁻⁴³ dɑʔ⁰　丈人家

外婆家 a⁻²² bu⁴³³⁻⁴³ ko³²⁴

家谱 ko³²⁴⁻⁴⁴ pu⁴⁴⁵　族谱

造谱 zɔ²²³⁻²² pu⁴⁴⁵　编写族谱

氏家 zʅ²²³⁻⁴³ ko³²⁴　家族：我和渠共～

大户人家 do²³¹⁻²² u²³¹⁻²² nin⁴³³⁻⁴³ ko³²⁴

分家书 fən³²⁴⁻⁴⁴ ko³²⁴⁻⁴⁴ ɕy³²⁴　分家契

(二) 平辈

同辈 dən⁴³³⁻⁴³ pei⁵²

　　共辈 dʑiɔ̃²³¹⁻²² pei⁵²

公婆 kən³²⁴⁻⁴⁴ bo⁴³³　夫妻

　　夫妻 fu³²⁴⁻⁴⁴ tsʰʅ³²⁴

公婆两个 kən³²⁴⁻⁴⁴ b-po⁴³³⁻⁴⁴ lɛ²²³⁻²² ka⁵²　夫妻俩

半路夫妻 pə⁵²⁻⁵⁵ lu²³¹⁻⁰ fu³²⁴⁻⁴⁴ tsʰʅ³²⁴

老官 lɔ²²³⁻⁴³ kuã³²⁴　丈夫,背称

老嬷 lɔ²²³⁻²² mo²²³　妻子,背称

大婆 do²³¹⁻²² bu⁴³³　大老婆

细婆 ɕia⁵²⁻⁴⁴ bu⁴³³　小老婆

三婆四妾 sã³²⁴⁻⁴⁴ bu⁴³³⁻⁴³ sʅ⁵²⁻⁴⁴ tɕʰiəʔ⁵　三妻四妾

哥弟 ko³²⁴⁻⁴⁴ di²²³　兄弟,合称

姊妹 tsʅ⁴⁴⁵⁻⁴⁴ mei²³¹　姐妹,可包括男性

哥 ko³²⁴　哥哥,背称

哥哥 k-go³²⁴⁻²² ko³²⁴⁻⁵²　哥哥,面称背称均可

大哥哥 do²³¹⁻²² k-go³²⁴⁻²² ko³²⁴⁻⁵²

细哥哥 ɕia⁵²⁻⁴⁴ k-go³²⁴⁻²² ko³²⁴⁻⁵²　小哥哥

嫂 sɔ⁴⁴⁵　嫂子,背称

嫂嫂 sɔ⁴⁴⁵⁻⁴⁴ sɔ⁴⁴⁵　嫂子,面称背称均可

弟 di²²³　弟弟,背称

弟弟 di²²³⁻²² ti²²³⁻⁵²　弟弟,面称背称均可

大弟弟 do$^{231-22}$ di$^{223-22}$ d-ti$^{223-52}$

细弟弟 ɕia$^{52-44}$ di$^{223-22}$ d-ti$^{223-52}$　小弟弟

弟妇 di$^{223-22}$ vu^{223}　弟媳，背称

大弟妇 do$^{231-22}$ di$^{223-22}$ vu^{223}　大弟媳

细弟妇 ɕia$^{52-44}$ di$^{223-22}$ vu^{223}　小弟媳

大姊 da$^{231-22}$ tsɿ$^{445-52}$　姐姐，面称背称均可

大大姊 do$^{231-22}$ da$^{231-22}$ tsɿ$^{445-52}$　大姐姐

　　　大大 do$^{231-43}$ da^{231}

细大姊 ɕia$^{52-44}$ da$^{231-22}$ tsɿ$^{445-52}$　小姐姐

　　　细大 ɕia$^{52-44}$ da^{231}

姊夫 tsɿ$^{445-44}$ fu^{324}　姐夫

大姊夫 do$^{231-22}$ tsɿ$^{445-44}$ fu^{324}　大姐夫

细姊夫 ɕia$^{52-44}$ tsɿ$^{445-44}$ fu^{324}　小姐夫

妹 mei^{231}　妹妹，背称

妹妹 mei$^{231-43}$ mei^{231}　妹妹，面称背称均可

大妹妹 do$^{231-22}$ mei$^{231-43}$ mei^{231}

细妹妹 ɕia$^{52-44}$ mei$^{231-43}$ mei^{231}　小妹妹

妹夫 mei$^{231-43}$ fu^{324}

大妹夫 do$^{231-22}$ mei$^{231-43}$ fu^{324}

细妹夫 ɕia$^{52-44}$ mei$^{231-43}$ fu^{324}　小妹夫

叔伯哥弟 ɕyəʔ$^{5-4}$ paʔ^{5} ko$^{324-44}$ di^{223}　堂兄弟

叔伯姊妹 ɕyəʔ$^{5-4}$ paʔ^{5} tsɿ$^{445-44}$ mei^{231}　堂姐妹，可包括男性

叔伯哥 ɕyəʔ$^{5-4}$ paʔ^{5} ko^{324}　堂兄

叔伯弟 ɕyəʔ$^{5-4}$ paʔ^{5} di^{223}　堂弟

叔伯大姊 ɕyəʔ$^{5-4}$ paʔ^{5} da$^{231-22}$ tsɿ^{445}　堂姐

叔伯妹 ɕyəʔ$^{5-4}$ paʔ^{5} mei^{231}　堂妹

表兄哥弟 piɔ$^{445-44}$ ɕyən$^{324-44}$ ko$^{324-44}$ di^{223}　表兄弟

表兄姊妹 piɔ$^{445-44}$ ɕyən$^{324-44}$ tsɿ$^{445-44}$ mei^{231}　表兄妹

表哥 piɔ$^{445-44}$ ko^{324}

表嫂 piɔ⁴⁴⁵⁻⁴⁴ sɔ⁴⁴⁵

表大 piɔ⁴⁴⁵⁻⁴⁴ da²³¹　表姐

　表大姊 piɔ⁴⁴⁵⁻⁴⁴ da²³¹⁻²² tsʅ⁴⁴⁵⁻⁵²

大表大 do²³¹⁻²² piɔ⁴⁴⁵⁻⁴⁴ da²³¹　大表姐

细表大 ɕia⁵²⁻⁴⁴ piɔ⁴⁴⁵⁻⁴⁴ da²³¹　小表姐

表姊夫 piɔ⁴⁴⁵⁻⁴⁴ tsʅ⁴⁴⁵⁻⁴⁴ fu³²⁴　表姐夫

表弟 piɔ⁴⁴⁵⁻⁴⁴ di²²³

表弟妇 piɔ⁴⁴⁵⁻⁴⁴ di²²³⁻²² vu²²³　表弟媳，背称

表妹 piɔ⁴⁴⁵⁻⁴⁴ mei²³¹

表妹夫 piɔ⁴⁴⁵⁻⁴⁴ mei²³¹⁻⁴³ fu³²⁴

哥弟两个 ko³²⁴⁻⁴⁴ di²²³⁻²² lɛ²²³⁻²² ka⁵²　兄弟俩

姊妹两个 tsʅ⁴⁴⁵⁻⁴⁴ mei²³¹⁻²² lɛ²²³⁻²² ka⁵²　姐妹俩

叔伯母娘 ɕyəʔ⁵⁻⁴ paʔ⁵ n̩²²³⁻²² n̠iã⁵²³　妯娌，弟兄妻子的合称

姑娘兄嫂 ku³²⁴⁻⁴⁴ n̠iã⁴³³⁻⁴⁴ ɕyən³²⁴⁻⁴⁴ sɔ⁴⁴⁵　小姑子和嫂子的合称

大伯 do²³¹⁻²² paʔ⁵　丈夫的哥哥

伯娘 paʔ⁵⁻⁴ n̠iã⁴³³⁻³²⁴　丈夫的嫂子

叔 ɕyəʔ⁵　丈夫的弟弟

大叔 do²³¹⁻²² ɕyəʔ⁵　丈夫的大弟弟

细叔 ɕia⁵²⁻⁴⁴ ɕyəʔ⁵　① 丈夫的弟弟。② 丈夫的小弟弟

婶 sən⁴⁴⁵⁻⁵²　丈夫的弟妹

大婶 do²³¹⁻²² sən⁴⁴⁵⁻⁵²　丈夫的大弟妹

细婶 ɕia⁵²⁻⁴⁴ sən⁴⁴⁵⁻⁵²　① 丈夫的弟妹。② 丈夫的小弟妹

姑娘 ku³²⁴⁻⁴⁴ n̠iã⁴³³　丈夫的姐妹，背称

娘娘 n̠iã⁴³³⁻⁴⁴ n̠iã⁵²　丈夫的姐妹，面称

姑夫 ku³²⁴⁻⁴⁴ fu³²⁴　丈夫姐妹的丈夫

大姨 do²³¹⁻⁴³ i⁴³³⁻³²⁴　大姨子

细姨 ɕia⁵²⁻⁴⁴ i⁴³³⁻³²⁴　小姨子

大细姨夫 do²³¹⁻²² ɕia⁵²⁻⁴⁴ i⁴³³⁻⁴³ fu³²⁴　连襟

　姨夫 i⁴³³⁻⁴³ fu³²⁴

老婆舅 lɔ²²³⁻²² b-pu⁴³³⁻⁴⁴ dziɯ²²³

亲家公 tsʰən³²⁴⁻⁴⁴ ko³²⁴⁻⁴⁴ kən³²⁴　儿子的丈人、女儿的公公以及兄弟的丈人

亲家母 tsʰən³²⁴⁻⁴⁴ ko³²⁴⁻⁴⁴ n̩²²³　儿子的丈母娘、女儿的婆婆以及兄弟的丈母娘

认哥弟 ȵin²³¹⁻²² ko³²⁴⁻⁴⁴ di²²³　建立兄弟关系，多指与本来无血缘关系的人结拜为兄弟

认姊妹 ȵin²³¹⁻²² tsɿ⁴⁴⁵⁻⁴⁴ mei²³¹　建立姐妹关系，多指与本来无血缘关系的人结拜为姐妹

(三) 晚辈

下一辈 ia²²³⁻²² iəʔ⁵⁻⁴ pei⁵²　晚辈

下代 ia²²³⁻⁴³ dei²³¹

后代 əɯ²²³⁻⁴³ dei²³¹

儿 n̩³²⁴　儿子

亲生子 tsʰən³²⁴⁻⁴⁴ sɛ³²⁴⁻⁴⁴ tsɿ⁴⁴⁵　亲生儿子

养子 iã⁴⁴⁵⁻⁴⁴ tsɿ⁴⁴⁵

晚儿 mã²²³⁻⁴³ n̩³²⁴　继子

　晚儿头 mã²²³⁻²² n̩²²³⁻⁴⁴ dəɯ⁴³³⁻²²³

宝贝种 pɔ⁴⁴⁵⁻⁴⁴ pei⁵²⁻⁴⁴ tɕʰiɔ⁴⁴⁵　宝贝儿子，昵称

新妇 sən³²⁴⁻⁴⁴ vu²²³　儿媳妇

童养媳 dən⁴³³⁻²² iã²²³⁻⁴⁴ ɕiəʔ⁵

　白=叶= baʔ²³⁻⁴³ iəʔ²³

囡 nã²²³　女儿

儿囡 n̩³²⁴⁻⁴⁴ nã²²³　儿女

郎 lɔ⁴³³　女婿

孙 sə³²⁴　①孙子。②侄子

囡孙 nã²²³⁻⁴³ sə³²⁴　①孙女。②侄女

孙郎 sə³²⁴⁻⁴⁴ lɔ⁴³³　①孙女婿。②侄女婿

孙新妇 sə³²⁴⁻⁴⁴ sən³²⁴⁻⁴⁴ vu²²³　①孙媳妇。②侄子的媳妇

玄孙 yə⁴³³⁻⁴³ sə³²⁴　重孙子

玄囡孙 yə⁴³³⁻⁴⁴ nã²²³⁻⁴³ sə³²⁴　重孙女

外甥 ua²³¹⁻⁴³ sɛ³²⁴　① 外甥，姐妹之子。② 外孙，女儿之子

外甥囡 ua²³¹⁻²² sɛ³²⁴⁻⁴⁴ nã²²³　① 外甥女，姐妹之女。② 外孙女，女儿之女

爹儿两个 tia³²⁴⁻⁴⁴ n̩³²⁴⁻⁴⁴ lɛ²²³⁻²² ka⁵²　父子俩

爹囡两个 tia³²⁴⁻⁴⁴ nã²²³ lɛ²²³⁻²² ka⁵²　父女俩

娘儿两个 ȵiã⁴³³⁻⁴⁴ n̩³²⁴⁻⁴⁴ lɛ²²³⁻²² ka⁵²　母子俩

娘囡两个 ȵiã⁴³³⁻⁴⁴ nã²²³ lɛ²²³⁻²² ka⁵²　母女俩

十三、身体

(一) 头部

头 dəɯ⁴³³

乌落⁼头 u³²⁴⁻⁴⁴ ləʔ²³⁻² dəɯ⁴³³　脑袋瓜

乌落⁼头壳 u³²⁴⁻⁴⁴ ləʔ²³⁻² d-təɯ⁴³³⁻⁴⁴ kʰəʔ⁵　骷髅头

头顶 d-təɯ⁴³³⁻⁴⁴ tin⁴⁴⁵

头顶心 d-təɯ⁴³³⁻⁴⁴ tin⁴⁴⁵⁻⁴⁴ sən³²⁴　头顶中央

脑 nɔ²²³

脑髓 nɔ²²³⁻²² sɿ⁴⁴⁵

空眼角 kʰən³²⁴⁻⁴⁴ ŋɛ²²³⁻²² kəʔ⁵　奔儿头

头发 d-təɯ⁴³³⁻⁴⁴ fɑʔ⁵

劗发 tsã³²⁴⁻⁴⁴ fɑʔ⁵　刘海

白头发 baʔ²³⁻² d-təɯ⁴³³⁻⁴⁴ fɑʔ⁵

头发脚 d-təɯ⁴³³⁻⁴⁴ fɑʔ⁵⁻⁴ tɕiəʔ⁵　发际线

头毛根 d-təɯ⁴³³⁻⁴⁴ fɑʔ⁵⁻⁴ kə³²⁴　头发的根部

粉虱 fən⁴⁴⁵⁻⁴⁴ səʔ⁵　头皮屑

辫搭 biɛ²²³⁻²² tɑʔ⁵　辫子

三股辫 sã³²⁴⁻⁴⁴ ku⁴⁴⁵⁻⁴⁴ biɛ²²³⁻²³¹　头发分成三股编成的辫子

五股辫 n̩²²³⁻²² ku⁴⁴⁵⁻⁴⁴ biɛ²²³⁻²³¹　头发分成五股编成的辫子

头髻 dəɯ⁴³³⁻⁴³ tsʅ⁵²　发髻

平头 bin⁴³³⁻²² dəɯ⁴³³　一种男子发式。顶上头发留有一寸左右,剪平,前部稍高,脑后和两鬓的头发全推光

西洋发 sʅ³²⁴⁻⁴⁴ iã⁴³³⁻⁴⁴ fɑʔ⁵　一种男子发式。头发从头顶中间向两边分开梳

学生发 əʔ²³⁻² sɛ³²⁴⁻⁴⁴ fɑʔ⁵　一种女学生发型。中分直发,发长齐耳,刘海齐额

旋 ʑyə²³¹　头发旋儿

头顶旋 d-təɯ⁴³³⁻⁴⁴ tin⁴⁴⁵⁻⁴⁴ ʑyə²³¹

眼角头 ŋɛ²²³⁻²² kəʔ⁵⁻⁴ dəɯ⁴³³　额头

面 miɛ²³¹　脸:洗～

酒懂= tɕiɯ⁴⁴⁵⁻⁴⁴ tən⁴⁴⁵　酒窝

面相 miɛ²³¹⁻²² ɕiã⁵²　相貌

大头大面 do²³¹⁻²² dəɯ⁴³³⁻⁴³ do²³¹⁻⁴³ miɛ²³¹　大脑袋大脸庞

面皮 miɛ²³¹⁻²² bi⁴³³　脸皮

面色 miɛ²³¹⁻²² səʔ⁵　脸色

笑面 tɕʰiɔ⁵²⁻⁴⁴ miɛ²³¹⁻²²³　笑脸,笑容

太阳穴 tʰa⁵²⁻⁴⁴ iã⁴³³⁻⁴³ yəʔ²³

眼睛 ŋɛ²²³⁻⁴³ tɕin³²⁴

眼睛乌珠 ŋɛ²²³⁻²² tɕin³²⁴⁻⁴⁴ u³²⁴⁻⁴⁴ tɕy³²⁴　眼珠

眼睛白 ŋɛ²²³⁻²² tɕin³²⁴⁻⁴⁴ baʔ²³　眼白

单皮眼 tã³²⁴⁻⁴⁴ bi⁴³³⁻²² ŋã²²³　单眼皮

双皮眼 ɕiɔ³²⁴⁻⁴⁴ bi⁴³³⁻²² ŋã²²³　双眼皮

眼睛角 ŋɛ²²³⁻²² tɕin³²⁴⁻⁴⁴ kəʔ⁵　眼角

眼睛骨 ŋɛ²²³⁻²² tɕin³²⁴⁻⁴⁴ kuəʔ⁵　眼眶

眼睛皮 ŋɛ²²³⁻²² tɕin³²⁴⁻⁴⁴ bi⁴³³

眼睛泡皮 ŋɛ²²³⁻²² tɕin³²⁴⁻⁴⁴ pʰɔ⁵²⁻⁴⁴ bi⁴³³

眉毛 mi⁴³³⁻²² mɔ⁴³³

眼睛毛 ŋɛ²²³⁻²² tɕin³²⁴⁻⁴⁴ mɔ⁴³³　睫毛

眉头 mi⁴³³⁻²² dɯ⁴³³

眼泪 ŋa²²³⁻⁴³ li²³¹　泪液的通称

眼泪水 ŋa²²³⁻²² li²³¹⁻²² ɕy⁴⁴⁵　过于激动高兴或受气味刺激时的泪液

眼泪汁 ŋa²²³⁻²² li²³¹⁻²² tsə⁵

眼泪眵 ŋa²²³⁻²² li²³¹⁻⁴³ tsɿ³²⁴　眼屎

耳朵 n̩²²³⁻²² to⁴⁴⁵

耳朵窟窿 n̩²²³⁻²² to⁴⁴⁵⁻⁴⁴ kʰə⁵⁻⁴ lən²²³　耳朵眼儿

耳朵洞 n̩²²³⁻²² to⁴⁴⁵⁻⁴⁴ dən²³¹

耳朵骨 n̩²²³⁻²² to⁴⁴⁵⁻⁴⁴ kuə⁵　耳廓

耳朵钿 n̩²²³⁻²² to⁴⁴⁵⁻⁴⁴ diɛ⁴³³　耳垂

耳朵根 n̩²²³⁻²² to⁴⁴⁵⁻⁴⁴ kə³²⁴　耳根

耳朵浼 n̩²²³⁻²² to⁴⁴⁵⁻⁴⁴ u⁵²　耳屎

耳朵毛 n̩²²³⁻²² to⁴⁴⁵⁻⁴⁴ mɔ⁴³³

鼻头 bəʔ²³⁻² dɯ⁴³³　鼻子

鼻头窟窿 bəʔ²³⁻² d-təɯ⁴³³⁻⁴⁴ kʰəʔ⁵⁻⁴ lən²²³　鼻孔

鼻头梁 bəʔ²³⁻² dɯ⁴³³⁻²² liã⁴³³　鼻梁儿

鼻头押 bəʔ²³⁻² d-təɯ⁴³³⁻⁴⁴ ɑʔ⁵　鼻翅儿

鼻头主⁼ bəʔ²³⁻² d-təɯ⁴³³⁻⁴⁴ tɕy⁴⁴⁵　鼻小柱

鼻头尖 bəʔ²³⁻² dɯ⁴³³⁻⁴³ tɕiɛ³²⁴　鼻尖儿

鼻头毛 bəʔ²³⁻² dɯ⁴³³⁻²² mɔ⁴³³　鼻毛

鼻头浼 bəʔ²³⁻² dɯ⁴³³⁻⁴³ u⁵²　鼻屎

鼻头涕 bəʔ²³⁻² dɯ⁴³³⁻⁴³ tʰi⁵²　鼻涕

鼻头水 bəʔ²³⁻² d-təɯ⁴³³⁻⁴⁴ ɕy⁴⁴⁵　清鼻涕

口嘴 kʰɯ-kʰəʔ⁴⁴⁵⁻⁴ tɕy⁴⁴⁵　嘴巴‖"口"韵母促化，下同

口嘴唇 kʰɯ-kʰəʔ⁴⁴⁵⁻⁴ tɕy⁴⁴⁵⁻⁴⁴ ʐən⁵⁶³　嘴唇

口嘴角 kʰɯ-kʰəʔ⁴⁴⁵⁻⁴ tɕy⁴⁴⁵⁻⁴⁴ kəʔ⁵　嘴角

口嘴柎 kʰɯ-kʰəʔ⁴⁴⁵⁻⁴ tɕy⁴⁴⁵⁻⁴⁴ bu⁴³³　整个口唇外部，即上下唇及其周围部位

人中 nin⁴³³⁻⁴³ tɕyən³²⁴

流涕 liɯ⁴³³⁻⁴³ tʰi⁵²　口水

　　口涕水 kʰɯ⁴⁴⁵⁻⁴⁴ tʰi⁵²⁻⁴⁴ ɕy⁴⁴⁵　口水

痰涕 dã⁴³³⁻⁴³ tʰi⁵²　唾沫

　　痰涕水 d-tã⁴³³⁻⁴⁴ tʰi⁵²⁻⁴⁴ ɕy⁴⁴⁵

痰 dã⁴³³

口舌 kʰɯ⁴⁴⁵⁻⁴⁴ dziəʔ²³　舌头

口舌苔 kʰɯ⁴⁴⁵⁻⁴⁴ dziəʔ²³⁻² tʰei³²⁴　舌苔

口舌尖 kʰɯ⁴⁴⁵⁻⁴⁴ dziəʔ²³⁻² tɕie³²⁴　舌尖

细口舌 ɕia⁵²⁻⁴⁴ kʰɯ⁴⁴⁵⁻⁴⁴ dziəʔ²³　小舌

牙齿 ŋo⁴³³⁻⁴⁴ tsʰɿ⁴⁴⁵

门前牙 mən⁴³³⁻²² zie⁴³³⁻²² ŋo⁴³³　门牙

底牙 ti⁴⁴⁵⁻⁴⁴ ŋo⁴³³　后槽牙

牙床肉 ŋo⁴³³⁻⁴⁴ z-ɕiõ⁴³³⁻⁴⁴ n̠yəʔ²³　牙床

牙齿涴 ŋo⁴³³⁻⁴⁴ tsʰɿ⁴⁴⁵⁻⁴⁴ u⁵²　牙垢

下爬⁼ o²²³⁻²² bo⁴³³　下巴

上颌 dziã²³¹⁻²² gən⁴³³　上牙床

下颌 ia²²³⁻²² gən⁴³³　下牙床

上爿 dziã²³¹⁻²² bã⁴³³　上腭

下爿 ia²²³⁻²² bã⁴³³　下腭

胡须 u⁴³³⁻⁴³ su³²⁴　胡子

八撇胡 paʔ⁵⁻⁴ pʰiəʔ⁵⁻⁴ u⁴³³　八字须

满面胡 mə²²³⁻²² miɛ²³¹⁻²² u⁴³³　络腮胡

羊胡须 iã⁴³³⁻⁴⁴ u⁴³³⁻⁴³ su³²⁴　像山羊须一样的下巴须

(二) 四肢

手膊待⁼ ɕiɯ⁴⁴⁵⁻⁴⁴ pəʔ⁵⁻⁴ dei²²³　胳膊

手膀骨 ɕiɯ⁴⁴⁵⁻⁴⁴ põ⁴⁴⁵⁻⁴⁴ kuəʔ⁵　手臂骨

赤膊 tʰiəʔ⁵⁻⁴ pəʔ⁵

手 ɕiɯ⁴⁴⁵　手，包括臂

□手 tɕya⁻⁴⁴ ɕiɯ⁴⁴⁵　左手‖"□"[tɕya⁻⁴⁴]本字调不明

顺手 ʐyən²³¹⁻²² ɕiɯ⁴⁴⁵　右手

挟路⁼下 gaʔ²³⁻² lu²³¹⁻²² ia²²³　腋窝

挟路⁼下毛 gaʔ²³⁻² lu²³¹⁻²² ia²²³⁻²² mɔ⁴³³　腋毛

手睁头 ɕiɯ⁴⁴⁵⁻⁴⁴ tsɛ³²⁴⁻⁴⁴ dəɯ⁴³³　胳膊肘

　　手睁跍头 ɕiɯ⁴⁴⁵⁻⁴⁴ tsɛ³²⁴⁻⁴⁴ k-gu³²⁴⁻²² dəɯ⁴³³

手弯掼⁼ ɕiɯ⁴⁴⁵⁻⁴⁴ uã³²⁴⁻³² guã²³¹　手肘窝

拳头 dzyə⁴³³⁻²² dəɯ⁴³³

手下底心 ɕiɯ⁴⁴⁵⁻⁴⁴ a²²³⁻²² ti⁴⁴⁵⁻⁴⁴ sən³²⁴　手心

　　手底心 ɕiɯ⁴⁴⁵⁻⁴⁴ ti⁴⁴⁵⁻⁴⁴ sən³²⁴

手板背 ɕiɯ⁴⁴⁵⁻⁴⁴ pã⁴⁴⁵⁻⁴⁴ pei⁵²　手背

手掌 ɕiɯ⁴⁴⁵⁻⁴⁴ tɕiã⁴⁴⁵

手胝 ɕiɯ⁴⁴⁵⁻⁴⁴ ti³²⁴　手跰儿

指头 tsəʔ⁵⁻⁴ dəɯ⁴³³　手指‖"指"韵母促化，下同

大指头 do²³¹⁻²² tsəʔ⁵⁻⁴ dəɯ⁴³³　大拇指

食指 ʑiəʔ²³⁻² tsɿ⁴⁴⁵

中央指头 tən³²⁴⁻⁴⁴ iã³²⁴⁻⁴⁴ tsəʔ⁵⁻⁴ dəɯ⁴³³　中指

无名指 u⁴³³⁻²² min⁴³³⁻⁴⁴ tsɿ⁴⁴⁵

细指头 ɕia⁵²⁻⁴⁴ tsəʔ⁵⁻⁴ dəɯ⁴³³　小拇指

指甲 tsəʔ⁵⁻⁴ kaʔ⁵　指甲

手指头肚 ɕiɯ⁴⁴⁵⁻⁴⁴ tsəʔ⁵⁻⁴ d-təɯ⁴³³⁻⁴⁴ du²²³　手指肚

手指头节 ɕiɯ⁴⁴⁵⁻⁴⁴ tsəʔ⁵⁻⁴ d-təɯ⁴³³⁻⁴⁴ tɕiəʔ⁵　手指节

手指头缝 ɕiɯ⁴⁴⁵⁻⁴⁴ tsəʔ⁵⁻⁴ dəɯ⁴³³ vən²³¹　手指缝

手指头峡 ɕiɯ⁴⁴⁵⁻⁴⁴ tsəʔ⁵⁻⁴ dəɯ⁴³³ gaʔ²³　两个手指中间的部分

䏚 li⁴³³　圆形的指纹

大腿 do²³¹⁻²² tʰei⁴⁴⁵　腿

细腿 ɕia⁵²⁻⁴⁴ tʰei⁴⁴⁵　小腿

脚 tɕiəʔ⁵　① 脚，包括小腿和大腿：～断了。② 渣滓，剩余的废料：菜～

脚骨 tɕiəʔ⁵⁻⁴ kuəʔ⁵　脚，包括小腿和大腿：～断了｜～软

□脚 tɕya⁻⁴⁴ tɕiəʔ⁵　左腿‖"□"[tɕya⁻⁴⁴]本字调不明

顺脚 ȥyən²³¹⁻²² tɕiəʔ⁵　右腿

细脚 ɕia⁵²⁻⁴⁴ tɕiəʔ⁵　小脚。旧时妇女缠裹后发育不正常的脚

脚膊肚 tɕiəʔ⁵⁻⁴ pə⁵⁻⁴ du²²³　脚肚子

脚跍头 tɕiəʔ⁵⁻⁴ k-gu³²⁴⁻²² dɯ⁴³³　膝盖

镶⁼髌骨 ɕiã⁻⁴⁴ pin⁻⁴⁴ kuəʔ⁵　半月板‖"镶⁼髌"本字调不明

脚弯掼⁼ tɕiəʔ⁵⁻⁴ uã³²⁴⁻³² guã²³¹　脚肘窝

脚踭 tɕiəʔ⁵⁻⁴ tɛ³²⁴　脚踝

脚板背 tɕiəʔ⁵⁻⁴ pã⁴⁴⁵⁻⁴⁴ pei⁵²　脚背

脚板底 tɕiəʔ⁵⁻⁴ pã⁴⁴⁵⁻⁴⁴ ti⁴⁴⁵　脚底

脚下底心 tɕiəʔ⁵⁻⁴ a²²³⁻²² ti⁴⁴⁵⁻⁴⁴ sən³²⁴　脚底心

　脚底心 tɕiəʔ⁵⁻⁴ ti⁴⁴⁵⁻⁴⁴ sən³²⁴

脚前头 tɕiəʔ⁵⁻⁴ ʑiɛ⁴³³⁻²² dɯ⁴³³　脚尖

脚后跟 tɕiəʔ⁵⁻⁴ əɯ⁴³³⁻⁴³ kə³²⁴

　脚后跟卵 tɕiəʔ⁵⁻⁴ əɯ⁴³³⁻²² kə³²⁴⁻⁴⁴ lən²²³

脚指头 tɕiəʔ⁵⁻⁴ tsə⁵⁻⁴ dɯ⁴³³　脚趾头

脚指甲 tɕiəʔ⁵⁻⁴ tsə⁵⁻⁴ kɑʔ⁵　脚指甲

脚胝 tɕiəʔ⁵⁻⁴ ti³²⁴　脚茧儿

脚影 tɕiəʔ⁵⁻⁴ in⁴⁴⁵　脚印

脚筒骨 tɕiəʔ⁵⁻⁴ d-tən⁴³³⁻⁴⁴ kuəʔ⁵　胫骨

大腿峡 do²³¹⁻²² tʰei⁴⁴⁵⁻⁴⁴ gɑʔ²³　腿根

大腿骨 do²³¹⁻²² tʰei⁴⁴⁵⁻⁴⁴ kuəʔ⁵　腿骨

大腿毛 do²³¹⁻²² tʰei⁴⁴⁵⁻⁴⁴ mɔ⁴³³　腿毛

赤脚 tʰiəʔ⁵⁻⁴ tɕiəʔ⁵

（三）躯干

项颈 ɔ̃²²³⁻²² tɕin⁴⁴⁵　脖子

项颈骨 ɔ̃²²³⁻²² tɕin⁴⁴⁵⁻⁴⁴ kuəʔ⁵　颈骨

流⁼喉 liɯ⁴³³⁻⁴³ əɯ³²⁴　喉咙

流=喉骨 liɯ$^{433-44}$ əɯ$^{324-44}$ kuəʔ^5　喉结

攀=肩 pʰã$^{-44}$ tɕiɛ^{324}　肩膀

攀=肩头 pʰã$^{-44}$ tɕiɛ$^{324-44}$ dəɯ^{433}　肩头

攀=肩胛 pʰã$^{-44}$ tɕiɛ$^{324-44}$ kɑʔ^5　肩胛

背脊 pei-piəʔ$^{52-4}$ tɕiəʔ^5　脊背 ‖ "背"韵母促化，下同

背脊骨 pei-piəʔ$^{52-4}$ tɕiəʔ$^{5-4}$ kuəʔ^5　脊柱

腰 iɔ^{324}

腰骨 iɔ$^{324-44}$ kuəʔ^5　腰椎

肋骨 liəʔ$^{23-2}$ kuəʔ^5

软骨 ȵyə$^{223-22}$ kuəʔ^5

心口头 sən$^{324-44}$ kʰɯ-kʰəʔ$^{445-4}$ dəɯ^{433}　胸脯

奶奶 na$^{223-22}$ na$^{223-52}$　乳房

奶头 na$^{223-22}$ dəɯ^{433}　乳头

奶 na^{223}　乳汁

涴肚 u$^{52-44}$ tu^{445}　肚子

空心肚 kʰən$^{324-44}$ sən$^{324-44}$ du^{223}　空腹

小肚下 ɕiə$^{445-44}$ du$^{223-22}$ ia^{223}　小肚子

肚脐 du$^{223-22}$ zɿ^{433}

肚脐窟窿 du$^{223-22}$ z-sɿ$^{433-44}$ kʰəʔ$^{5-4}$ lən^{223}　肚脐眼儿

屁股 pʰi$^{52-44}$ ku^{445}

屁股穿 pʰi$^{52-44}$ ku$^{445-44}$ tɕʰyən^{324}　肛门

屁股月 pʰi$^{52-44}$ ku$^{445-44}$ bã^{433}　屁股蛋

屁股骨 pʰi$^{52-44}$ ku$^{445-44}$ kuəʔ^5　股骨

老八 lɔ$^{223-22}$ pɑʔ^5　阴茎，成人的

老八蒂 lɔ$^{223-22}$ pɑʔ$^{5-4}$ ti^{52}　阴茎。儿童语

卵袋子 lə$^{223-22}$ dei$^{231-22}$ tsɿ^{445}　睾丸

卵脬 lə$^{223-43}$ pʰɔ^{324}　阴囊

老胚 lɔ$^{223-43}$ pʰiə^5　女阴，成人的

钟= tɕiõ^{324}　龟

老八油 lɔ²²³⁻²² pɑʔ⁵⁻⁴ iɯ⁴³³　精液

月经 n̠yəʔ²³⁻⁴³ tɕin³²⁴

身墥来 sən³²⁴⁻³² dɑʔ⁰ lei⁴³³　来月经，婉称

(四) 其他

个头 ka⁵²⁻⁴⁴ dəɯ⁴³³　个子

大个头 do²³¹⁻²² ka⁵²⁻⁴⁴ dəɯ⁴³³　大块头

身架 sən³²⁴⁻³² ko⁵²　身材，体型

　　骨架 kuəʔ⁵ ko⁵²⁻⁰

大骨 do²³¹⁻²² kuəʔ⁵　大体型

细骨 ɕia⁵²⁻⁴⁴ kuəʔ⁵　小体型

大骨种 do²³¹⁻²² kuəʔ⁵⁻⁴ tɕiɔ̃⁴⁴⁵　大体型基因、品种

细骨种 ɕia⁵²⁻⁴⁴ kuəʔ⁵⁻⁴ tɕiɔ̃⁴⁴⁵　小体型基因、品种

通身 tʰən³²⁴⁻⁴⁴ sən³²⁴　浑身

上身 dziɑ̃²³¹⁻⁴³ sən³²⁴

下身 ia²²³⁻⁴³ sən³²⁴

皮肤 bi⁴³³⁻⁴³ fu³²⁴

肉皮 n̠yəʔ²³⁻² bi⁴³³　肤色

垢 xəɯ⁵²　皮肤的污垢

上乌垢 dziɑ̃²²³⁻²² u³²⁴⁻³² xəɯ⁵²　（脸）长黑斑

毛 mɔ⁴³³

毛管 mɔ⁴³³⁻⁴⁴ kuən⁴⁴⁵　寒毛

汗 uə²³¹

盐霜 iɛ⁴³³⁻⁴³ ɕiɔ³²⁴　汗斑

骨头 kuəʔ⁵⁻⁴ dəɯ⁴³³

　　骨 kuəʔ⁵

骨头髓 kuəʔ⁵⁻⁴ d-təɯ⁴³³⁻⁴⁴ sɿ⁴⁴⁵　骨髓

血 ɕyəʔ⁵

血管 ɕyəʔ⁵⁻⁴ kuã⁴⁴⁵

气管 tsʰɿ⁵²⁻⁴⁴ kuã⁴⁴⁵

筋 tɕin³²⁴

脉 maʔ²³

筋脉 tɕin³²⁴⁻⁴⁴ maʔ²³

脉窠 maʔ²³⁻⁴³ kʰo³²⁴　脉丛

心肝五脏 sən³²⁴⁻⁴⁴ kuə³²⁴⁻⁴⁴ n̩²²³⁻⁴³ zɔ̃²³¹　五脏六腑

心脏 sən³²⁴⁻³² zɔ̃²³¹

肝 kuə³²⁴

　　心肝 sən³²⁴⁻⁴⁴ kuə³²⁴

肺 fi⁵²

胆 tã⁴⁴⁵

脾 bi⁴³³

胃 uei²³¹

腰子 iɔ³²⁴⁻⁴⁴ tsʅ⁴⁴⁵　肾

肚肠 du²²³⁻²² dʑiã⁴³³

大肚肠 do²³¹⁻²² du²²³⁻²² dʑiã⁴³³

细肚肠 ɕia⁵²⁻⁴⁴ du²²³⁻²² dʑiã⁴³³

盲肠 mã⁴³³⁻²² dʑiã⁴³³

肚脏头 du²²³⁻²² zɔ̃²³¹⁻²² dɯ⁴³³　直肠

尿袋 sʅ³²⁴⁻³² dei²³¹　膀胱

儿袋 n̩³²⁴⁻³² dei²³¹　子宫

胞衣 pɔ³²⁴⁻⁴⁴ i³²⁴　胎盘和胎膜的统称

脐带 zʅ⁴³³⁻⁴³ ta⁵²

羊水 iã⁴³³⁻⁴⁴ ɕy⁴⁴⁵

嫩儿涴 nə²³¹⁻⁴³ n̩³²⁴⁻³² u⁵²　胎便

体格 tʰi⁴⁴⁵⁻⁴⁴ kaʔ⁵

　　筋骨 tɕin³²⁴⁻⁴⁴ kuəʔ⁵

力气 liəʔ²³⁻² tsʰʅ⁵²

心力 sən³²⁴⁻⁴⁴ liəʔ²³　心思和能力

神气 zən⁴³³⁻⁴³ tsʰʅ⁵²　① 精力：没～做。② 精神：渠还～猛

脾气 bi⁴³³⁻⁴³ tsʰɿ⁵²

性 ɕin⁵²　性格：～躁险

十四、疾病医疗

(一) 伤病

生病了 sɛ³²⁴⁻³² bin²³¹ laʔ⁰　病了
　　生毛病了 sɛ³²⁴⁻⁴⁴ mɔ⁴³³⁻⁴³ bin²³¹ laʔ⁰
望病 mɔ̃²³¹⁻⁴³ bin²³¹　① 医生诊视疾病。② 找医生治病
　　医病 i³²⁴⁻³² bin²³¹
请医师 tɕʰin⁴⁴⁵⁻⁴⁴ i³²⁴⁻⁴⁴ sɿ³²⁴　请医生
病好点了 bin²³¹ xɯ⁴⁴⁵⁻⁴⁴ tiəʔ⁵ laʔ⁰　病轻了
病好了 bin²³¹ xɯ⁴⁴⁵⁻⁴⁴ laʔ⁰
好断根了 xɯ⁴⁴⁵⁻⁴⁴ də²²³⁻⁴³ kə³²⁴⁻³² laʔ⁰　痊愈了
细毛病 ɕia⁵²⁻⁴⁴ mɔ⁴³³⁻⁴³ bin²³¹　小毛病
大病 do²³¹⁻⁴³ bin²³¹
癌 ŋã⁴³³
生癌 sɛ³²⁴⁻⁴⁴ ŋã⁴³³
瘤 liɯ⁴³³
生瘤 sɛ³²⁴⁻⁴⁴ liɯ⁴³³
人瘟 nin⁴³³⁻⁴³ uə³²⁴　瘟疫
发瘟病 faʔ⁵⁻⁴ uə³²⁴⁻³² bin²³¹　暴发瘟疫
水性弗服 ɕy⁴⁴⁵⁻⁴⁴ ɕin⁵²⁻⁵⁵ fəʔ⁵ vəʔ²³　水土不服
冻去了 tən⁵²⁻⁵⁵ kʰɯ-xə⁵²⁻⁰ laʔ⁰　着凉了
感冒 kɯ⁴⁴⁵⁻⁴⁴ mɔ²³¹
嗽 səɯ⁵²　咳嗽
　　咳嗽 kʰəʔ⁵ səɯ⁵²⁻⁰
伤风咳嗽 ɕiã³²⁴⁻⁴⁴ fən³²⁴⁻⁴⁴ kʰəʔ⁵ səɯ⁵²⁻⁰
身体热 sən³²⁴⁻⁴⁴ tʰi⁴⁴⁵⁻⁴⁴ ȵiəʔ²³
　　发烧 faʔ⁵⁻⁴ ɕiɔ³²⁴

出汗 tɕʰyəʔ⁵⁻⁴ uə²³¹　　发汗

蓬面火 bən⁴³³⁻²² miɛ²³¹⁻²² xo⁴⁴⁵　　潮红。脸上泛起红色

咯咯抖 gəʔ²³⁻² gəʔ²³⁻² təɯ⁴⁴⁵　　发抖

　　瑟瑟抖 zəʔ²³⁻² zəʔ²³⁻² təɯ⁴⁴⁵　　‖"瑟"读音特殊

打寒嚛 nɛ⁴⁴⁵⁻⁴⁴ uə⁴³³⁻⁴⁴ dʑin²²³

发冷 faʔ⁵⁻⁴ lɛ²²³

毛管隑起 mɔ⁴³³⁻⁴⁴ kuən⁴⁴⁵ gei²³¹ tɕʰiə⁰　　寒毛竖起来

起垢＝咯＝ tsʰɿ⁴⁴⁵⁻⁴⁴ xəɯ⁻⁴⁴ gəʔ²³　　起鸡皮疙瘩

头痛 dəɯ⁴³³⁻⁴³ tʰən⁵²　　头疼

头懵 dəɯ⁴³³⁻⁴³ mən²²³　　头晕

懵 mən²²³　　① 头脑不清。② 昏：～过去

沉 dzən⁴³³　　昏厥：～过去

　　昏 xuən³²⁴

心口疼 sən³²⁴⁻⁴⁴ kʰɯ-kʰəʔ⁴⁴⁵⁻⁴ dəɯ⁴³³⁻⁴³ tʰən⁵²　　胸口疼

肚痛 du²²³⁻²² tʰən⁵²　　肚子疼

肚皮胀起 du²²³⁻²² bi⁴³³ tiã⁵²⁻⁵⁵ tɕʰiə⁰　　肚子胀

涴肚膨起 u⁵²⁻⁴⁴ tu⁴⁴⁵ pʰɛ³²⁴⁻³² tɕʰiə⁰　　胃胀气

痢肚 li²³¹⁻²² du²²³　　拉肚子

　　肚泻 du²²³⁻²² ɕia⁵²

清水泻 tɕʰin³²⁴⁻⁴⁴ ɕy⁴⁴⁵⁻⁴⁴ ɕia⁵²　　清水腹泻

打半日鬼 nɛ⁴⁴⁵⁻⁴⁴ pə⁵²⁻⁴⁴ nəʔ²³⁻² kuei⁴⁴⁵　　患疟疾

尿挣 sɿ³²⁴⁻³² tsɛ⁵²　　尿频

小肠气 ɕiɔ⁴⁴⁵⁻⁴⁴ dziã⁴³³⁻⁴³ tsʰɿ⁵²　　疝气

烧烧人 ɕiɔ³²⁴⁻⁴⁴ ɕiɔ³²⁴⁻⁴⁴ nin⁴³³　　（胃部）烧灼难受

恶心 əʔ⁵⁻⁴ sən³²⁴

打嗝酸 nɛ⁴⁴⁵⁻⁴⁴ kəʔ⁵⁻⁴ sə³²⁴　　反酸

哕上来 ya⁴⁴⁵⁻⁴⁴ dziã²²³⁻²³¹ lei⁴³³⁻⁰　　恶心致使东西从胃中涌上来

乐吐 ŋɔ²³¹⁻²² tʰu⁵²　　要呕吐

吃弗值四＝ tɕʰiəʔ⁵⁻⁴ fəʔ⁵⁻⁴ dziəʔ²³⁻² sɿ⁵²　　吃了不该吃的

行得去 ɔ̃⁴³³⁻⁴³ tiəʔ⁵⁻⁴ kʰɯ⁵²　吃了能消化

行弗去 ɔ̃⁴³³⁻⁴³ fəʔ⁵⁻⁴ kʰɯ⁵²　吃了不能消化

祭饱食伤 tsɿ⁵²⁻⁴⁴ pɔ⁴⁴⁵⁻⁴⁴ ziəʔ²³⁻⁴³ ɕiã³²⁴　积食，即不节制饮食而引起的消化不良

疳吃去 kə³²⁴⁻³² tɕʰiəʔ⁵⁻⁴ kʰɯ-xə⁵²⁻⁰　疳积

上火 dʑiã²²³⁻²² xo⁴⁴⁵

痧闭 so³²⁴⁻³² pi⁵²　中暑

发冷丹 faʔ⁵⁻⁴ lɛ²²³⁻⁴³ tã³²⁴　发荨麻疹

冷丹 lɛ²²³⁻⁴³ tã³²⁴　荨麻疹

发水痘 faʔ⁵⁻⁴ ɕy⁴⁴⁵⁻⁴⁴ dəɯ²³¹　长水痘

种麻 tɕiɔ̃⁵²⁻⁴⁴ mo⁴⁴⁵　得麻疹

黄疸 ɔ̃⁴³³⁻⁴⁴ tã⁴⁴⁵

跌伤 tiəʔ⁵ ɕiã³²⁴　摔伤

碰伤 bən²³¹ ɕiã³²⁴　撞伤

　撞伤 dʑiɔ̃²³¹ ɕiã³²⁴

担伤 tã³²⁴ ɕiã³²⁴　挑伤

背伤 pei⁵²⁻⁵⁵ ɕiã³²⁴　扛伤

做伤 tso⁵²⁻⁵⁵ ɕiã³²⁴　干伤

溃疡 guei⁻²² iã⁴³³　‖"溃"只有连读调

发炎 faʔ⁵⁻⁴ iɛ⁴³³

脑膜炎 nɔ²²³⁻²² mo⁴³³⁻²² iɛ⁴³³

鼻炎 biəʔ²³⁻² iɛ⁴³³

关节炎 kuã³²⁴⁻⁴⁴ tɕiəʔ⁵⁻⁴ iɛ⁴³³

气管炎 tsʰɿ⁵²⁻⁴⁴ kuã⁴⁴⁵⁻⁴⁴ iɛ⁴³³

哮千⁼ xɔ³²⁴⁻³² tɕʰiɛ⁵²　哮喘

哮千⁼猫 xɔ³²⁴⁻⁴⁴ tɕʰiɛ⁵²⁻⁴⁴ mɔ³²⁴　哮喘的人，贬称

气闭来 tsʰɿ⁵²⁻⁵⁵ pi⁵²⁻⁵⁵ lei⁴³³⁻⁰　呼吸不畅

黄胖病 ã⁴³³⁻⁴³ pʰɔ̃⁵²⁻⁵⁵ bin²³¹

　肝炎 kuã³²⁴⁻⁴⁴ iɛ⁴³³

盲肠炎 $mã^{433-22} dʑiã^{433-22} iɛ^{433}$

腰子病 $iɔ^{324-44} tsɿ^{445-44} bin^{231}$　肾炎

胃病 $uei^{231-43} bin^{231}$　胃炎

肺炎 $fi^{52-55} iɛ^{433}$

痨病 $lɔ^{231-43} bin^{231}$　肺结核

　　肺结核 $fi^{52-44} tɕiəʔ^{5-4} ŋəʔ^{23}$

筲箕肚 $sɔ^{324-44} i^{324-44} tu^{445}$　肝腹水

心脏病 $sən^{324-44} zã^{231-43} bin^{231}$

结石 $tɕiəʔ^{5-4} ziəʔ^{23}$

肚脏头通出来 $du^{223-22} zã^{231-22} dəɯ^{433} tʰən^{324-32} tɕʰyəʔ^{5-4} lei^{433-0}$　脱肛

生蛔虫 $sɛ^{324-44} uei^{433-22} dʑyɛn^{433}$　长蛔虫

乞糯＝蠊抽去 $kʰəʔ^{5-4} no^{-44} xuə^{445} tɕʰiɯ^{324-32} kʰɯ-xə^{52-0} / kʰəʔ^{5-4} nã^{-44} xuə^{445} tɕʰiɯ^{324-32} kʰɯ-xə^{52-0}$　小儿过敏性阴茎包皮水肿 ‖ "糯＝蠊"是蚯蚓

大卵脬 $do^{231-22} lə^{223-43} pʰɔ^{324}$　疝气

出血 $tɕʰyəʔ^{5-4} ɕyəʔ^5$

充血 $tɕʰyən^{324-44} ɕyəʔ^5$

死血 $sɿ^{445-44} ɕyəʔ^5$　瘀血

肿 $tɕiã^{445}$

乌青 $u^{324-44} tɕʰin^{324}$　因淤血而呈现的肤色

乌青烂熟 $u^{324-44} tɕʰin^{324-44} lã^{231-43} ʑyəʔ^{23}$　淤血程度严重的肤色

拱脓 $kən^{445-44} nən^{433}$　化脓

烂冻饼 $lã^{231-22} tən^{52-44} pin^{445}$　冻疮

热疮 $ȵiəʔ^{23-43} tɕʰiɔ^{324}$

碗丝吃去 $uã^{445-44} sɿ^{324-32} tɕʰiəʔ^5 kʰɯ-xə^{52-0}$　口腔或喉间因上火有炎症而突然出现的充血现象

疤 po^{324}

靥 $iɛ^{445}$　疮痂

结靥 $tɕiəʔ^{5-4} iɛ^{445}$　结痂

脱皮 tʰəʔ⁵⁻⁴ bi⁴³³

破相 pʰo⁵²⁻⁴⁴ ɕiɑ̃⁵²

癣 ɕiɛ⁴⁴⁵

白□ baʔ²³⁻² biɔ²²³　白癜风

白□吃去 baʔ²³⁻² biɔ²²³⁻²² tɕʰiəʔ⁵⁻⁴ kʰɯ-xə⁵²⁻⁰　长白癜风

缠身龙 dʑye²³¹⁻²² sən³²⁴⁻⁴⁴ liɔ̃⁴³³　带状疱疹

胎记 tʰei³²⁴⁻³² tsɿ⁵²

痣 tsɿ⁵²

别⁼ biəʔ²³　疙瘩，蚊子咬后形成的

块 kʰuei⁵²　额头鼓起的大包

老鼠奶 lɔ²²³⁻²² tsʰɿ⁴⁴⁵⁻⁴⁴ na²²³　扁平疣

乌疔 u³²⁴⁻⁴⁴ tin³²⁴　疔疮

生乌疔 sɛ³²⁴⁻⁴⁴ u³²⁴⁻⁴⁴ tin³²⁴　长疔疮

羊胡须 iɑ⁴³³⁻⁴⁴ u⁴³³⁻⁴³ su³²⁴　须疮

烂口嘴角 lɑ̃²³¹⁻²² kʰɯ-kʰəʔ⁴⁴⁵⁻⁴ tɕy⁴⁴⁵⁻⁴⁴ kəʔ⁵　嘴角溃疡

假肉 ko⁴⁴⁵⁻⁴⁴ n̠yəʔ²³　息肉

痔疮 dʑɿ²³¹⁻⁴³ tɕʰiɔ̃³²⁴

生痔疮 sɛ³²⁴⁻⁴⁴ dʑɿ²³¹⁻⁴³ tɕʰiɔ̃³²⁴　长痔疮

鸡眼 tsɿ³²⁴⁻⁴⁴ ŋɑ̃³²⁴　脚掌或脚趾上角质层增生而形成的像鸡的眼
　　睛一样的小圆硬块

痱 fi⁵²　痱子

发痱 fɑʔ⁵⁻⁴ fi⁵²　长痱子

生虱 sɛ³²⁴⁻⁴⁴ səʔ⁵　长虱子

出白 tɕʰyəʔ⁵⁻⁴ dʑɯ²²³　脱臼

泡 pʰɔ³²⁴　浮肿
　　浮 vu⁴³³
　　灁 tin⁵²

齷齪气 o⁻⁴⁴ tɕʰyəʔ⁵ tsʰɿ⁵²⁻⁰　①不明病菌。②邪气

乞鬼摸去 kəʔ⁵⁻⁴ kuei⁴⁴⁵⁻⁴⁴ məʔ⁵ kʰɯ-xə⁵²⁻⁰　身体突然不适

风 fən³²⁴　古人认为是"六淫之一",中医学认为"风湿""风瘫"等多种疾病都与之有关

猪头风 ti³²⁴⁻⁴⁴ dɯ⁴³³⁻⁴³ fən³²⁴　腮腺炎

七日风 tsʰəʔ⁵⁻⁴ nəʔ²³⁻² fən³²⁴　脐风,即初生婴儿的破伤风。多由接生时用未经消毒的器具切断脐带,感染破伤风杆菌引起。发病多在出生后四到六天或一周,故名

软肌风 n̠ye²²³⁻²² tsɿ³²⁴⁻⁴⁴ fən³²⁴　肌无力

风痛 fən³²⁴⁻³² tʰən⁵²　痛风

　　痛风 tʰən⁵²⁻⁴⁴ fən³²⁴

中风 tɕyən⁵²⁻⁴⁴ fən³²⁴

半个风 pə⁵²⁻⁴⁴ ka⁵²⁻⁴⁴ fən³²⁴　半面瘫

　　半面风 pə⁵²⁻⁴⁴ miɛ²³¹⁻⁴³ fən³²⁴

风坛⁼ fən³²⁴⁻⁴⁴ dã⁴³³　风瘫:脚～了,弗会走

猪吊 ti³²⁴⁻³² tiɔ⁵²　癫痫

　　羊吊 iã⁴³³⁻⁴³ tiɔ⁵²

鸡爪疯 tsɿ³²⁴⁻⁴⁴ tsɔ⁴⁴⁵⁻⁴⁴ fən³²⁴　因风湿性关节炎等病形成的手足拘挛、无法伸展的疾病

抽筋 tɕʰiɯ³²⁴⁻⁴⁴ tɕin³²⁴

　　鲤鱼挣 li⁴³³⁻²² n̩⁴³³⁻⁴³ tsɛ⁵²

侧筋 tsəʔ⁵⁻⁴ tɕin⁴⁴⁵　落枕

麻矩⁼ mo⁴³³⁻⁴⁴ tɕy⁴⁴⁵　受压迫等原因,四肢产生发麻的感觉或失去感觉:脚坐～了

脚骨酸 tɕiəʔ⁵⁻⁴ kuəʔ⁵ sə⁴⁴⁵　腿脚酸软

麻雀卵斑 mo⁴³³⁻⁴⁴ tɕiəʔ⁵⁻⁴ lən²²³⁻⁴³ pã³²⁴　雀斑

大项颈 do²³¹⁻²² ã²²³⁻²² tɕin⁴⁴⁵　甲状腺肿大

笋⁼ 臭 sən⁻⁴⁴ tɕʰiɯ⁵²　狐臭‖"笋⁼"本字调不明

鸡眼胚 tsɿ³²⁴⁻⁴⁴ ŋã²²³⁻²² pʰiəʔ⁵　红眼病

生偷针 sɛ³²⁴⁻⁴⁴ tʰɯ³²⁴⁻⁴⁴ tsən³²⁴　麦粒肿

近视眼 dzin²³¹⁻²² zɿ²³¹⁻²² ŋã²²³

老花眼 lɔ²²³⁻²² xo³²⁴⁻⁴⁴ ŋã²²³

青光盲 tɕʰin³²⁴⁻⁴⁴ kɔ̃³²⁴⁻⁴⁴ mɛ⁴³³

白内障 baʔ²³⁻² nei⁴³³⁻⁴³ tɕiã³²⁴

虫蛀 dzyən⁴³³⁻⁴³ tɕy⁵²　蛀牙

漏口风 ləɯ²³¹⁻²² kʰɯ⁴⁴⁵⁻⁴⁴ fən³²⁴　① 因牙齿脱落，说话时拢不住气漏口风。② 走漏消息

口嘴一蓬气 kʰɯ-kʰəʔ⁴⁴⁵⁻⁴ tɕy⁴⁴⁵⁻⁴ iəʔ⁵⁻⁴ bən⁴³³⁻²² tsʰɿ⁵²

　　口臭 kʰɯ⁴⁴⁵⁻⁴⁴ tɕʰiɯ⁵²

口嘴苦 kʰɯ-kʰəʔ⁴⁴⁵⁻⁴ tɕy⁴⁴⁵⁻⁴⁴ kʰu⁴⁴⁵　嘴巴苦

口嘴没味 kʰɯ-kʰəʔ⁴⁴⁵⁻⁴ tɕy⁴⁴⁵⁻⁴⁴ mei⁵²⁻⁵⁵ mi²³¹　嘴巴没味道

　　口嘴没味道 kʰɯ-kʰəʔ⁴⁴⁵⁻⁴ tɕy⁴⁴⁵⁻⁴⁴ mei⁵²⁻⁵⁵ mi²³¹⁻²² dɔ²²³

传染 dzyə⁴³³⁻²² ȵiɛ²²³

过人 ko⁵²⁻⁴⁴ nin⁴³³　传染人

中毒 tɕyən⁵²⁻⁴⁴ dəʔ²³

(二) 生理缺陷

癞头 la²³¹⁻²² dəɯ⁴³³　痢痢头

青年白 tɕʰin³²⁴⁻⁴⁴ ȵiɛ⁴³³⁻⁴⁴ baʔ²³　少白头

　　少年白 ɕiɔ⁴⁴⁵⁻⁴⁴ ȵiɛ⁴³³⁻⁴³ baʔ²³

秃顶 tʰəʔ⁵⁻⁴ tin⁴⁴⁵

光头 kɔ̃³²⁴⁻⁴⁴ dəɯ⁴³³

　　光痢痢 kɔ̃³²⁴⁻⁴⁴ lɑʔ²³⁻⁴³ li²³¹⁻⁰

黄头毛 ɔ̃⁴³³⁻⁴⁴ d-təɯ⁴³³⁻⁴⁴ mɔ⁴³³⁻⁵²　黄头发的人

　　黄毛 ɔ̃⁴³³⁻⁴⁴ mɔ⁴³³⁻⁵²

㪬=头 ŋ⁴³³⁻²² dəɯ⁴³³　歪头

歪口 xuɛ⁴⁴⁵⁻⁴⁴ kʰɯ⁴⁴⁵⁻⁵²　歪嘴

麻面 mo⁴³³⁻⁴³ miɛ²³¹　麻子

盲 mɛ⁴³³　① 瞎：眼睛～了。② 破落衰败：生意做～了

盲眼 mɛ⁴³³⁻⁴⁴ ŋã²²³　瞎子

　　盲眼人 mɛ⁴³³⁻⁴⁴ ŋã²²³⁻²² nin⁴³³⁻⁵²

对珠 tei$^{52\text{-}44}$ tɕy^{324}　斗鸡眼儿

瞟痢＝ piɔ$^{324\text{-}32}$ li^{231}　斜眼

　　瞟眼 piɔ$^{324\text{-}44}$ ŋã^{223}

独眼 dəʔ$^{23\text{-}2}$ ŋã^{223}

觑眼 tsʅ$^{h52\text{-}44}$ ŋã^{223}　眯眯眼

大眼蛋 do$^{231\text{-}22}$ ŋã$^{223\text{-}43}$ dã^{231}　眼睛大而视力不佳的人

三角眼 sã$^{324\text{-}44}$ kəʔ$^{5\text{-}4}$ ŋã^{223}

聋 lən^{433}

　　聋聋聋 lən$^{433\text{-}44}$ bɛ$^{231\text{-}43}$ bɛ^{231}　‖ "聋"的生动式

聋聋 lən$^{433\text{-}43}$ bɛ^{231}　聋子

生择＝耳 sɛ$^{324\text{-}44}$ dzaʔ$^{23\text{-}2}$ n̩^{223}　中耳炎

哑口 o$^{445\text{-}44}$ kʰɯ^{445}　哑巴

半个哑 pə$^{52\text{-}44}$ ka$^{52\text{-}44}$ o^{445}　半哑

声烟 ɕin^{324} iɛ^{324}　嗓子哑，即嗓子干涩发音困难或不清楚

破锣声 pʰa$^{52\text{-}44}$ lo$^{433\text{-}43}$ ɕin^{324}　沙哑的声音

搭舌 taʔ$^{5\text{-}4}$ dziə^{23}　大舌头

搭舌鬼 taʔ$^{5\text{-}4}$ dziəʔ$^{23\text{-}2}$ kuei^{445}　大舌头的人

轧木卵 gaʔ$^{23\text{-}2}$ məʔ$^{23\text{-}2}$ lən^{223}　（讲话）吐字不清

三爿 sã$^{324\text{-}44}$ bã^{433}　兔唇

龅牙 bo$^{231\text{-}22}$ ŋo^{433}　龅牙

空牙弄 kʰən$^{324\text{-}44}$ ŋo$^{433\text{-}43}$ lən^{231}　豁牙子

红鼻头 ən$^{433\text{-}44}$ bəʔ$^{23\text{-}2}$ dɯ^{433}　酒糟鼻子

哼鼻 xən$^{324\text{-}44}$ biəʔ^{23}　齉鼻

塌鼻 tʰaʔ$^{5\text{-}4}$ biəʔ^{23}　塌鼻子

驼背 do$^{433\text{-}43}$ pei^{52}　驼子

蹩脚 pʰiəʔ$^{5\text{-}4}$ tɕiəʔ^{5}　① 腿瘸。② 瘸子

　　跷脚 tɕʰiɔ$^{324\text{-}44}$ tɕiəʔ^{5}

蹩脚瘟 pʰiəʔ$^{5\text{-}4}$ tɕiəʔ$^{5\text{-}4}$ uə^{324}　瘸子

　　跷脚瘟 tɕʰiɔ$^{324\text{-}44}$ tɕiəʔ$^{5\text{-}4}$ uə^{324}

烂脚 la²³¹⁻²² tɕiəʔ⁵

瘸手 dʑya⁴³³⁻²² ɕiɯ⁴⁴⁵⁻⁵²

手瘸了 ɕiɯ⁴⁴⁵⁻⁴⁴ dʑya⁴³³⁻⁴³ laʔ⁰

□手里撒 tɕya⁻⁴⁴ ɕiɯ⁴⁴⁵⁻⁴⁴ li²²³⁻²² pʰiəʔ⁵　　左撇子

反手里撒 fɑ⁴⁴⁵⁻⁴⁴ ɕiɯ⁴⁴⁵⁻⁴⁴ li²²³⁻²² pʰiəʔ⁵

六指 ləʔ²³⁻² tsəʔ⁵　　六指儿

十八全 zəʔ²³⁻² pɑʔ⁵⁻⁴ zyə⁴³³　　头手脚都有残疾的人

塌皮 tʰɑʔ⁵⁻⁴ bi⁴³³　　起皮，掉皮，破皮

塌皮烂骨 tʰɑʔ⁵⁻⁴ b-pi⁴³³⁻⁴⁴ la²³¹⁻²² kuəʔ⁵

白板 baʔ²³⁻² pã⁴⁴⁵　　腋下无毛

射尿阉= dʑya²³¹⁻²² sɿ³²⁴⁻⁴⁴ tɕiɯ³²⁴　　经常尿床的孩子

癫 tiɛ³²⁴　　① 精神错乱：渠～了。② 发狂，撒野：渠坐地墤尽～他坐在地上使劲撒野

癫人 tiɛ³²⁴⁻⁴⁴ nin⁴³³　　疯子

神经病 zən⁴³³⁻⁴³ tɕin³²⁴⁻³² bin²³¹

癫鬼 tiɛ³²⁴⁻⁴⁴ kuei⁴⁴⁵

癫婆 tiɛ³²⁴⁻⁴⁴ bu⁴³³　　疯女子

憨个 xə³²⁴⁻³² kəº　　傻子

附大 vu²³¹⁻⁴³ da²³¹　　呆子

呆大 ŋei⁴³³⁻⁴³ do²³¹

木段 məʔ²³⁻⁴³ dən²³¹　　笨蛋

(三) 医疗药材

医院 i³²⁴⁻³² yə²³¹

诊所 tsən⁴⁴⁵⁻⁴⁴ so⁴⁴⁵

卫生院 uei²³¹⁻⁴³ sɛ³²⁴⁻³² yə²³¹

卫生所 uei²³¹⁻²² sɛ³²⁴⁻⁴⁴ so⁴⁴⁵

二医院 ȵi²³¹ i³²⁴⁻³² yə²³¹　　武义县第二人民医院。院址在武义县柳城畲族镇滨江路

药房 iəʔ²³⁻² võ⁴³³

药店 iəʔ²³⁻² tiɛ⁵²

草药铺 tsʰɔ⁴⁴⁵⁻⁴⁴ iəʔ²³⁻² pʰu⁵²

中医 tɕyən³²⁴⁻⁴⁴ i³²⁴

西医 sɿ³²⁴⁻⁴⁴ i³²⁴

捺脉 nɑʔ²³⁻⁴³ maʔ²³　诊脉

开方 kʰei³²⁴⁻⁴⁴ fɔ̃³²⁴　开药方子

　　开药方 kʰei³²⁴⁻⁴⁴ iəʔ²³⁻⁴³ fɔ̃³²⁴

打银针 nɛ⁴⁴⁵⁻⁴⁴ ȵin⁴³³⁻⁴³ tsən³²⁴　针灸

打针 nɛ⁴⁴⁵⁻⁴⁴ tsən³²⁴

挂瓶 go²³¹⁻²² bin⁴³³　打吊针

打预防针 nɛ⁴⁴⁵⁻⁴⁴ y²³¹⁻²² vɔ̃⁴³³⁻⁴³ tsən³²⁴　① 注射预防疾病的疫苗。② 比喻预先进行提醒、教育，使人有所警惕，以防发生不利的事情

开刀 kʰei³²⁴⁻⁴⁴ təɯ³²⁴　① 给某人做手术。② 被做手术

　　做手术 tso⁵²⁻⁴⁴ ɕiɯ⁴⁴⁵⁻⁴⁴ ʑyə²³

动手术 dən²²³⁻²² ɕiɯ⁴⁴⁵⁻⁴⁴ ʑyə²³　被做手术

药 iəʔ²³

吃药 tɕʰiəʔ⁵⁻⁴ iəʔ²³

买药 ma²²³⁻²² iəʔ²³

撮药 tsʰəʔ⁵⁻⁴ iəʔ²³　抓中药

煎药 tɕiɛ⁴⁴⁵⁻⁴⁴ iəʔ²³

药汤 iəʔ²³⁻⁴³ tʰɔ̃³²⁴

药罐 iəʔ²³⁻² kuã⁵²　药罐子

汤头 tʰɔ̃³²⁴⁻⁴⁴ dəɯ⁴³³　药引子

刀口药 təɯ³²⁴⁻⁴⁴ kʰɯ⁴⁴⁵⁻⁴⁴ iəʔ²³

　　伤药 ɕiã³²⁴⁻⁴⁴ iəʔ²³

蛇药 ʑɕia⁴³³⁻⁴⁴ iəʔ²³　治毒蛇咬伤的药物

药丸 iəʔ²³⁻² yə⁴³³

药粉 iəʔ²³⁻² fən⁴⁴⁵

膏药 kɯ⁵²⁻⁴⁴ iəʔ²³

药膏 iəʔ²³⁻⁴³ kɔ³²⁴

止痛膏 tsʅ⁴⁴⁵⁻⁴⁴ tʰən⁵²⁻⁴⁴ kɔ³²⁴

擦药膏 tsʰɑʔ⁵⁻⁴ iəʔ²³⁻⁴³ kɔ³²⁴　搽药膏

消食 ɕiɔ³²⁴⁻⁴⁴ ziəʔ²³

吸滚⁼ ɕiəʔ⁵⁻⁴ kuən⁴⁴⁵　拔火罐子

扭痧 ȵiɯ³²⁴⁻⁴⁴ so³²⁴　抓痧

接骨 tɕiəʔ⁵⁻⁴ kuəʔ⁵

去风气 kʰɯ⁵²⁻⁴⁴ fən³²⁴⁻³² tsʰʅ⁵²　去风

去湿气 kʰɯ⁵²⁻⁴⁴ səʔ⁵ tsʰʅ⁵²⁻⁰　去湿

去火气 kʰɯ⁵²⁻⁴⁴ xo⁴⁴⁵⁻⁴⁴ tsʰʅ⁵²　去火

去毒气 kʰɯ⁵²⁻⁴⁴ dəʔ²³⁻² tsʰʅ⁵²　去毒

解毒 ka⁴⁴⁵⁻⁴⁴ dəʔ²³

种痘 tɕiɔ̃⁵²⁻⁴⁴ dəɯ²³¹

种麻 tɕiɔ̃⁵²⁻⁴⁴ mo⁴³³　接种麻疹疫苗

搇 əʔ⁵　敷：～药

十滴水 zəʔ²³⁻² tiəʔ⁵⁻⁴ ɕy⁴⁴⁵

砂丸 so³²⁴⁻⁴⁴ yə⁴³³

风油精 fən³²⁴⁻⁴⁴ iɯ⁴³³⁻⁴³ tɕin³²⁴

维生素 vi⁴³³⁻⁴³ sɛ³²⁴⁻³² su⁵²

补脑汁 pu⁴⁴⁵⁻⁴⁴ nɔ²²³⁻²² tsəʔ⁵

麦乳精 maʔ²³⁻² ʑ-ɕy²²³⁻⁴⁴ tɕin³²⁴

蜂皇浆 fən³²⁴⁻⁴⁴ɔ̃⁴³³⁻⁴³ tɕiã³²⁴

人参 ȵin⁴³³⁻⁴³ sən³²⁴

别直 biəʔ²³⁻⁴³ dziəʔ²³　别直参

红参 ən⁴³³⁻⁴³ sən³²⁴

西洋参 sʅ³²⁴⁻⁴⁴ iã⁴³³⁻⁴³ sən³²⁴

香柴籽 ɕiã⁴⁴⁵⁻⁴⁴ ʑ-sa⁴³³⁻⁴⁴ tsʅ⁴⁴⁵　山苍子。根、茎、叶和果实均可入药，有祛风散寒、消肿止痛之效

乌药 u³²⁴⁻⁴⁴ iəʔ²³　中药材名，为樟科植物乌药的干燥块根。有行气止痛，温肾散寒等功效。全年均可采挖

天麻 tʰiɛ³²⁴⁻⁴⁴ mo⁴³³　中药材名，块茎入药。治虚风眩晕、头晕、头痛、惊风抽搐、癫痫、肢体麻木、半身不遂等

刺桃 tsʰɿ⁵²⁻⁴⁴ dɔ⁴³³　金樱子。一种有固精缩尿、固崩止带、涩肠止泻等功效的中药材

鬼麻楂 kuei⁴⁴⁵⁻⁴⁴ mo⁴³³⁻⁴³ tɕia³²⁴　算盘子。一种清热解毒的中药材

雷˭毒˭碱˭柴 lei⁴³³⁻⁴⁴ dəʔ²³⁻² kã³²⁴⁻⁴⁴ za⁴³³　鬼箭羽。一种有破血通经、解毒消肿、杀虫等功效的中药材

塌地橘 tʰɑʔ⁵⁻⁴ di²³¹⁻²² tɕyəʔ⁵　地茄子。主治固精、顺气、消积、散瘀等症状

天羊涴 tʰiɛ³²⁴⁻⁴⁴ iã⁴³³⁻⁴³ u⁵²　天葵子。有清热、解毒、消肿、散结、利尿等功效

白术 baʔ²³⁻⁴³ dʑəʔ²³　多年生草本植物，叶子椭圆形，花红色。根状茎中医入药，有利尿健脾等作用

十五、婚丧风俗

(一) 婚嫁

好事 xɯ⁴⁴⁵⁻⁴⁴ zɿ²³¹　① 美好的事，有益的事。② 特指结婚

红事 ən⁴³³⁻⁴³ zɿ²³¹　喜事

做好事 tso⁵²⁻⁴⁴ xɯ⁴⁴⁵⁻⁴⁴ zɿ²³¹　① 做美好的事，做有益的事。② 办喜事

吃排场 tɕʰieʔ⁵⁻⁴ ba⁴³³⁻²² dziã⁴³³　参加酒席

做媒 tso⁵²⁻⁴⁴ mei⁴³³　说媒

做媒个人 tso⁵²⁻⁴⁴ mei⁴³³⁻⁴³ kə⁰ nin⁴³³⁻⁵²　媒人

　　媒婆 mei⁴³³⁻²² bo⁴³³

　　媒人 mei⁴³³⁻²² nin⁴³³

望老孃 mɔ̃²³¹⁻²² lɔ²²³⁻²² mo²²³　男方到女方相亲

　　望囡暖˭ mɔ̃²³¹⁻²² nã²²³⁻²² nə²²³

望人家 mɔ̃²³¹⁻²² nin⁴³³⁻⁴³ ko³²⁴　女方到男方家了解家庭情况

定 din²³¹　订婚

　　定亲 din²³¹⁻⁴³ tsʰən³²⁴

　　定婚 din²³¹⁻⁴³ xuə³²⁴

送担 sən⁵²⁻⁴⁴ tã⁵²　行聘

　　担去定 tã³²⁴⁻³² kʰɯ-xə⁵²⁻⁰ din²³¹

定亲酒 din²³¹⁻²² tsʰən³²⁴⁻⁴⁴ tɕiɯ⁴⁴⁵　订婚酒

聘金 pʰin⁵²⁻⁴⁴ tɕin³²⁴　彩礼

讲聘金 kɔ⁴⁴⁵⁻⁴⁴ pʰin⁵²⁻⁴⁴ tɕin³²⁴　商议彩礼

拣日子 kã⁴⁴⁵⁻⁴⁴ nəʔ²³⁻² tsɿ⁴⁴⁵　挑日子

　　择日子 dzaʔ²³⁻² nəʔ²³⁻² tsɿ⁴⁴⁵

　　望日子 mɔ̃²³¹⁻²² nəʔ²³⁻² tsɿ⁴⁴⁵

送日子 sən⁵²⁻⁴⁴ nəʔ²³⁻² tsɿ⁴⁴⁵　男方家长将写有婚期的红纸交给媒人，请媒人送达女方家

□酒 pə³²⁴⁻⁴⁴ tɕiɯ⁴⁴⁵　摆酒席

　　摆酒筵 pa⁴⁴⁵⁻⁴⁴ tɕiɯ⁴⁴⁵⁻⁴⁴ iɛ⁴³³

开筵 kʰei³²⁴⁻⁴⁴ iɛ⁴³³　开席

　　上筵 dʑiã²²³⁻²² iɛ⁴³³

上菜 dʑiã²²³⁻²² tsʰei⁵²

结婚 tɕiəʔ⁵⁻⁴ xuə³²⁴

讨老嬷 tʰɔ⁴⁴⁵⁻⁴⁴ lɔ²²³⁻²² mo²²³　娶妻子

讨新妇 tʰɔ⁴⁴⁵⁻⁴⁴ sən³²⁴⁻⁴⁴ vu²²³　娶儿媳妇

嫁 ia⁵²

　　嫁老官 ia⁵²⁻⁴⁴ lɔ²²³⁻⁴³ kuã³²⁴

嫁囡 ia⁵²⁻⁴⁴ nã²²³　嫁女儿

新郎官 sən³²⁴⁻⁴⁴ lɔ̃²²³⁻⁴³ kuã³²⁴　新郎

新媛主 sən³²⁴⁻⁴⁴ yə⁴³³⁻²² tøy⁴⁴⁵　新娘子

大轿新妇 do²³¹⁻⁴³ dʑiɔ²³¹ sən³²⁴⁻⁴⁴ vu²²³　大花轿抬来的新娘

新妇间 sən³²⁴⁻⁴⁴ vu²²³⁻²² kã³²⁴　婚房

新妇床 sən³²⁴⁻⁴⁴ vu²²³⁻²² ʑiɔ⁴³³　婚床

招亲 tɕiɔ³²⁴⁻⁴⁴ tsʰən³²⁴　① 招上门女婿。② 入赘

当儿 tɔ̃³²⁴⁻⁴⁴ n̩³²⁴　给别人当儿子

调亲 diɔ²³¹⁻⁴³ tsʰən³²⁴　双方互换女儿当自己儿子的媳妇，一般不收聘礼

二婚亲 n̠i²³¹⁻²² xuə³²⁴⁻⁴⁴ tsʰən³²⁴　再嫁，再娶

大舅 do²³¹⁻²² dʑɯ²²³　婚礼上陪伴新娘去男方的小舅子

做大舅 tso⁵²⁻⁴⁴ do²³¹⁻²² dʑɯ²²³　小舅子陪伴新娘去男方

大客 do²³¹⁻²² kʰa²⁵　结婚时，女方前往男方进行协调沟通的人

利市娘 li²³¹⁻²² zɿ²²³⁻²² n̠iɑ⁴³³　婚礼上陪伴新娘、负责礼俗的全福人

男方 nə⁴³³⁻⁴³ fɔ̃³²⁴

女方 n̠y⁴⁴⁵⁻⁴³ fɔ̃³²⁴

嫁资 ia⁵²⁻⁴⁴ tsɿ³²⁴⁻⁵²　嫁妆

十嫁 zəʔ²³⁻² ia⁵²　丰厚的嫁妆，搬嫁妆的队伍长达十里

　　十里红 zəʔ²³⁻² li²³¹⁻²² ən⁴³³

送嫁 sən⁵²⁻⁴⁴ ia⁵²　送嫁妆

肚痛包 du²²³⁻²² tʰən⁵²⁻⁴⁴ pɔ³²⁴　娶亲时，新郎给岳母的红包，以示感谢对新娘的养育之恩

起床包 tsʰɿ⁴⁴⁵⁻⁴⁴ ʑiɔ⁴³³⁻⁴³ pɔ³²⁴　娶亲时，新郎给新娘的红包

洗头包 sɿ⁴⁴⁵⁻⁴⁴ dɯ⁴³³⁻⁴³ pɔ³²⁴　娶亲时，新郎给新娘的红包

洗面包 sɿ⁴⁴⁵⁻⁴⁴ miɛ⁴³³⁻²² pɔ³²⁴　娶亲时，新郎给新娘的红包

上轿面 dʑiɑ²²³⁻²² dʑiɔ⁴³³⁻⁴³ miɛ²³¹　新娘上轿前吃面条，一般是母亲喂给新娘吃

讴新妇 ɔ³²⁴⁻⁴⁴ sən³²⁴⁻⁴⁴ vu²²³　接新娘

　　接新媛主 tɕiəʔ⁵⁻⁴ sən³²⁴⁻⁴⁴ yə⁴³³⁻²² tɕy⁴⁴⁵

　　接亲 tɕiəʔ⁵⁻⁴ tɕʰin³²⁴

传袋 dʑyə⁴³³⁻⁴³ dei²³¹　旧时婚俗，新娘进入大门的仪式。当新娘临门时，夫家以两个袋子（多为麻布袋）铺地，相互交替着垫在新娘脚底下，让新娘脚不沾地地从袋子上踏过，步入夫家门。谐

"传代"之音，寓传宗接代之意

拜堂 pa⁵²⁻⁴⁴ dɔ̃⁴³³

富贵缘 fu⁵²⁻⁴⁴ tɕy⁵²⁻⁴⁴ yən⁴³³　指拜天地之后，新郎新娘进新房并排坐在床沿上所吃的点心。一般是两碗面条上各放一个鸡腿，两个鸡腿用一根红线系着。一对新人需要相互配合才能吃，寓意永结同心、相亲相爱

讨七子 tʰɔ⁴⁴⁵⁻⁴⁴ tsʰəʔ⁵⁻⁴ tsɿ⁴⁴⁵　客人们向新娘子讨喜糖

搞新媛主 kɔ⁴⁴⁵⁻⁴⁴ sən³²⁴⁻²² yə⁴³³⁻²² tɕy⁴⁴⁵　闹洞房

搞大舅 kɔ⁴⁴⁵⁻⁴⁴ do²³¹⁻²² dʑɯ²²³　客人们在男方婚宴当晚捉弄小舅子

三朝转娘家 sã³²⁴⁻⁴⁴ tɕiɔ³²⁴⁻³² tyə⁴⁴⁵⁻⁴⁴ ɲiã⁴³³⁻⁴³ kɔ³²⁴　回门，婚后三天回娘家

七日转娘家 tsʰəʔ⁵ nəʔ²³⁻⁰ tyə⁴⁴⁵⁻⁴⁴ ɲiã⁴³³⁻⁴³ kɔ³²⁴　回门，婚后七天回娘家

新客 sən³²⁴⁻⁴⁴ kʰaʔ⁵　婚后第一个春节，到亲戚家拜年的新婚夫妇

做新客 tso⁵²⁻⁴⁴ sən³²⁴⁻⁴⁴ kʰaʔ⁵　婚后第一个春节，新婚夫妇到亲戚家拜年

（二）生育寿诞

有好生 iɯ²²³⁻²² xɯ⁴⁴⁵ sɛ³²⁴　怀孕

担身子 tã³²⁴⁻⁴⁴ sən³²⁴⁻⁴⁴ tsɿ⁴⁴⁵

担身子个 tã³²⁴⁻⁴⁴ sən³²⁴⁻⁴⁴ tsɿ⁴⁴⁵⁻⁴⁴ kə⁰　孕妇

病儿 bin²³¹⁻⁴³ n̩³²⁴　害喜

生 sɛ³²⁴　分娩

生儿 sɛ³²⁴⁻⁴⁴ n̩³²⁴　① 生孩子。② 生儿子。③ 比喻做事儿很费劲

跩生 lei²³¹⁻⁴³ sɛ³²⁴　小产

打胎 nɛ⁴⁴⁵⁻⁴⁴ tʰei³²⁴

担催生卵 tã³²⁴⁻⁴⁴ tsʰei³²⁴⁻⁴⁴ sɛ³²⁴⁻⁴⁴ lən²²³　在女儿生产前，娘家送礼以催促平安生产，其中鸡蛋(双数)是不可少的礼物

接生 tɕiəʔ⁵ sɛ³²⁴　帮助孕妇生产

报生 pɔ⁵²⁻⁴⁴ sɛ³²⁴　妻子分娩后，女婿去岳母家通报喜讯

双生 ɕiõ³²⁴⁻⁴⁴ sɛ³²⁴　双胞胎

双生儿 ɕiõ³²⁴⁻⁴⁴ sɛ³²⁴⁻⁴⁴ n̩³²⁴　双胞胎儿子

双生囡 ɕiõ³²⁴⁻⁴⁴ sɛ³²⁴⁻⁴⁴ nã²²³　双胞胎女儿

龙凤胎 liõ²²³⁻⁴⁴ vən⁴³³⁻⁴³ tʰei³²⁴

头生 dəɯ⁴³³⁻⁴³ sɛ³²⁴　第一胎

　头胎 dəɯ⁴³³⁻⁴³ tʰei³²⁴

吃奶 tɕʰiəʔ⁵⁻⁴ na²²³

摘奶 taʔ⁵⁻⁴ na²²³　断奶

射尿 dʐya²³¹⁻⁴³ sʅ³²⁴　尿床

尿射出来 sʅ³²⁴⁻³² dʐya²³¹ tɕʰyəʔ⁵⁻⁴ lei⁴³³⁻⁰　尿不自觉地排出来

快长快大 kʰua⁵²⁻⁴⁴ dʐiã⁴³³ kʰua⁵²⁻⁴⁴ do²³¹　茁壮成长

缚手袋= bəʔ²³⁻² ɕiɯ⁴⁴⁵⁻⁴⁴ dei²³¹　旧时观念,把未满月婴儿的胳膊用一根绳子(多为红绳子)宽松绑一下,以免小孩的胳膊往袖筒里回缩,或防止风从袖口吹入而着凉‖"袋="[dei²³¹]本字不明,或与"手膊待="中"待="[dei²²³]是同一字

做生母 tso⁵²⁻⁴⁴ sɛ³²⁴⁻⁴⁴ n̩²²³　坐月子

生母娘 sɛ³²⁴⁻⁴⁴ n̩²²³⁻²² n̩iã⁴³³　产妇

担生母 tã³²⁴⁻⁴⁴ sɛ³²⁴⁻⁴⁴ n̩²²³　探望产妇。鸡蛋(双数)是不可少的贺礼

□解厌 pə³²⁴⁻⁴⁴ ka⁴⁴⁵⁻⁴⁴ iɛ⁵²　小孩儿出生后第三天办宴席,一般以面条回礼

　□三朝 pə³²⁴⁻⁴⁴ sã³²⁴⁻⁴⁴ tɕiɔ³²⁴

吃解厌 tɕʰiəʔ⁵⁻⁴ ka⁴⁴⁵⁻⁴⁴ iɛ⁵²　参加小孩儿的三朝宴席

担解厌 tã³²⁴⁻⁴⁴ ka⁴⁴⁵⁻⁴⁴ iɛ⁵²　给小孩儿送三朝贺礼

满月 mə²²³⁻⁴³ n̩yəʔ²³

□满月酒 pə³²⁴⁻⁴⁴ mə²²³⁻²² n̩yəʔ²³⁻² tɕiɯ⁴⁴⁵　办满月酒

把周 pu⁴⁴⁵⁻⁴⁴ iɯ³²⁴　小孩儿满一周岁‖"周"声母脱落,下同

担把周 tã³²⁴⁻⁴⁴ pu⁴⁴⁵⁻⁴⁴ iɯ³²⁴　给小孩儿送一周岁贺礼

生日 sɛ³²⁴⁻⁴⁴ nəʔ²³

□生日 pə³²⁴⁻⁴⁴ sɛ³²⁴⁻⁴⁴ nəʔ²³　办生日宴

担生日 tã³²⁴⁻⁴⁴ sɛ³²⁴⁻⁴⁴ nəʔ²³　送生日贺礼

吃生日 tɕʰiəʔ⁵⁻⁴ sɛ³²⁴⁻⁴⁴ nəʔ²³　参加生日宴

做寿 tso⁵²⁻⁴⁴ ʑɯ²³¹

拜寿 pa⁵²⁻⁴⁴ ʑɯ²³¹

寿星 ʑɯ²³¹⁻⁴³ ɕin³²⁴

长寿包 dʐ-tɕiã⁴³³⁻⁴⁴ ʑɯ²³¹⁻⁴³ pɔ³²⁴　寿星做寿时给晚辈的红包

缚细脚 bəʔ²³⁻² ɕia⁵²⁻⁴⁴ tɕiəʔ⁵　缠小脚

生肖 sɛ³²⁴⁻³² ɕiɔ⁵²

肖 ɕiɔ⁵²　十二属相中的归属：我～兔

落地时辰 ləʔ²³⁻⁴³ di²³¹ zʅ⁴³³⁻²² zən⁴³³　出生的时辰

年庚八字 n̠ie⁴³³⁻⁴⁴ kɛ³²⁴⁻⁴⁴ paʔ⁵ zʅ²³¹⁻⁰　生辰八字

年纪 n̠ie⁴³³⁻⁴³ tsʅ³²⁴　年龄，岁数

岁 ɕy⁵²

七老八十 tsʰəʔ⁵⁻⁴ lɔ²²³⁻²² paʔ⁵⁻⁴ zəʔ²³

长命 dʑiã⁴³³⁻⁴³ min²³¹

长命百岁 dʑiã⁴³³⁻⁴³ min²³¹ paʔ⁵ ɕy⁵²⁻⁰

领头子 lin²²³⁻²² d-təɯ⁴³³⁻⁴⁴ tsʅ⁴⁴⁵　迷信的说法，久备不孕的夫妻通过领养孩子的方式接好运，怀上自己的孩子，俗称"抱子得子"

日长暝大 nəʔ²³ dʑiã⁴³³⁻⁴³ mɛ²³¹ do²³¹　日益生长

(三) 丧葬

白事 baʔ²³⁻⁴³ zʅ²³¹　丧事

□斋饭 pə³²⁴⁻⁴⁴ tsa³²⁴⁻³² vã²³¹　办丧宴

吃硬饭 tɕʰiəʔ⁵⁻⁴ ŋɛ²³¹⁻⁴³ vã²³¹　参加丧宴

　　吃斋饭 tɕʰiəʔ⁵⁻⁴ tsa³²⁴⁻³² vã²³¹

做丧 tso⁵²⁻⁴⁴ sɔ̃³²⁴　举办丧事

开丧 kʰei³²⁴⁻⁴⁴ sɔ̃³²⁴　丧事正式开始

材头丧 z-sei⁴³³⁻⁴⁴ dəɯ⁴³³⁻⁴³ sɔ̃³²⁴　未出殡之前的丧事

干净丧 kuɔ³²⁴⁻⁴⁴ zin²³¹⁻⁴³ sɔ̃³²⁴　出殡以后的丧事

做全行 tso⁵²⁻⁴⁴ ʑyə⁴³³⁻²² ɔ̃⁴³³　一种很隆重的丧事活动，一般请 5 个道士作法事

死 sɿ⁴⁴⁵

过辈 ko⁵²⁻⁴⁴ pei⁵²　死，婉称

老 lɔ²²³

去 kʰɯ⁵²

额⁼燥柴样 ŋaʔ²³⁻² sɔ⁵²⁻⁴⁴ za⁴³³⁻⁴³ iã²³¹⁻⁰　（人）突然无疾而终

寻死 z-sən⁴³³⁻⁴⁴ sɿ⁴⁴⁵　自杀

死人 sɿ⁴⁴⁵⁻⁴⁴ nin⁴³³

送终 sən⁵²⁻⁴⁴ tɕyən³²⁴　长辈亲属临终时，在其身边陪伴照应，死后料理丧事

咽气 guəʔ²³⁻² tsʰɿ⁵²　咽气

报死 pɔ⁵²⁻⁴⁴ sɿ⁴⁴⁵　报丧，即把某人去世的消息通知其亲友。旧时一般要携带茶叶米前往逝者亲友家报丧，亲友家得烧点心招待报丧者，之后哭送报丧者至门口，并将茶叶米撒在大门口

买水 ma²²³⁻²² ɕy⁴⁴⁵　到村口的溪里或水塘里取水给逝者洗浴，取水时要往水里放一个红包（装一分钱硬币即可），意为向水神购水

入殓 niəʔ²³⁻⁴³ liɛ²³¹

封材 fən³²⁴⁻⁴⁴ zei⁴³³　封棺，大殓后用棺材钉将棺盖与棺木封上

吊香 tiɔ⁵²⁻⁴⁴ ɕiã³²⁴　出殡前一天人们前来参加祭奠仪式

担猪头鹅 tã³²⁴⁻⁴⁴ ti³²⁴⁻⁴⁴ dəɯ⁴³³⁻²² ŋo⁴³³　早年，女儿一般要向逝者供献猪头、鹅等隆重的祭品

担大被 tã³²⁴⁻⁴⁴ do²³¹⁻²² bi²²³　早年，至亲一般要向逝者供献丝绸被面等祭品

担纸礼 tã³²⁴⁻⁴⁴ tsɿ⁴⁴⁵⁻⁴⁴ li²²³　早年，没有亲戚关系的村民一般向逝者供献香烛、纸钱等简单祭品，且仅吃个便饭，不参加出殡前一天的晚宴

请大被 tɕʰin⁴⁴⁵⁻⁴⁴ do²³¹⁻²² bi²²³　出殡前一天的晚饭宴席，参加此宴的宾客第二天一般会送逝者上山

带孝 ta$^{52-44}$ xɔ^{52}　逝者家属按照礼俗在一定时期内穿孝服,或在袖子上缠黑纱、辫子上扎白绳等,表示哀悼

守孝 ɕiɯ$^{445-44}$ xɔ^{52}　旧时守孝期限一般为3年,守孝期间的标志是戴麻绳项圈,今多戴黑袖箍

　　行孝 ɛ$^{433-43}$ xɔ^{52}

　　做孝 tso$^{52-44}$ xɔ^{52}

开孝 kʰei$^{324-32}$ xɔ^{52}　除孝,即守孝期满,逝者家属不再戴麻绳项圈、黑袖箍。今多三七后除孝,也有周年后除孝

哭灵 kʰəʔ$^{5-4}$ lin^{433}　在死者灵柩或灵位前痛哭

破血湖 pʰo$^{52-44}$ ɕyəʔ$^{5-4}$ u^{433}　超度女性逝者的宗教仪式

破地狱 pʰo$^{52-44}$ di$^{433-43}$ n̠yəʔ^{23}　超度男性逝者的宗教仪式

游十殿 iɯ$^{433-44}$ zəʔ$^{23-43}$ diɛ^{231}　在出殡前一晚请唱戏班的人唱戏文"游十殿",为死者的亡灵超度。孝子们端香炉、提灯笼、捧遗像,跟着围棺行走、跪拜

滚灯 kuən$^{445-44}$ tin^{324}　超度逝者的宗教仪式。道士带领孝子在棺木前绕"8"字转圈祭拜

放焰口 fɔ$^{52-44}$ iɛ$^{52-44}$ kʰɯ^{445}　超度亡魂的道教施食科仪。设置道场,请道士念咒施法。道场快结束时,法师把供品化为醍醐甘露赈济给各类饿鬼亡魂,使之得到超脱,永离苦海,以使亡灵不受伤害

施路粥 sʅ$^{324-44}$ lu$^{231-22}$ tɕyəʔ^{5}　超度亡魂的宗教仪式之一。"放焰口"道场快结束时,在村路边插上用松明做成的火把,并将粥倒路边,意为给孤魂野鬼施食

　　施孤 sʅ$^{324-44}$ ku^{324}

炒五谷 tsʰɔ$^{445-44}$ n̩$^{223-22}$ kəʔ^{5}　孝子们穿孝衣露天下将谷、麦、玉米、高粱、粟等一起炒熟,装在三角形小布包里,放置逝者身边。寓意是让逝者将口粮带走,使其在另一个世界有饭吃,不会挨饿

围材 y$^{433-22}$ zei^{433}　出殡前孝子孝孙们正三圈反三圈绕棺

出丧 tɕʰyəʔ$^{5-4}$ sɔ̃^{324}　出殡

扫净 sɔ⁴⁴⁵⁻⁴⁴ ʑin²³¹　棺木抬出去后，清扫屋子

赶煞 kuɛ⁴⁴⁵⁻⁴⁴ sɑʔ⁵　棺木抬出去后，道士驱赶凶神邪气

喝山分五谷 xəʔ⁵⁻⁴ sã³²⁴ fən³²⁴⁻⁴⁴ n̩²²³⁻²² kəʔ⁵　下葬时，棺木入穴之后，风水先生在坟前一边讨口彩，一边撒谷、麦、玉米、高粱、粟等五谷(生的)。寓意是保佑后人家庭富裕，五谷丰登

抢红 tɕʰiɑ⁴⁴⁵⁻⁴⁴ ən⁴³³　棺木入穴"分五谷"之后，孝男孝女脱掉孝服换上平时穿的衣服，披红布，所有送行的亲友人手一根红头绳或红布条

红饭 n̩⁴³³⁻⁴³ vã²³¹　出殡当天的午餐

送火种 sən⁵²⁻⁵⁵ xo⁴⁴⁵⁻⁴⁴ tɕiõ⁴⁴⁵　出殡后第二天在村口烧稻草火把，第三天在坟前烧稻草火把，意为给逝者送去火种

还山 uã⁴³³⁻⁴³ sã³²⁴　出殡后第三天孝子们到坟前祭奠，围坟正三圈反三圈，告知逝者火种已经送去，至此丧礼已经完毕

头七 d-təɯ⁴³³⁻⁴⁴ tsʰəʔ⁵　从去世之日算起的第一个第七天，是祭奠逝者的重要日子

二七 ɲi²³¹⁻²² tsʰəʔ⁵　从去世之日算起的第二个第七天，是祭奠逝者的重要日子

三七 sã³²⁴⁻⁴⁴ tsʰəʔ⁵　从去世之日算起的第三个第七天，是祭奠逝者的重要日子

六七 ləʔ²³⁻² tsʰəʔ⁵　从去世之日算起的第六个第七天，是祭奠逝者的重要日子

一百日 iəʔ⁵⁻⁴ paʔ⁵ nəʔ²³⁻⁰　从去世之日算起的第一百天，是祭奠逝者的重要日子

周年 iɯ³²⁴⁻⁴⁴ ɲiɛ⁴³³　从去世之日算起一周年，是祭奠逝者的重要日子‖"周"声母脱落

三年 sã³²⁴⁻⁴⁴ ɲiɛ⁴³³　从去世之日算起三周年，是祭奠逝者的重要日子

大十 do²³¹⁻⁴³ zəʔ²³　逢十的冥寿，是祭奠逝者的重要日子。一般100岁冥寿之后不再举行祭奠仪式

点蜡 tiɛ⁴⁴⁵⁻⁴⁴ laʔ²³　在"三七""周年""冥寿"等重要日子举行的祭奠逝者仪式

接蜡 tɕiəʔ⁵⁻⁴ laʔ²³　在"点蜡"等祭奠逝者道场之前，孝子们去村口接亡灵回家

送蜡 sən⁵²⁻⁴⁴ laʔ²³　在"点蜡"等祭奠逝者道场结束时，孝子们将亡灵送至村口

担蜡 tã³²⁴⁻⁴⁴ laʔ²³　亲朋好友参加"点蜡"等祭奠逝者，向逝者供献祭品

布桥召亡 pu⁵²⁻⁴⁴ dʑiɔ⁴³³ dʑiɔ²³¹⁻²² mã⁵³³　"三七"等祭奠逝者道场的仪式之一。孝子孝孙们一起头顶一块长白布，以示搭桥，邀请祖先以及逝者魂灵过桥归来

撮骨 tsʰəʔ⁵⁻⁴ kuəʔ⁵　捡尸骨，即把已经下葬（化为白骨）的逝者遗骸重新挖出，然后将白骨重新安葬

骨殖 kuəʔ⁵⁻⁴ ziəʔ²³　尸骨

灵堂 lin⁴³³⁻²² dɔ̃⁴³³

灵床 lin⁴³³⁻²² ʑiɔ̃⁴³³

寿材 ʑiɯ²³¹⁻²² zei⁴³³

　　棺材 kuã³²⁴⁻⁴⁴ zei⁴³³

倚大屋 gei²³¹⁻²² do²³¹⁻²² əʔ⁵　做棺材

棺材钉 kuã³²⁴⁻⁴⁴ zei⁴³³⁻⁴³ tin³²⁴　封棺材的钉子

棺材凳 kuã³²⁴⁻⁴⁴ zei⁴³³⁻⁴³ tin⁵²　摆放棺材的凳子

　　子孙凳 tsɿ⁴⁴⁵⁻⁴⁴ sə³²⁴⁻³² tin⁵²

骨灰盒 kuəʔ⁵⁻⁴ xuei³²⁴⁻⁴⁴ əʔ²³

扛棺材 kɔ̃³²⁴⁻⁴⁴ kuã³²⁴⁻⁴⁴ zei⁴³³　抬棺材

金罐 tɕin³²⁴⁻³² kuã⁵²　"捡尸骨"之后，用来盛放尸骨以重新入葬坟地的陶罐

牌位 ba⁴³³⁻⁴³ uei²³¹

　　灵牌 lin⁴³³⁻²² ba⁴³³

坟 vən⁴³³

太公坟 tʰa⁵²⁻⁴⁴ kən³²⁴⁻⁴⁴ vən⁴³³

八字坟 paʔ⁵⁻⁴ zɿ²³¹⁻²² vən⁴³³　形似八字的坟墓

石板坟 ziəʔ²³⁻² pã⁴⁴⁵⁻⁴⁴ vən⁴³³　青石板制作的坟，属于较高档的坟墓

坟窠 vən⁴³³⁻⁴³ kʰo³²⁴　坟墓聚集的地方

圹 kʰɔ̃⁵²　砖砌的坟墓

生圹 sɛ³²⁴⁻³² kʰɔ̃⁵²　尚未去世者的砖砌坟墓

双圹 ɕiɔ̃³²⁴⁻³² kʰɔ̃⁵²　砖砌的夫妻合葬墓

结圹 tɕiəʔ⁵ kʰɔ̃⁵²⁻⁰　修建砖砌的坟墓

暖圹 nən²²³⁻²² kʰɔ̃⁵²　入葬前一天，从砖砌坟墓中取出修建时放置的碗，烧一些烧纸烘墓穴，入葬时再将碗放入坟墓中

上坟 dʑiã²²³⁻²² vən⁴³³

坟地 vən⁴³³⁻⁴³ di²³¹

坟面 vən⁴³³⁻⁴³ miɛ²³¹　坟墓的正面，用石板、石头或砖等砌成。石板上一般刻有死者姓名、生卒、子孙姓名等

坟手 v-fən⁴³³⁻⁴⁴ ɕiɯ⁴⁴⁵　坟两侧向前延伸的部分

坟背 vən⁴³³⁻⁴³ pei⁵²

坟脑后 v-fən⁴³³⁻⁴⁴ nɔ²²³⁻²² əɯ²²³　坟的尾端

石碑 ziəʔ²³⁻⁴³ pei³²⁴

坟碑 vən⁴³³⁻⁴³ pei³²⁴　墓碑

孝梗 xɔ⁵²⁻⁴⁴ kuɛ⁴⁴⁵　孝杖，丧葬仪式上孝子们用来拄的小棍

孝衫 xɔ⁵²⁻⁴⁴ sã³²⁴　孝服

孝裙 xɔ⁵²⁻⁴⁴ dzyən⁴³³　服孝女性穿的素裙，一般用麻布或白布制作

孝帽 xɔ⁵²⁻⁴⁴ mɔ²³¹　丧服帽，一般用白布制作

头苏 dəɯ⁴³³⁻⁴³ su³²⁴　服孝女性戴在头上的白布带

腰白 iɔ³²⁴⁻⁴⁴ baʔ²³　送晚辈逝者出殡时围在腰间的白布带

香 ɕiã³²⁴　线香

盘香 pə⁴³³⁻⁴³ ɕiã³²⁴　绕成螺旋形的线香

香拍⁼ ɕiã³²⁴⁻⁴⁴ pʰaʔ⁵　香根。香燃尽后在香炉中残留的细木棍

香炉 ɕiã³²⁴⁻⁴⁴ lu⁴³³

点香 tiɛ⁴⁴⁵⁻⁴⁴ ɕiɑ̃³²⁴　烧香

利市 li²³¹⁻²² zɿ²²³　烧纸。微黄,表面粗糙,有纹路,略发皱,比黄表纸厚,不透明。一般用于祭奠、祭祀燃烧

黄表纸 õ⁴³³⁻⁴⁴ piɔ⁴⁴⁵⁻⁴⁴ tsɿ⁴⁴⁵　祭神用的黄色薄纸

锡箔 ɕiəʔ⁵⁻⁴ bə²³　贴以金银色的纸箔

指甲锭 tsəʔ⁵⁻⁴ kɑʔ⁵⁻⁴ din²³¹⁻²²³　锡箔的一种折叠形状,中间有两个尖角似两个指头向上拱起,像双元宝,敬神或祭祀时用来焚烧

茶叶米 dz-tso⁴³³⁻⁴⁴ iəʔ²³⁻² mi²²³　茶叶和大米混合,有避邪之用

猪头鹅 ti³²⁴⁻⁴⁴ dəɯ⁴³³⁻²² ŋo⁴³³　猪头和鹅,是隆重祭品的必备

珓杯 kɔ⁵²⁻⁴⁴ pei³²⁴　杯珓,占卜用具,用蚌壳、竹片或木片制成

阴珓 in³²⁴⁻³² kɔ⁵²　祭祀卜卦时,掷下的两只杯珓平面均朝下的情况

阳珓 iɑ̃⁴³³⁻⁴³ kɔ⁵²　祭祀卜卦时,掷下的两只杯珓平面均朝上的情况

卫⁼方⁼ uei⁻⁴³ fõ³²⁴　灵幡‖"卫⁼"本字调不明

路纸 lu²³¹⁻²² tsɿ⁴⁴⁵　出殡时一路抛洒至坟地的黄表纸

香碗 ɕiɑ̃³²⁴⁻⁴⁴ uɑ̃⁴⁴⁵　放在棺木前用来插香的碗

攥香碗 guɑ̃²²³⁻²² ɕiɑ̃³²⁴⁻⁴⁴ uɑ̃⁴⁴⁵　出殡时孝子提着装有香炉、灵牌的篮子走在前头

八仙 pɑʔ⁵⁻⁴ ɕiɛ³²⁴　① 抬棺人。② 神话传说中的道教八位神仙

四天王 sɿ⁵²⁻⁴⁴ tʰiɛ³²⁴⁻⁴⁴ iõ⁴³³　抬棺人

孝子 xɔ⁵²⁻⁴⁴ tsɿ⁴⁴⁵

孝孙 xɔ⁵²⁻⁴⁴ sə³²⁴

(四) 岁时风俗

风俗 fən³²⁴⁻⁴⁴ ʑyəʔ²³

时节头 zɿ⁴³³⁻²² tɕiəʔ⁵⁻⁴ dəɯ⁴³³　节日

过时过节 ko⁵²⁻⁴⁴ zɿ⁴³³⁻⁴³ ko⁵²⁻⁴⁴ tɕiəʔ⁵　过节日

过年 ko⁵²⁻⁴⁴ ȵiɛ⁴³³

元旦 n̠yo⁴³³⁻⁴³ tɑ̃⁵²

廿五暝 ȵiɛ²³¹⁻²² n̩²²³⁻²² mɛ²³¹　腊月二十五,这一天祭灶

细过年 ɕia⁵²⁻⁴⁴ ko⁵²⁻⁴⁴ ȵiɛ⁴³³

掸尘 tã⁴⁴⁵⁻⁴⁴ dzən⁴³³　用掸子或其他物件除掉灰尘,特指春节前室内大扫除

三十日暝 sã³²⁴⁻⁴⁴ zəʔ²³⁻² nəʔ²³⁻⁴³ mɛ²³¹　除夕

担年暝 tã³²⁴⁻⁴⁴ ȵiɛ⁴³³⁻⁴³ mɛ²³¹　腊月二十五之前,女婿以及已经定亲的准女婿到丈人家送礼。其中,肉是必不可少的礼物之一

正月 tɕin³²⁴⁻³² ȵyəʔ²³

正月正头 tɕin³²⁴⁻⁴⁴ ȵyəʔ²³⁻² tɕin³²⁴⁻⁴⁴ dɯ⁴³³　正月当头

年初一 ȵiɛ⁴³³⁻⁴⁴ tshu³²⁴⁻⁴⁴ iəʔ⁵　大年初一

辞年 zɿ⁴³³⁻²² ȵiɛ⁴³³　谢年,过年仪式之一。农历除夕供奉丰盛的供品祭祀祖先、神像等,以报谢一岁平安,祈求来年祥瑞

谢年神 ʑia²³¹⁻²² ȵiɛ⁴³³⁻²² zən⁴³³

吃隔岁 tɕhiəʔ⁵⁻⁴ kaʔ⁵ ɕy⁵²⁻⁰　除夕的晚餐,即年夜饭

压岁包 aʔ⁵⁻⁴ ɕy⁵²⁻⁴⁴ pɔ³²⁴　压岁钱

坐长暝 zo²²³⁻²² dziã⁴³³⁻⁴³ mɛ²³¹　守岁。当地俗语"三十日暝,坐长暝"

造火亮 zɔ²³¹⁻²² xo⁴⁴⁵⁻⁴⁴ liã²³¹　除夕夜在自家中堂点燃松明守岁

拜年 pa⁵²⁻⁴⁴ ȵiɛ⁴³³

拜年客 pa⁵²⁻⁴⁴ ȵiɛ⁴³³⁻⁴⁴ khaʔ⁵　拜年的客人

年货 ȵiɛ⁴³³⁻⁴³ xo⁵²

办年货 bã²³¹ ȵiɛ⁴³³⁻⁴³ xo⁵²

过年肉 ko⁵²⁻⁴⁴ ȵiɛ⁴³³⁻⁴³ ȵyəʔ²³

八宝菜 paʔ⁵⁻⁴ pɔ⁴⁴⁵⁻⁴⁴ tshei⁵²　新年常备菜肴之一。一大盆白萝卜丝、胡萝卜丝、豆芽、海带丝、豆腐干丝等一起炒的大杂烩

年菜 ȵiɛ⁴³³⁻⁴³ tshei⁵²　新年常备菜肴之一。芋、腌萝卜、酸菜等一起煮的一大盆大杂烩,新年期间每天取一些放暖锅里热着吃,可持续吃到元宵

正月半 tɕin³²⁴⁻⁴⁴ ȵyəʔ²³⁻² pə⁵²　元宵节

龙头 liɔ̃⁴³³⁻²² dəɯ⁴³³　① 龙灯或龙灯的头部。② 车把。③ 自来水管的放水活门

迎龙头 n̻in⁴³³⁻⁴⁴ liɔ̃⁴³³⁻²² dəɯ⁴³³　舞龙灯。舞板凳龙是宣平元宵节一项重要的活动,有多个村分别组织板凳龙表演,是融祈福、娱乐、体育竞技为一体的传统民俗活动。正月十四、十五、十六的晚上,各村的青壮年们抬着长长的龙灯走街串户,去灾祈福、保平安。柳城城隍庙是各村龙灯进城的第一站,无论是城区的主龙还是城外的客龙,都要在城隍庙正反团三圈,点三个头,觐拜城隍祈求太平。镇政府为原宣平县政府所在地,龙灯进此挂红布,祈愿盛世太平、百姓安康。城区的各条龙在柳城镇主要街道表演"拔龙"竞技,舞龙队锣鼓喧天、气势磅礴、蔚为壮观,街道上人山人海、欢声笑语、热闹非凡‖本词条中的"迎",当地俗字多为"擎"

放龙头帖 fɔ̃⁵²⁻⁴⁴ liɔ̃⁴³³⁻⁴⁴ d-təɯ⁴³³⁻⁴⁴ tʰiəʔ⁵　龙灯帖子是写着"龙灯保平安"等内容的红纸片。舞龙活动前,舞龙队有专人挨家挨户发帖,接帖子的主家回以红包,将帖子贴在自家大门上

挴龙头 mɛ⁵²⁻⁴⁴ liɔ̃⁴³³⁻²² dəɯ⁴³³　拔龙竞技。即龙头与龙尾斗智斗勇,这是宣平龙灯会最具特色、最壮观、最吸引人的活动。当龙头悠然游弋向前行时,龙尾使劲地拉着绳子将龙灯往后拉,或是龙头突然拔足狂奔,搞得龙尾措手不及。伴随着急骤的锣鼓声以及民众激情的喝彩声,抬龙者像拔河一般进行"较劲",龙身时进时退,时跑时停,前拖后拉,场面甚是惊险刺激

掰龙头肉 pʰaʔ⁵⁻⁴ liɔ̃⁴³³⁻⁴⁴ d-təɯ⁴³³⁻⁴⁴ n̻yəʔ²³　龙灯会最后一天散场的时候,观龙的民众纷纷涌向龙头,争抢龙头上的纸片(龙肉)或篾条(龙骨),带回家放牛栏、猪栏里,以保佑六畜兴旺

板龙 pã⁴⁴⁵⁻⁴⁴ liɔ̃⁴³³　板凳龙,即用单个灯板串联而成的游动的龙灯。宣平龙灯,多以松树制成灯板底座,一块灯板长约2.2米,宽约0.25米,用老毛竹劈成的篾条扎成龙身,龙头龙尾则编成圆形作骨架,泡过山羊油的棉纸糊上去后绘以龙的图案。纸壁

透光,蜡烛点起,通体火红。有些龙灯由上百节灯板连接组成,形成气势浩荡的长达百米的"巨龙"

铲麦龙 tsʰɑ̃⁴⁴⁵⁻⁴⁴ maʔ²³⁻² liɔ̃⁴³³　布龙。柳城镇金山尖村堰下自然村的龙灯为布龙,没有拔龙竞技环节

太平龙 tʰa⁵²⁻⁴⁴ bin⁴³³⁻²² liɔ̃⁴³³　柳城镇丰产村的龙灯。元宵节龙灯会,柳城城区各条龙起灯按照"前太平、后太平"的顺序,即正月十四丰产村的太平龙先出,正月十六最后熄灯,寓意"前太平、后太平",一年风调雨顺,太平安康。舞龙队伍统一穿绿色衣服

县前龙 yə²³¹⁻²² ʑiɛ⁴³³⁻²² liɔ̃⁴³³　柳城镇县前村的龙灯,舞龙队伍统一穿黄色衣服

县后龙 yə²³¹⁻²² ɯ²²³⁻²² liɔ̃⁴³³　柳城镇县后村的龙灯,舞龙队伍统一穿红色衣服

生儿龙 sɛ³²⁴⁻⁴⁴ n̩³²⁴⁻²² liɔ̃⁴³³　柳城镇郑回村的龙灯。每年由村里生儿子的人组织实施元宵灯会,故名

主龙 tɕy⁴⁴⁵⁻⁴⁴ liɔ̃⁴³³　柳城镇城区的龙灯,即县前村、县后村、丰产村的龙灯

客龙 kʰaʔ⁵⁻⁴ liɔ̃⁴³³　柳城镇城区之外各村的龙灯。元宵节,按先"主龙"再"客龙"的顺序进城隍庙。在除城隍庙以外的街区,两龙相遇则让"客龙"先行

造马灯 zɔ²²³⁻²² mo⁴³³⁻⁴³ tin³²⁴　元宵节的闹马灯活动。早年,柳城镇六葱湖、西舒等地有马灯队

造采茶 zɔ²²³⁻²² tsʰei⁴⁴⁵⁻⁴⁴ dzo⁴³³　元宵节的采茶戏

三月三 sã³²⁴⁻⁴⁴ ȵyə²³⁻⁴³ sã³²⁴　俗称"上巳节"。自1984年始,当地每年与周边的老竹、丽新、板桥乡镇一起举办"柳新桥竹"畲族歌会

清明 tɕʰin³²⁴⁻⁴⁴ min⁴³³　清明日前三天以及后四天为扫墓时间

醮清 tɕiɔ⁵²⁻⁴⁴ tɕʰin³²⁴　清明扫墓

清明粿儿 tɕʰin³²⁴⁻⁴⁴ min⁴³³⁻⁴⁴ kuɑ⁴⁴⁵　清明时节用鼠曲草或嫩艾草与米粉一起制作的粿儿

花馃儿 xo³²⁴⁻⁴⁴ kuã⁴⁴⁵　饺子状的清明馃，做工比较精致，褶皱压边捏合，形成花边

奶奶馃儿 na²²³⁻²² na²²³⁻⁵⁵ kuã⁴⁴⁵　团子状的清明馃

四月八 sʅ⁵²⁻⁴⁴ ȵyəʔ²³⁻² pɑʔ⁵　农历四月初八。据说，这天牧牛童得早点赶牛出栏觅食，以让牛能吃到天上掉下来的两个半乌饭麻糍，接下来的一年里无病无灾，力大无比，勤劳耕耘

吃乌饭饭 tɕʰiə⁵⁻⁴ u³²⁴⁻⁴⁴ vã²³¹⁻⁴³ vã²³¹　吃乌饭。据说，农历四月初八吃乌饭，有防止蚊虫叮咬的作用

吃乌饭麻糍 tɕʰiə⁵⁻⁴ u³²⁴⁻⁴⁴ vã²³¹⁻²² mo⁴³³⁻²² zʅ⁴³³　吃用乌饭树叶汁浸泡糯米加工制作而成的麻糍，是农历四月初八的习俗

端午 tə³²⁴⁻⁴⁴ n̩²²³

担端午 tã³²⁴⁻⁴⁴ tə³²⁴⁻⁴⁴ n̩²²³　端午节，女婿以及已经定亲的准女婿到丈人家送肉、粽子等礼物

卷饼 tɕyə⁴⁴⁵⁻⁴⁴ pin⁴⁴⁵　端午节的风味小吃。以薄面皮包裹四季豆、豆芽、茭白丝、豆腐干丝、泡皮、肉丝等各种馅料，卷成筒状即可食用

卷饼皮 tɕyə⁴⁴⁵⁻⁴⁴ pin⁴⁴⁵⁻⁴⁴ bi⁴³³　用于包卷饼的薄面皮

五月十六 n̩²²³⁻²² ȵyəʔ²³⁻² zəʔ²³⁻⁴³ ləʔ²³　武义柳城畲族镇农历"五月十六"的传统庙会。从清朝康熙年间开始，至今已有三百多年的历史，是当地群众为纪念爱民如子的清官韩宗纲组织的大型庙会活动。除了迎台阁等祈福节俗表演活动之外，城区还设数百个物资交流摊位，活动持续五天左右，是浙中地区最有名的传统庙会

迎台阁 ȵin⁴³³⁻⁴⁴ d-tei⁴³³⁻⁴⁴ kəʔ⁵　迎台阁是柳城畲族镇农历"五月十六"传统庙会最具特色的活动。台阁是将舞台造型缩小在方桌上的一种民间文艺活动。取当地优质木料制作成台桌，由铁扎制成架，按表演剧情需要选村中活泼秀丽的童男童女扮演《荷花仙子》《乘龙观音》等生动、精彩、有宣传教育意义的民间传说或戏剧造型。孩子们或挥袖舞扇，或举枪持戈，活泼可爱。由

四人抬着游行，前有威风锣鼓、会旗和龙虎大旗开道，队伍的最后是城隍老爷——韩宗纲，场面蔚为壮观。"宣平台阁"是浙江省非物质文化遗产‖本词条中的"迎"，当地俗字多为"擎"

韩宗纲 ə$^{433-22}$ tsən$^{324-44}$ kɔ̃^{324}　字公范，直隶宛平（今北京）人，清康熙三十年（1691）进士，康熙三十七年起，连任七年宣平县令。在任期间，韩宗纲勤政爱民，两袖清风，最终贫病交加，逝于任上。乡民感其恩德，将韩宗纲敬立为宣平城隍，并在韩宗纲生日的前一天，即农历五月十六日，举行盛大的城隍庙会，抬着城隍像巡视三坊，以纪念这位爱民如子的清官

六月六 ləʔ$^{23-2}$ n̠ʑyəʔ$^{23-2}$ ləʔ^{23}　当地有"六月六，要吃肉""六月六，新鲜豆腐新鲜肉"等俗语

七月半 tsʰəʔ$^{5-4}$ n̠ʑyəʔ$^{23-2}$ pə^{52}　农历七月十五中元节。有蒸千层糕、吃千层糕以及在中堂祭祀祖宗的习俗

尝新米 ʐɕiã$^{433-44}$ sən$^{324-44}$ mi^{223}　当年第一次吃新米烧的饭

　　尝新 ʑiã$^{433-43}$ sən^{324}

宣莲节 ɕyə$^{324-44}$ liɛ$^{433-44}$ tɕiəʔ^5　柳城畲族镇于7月或8月举办赏十里荷花、品武义宣莲、吃特色美食等一系列活动，以提升"宣莲"的知名度和推动"畲乡古镇""荷花小镇"的旅游产业发展

　　莲子节 liɛ$^{433-44}$ tsɿ$^{445-44}$ tɕiəʔ^5

八月半 paʔ$^{5-4}$ n̠ʑyəʔ$^{23-2}$ pə^{52}　中秋

担八月半 tã$^{324-44}$ paʔ$^{5-4}$ n̠ʑyəʔ$^{23-2}$ pə^{52}　中秋节，女婿以及已经定亲的准女婿到丈人家送月饼、肉等礼物

重阳节 dʑiõ$^{231-22}$ iã$^{433-44}$ tɕiəʔ^5

十二月 zəʔ^{23} n̠i$^{231-55}$ n̠ʑyəʔ$^{23-0}$　腊月

（五）信仰

迷信 mi$^{433-43}$ sən^{52}　① 信仰神仙鬼怪：相信～。② 祭拜鬼神、占卜等活动：做～

风水 fən$^{324-44}$ ɕy^{445}　指住宅基地、坟地等的自然形势，如地脉、山水的方向等体系：～好

风水宝地 fən³²⁴⁻⁴⁴ ɕy⁴⁴⁵⁻⁴⁴ pɔ⁴⁴⁵⁻⁴⁴ diε²³¹

望风水 mã²³¹⁻²² fən³²⁴⁻⁴⁴ ɕy⁴⁴⁵⁻⁴⁴　看风水

殿 diε²³¹　①寺庙。②宫殿

城隍殿 zin⁴³³⁻²²ɦɔ̃⁴³³⁻⁴³ diε²³¹　城隍庙

关王殿 kuã³²⁴⁻⁴⁴ iɔ̃⁴³³⁻⁴³ diε²³¹　关公庙

 关公殿 kuã³²⁴⁻⁴⁴ kən³²⁴⁻³² diε²³¹

 关阳殿 kuã³²⁴⁻⁴⁴ iã⁴³³⁻⁴³ diε²³¹

社殿 ʑia²²³⁻⁴³ diε²³¹　社庙，以保佑本地平安

 本保殿 pə⁴⁴⁵⁻⁴⁴ pɔ⁴⁴⁵⁻⁴⁴ diε²³¹

 水口殿 ɕy⁴⁴⁵⁻⁴⁴ kʰɯ⁴⁴⁵⁻⁴⁴ diε²³¹

天师殿 tʰiε⁴⁴⁵⁻⁴⁴ sɿ³²⁴⁻³² diε²³¹　武义县天师殿位于西联乡牛头山景区，据传叶法善曾在此结庐修道

洞主殿 də²³¹⁻²² tɕy⁴⁴⁵⁻⁴⁴ diε²³¹　柳城畲族镇后龙山上建有洞主殿

寺 zɿ²³¹

冲真观 tɕʰyən³²⁴⁻⁴⁴ tsən³²⁴⁻⁴⁴ kuã⁵²　武义县冲真观位于柳城畲族镇全塘口村，也是唐朝道教天师叶法善的祖宫。叶法善去世后，由唐玄宗下召、赐名将宣阳观改扩建而成

叶法善 iaʔ²³⁻² faʔ⁵⁻⁴ ʑiε²²³　唐代道士，公元 616 年出生于松阳卯山，10 岁左右(有说是 12 岁)举家迁居原宣平县城柳城西南郊的白马山

祠堂 zɿ²²³⁻²² dɔ̃⁴³³

佛堂 vəʔ²³⁻² dɔ̃⁴³³　供奉佛像的堂殿、堂屋

佛桌 vəʔ²³⁻² tyəʔ⁵　用于放置供佛之物的桌子

香火桌 ɕiã³²⁴⁻⁴⁴ xo⁴⁴⁵⁻⁴⁴ tyəʔ⁵　放置香炉烛台的条桌

元宝桌 yə⁴³³⁻⁴⁴ pɔ⁴⁴⁵⁻⁴⁴ tyəʔ⁵　凳脚比普通的佛桌更高，更气派，一般见于寺庙、祠堂等

神橱 zən⁴³³⁻²² dʑy⁴³³　神龛

孤魂坛 ku³²⁴⁻⁴⁴ uə⁴³³⁻²² dɔ̃⁴³³　中元节等节日祭拜孤魂野鬼的场地

开山鸡 kʰei³²⁴⁻⁴⁴ sã³²⁴⁻⁴⁴ tsɿ³²⁴　开建"生圹"前用来血祭的大公鸡

长生鸡 dʑ-tɕiã⁴³³⁻⁴⁴ sɛ³²⁴⁻⁴⁴ tsʅ³²⁴　出殡时绑在棺木背上的大公鸡

和尚 o⁴³³⁻⁴³ ʑiã²³¹

尼姑 n̠i⁴³³⁻⁴³ ku³²⁴

道士 dɔ²²³⁻²² zʅ²²³

　师公 sʅ³²⁴⁻⁴⁴ kən³²⁴

皇天 õ⁴³³⁻⁴³ tʰiɛ³²⁴　老天爷

　老天 lɔ²²³⁻⁴³ tʰiɛ³²⁴

造佛 zɔ⁴³³⁻⁴³ vəʔ²³　菩萨

观音佛 kuã³²⁴⁻⁴⁴ in³²⁴⁻⁴⁴ vəʔ²³　观音菩萨

石＝塔＝和 ʑiəʔ²³⁻² tʰɑʔ⁵⁻⁴ o⁴³³　布袋和尚造型的弥勒佛

阿弥陀佛 o⁴³³⁻⁴⁴ mi⁴³³⁻⁴⁴ do⁴³³⁻⁴³ vəʔ²³

佛 vəʔ²³

神仙 ʑin⁴³³⁻⁴³ ɕiɛ³²⁴

山神土地 sã³²⁴⁻⁴⁴ zən⁴³³⁻⁴³ tʰu⁴⁴⁵⁻⁴⁴ di²³¹　泛称掌管土地（包括山地）的神

土地伯 tʰu⁴⁴⁵⁻⁴⁴ di²³¹⁻²² paʔ⁵　土地神

镬灶伯伯 əʔ²³⁻² tsɔ⁵²⁻⁴⁴ paʔ⁵⁻⁴ paʔ⁵　灶神

　镬灶佛 əʔ²³⁻² tsɔ⁵²⁻⁴⁴ vəʔ²³

猪栏伯伯 ti³²⁴⁻⁴⁴ lã⁴³³⁻⁴⁴ paʔ⁵⁻⁴ paʔ⁵　猪圈神

夫人娘娘 fu³²⁴⁻⁴⁴ n̠in⁴³³⁻⁴⁴ n̠iã⁴³³⁻²² n̠iã⁴³³　当地信奉的神仙之一，神明是陈十四夫人陈靖姑及其结拜姊妹林夫人和李夫人

陈十四夫人 dzən⁴³³⁻²² zəʔ²³⁻² sʅ⁵² fu³²⁴⁻⁴⁴ n̠in⁴³³　陈靖姑，是当地夫人庙的主神

白鹤仙 baʔ²³⁻² ŋəʔ²³⁻⁴³ ɕiɛ³²⁴　当地信奉的神仙之一，是雨神

龙母仙娘 liõ⁴³³⁻⁴⁴ mu²²³⁻²² ɕiɛ³²⁴⁻⁴⁴ n̠iã⁴³³　当地信奉的神仙之一，是雨神

法青 fɑʔ⁵⁻⁴ tɕʰin³²⁴　当地信奉的神仙之一

阎王 iɛ⁴³³⁻²² iõ⁴³³

阴司差 in³²⁴⁻⁴⁴ sʅ³²⁴⁻⁴⁴ tsʰa³²⁴　阴间的差役

白毛蛇 baʔ²³⁻² mo⁴³³⁻²² ʑia⁴³³　白无常，阎王属下的勾魂使者，迷信的说法

妖怪 iɔ³²⁴⁻³² kua⁵²

猢狲精 u⁴³³⁻⁴⁴ sə³²⁴⁻⁴⁴ tɕin³²⁴　猴精

狐狸精 u⁴³³⁻²² li⁴³³⁻⁴³ tɕin³²⁴

野猪精 ia²²³⁻²² ti³²⁴⁻⁴⁴ tɕin³²⁴

老鼠精 lɔ²²³⁻²² tsʰʅ⁴⁴⁵⁻⁴⁴ tɕin³²⁴

鬼 kuei⁴⁴⁵　① 人死后的灵魂。② 狡诈的，阴险的。③ 机灵，敏慧（多指小孩子）

门外鬼 mən⁴³³⁻⁴⁴ ua²³¹⁻²² kuei⁴⁴⁵　不在家里去世之人的鬼魂

火烧鬼 xo⁴⁴⁵⁻⁴⁴ ɕiɔ³²⁴⁻⁴⁴ kuei⁴⁴⁵

吊死鬼 tiɔ⁵²⁻⁴⁴ sʅ⁴⁴⁵⁻⁴⁴ kuei⁴⁴⁵

水鬼 ɕy⁴⁴⁵⁻⁴⁴ kuei⁴⁴⁵

半暝鬼 pə⁵²⁻⁴⁴ mɛ²³¹⁻²² kuei⁴⁴⁵　半夜鬼

山魈 sã³²⁴⁻⁴⁴ ɕiɔ³²⁴　传说中山里的一种鬼怪

鬼灯 kuei⁴⁴⁵⁻⁴⁴ tin³²⁴　鬼火，即夜晚时在墓地或郊野出现的浓绿色磷光

神灯 zən⁴³³⁻⁴³ tin³²⁴　迷信说法，这是一种非常吓人的鬼火，若见到的人大喊大叫，就会迅速窜到人的面前

跪脚跕头 dʑy²³¹⁻²² tɕiəʔ⁵⁻⁴ k-gu³²⁴⁻²² dəɯ⁴³³　下跪

拜太公 pa⁵²⁻⁴⁴ tʰa⁵²⁻⁴⁴ kən³²⁴　祭拜祖先

拜夫人 pa⁵²⁻⁴⁴ fu³²⁴⁻⁴⁴ ȵin⁴³³　祭拜主神陈十四夫人陈靖姑及其结拜姊妹林夫人和李夫人

拜佛 pa⁵²⁻⁴⁴ voʔ²³

谢神 ʑia²³¹⁻²² ʑin⁴³³　拜谢神明的各类活动

谢天谢地 ʑia²³¹⁻⁴³ tʰiɛ³²⁴⁻³² ʑia²³¹⁻⁴³ di²³¹　① 拜谢天地神明。② 表示感激或庆幸的用语

念经 ȵiɛ²³¹⁻⁴³ tɕin³²⁴

保佑 pɔ⁴⁴⁵⁻⁴⁴ iɯ²³¹

接佛 tɕiəʔ⁵⁻⁴ vəʔ²³　迎佛

算命 sə⁵²⁻⁴⁴ min²³¹

望相 mã²³¹⁻²² ɕiã⁵²　看相

测字 tsʰəʔ⁵⁻⁴ zɿ²³¹　一种占卜方式。把汉字的偏旁笔画拆开或合并，做出解说来预测吉凶

鸟啄命 tiɔ⁴⁴⁵⁻⁴⁴ təʔ⁵ min²³¹⁻⁰　鸟衔牌，算命人通过鸟叼啄的牌签来占卜算卦的方式

求签 dʑiɯ⁴³³⁻⁴³ tɕʰiɛ³²⁴

签书 tɕʰiɛ³²⁴⁻⁴⁴ ɕy³²⁴　签条上供卜问吉凶所编的诗句

许愿款 xəɯ⁴⁴⁵⁻⁴⁴ n̠ʑyə²³¹⁻²² kʰuã⁴⁴⁵　许愿

还愿 uã⁴³³⁻⁴³ n̠ʑyə²³¹

求雨 dʐ̩-tɕiɯ⁴³³⁻⁴⁴ y²²³

抽龙 tɕʰiɯ³²⁴⁻⁴⁴ liõ⁴³³　一种祈雨仪式

开光 kʰei³²⁴⁻⁴⁴ kõ³²⁴　① 神佛的偶像雕塑完成后，选择吉日，举行仪式，揭去蒙在脸上的红绸，开始供奉。② 通过宗教仪式，请来神灵，把宇宙中无形的神灵注入某新物件，以获取灵气好运

炼火 liɛ²³¹⁻²² xo⁴⁴⁵　赤脚在通红的炭火上高歌狂舞的一种宗教仪式

炼丹 liɛ²³¹⁻⁴³ tã³²⁴

做佛事 tso⁵²⁻⁴⁴ vəʔ²³⁻⁴³ zɿ²³¹

做道场 tso⁵²⁻⁴⁴ dɔ²²³⁻²² dʑiã⁴³³　请道士先生作法事

造船 zɔ²²³⁻²² ʑyə⁴³³　一种迷信仪式。根据挑好的日子请道士给重病的人做法事，以驱邪赶鬼治病。在溪边烧毁稻草船是其中一个主要的环节

抢魂 tɕʰiã⁴⁴⁵⁻⁴⁴ uə⁴³³　一种迷信仪式。根据挑好的日子请道士给重病的人做法事，以驱邪赶鬼治病。其中有一环节，病人的男亲属们或背着土铳，或扛着锄头（其中一把锄头是装反的），一群人跟随道士跑向田间地头。在道士指引处一锄下地，然后将挖到的青蛙等生物抓回家（事先埋好），意为已抢回病人的魂魄

退煞 tʰei⁵²⁻⁴⁴ sɑʔ⁵　一种驱邪赶鬼的迷信仪式

收惊 ɕiɯ³²⁴⁻⁴⁴ tɕin³²⁴　一种迷信仪式,用于治疗受惊吓的儿童

有齷齪气 iɯ²²³⁻²² o⁻⁴⁴ tɕʰyəʔ⁵ tsʰɿ⁵²⁻⁰　有邪气

问三姊 mən²³¹⁻²² sɑ̃³²⁴⁻⁴⁴ tsɿ⁴⁴⁵　一种向女巫师求医问卜的迷信仪式

三姊娘 sɑ̃³²⁴⁻⁴⁴ tsɿ⁴⁴⁵⁻⁴⁴ ȵiɑ̃⁴³³　女巫师

认亲爹 ȵin²³¹⁻²² tsʰən³²⁴⁻⁴⁴ tia³²⁴　小孩体弱,于是拜认生肖相合、无血缘关系的人为父亲,或拜认当地人认为有神灵的大樟树或大石头、岩壁为父亲

认亲娘 ȵin²³¹⁻²² tsʰən³²⁴⁻⁴⁴ ȵiɑ̃⁴³³　小孩体弱,于是拜认生肖相合、无血缘关系的人为母亲,或拜认当地人认为有神灵的大樟树或大石头、岩壁为母亲

运气 yən²³¹⁻²² tsʰɿ⁵²

运气好 yən²³¹⁻²² tsʰɿ⁵²⁻⁵⁵ xəɯ⁴⁴⁵

运气疲 yən²³¹⁻²² tsʰɿ⁵²⁻⁵⁵ ɕiəʔ⁵　运气差

十六、日常活动

(一) 衣

扮 pã⁵²　打扮

作兴 tsəʔ⁵⁻⁴ ɕin³²⁴　流行

着 tiəʔ⁵　穿：～衣裳

着衣裳 tiəʔ⁵⁻⁴ i³²⁴⁻⁴⁴ ziɑ̃⁴³³　穿衣服

着鞋 tiəʔ⁵⁻⁴ a⁴³³　穿鞋子

脱衣裳 tʰəʔ⁵⁻⁴ i³²⁴⁻⁴⁴ ziɑ̃⁴³³　脱衣服

脱鞋 tʰəʔ⁵⁻⁴ a⁴³³　脱鞋子

缚鞋带 bəʔ²³ a⁴³³⁻⁴³ ta⁵²　系鞋带

裹脚 ko⁴⁴⁵⁻⁴⁴ tɕiəʔ⁵　绑腿

纽 ȵiɯ²²³　扣：～纽扣

扣 kʰɯ⁵²

纽纽子 ȵiɯ²²³⁻²² ȵiɯ²²³⁻²² tsɿ⁴⁴⁵　扣纽扣

解纽子 ka⁴⁴⁵⁻⁴⁴ ȵiɯ²²³⁻²² tsɿ⁴⁴⁵　解扣子

戴帽 ta⁵²⁻⁴⁴ mɔ²³¹　戴帽子

褪帽 tʰən⁵²⁻⁴⁴ mɔ²³¹　摘帽子

挵鞋 mɛ⁵²⁻⁴⁴ a⁴³³　穿鞋时提鞋入脚

穿针 tɕʰyən³²⁴⁻⁴⁴ tsən³²⁴

钉纽子 tin⁵²⁻⁴⁴ ȵiɯ²²³⁻²² tsɿ⁴⁴⁵　钉扣子

缝 vən⁴³³　缝合

衣裳塞起 i³²⁴⁻⁴⁴ ziã⁴³³⁻⁴³ saʔ⁵ tɕʰiəʔ⁰　衣服下摆塞进裤腰

衣裳开起 i³²⁴⁻⁴⁴ ziã⁴³³⁻⁴³ kʰei³²⁴⁻³² tɕʰiəʔ⁰　敞开衣襟

　开绾散带 kʰei³²⁴⁻⁴⁴ kuã⁻⁴⁴ sã⁴⁴⁵⁻⁴⁴ ta⁵²　‖"绾"只有连读调，单字调不明

理衫袖头 li²²³⁻²² sã³²⁴⁻⁴⁴ ziɯ²³¹⁻²² dəɯ⁴³³　整理袖口

衫袖头抒起 sã³²⁴⁻⁴⁴ ziɯ²³¹⁻²² dəɯ⁴³³⁻⁴³ ləʔ²³ tɕʰiəʔ⁰　抒着袖子

　手膊待⁼ 抒起 ɕiɯ⁴⁴⁵⁻⁴⁴ pəʔ⁵⁻⁴ dei²²³⁻²² ləʔ²³ tɕʰiəʔ⁰

衫袖头扎起 sã³²⁴⁻⁴⁴ ziɯ²³¹⁻²² dəɯ⁴³³ tsaʔ⁵ tɕʰiəʔ⁰　卷着袖子

　衫袖头卷起 sã³²⁴⁻⁴⁴ ziɯ²³¹⁻²² dəɯ⁴³³ tɕyən⁴⁴⁵⁻⁴⁴ tɕʰiəʔ⁰

布裤脚扎起 pu⁵²⁻⁴⁴ kʰu⁵²⁻⁴⁴ tɕiəʔ⁵ tsaʔ⁵ tɕʰiəʔ⁰　卷着裤腿

　布裤脚卷起 pu⁵²⁻⁴⁴ kʰu⁵²⁻⁴⁴ tɕiəʔ⁵ tɕyən⁴⁴⁵⁻⁴⁴ tɕʰiəʔ⁰

布裤通⁼ 起 pu⁵²⁻⁴⁴ kʰu⁵²⁻⁵⁵ tʰən³²⁴⁻³² tɕʰiəʔ⁰　裤子因宽松往下掉

刓布裤脚 tei⁴⁴⁵⁻⁴⁴ pu⁵²⁻⁴⁴ kʰu⁵²⁻⁴⁴ tɕiəʔ⁵　扯裤腿

皮带缚起 bi⁴³³⁻⁴³ ta⁵²⁻⁵⁵ bəʔ²³ tɕʰiəʔ⁰　系着皮带

鞋拖起 a⁴³³⁻⁴³ tʰa³²⁴⁻³² tɕʰiəʔ⁰　趿着鞋

帽戴起 mɔ²³¹ ta⁵²⁻⁵⁵ tɕʰiəʔ⁰　戴着帽子

(二) 食

煮 i⁴⁴⁵　烹饪

烧吃 ɕiɔ³²⁴⁻⁴⁴ tɕʰiəʔ⁵　做饭

烧饭 ɕiɔ³²⁴⁻³² vã²³¹　① 煮饭烧菜。② 煮饭

　煮饭 i⁴⁴⁵⁻⁴⁴ vã²³¹

烧菜 ɕiɔ³²⁴⁻³² tsʰei⁵²　烧菜的统称，和做饭相对

煮菜 i⁴⁴⁵⁻⁴⁴ tsʰei⁵²

炒 tsʰɔ⁴⁴⁵

炒菜 tsʰɔ⁴⁴⁵⁻⁴⁴ tsʰei⁵²　①烧菜的统称,和做饭相对。②炒制菜肴,有别于熬菜

炒卵 tsʰɔ⁴⁴⁵⁻⁴⁴ lən²²³　炒鸡蛋

烹 pʰɛ³²⁴　①煮：～茶。②点燃木炭、煤球等：炭～起。③烧热：镬～起焙莲子_{锅烧热烘焙莲子}

洗菜 sɿ⁴⁴⁵⁻⁴⁴ tsʰei⁵²

剺菜心 pʰi³²⁴⁻⁴⁴ tsʰei⁵²⁻⁴⁴ sən³²⁴　除去菜秆的外皮层

剺芥菜 pʰi³²⁴⁻⁴⁴ ka⁵²⁻⁴⁴ tsʰei⁵²　①除去芥菜的表皮。②走路时踩他人的脚后跟

切菜 tɕʰiaʔ⁵⁻⁴ tsʰei⁵²

煺毛 tʰei³²⁴⁻⁴⁴ mɔ⁴³³　用滚水烫除已宰杀的动物身上的毛

劗肉 tsã³²⁴⁻³² n̠yeʔ²³　剁肉

炸 tsa⁵²　①爆炸。②油炸

泡 pʰɔ⁵²　油炸

泡番薯片 pʰɔ⁵²⁻⁴⁴ fã³²⁴⁻⁴⁴ zɿ⁴³³⁻⁴³ pʰiɛ⁵²　油炸番薯片

塌卵 tʰɑʔ⁵⁻⁴ lən²²³　煎蛋

塌饼 tʰɑʔ⁵⁻⁴ pin⁴⁴⁵　①烙饼。②煎饼

塌卷饼 tʰɑʔ⁵⁻⁴ tɕyɛ⁴⁴⁵⁻⁴⁴ pin⁴⁴⁵　烙制用于包卷饼的薄面皮

塌豆腐 tʰɑʔ⁵⁻⁴ dəɯ²³¹⁻²² v-fu²²³⁻⁵²

煎 tɕiɛ³²⁴　熬煮：～药

煠 zaʔ²³　将整个儿食物直接置水中煮,不翻炒,有壳的食物不去壳

煠猪头 zaʔ²³⁻² ti³²⁴⁻⁴⁴ dəɯ⁴³³　将整个猪头置水中煮

煠番薯 zaʔ²³⁻² fã³²⁴⁻⁴⁴ zɿ⁴³³　煮番薯

熝 əɯ³²⁴　熬(āo),一种简单的烹调方法,把蔬菜等放在水里用文火煮。评议他人厨艺差或自谦时的用词：我烧弗好吃,便是～～起个

蒸 tɕin³²⁴　利用蒸汽使食物变熟，主要炊具为饭盒、碗、盆等

蒸饭 tɕin³²⁴⁻³² vã²³¹　多指用饭盒蒸饭

蒸卵 tɕin³²⁴⁻⁴⁴ lən²²³　蒸蛋

炊 tɕʰy³²⁴　蒸，主要炊具为饭甑、蒸笼

炊馒头 tɕʰy³²⁴⁻⁴⁴ mə⁴³³⁻²² dəɯ⁴³³　蒸馒头

炊糕 tɕʰy³²⁴⁻⁴⁴ kɯ³²⁴　蒸糕

炊糯米饭 tɕʰy³²⁴⁻⁴⁴ no²³¹⁻²² mi²²³⁻²² vã²³¹　用饭甑蒸糯米饭

燸 xə⁵²　蒸，主要炊具为箅子、蒸笼，一般用于已熟食物的重新加热：馒头～过再吃

焖 mən²³¹　盖紧锅盖，用微火把饭菜煮熟

焖饭 mən²³¹⁻⁴³ vã²³¹

煨 uei³²⁴　在带火的灰里烧熟东西：～粽

滚 kuən⁴⁴⁵　让菜在沸汤里煮

滚豆腐 kuən⁴⁴⁵⁻⁴⁴ dəɯ²³¹⁻²² v-fu²²³⁻⁵²　沸水煮豆腐

炖 tən³²⁴　把食物盛入容器，再把容器放水里烧煮：酒～记渠 酒加热一下

炖酒 tən³²⁴⁻³² tɕiɯ⁴⁴⁵　温酒

烩 xuei⁴⁴⁵　一种烹饪方法，菜炒熟后再加入酱油、料酒等拌和调味

杂 zəʔ²³　配搭：菜干～豆腐

熬油 ŋ⁴³³⁻²² iɯ⁴³³

过汤 ko⁵²⁻⁴⁴ tʰɔ⁴⁴⁵　氽水

授 ʑiɯ²³¹　调和，配制：盐卤掺浆埳～作豆腐花 盐卤掺在豆浆里调制成豆腐花

授糖 ʑiɯ²³¹ dɔ⁴³³　用麦芽糖制作冻米糖等各种糖制食品

滗 piəʔ⁵　挡住渣滓或泡着的东西，把液体轻轻倒出

滗卤 piəʔ⁵⁻⁴ lu²²³　把菜汤倒出

撩饭 lio⁴³³⁻⁴³ vã²³¹　捞饭。煮饭时用笊篱把锅里的米饭捞出来

暖 nə⁴⁴⁵　给饭菜加热

盐 iɛ²³¹　腌制

盐肉 iɛ²³¹⁻⁴³ n̠yəʔ²³　①腌制肉。②腌制的肉

盐猪头 iɛ²³¹⁻²² ti³²⁴⁻⁴⁴ dɯɯ⁴³³　①腌制猪头。②腌制的猪头

盐萝卜 iɛ²³¹⁻²² lo⁴³³⁻⁴⁴ bəʔ²³　①腌制萝卜。②腌制的萝卜

渍菜 tsəʔ⁵⁻⁴ tsʰei⁵²　腌制蔬菜

晒菜干 sa⁵²⁻⁴⁴ tsʰei⁵²⁻⁴⁴ kuə³²⁴　晒制菜干

拌麦粉 bə²²³⁻²² maʔ²³⁻² fən⁴⁴⁵　和面

抈面 n̠yəʔ²³⁻² miɛ²³¹　揉面：～做馒头

打面 nɛ⁴⁴⁵⁻⁴⁴ miɛ²³¹　擀面

抽索面 tɕʰiɯ³²⁴⁻³² səʔ⁵ miɛ²³¹⁻⁰　制作挂面

抽索粉干 tɕʰiɯ³²⁴⁻³² səʔ⁵⁻⁴ fən⁴⁴⁵⁻⁴⁴ kuə³²⁴　制作粉干

包卷饼 pɔ³²⁴⁻³² tɕyə⁴⁴⁵⁻⁴⁴ pin⁴⁴⁵　用卷饼皮包裹各种馅料，卷成筒状

压粽 aʔ⁵⁻⁴ tsən⁵²　包粽子

包粽 pɔ³²⁴⁻³² tsən⁵²

煠粽 zaʔ²³⁻² tsən⁵²　煮粽子

做豆腐 tso⁵²⁻⁴⁴ dɯɯ²³¹⁻²² v-fu²²³⁻⁵²　制作豆腐

磨豆腐 mo²³¹⁻²² dɯɯ²³¹⁻²² v-fu²²³⁻⁵²　磨豆浆糊，制作豆腐的第一道工序

磨豆腐娘 mo²³¹⁻²² dɯɯ²³¹⁻²² vu²²³⁻²² n̠iã⁴³³　制作豆腐娘，将浸泡好的豆放进石磨研磨

洗浆 sɿ⁴⁴⁵⁻⁴⁴ tɕiã³²⁴　制作豆腐过程中的滤豆浆液环节。把装着豆浆糊的"豆腐袋"搁在"豆腐篮"里，再把"豆腐篮"放到悬空架在"豆腐桶"的"豆腐枷"上，往"豆腐袋"加入一定比例的温水。拌和均匀后，抓住豆腐袋口反复绞紧挤压，过滤后的浆液流入"豆腐桶"内，直至浆液挤干、袋里的豆腐渣一捏就能松散为止

烧浆 ɕiɔ³²⁴⁻⁴⁴ tɕiã³²⁴　制作豆腐过程中的煮豆浆液环节。将过滤后的生豆浆液盛到锅内，猛火加热煮沸，煮至锅面豆浆泡沫破裂便得熟浆

掺盐卤 tsʰã³²⁴⁻⁴⁴ iɛ⁴³³⁻⁴⁴ lu²²³　制作豆腐时往豆浆里添加盐卤使之凝固。把煮沸的豆浆舀到豆腐桶内，待温度降至80℃左右时，

将盛着盐卤水的小勺顺时针方向不断地搅动,慢慢把盐卤水搅入豆浆内,直到豆浆出现玉米大小的豆腐粒时就停止

掺雷公浆 tsʰɑ³²⁴⁻⁴⁴ lei⁴³³⁻⁴⁴ kən³²⁴⁻⁴⁴ tɕiɑ³²⁴　制作豆腐时给熟浆注水。为了增强之后油炸豆腐的发泡效果,在熟浆中高高注入5％左右的温水,半小时左右即成豆腐花

授豆腐 ʑiɯ²³¹ dəɯ²³¹⁻²² v-fu²²³⁻⁵²　调配制作豆腐花

包豆腐 pɔ³²⁴⁻⁴⁴ dəɯ²³¹⁻²² v-fu²²³⁻⁵²　制作豆腐时将豆腐花倒入铺着纱布的"豆腐箱"中,用纱布将豆腐花包好

压豆腐 aʔ⁵⁻⁴ dəɯ²³¹⁻²² v-fu²²³⁻⁵²　将"豆腐箱"中尚未成型的豆腐盖上盖子,上覆重物以压出水分,使豆腐成形

反豆腐 pã⁴⁴⁵⁻⁴⁴ dəɯ²³¹⁻²² v-fu²²³⁻⁵²　豆腐成型后,打开上层"豆腐箱",揭开包豆腐的纱布,将豆腐翻个面,将之从"豆腐箱"中腾移出来

划豆腐 uaʔ²³⁻² dəɯ²³¹⁻²² v-fu²²³⁻⁵²　切割豆腐,将豆腐划成若干正方块

破柴 pʰa⁵²⁻⁴⁴ za⁴³³　劈柴

烧镬 ɕiɔ³²⁴⁻⁴⁴ əʔ²³　烧火

起火头 tsʰɿ⁴⁴⁵⁻⁴⁴ xo⁴⁴⁵⁻⁴⁴ dəɯ⁴³³　生火

打火 nɛ⁴⁴⁵⁻⁴⁴ xo⁴⁴⁵　用火石、打火机等取火

换镬 uã⁴³³⁻⁴³ əʔ²³　刷锅换水

发镬 faʔ⁵⁻⁴ əʔ²³　开新锅

刮画墨 kuaʔ⁵⁻⁴ o²³¹⁻⁴³ məʔ²³　铲锅底灰

吃得了 tɕʰiəʔ⁵ tiəʔ⁵⁻⁰ laʔ⁰　开饭了,可以吃了

吃 tɕʰiəʔ⁵　① 吃:～饭。② 喝:～酒。③ 抽:～烟

吃相 tɕʰiəʔ⁵⁻⁴ ɕiã⁵²　吃喝时的姿态、样子

口餐 kʰɯ⁴⁴⁵⁻⁴⁴ tsʰã³²⁴　胃口:～好

吃饭 tɕʰiəʔ⁵⁻⁴ vã²³¹

吃酒 tɕʰiəʔ⁵⁻⁴ tɕiɯ⁴⁴⁵　① 喝酒。② 参加喜宴

吃烟 tɕʰiəʔ⁵⁻⁴ iɛ³²⁴　抽烟

吃弗过 tɕʰiəʔ⁵⁻⁴ fəʔ⁵⁻⁴ ko⁵²　吃腻了

吃弗来 tɕʰiəʔ⁵⁻⁴ fəʔ⁵⁻⁴ lei⁴³³　饮食不适应

赛吃 sei⁵²⁻⁴⁴ tɕʰiəʔ⁵　相互比拼着吃

赛抢 sei⁵²⁻⁴⁴ tɕʰiã⁴⁴⁵　争先抢

野吃 ia²²³⁻²² tɕʰiəʔ⁵　胡吃,乱吃

祭 tsɿ⁵²　吃,詈语。责怪他人贪吃或言语者心里不快时的用词:

　~忒多了｜快点~去啊

呷 xɑʔ⁵　喝:~酒

呷酒 xɑʔ⁵⁻⁴ tɕiɯ⁴⁴⁵　喝酒

赛呷 sei⁵²⁻⁴⁴ xɑʔ⁵　相互比拼着喝,拼酒量

唎 ɕyəʔ⁵　小口喝:酒~两口

洇 mi³²⁴　小口微饮:白酒~一口

尝 ʑiã⁴³³

叭 pɑʔ⁵　抽(烟):烟~两口

吃五更 tɕʰiəʔ⁵⁻⁴ n̩²²³⁻⁴³ kɛ³²⁴　吃早饭

吃日午 tɕʰiəʔ⁵⁻⁴ nəʔ-nə²³⁻²² n̩²²³　吃午饭 ‖ "日"韵母舒化,下同

吃乌日 tɕʰiəʔ⁵⁻⁴ u³²⁴⁻³² nəʔ-n̩i²³⁻⁵²　吃晚饭

齿饭 ti⁵²⁻⁵⁵ vã²³¹　盛饭

支饭 tsɿ³²⁴⁻³² vã²³¹　捎饭:~乞我吃

挟菜 gɑʔ²³⁻² tsʰei⁵²　夹菜

泡茶 pʰo⁵²⁻⁴⁴ dzo⁴³³　沏茶,用煮开的水第一次冲泡茶

筛茶 sa³²⁴⁻⁴⁴ dzo⁴³³　斟茶,倒茶

　□茶 ʑiɔ̃²³¹⁻²² dzo⁴³³　‖ "□"[ʑiɔ̃²³¹]倾倒,倾注的意思,下同

筛酒 sa³²⁴⁻⁴⁴ tɕiɯ⁴⁴⁵　斟酒,倒酒

　□酒 ʑiɔ̃²³¹⁻²² tɕiɯ⁴⁴⁵

舀汤 iɔ²²³⁻⁴³ tʰɔ̃³²⁴　盛汤

搭箸 kʰo⁵²⁻⁴⁴ dzɿ²³¹　使筷子

蘸酱油 tsã⁵²⁻⁴⁴ tɕiã⁵²⁻⁴⁴ iɯ⁴³³

䑛猪头肉 pʰɑʔ⁵⁻⁴ ti³²⁴⁻⁴⁴ d-təɯ⁴³³⁻⁴⁴ n̩yəʔ²³　①剥离猪头肉。②吃猪

头肉

 掰猪头 $p^ha?^{5-4}\ ti^{324-44}\ dəɯ^{433}$

 掰猪头爿 $p^ha?^{5-4}\ ti^{324-44}\ dəɯ^{433-22}\ bã^{433}$

掰骨头 $p^ha?^{5-4}\ kuə?^{5-4}\ dəɯ^{433}$ ① 剥离骨头上肉。② 啃骨头

口燥 $k^hɯ^{445-44}\ sɔ^{52}$ 口渴

肚饥 $du^{223-43}\ tsʅ^{324}$ 肚子饿

饿 $ŋuei^{231}$ 使饿，挨饿：乞渠～死了｜～了好两日了

饱 $pɔ^{445}$

哽 $kɛ^{52}$ 噎：吃饭～去了

呛 $tɕ^hiɑ̃^{52}$ 水或食物进入气管引起不适

打嗝斗 $nɛ^{445-44}\ kə?^5\ təɯ^{52-0}$ 呃逆。气从胃中上逆，喉间频频作声，声音急而短促

打饱咯 $nɛ^{445-44}\ pɔ^{445-44}\ gə?^{23}$ 打饱嗝

馋 $zã^{433}$ 贪嘴，贪食：口嘴～

醉 $tɕy^{52}$

死酩烂醉 $sʅ^{445-44}\ min^{433-44}\ lã^{231-22}\ tɕy^{52}$ 烂醉如泥

 烂醉 $lã^{231-22}\ tɕy^{52}$

瘾头 $in^{445-44}\ dəɯ^{433}$ 瘾的程度，浓厚的兴趣

耐人 $na^{231-22}\ nin^{433}$ 腻人。指食品含油脂量过高或甜得发腻，使人吃不下去

啮弗动 $ŋə?^{23-2}\ fə?^{5-4}\ dən^{223}$ 咬不动

配 p^hei^{52} ① 下（饭），下（酒）。② 般配：两个人弗～。③ 配种：没～起

没菜配 $mei^{52-44}\ ts^hei^{52-55}\ p^hei^{52-0}$ 没菜下饭（酒）

配酒 $p^hei^{52-44}\ tɕiɯ^{445}$ 下酒

三厨五顿 $sã^{324-44}\ dz-tɕy^{231-44}\ n̩^{223-22}\ tə̃^{52}$ 正常的一日用餐：憨个人～都弗晓得吃

赶桌下 $kuə^{445-44}\ tyə?^{5-4}\ ia^{223}$ 吃饭迟到

背桌 $pei^{52-44}\ tyə?^5$ 同一桌人中最后吃完

供 tɕyən³²⁴　侍奉：爹娘老了我来～

(三) 住

事干 zʅ²³¹⁻²² kuə⁵²　事情：一件～

开门 kʰei³²⁴⁻⁴⁴ mən⁴³³　① 打开门。② 开始营业

关门 kən³²⁴⁻⁴⁴ mən⁴³³　① 把门关上。② 暂停营业或终止营业

歇 ɕiəʔ⁵　休息

　　歇力 ɕiəʔ⁵⁻⁴ liəʔ²³　‖ 不能带数量短语

　　休息 ɕiɯ³²⁴⁻⁴⁴ ɕiəʔ⁵

起床 tsʰʅ⁴⁴⁵⁻⁴⁴ ziɔ̃⁴³³　铺床

定被 din²³¹⁻²² bi²²³　缝被子

套被 tʰɔ⁵²⁻⁴⁴ bi²²³　套被子

摺被 tɕiəʔ⁵⁻⁴ bi²²³　叠被子

兜被 təɯ³²⁴⁻⁴⁴ bi²²³　盖被子

钻被窠 tsə³²⁴⁻⁴⁴ bi²²³⁻⁴³ kʰo³²⁴　钻被窝儿

坐被窠 zo²²³⁻²² bi²²³⁻⁴³ kʰo³²⁴　坐在被窝儿里

暖被窠 nən²²³⁻²² bi²²³⁻⁴³ kʰo³²⁴　① 让被窝儿暖起来。② 暖暖的被窝儿

打花睏 nɛ⁴⁴⁵⁻⁴⁴ xo³²⁴⁻³² kʰuə⁵²　打哈欠

床头子送来了罢 ziɔ̃⁴³³⁻²² dəɯ⁴³³⁻²² tsʅ⁴⁴⁵⁻⁴⁴ sən⁵²⁻⁵⁵ lei⁴³³⁻⁴³ laʔ⁵ baʔ⁵　睡意袭来了

睏 kʰuə⁵²　睡

睏相 kʰuə⁵²⁻⁴⁴ ɕiã⁵²　睡相，睡觉的姿势状态

乐睏 ŋo²³¹⁻²² kʰuə⁵²　想睡

乐睏丁噔 ŋo²³¹⁻²² kʰuə⁵² tin³²⁴⁻⁵⁵ dən²³¹⁻⁰　恹恹欲睡

睏弗去 kʰuə⁵²⁻⁴⁴ fəʔ⁵⁻⁴ kʰɯ⁵²　睡不着

睏去了 kʰuə⁵²⁻⁵⁵ kʰɯ-xə⁵²⁻⁰ laʔ⁵　睡着了

睏弗过 kʰuə⁵²⁻⁴⁴ fəʔ⁵⁻⁴ ko⁵²　睡腻烦了

睏弗醒 kʰuə⁵²⁻⁴⁴ fəʔ⁵⁻⁴ ɕin⁴⁴⁵　睡眠不足

睏弗落 kʰuə⁵²⁻⁴⁴ fəʔ⁵⁻⁴ ləʔ²³　睡不下

放弗落 fɔ̃⁵²⁻⁴⁴ fəʔ⁵⁻⁴ ləʔ²³　① 放不下。② 小孩放下即醒，要抱着才肯睡

仰天睏 ȵiɑ̃²²³⁻⁴³ tʰiɛ³²⁴⁻³² kʰuɐ⁵²　仰天睡

覆蠡睏 pʰəʔ⁵⁻⁴ kən⁴⁴⁵⁻⁴⁴ kʰuɐ⁵²　趴着睡

打横侧睏 nɛ⁴⁴⁵⁻⁴⁴ uɐ⁴³³⁻⁴⁴ tsəʔ⁵⁻⁴ kʰuɐ⁵²　侧睡

吵睏 tsʰɔ⁴⁴⁵⁻⁴⁴ kʰuɐ⁵²　婴儿睡前哭闹

猫寤 mɔ³²⁴⁻⁴⁴ xuəʔ⁵　婴儿短暂浅睡

蒿= xəɯ³²⁴　小睡一会儿

鼾 xuə³²⁴　打呼噜

　打呼 nɛ⁴⁴⁵⁻⁴⁴ xu³²⁴

做梦 tso⁵²⁻⁴⁴ mən²³¹

念梦话 ȵiɛ²³¹⁻²² mən²³¹⁻⁴³ o²³¹　讲梦话

午睡 n̩²²³⁻⁴³ zei²³¹

醒暝 ɕin⁴⁴⁵⁻⁴⁴ mɛ²³¹　熬夜

醒 ɕin⁴⁴⁵

挖= 起 uɑʔ⁵ tɕʰiəʔ⁰　① 起床：五点钟便～了。② 起来：坐了两个钟头了，～活动记

挖= 弗起 uɑʔ⁵ fəʔ⁵ tsʰɿ⁴⁴⁵　① 起不了床。② 起不来

点灯 tiɛ⁴⁴⁵⁻⁴⁴ tin³²⁴　① 点灯。② 开灯

烘火笼 xən³²⁴⁻⁴⁴ xo⁴⁴⁵⁻⁴⁴ lən⁴³³

烘火钵 xən³²⁴⁻⁴⁴ xo⁴⁴⁵⁻⁴⁴ pəʔ⁵　烘火盆

烧火着 ɕiɔ⁴⁴⁵⁻⁴⁴ xo⁴⁴⁵⁻⁴⁴ dei²²³　烧篝火

洗牙齿 sɿ⁴⁴⁵⁻⁴⁴ ŋo⁴³³⁻⁴⁴ tsʰɿ⁴⁴⁵　刷牙

荡口嘴 dɔ̃²²³⁻²² kʰɯ-kʰəʔ⁴⁴⁵⁻⁴ tɕy⁴⁴⁵　漱口

洗面 sɿ⁴⁴⁵⁻⁴⁴ miɛ²³¹　洗脸

洗浴 sɿ⁴⁴⁵⁻⁴⁴ yəʔ²³　洗澡

樵浴 tɕiɔ⁴⁴⁵⁻⁴⁴ yəʔ²³　擦身

弹胭脂 dɑ̃⁴³³⁻⁴³ iɛ³²⁴⁻⁴⁴ tsɿ³²⁴　抹胭脂

搨粉 tʰɑʔ⁵⁻⁴ fən⁴⁴⁵　抹粉

弹口红 dã⁴³³⁻²² kʰɯ⁴⁴⁵⁻⁴⁴ ən⁴³³　抹口红

洗头 sɿ⁴⁴⁵⁻⁴⁴ dəɯ⁴³³

梳头 sɿ³²⁴⁻³² dəɯ⁴³³

　　桄头 kəʔ⁵⁻⁴ dəɯ⁴³³

打辫搭 nɛ⁴⁴⁵⁻⁴⁴ biɛ²²³⁻²² taʔ⁵　打辫子

梳头髻 sɿ³²⁴⁻⁴⁴ dəɯ⁴³³⁻⁴³ tsɿ⁵²　梳髻子

扎头发 tsaʔ⁵⁻⁴ d-təɯ⁴³³⁻⁴⁴ faʔ⁵

　　缚头发 bəʔ²³⁻² d-təɯ⁴³³⁻⁴⁴ faʔ⁵

箆 bi²³¹　用箆子梳：～虱

箆虱 bi²³¹⁻²² səʔ⁵　用箆子清除头上的虱子

刮胡须 kuaʔ⁵⁻⁴ u⁴³³⁻⁴³ su³²⁴

轧指甲 gaʔ²³⁻² tsəʔ⁵⁻⁴ kaʔ⁵　剪指甲

挖耳朵浼 uaʔ⁵⁻⁴ n̩²²³⁻²² to⁴⁴⁵⁻⁴⁴ u⁵²　掏耳朵

放浼 fɔ⁵²⁻⁴⁴ u⁵²　拉屎

放尿 fɔ⁵²⁻⁴⁴ sɿ³²⁴　撒尿

放屁 fɔ⁵²⁻⁴⁴ pʰi⁵²

揢屁股 kaʔ⁵⁻⁴ pʰi⁵²⁻⁴⁴ ku⁴⁴⁵　擦屁股。旧时人们多用竹片、稻草或细木棍刮揢屁股，故名

佐尿 tso⁴⁴⁵⁻⁴⁴ sɿ³²⁴　把尿

佐浼 tso⁴⁴⁵⁻⁴⁴ u⁵²　把屎

料理 liɑ²³¹⁻²² li²²³　① 整理，收拾：～东西。② 照顾，照料，对象多为老人

概= kʰei⁵²　整理：间墥～一记_房间里整理一下_

概= 卫生 kʰei⁵²⁻⁴⁴ uei²³¹⁻⁴³ sɛ³²⁴　搞卫生

扫地 sɔ⁴⁴⁵⁻⁴⁴ di²³¹

　　扫地下 sɔ⁴⁴⁵⁻⁴⁴ di²³¹⁻²² iɑ²²³

洗衣裳 sɿ⁴⁴⁵⁻⁴⁴ i³²⁴⁻⁴⁴ ziɑ̃⁴³³　洗衣服

　　汏衣裳 da²³¹⁻²² i³²⁴⁻⁴⁴ ziɑ̃⁴³³

带人 ta⁵²⁻⁴⁴ nin⁴³³　带小孩

带细人 ta⁵²⁻⁴⁴ ɕia⁵²⁻⁴⁴ nin⁴³³⁻²²³

七缠记，八缠记 tsʰəʔ⁵⁻⁴ dʑyə²³¹ tsʅ⁵²⁻⁰，paʔ⁵⁻⁴ dʑyə²³¹ tsʅ⁵²⁻⁰　东搞搞，西弄弄

七缠八缠 tsʰəʔ⁵⁻⁴ dʑyə²³¹ paʔ⁵⁻⁴ dʑyə²³¹

(四) 行

挖⁼上去 uaʔ⁵ dʑiã²²³⁻²² kʰɯ-xə⁵²⁻⁰　上去：渠～了
　　上去 dʑiã²²³⁻²² kʰɯ-xə⁵²⁻⁰

挖⁼上来 uaʔ⁵ dʑiã²²³⁻²² lei⁴³³⁻⁰　上来：渠～了
　　上来 dʑiã²²³⁻²² lei⁴³³⁻⁰

挖⁼落去 uaʔ⁵ ləʔ²³⁻⁰ kʰɯ-xə⁵²⁻⁰　下去：渠～了
　　落去 ləʔ²³ kʰɯ-xə⁵²⁻⁰

挖⁼落来 uaʔ⁵ ləʔ²³⁻⁰ lei⁴³³⁻⁰　下来：渠～了
　　落来 ləʔ²³ lei⁴³³⁻⁰

挖⁼归去 uaʔ⁵ kuei³²⁴⁻³² kʰɯ-xə⁵²⁻⁰　进去：渠～了
　归去 kuei³²⁴⁻³² kʰɯ-xə⁵²⁻⁰　回去，回家
　　转去 tyə⁴⁴⁵⁻⁴⁴ kʰɯ-xə⁵²⁻⁰

挖⁼归来 uaʔ⁵ kuei³²⁴⁻³² lei⁴³³⁻⁰　进来：渠还没～
　归来 kuei³²⁴⁻³² lei⁴³³⁻⁰　回来，回家
　　转来 tyə⁴⁴⁵⁻⁴⁴ lei⁴³³⁻⁰

挖⁼出去 uaʔ⁵ tɕʰyəʔ⁵⁻⁴ kʰɯ-xə⁵²⁻⁰　出去：渠～了
挖⁼出来 uaʔ⁵ tɕʰyəʔ⁵⁻⁴ lei⁴³³⁻⁰　出来：渠～了
归人家堆 kuei³²⁴⁻³² nin⁴³³⁻⁴³ ko³²⁴⁻³² daʔ²³　回家里
　　转人家堆 tyə⁴⁴⁵⁻⁴⁴ nin⁴³³⁻⁴³ ko³²⁴⁻³² daʔ²³

望内走 mɔ̃²³¹⁻²² nei²³¹⁻²² tsəɯ⁴⁴⁵　往里走
望外走 mɔ̃²³¹⁻²² ua²³¹⁻²² tsəɯ⁴⁴⁵　往外走
掉头 diə²³¹⁻²² dəɯ⁴³³　转成相反的方向
转弯 tyə⁴⁴⁵⁻⁴⁴ uã³²⁴
抢前头 tɕʰia⁴⁴⁵⁻⁴⁴ ziɛ⁴³³⁻²² dəɯ⁴³³　赶在别人前头，争先
趏上趏落 kuaʔ⁵⁻⁴ dʑiã²³¹⁻²² kuaʔ⁵⁻⁴ ləʔ²³　跑上跑下

碰着 bən^{231} dʑiəʔ$^{23-0}$　遇到：我今日～渠过

吃吃嬉嬉 tɕʰiəʔ^5 tɕʰiəʔ$^{5-0}$ sɿ$^{324-32}$ sɿ$^{324-0}$　吃吃玩玩

趖 dɔ^{231}　闲逛，游荡：街墕～两圈

趖街 dɔ$^{231-43}$ ka^{324}　逛街

　　趖街路 dɔ$^{231-43}$ ka$^{324-32}$ lu^{231}

嬉嬉趖趖 sɿ$^{324-32}$ sɿ$^{324-0}$ dɔ^{231} dɔ$^{231-0}$　四处游逛

　　游游浪浪 iɯ$^{433-43}$ sɿ$^{324-0}$ lɔ^{231} lɔ$^{231-0}$

散步 sã$^{445-44}$ bu^{231}

乘凉 ʑin$^{231-22}$ liã^{433}

乘雨 ʑin$^{231-22}$ y^{223}　避雨

伏热头 bu$^{231-22}$ nʲiəʔ$^{23-2}$ dəɯ^{433}　晒太阳取暖

过 kɔ^{52}　① 经过：～路｜～山洞。② 传染：爱=个病会～个

七直八埭 tsʰəʔ$^{5-4}$ dʑiəʔ^{23} pɑʔ^5 da$^{231-0}$　很多趟：去了～，还没嬉爽

上天落地 dʑiɑ$^{223-43}$ tʰie$^{324-32}$ ləʔ$^{23-43}$ di^{231}　升上天空，钻入地下，比喻飞黄腾达或日暮途穷：管尔～，我都弗会联系尔

晕车 yən$^{231-43}$ tɕʰia^{324}

晕船 yən$^{231-22}$ ʑyə^{433}

十七、交际

(一) 一般交际

走动 tsəɯ$^{445-44}$ dən^{223}

　　来往 lei$^{433-44}$ uã^{445}

　　交往 kɔ$^{324-44}$ uã^{445}

打交道 nɛ$^{445-44}$ kɔ$^{324-44}$ dɔ^{223}

嬉 sɿ^{324}　① 游玩：到上海～。② 串门儿

搞 kɔ^{445}　小孩嬉戏

点镬灶 tie$^{445-44}$ əʔ$^{23-2}$ tsɔ^{52}　晚上到处串门儿

走亲眷 tsəɯ$^{445-44}$ tsʰən$^{324-32}$ tɕyə^{52}　走亲戚

旋 ʑyə^{231}　漫步，闲逛：到我墕～记

旋记 ʑyə²³¹ tsʅ⁵²⁻⁰　转一下：～便归去

□ ʑyə²²³　理睬：没人～我

　　理 li²²³

　　朝 dʑiɔ⁴³³

斗伙账 təɯ⁵²⁻⁴⁴ xo⁴⁴⁵⁻⁴⁴ tiã⁵²　凑钱聚餐

斗钞票 təɯ⁵²⁻⁴⁴ tsʰɔ³²⁴⁻³² pʰiɔ⁵²　凑钱

有干 iɯ²²³⁻²² kuə⁵²　有关

没干 mei⁵²⁻⁵⁵ kuə⁵²⁻⁰　无关

　　没涉 mei⁵²⁻⁴⁴ ʑiəʔ²³

　　弗搭界 fəʔ⁵ tɑʔ⁵⁻⁴ ka⁵²

作伴 tso⁵²⁻⁴⁴ bə²²³

有伴 iɯ²²³⁻²² bə²²³

没伴 mei⁵²⁻⁵⁵ bə²²³

请客 tɕʰin⁴⁴⁵⁻⁴⁴ kʰaʔ⁵

讴客 ɔ³²⁴⁻³² kʰaʔ⁵　邀约客人

讴人 ɔ³²⁴⁻³² nin⁴³³　① 叫人。② 邀请人

做客 tso⁵²⁻⁴⁴ kʰaʔ⁵　① 做客人，即访问别人，自己当客人。② 客人谦虚礼让的表现

嫑做客 faʔ⁵ tso⁵²⁻⁴⁴ kʰaʔ⁵　不要客气，不要拘束，一般是主人对客人的说辞

客气 kʰaʔ⁵ tsʰʅ⁵²⁻⁰

杂⁼客气噶 zə²²³⁻²² kʰaʔ⁵ tsʰʅ⁵²⁻⁰ ka⁰　这么客气啊‖"杂⁼"[zə²²³]这么的意思

嫑客气 fa⁵²⁻⁵⁵ kʰaʔ⁵ tsʰʅ⁵²⁻⁰　不要客气

待客 dei²²³⁻²² kʰaʔ⁵

陪客 bei⁴³³⁻⁴³ kʰaʔ⁵

送客 sən⁵²⁻⁴⁴ kʰaʔ⁵

男个客 nə⁴³³⁻⁴³ kə⁰ kʰaʔ⁵　男客

女个客 ŋy²²³⁻²² kə⁰ kʰaʔ⁵　女客

人情 $nin^{433-22} z\!in^{433}$

请帖 $tɕ^hin^{445-44} t^hiə\textipa{P}^5$

送礼 $sən^{52-44} li^{223}$

空双大手 $k^hən^{324-44} ɕiɔ̃^{324-44} do^{231-22} ɕiɯ^{445}$　空手赴宴拜访

做揖 $tso^{52-44} iə\textipa{P}^5$　作揖

招待 $tɕiɔ^{324-44} dei^{223}$

招呼 $tɕiɔ^{324-44} xu^{324}$

打招呼 $nɛ^{324-44} tɕiɔ^{324-44} xu^{324}$

浅茶满酒 $tɕ^hiɛ^{445-44} dzo^{433-43} mə^{223-22} tɕiɯ^{445}$　待客礼俗。斟茶不能太满，以七分满为敬；斟酒要斟满杯

合人 $kə\textipa{P}^{5-4} nin^{433}$　合群

热心 $ɲiə\textipa{P}^{23-43} sən^{324}$

　　赤诚 $tɕ^hia\textipa{P}^{5-4} z\!in^{433}$

嫌弃 $iɛ^{433-43} ts^hɿ^{52}$

捞 $lɔ^{324}$　兜揽：嫑去～来做

揩油 $k^ha^{324-44} iɯ^{433}$

　　揩小便宜 $k^ha^{324-44} ɕiɔ^{445-44} biɛ^{433-43} i^{324}$

讹 o^{324}　假借某种理由向他人强行索取财物或强占他人财物：钞票乞渠～去了

寻事 $zən^{433-43} z\!ɿ^{231}$　找茬儿

撩 $liɔ^{433}$　挑逗，捉弄：嫑～渠

现 $iɛ^{231}$　逗引，引诱：替黄长～出来把黄鳝引出来｜细人嫑老老～渠不要常去逗小孩

相好 $ɕiã^{324-44} xəɯ^{445}$　不正当的恋爱

夹姘头 $kɑ\textipa{P}^{5-4} p^hin^{324-44} dəɯ^{433}$　姘居

动手动脚 $dən^{223-22} ɕiɯ^{445-44} dən^{223-22} tɕiə\textipa{P}^5$　对异性轻佻、不规矩的动作

相打 $ɕiã^{445-44} nɛ^{445}$　打架

赛打 $sei^{52-44} nɛ^{445}$　互不相让地打架

打人命 nɛ$^{445-44}$ nin$^{433-43}$ min^{231}　要出人命的严重斗殴

巴面光 pa$^{324-44}$ miɛ$^{231-22}$ kɔ̃$^{324-52}$　耳光

脑草＝角＝ nə$^{223-22}$ tsʰɔ$^{445-44}$ kəʔ^5　用食指第二个骨节或食指和中指的第二个骨节敲打他人头部

望得上眼 mɔ̃^{231} tiəʔ$^{5-4}$ dʑiã$^{223-22}$ ŋã^{223}　看得上

望弗上眼 mɔ̃^{231} fəʔ$^{5-4}$ dʑiã$^{223-22}$ ŋã^{223}　看不上

望得起 mɔ̃^{231} tiəʔ$^{5-4}$ tsʰɿ^{445}　看得起

望弗起 mɔ̃^{231} fəʔ$^{5-4}$ tsʰɿ^{445}　看不起

弄得来 lən$^{324-32}$ tiəʔ$^{5-4}$ lei^{433}　① 会搞。② 和睦，融洽：渠两个人～险

弄弗来 lən$^{324-32}$ fəʔ$^{5-4}$ lei^{433}　① 不会搞。② 不和：渠两个人～

弄 lən^{324}　① 搞。② 戏弄，算计

弄讲 lən$^{324-44}$ kɔ̃^{445}　戏弄，算计：乞渠～去了

　　弄松 lən$^{324-44}$ sən^{324}

　　□ lei^{324}

乱弄 lə$^{231-43}$ lən^{324}　乱搞

　　乱钟＝ lə$^{231-43}$ tɕiõ^{324}

　　乱弄西瓜皮 lə$^{231-43}$ lən$^{324-32}$ sɿ$^{324-44}$ ko$^{324-44}$ bi^{433}

弄弗清楚 lən$^{324-32}$ fəʔ$^{5-4}$ tɕʰin$^{324-44}$ tsʰu^{445}　搞不清楚

清楚相 tɕʰin$^{324-44}$ tsʰu$^{445-44}$ ɕiã^{52}　明白，自知之明

强迫 dʑiã$^{433-43}$ paʔ^5

做鬼 tsoi$^{52-44}$ kuei^{445}　搞鬼

讨罄 tʰɔ$^{445-44}$ zəʔ^{23}　自找挨骂

冤枉 yə$^{324-44}$ ɔ̃^{445}

冤仇 yə$^{324-44}$ zɯ^{433}

做对头 tso$^{52-44}$ tei$^{52-44}$ dəɯ^{433}　结冤家

　　结冤 tɕiəʔ$^{5-4}$ yə^{324}

没冤没仇 mei$^{52-44}$ yə^{324} mei$^{52-44}$ zɯ^{433}

有冤有仇 iɯ$^{223-43}$ yə^{324} iɯ$^{223-22}$ zɯ^{433}

天火弹了 $tʰiɛ^{324-44}$ xo^{445-44} $dã^{433-43}$ $laʔ^{0}$　遭受无妄之灾

有气 $iɯ^{223-22}$ $tsʰɿ^{52}$　① 心中不快：心墰～。② 有矛盾,有私怨：两份人家～

良心 $liã^{433-43}$ $sən^{324}$

做做 tso^{52-55} tso^{52-0}　装样子：渠便是～个嘞

样子 $iã^{231-22}$ $tsɿ^{445}$　① 样式,形状。② 相貌,神情

没样子 mei^{52-44} $iã^{231-22}$ $tsɿ^{445}$　没教养,没规矩

　　没相 mei^{52-55} $ɕiã^{52-0}$

有相 $iɯ^{223-22}$ $ɕiã^{52}$　有教养,有规矩

干净相 $kuə^{324-44}$ $ʑin^{231-22}$ $ɕiã^{52}$　干净整洁的样子

快活相 kua^{52-44} $uaʔ^{23-2}$ $ɕiã^{52}$　开心的样子

死人相 $sɿ^{445-44}$ nin^{433-43} $ɕiã^{52}$　没有活力的样子

古董相 ku^{445-44} $tən^{445-44}$ $ɕiã^{52}$　古板守旧的样子

鬼头贼相 $kuei^{445-44}$ $dɯ^{433-22}$ $zaʔ^{23-2}$ $ɕiã^{52}$　鬼头鬼脑,心术品行不正

　　鬼头野将 $kuei^{445-44}$ $d\text{-}tɯ^{433-44}$ ia^{223-22} $tɕiã^{52}$

轻骨相 $tɕʰin^{324-44}$ $kuəʔ^{5}$ $ɕiã^{52-0}$　不正经的人

相道 $ɕiã^{52-44}$ $dɔ^{223}$　举止做派,行为习惯：爱=个人～真疲

调头 $diɔ̃^{231-22}$ $dɯ^{433}$　做事风格,说话语气

　　调头经 $diɔ̃^{231-22}$ $dɯ^{433-43}$ $tɕin^{324}$

教调 $kɔ^{52-44}$ $diɔ̃^{231}$　家庭教育,教养：爱=个人没～

没大没细 mei^{52-44} do^{231} mei^{52-44} $ɕia^{52}$　辈分小或地位低的人对尊长不守规矩,不讲礼貌

量气 $liã^{231-22}$ $tsʰɿ^{52}$　气量

路头 lu^{231-22} $dɯ^{433}$　门路

花头 xo^{324-32} $dɯ^{433-231}$　① 本事。② 收获：做了三年,一点～都没

名谈 min^{433-22} $dã^{433}$　① 花样。② 成绩,结果。③ 道理,内容

　　名谈经 min^{433-22} $dã^{433-43}$ $tɕin^{324}$

派头 $pʰa^{52-44}$ $dɯ^{433}$　人或事物所表现出来的风度、气派、气势：扮起真～打扮起来真气派

体面 $tʰi^{445\text{-}44}\,miɛ^{231}$

勇 $yən^{445}$　耀武扬威，目中无人

摆架子 $pa^{445\text{-}44}\,ko^{52\text{-}44}\,tsʅ^{445\text{-}52}$

　　挢卵子 $dʑiɔ^{223\text{-}22}\,lə^{223\text{-}22}\,tsʅ^{445}$

显宝 $ɕiɛ^{445\text{-}44}\,pɔ^{445}$　　显摆

显行台 $ɕiɛ^{445\text{-}44}\,ɛ^{433\text{-}22}\,dei^{433}$　穿着新衣服或时髦服饰到处显摆

出洋相 $tɕʰyɔʔ^{5\text{-}4}\,iã^{433\text{-}43}\,ɕiã^{52}$

牙齿笑踩 $ŋo^{433\text{-}44}\,tsʰʅ^{44}\,tɕʰiɔ^{52\text{-}44}\,lei^{231}$　笑掉大牙

学嘴学舌 $əʔ^{23\text{-}2}\,tɕy^{445\text{-}44}\,əʔ^{23\text{-}43}\,dʑiəʔ^{23}$　人云亦云

学嘴学样 $əʔ^{23\text{-}2}\,tɕy^{445\text{-}44}\,əʔ^{23\text{-}43}\,iã^{231}$　效仿别人

　　学样 $əʔ^{23\text{-}43}\,iã^{231}$

　　望样屁 $mã^{231\text{-}22}\,iã^{231\text{-}22}\,pʰi^{52}$

照书请客 $tɕiɔ^{52\text{-}44}\,ɕy^{324\text{-}32}\,tɕʰin^{445\text{-}44}\,kʰaʔ^5$　照搬照抄，按部就班

望菜吃饭 $mã^{231\text{-}22}\,tsʰei^{52}\,tɕʰiəʔ^{5\text{-}4}\,vã^{231}$　随机应变，针对实际情形作出合理处理

生意经 $sɛ^{324\text{-}44}\,i^{52\text{-}44}\,tɕin^{324}$　事情的关键：明日便乐去罢，～我票还没买

百事弗管 $paʔ^5\,sʅ^{52\text{-}0}\,fəʔ^{5\text{-}4}\,kuã^{445}$　万事不管

（二）言语交际

讲 $kɔ̃^{445}$

话 o^{231}

讲话 $kɔ̃^{445\text{-}44}\,o^{231}$

难讲 $nã^{433\text{-}44}\,kɔ̃^{445}$　① 难说话。② 不好判断，难预测：爱个事干还真～

讲鬼话 $kɔ̃^{445\text{-}44}\,kuei^{445\text{-}44}\,o^{231}$　说毫无根据的话或骗人的话

念 $ȵiɛ^{231}$　① 念叨。② 吟诵：～经。③ 惦记，想念

念天话 $ȵiɛ^{231\text{-}43}\,tʰiɛ^{324\text{-}32}\,o^{231}$　聊天儿

腔 $tɕʰiã^{324}$　方言腔调：渠个话有武义～

　　腔谈 $tɕʰiã^{324\text{-}44}\,dã^{433}$

上角腔 dʑiɑ²³¹⁻²² kəʔ⁵ tɕʰiɑ̃³²⁴　旧县宣平城区以北区域的宣平话腔调,即现武义县桃溪镇、坦洪乡等地人的宣平话腔调

下角腔 iɑ²²³⁻²² kəʔ⁵ tɕʰiɑ̃³²⁴　旧县宣平城区南面的宣平溪上游段区域的宣平话腔调,即现武义县三港乡、大溪口乡等地人的宣平话腔调

下乡腔 iɑ²²³⁻⁴³ iɑ̃³²⁴ tɕʰiɑ̃³²⁴　旧县宣平城区南面的宣平溪下游段区域的方言腔调,即现丽水莲都区老竹镇、丽新乡等地人说方言的腔调

内山腔 nei²³¹⁻⁴³ sɑ̃³²⁴ tɕʰiɑ̃³²⁴　旧县宣平城区西面区域的宣平话腔调,又分"竹客腔""新塘腔"

赛讲 sei⁵²⁻⁴⁴ kɔ̃⁴⁴⁵　双方抢着说

开口 kʰei³²⁴⁻⁴⁴ kʰɯ⁴⁴⁵

㽺响 fa⁵²⁻⁵⁵ ɕiɑ̃⁴⁴⁵　不要吱声

问 mən²³¹

讴 ɔ³²⁴　① 叫嚷。② 呼唤:～渠一记。③ 称作:我～渠做舅舅

　　唤 xɑ̃⁵²　‖多见于"内山腔"

讴街 ɔ³²⁴⁻⁴⁴ ka³²⁴　骂骂咧咧

讴门 ɔ³²⁴⁻⁴⁴ mən⁴³³　叫门

讴法 ɔ³²⁴⁻³² fɑʔ⁵　叫法,名称

应 in⁵²　回答或随声相和:渠没～我

答应 tɑʔ⁵⁻⁴ in³²⁴

点头 tiɛ⁴⁴⁵⁻⁴⁴ dɯ⁴³³　表示允许,同意

同意 dən⁴³³⁻⁴³ i⁵²

用得 iɑ̃²³¹ tiɛʔ⁵⁻⁰　可以,行。应答语

弗行 fəʔ⁵ ɕin³²⁴　不行,不可以

反驳 fɑ̃⁴⁴⁵⁻⁴⁴ pəʔ⁵

　　驳 pəʔ⁵

驳转去 pəʔ⁵ tyə⁴⁴⁵⁻⁴⁴ kʰɯ-xə⁵²⁻⁰　驳回去

回 uei⁴³³　① 回复:～信。② 谢绝:弗请客了,酒店我已经～了

应嘴 in⁵²⁻⁴⁴ tɕy⁴⁴⁵　回嘴

插嘴 tsʰɑʔ⁵⁻⁴ tɕy⁴⁴⁵

接嘴 tɕiəʔ⁵⁻⁴ tɕy⁴⁴⁵

告嘴 kɔ⁵²⁻⁴⁴ tɕy⁴⁴⁵　告状，打小报告

和…讲 xo⁴⁴⁵…kɔ̃⁴⁴⁵　告诉：我～尔～

告 kɔ⁵²　① 告诉：我～尔。② 向行政司法机关检举、控诉：我乐去～尔

打鼻头铳 nɛ⁴⁴⁵⁻⁴⁴ bəʔ²³⁻² dəɯ⁴³³⁻²² tɕʰyən⁵²　从鼻腔发出的声音，多用来表示申斥、轻蔑、禁止等意思

做金刚 tso³²⁴⁻⁴⁴ tɕin³²⁴⁻⁴⁴ kɔ̃³²⁴　提无理条件

笑 tɕʰiɔ⁵²

笑眯眯 tɕʰiɔ⁵²⁻⁴⁴ mi³²⁴⁻⁴⁴ mi³²⁴

笑啰啰 tɕʰiɔ⁵²⁻⁴⁴ lo⁴³³⁻⁴⁴ lo⁴³³⁻²²³

嗨嗨笑 xei²³¹ xei²³¹ tɕʰiɔ⁵²　开怀大笑

讲笑 kɔ̃⁴⁴⁵⁻⁴⁴ tɕʰiɔ⁵²　开玩笑

叫 iɔ⁵²　哭

　赖叫 la²³¹⁻²² iɔ⁵²

大叫 do²³¹⁻²² iɔ⁵²　大哭

謷 zəʔ²³　骂

謷人 zəʔ²³⁻² nin⁴³³　骂人

咒 tɕiɯ⁵²　诅咒

争 tsɛ³²⁴　① 争斗，争论。② 争夺：爱⁼块地乞渠～去了

相争 ɕiã³²⁴⁻⁴⁴ tsɛ³²⁴　吵架

赛争 sei⁵²⁻⁴⁴ tsɛ³²⁴　互争，互不相让

吵 tsʰɔ⁴⁴⁵　声音杂乱搅扰人：孃～我

开大流⁼喉 kʰei³²⁴⁻⁴⁴ do²³¹⁻²² liɯ⁴³³⁻⁴³ əɯ³²⁴　大声呵斥

啰嗦 lo⁴³³⁻⁴⁴ so³²⁴　① 言语繁复。② 琐碎，麻烦：爱⁼个事干忒～

　啰里八嗦 lo⁴³³⁻⁴⁴ li²²³⁻⁴⁴ pɑʔ⁵⁻⁴ so³²⁴

缠 dzyə²³¹　纠缠：孃和渠～

野缠 ia$^{223\text{-}43}$ dʑyə^{231}　胡搅蛮缠

　　野乱缠 ia$^{223\text{-}22}$ lə$^{231\text{-}43}$ dʑyə^{231}

　　乱缠 lə$^{231\text{-}43}$ dʑyə^{231}

　　空乱缠 kʰən$^{324\text{-}44}$ lə$^{231\text{-}43}$ dʑyə^{231}

　　乱缠三=添= lə$^{231\text{-}43}$ dʑyə^{231} sã$^{324\text{-}44}$ tʰiɛ^{324}

缠弗灵清 dʑyə^{231} fə$^{5\text{-}4}$ lin$^{433\text{-}43}$ tɕʰin^{324}　纠缠不清

嫌七道八 iɛ$^{433\text{-}43}$ tsʰə^{5} dɔ$^{223\text{-}22}$ pɑʔ^{5}　挑刺儿

骗 pʰiɛ^{52}

哄 xən^{445}

骗人 pʰiɛ$^{52\text{-}44}$ nin^{433}　撒谎

□ xei^{324}　蒙骗

赖 la^{231}　① 诬赖：～我偷钞票。② 抵赖，赖皮：爱=个人没本事，便是靠～个。③ 留在某处不肯走开：～路墭，弗肯归。④ 索要，一般指小孩向大人索要：～东西吃

诬赖 u$^{324\text{-}44}$ la^{223}　无中生有地说别人做了坏事

做无赖 tso$^{52\text{-}44}$ u$^{433\text{-}44}$ la^{223}　耍赖皮

瞒 mə^{433}

拉天 la$^{324\text{-}44}$ tʰiɛ^{324}　吹牛

　　吹牛屄 tɕʰy$^{324\text{-}44}$ ȵiɯ$^{433\text{-}43}$ pi^{324}

拉天说地 la$^{324\text{-}44}$ tʰiɛ^{324} ɕyəʔ^{5} di$^{231\text{-}0}$　能说会道，口若悬河

念天大话 ȵiɛ$^{231\text{-}44}$ tʰiɛ$^{324\text{-}44}$ do$^{231\text{-}43}$ o^{231}　闲说

东摒西吊 tən$^{324\text{-}44}$ mɛ$^{52\text{-}44}$ sɿ$^{324\text{-}32}$ tiɔ^{52}　东拉西扯，无条理

　　缠三绷四 dʑyə$^{231\text{-}22}$ sã$^{324\text{-}44}$ mɛ$^{324\text{-}32}$ sɿ^{52}

　　摒栋遮瓦 mɛ$^{52\text{-}44}$ tən$^{52\text{-}44}$ tɕia$^{324\text{-}44}$ o^{223}　‖"瓦"声母脱落

连天拖网 liɛ$^{433\text{-}44}$ tʰiɛ$^{324\text{-}44}$ tʰa$^{324\text{-}44}$ mɔ̃^{223}　话题范围广泛，天南地北漫无边际

重言嘀吧 dʑ̥tɕiɔ̃$^{223\text{-}44}$ ȵiɛ$^{433\text{-}44}$ diəʔ$^{23\text{-}43}$ bɑʔ^{23}　喋喋不休‖"嘀吧"拟声词

自讲自应 zɿ$^{231\text{-}22}$ kɔ̃$^{445\text{-}44}$ zɿ$^{231\text{-}22}$ in^{52}　自言自语

自念还应 z̩$^{231-22}$ nie$^{231-22}$ uaʔ$^{23-2}$ in^{52}　自作主张，不理会别人意见

应张口嘴 in$^{52-55}$ tiã$^{52-44}$ kʰɯ-kʰəʔ$^{445-4}$ tɕy^{445}　耍嘴皮子

　　应张胵口 in$^{52-55}$ tiã$^{52-44}$ pʰiaʔ$^{5-4}$ kʰɯ^{445}

　　应张巴口 in$^{52-55}$ tiã$^{52-44}$ pa$^{324-44}$ kʰɯ^{445}

捧卵脬 pʰən$^{445-44}$ lə$^{223-43}$ pʰɔ^{324}

　　捧脬 pʰən$^{445-44}$ pʰɔ^{324}

　　拍马屁 pʰaʔ$^{5-4}$ mo$^{223-22}$ pʰi^{52}

挑拨离间 tʰiɔ$^{324-44}$ pəʔ$^{5-4}$ li$^{433-43}$ kã^{324}

乱讲 lə$^{231-22}$ kɔ̃^{445}　胡说八道

　　胡乱讲 u$^{433-44}$ lə$^{231-22}$ kɔ̃^{445}

　　乱念 lə$^{231-43}$ nie^{231}

　　胡乱念 u$^{433-44}$ lə$^{231-43}$ nie^{231}

　　野讲 ia$^{223-22}$ kɔ̃^{445}

　　乱讲三=添= lə$^{231-22}$ kɔ̃$^{445-44}$ sã$^{324-44}$ tʰie^{324}

　　乱念三=添= lə$^{231-43}$ nie^{231} sã$^{324-44}$ tʰie^{324}

造谣 zɔ$^{223-22}$ iɔ^{433}

　　生白话 sɛ$^{324-44}$ baʔ$^{23-43}$ o^{231}

轻口鼻头 tɕʰin$^{324-44}$ kʰɯ$^{445-44}$ bəʔ$^{23-2}$ dəɯ^{433}　信口雌黄，没大没小乱说

劝 tɕʰyə^{52}

劝酒 tɕʰyə$^{52-44}$ tɕiɯ^{445}

商量 ɕiã$^{324-44}$ liã^{433}

接头 tɕiəʔ$^{5-4}$ dəɯ^{433}　接洽，联系

交代 kɔ$^{324-32}$ dei^{231}

讨 tʰɔ^{445}　① 索取。② 娶

讨伴 tʰɔ$^{445-44}$ bə^{223}　呼朋引伴

讨让 tʰɔ$^{445-44}$ niã^{231}　求饶

讨信 tʰɔ$^{445-44}$ sən^{52}　打听消息：渠问我～

　　打听 nɛ$^{445-44}$ tʰin^{52}

求 dziɯ^{433}

央 iɑ³²⁴　恳请,拜托:我~尔一件生意

取责 tɕʰiɯ⁴⁴⁵⁻⁴⁴ tsaʔ⁵　无理索要

取取责责 tɕʰiɯ⁴⁴⁵⁻⁴⁴ tɕʰiɯ⁴⁴⁵⁻⁴⁴ tsaʔ⁵⁻⁴ tsaʔ⁵　多指儿童无理索要

讲得来 kɔ̃⁴⁴⁵⁻⁴⁴ tiəʔ⁵ lei⁴³³　① 会说:宣平话~。② 交好,融洽:渠两个人~

讲弗来 kɔ̃⁴⁴⁵⁻⁴⁴ fəʔ⁵ lei⁴³³　① 不会说:宣平话~。② 不和:渠两个人~

讲得听 kɔ̃⁴⁴⁵⁻⁴⁴ tiəʔ⁵⁻⁴ tʰin⁵²　听话

讲弗听 kɔ̃⁴⁴⁵⁻⁴⁴ fəʔ⁵⁻⁴ tʰin⁵²　不听话

听弗归去 tʰin⁵²⁻⁴⁴ fəʔ⁵⁻⁴ kuei³²⁴⁻³² kʰɯ-xə⁵²⁻⁰　听不进去

谢 ʑia²³¹

　谢谢 ʑia²³¹ ʑia²³¹⁻⁰

　感谢 kə⁴⁴⁵⁻⁴⁴ ʑia²³¹

千多万谢 tɕʰiɛ⁵²⁻⁴⁴ to³²⁴⁻⁴⁴ mã²³¹⁻⁴³ ʑia²³¹　万分感激

对弗起 tei⁵²⁻⁵⁵ fəʔ⁵⁻⁴ tsʰɿ⁴⁴⁵　对不起

再会 tsei⁵²⁻⁴⁴ uei²³¹　再见

厌气 iɛ⁵²⁻⁵⁵ sʰɿ⁵²⁻⁰　① 麻烦:弗~。② 使麻烦:~尔了。客套话

　麻烦 mo⁴³³⁻²² vã⁴³³

没事 məʔ⁵ zɿ²³¹⁻⁰　客套话‖"没"韵母促化

　没关系 mei⁵² kuã³²⁴⁻⁴⁴ i⁵²⁻⁴⁴⁵　‖"系"声母脱落

绝⁼摸 ʑyəʔ²³⁻² məʔ⁵　全靠,全仗:~尔帮记我。客套话

难得 nã⁴³³⁻⁴⁴ tiəʔ⁵　偶尔发生,多指客人偶尔光临:尔今日真~。客套话

罕见 xuə⁴⁴⁵⁻⁴⁴ tɕiɛ⁵²　很少发生或出现的:~险望着尔。客套话

天地良心 tʰɛ³²⁴⁻³² di²³¹ liã⁴³³⁻⁴³ sən³²⁴　表白自己诚实无欺的用语,发誓时候多用

现成现报 iɛ²³¹⁻²² zin⁴³³⁻⁴³ iɛ²³¹⁻²² pɔ⁵²　做了坏事,立刻得到报应

前生世 ʑiɛ⁴³³⁻⁴³ sɛ³²⁴⁻⁵⁵ sɿ⁵²⁻⁰　造孽,报应:个呗真是~_{这真是造孽}

娘卖屄 n̠iɑ⁴³³⁻⁴⁴ ma²³¹⁻⁴³ pi³²⁴　他妈的。詈语

娘卖胟 n̠iã⁴³³⁻⁴⁴ ma²³¹⁻⁴³ pʰiəʔ⁵

大老八 do²³¹⁻²² lɔ²²³⁻⁴³ pɑʔ⁵　詈语。骂男性

大老胟 do²³¹⁻²² lɔ²²³⁻⁴³ pʰiəʔ⁵　詈语。骂女性

烂婊子 lã²³¹⁻²² piɔ⁴⁴⁵⁻⁴⁴ tsɿ⁴⁴⁵　詈语。骂女性

婊子儿 piɔ⁴⁴⁵⁻⁴⁴ tsɿ⁴⁴⁵⁻⁴⁴ n̠²³²⁴　詈语。骂男性

婊子囡 piɔ⁴⁴⁵⁻⁴⁴ tsɿ⁴⁴⁵⁻⁴⁴ nã²²³　詈语。骂女性

婊子生个 piɔ⁴⁴⁵⁻⁴⁴ tsɿ⁴⁴⁵⁻⁴⁴ sɛ³²⁴⁻³² kə⁰　婊子养的。詈语

烂花 lã²³¹ xua³²⁴　骂作风不正派的女人。詈语

绝后代 ʑyəʔ²³⁻² əɯ⁴³³⁻⁴³ dei²³¹　詈语

　　断子绝孙 də²²³⁻²² tsɿ⁴⁴⁵⁻⁴⁴ ʑyəʔ²³⁻⁴³ sə³²⁴

野种 ia²²³⁻²² tɕiã⁴⁴⁵　詈语

天诛绝灭 tʰiɛ³²⁴⁻⁴⁴ tɕy³²⁴⁻⁴⁴ ʑyəʔ²³⁻⁴³ miəʔ²³　天诛地灭。詈语

死弗逮 sɿ⁴⁴⁵⁻⁴⁴ fəʔ⁵⁻⁴ dei²³¹　该死的。詈语

　　死弗去 sɿ⁴⁴⁵⁻⁴⁴ fəʔ⁵⁻⁴ kʰɯ⁵²

没好死 mei⁵²⁻⁵⁵ xəɯ⁴⁴⁵⁻⁴⁴ sɿ⁴⁴⁵　不得好死。詈语

　　倒路死 təɯ⁴⁴⁵⁻⁴⁴ lu²³¹⁻²² sɿ⁴⁴⁵

没出羯 mei⁵²⁻⁵⁵ tɕʰyəʔ⁵⁻⁴ tɕiəʔ⁵　没出息。詈语

短命鬼 tə⁴⁴⁵⁻⁴⁴ min²³¹⁻²² kuei⁴⁴⁵　咒骂人早死。詈语

　　短命种 tə⁴⁴⁵⁻⁴⁴ min²³¹⁻²² tɕiã⁴⁴⁵

吃溮个 tɕʰiəʔ⁵⁻⁴ u⁵²⁻⁵⁵ kə⁰　吃屎的。詈语

杂交个 zəʔ²³⁻⁴³ kɔ³²⁴⁻³² kə⁰　不伦不类的。詈语

晒弗燥 sa⁵²⁻⁴⁴ fəʔ⁵⁻⁴ sɔ⁵²　傻帽。詈语

老变死 lɔ²³⁻²² piɛ⁵²⁻⁴⁴ sɿ⁴⁴⁵　老糊涂。詈语

变死个 piɛ⁵²⁻⁴⁴ sɿ⁴⁴⁵⁻⁴⁴ kə⁰　作死的人。詈语

没人教 mei⁵²⁻⁴⁴ nin⁴³³⁻⁴⁴ kɔ⁵²　没有教养。詈语

没好种 mei⁵²⁻⁵⁵ xəɯ⁴⁴⁵⁻⁴⁴ tɕiã⁴⁴⁵　孬种。詈语

烂肚肠 lã²³¹⁻²² du²²³⁻²² dʑiã⁴³³　坏得很彻底的人。詈语

吃忒多 tɕʰiəʔ⁵⁻⁴ tʰiəʔ⁵⁻⁴ to³²⁴　咒骂人无脑。詈语

　　挣忒多 tsɛ⁵²⁻⁵⁵ tʰiəʔ⁵⁻⁴ to³²⁴

射忒多 ʑia²³¹ tʰiəʔ⁵⁻⁴ to³²⁴　多余的人。詈语

畚箕攞 pə⁴⁴⁵⁻⁴⁴ i³²⁴⁻⁴⁴ guã²²³　骂小孩。詈语。旧时小孩儿夭折后用簸箕装着到野外埋葬,故用"畚箕攞"骂称小孩儿

老肥口 lɔ²²³⁻⁴³ pʰiəʔ⁵⁻⁴ kʰɯ⁴⁴⁵　大嘴巴。比喻好讲话,喜搬弄是非的人。詈语

烂夹脚 lã²³¹⁻²² kɑʔ⁵⁻⁴ tɕiəʔ⁵　臭家伙。詈语

讨饭骨 tʰɔ⁴⁴⁵⁻⁴⁴ vã²³¹⁻²² kuəʔ⁵　没出息的人。詈语

十八、交通邮政

(一) 陆路交通

路 lu²³¹

大路 do²³¹⁻⁴³ lu²³¹

小路 ɕiɔ⁴⁴⁵⁻⁴⁴ lu²³¹

山路 sã³²⁴⁻³² lu²³¹

横路 uɛ⁴³³⁻⁴³ lu²³¹　"之"字形山路

石板路 ʑiəʔ²³⁻² pã⁴⁴⁵⁻⁴⁴ lu²³¹

糊泥路 u⁴³³⁻²² n̠i⁴³³⁻⁴³ lu²³¹　泥路

　黄泥路 ɔ̃⁴³³⁻²² n̠i⁴³³⁻⁴³ lu²³¹

机耕路 tsɿ³²⁴⁻⁴⁴ kɛ³²⁴⁻³² lu²³¹

柏油路 paʔ⁵⁻⁴ iɯ⁴³³⁻⁴³ lu²³¹

水泥路 ɕy⁴⁴⁵⁻⁴⁴ n̠i⁴³³⁻⁴³ lu²³¹

车路 tɕʰia³²⁴⁻³² lu²³¹

火车路 xo⁴⁴⁵⁻⁴⁴ tɕʰia³²⁴⁻³² lu²³¹

　铁路 tʰiəʔ⁵ lu²³¹⁻⁰

铁轨 tʰiəʔ⁵⁻⁴ kuei⁴⁴⁵

回头路 uei⁴³³⁻²² dəɯ⁴³³⁻⁴³ lu²³¹

里把路 li²²³⁻²³¹ pu⁴⁴⁵⁻⁵⁵ lu²³¹⁻⁰　一里左右的路程

路口 lu²³¹⁻²² kʰɯ⁴⁴⁵

岔路口 tsʰo⁵²⁻⁴⁴ lu²³¹⁻²² kʰɯ⁴⁴⁵

三岔路口 sã³²⁴⁻⁴⁴ tsʰo⁵²⁻⁴⁴ lu²³¹⁻²² kʰɯ⁴⁴⁵

弯掼⁼ uã³²⁴⁻³² guã²³¹　弯道处‖"掼⁼"的本字或为"环"，今读[231]是低调小称的残留

公交车 kən³²⁴⁻⁴⁴ ko³²⁴⁻⁴⁴ tɕʰia³²⁴

客车 kʰaʔ⁵⁻⁴ tɕʰia³²⁴

汽车 tsʰɿ⁵²⁻⁴⁴ tɕʰia³²⁴

轿车 dʑiɔ⁴³³⁻⁴³ tɕʰia³²⁴

小轿车 ɕiɔ⁴⁴⁵⁻⁴⁴ dʑiɔ⁴³³⁻⁴³ tɕʰia³²⁴

　　小车 ɕiɔ⁴⁴⁵⁻⁴⁴ tɕʰia³²⁴

面包车 miɛ²³¹⁻²² pɔ³²⁴⁻⁴⁴ tɕʰia³²⁴

吉普卡 tɕiʔ⁵⁻⁴ pʰu⁴⁴⁵⁻⁴⁴ kʰa⁴⁴⁵　吉普车

料车 liɔ²³¹⁻⁴³ tɕʰia³²⁴　货车

便车 biɛ²³¹⁻⁴³ tɕʰia³²⁴

三轮卡 sã³²⁴⁻⁴⁴ lən⁴³³⁻⁴⁴ kʰa⁴⁴⁵　三轮的卡车

马达克 mo²²³⁻²² dɑʔ²³⁻² kʰəʔ⁵　摩托车。20世纪八九十年代流行的名称

　　嘉陵 tɕia³²⁴⁻⁴⁴ lin⁴³³　20世纪八九十年代流行的名称，因当地人较多购置嘉陵集团生产的摩托车而得名

　　摩托车 mo⁴³³⁻⁴⁴ tʰəʔ⁵⁻⁴ tɕʰia³²⁴

电瓶车 diɛ²²³⁻²² bin⁴³³⁻⁴³ tɕʰia³²⁴

拖拉机 tʰo³²⁴⁻⁴⁴ la³²⁴⁻⁴⁴ tsɿ³²⁴

脚踏车 tɕiaʔ⁵⁻⁴ dɑʔ²³⁻⁴³ tɕʰia³²⁴　自行车

　　踏脚车 dɑʔ²³⁻² tɕiəʔ⁵⁻⁴ tɕʰia³²⁴

　　自行车 zɿ²³¹⁻²² ɛ⁴³³⁻⁴³ tɕʰia³²⁴

黄包车 õ⁴³³⁻²² pɔ³²⁴⁻⁴⁴ tɕʰia³²⁴

手车 ɕiɯ⁴⁴⁵⁻⁴⁴ tɕʰia³²⁴　独轮车

木轮车 məʔ²³⁻² lən⁴³³⁻⁴³ tɕʰia³²⁴　早年的独轮车，轮子用木头制成

双轮车 ɕiõ³²⁴⁻⁴⁴ lən⁴³³⁻⁴³ tɕʰia³²⁴

三轮车 sã³²⁴⁻⁴⁴ lən⁴³³⁻⁴³ tɕʰia³²⁴

火车 xo⁴⁴⁵⁻⁴⁴ tɕʰia³²⁴

动车 dən²³¹⁻⁴³ tɕʰia³²⁴

高铁 kɯ³²⁴⁻⁴⁴ tʰiəʔ⁵

飞机 fi³²⁴⁻⁴⁴ tsɿ³²⁴

轮盘 lin⁴³³⁻²² bə⁴³³　轮子

轮胎 lən⁴³³⁻⁴³ tʰei³²⁴

方向盘 fɔ³²⁴⁻⁴⁴ ɕiã⁵²⁻⁴⁴ bə⁴³³

车站 tɕʰia³²⁴⁻³² dzã²³¹

火车站 xo⁴⁴⁵⁻⁴⁴ tɕʰia³²⁴⁻³² dzã²³¹

飞机场 fi³²⁴⁻⁴⁴ tsɿ³²⁴⁻⁴⁴ dʑiã⁴³³

车票 tɕʰia³²⁴⁻³² pʰiɔ⁵²

做路 tso⁵²⁻⁴⁴ lu²³¹　修建道路

走暝路 tsəɯ⁴⁴⁵⁻⁴⁴ mɛ²³¹⁻⁴³ lu²³¹　走夜路

趄长途 kuaʔ⁵⁻⁴ dʑiã⁴³³⁻²² du⁴³³

　跑长途 pʰɔ⁴⁴⁵⁻⁴⁴ dʑiã⁴³³⁻²² du⁴³³

上山 dʑiã²²³⁻⁴³ sã³²⁴

落山 ləʔ²³⁻⁴³ sã³²⁴　下山

上岭 dʑiã²²³⁻⁴³ lin²²³　上坡儿

落岭 ləʔ²³⁻² lin²²³　下坡儿

过山 ko⁵²⁻⁴⁴ sã³²⁴　行程中经过山岭

过弯 ko⁵²⁻⁴⁴ uã³²⁴　行程中经过弯道

硌脚 kʰɑʔ⁵⁻⁴ tɕiəʔ⁵　走路时，脚部有异物感或不适感

过着 ko⁵²⁻⁵⁵ dʑiəʔ²³⁻⁰　途经，经过：乐~爱⁼个山洞

坐车 zo²²³⁻⁴³ tɕʰia³²⁴

上车 dʑiã²²³⁻⁴³ tɕʰia³²⁴

落车 ləʔ²³⁻⁴³ tɕʰia³²⁴　下车

搭车 tɑʔ⁵⁻⁴ tɕʰia³²⁴

骑车 dzɿ⁴³³⁻⁴³ tɕʰia³²⁴

拖车 tʰa³²⁴⁻⁴⁴ tɕʰia³²⁴　拉车

运货 yən²³¹⁻²² xo⁵²

轿 dʑiɔ²³¹　轿子

大轿 do²³¹⁻⁴³ dʑiɔ²³¹　大花轿

坐轿 zo²²³⁻⁴³ dʑiɔ²³¹

扛轿 kɔ̃³²⁴⁻³² dʑiɔ²³¹　抬轿

(二) 水路交通

桥 dʑiɔ⁴³³

树桥 ʐy²³¹⁻²² dʑiɔ⁴³³　木桥

蓬桥 bən⁴³³⁻²² dʑiɔ⁴³³　单拱桥

浮桥 vu⁴³³⁻²² dʑiɔ⁴³³

石板桥 ziəʔ²³⁻² pã⁴⁴⁵⁻⁴⁴ dʑiɔ⁴³³

独木桥 dəʔ²³⁻² məʔ²³⁻² dʑiɔ⁴³³

廊桥 lɔ̃⁴³³⁻²² dʑiɔ⁴³³

桥头 dʑiɔ⁴³³⁻²² dɯu⁴³³　桥梁两端与岸接连的地方。也泛指桥边

桥墩 dʑiɔ⁴³³⁻⁴³ tən³²⁴

桥洞 dʑiɔ⁴³³⁻⁴³ dən²³¹

桥面 dʑiɔ⁴³³⁻⁴³ miɛ²³¹

桥板 dʑiɔ⁴³³⁻²² pã⁴⁴⁵

桅杆 uei⁴³³⁻⁴³ kuə³²⁴

船帆 ʐyə⁴³³⁻⁴³ vã³²⁴

埠头 bu²³¹⁻²² dəɯ⁴³³　江河岸边用于泊船或洗物的石阶

码头 mo²²³⁻²² dəɯ⁴³³

渡口 du²³¹⁻²² kʰɯ⁴⁴⁵

船 ʐyə⁴³³

轮船 lən⁴³³⁻²² ʐyə⁴³³

渡船 du²³¹⁻²² ʐyə⁴³³　载运行人、货物及车辆等横渡江河、湖泊的船

船桨 ʐ-ɕyə⁴³³⁻⁴⁴ tɕiã⁴⁴⁵

船板 ʐ-ɕyə⁴³³⁻⁴⁴ pã⁴⁴⁵

过水 ko⁵²⁻⁴⁴ ɕy⁴⁴⁵　行程中经过水域

过坑 ko⁵²⁻⁴⁴ kʰɛ³²⁴　行程中经过溪流区域

坐渡 zo²²³⁻²² du²³¹　摆渡

  坐渡船 zo²²³⁻²² du²³¹⁻²² ʐyə⁴³³

  过船 ko⁵²⁻⁴⁴ ʐyə⁴³³

坐船 zo²²³⁻²² ʐyə⁴³³　乘船

  搭船 tɑʔ⁵⁻⁴ ʐyə⁴³³

过渡 ko⁵²⁻⁴⁴ du²³¹　①摆渡，由此岸至彼岸。②事物由一个阶段逐渐发展而转入另一个阶段

撑船 tsʰɛ³²⁴⁻⁴⁴ ʐyə⁴³³

划船 uɑʔ²³⁻² ʐyə⁴³³

排 ba⁴³³　①竹或木平摆着编扎成的水上交通工具：撑~。②指扎成排的竹子或木头，便于放在江河里运走

竹排 tyəʔ⁵⁻⁴ ba⁴³³

放排 fɔ⁵²⁻⁴⁴ ba⁴³³　借助水流运送竹子、木材的一种方式，将竹子、木材扎成排筏从水路运走

撑排 tsʰɛ³²⁴⁻⁴⁴ ba⁴³³　撑竹筏或木筏

抛锚 pʰɔ³²⁴⁻⁴⁴ mɔ⁴³³

(三) 邮政通讯

邮政 iɯ⁴³³⁻⁴³ tɕin⁵²

邮电局 iɯ⁴³³⁻⁴⁴ diɛ²²³⁻⁴³ dʐyəʔ²³

信 sən⁵²　①信息。②口信儿。③信件

信壳 sən⁵²⁻⁴⁴ kʰəʔ⁵　信封

信纸 sən⁵²⁻⁴⁴ tsʅ⁴⁴⁵

寄信 tsʅ⁵²⁻⁴⁴ sən⁵²　①捎信。②邮寄信件

带信 ta⁵²⁻⁴⁴ sən⁵²　捎信

送信 sən⁵²⁻⁴⁴ sən⁵²

  走信 tsəɯ⁴⁴⁵⁻⁴⁴ sən⁵²

通信 tʰən³²⁴⁻³² sən⁵²

平信 bin⁴³³⁻⁴³ sən⁵²

挂号信 go²³¹⁻²² ɔ²³¹⁻²² sən⁵²

邮票 iɯ⁴³³⁻⁴³ pʰiɛ⁵²

明信片 min⁴³³⁻⁴³ sən⁵²⁻⁵⁵ pʰiɛ⁵²⁻⁰

包裹 pɔ⁴⁴⁵⁻⁴⁴ ko⁴⁴⁵

快递 kʰua⁵²⁻⁴⁴ di²³¹

电话 diɛ²²³⁻⁴³ o²³¹

电话机 diɛ²²³⁻²² o²³¹⁻²² tsʅ³²⁴

手机 ɕiɯ⁴⁴⁵⁻⁴⁴ tsʅ³²⁴

电话簿 diɛ²²³⁻²² o²³¹⁻²² bu²²³　电话号码本

电话号码 diɛ²²³⁻²² o²³¹ ɔ²³¹⁻²² mo²²³

拍电报 pʰaʔ⁵⁻⁴ diɛ²²³⁻²² pɔ⁵²

摇电话 iɔ⁴³³⁻⁴³ diɛ²²³⁻⁴³ o²³¹　老式电话机的线路本身没有电，所以要手摇发电，故将"打电话"叫做"摇电话"。如今，电话机早已不用手摇发电，而且用手机通信息已成常态，但老一辈宣平人还是会将用电话、手机互通信息称说为"摇电话"。如："我电话摇个乞渠_{我给他打个电话}。""电话，我昨暝摇渠过了_{电话，我昨天给他打过了}。"

打电话 nɛ⁴⁴⁵⁻⁴⁴ diɛ²²³⁻⁴³ o²³¹

打手机 nɛ⁴⁴⁵⁻⁴⁴ ɕiɯ⁴⁴⁵⁻⁴⁴ tsʅ³²⁴

发短信 fɑʔ⁵⁻⁴ tə⁴⁴⁵⁻⁴⁴ sən⁵²

视频 zʅ²³¹⁻²² bin⁴³³　能看到对方的网上聊天方式

十九、商贸活动

(一) 行业

工作 kən³²⁴⁻⁴⁴ tsəʔ⁵

走江湖 tsəu⁴⁴⁵⁻⁴⁴ kɔ̃³²⁴⁻⁴⁴ u⁴³³

生意 sɛ³²⁴⁻³² i⁵²　① 活儿。② 生意

做生意 tso⁵²⁻⁴⁴ sɛ³²⁴⁻³² i⁵²　① 干活儿。② 做买卖

搞副业 kɔ⁴⁴⁵⁻⁴⁴ fu⁵²⁻⁵⁵ ȵiəʔ²³⁻⁵　挣外快。20 世纪八九十年代较流行的一个词

开店 k^hei^{324-32} $tiɛ^{52}$

摊位 $t^hã^{324-32}$ uei^{231}

摆摊 pa^{445-44} $t^hã^{324}$

面食摊 $miɛ^{231-22}$ $ziəʔ^{23-2}$ $t^hã^{324}$　　卖馄饨的摊子

豆腐摊 $dɯ^{231-22}$ vu^{223-22} $t^hã^{324}$　　卖豆腐的摊子

开超市 k^hei^{324-44} $tɕ^hiɔ^{324-44}$ $zʅ^{223}$

三角店 $sã^{324-44}$ $kəʔ^5$ $tiɛ^{52-0}$　　三岔路口的店铺

店面 $tiɛ^{52-44}$ $miɛ^{231}$

门面 $mən^{433-43}$ $miɛ^{231}$　　店铺外表

堂号 $dɔ̃^{433-43}$ $ɔ^{231}$

店号 $tiɛ^{52-44}$ $ɔ^{231}$

商号 $ɕiã^{324-32}$ $ɔ^{231}$

落⁼斗⁼担 $ləʔ^{23-2}$ $tɯ^{445-44}$ $tã^{52}$　　货郎担

歇店 $ɕiəʔ^5$ $tiɛ^{52-0}$　　旅馆，旧称

　　旅馆 ly^{223-22} $kuã^{445}$

酒店 $tɕiɯ^{445-44}$ $tiɛ^{52}$

宾馆 pin^{324-44} $kuã^{445}$

饭店 $vã^{231-22}$ $tiɛ^{52}$

小吃店 $ɕiɔ^{445-44}$ $tɕ^hiəʔ^5$ $tiɛ^{52-0}$

快餐店 k^hua^{52-44} $ts^hã^{324-32}$ $tiɛ^{52}$

早餐店 $tsɔ^{445-44}$ $ts^hã^{324-32}$ $tiɛ^{52}$

餐馆 $ts^hã^{324-44}$ $kuã^{445}$

农家乐 $nən^{433-22}$ ko^{324-44} $ləʔ^{23}$

粮油店 $liã^{433-22}$ $iɯ^{433-43}$ $tiɛ^{52}$

南货店 $nə^{433-43}$ xo^{52-55} $tiɛ^{52-0}$　　主要经营南方所产货物的商店

肉店 $ȵyəʔ^{23-2}$ $tiɛ^{52}$

盐店 $iɛ^{433-43}$ $tiɛ^{52}$

烟店 $iɛ^{324-32}$ $tiɛ^{52}$

布店 pu^{52-44} $tiɛ^{52}$

衣裳店 i³²⁴⁻⁴⁴ ʑiɑ̃⁴³³⁻⁴³ tiɛ⁵²　裁缝店
　　裁缝店 zei⁴³³⁻²² vən⁴³³⁻⁴³ tiɛ⁵²
剃头店 tʰi⁵²⁻⁴⁴ dɯ⁴³³⁻⁴³ tiɛ⁵²　理发店
市场 zɿ²²³⁻²² dʑiɑ̃⁴³³
细猪市场 ɕia⁵²⁻⁴⁴ ti³²⁴⁻⁴⁴ zɿ²²³⁻²² dʑiɑ̃⁴³³　小猪市场
菜市场 tsʰei⁵²⁻⁴⁴ zɿ²²³⁻²² dʑiɑ̃⁴³³
银行 n̠in⁴³³⁻²²ɔ̃⁴³³
当店 tɔ̃⁵²⁻⁴⁴ tiɛ⁵²　当铺
雇人 ku⁵²⁻⁴⁴ nin⁴³³
供饭 tɕyən³²⁴⁻³² vɑ̃²³¹　管饭
包吃 pɔ³²⁴⁻⁴⁴ tɕʰiəʔ⁵　不用另外付钱地供给饭食
守店 y⁴⁴⁵⁻⁴⁴ tiɛ⁵²　看店

(二) 经营、交易

行日 ɔ̃⁴³³⁻⁴⁴ nəʔ²³　有集市的日子
　　市日 zɿ²²³⁻⁴³ nəʔ²³
赶行 kuə⁴⁴⁵⁻⁴⁴ɔ̃⁴³³　赶集
　　赶市 kuə⁴⁴⁵⁻⁴⁴ zɿ²²³
开市 kʰei³²⁴⁻⁴⁴ zɿ²²³
开业 kʰei³²⁴⁻⁴⁴ n̠iəʔ²³
买 ma²²³
卖 ma²³¹
贩 fɑ̃⁵²　贩卖
贩猪 fɑ̃⁵²⁻⁴⁴ ti³²⁴　贩卖猪
桥⁼ dʑiɔ⁴³³　买进货物，再加价卖出以获取利润
当 tɔ̃⁵²　典当
抵押 ti⁴⁴⁵⁻⁴⁴ ɑʔ⁵
承包 zin⁴³³⁻⁴³ pɔ³²⁴
估 ku⁴⁴⁵　① 估算：用来～。② 估计：我～渠会来
照估 tɕiɔ⁵²⁻⁴⁴ ku⁴⁴⁵　按估算

评估 bin⁴³³⁻⁴³ ku³²⁴

撮阄 tsʰəʔ⁵⁻⁴ tɕiɯ³²⁴　抓阄

换 uɑ̃²³¹　① 互易，以物换物：～豆腐。② 更改，变：～衣裳

调 diə²³¹　① 调换。② 调动

定 din²³¹　预先约妥：～货

当屋 tɔ̃⁵²⁻⁴⁴ əʔ⁵　典当房子

租屋 tsu³²⁴⁻⁴⁴ əʔ⁵

屋租 əʔ⁵⁻⁴ tsu³²⁴　房租

籴米 diəʔ²³⁻² mi²²³　买米

粜谷 tʰiə⁵²⁻⁴⁴ kəʔ⁵　卖稻谷

盘店 bə⁴³³⁻⁴³ tiɛ⁵²

盘货 bə⁴³³⁻⁴³ xo⁵²

入细猪 ȵiəʔ²³⁻² ɕia⁵²⁻⁴⁴ ti³²⁴　买小猪

　　搭小猪 kʰo⁵²⁻⁴⁴ ɕia⁵²⁻⁴⁴ ti³²⁴

收烂铁 ɕiɯ³²⁴⁻⁴⁴ lɑ̃²³¹⁻²² tʰiəʔ⁵　收废品：～个人

收纸柏 ɕiɯ³²⁴⁻⁴⁴ tsɿ⁴⁴⁵⁻⁴⁴ paʔ⁵　收废纸等：～个人

换豆腐 uɑ²³¹⁻²² dɤɯ²³¹⁻²² v-fu²²³⁻⁵²　用黄豆跟卖豆腐的人对换豆腐

换索粉干 uɑ²³¹⁻²² səʔ⁵⁻⁴ fən⁴⁴⁵⁻⁴⁴ kuɑ³²⁴　用稻谷跟卖粉干的人对换
　　粉干

换索面 uɑ²³¹⁻²² səʔ⁵ miɛ²³¹⁻⁰　用麦子跟卖面条的人对换面条

换卵 uɑ²³¹⁻²² lən²²³　换蛋。自家没有适合孵化的蛋，用普通的蛋跟
　　别人一比一换取适合孵化的蛋

搭股 tɑʔ⁵⁻⁴ ku⁴⁴⁵

拼起个 pʰin⁵²⁻⁵⁵ tɕʰiəʔ⁰ kə⁰　联合的，合作的

合同 əʔ²³⁻² dən⁴³³

写契 ɕia⁴⁴⁵⁻⁴⁴ tsʰɿ⁵²　立契

贵 tɕy⁵²

便宜 biɛ⁴³³⁻⁴³ i³²⁴

合算 əʔ²³⁻² sə⁵²　划算

公道 kən³²⁴⁻⁴⁴ dɔ²²³

折头 tɕiəʔ⁵⁻⁴ dəɯ⁴³³　折扣

打折 nɛ⁴⁴⁵⁻⁴⁴ tɕiəʔ⁵

折 ziəʔ²³　亏本

　亏 kʰuei³²⁴

亏空 kʰuei³²⁴⁻⁴⁴ kʰən³²⁴

赔 bei⁴³³

赔娘 bei⁴³³⁻²² n̠iɑ⁴³³　赔款数额很大

生意好疲 sɛ³²⁴⁻³² i⁵²⁻⁵⁵ xəɯ⁴⁴⁵⁻⁴⁴ ɕiəʔ⁵　生意好坏

生意好 sɛ³²⁴⁻³² i⁵²⁻⁵⁵ xəɯ⁴⁴⁵

生意疲 sɛ³²⁴⁻³² i⁵²⁻⁵⁵ ɕiəʔ⁵　生意差

倒闭 təɯ⁴⁴⁵⁻⁴⁴ pi⁵²

倒摊 təɯ⁴⁴⁵⁻⁴⁴ tʰã³²⁴　① 倒闭。② 台子、架子坍塌

袋毛搒光 dei²³¹⁻²² mɔ⁴³³⁻⁴³ bɛ⁴³³⁻⁴³ kɔ̃³²⁴　钱全部用完

典妻卖子 tiɛ⁴⁴⁵⁻⁴⁴ tsʰɿ³²⁴ ma²³¹⁻²² tsɿ⁴⁴⁵　生活极其困苦，典卖妻子儿女

开销 kʰei³²⁴⁻⁴⁴ ɕiɔ³²⁴

开支 kʰei³²⁴⁻⁴⁴ tsɿ³²⁴

收入 ɕiɯ³²⁴⁻³² n̠iəʔ²³

价格 ko⁵²⁻⁴⁴ kaʔ⁵

价钿 ko⁵²⁻⁴⁴ diɛ⁴³³　价钱

做价钿 tso³²⁴⁻⁴⁴ ko⁵²⁻⁴⁴ diɛ⁴³³　讲价还价

　讲价钿 kɔ̃⁴⁴⁵⁻⁴⁴ ko⁵²⁻⁴⁴ diɛ⁴³³

开价 kʰei³²⁴⁻³² ko⁵²

还价 uã⁴³³⁻⁴³ ko⁵²

折价 tɕiəʔ⁵⁻⁴ ko⁵²　给旧物折合价钱

　缚价格 bəʔ²³⁻² ko⁵²⁻⁴⁴ kaʔ⁵

削价 ɕiəʔ⁵ ko⁵²⁻⁰

本钿 pə⁴⁴⁵⁻⁴⁴ diɛ⁴³³　本钱

工钿 kən³²⁴⁻⁴⁴ diɛ⁴³³　工钱

盘缠 bə⁴³³⁻²² dzyə⁴³³

　　路费 lu²³¹⁻²² fi⁵²

用 iɔ̃²³¹　花：～钞票

赚 dzã²²³　①赚：卖一斤～一角钞票。②挣：打工～了一千块钞票

赚钞票 dzã²²³⁻⁴³ tsʰɔ³²⁴⁻³² pʰiɔ⁵²　挣钱

　　赚钿 dzã²²³⁻²² diɛ⁴³³

欠 tɕʰiɛ⁵²　～我十块钞票

欠账 tɕʰiɛ⁵²⁻⁴⁴ tiã⁵²

欠账满屁股 tɕʰiɛ⁵²⁻⁴⁴ tiã⁵²⁻⁵⁵ mə²²³⁻²² pʰi⁵²⁻⁴⁴ ku⁴⁴⁵　欠一屁股账

少尔四块钞票 ɕiɔ⁴⁴⁵⁻⁴⁴ n̩²²³⁻²² sʅ⁵²⁻⁵⁵ kʰuei⁵²⁻⁴⁴ tsʰɔ³²⁴⁻³² pʰiɔ⁵²　少你四块钞票

找 tsɔ⁴⁴⁵　退回，补足

找钞票 tsɔ⁴⁴⁵⁻⁴⁴ tsʰɔ³²⁴⁻³² pʰiɔ⁵²　退回差额

找转来 tsɔ⁴⁴⁵⁻⁴⁴ tyə⁴⁴⁵⁻⁵⁵ lei⁴³³⁻⁰　差额退回来

讨账 tʰɔ⁴⁴⁵⁻⁴⁴ tiã⁵²

记账 tsʅ⁵²⁻⁴⁴ tiã⁵²

烂账 lã²³¹⁻²² tiã⁵²

账簿 tiã⁵²⁻⁴⁴ bu²²³　账本

押金 aʔ⁵⁻⁴ tɕin³²⁴

贷款 dei²³¹⁻²² kʰuã⁴⁴⁵

存款 zə⁴³³⁻²² kʰuã⁴⁴⁵

存折 zə⁴³³⁻⁴³ tɕiəʔ⁵

利息 li²³¹⁻²² ɕiəʔ⁵

发票 faʔ⁵ pʰiɔ⁵²⁻⁰

收款收据 ɕiɯ³²⁴⁻⁴⁴ kʰuã⁴⁴⁵ ɕiɯ³²⁴⁻³² tɕy⁵²

报销 pɔ⁵²⁻⁴⁴ ɕiɔ³²⁴

付款 fu⁵²⁻⁴⁴ kʰuã⁴⁴⁵

粮票 liã⁴³³⁻⁴³ pʰiɔ⁵²

批发 $p^hi^{324-44}fa?^5$

进货 $tsən^{52-44}xo^{52}$

连毛夹涴 $li\varepsilon^{433-22}mɔ^{433-43}ka?^{5-4}u^{52}$　（畜禽）未剥皮、褪毛、开膛，称出来的是毛重：爱＝只猪，～称出来是 400 斤

撮便宜 $ts^hə?^{5-4}bi\varepsilon^{433-43}i^{324}$　捡便宜

　　撮便宜事 $ts^hə?^{5-4}bi\varepsilon^{433-43}i^{324-32}z\jmath^{231}$

假货 $ko^{445-44}xo^{52}$

脚货 $tɕiə?^5xo^{52-0}$　未卖完的剩余货物

牌子 b-$pa^{433-44}ts\jmath^{445}$

名牌 $min^{433-22}ba^{433}$

招牌 $tɕiɔ^{324-44}ba^{433}$

元宝 $yə^{433-44}pɔ^{445}$　① 古代的一种货币。② 元宝状的物件，例如，祭祀时用锡箔折成的纸元宝

金条 $tɕin^{324-44}diɔ^{433}$

银两 $\textnormal{ɲ}in^{433-44}li\tilde{a}^{223}$

银锭 $\textnormal{ɲ}in^{433-43}din^{231}$　① 银块，常指银元宝。② 用锡箔折成或糊成的假元宝，用于焚化给鬼神用

银角子 $\textnormal{ɲ}in^{433-44}kə?^{5-4}ts\jmath^{445}$　银毫

洋钿 $i\tilde{a}^{433-22}di\varepsilon^{433}$　银洋，银元

　　硬洋 $\textnormal{ŋ}\varepsilon^{231-22}i\tilde{a}^{433}$

　　白洋 $ba?^{23-2}i\tilde{a}^{433}$

大头洋 $do^{231-22}dɯ^{433-22}i\tilde{a}^{433}$　袁世凯头像银币

铜板 d-$tən^{433-44}p\tilde{a}^{445}$

铜钿 $dən^{433-22}di\varepsilon^{433}$　铜钱

钞票 $ts^hɔ^{324-32}p^hiɔ^{52}$

散碎 $s\tilde{a}^{445-44}sei^{52}$　零钱

铅币 $k^ha^{445-44}bi^{231}$　硬币

　　铅角子 $k^ha^{445-44}kə?^{5-4}ts\jmath^{445}$

　　铅 k^ha^{445}

成齐 ʑin⁴³³⁻⁴³ zɿ⁴³³⁻²³¹　整刀的纸币

一分 iəʔ⁵⁻⁴ fən³²⁴⁻⁵²

一角 iəʔ⁵⁻⁴ kəʔ⁵

一块 iəʔ⁵⁻⁴ kʰuei⁵²

十块 zəʔ²³ kʰuei⁵²⁻⁰

一百块 iəʔ⁵⁻⁴ paʔ⁵ kʰuei⁵²⁻⁰

一分钞票 iəʔ⁵⁻⁴ fən³²⁴⁻⁵⁵ tsʰɔ³²⁴⁻³² pʰiɔ⁵²

一角钞票 iəʔ⁵⁻⁴ kəʔ⁵ tsʰɔ³²⁴⁻³² pʰiɔ⁵²

一块钞票 iəʔ⁵⁻⁴ kʰuei⁵²⁻⁵⁵ tsʰɔ³²⁴⁻³² pʰiɔ⁵²

十块钞票 zəʔ²³ kʰuei⁵²⁻⁰ tsʰɔ³²⁴⁻³² pʰiɔ⁵²

一百块钞票 iəʔ⁵⁻⁴ paʔ⁵ kʰuei⁵²⁻⁰ tsʰɔ³²⁴⁻³² pʰiɔ⁵²

一分头 iəʔ⁵⁻⁴ fən³²⁴⁻⁴⁴ dəɯ⁴³³　一分面额的钞票

一角头 iəʔ⁵⁻⁴ kəʔ⁵⁻⁴ dəɯ⁴³³　一角面额的钞票

　单角头 tã³²⁴⁻⁴⁴ kəʔ⁵⁻⁴ dəɯ⁴³³

两角头 lɛ²²³⁻²² kəʔ⁵⁻⁴ dəɯ⁴³³　两角面额的钞票

五角头 n̩²²³⁻²² kəʔ⁵⁻⁴ dəɯ⁴³³　五角面额的钞票

一块头 iəʔ⁵⁻⁴ kʰuei⁵²⁻⁴⁴ dəɯ⁴³³　一元面额的钞票

十块头 zəʔ²³⁻² kʰuei⁵²⁻⁴⁴ dəɯ⁴³³　十元面额的钞票

一百块头 iəʔ⁵⁻⁴ paʔ⁵⁻⁴ kʰuei⁵²⁻⁴⁴ dəɯ⁴³³　一百元面额的钞票

一斤头 iəʔ⁵⁻⁴ tɕin³²⁴⁻⁴⁴ dəɯ⁴³³　一斤面额的粮票

两斤头 lɛ²²³⁻²² tɕin³²⁴⁻⁴⁴ dəɯ⁴³³　两斤面额的粮票

五斤头 n̩²²³⁻²² tɕin³²⁴⁻⁴⁴ dəɯ⁴³³　五斤面额的粮票

十斤头 zəʔ²³⁻² tɕin³²⁴⁻⁴⁴ dəɯ⁴³³　十斤面额的粮票

(三) 商贸工具

柜台 dʑy²³¹⁻²² dei⁴³³

算盘 sə⁵²⁻⁴⁴ bə⁴³³

算盘子 sə⁵²⁻⁴⁴ b-pə⁴³³⁻⁴⁴ tsɿ⁴⁴⁵　算盘珠子

算盘架 sə⁵²⁻⁴⁴ bə⁴³³⁻⁴³ ko⁵²

打算盘 nɛ⁴⁴⁵⁻⁴⁴ sə⁵²⁻⁴⁴ bə⁴³³

称 tɕʰin³²⁴　称重量

　赁＝ lin²³¹

会 uei²³¹　称箩筐、篮子、袋子等盛具的重量

秤 tɕʰin⁵²

磅秤 pɔ̃⁵²⁻⁴⁴ tɕʰin⁵²

钿秤 diɛ⁴³³⁻²² tɕʰin⁵²　戥子。小型杆秤，称量精确度高，用来称金、银、药品等分量小的东西

大秤 do²³¹⁻²² tɕʰin⁵²　能称重物的秤

老秤 lə²²³⁻²² tɕʰin⁵²　旧制秤，1斤等于16两

　十六两秤 zəʔ²³⁻² ləʔ²³⁻² liã²²³⁻²² tɕʰin⁵²

十两秤 zəʔ²³⁻² liã²²³⁻²² tɕʰin⁵²　新制秤，1斤等于10两

木秤 məʔ²³⁻² tɕʰin⁵²　杆秤

盘秤 bə⁴³³⁻⁴³ tɕʰin⁵²　一种用盘子代替秤钩的秤

公斤秤 kən³²⁴⁻⁴⁴ tɕin³²⁴⁻³² tɕʰin⁵²　以公斤衡量轻重的器具

电子秤 diɛ²²³⁻²² tsʅ⁴⁴⁵⁻⁴⁴ tɕʰin⁵²　测定物体重量的一种电子衡器

两横秤 lɛ²²³⁻²² uɛ⁴³³⁻⁴³ tɕʰin⁵²　称重时，秤杆处于水平状态

秤锤 tɕʰin⁵²⁻⁴⁴ dzy⁴³³　秤砣

秤摘＝钩 tɕʰin⁵²⁻⁴⁴ taʔ⁵⁻⁴ kɯ³²⁴　秤钩

秤纽 tɕʰin⁵²⁻⁴⁴ ɲiɯ²²³　杆秤上的提耳

头纽 d-təɯ⁴³³⁻⁴⁴ ɲiɯ²²³　杆秤上的前提耳

二纽 ɲi²³¹⁻²² ɲiɯ²²³　杆秤上的后提耳，称轻物时用

秤盘 tɕʰin⁵²⁻⁴⁴ bə⁴³³

秤杆 tɕʰin⁵²⁻⁴⁴ kuə⁴⁴⁵

锡花 ɕiəʔ⁵⁻⁴ xo³²⁴　秤星

起花 tsʰʅ⁴⁴⁵⁻⁴⁴ xo³²⁴　秤星的起始星

大秤细斗 do²³¹⁻²² tɕʰin⁵²⁻⁵⁵ ɕia⁵²⁻⁴⁴ təɯ⁴⁴⁵　缺斤少两

　吃秤 tɕʰiəʔ⁵⁻⁴ tɕʰin⁵²

　少秤 ɕia⁴⁴⁵⁻⁴⁴ tɕʰin⁵²

轩 ɕiɛ³²⁴　用木杆秤称重量时秤尾上翘，表示斤两足：～猛

量 liã⁴³³

尺 tɕʰiaʔ⁵

角尺 kəʔ⁵⁻⁴ tɕʰiaʔ⁵　木工用的曲尺

钢卷尺 kɔ̃³²⁴⁻⁴⁴ tɕyə⁴⁴⁵⁻⁴⁴ tɕʰiaʔ⁵

　卷尺 tɕyə⁴⁴⁵⁻⁴⁴ tɕʰiaʔ⁵

皮尺 bi⁴³³⁻⁴³ tɕʰiaʔ⁵　用漆布等制作的卷尺

斤两 tɕin³²⁴⁻⁴⁴ liã²²³

尺寸 tɕʰiaʔ⁵ tsʰə⁵²⁻⁰

二十、文化教育

(一) 学校教育

学堂 əʔ²³⁻² dɔ̃⁴³³　学校

　校 ɔ²³¹

私塾 sɿ³²⁴⁻⁴⁴ ʑyəʔ²³

柳城小学 liɯ²²³⁻²² zin⁴³³⁻⁴³ ɕiɔ⁴⁴⁵⁻⁴⁴ əʔ²³　武义县柳城畲族镇中心小学。创办于 1902 年，原名务本学堂，现校址在武义县柳城畲族镇横街 2 号

　柳小 liɯ²²³⁻²² ɕiɔ⁴⁴⁵

民族中学 min⁴³³⁻⁴³ zəʔ²³ tɕyən³²⁴⁻⁴⁴ əʔ²³　武义金穗民族中学。校址在武义县柳城畲族镇城北路 66 号

　民中 min⁴³³⁻⁴³ tɕyən³²⁴

武义二中 vu²²³⁻⁴³ ȵi²³¹ ȵi²³¹ tɕyən³²⁴　武义第二中学。前身是 1915 年创办的宣平县立师范讲习所，现校址在武义县柳城畲族镇城东路 108 号

　二中 ȵi²³¹ tɕyən³²⁴

幼儿班 iɯ⁵²⁻⁴⁴ əɯ⁴³³⁻⁴³ pã³²⁴

幼儿园 iɯ⁵²⁻⁴⁴ əɯ⁴³³⁻²² yə⁴³³

学前班 əʔ²³⁻² ziɛ⁴³³⁻⁴³ pã³²⁴

小学 ɕiɔ⁴⁴⁵⁻⁴⁴ əʔ²³

初中 tsʰu³²⁴⁻⁴⁴ tɕyən³²⁴

高中 kɯ³²⁴⁻⁴⁴ tɕyən³²⁴

大学 da²³¹⁻⁴³ əʔ²³

职校 tɕiəʔ⁵ ɔ²³¹⁻⁰

教室 kɔ⁵²⁻⁴⁴ səʔ⁵

操坛 tsʰɔ³²⁴⁻⁴⁴ dã⁴³³

 操场 tsʰɔ³²⁴⁻⁴⁴ dʑiã⁴³³

义馆 n̠i²³¹⁻²² kuã⁴⁴⁵ 旧时村里停放棺木或孩子读书的场所

校徽 ɔ²³¹⁻⁴³ xuei³²⁴

红领巾 ən⁴³³⁻²² lin⁴³³⁻⁴³ tɕin³²⁴

读 dəʔ²³ ① 上学。② 学习功课。③ 读课文

 读书 dəʔ²³⁻⁴³ ɕy³²⁴

读书人 dəʔ²³⁻⁴³ ɕy³²⁴⁻³² nin⁴³³⁻⁰

小学生 ɕiɔ⁴⁴⁵⁻⁴⁴ əʔ²³⁻⁴³ sɛ³²⁴

初中生 tsʰu³²⁴⁻⁴⁴ tɕyən³²⁴⁻⁴⁴ sɛ³²⁴

高中生 kɯ³²⁴⁻⁴⁴ tɕyən³²⁴⁻⁴⁴ sɛ³²⁴

大学生 da²³¹⁻²² əʔ²³⁻⁴³ sɛ³²⁴

职校生 tɕiəʔ⁵ ɔ²³¹⁻⁰ sɛ³²⁴

童生 dən⁴³³⁻⁴³ sɛ³²⁴ 未考取秀才的读书人

老童生 lɔ²²³⁻²² dən⁴³³⁻⁴³ sɛ³²⁴ 屡考不中或屡次留级的学生

秀才 ɕiɯ⁵²⁻⁴⁴ zei⁴³³

廪生 lin⁴³³⁻⁴³ sɛ³²⁴ 科举制度中生员名目之一，明清时对由公家给以膳食生员的称谓

拔贡 baʔ²³⁻² kən⁵² 科举制度中选拔贡入国子监的生员的一种

状元 ziɔ²³¹⁻²² n̠yə⁴³³

头名 dəɯ⁴³³⁻²² min⁴³³ 第一名

书附 ɕy³²⁴⁻³² vu²³¹ 书呆子

三好学生 sã³²⁴⁻⁴⁴ xəɯ⁴⁴⁵⁻⁴⁴ əʔ²³⁻⁴³ sɛ³²⁴

读暝书 dəʔ²³⁻² mɛ²³¹⁻⁴³ ɕy³²⁴ 上夜校

录取 ləʔ²³⁻² tɕʰy⁴⁴⁵

开学 kʰei³²⁴⁻⁴⁴ əʔ²³

报名 pɔ⁵²⁻⁴⁴ min⁴³³

报到 pɔ⁵²⁻⁴⁴ təɯ⁵²

迟到 dzʅ⁴³³⁻⁴³ təɯ⁵²

上课 dʑiã²²³⁻²² kʰo⁵²

下课 ɕia²³¹⁻²² kʰo⁵²

逃课 dɔ⁴³³⁻⁴³ kʰo⁵²　学生未经请假逃避去课堂上课的行为

赖学 la²²³⁻⁴³ əʔ²³　逃学

开小差 kʰei³²⁴⁻⁴⁴ ɕiɔ⁴⁴⁵⁻⁴⁴ tsʰa³²⁴

做小动作 tso⁵²⁻⁴⁴ ɕiɔ⁴⁴⁵⁻⁴⁴ dən²²³⁻²² tsəʔ⁵

自修 zʅ³²⁴⁻⁴³ ɕiɯ³²⁴

放学 fɔ̃⁵²⁻⁴⁴ əʔ²³

放假 fɔ̃⁵²⁻⁴⁴ ko⁵²

放暑假 fɔ̃⁵²⁻⁴⁴ ɕy⁴⁴⁵⁻⁴⁴ ko⁵²

放寒假 fɔ̃⁵²⁻⁴⁴ uə⁴³³⁻⁴³ ko⁵²

暑假 ɕy⁴⁴⁵⁻⁴⁴ ko⁵²

寒假 uə⁴³³⁻⁴³ ko⁵²

农忙假 nən⁴³³⁻²² mɔ̃⁴³³⁻⁴⁴ ko⁵²

请假 tɕʰin⁴⁴⁵⁻⁴⁴ ko⁵²

考试 kʰɯ⁴⁴⁵⁻⁴⁴ sʅ⁵²

偷望 tʰəɯ³²⁴⁻³² mɔ̃²³¹　偷看

考场 kʰɯ⁴⁴⁵⁻⁴⁴ dʑiã⁴³³

试卷 sʅ⁵²⁻⁴⁴ tɕyɔ⁵²

年级 ȵiɛ⁴³³⁻⁴³ tɕiəʔ⁵

留级 liɯ⁴³³⁻⁴⁴ tɕiəʔ⁵

跳级 tʰiɔ⁵²⁻⁴⁴ tɕiəʔ⁵

毕业 pi⁵²⁻⁴⁴ ȵiəʔ²³　‖"毕"韵母舒化，下同

毕业证书 pi⁵²⁻⁴⁴ ȵiəʔ²³⁻² tɕin⁵²⁻⁴⁴ ɕy³²⁴

文凭 mən⁴³³⁻²² bin⁴³³

结业 tɕiəʔ⁵⁻⁴ n̢iə²³

语文 n̢y²²³⁻²² mən⁴³³

算术 sə⁵²⁻⁵⁵ ʑyəʔ²³⁻⁰

   数学 su⁵²⁻⁵⁵ əʔ²³⁻⁰

体育 tʰi⁴⁴⁵⁻⁴⁴ yəʔ⁵

音乐 in³²⁴⁻⁴⁴ yəʔ²³

美术 mei⁴³³⁻⁴³ ʑyəʔ²³

点名 tiɛ⁴⁴⁵⁻⁴⁴ min⁴³³

点名册 tiɛ⁴⁴⁵⁻⁴⁴ min⁴³³⁻⁴³ tsʰaʔ⁵

表扬 piɔ⁴⁴⁵⁻⁴⁴ iã⁴³³

批评 pʰi³²⁴⁻⁴⁴ bin⁴³³

敲手批 kʰɔ³²⁴⁻⁴⁴ ɕiɯ⁴⁴⁵⁻⁴⁴ pʰi³²⁴　教师打学生手心

拍手 pʰaʔ⁵⁻⁴ ɕiɯ⁴⁴⁵　鼓掌

站 dzã²³¹　老师体罚学生的一种形式，要求学生站着，到规定的时间为止：～半节课

摘⁼钩 taʔ⁵⁻⁴ kɯ³²⁴　对钩

大钢叉 do²³¹⁻²² kɔ̃³²⁴⁻⁴⁴ tsʰo³²⁴　在公文、试题等上面画的"×"，表示不认可、否定或有错误

满分 mə⁴³³⁻⁴³ fən³²⁴

大零蛋 do²³¹⁻²² lin⁴³³⁻⁴³ dã²³¹　零分

   零蛋 lin⁴³³⁻⁴³ dã²³¹

成绩单 ʑin⁴³³⁻⁴³ tɕiəʔ⁵ tã³²⁴

学费 əʔ²³⁻² fi⁵²

(二) 教学用具

书 ɕy³²⁴

四书五经 sʅ⁵²⁻⁴⁴ ɕy³²⁴⁻³² n̢⁴³³⁻⁴³ tɕin³²⁴

书袋 ɕy³²⁴⁻³² dei²³¹

   书包 ɕy³²⁴⁻⁴⁴ pɔ³²⁴

书箱 ɕy³²⁴⁻⁴⁴ ɕiɑ̃³²⁴

纸 tsʅ⁴⁴⁵

白纸 baʔ²³⁻² tsʅ⁴⁴⁵

草稿 tsʰɔ⁴⁴⁵⁻⁴⁴ kɔ⁴⁴⁵

笔 piəʔ⁵

铅笔 kʰɑ̃⁴⁴⁵⁻⁴⁴ piəʔ⁵

钢笔 kɔ̃³²⁴⁻⁴⁴ piəʔ⁵

原子笔 n̠yə⁴³³⁻²² tsʅ⁴⁴⁵⁻⁴⁴ piəʔ⁵　圆珠笔

墨笔 məʔ²³⁻² piəʔ⁵　毛笔

小楷笔 ɕiɔ⁴⁴⁵⁻⁴⁴ kʰa⁴⁴⁵⁻⁴⁴ piəʔ⁵

中楷笔 tɕyən³²⁴⁻⁴⁴ kʰa⁴⁴⁵⁻⁴⁴ piəʔ⁵

粉笔 fən⁴⁴⁵⁻⁴⁴ piəʔ⁵

笔套 piəʔ⁵ tʰɔ⁵²⁻⁰

笔筒 piəʔ⁵⁻⁴ dən⁴³³

铅笔□ kʰɑ̃⁴⁴⁵⁻⁴⁴ piəʔ⁵⁻⁴ kɛ⁴⁴⁵　铅笔盒

铅笔刀 kʰɑ̃⁴⁴⁵⁻⁴⁴ piəʔ⁵⁻⁴ təɯ³²⁴

墨 məʔ²³

墨瓦 məʔ²³⁻² ŋo²²³　砚台

　砚瓦 n̠iɛ²²³⁻²² ŋo²²³

墨汁 məʔ²³⁻² tsəʔ⁵

钢笔水 kɔ̃³²⁴⁻⁴⁴ piəʔ⁵⁻⁴ ɕy⁴⁴⁵

簿 bu²²³　本子

笔记簿 piəʔ⁵ tsʅ⁵²⁻⁰ bu²²³　笔记本

算术簿 sə⁵²⁻⁵⁵ ʑyə²³⁻⁰ bu²²³　数学本

　数学簿 su⁵²⁻⁵⁵ əʔ²³⁻⁰ bu²²³

作文簿 tsəʔ⁵⁻⁴ mən⁴³³⁻⁴⁴ bu²²³　作文本

小楷簿 ɕiɔ⁴⁴⁵⁻⁴⁴ kʰa⁴⁴⁵⁻⁴⁴ bu²²³　小楷本

中楷簿 tɕyən³²⁴⁻⁴⁴ kʰa⁴⁴⁵⁻⁴⁴ bu²²³　中楷本

字帖 zʅ²³¹⁻²² tʰiəʔ⁵

橡皮擦 ʐiã$^{223-22}$ bi$^{433-22}$ tsʰɑʔ^5

解字刀 ka$^{445-44}$ zɿ$^{231-22}$ təɯ^{324}　剪纸刀

三角板 sã$^{324-44}$ kəʔ$^{5-4}$ pã^{445}　三角尺

圆规 yə$^{433-43}$ kuei^{324}

小棒 ɕiɔ$^{445-44}$ bɔ̃^{223}　数数的教学用具

教棒 kɔ$^{52-44}$ bɔ̃^{223}

戒尺 ka$^{52-44}$ tɕʰia^5

讲台 kɔ̃$^{445-44}$ dei^{433}

黑板 xəʔ$^{5-4}$ pã^{445}

黑板擦 xəʔ$^{5-4}$ pã$^{445-44}$ tsʰɑʔ^5

奖牌 tɕiã$^{445-44}$ ba^{433}

奖杯 tɕiã$^{445-44}$ pei^{324}

奖状 tɕiã$^{445-44}$ ʐiã^{231}

(三) 读书识字

结字 tɕiəʔ$^{5-4}$ zɿ^{231}　识字

　有字 iɯ$^{223-44}$ zɿ^{231}

　　认着字 n̠in^{231} dʑiəʔ$^{23-0}$ zɿ^{231}

弗结字 fəʔ$^{5-4}$ tɕiəʔ$^{5-4}$ zɿ^{231}　不识字

　没字 mei$^{52-44}$ zɿ^{231}

　　认弗着字 n̠in^{231} fəʔ$^{5-4}$ dʑiəʔ^{23} zɿ^{231}

结字个人 tɕiəʔ$^{5-4}$ zɿ^{231} kə^0 nin$^{433-0}$　识字的人

　有字个人 iɯ$^{223-44}$ zɿ^{231} kə^0 nin$^{433-0}$

　　认着字个人 n̠in^{231} dʑiəʔ$^{23-0}$ zɿ^{231} kə^0 nin$^{433-0}$

弗结字个人 fəʔ$^{5-4}$ tɕiəʔ^5 zɿ^{231} kə^0 nin$^{433-0}$　不识字的人

　没字个人 mei$^{52-44}$ zɿ^{231} kə^0 nin$^{433-0}$

　　认弗着字个人 n̠in^{231} fəʔ$^{5-4}$ dʑiəʔ^{23} zɿ^{231} kə^0 nin$^{433-0}$

　文盲 mən$^{433-22}$ mɛ^{433}

　盲眼个 mɛ$^{433-44}$ ŋã$^{223-22}$ kə^0

白字 baʔ$^{23-43}$ zɿ^{231}　错字,别字,代音字

白字壳 baʔ²³⁻² zʅ²³¹⁻²² kʰəʔ⁵

笔划 piəʔ⁵⁻⁴ uaʔ²³

一划 iəʔ⁵⁻⁴ uaʔ²³

一点 iəʔ⁵⁻⁴ tiɛ⁴⁴⁵

一横 iəʔ⁵⁻⁴ uɛ⁴³³

一直 iəʔ⁵⁻⁴ dziəʔ²³

一撇 iəʔ⁵⁻⁴ pʰiəʔ⁵

一捺 iəʔ⁵⁻⁴ nɑʔ²³

一勾 iəʔ⁵⁻⁴ kɯ³²⁴

偏旁 pʰiɛ³²⁴⁻⁴⁴ bɔ̃⁴³³

草字头 tsʰɔ⁴⁴⁵⁻⁴⁴ zʅ²³¹⁻²² dəɯ⁴³³

草头 tsʰɔ⁴⁴⁵⁻⁴⁴ dəɯ⁴³³

宝盖 pɔ⁴⁴⁵⁻⁴⁴ kei⁵²　宝盖头，汉字偏旁之一

病壳 bin²³¹⁻²² kʰəʔ⁵　病字框，汉字偏旁之一

单耳朵 tɑ̃³²⁴⁻⁴⁴ n̩²²³⁻²² to⁴⁴⁵　单耳旁，汉字偏旁之一

双耳朵 ɕiɔ̃³²⁴⁻⁴⁴ n̩²²³⁻²² to⁴⁴⁵　双耳旁，汉字偏旁之一

火字旁 xo⁴⁴⁵⁻⁴⁴ zʅ²³¹ bɔ̃⁴³³　汉字偏旁之一

犬字旁 tɕʰyə⁴⁴⁵⁻⁴⁴ zʅ²³¹ bɔ̃⁴³³　反犬旁，汉字偏旁之一

三点水 sɑ̃³²⁴⁻⁴⁴ tiɛ⁴⁴⁵⁻⁴⁴ ɕy⁴⁴⁵　汉字偏旁之一

两点水 lɛ²²³⁻²² tiɛ⁴⁴⁵⁻⁴⁴ ɕy⁴⁴⁵　汉字偏旁之一

竖心旁 ʐy²²³⁻⁴³ sən³²⁴⁻³² bɔ̃⁴³³　汉字偏旁之一

挑手旁 tʰiɔ⁴⁴⁵⁻⁴⁴ ɕiɯ⁴⁴⁵⁻⁴⁴ bɔ̃⁴³³　提手旁，汉字偏旁之一

单人旁 tɑ̃³²⁴⁻⁴⁴ nin⁴³³⁻²² bɔ̃⁴³³　汉字偏旁之一

双人旁 ɕiɔ̃³²⁴⁻⁴⁴ nin⁴³³⁻²² bɔ̃⁴³³　汉字偏旁之一

走之旁 tsəɯ⁴⁴⁵⁻⁴⁴ tsʅ³²⁴⁻³² bɔ̃⁴³³　汉字偏旁之一

双木林 ɕiɔ̃³²⁴⁻⁴⁴ məʔ²³⁻² lin⁴³³

三横王 sɑ̃³²⁴⁻⁴⁴ uɛ⁴³³⁻²² iɔ̃⁴³³

草头蒋 tsʰɔ⁴⁴⁵⁻⁴⁴ dəɯ⁴³³⁻⁴³ tɕiɑ̃³²⁴　草字头蒋‖"蒋"声调特殊，读阴平

弯弓张 uã$^{324-44}$ kən$^{324-44}$ tɕiã^{324}

美女姜 mei$^{223-22}$ ȵy$^{223-22}$ tɕiã^{324}

立早章 liʔ$^{23-2}$ tsɔ$^{445-44}$ tɕiã^{324}

耳朵陈 n$^{223-22}$ to$^{445-44}$ dzən^{433}

古月胡 ku$^{445-44}$ ȵyəʔ$^{23-2}$ u^{433}

口天吴 kʰɯ$^{445-44}$ tʰiɛ$^{324-44}$ u^{433}

写字 ɕia$^{445-44}$ zɿ^{231}

大楷 do$^{231-22}$ kʰa^{445}

中楷 tɕyən$^{324-44}$ kʰa^{445}

小楷 ɕiɔ$^{445-44}$ kʰa^{445}

草书 tsʰɔ$^{445-44}$ ɕy^{324}

行书 ɛ$^{433-43}$ ɕy^{324}

大写 do$^{231-22}$ ɕia^{445}

小写 ɕiɔ$^{445-44}$ ɕia^{445}

正写 tɕin$^{52-44}$ ɕia^{445}　　繁体字

简写 kã$^{445-44}$ ɕia^{445}

照样 tɕiɔ$^{52-44}$ iã^{231}　　① 依照某种样式。② 照旧，仍旧

脱了一个字 tʰəʔ^5 laʔ^0 iɕi$^{5-4}$ kəʔ^5 zɿ^{231}　　漏了一个字

写赚了 ɕia$^{445-44}$ dzã^{231} laʔ^0　　写错了

涂了 du^{433} laʔ^0　　涂抹掉

默写 məʔ$^{23-2}$ ɕia^{445}

听写 tʰin$^{52-44}$ ɕia^{445}

四方格 sɿ$^{52-44}$ fɔ̃$^{324-44}$ kaʔ^5　　田字格

文章 mən$^{433-43}$ tɕiã^{324}

做文章 tso$^{52-44}$ mən$^{433-43}$ tɕiã^{324}　　写文章

作文 tsəʔ$^{5-4}$ mən^{433}

四句八对 sɿ$^{52-44}$ tɕy$^{52-44}$ paʔ$^{5-4}$ tei^{52}　　对仗工整

天文地理 tʰiɛ$^{324-44}$ mən$^{433-22}$ di$^{231-22}$ li^{223}

图书 du$^{433-43}$ ɕy^{324}　　连环画

图画 du⁴³³⁻⁴³ o²³¹

画图画 o²³¹⁻²² du⁴³³⁻⁴³ o²³¹

漂= pʰiə⁴⁴⁵　列：～名字单

数 ɕy⁴⁴⁵　查点（数目），逐个说出（数目）：从一～到一百

个数 ka⁵²⁻⁴⁴ su⁵²　数目

数个数 ɕy⁴⁴⁵⁻⁴⁴ ka⁵²⁻⁴⁴ su⁵²　数数目

望书 mɔ̃²³¹⁻⁴³ ɕy³²⁴　看书

背书 bei²³¹⁻⁴³ ɕy³²⁴

二十一、文体活动

（一）游戏玩具

搞 kɔ⁴⁴⁵　玩，嬉戏

撮阄匽寻 tsʰəʔ⁵⁻⁴ tɕiɯ³²⁴⁻⁴⁴ iɛ⁴⁴⁵⁻⁴⁴ zən⁴³³　藏猫儿。一人蒙上眼睛，等大家都躲起来后去找

老鹰背鸡 lɔ²²³⁻⁴³ in³²⁴⁻³² pei⁵²⁻⁴⁴ tsɿ³²⁴　老鹰捉小鸡

老虎吃猪 lɔ²²³⁻²² fu⁴⁴⁵⁻⁴⁴ tɕʰiəʔ⁵⁻⁴ ti³²⁴　一种和老鹰捉小鸡类似的游戏

摸暝工 məʔ⁵⁻⁴ mɛ²³¹⁻⁴³ kən³²⁴　瞎子摸人

□客 pə³²⁴⁻⁴⁴ kʰaʔ⁵　过家家

哈吱够 xa³²⁴⁻⁴⁴ tɕi⁵²⁻⁵⁵ kɯ⁵²⁻⁰　挠痒痒‖"吱够"拟声词

摇摇板 iɔ⁴³³⁻²² iɔ⁴³³⁻²² pã⁴⁴⁵　跷跷板

喇喇溜 ʐya²³¹⁻²² ʐya²³¹⁻⁴³ liɯ²³¹　一种简易的滑滑梯游戏，在较陡的沙坡上，将稻草垫在屁股下，往下滑‖"喇喇"拟声词

撮子 tsʰəʔ⁵⁻⁴ tsɿ⁴⁴⁵　抓子儿游戏。桌上或地上放若干小石子儿或小木块儿，一只手一边上抛一边抓石子之类的东西，在掷接过程中做各种花样。比如，将小木块立起或翻个面等，在反复掷接中以花样多而不失手者取胜利

跌三角包 tiəʔ⁵⁻⁴ sã³²⁴⁻⁴⁴ kəʔ⁵⁻⁴ pɔ³²⁴　拍烟壳纸游戏。将香烟壳的外层纸折成等腰三角形状，顶角往底边方向折一下，但不要压实，使顶角和底边构成弯拱状。用力摔向地面后呈反扣状，或将对

方三角烟纸摔拍以及用手扇风后呈反扣状,即为赢

拍花被单 pʰaʔ⁵⁻⁴ xo³²⁴⁻⁴⁴ bi²²³⁻⁴³ tã³²⁴　翻花绳,一种儿童智益游戏

抽骆驼 tɕʰiɯ³²⁴⁻⁴⁴ lɑʔ²³⁻² do⁴³³　抽陀螺

长脚梗 dz-tɕiã⁴³³⁻⁴⁴ tɕiəʔ⁵⁻⁴ kuɛ⁴⁴⁵　踩高跷

跳圈 tʰiɔ⁵²⁻⁴⁴ tɕʰyə³²⁴　跳格子

跳橡皮筋 tʰiɔ⁵²⁻⁴⁴ ʑiã²²³⁻²² bi⁴³³⁻⁴³ tɕin³²⁴　跳皮筋

浴＝嗨嗬 yəʔ²³⁻² xei²³¹⁻⁴³ xo²³¹　荡秋千

　荡秋千 dõ²²³⁻²² tɕʰiɯ³²⁴⁻⁴⁴ tɕʰiɛ³²⁴

掼手巾 guã²³¹⁻²² ɕiɯ⁴⁴⁵⁻⁴⁴ tɕin³²⁴　丢手绢儿

雄鸡相啄 yɔn⁴³³⁻⁴³ tsɿ³²⁴⁻³² ɕiã³²⁴⁻⁴⁴ təʔ⁵　单脚跳的斗鸡游戏

追逃 tsei³²⁴⁻⁴⁴ do⁴³³　追逐游戏

碾乒乓 dzɛ²³¹⁻²² pʰin³²⁴⁻⁴⁴ pʰõ³²⁴　以翻手心手背分组。每个人一边伸手,一边说着"乒乓"‖"乒乓"拟声词

石头铰剪布 ʑiəʔ²³⁻² dəɯ⁴³³⁻⁴³ kɔ⁴⁴⁵⁻⁴⁴ tɕiɛ⁴⁴⁵⁻⁴⁴ pu⁵²　石头剪刀布

　铰剪布 kɔ⁴⁴⁵⁻⁴⁴ tɕiɛ⁴⁴⁵⁻⁴⁴ pu⁵²

搞水 kɔ⁴⁴⁵⁻⁴⁴ ɕy⁴⁴⁵　玩水

劈水撇 pʰiə?⁵⁻⁴ ɕy⁴⁴⁵⁻⁴⁴ pʰiəʔ⁵　打水漂儿

骑马浪 dzɿ⁴³³⁻²² mo²²³⁻⁴³ lõ²³¹　骑大马,小孩骑在大人脖子上走路

嘞嘞 ləʔ⁵⁻⁴ ləʔ⁵　用棕榈叶编织成的正方形小玩具,内空,里面装小石子,摇晃时能发出"呖嘞呖嘞"的声响

蛇抽 ʑia⁴³³⁻⁴³ tɕʰiɯ³²⁴　用棕榈叶编织成的玩具蛇,蛇嘴呈张开状,当小孩手指头伸进时,将蛇尾往后一抽拉,蛇嘴就把指头含住了

鸟 tiɔ⁴⁴⁵　哨子

　嘘鸟 ɕy³²⁴⁻⁴⁴ tiɔ⁴⁴⁵

麻雀弹 mo⁴³³⁻⁴⁴ tɕiəʔ⁵ dã²³¹⁻⁰　弹弓

风车 fən³²⁴⁻⁴⁴ tɕʰia³²⁴　纸风车

水轮盘 ɕy⁴⁴⁵⁻⁴⁴ lin⁴³³⁻²² bə⁴³³　用两根木棍制作,能在水里转圈的小玩具

射水箭 ʑia$^{231\text{-}22}$ ɕy$^{445\text{-}44}$ tɕiɔ^{52}　用竹筒制作的水枪

纸鹞 tsɿ$^{445\text{-}44}$ iɔ^{231}　风筝

　　风筝 fən$^{324\text{-}44}$ tsən^{324}

放纸鹞 fɔ̃$^{52\text{-}44}$ tsɿ$^{445\text{-}44}$ iɔ^{231}　放风筝

跳狮子 t^{h}iɔ$^{52\text{-}44}$ sɿ$^{445\text{-}44}$ tsɿ$^{445\text{-}52}$　舞狮

敲腰鼓 k^{h}ɔ$^{324\text{-}44}$ iɔ$^{324\text{-}44}$ ku^{445}　打腰鼓

钓鱼 tiɔ$^{52\text{-}44}$ n̩^{433}

猜拳 ts^{h}ei$^{324\text{-}44}$ dʑyə^{433}　划拳

　　发拳 faʔ$^{5\text{-}4}$ dʑyə^{433}

象棋 ʑiã$^{223\text{-}22}$ dzɿ^{433}

走象棋 tsəɯ$^{445\text{-}44}$ ʑiã$^{223\text{-}22}$ dzɿ^{433}　下象棋

走棋 tsəɯ$^{445\text{-}44}$ dzɿ^{433}　下棋

茅坑棋 mɔ$^{433\text{-}44}$ k^{h}ɛ$^{324\text{-}44}$ dzɿ^{433}　一种类似五子棋的游戏

牛栏棋 ȵiɯ$^{433\text{-}22}$ lã$^{433\text{-}22}$ dzɿ^{433}　一种类似五子棋的游戏

打老 K nɛ$^{223\text{-}44}$ lɔ$^{223\text{-}22}$ k^{h}ei^{52}　打扑克

打野猪 nɛ$^{223\text{-}44}$ ia$^{223\text{-}43}$ ti^{324}　① 捕捉野猪。② 打扑克。以前，人们多在冬季农闲时才会打扑克，这也是野猪出入村庄糟蹋庄稼的活跃时段，所以，人们将打扑克叫做打野猪，有驱逐野猪的寓意

五十 K n̩$^{223\text{-}22}$ zəʔ$^{23\text{-}2}$ k^{h}ei^{52}　一种扑克牌玩法

红五 ən$^{433\text{-}22}$ n̩^{223}　一种扑克牌玩法

三蟹 sã$^{324\text{-}44}$ xa^{445}　一种扑克牌玩法

上游 ʑiã$^{223\text{-}22}$ iɯ^{433}　一种扑克牌玩法

打赌 nɛ$^{445\text{-}44}$ tu^{445}

跌三乌 tiəʔ$^{5\text{-}4}$ sã$^{324\text{-}44}$ u^{324}　一种赌博方式

捺宝 naʔ$^{23\text{-}2}$ pɔ^{445}　押宝

角=牌九 kəʔ$^{5\text{-}4}$ b-pa$^{433\text{-}44}$ tɕiɯ^{445}　玩牌九

　　开牌九 k^{h}ei$^{324\text{-}44}$ b-pa$^{433\text{-}44}$ tɕiɯ^{445}

跌骰子 tiəʔ$^{5\text{-}4}$ dəɯ$^{433\text{-}22}$ tsɿ^{445}　扔骰子

捺花会 naʔ$^{23\text{-}43}$ xo$^{324\text{-}32}$ uei^{231}　一种打赌方式。花会有三十四个人

的名字，庄家事先选好一支签装在花会筒里面，签上写有一个花会名字，一天开一次。如果一次压一块钱，压准花会的名字，一块钱可以赚回三十块钱

做庄 tso$^{52\text{-}44}$ tiã^{324}　坐庄

抄麻将 tsʰɔ$^{324\text{-}44}$ mo$^{433\text{-}22}$ tɕiã^{52}　打麻将

赖桌脚 la$^{231\text{-}22}$ tyəʔ$^{5\text{-}4}$ tɕiəʔ^{5}　赌输了赖着不肯结束

翻稍 fã$^{324\text{-}44}$ sɔ^{324}　① 翻本，赌博时输家由输变赢。② 大赚特赚：渠夺=两年开店～了_{他那几年开店赚得盆满钵满}

做把戏 tso$^{52\text{-}44}$ pa$^{445\text{-}44}$ sɿ^{52}　变魔术

讲大话 kɔ̃$^{445\text{-}44}$ do$^{231\text{-}43}$ o^{231}　讲故事

谜 n̠i^{231}　谜语

做谜猜 tso$^{52\text{-}44}$ n̠i^{231} tsʰei^{324}　① 猜谜语。② 出谜语让别人猜。常分开说：我做个谜乞尔猜猜

猜谜 tsʰei$^{324\text{-}32}$ n̠i^{231}　猜谜语

响炮 ɕiã$^{445\text{-}44}$ pʰɔ^{52}　爆竹，统称

大响炮 do$^{231\text{-}22}$ ɕiã$^{445\text{-}44}$ pʰɔ^{52}　大爆竹

细响炮 ɕia$^{52\text{-}44}$ ɕiã$^{445\text{-}44}$ pʰɔ^{52}　小鞭炮

五百鞭 n̩$^{223\text{-}22}$ paʔ^{5} piɛ^{324}　五百个为一挂的小鞭炮

一千鞭 iəʔ$^{5\text{-}4}$ tɕʰiɛ$^{52\text{-}55}$ piɛ^{324}　一千个为一挂的小鞭炮

一万头 iəʔ$^{5\text{-}4}$ mã$^{231\text{-}22}$ dəɯ^{433}　一万个为一挂的小鞭炮

放响炮 fɔ$^{52\text{-}44}$ ɕiã$^{445\text{-}44}$ pʰɔ^{52}　鞭炮

烟火 iɛ$^{324\text{-}44}$ xo^{445}　烟花

(二) 体育活动

体育 tʰi$^{445\text{-}44}$ yəʔ^{5}

比赛 pi$^{445\text{-}44}$ sei^{52}

运动会 yən$^{231\text{-}22}$ dən$^{223\text{-}43}$ uei^{231}

输 ɕy^{324}

赢 in^{433}

冠军 kuã$^{52\text{-}44}$ tɕyən^{324}

亚军 ia$^{52-44}$ tɕyən^{324}

季军 tsɿ$^{52-44}$ tɕyən^{324}

赛快 sei$^{52-44}$ k^{h}ua^{52}　比快

比赛远 pi$^{445-44}$ sei$^{52-44}$ yən^{445}　比远

比赛高 pi$^{445-44}$ sei$^{52-44}$ kɯ^{324}　比高

武术 mo$^{223-43}$ ʑyəʔ^{23}

功夫 kən$^{324-44}$ fu^{324}

打拳 nɛ$^{445-44}$ dʑyə^{433}

太极拳 t^{h}a$^{52-44}$ dʑiəʔ$^{23-2}$ dʑyə^{433}

轻功 tɕ^{h}in$^{324-44}$ kən^{324}

勃跌 bəʔ$^{23-2}$ tiəʔ^5　摔跤

搅滚斗 gɔ$^{223-22}$ kuən$^{445-44}$ təɯ^{445}　翻跟斗
　打滚斗 ne$^{445-44}$ kuən$^{445-44}$ təɯ^{445}

竖顶天 ʑy$^{223-22}$ tin$^{445-44}$ t^{h}iɛ^{324}　倒立

拔河 bɑʔ$^{23-2}$ o^{433}

赛趏 sei$^{52-44}$ kuaʔ^5　赛跑

跑步 p^{h}ɔ$^{445-44}$ bu^{231}

接力赛 tɕiəʔ$^{5-4}$ liəʔ$^{23-2}$ sei^{52}

跳高 t^{h}iɔ$^{52-44}$ kɯ^{324}

跳远 t^{h}iɔ$^{52-44}$ yə^{445}

跳绳 t^{h}iɔ$^{52-44}$ dʑin^{433}

毽 tɕiɛ^{52}　毽子

踢毽 t^{h}iəʔ$^{5-4}$ tɕiɛ^{52}　踢毽子

皮球 bi$^{433-22}$ dʑiɯ^{433}

乒乓球 p^{h}in$^{324-44}$ p^{h}ɔ̃$^{324-44}$ dʑiɯ^{433}

篮球 lã$^{433-22}$ dʑiɯ^{433}

气排球 tsʰɿ$^{52-44}$ ba$^{433-22}$ dʑiɯ^{433}

羽毛球 y$^{223-22}$ mɔ$^{433-22}$ dʑiɯ^{433}

足球 tɕyəʔ$^{5-4}$ dʑiɯ^{433}

打台球 nɛ$^{223-44}$ dei$^{433-22}$ dʑiɯ^{433}

踢球 tʰiəʔ$^{5-4}$ dʑiɯ^{433}

掼铅球 guã$^{231-22}$ tɕʰiɛ$^{324-44}$ dʑiɯ^{433}　扔铅球

射标枪 ʑia$^{231-22}$ piɔ$^{324-44}$ tɕʰiɑ̃^{324}　扔标枪

射飞刀 ʑia$^{231-22}$ fi$^{324-44}$ təɯ^{324}　扔飞镖

广播体操 kɔ̃$^{445-44}$ pu$^{324-44}$ tʰi$^{445-44}$ tsʰɔ^{324}

游泳 iɯ$^{433-44}$ yən^{223}

闷水气 mən$^{231-22}$ ɕy$^{445-44}$ tsʰɿ^{52}　游泳时憋气

仰天游 ȵiã$^{223-22}$ tʰiɛ$^{324-44}$ iɯ^{433}　仰泳

踏水脉 daʔ$^{23-2}$ ɕy$^{445-44}$ maʔ^{23}　人立在水中只将头露出水面

号号嘟 xɔ$^{-44}$ xɔ$^{-44}$ tu^{52}　孩子玩的小喇叭玩具 ‖ "号号嘟"拟声词

树叶鸟 ʑy$^{231-22}$ ieʔ$^{23-2}$ tiɔ^{445}　用笋壳尖儿、树叶等自制的简易哨子

(三) 文化活动

唱 tɕʰiɑ̃^{52}

唱歌 tɕʰiɑ̃$^{52-44}$ ko^{324}

唱山歌 tɕʰiɑ̃$^{52-44}$ sã$^{324-44}$ ko^{324}

山歌 sã$^{324-44}$ ko^{324}

小调 ɕiɔ$^{445-44}$ diɔ^{231}　民间小曲

唱莲花 tɕʰiɑ̃$^{52-44}$ liɛ$^{433-43}$ xo^{324}　演唱莲花落

唱新闻 tɕʰiɑ̃$^{52-44}$ sən$^{324-44}$ vən^{433}　是一种单人多角色说唱艺术

唱道情 tɕʰiɑ̃$^{52-44}$ dɔ$^{223-22}$ dʑin^{433}

摊头 tʰã$^{324-44}$ dəɯ^{433}　篇幅短小,以唱为主,多在正本前加唱

讨饭戏 tʰɔ$^{445-44}$ vã$^{231-22}$ sɿ^{52}　道情演唱的一些小故事

讨饭调 tʰɔ$^{445-44}$ vã$^{231-22}$ diɔ^{231}　道情演唱小故事的调子

唱夫人 tɕʰiɑ̃$^{52-44}$ fu$^{324-44}$ ȵin^{433}　唱陈十四夫人(陈靖姑)的传奇故事,唱者多为盲人算命先生

做夫人戏 tso$^{52-44}$ fu$^{324-44}$ ȵin$^{433-43}$ sɿ^{52}　傀儡戏班子演陈十四夫人(陈靖姑)的传奇故事

平安戏 bin$^{433-43}$ uə$^{324-32}$ sɿ^{52}

做戏 tso⁵²⁻⁴⁴ sɿ⁵²　演戏

唱戏 tɕʰiɑ⁵²⁻⁴⁴ sɿ⁵²

唱对头戏 tɕʰiɑ⁵²⁻⁴⁴ tei⁵²⁻⁴⁴ dəɯ⁴³³⁻⁴³ sɿ⁵²　① 过去，两个戏班子为了抢生意，有时候会在同一时间演同样的戏。② 比喻采取与对方相对的行动，来反对或搞垮对方

古装戏 ku⁴⁴⁵⁻⁴⁴ tsõ³²⁴⁻³² sɿ⁵²　演出穿着古代服装的剧目

样板戏 iɑ²³¹⁻²² pã⁴⁴⁵⁻⁴⁴ sɿ⁵²

苦戏 kʰu⁴⁴⁵⁻⁴⁴ sɿ⁵²　内容凄切的苦情戏

傀儡戏 kʰuei⁴⁴⁵⁻⁴⁴ lei²²³⁻²² sɿ⁵²

　木头戏 məʔ²³⁻² dəɯ⁴³³⁻⁴³ sɿ⁵²

戏剧 sɿ⁵²⁻⁴⁴ dʑiəʔ²³

京剧 tɕin³²⁴⁻⁴⁴ dʑiəʔ²³

越剧 yəʔ²³⁻⁴³ dʑiəʔ²³

婺剧 mo²³¹⁻⁴³ dʑiəʔ²³

昆剧 kʰuən³²⁴⁻⁴⁴ dʑiəʔ²³

黄梅戏 õ⁴³³⁻²² mei⁴³³⁻⁴³ sɿ⁵²

正本 tɕin⁵²⁻⁴⁴ pə⁴⁴⁵　本戏，成本演出的戏曲，是一个完整的故事

插剧 tsʰɑʔ⁵⁻⁴ dʑiəʔ²³　加演的戏曲小片段

锣鼓 lo⁴³³⁻⁴⁴ ku⁴⁴⁵　锣和鼓的统称

大锣 do²³¹⁻²² lo⁴³³

细锣 ɕia⁵²⁻⁴⁴ lo⁴³³　小锣

京锣 tɕin³²⁴⁻⁴⁴ lo⁴³³

鼓 ku⁴⁴⁵

鼓箸 ku⁴⁴⁵⁻⁴⁴ dzɿ²³¹　敲鼓用的细棍儿

胡琴 u⁴³³⁻²² dʑin⁴³³　二胡

解胡琴 ka⁴⁴⁵⁻⁴⁴ u⁴³³⁻²² dʑin⁴³³　拉二胡

箫 ɕiɔ³²⁴

笛 diəʔ²³

吹箫 tɕʰy³²⁴⁻⁴⁴ ɕiɔ³²⁴

捺笛 nɑʔ²³⁻⁴³ diəʔ²³　吹笛子
大钹 do²³¹⁻⁴³ bəʔ²³
细钹 ɕia⁵²⁻⁴⁴ bəʔ²³　小钹
　　镲镲钹 tɕʰya⁻⁴⁴ tɕʰya⁻⁴⁴ bəʔ²³
唢呐 so⁴⁴⁵⁻⁴⁴ no⁴³³
吉子 tɕiəʔ⁵⁻⁴ tsɿ⁴⁴⁵　小唢呐
号台 ɔ²³¹⁻²² dei⁴³³　长号
　　先锋 ɕiɛ³²⁴⁻⁴⁴ fən³²⁴
闹台 nɔ²³¹⁻²² dei⁴³³　婺剧的开台锣鼓，做戏开场前的热场
　　闹台场 nɔ²³¹⁻²² dei⁴³³⁻²² dʑiã⁴³³
叠八仙 diəʔ²³⁻² paʔ⁵⁻⁴ ɕiɛ³²⁴　乡村婺剧大戏首夜开场的必演节目，表达人们对美好愿望的共同追求
　　包老爷扫台 pɔ³²⁴⁻³² lɔ²²³⁻⁵⁵ ia⁴³³⁻⁰ sɔ⁴⁴⁵⁻⁴⁴ dei⁴³³
开场 kʰei³²⁴⁻⁴⁴ dʑiã⁴³³　演出或活动开始
开台 kʰei³²⁴⁻⁴⁴ dei⁴³³　新戏台首次举行演出活动
戏班 sɿ⁵²⁻⁴⁴ pã³²⁴　戏班子
演员 iɛ⁴⁴⁵⁻⁴⁴ yə⁴³³
　　做戏个 tso⁵²⁻⁴⁴ sɿ⁵²⁻⁵⁵ kə⁰
花面 xo³²⁴⁻³² miɛ²³¹　花脸
大花面 do²³¹⁻⁴³ xo³²⁴⁻³² miɛ²³¹　大花脸
小丑 ɕiɛ⁴⁴⁵⁻⁴⁴ tɕʰiɯ⁴⁴⁵
小生 ɕiɛ⁴⁴⁵⁻⁴⁴ sɛ³²⁴
武生 mo²²³⁻⁴³ sɛ³²⁴
花旦 xo³²⁴⁻³² tã⁵²
老旦 lɔ²²³⁻²² tã⁵²
扮作 pã⁵²⁻⁴⁴ tsəʔ⁵　扮相：～好
扮老奶 pã⁵²⁻⁴⁴ lɔ²²³⁻²² na²²³　扮演丫环
唱功 tɕʰiã⁵²⁻⁴⁴ kən³²⁴　演唱的能力
戏台 sɿ⁵²⁻⁴⁴ dei⁴³³

前台 ʑiɛ⁴³³⁻²² dei⁴³³

后台 əɯ²²³⁻²² dei⁴³³　①舞台后面的场地,用于摆置锣鼓等伴奏以及供演员们候场、化妆、休息等。②幕后的靠山、支柱、力量等

电影院 diɛ²²³⁻²² in⁴⁴⁵⁻⁴⁴ yə²³¹

电影机 diɛ²²³⁻²² in⁴⁴⁵⁻⁴⁴ tsʅ³²⁴　放映机

放电影 fɔ⁵²⁻⁴⁴ diɛ²²³⁻²² in⁴⁴⁵　播放电影

换片 uã²³¹⁻²² pʰiɛ⁵²　换电影胶片。早年老式放映机播放电影时,一个胶片放完需停放一会儿,等放映员换上另一胶片才能继续播放

片烧了 pʰiɛ⁵²⁻⁵⁵ ɕiɔ³²⁴⁻³² lɑʔ⁰　胶片烧了。早年老式放映机播放电影时,胶片容易自燃

接片 tɕiəʔ⁵⁻⁴ pʰiɛ⁵²　放映员连接修复断裂或自燃的胶片

跳片 tʰiɛ⁵²⁻⁴⁴ pʰiɛ⁵²　早年老式放映机播放电影时,胶片在走动过程中容易出现跳跃的现象,导致音像模糊

望电影 mɔ̃²³¹⁻²² diɛ²²³⁻²² in⁴⁴⁵　看电影

包场 pɔ³²⁴⁻⁴⁴ dʑiã⁴³³

电影 diɛ²²³⁻²² in⁴⁴⁵

故事片 ku⁵²⁻⁴⁴ zʅ²³¹⁻²² pʰiɛ⁵²　具有故事情节的影片

武打片 mo²²³⁻²² nɛ⁴⁴⁵⁻⁴⁴ pʰiɛ⁵²　以武术打斗场面占主导地位的影片

戏剧片 sʅ⁵²⁻⁴⁴ dʑiəʔ²³⁻² pʰiɛ⁵²　戏曲片。用电影手法拍摄的戏曲演出的影片

黑白片 xəʔ⁵⁻⁴ baʔ²³⁻² pʰiɛ⁵²　只有黑白两色的影片

彩色片 tsʰei⁴⁴⁵⁻⁴⁴ səʔ⁵ pʰiɛ⁵²⁻⁰　带有彩色画面的影片

香港片 ɕiã³²⁴⁻⁴⁴ kɔ̃⁴⁴⁵⁻⁴⁴ pʰiɛ⁵²　香港生产的影片

望电视 mɔ̃²³¹⁻²² diɛ²²³⁻⁴³ zʅ²³¹　看电视

连续剧 liɛ⁴³³⁻²² ʑyəʔ²³⁻⁴³ dʑiəʔ²³

跳舞 tʰiɛ⁵²⁻⁴⁴ mo²²³

照照相 tɕiɔ⁵²⁻⁴⁴ tɕiɔ⁵²⁻⁴⁴ ɕiã⁵²　拍照片

拍照相 pʰaʔ⁵⁻⁴ tɕiɔ⁵²⁻⁴⁴ ɕiã⁵²⁻⁴⁴

照相机 tɕiɔ⁵²⁻⁴⁴ ɕiã⁵²⁻⁴⁴ tsʅ³²⁴

底片 ti⁴⁴⁵⁻⁴⁴ pʰiɛ⁵²　用于拍摄以及已拍摄过的胶片

拍录像 pʰaʔ⁵⁻⁴ ləʔ²³⁻² ziã²²³

录像机 ləʔ²³⁻² ziã²²³⁻⁴³ tsʅ³²⁴

录像带 ləʔ²³⁻² ziã²²³⁻²² ta⁵²

收音机 ɕiɯ³²⁴⁻⁴⁴ in³²⁴⁻⁴⁴ tsʅ³²⁴

录音机 ləʔ²³⁻² in³²⁴⁻⁴⁴ tsʅ³²⁴

磁带 zʅ⁴³³⁻⁴³ ta⁵²

唱片 tɕʰiã⁵²⁻⁴⁴ pʰiɛ⁵²

喇叭 la²²³⁻⁴³ pa³²⁴

大喇叭 do²³¹⁻²² la²²³⁻⁴³ pa³²⁴

细喇叭 ɕia⁵²⁻⁴⁴ la²²³⁻⁴³ pa³²⁴　小喇叭

广播 kõ⁴⁴⁵⁻⁴⁴ pu³²⁴

通知 tʰən³²⁴⁻⁴⁴ tsʅ³²⁴

宣传 ɕyə³²⁴⁻⁴⁴ dʑyə⁴³³

广告 kõ⁴⁴⁵⁻⁴⁴ kɯ⁵²

二十二、官司诉讼

打官司 nɛ⁴⁴⁵⁻⁴⁴ kuã⁴⁴⁵⁻⁴⁴ sʅ³²⁴

吃官司 tɕʰiəʔ⁵⁻⁴ kuã⁴⁴⁵⁻⁴⁴ sʅ³²⁴　被控告，被牵涉到诉讼案件中

状 ziɔ̃²³¹　状子

写状 ɕia⁴⁴⁵⁻⁴⁴ ziɔ̃²³¹　写状子

　做状 tso⁵²⁻⁴⁴ ziɔ̃²³¹

告状 kɯ⁵²⁻⁴⁴ ziɔ̃²³¹

衙门 o⁴³³⁻²² mən⁴³³

升堂 sən³²⁴⁻⁴⁴ dɔ̃⁴³³　旧时官吏登公堂审讯案件

过堂 ko⁵²⁻⁴⁴ dɔ̃⁴³³　旧时诉讼当事人到公堂上受审

退堂 tʰei⁵²⁻⁴⁴ dɔ̃⁴³³　旧时官吏问案完毕，退出公堂

公安局 kən³²⁴⁻⁴⁴ uə³²⁴⁻⁴⁴ dʑyəʔ²³

派出所 pʰa⁵²⁻⁴⁴ tɕʰyəʔ⁵⁻⁴ so⁴⁴⁵

检察院 tɕiɛ⁴⁴⁵⁻⁴⁴ tsʰɑʔ⁵ yə²³¹⁻⁰

法院 fɑʔ⁵ yə²³¹⁻⁰

法庭 fɑʔ⁵⁻⁴ din⁴³³

法律 fɑʔ⁵⁻⁴ liəʔ²³

清官 tɕʰin³²⁴⁻⁴⁴ kuã³²⁴

原告 ȵyə⁴³³⁻⁴³ kɯ⁵²

被告 bi²²³⁻²² kɯ⁵²

会做状个 uei²³¹⁻²² tso⁵²⁻⁴⁴ ʑiõ²³¹ kə⁰

    律师 liəʔ²³⁻⁴³ sɿ³²⁴

杀人 sɑʔ⁵⁻⁴ nin⁴³³

强奸 dʑiã⁴³³⁻⁴³ kã³²⁴

受贿 ʑiɯ²³¹⁻²² xuei⁴⁴⁵

贪污 tʰə³²⁴⁻⁴⁴ u³²⁴

犯事干 vã²²³⁻²² zɿ²³¹⁻²² kuə⁵²　犯事

犯法 vã²²³⁻²² fɑʔ⁵

    犯罪 vã²²³⁻²² zei²²³

开庭 kʰei³²⁴⁻⁴⁴ din⁴³³　法庭审理案件

审 sən⁴⁴⁵

认 ȵin²³¹　① 承认。② 供认

承认 ʑin⁴³³⁻⁴³ ȵin²³¹

弗认 fəʔ⁵ ȵin²³¹　不认

认出来 ȵin²³¹ tɕʰyəʔ⁵⁻⁴ lei⁴³³⁻⁰　① 供认事实。② 供出同谋

做证 tso⁵²⁻⁴⁴ tɕin⁵²

拖起 tʰa³²⁴⁻³² tɕʰiəʔ⁰　抓起来

关起 kən³²⁴⁻³² tɕʰiəʔ⁰　关起来

吊起 tio⁵²⁻⁵⁵ tɕʰiəʔ⁰　吊起来

搜 səɯ³²⁴

查 dzo⁴³³

封 fən³²⁴

保 pɔ⁴⁴⁵　保释

扣 kʰɯ⁵²

罚 vaʔ²³

罚款 vaʔ²³⁻² kʰuɑ̃⁴⁴⁵

　　罚钞票 vaʔ²³⁻² tsʰɔ³²⁴⁻³² pʰiɔ⁵²

没收 məʔ²³⁻⁴³ ɕiɯ³²⁴

抵罪 ti⁴⁴⁵⁻⁴⁴ zei²²³

抵命 ti⁴⁴⁵⁻⁴⁴ min²³¹

撤职 tɕʰiaʔ⁵⁻⁴ tɕiəʔ⁵

拘留 tɕy³²⁴⁻⁴⁴ liɯ⁴³³

逮捕 di²³¹⁻²² pʰu⁴⁴⁵

押解 aʔ⁵⁻⁴ ka⁵²

判 pʰə⁵²

判刑 pʰə⁵²⁻⁴⁴ in⁴³³

缓刑 uɑ̃⁴⁴⁵⁻⁴⁴ in⁴³³

死刑 sɿ⁴⁴⁵⁻⁴⁴ in⁴³³

坐班房 zo²²³⁻²² pɑ̃³²⁴⁻⁴⁴ vɔ̃⁴³³

　　坐牢 zo²²³⁻²² lɔ⁴³³

班房 pɑ̃³²⁴⁻⁴⁴ vɔ̃⁴³³　监狱

牢头 lɔ⁴³³⁻²² dəɯ⁴³³　旧时看管囚犯的狱卒

劳改 lɔ⁴³³⁻²² kei⁴⁴⁵

劳改犯 lɔ⁴³³⁻²² kei⁴⁴⁵⁻⁴⁴ vɑ̃²²³

水牢 ɕy⁴⁴⁵⁻⁴⁴ lɔ⁴³³　旧时一种酷刑牢房。建筑在地底下，周围是坚厚的石墙，分为两层，上层是个蓄水池，下层是牢房，一开机关就可以将牢房淹没

老虎凳 lɔ²²³⁻²² fu⁴⁴⁵⁻⁴⁴ tin⁵²　旧时的残酷刑具。用刑时让受刑人伸腿平坐在一条长凳上，膝盖紧紧绑住，然后在脚跟下垫砖瓦，垫得越高，痛苦越大

牢车 lɔ⁴³³⁻⁴³ tɕʰia³²⁴　囚车

手铐 ɕiɯ⁴⁴⁵⁻⁴⁴ kʰɯ⁵²

脚镣 tɕiəʔ⁵⁻⁴ liɔ⁴³³

杀头 saʔ⁵⁻⁴ dəɯ⁴³³　斩首

　　斩头 tsã⁴⁴⁵⁻⁴⁴ dəɯ⁴³³

枪毙 tɕʰiã³²⁴⁻³² pi⁵²

敲屁股 kʰɔ³²⁴⁻⁴⁴ pʰi⁵²⁻⁴⁴ ku⁴⁴⁵　打屁股

逃出去 dɔ⁴³³⁻⁴³ tɕʰyəʔ⁵ kʰɯ-xə⁵²⁻⁰

救 tɕiɯ⁵²

救命 tɕiɯ⁵²⁻⁴⁴ min²³¹

救火 tɕiɯ⁵²⁻⁴⁴ xo⁴⁴⁵

上诉 dʑiã²²³⁻²² su⁵²

签字 tɕʰiɛ³²⁴⁻³² zʅ²³¹

手指头印 ɕiɯ⁴⁴⁵⁻⁴⁴ tsəʔ⁵⁻⁴ dəɯ⁴³³⁻⁴³ in⁵²　指印

　　指头印 tsəʔ⁵⁻⁴ dəɯ⁴³³⁻⁴³ in⁵²

捺手指头印 naʔ²³ ɕiɯ⁴⁴⁵⁻⁴⁴ tsəʔ⁵⁻⁴ dəɯ⁴³³⁻⁴³ in⁵²　摁指印

　　捺指头印 naʔ²³ tsəʔ⁵⁻⁴ dəɯ⁴³³⁻⁴³ in⁵²

案 uə⁵²

案件 uə⁵²⁻⁴⁴ dʑiɛ²²³

办案 bã²³¹⁻²² uə⁵²

二十三、动作

(一) 头部动作

仰 ȵiã²²³　抬(头)：头～起

共⁼ gən²³¹　(头)低垂：头～起｜头～落来

劗⁼ tsã³²⁴　点头：头～两记

头劗⁼劗⁼ dəɯ⁴³³⁻⁴³ tsã³²⁴⁻³² tsã³²⁴⁻⁵²　头点点

　　头点点 dəɯ⁴³³⁻⁴³ tiɛ⁴⁴⁵⁻⁴⁴ tiɛ⁴⁴⁵⁻⁵²

眉毛头□起 mi⁴³³⁻²² mɔ⁴³³⁻²² dəɯ⁴³³⁻⁴³ zɔ²³¹ tɕʰiəʔ⁰　皱眉头

眉毛头蹙起 $mi^{433-22}\, mɔ^{433-22}\, dəɯ^{433-43}\, tsʰəʔ^5\, tɕʰiəʔ^0$

面抒起 $miɛ^{231}\, lə ʔ^{23}\, tɕʰiəʔ^0$　拉着脸

　　面度⁼起 $miɛ^{231}\, du^{231}\, tɕʰiəʔ^0$

望 $mɔ̃^{231}$　看：～电视

瞪 tin^{52}　睁大眼睛注视：～牢望 ₁ ₁ ₄ ₃

瞪咯咯 $tin^{52-55}\, kəʔ^5\, kəʔ^{5-0}$　目不转睛

觑 $tsʰɿ^{52}$　眯着眼看

盯 tin^{324}　① 注视。② 紧跟着不放松

东望西相 $tən^{324-32}\, mɔ̃^{231}\, sɿ^{324-32}\, ɕiã^{52}$　东张西望

眼睛白起 $ŋɛ^{223-43}\, tɕin^{324-32}\, ba ʔ^{23}\, tɕʰiəʔ^0$　白眼

晗 $kɑʔ^5$　眨。眼睛～记～记

撑 $tsʰɛ^{324}$　睁：眼睛～起

合 $kəʔ^5$　闭：眼睛～起

听 $tʰin^{52}$

听讲 $tʰin^{52-44}\, kɔ̃^{445}$　① 听说。② 听话，乖

鸭听天雷 $ɑʔ^5\, tʰin^{52-44}\, tʰiɛ^{324-44}\, lei^{433}$　听不懂

喷⁼ $pʰən^{324}$　闻

抽 $tɕʰiɯ^{324}$　吸：～气 | 鼻头涕～转去 ₁ ₁ ₁ ₁ ₁ ₁ ₁

擤 xen^{52}　捏住鼻子，排除鼻涕：～鼻头涕

闭 pi^{52}　① 关，合：眼睛～起 | 门～起。② 堵塞，不通：真～气

绷 $mɛ^{324}$　① 张：口嘴～起吃。② 用纸、塑料布等拉紧捆扎缸、瓶、坛等容器口：酒缸用塑料布～起。③ 架线或将线绳等拉紧：电线～塍过 ₁ ₁ ₁ ₁ ₁ ₁ ₁

含 $gən^{433}$　① （嘴巴）闭拢：口嘴～起。② 东西在嘴里，不吐出也不吞下：～口嘴塍 ₁ ₁ ₁ ₁

衔 $gã^{433}$　① 用嘴含。同"含"的释义②。② 用嘴叼。③ 鸭鹅等扁嘴动物用嘴吃食的动作

啮 $ŋəʔ^{23}$　咬

啃 $kʰən^{324}$

嚼 ziəʔ²³

吞 tʰə³²⁴

囫囵吞 guəʔ²³⁻² lən⁴³³⁻⁴³ tʰə³²⁴

舔 tʰiɛ⁴⁴⁵

卷⁼嘴 tɕyən⁴⁴⁵⁻⁴⁴ tɕy⁴⁴⁵　亲嘴

欶 tɕyəʔ⁵　吮吸

吐 tʰu⁴⁴⁵　吐，自主地使东西从口中出来

吐 tʰu⁵²　呕吐，食物、痰涎非自主地自口而出：酒呷～了

呕 əɯ⁴⁴⁵　打嗝或吃太饱致使东西在胃喉中上涌：～上来

哕 ya⁴⁴⁵　恶心致使东西从胃中上涌：～上来

利⁼ li²³¹　（舌头或牙齿）露出

牙齿利⁼起 ŋo⁴³³⁻⁴⁴ tsʰɿ⁴⁴⁵⁻⁴⁴ li²³¹ tɕʰiəʔ⁰　咧着嘴露出牙齿的样子

打阿脆 nɛ²²³⁻⁴⁴ aʔ⁵ tsʰei⁵²⁻⁰　打喷嚏‖"阿脆"拟声词

气哈伏炉 tsʰɿ⁵²⁻⁴⁴ xa³²⁴⁻⁴⁴ bu²³¹⁻²² lu⁴³³　气喘吁吁

敲气 tʰəɯ⁴⁴⁵⁻⁴⁴ tsʰɿ⁵²　① 呼气。② 解气，心情舒畅：真～

□ ʑya⁴³³　① 赶（家禽）：～鸡。② 挑唆

乞人□起 kʰəʔ⁵⁻⁴ nin⁴³³⁻⁴⁴ ʑya⁴³³⁻⁴³ tɕʰiəʔ⁰　被他人挑唆

呼 fu³²⁴　呼唤（家禽、家畜）：～鸡

朝 dʑiɑ⁴³³　朝向，转向：头～过来｜头～边沿，弗肯望

向 ɕiã⁵²

(二) 手部动作

驮 do⁴³³　拿，用手取物或持物：碗～个乞我

摛 iəʔ⁵　① 拿：～弗着拿不到。② 给：渠～我一个苹果‖《集韵》昔韵之石切。《说文》："拓，拾也。"声母脱落读零声母

乞 kʰəʔ⁵　给：渠～我一个苹果

递 di²³¹

碾 dzɛ²³¹　① 伸，伸长，该动作有强行的含义：手矮～去摸｜头～过去望。② 强塞：矮～渠吃

□ tɕʰya³²⁴　伸：手～袋垱

撑 tsʰɛ³²⁴　①张开：手指头～出来｜～雨伞。②支着：手～桌墘

穿 tɕʰyə³²⁴　伸展：衫袖头～出来

摸 məʔ⁵

搔 sɔ³²⁴　摩挲：我帮尔～两记

挃 bɛ²³¹　触碰：手嫑～

挃记搭记 bɛ²³¹tsʅ⁵²⁻⁰tɑʔ⁵⁻⁴tsʅ⁵²⁻⁰　不停触碰他物或招惹他人

堵= tu⁴⁴⁵　用指头、棍棒对着指：渠弗开口，便是用手指头～～

捧 pʰən⁴⁴⁵

扒 po³²⁴　①用手把东西聚拢到一起或用手拿取：～做一记｜糖～点乞我。②用筷子把饭连续地拨到嘴里

抓 tsa³²⁴　用手或爪拿取：～麻将

抓 tsɔ³²⁴　抓挠：～痒

抓痒 tsɔ³²⁴⁻⁴⁴ iɑ̃⁴⁴⁵

挖 da²²³　用手、爪、耙等抓、聚拢、散开

划 o⁴³³　用手、耙等将物聚拢或散开

斤= tɕin³²⁴　抓物以借力：手～牢，嫑跌去 手抓住,不要摔去

缒 dzʅ²³¹　用力抓、扯：～牢我｜～落来

掐 kʰɑʔ⁵

总= tsən⁴⁴⁵　挤压，捏：～牙膏

旋 ʑyə²³¹　拧：～螺丝

□ ŋɔ⁴⁴⁵　拧：～面巾

　　绞 kɔ⁴⁴⁵

扭 ɲiɯ³²⁴

槌 dʑy⁴³³　用棒槌等捶打

搣 miəʔ⁵　捻：～碎

搓 tsʰo⁴⁴⁵　两个手掌相对或一个手掌放在别的东西上擦

挼 no⁴³³　揉捻：～茶叶

捼 ɲyəʔ²³　团弄：～面

掱 pʰaʔ⁵　①撕：帮纸～了。②掰：帮橘～开来

拍 pʰaʔ⁵　①用手掌打：～手。②摄影：～照相

剥 pəʔ⁵

刜 pʰi³²⁴　削,剥离：～菜心

额⁼ ŋaʔ²³　折：帮柴～断

挷 mɛ⁵²　拔：～萝卜

摘 taʔ⁵　采摘：～茶叶

捋 ləʔ²³　①用手握着条状物向一端滑动、抹取：布裤脚～上去｜～树叶。②拉：面～落来

搂 ləɯ³²⁴　挖,掏：～布裤袋ᵢₙ掏裤袋

勔 lei²³¹　来回滚动碾压：园油麻堆～两记ᵢₙ放在芝麻里滚动几下

煺 tʰei³²⁴　①用滚水烫除已宰杀的动物身上的毛：～猪。②给鱼去鳞：～鱼

点 tiɛ⁴⁴⁵　①引燃,燃：～火。②查对,检核：～钞票。③播种豆、玉米、麦子、萝卜、洋芋等：～豆。④使一点一滴地落下：～药水｜～盐卤。⑤指定,选派：～菜

掸 tã⁴⁴⁵　猛拉,使伸直或平整

劯 tei⁴⁴⁵　扯,拽：～布裤

拖 tʰa³²⁴　①拉：替渠～出去。②抓：～了三个贼

牵 tɕʰiɛ³²⁴　①牵拉,牵引：牛～出去。②关连,牵连

搕 kʰo⁵²　抓：～了三个贼

□ dzia⁴³³　抱：～细人ᵢₙ抱小孩

索 səʔ⁵　①搓,绞。②搂抱：两个人～做一记

□ iã⁵²　搀：～老人家

抄⁼ tsʰɔ³²⁴　推

摇 iɔ⁴³³　①使物体来回地动。②拨打（电话）：电话～个我。③形容词,摇摆,晃动

挠 nɔ⁴³³　①使物体来回地动。②形容词,摇晃

搅 gɒ²²³　①翻个儿,扭转：～转来。②扭结：～做一记

反 pã⁴⁴⁵　翻动：布裤袋～～望ᵢₙ裤袋翻出来看看

挟 gɑʔ²³　① 夹，从两旁钳住：菜～去吃。② 用胳膊夹着

遮 tɕia³²⁴　挡：～牢了

囥 kʰɔ⁵²　① 放置：碗～桌墪。② 藏放，收藏：钞票～起

齿 ti⁵²　盛，装：～饭｜可以～东西

装 tsɔ̃³²⁴　① 安放，装载：～门｜～车。② 装作，假装：～病

存 zə⁴³³　① 寄放、储蓄：钞票～银行墪。② 摞：帮砖头～起。

叠 diəʔ²³　一层一层地往上加高堆放

　　重 dʑiɔ̃²²³

堆 tei³²⁴

腰 iɔ³²⁴　砌，垒：～砖

翁⁼ ən³²⁴　埋：～地下

　　浼⁼ u⁵²

关 kən³²⁴　盖：帮茶杯～起 ‖ "关"本字或为"鬮"，与名词"鬮"（盖子）是声调别义，本书暂写作"关"

压 aʔ⁵

捺 nɑʔ²³　① 摁：～图钉。② 攥：拳头～起

捅 tʰən⁴⁴⁵

插 tsʰaʔ⁵　① 把细长或薄的东西放进去：香～香炉墪。② 加入，参与

扦 tɕʰiɛ⁵²　把细长或薄的东西插进空隙里：香～香炉墪

嵌 kʰã⁵²　镶嵌

扦 tɕʰiɛ³²⁴　深挖：塘～口起 挖一口塘

挖 uɑʔ⁵

掘 dʑyəʔ²³　① 用锄头等挖刨：～地。② 用铲、锹、碗等器具撮取：～碗谷乞鸡吃吃

戳 tɕʰyəʔ⁵

抠 kʰɯ³²⁴　用手指或细小的东西挖

挑 tʰiɔ³²⁴　① 用条状物或有尖的东西拨开或弄出来：～刺。② 拨弄，煽动

钻 tsə⁵² 打钻：～个洞

车 tɕʰia³²⁴ ① 打钻：～个洞。② 用缝纫机缝合：～了一双衫袖套。③ 用车装运：～西瓜卖

掀 ɕiɛ³²⁴

体⁼ tʰi⁴⁴⁵ 垫衬

垫 diɛ²³¹

拄 tu⁵²

仓⁼ tsʰɔ³²⁴ 闩：用大门杠～起

托 tʰəʔ⁵ ① 用手掌承着东西：～牢。② 委任,恳求：我～尔一件事干

塞 saʔ⁵ 把东西放进有空隙的地方或从缝隙中填入：衣裳～起

塞 sɛ⁵² 塞牙缝：牙齿有东西～牢了

闸 zɑʔ²³ 拦,截：菜园门～起

凑 tsʰɯ⁵² ① 拼凑,聚集：～人数。② 挨近,接近：～我耳朵讲。③ 随,听随：去弗去,我～尔。④ 帮忙：渠忙险,我去～两记。⑤ 碰：正正～着渠车开过来

拼 pʰin⁵² ① 将零星的事物缀合,使相连属：替两块板～起。② 联合,合作：三个人～起开店。③ 邀约：我去～尔过了

斗 tɯ⁵² ① 拼合,对准：爱⁼两块板～弗起。② 凑,聚合：两千块钞票是～起个。③ 较量,争斗：两个人～起了

贴 tʰiəʔ⁵

黏 niɛ³²⁴ ① 粘连,胶合：两张纸～做一记。② 贴近,纠缠：细人～牢我一个人,别人带弗去

隐 in⁴⁴⁵ 隐没,熄灭：蜡烛快点了了,替渠～了去

摊 tʰã³²⁴

收 ɕiɯ³²⁴ ① 收回,取回：～衣裳｜～谷。② 接到,接受：～着一封信。③ 征收,索取：～钞票。④ 收拾,整理：作业做好便乐～起,囥书包墘。⑤ 收集：～烂铁。⑥ 捉拿：～妖。⑦ 控制,坑害：爱⁼生世乞渠～了 这辈子被他坑了

摺 tɕiəʔ⁵　折叠：～衣裳

竖 ʐy²²³　竖立：棍～起

杀 sɑʔ⁵

斫 yəʔ⁵　砍，砍伐：～柴

劗 tsɑ³²⁴　① 剁：～馅。② 鸡啄人的动作：爱⁼只雄鸡会～人个

切 tɕʰiaʔ⁵　～菜

破 pʰa⁵²　剖，劈：～鱼｜～柴｜～西瓜

刨 bɔ²³¹　用刨子或刨床推刮：～皮

削 ɕiəʔ⁵　用刀斜着去掉物体的表层：～铅笔

劈 pʰiəʔ⁵　一刀～过去

刮 kuaʔ⁵　用刀平削物体，或把物体表面的某些东西去掉：～胡须

栉 kəʔ⁵　① 梳（头）。② 把物体表面的某些东西去掉：板砧～～干净

轧 ɡaʔ²³　剪：～头发‖轧，《广韵》黠韵乌黠切："车辗。"为影母字，声母不合

划 uaʔ²³　划分：～豆腐

雕 tiɔ³²⁴　雕刻，用于"雕花"

刻 kʰəʔ⁵　雕刻，用于"刻章"：～私章

磨 mo⁴³³　① 摩擦：～刀。② 折磨：乞渠～死

磨 mo²³¹　用磨碎物：～豆腐

擦 tsʰaʔ⁵　① 揩拭：～皮鞋｜～黑板。② 摩擦：车～了一记。③ 涂抹

幦 tɕiɔ⁴⁴⁵　擦：用面巾～手

幦幦燥 tɕiɔ⁴⁴⁵⁻⁴⁴ tɕiɔ⁴⁴⁵⁻⁴⁴ sɔ⁵²　擦擦干

鐾 bi²²³　① 在布、皮、石头等物上把刀反复摩擦几下，使锋利。② 鞋底与草地等反复摩擦，使干净

扇 ɕiɛ⁵²　摇动扇子或其他东西，使空气加速流动成风：～电风扇

揎 ɕyə³²⁴　打耳光：乞渠～了一个巴面光

㧺 tʰaʔ⁵　① 烙，煎：～饼。② 抹，涂：～粉

筛 sa³²⁴　　斟：～酒

□ ziɔ̃²³¹　　倾倒,倾注：水～了

直⁼ dziəʔ²³　　泼洒：水～过来

　　泼 pʰəʔ⁵

冲 tɕʰyən³²⁴　　冲刷,灌注：茶再～点添

撒 saʔ⁵

揩 kʰa³²⁴　　擦,抹

掼 guã²³¹　　① 抛,甩,投掷。② 丢弃

　　浴⁼ yəʔ²³

　　摔 ɕyəʔ⁵

霜⁼ ɕiɔ̃³²⁴　　砸：用石头～我

殿 tsən³²⁴　　① 把钉、橛等尖形物捶打到其他东西里面去。② 朝着目标用力投掷

撮 tsʰəʔ⁵　　① 捡：～了十块钞票。② 用拇指和其他手指捏：鼻头～起。③ 堵(洞眼、瓶口等)：酒瓶没～好

擐 guã²²³　　拎,多指用手臂环穿着拎：～菜篮

□ dʑya²²³　　拎,多指用手抓着拎：～上来｜～了一只鸡

担 tã³²⁴　　(用担子)挑：～柴

揭 gəʔ²³　　只有一头挂有物品的挑担动作

扛 kɔ̃³²⁴　　抬：～轿

迎 ȵin⁴³³　　向上高举：高高个～起｜～上去

举 tɕy⁴⁴⁵

挜 dziɔ²²³　　撬：～锁匙

搭 taʔ⁵　　① 架设：～架。② 配合：菜～滴酱油。③ 乘坐：～车

挂 go²³¹　　悬挂：～墙堵

□ gɔ̃²³¹　　① 悬架。② 耽误：时间乞尔～了

拣 kã⁴⁴⁵　　挑选,选择：尔自～一个

　　择 dzaʔ²³

扎 tsaʔ⁵　　挽：～衫袖｜布裤脚～起

卷 tɕyən⁴⁴⁵　把东西弯转裹成圆筒形

敨 tʰɯ⁴⁴⁵　解开

荡 dɔ̃²²³　涮：酒杯～一记

洗 sɿ⁴⁴⁵

　汏 da²³¹　‖多见于"下乡腔""内山腔"的说法

渍 tsəʔ⁵　① 使劲揉搓,使充分浸泡或去污：衫袖头～两记。② 腌制菜的一种方式。将菜放入腌菜的容器中,捣菜使其坚实：～生菜

刷 ɕyəʔ⁵

舀 ciɔ²²³

撩 liɔ⁴³³　① 用手舀水。② 捞：～青藻｜鱼～上来

作⁼ tsəʔ⁵　用泥土等把水拦起来、蓄起来：～水

浇 tɕiɔ³²⁴　① 淋,洒：鸡汤～饭。② 灌溉：～菜。③ 浇筑,把液汁倒入模型：～水泥路

蘸 tsã⁵²　在液体、粉末或糊状的东西里沾一下就拿出来

捤 liəʔ²³　通过拧、挤的方式使液体渗出：衣裳～～燥‖《集韵》术韵劣戌切："音律。去滓汁曰捤"

㩙 tʰiɛ⁵²　小棒状物拨动：毛笔～记再写

吊 tiɔ⁵²　① 悬挂。② 拴：牛～起

绕 niɔ²³¹　缠绕：用绳～起

缚 bəʔ²³　① 捆：用绳～起｜～柴。② 系：～鞋带

襻 pʰã⁵²　① 用绳子、线等绕住,使分开的东西连在一起。② 勾肩,即将手搭在他人的后颈及肩膀处,使成为一个整体：三个人～起走

移 i⁴³³　挪

掇 təʔ⁵　端：～菜

支 tsɿ³²⁴　捎：～饭乞我吃

掺 tsʰã³²⁴　掺杂,混合：～水

拆 tsʰaʔ⁵

铲 tsʰɑ̃⁴⁴⁵　用铲或锹撮取或清除：～草

舂 yən³²⁴　① 把东西放在石臼或乳钵里捣掉皮壳或捣碎：～麻糍。② 捶：拳头～过来

□ mən³²⁴　击打：一拳头～过来

敲 kʰɔ³²⁴　① 摔：碗乞渠～了。② 打：渠～我

打 nɛ⁴⁴⁵

毁 xuei⁴⁴⁵

夺 dəʔ²³

抢 tɕʰiɑ̃⁴⁴⁵

偷 tʰɯ³²⁴

摸脚摸手 məʔ⁵⁻⁴ tɕiəʔ⁵ məʔ⁵⁻⁴ ɕiɯ⁴⁴⁵　小偷小摸

拦 lɑ̃⁴³³

射 ʑia²³¹　① 用推力或弹力等送出弓箭、炮弹或某种物体：～箭。② 坠(车)：车～了。③ 快速来回出入：一记便～出去嬉了

竖 ʐy²²³　① 竖立。② 推翻：桌都乞渠～了

摆 pa⁴⁴⁵

反 pɑ̃⁴⁴⁵　翻转：手～过来 | ～瓦

扳 pɑ̃³²⁴　① 向某一方向拉：～上去。② 挽回颓势：输了，～弗转了

拗 ɔ⁵²　用杠棒借助支点挑（tiǎo）起东西

搬 bə⁴³³

拌 bə²²³

淘 do²³¹　① 搅动：水乞渠～浑了。② 加液体搅拌：鸡汤烧饭～～

搒 bɛ⁴³³　用手、棍棒或竹板等拍打：～～干净 | ～手掌

包 pɔ³²⁴

烛 tɕyəʔ⁵　捆束，包裹：用衣裳～起

拨 pəʔ⁵　① 用手指或棍棒等推动或挑动：～谷 | ～算盘。② 分给：～款

簸 pei⁵² 用簸箕等器具盛粮食上下颠动,扬去糠秕尘土等物:～～干净

肆 sɿ⁵² 肆意、凌乱堆放:人家堹到处～起

补 pu⁴⁴⁵

赒 iɛ⁵² 比量,丈量:～记望,直=个更长比量一下,哪个更长?

动手 dən²²³⁻²² ɕiu⁴⁴⁵ ① 做:我会做,嫑乐你～我会做,不要你做。② 开始:几时～去什么时候开始去? ③ 用手接触:望望可以,嫑～。④ 殴打:两个人好好讲,嫑～

(三) 腿脚动作

走 tsɤɯ⁴⁴⁵

徛 gei²²³ ① 站,站立:～起。② 待:多～两日

跍 ku³²⁴ 蹲:～落去 ‖ 跍,《广韵》模韵苦胡切:"跍蹲貌。"为溪母,声母不合

跪 dʑy²²³

跳 tʰiɔ⁵²

趌 kuaʔ⁵ 跑:～弗快

逃 dɔ⁴³³

□zɔ²³¹ 乱跑乱窜:～出去嬉

追 tsei³²⁴

爬 bo⁴³³

跨 bã⁴³³ 迈,跨:忒高,我～弗上

踏 dɑʔ²³ ① 踩:～我一脚。② 用缝纫机缝:用洋车～两针

𫏋 tɕiɛ⁵² 用脚尖抵住:脚～牢

踮 tiɛ⁵²

绊 pã⁵²

踢 tʰiəʔ⁵

□ɕiɔ⁵² 踹:一脚～过去

蹬 tən⁵² ① 用脚蹬。② 跺脚

蹂 n̠ya⁴³³ ① 蹂踏:用脚～。② 糟蹋,损毁:弗喜欢搞个东西都

乞渠～了_{不喜欢玩的东西都被他糟蹋了。}③ 瘫软：一记便～地墢落去_{一下子就瘫软在地}

跄 tɕʰiã⁵²　走路不稳，打趔趄，跌撞：一记～过来

㐹 tɕʰiã⁵²　坐或躺着时脚搁在高处：脚～桌墢

跷 tɕʰiɔ³²⁴　瘸：脚～记～记_{脚一瘸一拐}

(四) 全身动作

□ gɯ²³¹　靠：～我身墢｜～过来｜我没～着尔

　　靠 kʰɯ⁵²

戤 gei²³¹　（物）倚，斜靠：～墙墢

坐 zo²²³

匿 iɛ⁴⁴⁵　躲，躲藏：渠～起了

背 pei⁵²　① 背：～细人。② 扛(káng)：～锄头。③ 叼，动物用嘴衔住：肉乞老鼠～去了

挺 tʰin⁴⁴⁵　胸～起

覆 pʰəʔ⁵　趴：～起睏_{趴着睡}

覆落䣛 pʰəʔ⁵⁻⁴ ləʔ²³⁻² kən⁴⁴⁵　①（器物）口朝下摆放。②（人）脸朝地躺着

驼腰 da⁴³³⁻⁴³ iɔ³²⁴　下腰

赶 kuə⁴⁴⁵　① 驱赶：～鸡。② 赶赴：～热闹

趋 biəʔ²³　驱赶（鸡鸭等）

跟 kə³²⁴

寻 zən⁴³³　找

石= ziəʔ²³　蹿，猛然向上或向前跳：一记便～上去

旋 ʑyə²³¹　① 转：～一圈｜人～过去。② 转悠：到我墢～记

　　团 də⁴³³

团胡旋 d-tə⁴³³⁻⁴⁴ u⁴³³⁻⁴³ ʑyə²³¹　转圈圈

串=记串=记 tɕʰyɛn⁵²⁻⁵⁵ tsʅ⁵²⁻⁰ tɕʰyɛn⁵²⁻⁵⁵ tsʅ⁵²⁻⁰　趔趔趄趄

溜 liɯ²³¹　① 滑行：～落来。② 私自离开或进入

跌 tiəʔ⁵　摔：～痛险

滚 kuən⁴⁴⁵　① 旋转着移动：～出去。② 摔：嫑～去_不要摔倒_

撞 dzieĩ²³¹

到 təɯ⁵²

等 tin⁴⁴⁵　等待：尔快点，我～尔

候 əɯ²³¹　等候，守候：我～牢尔个车开过来

守 y⁴⁴⁵/ɕiɯ⁴⁴⁵　看守，守护‖音1用于"～店"等，音2用于"～卫"等。守，《广韵》有韵书九切，读音[y⁴⁴⁵]，声母脱落，韵母读如遇摄三等

顾 ku⁵²　① 看管：～店｜～门｜～细人。② 注意：一记弗～，车便开过头了

勼 tɕiɯ³²⁴　① 在：我～杭州。② 缩：头～起。③ 缩水：爱⁼块布会～。④ 皱：皮～起

□ gɯ⁴³³　畏缩，缩头缩脑：～记～记

躺 thã⁴⁴⁵

仰天 ȵiã²²³⁻⁴³ thiɛ³²⁴　仰面向天

仰天八字 ȵiã²²³⁻⁴⁴ thiɛ³²⁴⁻⁴⁴ paʔ⁵ zɿ²³¹⁻⁰　四仰八叉

挣 tsɛ⁵²　① 尽力支撑或摆脱：尿～出来。② 饱胀到容不下的程度：吃～了

(五) 心理动作

想 ɕiã⁴⁴⁵　① 思考：我～一记。② 想念：我～尔。③ 打算：我～开店

动脑筋 dən²²³⁻²² nɔ²²³⁻⁴³ tɕin³²⁴

算 sə⁵²　算计

主张 tɕy³²⁴⁻⁴⁴ tɕiã³²⁴

巴弗着 po³²⁴⁻³² fəʔ⁵⁻⁴ dzieʔ²³　巴不得：～尔钞票多赚点

　巴自弗着 po³²⁴⁻³² zɿ²³¹ fəʔ⁵⁻⁴ dzieʔ²³

记着 tsɿ⁵²⁻⁵⁵ dzieʔ⁰　记得

懵记 mən²²³⁻²² tsɿ⁵²　忘记

断影懵记 də²²³⁻²² in⁴⁴⁵⁻⁴⁴ mən²²³⁻²² tsɿ⁵²　完全忘记

估计 ku$^{445-44}$ tsʅ^{52}

猜 tsʰei^{324}　猜测

见去 tɕiɛ$^{52-55}$ kʰɯ-xə$^{52-0}$　觉得：我～好吃猛

惊 kuɛ^{324}　怕，害怕，担心：我～尔弗来

吓 xaʔ^5　① 使害怕：乞渠～了一大跳。② 恐吓，威吓，吓唬：我没～渠过，渠自逃去了

吓人吓落 xaʔ$^{5-4}$ nin$^{433-43}$ xaʔ$^{5-4}$ ləʔ^{23}　人为制造恐慌

惊生疏 kuɛ$^{324-44}$ sɛ$^{324-44}$ su^{324}　怕生

相信 ɕiã$^{324-32}$ sən^{52}

怀疑 ua$^{433-22}$ ɲi^{223}

奇怪 dzʅ$^{433-43}$ kua^{52}

愁 zɯ^{433}　发愁

省心事 sɛ$^{445-44}$ sən$^{324-32}$ zʅ^{231}　省心

该心事 kɛ$^{324-44}$ sən$^{324-32}$ zʅ^{231}　费心思

　伤脑筋 ɕiã$^{324-44}$ nɔ$^{223-43}$ tɕin^{324}

没心事 mei$^{52-55}$ sən$^{324-32}$ zʅ^{231}

没心向 mei$^{52-55}$ sən$^{324-32}$ ɕiã^{52}　没心思：～做

宽心 kʰuã$^{324-44}$ sən^{324}

担心 tã$^{324-44}$ sən^{324}

劳心 lɔ$^{433-43}$ sən^{324}

放心 fã$^{52-44}$ sən^{324}

　落心 ləʔ$^{23-43}$ sən^{324}

喜欢 sʅ$^{324-44}$ fã^{324}

讨厌 tʰɔ$^{445-44}$ iɛ^{52}

好过 xəɯ$^{445-44}$ ko^{52}　舒服

　清爽 tɕʰin$^{324-44}$ sɔ̃^{445}

难当 nã$^{433-43}$ tɔ̃^{324}　难受，生理的

难过 nã$^{433-43}$ ko^{52}　难受，心理的

弗好过 fəʔ^5 xəɯ$^{445-44}$ ko^{52}　① 难受，生理的。② 难受，心理的

搪得牢 dɔ̃⁴³³⁻⁴³ tiəʔ⁵⁻⁴ lɔ⁴³³　　受得了：没几许痛，～

搪弗牢 dɔ̃⁴³³⁻⁴³ fəʔ⁵⁻⁴ lɔ⁴³³　　① 忍受不了：我～了。② 非常：～个热｜～个痛

受弗落 ʑiɯ²³¹⁻²² fəʔ⁵⁻⁴ ləʔ²³　　受不了

摇屁股 iɔ⁴³³⁻²² pʰi⁵²⁻⁴⁴ ku⁴⁴⁵　　生气

　　犯臭 vã²²³⁻²² tɕʰiɯ⁵²

发火 fɑʔ⁵⁻⁴ xo⁴⁴⁵

服 vəʔ²³　　① 服气，信服：渠弗～我。② 适应：水性弗～

服气 vəʔ²³⁻² tsʰɿ⁵²

恨 ən²³¹

怪 kua⁵²　　责怪

怨 yə⁵²　　埋怨

悔 xuei⁵²　　后悔

　　后悔 əɯ²³²⁻²² xuei⁵²

心火热 sən³²⁴⁻⁴⁴ xo⁴⁴⁵⁻⁴⁴ ȵiəʔ²³　　忌妒

　　眼火热 ŋã²²³⁻²² xo⁴⁴⁵⁻⁴⁴ ȵiəʔ²³

惊倒霉 kuɛ³²⁴⁻⁴⁴ təɯ⁴⁴⁵⁻⁴⁴ mei⁴³³　　害羞

倒霉 təɯ⁴⁴⁵⁻⁴⁴ mei⁴³³　　丢脸

　　没面子 mei⁵²⁻⁵⁵ miɛ²³¹⁻²² tsɿ⁴⁴⁵

难为情 nã⁴³³⁻⁴⁴ uei²³¹⁻²² ʑin⁴³³　　① 害羞。② 脸面不好看，情面上过不去

弗好意思 fəʔ⁵⁻⁴ xəɯ⁴⁴⁵⁻⁴⁴ i⁵²⁻⁴⁴ sɿ⁵²　　不好意思

过得去 ko⁵²⁻⁵⁵ tiəʔ⁵⁻⁰ kʰɯ⁵²　　① 过意得去，多用于反问：尔心埮～？② 说得过去，尚可：～便得

过弗去 ko⁵²⁻⁴⁴ fəʔ⁵⁻⁴ kʰɯ⁵²　　过意不去，说不过去

欺负 tsʰɿ³²⁴⁻⁴⁴ vu²²³

贪 tʰə³²⁴

熬 ŋɔ⁴³³　　① 忍受（疼痛或艰苦的生活等）：～弗牢。② 把肉放在热锅里煎使出油：～油

忍 nin²²³　～牢,嬲叫

儆 dzin²³¹　避忌,戒惧：渠晓弗得～,吃东西野吃个｜～两日,嬲慌洗冷水

上瘾 dziã²³¹⁻²² in⁴⁴⁵

有瘾 iɯ²²³⁻²² in⁴⁴⁵

值钿 dziəʔ²³⁻² diɛ⁴³³　① 疼爱(人)。② 吝惜(物)

忖 tsʰə⁴⁴⁵　宠爱：～细人

容 iõ⁴³³　溺爱

心痛 sən³²⁴⁻³² tʰən⁵²　心疼

舍觉 ɕia⁴⁴⁵⁻⁴⁴ kəʔ⁵　舍得

弗舍觉 fəʔ⁵⁻⁴ ɕia⁴⁴⁵⁻⁴⁴ kəʔ⁵　舍不得

做娇 tso⁵²⁻⁴⁴ tɕiɔ³²⁴　撒娇

想哮＝了 ɕiã⁴⁴⁵⁻⁴⁴ xɔ³²⁴⁻³² laʔ⁰　想疯了

望戾了 mõ²³¹ zən⁴³³ laʔ⁰　看轻了

在乎 zei²²³⁻⁴³ u²³¹

弗在乎 fəʔ⁵ zei²²³⁻⁴³ u²³¹　不在乎

有数 iɯ²²³⁻²² su⁵²　有底：我心埁～

没数 mei⁵²⁻⁵⁵ su⁵²　① 没底：我心埁～。② 不靠谱：渠做事干真～

(六) 自然动作

活 uaʔ²³

生 sɛ³²⁴　生长：番茄～起了

抽 tɕʰiɯ³²⁴　抽穗,发芽：稻头～出来了｜豆芽～出来了

开 kʰei³²⁴

开坼 kʰei³²⁴⁻⁴⁴ tsʰaʔ⁵　裂：板～了

碱 kuaʔ⁵　裂,裂开：～开

碱坼 kuaʔ⁵⁻⁴ tsʰaʔ⁵　① 破裂成缝：桌面～罢。② 裂缝

脱 tʰəʔ⁵　① 离开,落掉：～头发。② 取下：～衣裳｜～鞋。③ 除去：～树桠

塌缝 tʰaʔ⁵⁻⁴ vən²³¹　接合处开裂：衣裳～了

发 faʔ⁵　①（纺织品、纤维）脱散。② 食物因发酵或水浸而膨胀

利⁼ li²³¹　纺织品、纤维等纹路变松垮

驼 da⁴³³　① 物体中部下垂：棕板～落来。② 使弯曲：～腰

熬⁼ ŋɔ⁴³³　弯曲，变形：门板～了

翘 tɕʰiɔ⁵²

弯 uã³²⁴

蜷 tɕʰyən⁴⁴⁵　卷曲：头发～起

拔直 baʔ²³⁻⁴³ dziəʔ²³　直着

打横 nɛ⁴⁴⁵⁻⁴⁴ uɛ⁴³³　横着

抠⁼ kʰɯ³²⁴　卡住或被卡住

摘⁼ taʔ⁵　① 钩住：乞刺～牢了。② 勾引：爱⁼个～记，特⁼个～记

散 sã⁴⁴⁵

烂 lã²³¹　腐烂：鱼～起了

踩 lei²³¹　① 掉落，坠落：树垟～落来一个苹果。② 丢失：钥匙～了，寻弗着。③ 自然流产

陷 ã²³¹　掉进，坠入，沉下：脚～烂糊泥垟

通⁼ tʰən³²⁴　塌陷，凹陷，较"掩"面积大：床～落去了

掩 ã⁴⁴⁵　凹陷，较"通⁼"[tʰən³²⁴]面积小：眼睛～落去了

瘪 piəʔ⁵　荚果干瘪：绿豆都晒～了‖瘪，《广韵》屑韵蒲结切，为並母字，声母不合

择⁼ dzaʔ²³　下坠，沥：水～～燥ₓ水沥沥干

挠挠动 nɔ⁴³³⁻²² nɔ⁴³³⁻²² dən²²³　摇摇晃晃

□ in²³¹　震动：～了一记

晒 sa⁵²　（阳光）照射：热头～来真热

烧 ɕiɔ³²⁴　① 燃烧：山～起了。② 加热使物体起变化：～饭

着 dei²²³　① 燃烧：火～起了。② 火旺：火～猛

乌 u²³¹　（火、灯）熄灭

焐 u⁵²　暗火闷烧

棍⁼ kuən⁵²　① 烟气或云雾弥漫缭绕。② 烟气呛人

熏 ɕyən³²⁴

推= tʰei³²⁴　流淌，漂流：水～出来｜衣裳乞水～去了

流 liɯ⁴³³

涿 təʔ⁵　淋，多指被大雨点淋：～雨

渧 tia⁵²　① 滴：水～落来。② 量词，滴：一～水

溅 tɕiɛ⁵²

潱 piɔ³²⁴　（液体）激射而出

浪 lɔ̃²³¹　①（液体）晃动。② 行为放纵，钱财消费没有约束：钞票用得～猛

潽 pʰu³²⁴　漫溢：水～出来了

㴒 uəʔ⁵　淹：乞水～了

漾 iã²³¹　（液体）积聚：水～起满满个

浸 tsən⁵²

沉 dzən²²³　～落去

浮 vu⁴³³　～上来

泡 pʰɔ⁵²　油炸：～豆腐｜～番薯片

漏 ləɯ²³¹　～水

渗 sən⁵²　～水

洇 in⁵²　液体在纸、布及土壤中向四外散开或渗透：爱=种纸写钢笔字弗会～‖"洇"声调特殊

瀓 tin⁵²　让液体里的杂质沉下去：～～清

冻 təŋ⁵²

　冰 pin³²⁴

烊 iã⁴³³　① 溶化，熔化：雪～了｜蜡烛～了。② 磨损，破旧：鞋底走～了

滚 kuən⁴⁴⁵　煮开，沸腾：水～了

涨 tiã⁵²

滤 li²³¹　液体慢慢地渗下，与渣滓、杂质分离：浆从豆腐娘堉～出来

上汽 dʑiã²²³⁻²² tsʰʅ⁵²　烧煮时冒出蒸汽

熠记熠记 iəʔ²³ tsʅ⁵²⁻⁰ ; iəʔ²³ tsʅ⁵²⁻⁰　（光）一闪一闪

反光 fã⁴⁴⁵⁻⁴⁴ kɔ̃³²⁴

贼⁼眼 zaʔ²³⁻² ŋã²²³　耀眼，刺眼

伏 bu²³¹　在太阳底下直晒：～热头_{晒太阳}

眻 lɔ̃²³¹　时间不长或阳光不猛烈的照晒

吹 tɕʰy³²⁴　空气流动，冲击物体：衣裳乞风～去了

抽芽 tɕʰiɯ³²⁴⁻⁴⁴ ŋo⁴³³　出芽，发芽

上心 dʑiã²²³⁻⁴³ sən³²⁴　抽薹：菜～了

绐 da⁴³³　藤蔓延伸，伸展

败 ba²³¹　① 花谢：花～了。② 身体变虚弱：身体做～了

渥 əʔ⁵　沤，堆积发酵：谷没晒燥，会～了

断影 də²²³⁻²² in⁴⁴⁵　① 毫无影踪。② 全然：～记弗着了

绝种 zyəʔ²³⁻² tɕiõ⁴⁴⁵

断根 də²²³⁻⁴³ kə̃³²⁴　① 从根断绝。② 比喻彻底除去

（七）其他动词

有 iɯ²²³　渠～钞票

没 mei⁵²　没有：我～钞票

是 dzʅ²²³　我～老师

弗是 fəʔ⁵ dzʅ²²³　不是：渠～老师

乐 ŋɔ²³¹　要：爱⁼本书，我～

乐 ŋə²²³　需要，得：～三个人

弗乐 fəʔ⁵ ŋə²³¹⁻⁰　不要：爱⁼本书，我～

嬲乐 fa⁵²⁻⁵⁵ ŋə²²³　不需要：～三个人得

　　嬲 fa⁵²

徛 gei²²³　在：渠～间垟_{他在房间里}

　　勼 tɕiɯ³²⁴

弗徛 fəʔ⁵ gei²²³　不在：渠～间垟

晓得 ɕio⁴⁴⁵⁻⁴⁴ tiəʔ⁵　知道：爱⁼个事干我～

弗晓得 fəʔ⁵⁻⁴ ɕio⁴⁴⁵⁻⁴⁴ tiəʔ⁵　　不知道：爱ᵉ个事干渠～

　　晓弗得 ɕio⁴⁴⁵⁻⁴⁴ fəʔ⁵⁻⁴ tiəʔ⁵

懂 tən⁴⁴⁵

弗懂 fəʔ⁵ tən⁴⁴⁵　　不懂：我～英语

懂经 tən⁴⁴⁵⁻⁴⁴ tɕin³²⁴　　精通

弗懂经 fəʔ⁵ tən⁴⁴⁵⁻⁴⁴ tɕin³²⁴　　不精通

会 uei²²³　　我～开车

弗会 fəʔ⁵ uei²²³　　不会：我～开车

　　膾 fei⁵²

认着 ȵin²³¹ dziəʔ²³⁻⁰　　认识：我～渠

认弗着 ȵin²³¹ fəʔ⁵⁻⁴ dziəʔ²³　　不认识：我～渠

像 dziã²²³　　相似：我～娘个

相像 ɕiã³²⁴⁻⁴⁴ dziã²²³　　① 相似：我和娘～猛个。② 好像：～没望

　　着过样

　　相似 ɕiã³²⁴⁻⁴⁴ zɿ²²³

好像 xɔɯ⁴⁴⁵⁻⁴⁴ ziã²²³

照比 tɕio⁵²⁻⁴⁴ pi⁴⁴⁵　　比如

消得 ɕio³²⁴⁻³² tiəʔ⁵　　用得着：爱ᵉ点东西～四千块钞票？

消弗得 ɕio³²⁴⁻³² fəʔ⁵⁻⁴ tiəʔ⁵　　用不着：～几个人｜～几许钞票

有告ᵉ iɯ²²³⁻²² kɔ⁵²　　① 有东西。② 值得：杂ᵉ都～叫这都值得哭?

没告ᵉ mei⁵²⁻⁵⁵ kɔ⁵²⁻⁰　　① 没东西。② 不值得：～好叫没啥可哭的

有好 iɯ²²³⁻²² xɔɯ⁴⁴⁵　　有得：接落去,尔～烦了

没好 mei⁵²⁻⁵⁵ xɔɯ⁴⁴⁵　　没得：～买了

有法 iɯ²²³⁻²² fɑʔ⁵　　能,可以：～讲｜～买

没法 mei⁵²⁻⁵⁵ fɑʔ⁵　　① 不能：～坐。② 不行,应答语

敢 kə⁴⁴⁵　　我～去

愿意 ȵyə²³¹⁻²² i⁵²

肯 kʰən⁴⁴⁵

弗肯 fəʔ⁵ kʰən⁴⁴⁵　　不肯

应该 in$^{52-44}$kei^{324}

可以 k^{h}o$^{445-44}$i^{223}

差弗多 ts^{h}a$^{324-32}$fəʔ$^{5-4}$to^{324}　差不多

动得 dən$^{223-22}$tiəʔ^5　能做

动弗得 dən$^{223-22}$fəʔ$^{5-4}$tiəʔ^5　不能做，万万不可

过 ko^{52}　截止，终止：明日～

二十四、性状

(一) 形貌

大细 do$^{231-22}$ɕia^{52}　大小

大 do^{231}

老大 lɔ$^{223-231}$do$^{231-0}$　很大 ‖ 与"老大排行第一的人，一个群体中领导者或最出色者"[lɔ$^{223-43}$do^{231}]词义有异

细 ɕia^{52}　小：～猪

细巧 ɕia$^{52-44}$k^{h}ɔ^{445}　小巧

粗 ts^{h}u^{324}

老粗粗 lɔ$^{223-22}$ts^{h}u$^{324-44}$ts^{h}u^{324}　很粗

细 sɿ^{52}　绳～

长 dʑiã^{433}　① 长：线～|时间～。② 高：渠比我～

老长长 lɔ$^{223-22}$dʑiã$^{433-22}$dʑiã^{433}　① 很长。② 很高

长大 dʑiã$^{433-43}$do^{231}　高大

短 tə^{445}　① 短：线～|时间～。② 矮：渠比我～

阔 k^{h}uɑʔ^5　① 宽：路～。② 宽敞：屋～

老阔阔 lɔ$^{223-22}$k^{h}uɑʔ$^{5-4}$k^{h}uɑʔ^5　挺宽敞

狭 ɑʔ^{23}　窄：路～|屋～

高 kɯ^{324}　飞机飞得真～

老高高 lɔ$^{223-22}$kɯ$^{324-44}$kɯ^{324}　挺高

矮 a^{445}　鸟飞得～

厚 gɯ^{223}　① 厚：板～。② 稠：粥～

老厚厚 lə$^{223-22}$ gɯ$^{223-22}$ gɯ^{223}　挺厚

薄 bəʔ^{23}　① 薄：板～。② 稀：粥～

轮 lən^{433}　圆

骨轮 kuəʔ^5 lən$^{433-0}$　很圆

扁 piɛ^{445}

方 fɑ̃^{324}

　　四方 sʅ$^{52-44}$ fɑ̃^{324}

　　四四方方 sʅ$^{52-44}$ sʅ$^{52-44}$ fɑ̃$^{324-44}$ fɑ̃^{324}

四方跌⁼正 sʅ$^{52-44}$ fɑ̃$^{324-44}$ tiəʔ^5 tɕin$^{52-0}$　方方正正

尖 tɕiɛ^{324}

刷尖 ɕyəʔ^5 tɕiɛ^{324}　很尖锐

平 bin^{433}

及轧碓 dʑiəʔ$^{23-2}$ gaʔ$^{23-2}$ tei^{52}　不平整‖"及轧"拟声词，相当于普通
　　话"嘎吱"

高低矮 kɯ$^{324-44}$ ti$^{324-44}$ a^{445}　一边高一边低

直 dʑiəʔ^{23}

刷直 ɕyəʔ^5 dʑiəʔ^{23}

　　笔直 piəʔ^5 dʑiəʔ^{23}

挺 tʰin^{445}　直挺

笔挺 piəʔ^5 tʰin^{445}

竖 ʐy^{223}　陡：爱⁼个山～险

正 tɕin^{52}

刷正 ɕyəʔ^5 tɕin$^{52-0}$　很正，毫无偏差

弯 uã^{324}　弯曲

七弯八弯 tsʰəʔ$^{5-4}$ uã$^{324-32}$ paʔ$^{5-4}$ uã^{324}　弯弯曲曲

歪 xuɛ^{445}

斜 ɕia^{433}　① 不直。② 斜着过来：雨～过来

筪 tɕʰia^{52}　歪，斜

歪里八筪 xuɛ$^{445-44}$ li$^{223-44}$ paʔ$^{5-4}$ tɕʰia$^{52-445}$　歪歪扭扭，歪歪斜斜

壮 tɕiɔ̃⁵²　① 肥，形容肉。② 肥，形容猪等动物。③ 胖，形容人

老壮壮 lɔ²²³⁻²² tɕiɔ̃⁵²⁻⁴⁴ tɕiɔ̃⁵²　挺肥

壮便便 tɕiɔ̃⁵²⁻⁴⁴ biə⁵²³⁻⁴³ biə⁵²³　胖乎乎

滚壮 kuən⁴⁴⁵⁻⁵⁵ tɕiɔ̃⁵²⁻⁰　十分肥壮

肥 bi⁴³³　与"瘦"相对，形容肉

尖⁼ tɕiɛ³²⁴　瘦，形容肉

瘦 ɕiɯ⁵²　与"肥"相对，形容人、动物

精瘦 tɕin³²⁴⁻³² ɕiɯ⁵²　极瘦

　　精怪瘦 tɕin³²⁴⁻³² kua-kuaʔ⁵²⁻⁵ ɕiɯ⁵²⁻⁰　‖ "怪"韵母促化

精怪狐狸瘦 tɕin³²⁴⁻³² kua-kuaʔ⁵²⁻⁵ u⁴³³⁻²² li⁴³³⁻⁴³ ɕiɯ⁵²　瘦骨嶙峋

生好 sɛ³²⁴⁻³² xɯ⁴⁴⁵

　　好望 xəɯ⁴⁴⁵⁻⁴⁴ mɔ̃²³¹

　　道地 dɔ²²³⁻⁴³ di²³¹

　　漂亮 pʰiɔ³²⁴⁻³² liã²³¹

□ tsʰã⁵²　丑，不好看

　　难望 nã⁴³³⁻⁴⁴ mɔ̃²³¹

　　难望相 nã⁴³³⁻⁴⁴ mɔ̃²³¹⁻²² ɕiã⁵²

惊人相 kuɛ³²⁴⁻⁴⁴ nin⁴³³⁻⁴³ ɕiã⁵²　吓人

烂相 lã²³¹⁻²² ɕiã⁵²　肮脏，不整洁

洋气 iã⁴³³⁻⁴³ tsʰɿ⁵²

妖 iɔ³²⁴　妖媚

死弗搭活 sɿ⁴⁴⁵⁻⁴⁴ fəʔ⁵ taʔ⁵⁻⁴ uaʔ²³　半死不活的样子

颜色 ŋã⁴³³⁻⁴⁴ səʔ⁵

彩色 tsʰei⁴⁴⁵⁻⁴⁴ səʔ⁵

浓 n̠iɔ̃⁴³³

乌 u³²⁴　① 黑色：～个颜色。② 黑，指光线：忒～，望弗着

墨泼乌 məʔ²³⁻² pʰəʔ⁵ u³²⁴　乌黑，漆黑

　　墨漆乌 məʔ²³⁻² tsʰəʔ⁵ u³²⁴

白 baʔ²³

雪白 ɕiəʔ⁵ baʔ²³

白脱脱 baʔ²³⁻² tʰəʔ⁵⁻⁴ tʰəʔ⁵　洁白

红 ən⁴³³

红丁冬 ən⁴³³⁻⁴³ tin³²⁴⁻⁴⁴ tən³²⁴　微红‖"丁冬"是后缀

红刮刮 ən⁴³³⁻⁴⁴ kuɑʔ⁵⁻⁴ kuɑʔ⁵　鲜红‖"刮刮"是后缀

  红拔拔 ən⁴³³⁻⁴⁴ bɑʔ²³⁻⁴³ bɑʔ²³　‖"拔拔"是后缀

大红 do²³¹⁻²² ən⁴³³

水水红 ɕy⁴⁴⁵⁻⁴⁴ ɕy⁴⁴⁵⁻⁴⁴ ən⁴³³　比粉红略深而较鲜艳的颜色

粉红 fən⁴⁴⁵⁻⁴⁴ ən⁴³³

黄 õ⁴³³

黄嘎嘎 õ⁴³³⁻⁴⁴ ga²³¹⁻⁴³ ga²³¹　黄澄澄‖"嘎嘎"是后缀

蓝 lã⁴³³

天蓝 tʰiɛ³²⁴⁻⁴⁴ lã⁴³³

民警蓝 min⁴³³⁻⁴⁴ tɕin⁴⁴⁵⁻⁴⁴ lã⁴³³　藏蓝色。中国 72 式警服的颜色，
  故名

丝光蓝 sɿ³²⁴⁻⁴⁴ kõ³²⁴⁻⁴⁴ lã⁴³³　士林蓝

绿 lyəʔ²³

紫 tsɿ⁴⁴⁵

紫啄啄 tsɿ⁴⁴⁵⁻⁴⁴ təʔ⁵⁻⁴ təʔ⁵　淡紫‖"啄啄"是后缀

灰 xuei³²⁴

花里斑斓 xo³²⁴⁻⁴⁴ li⁴⁴⁵⁻⁴⁴ pã³²⁴⁻⁴⁴ lã³²⁴　色彩鲜艳灿烂

米色 mi²²³⁻²² səʔ⁵　浅黄略白的颜色

各样 kəʔ⁵ iã²³¹⁻⁰　①不一样：变了，～了。②独特：爱＝个人～个

(二) 状态

多 to³²⁴

老多多 lɔ²²³⁻²² to³²⁴⁻⁴⁴ to³²⁴　挺多

少 ɕiə⁴⁴⁵

有䎱= iɯ²²³⁻²² tsʰɔ⁵²　产生的数量大，收益可观

  有昌 iɯ²²³⁻⁴⁴ tɕʰiã³²⁴

没秒⁼ mei⁵²⁻⁵⁵ tsʰɔ⁵²⁻⁰　产生的数量小，收益小

　　没昌 mei⁵²⁻⁵⁵ tɕiɑ³²⁴

生重 sɛ³²⁴⁻⁴⁴ dʑyən²²³

　　重 dʑyən²²³

老重重 lɔ²²³⁻²² dʑyən²²³⁻²² dʑyən²²³　挺重

轻 tɕʰin³²⁴

屁轻 pʰi⁵²⁻⁵⁵ tɕʰin³²⁴　很轻

轻轻暖⁼ tɕʰin³²⁴⁻⁴⁴ tɕʰin³²⁴⁻⁴⁴ nə²²³　轻轻儿

秤头摙 tɕʰin³²⁴⁻⁴⁴ dəɯ⁴³³⁻²² guɑ̃²²³　一头重一头轻

远 yə²²³

老远远 lɔ²²³⁻²² yə²²³⁻²² yə²²³　挺远：～便讴我个名字

近 gə²²³

深 sən³²⁴

满 mə²²³

浅 tɕʰiɛ⁴⁴⁵

清 tɕʰin³²⁴

刷清 ɕyəʔ⁵ tɕʰin³²⁴　很清澈

浑 uən⁴³³

浑勤⁼耕⁼ uən⁴³³⁻⁴⁴ dʑin⁴³³⁻⁴³ kɛ³²⁴　挺浑浊：水～

新 sən³²⁴

串⁼新 tɕʰyən⁵²⁻⁵⁵ sən³²⁴⁻⁰　崭新

　　串⁼刮新 tɕʰyən⁵²⁻⁵⁵ kuaʔ⁵⁻⁰ sən³²⁴

旧 dʑiɯ²³¹

响 ɕiɑ̃⁴⁴⁵

老响响 lɔ²²³⁻²² ɕiɑ̃⁴⁴⁵⁻⁴⁴ ɕiɑ̃⁴⁴⁵　很响

　　老大响 lɔ²²³⁻²² do²³¹⁻²² ɕiɑ̃⁴⁴⁵

密 miəʔ²³

密密存存 miəʔ²³⁻⁴³ miəʔ²³ zə⁴³³⁻²² zə⁴³³　密密麻麻

受⁼ ʑiɯ²²³　紧密：坐坐～点｜囥囥～点

疏 so³²⁴　稀疏

散㶽㶽 sɑ̃⁴⁴⁵⁻⁴⁴ pʰaʔ⁵ pʰaʔ⁵⁻⁰　很松散

□ xɑ̃⁴⁴⁵　空壳无实：多猛谷都是～个_{很多稻谷都是空壳的}

水□ ɕy⁴⁴⁵⁻⁴⁴ xɑ̃⁴⁴⁵　籽实不饱满或不成熟：～个老花生, 吃去水滋滋个

绽 dzɑ̃²³¹　籽实饱满：今年个老花生真～

半□半绽 pə⁵²⁻⁴⁴ xɑ̃⁴⁴⁵⁻⁴⁴ pə⁵²⁻⁴⁴ dzɑ̃²³¹　籽实部分饱满部分空瘪

实 zəʔ²³　① 充盈, 满：袋还空, 没齿～。② 结实, 密实：肉～～个_{肉很结实}

泡 pʰɔ³²⁴　虚而松软, 不坚硬：没捺实, 还～个_{没摁实, 还蓬松的}

空膑 kʰən³²⁴⁻⁴⁴ pəʔ⁵　空心, 即树干髓部变空或蔬菜中心没长实

有令= iɯ²²³⁻²² lin²³¹　（土地）肥沃

没令= mei⁵²⁻⁵⁵ lin²³¹　（土地）贫瘠

光烫 kɔ̃³²⁴⁻³² tʰɔ⁵²　光溜, 顺滑

卷光 tɕyən⁴⁴⁵⁻⁵⁵ kɔ̃³²⁴⁻⁰　① 光溜, 顺滑。② 完, 尽, 一点不剩：吃得～

　　卷塌光 tɕyən⁴⁴⁵⁻⁵⁵ tʰaʔ⁵ kɔ̃³²⁴⁻⁰

光 kɔ̃³²⁴　完, 尽：吃～

滑溜 uaʔ²³⁻⁴³ liɯ²³¹　光滑, 平滑

　　溜 liɯ²³¹

滑溜踢塌 uaʔ²³⁻² liɯ²³¹⁻²² tʰiəʔ⁵⁻⁴ tʰaʔ⁵　很滑溜

　　滑溜愬唰 uaʔ²³⁻² liɯ²³¹⁻²² ɕi⁻⁵⁵ ʑya²³¹　‖ "愬唰"拟声词

體 tʰi⁵²　细腻：尔个面真～

光體體 kɔ̃³²⁴⁻⁴⁴ tʰi⁵²⁻⁴⁴ tʰi⁵²　光滑, 细腻

糙 tsʰɔ⁵²　不细致, 不光滑

皱皮结裥 tsəu⁵²⁻⁴⁴ b-pi⁴³³⁻⁴⁴ tɕiəʔ⁵⁻⁴ kɑ̃⁴⁴⁵　皱巴巴

戳人 tsʰyəʔ⁵⁻⁴ nin⁴³³　锋利扎人：爱=个东西～险个_{这个东西很锋利的}

亮 liɑ̃²³¹

豁亮 xuaʔ⁵ liɑ̃²³¹⁻⁰　雪亮, 铮亮：灯开起～

热 ȵiəʔ²³

热蓬蓬 ȵiəʔ²³⁻² bən²³¹⁻⁴³ bən²³¹　闷热

暖 nən²²³

暖烘烘 nən²²³⁻²² xən³²⁴⁻⁵⁵ xən³²⁴⁻⁰

温吞暖 uən⁴⁴⁵⁻⁴⁴ tʰən³²⁴⁻⁴⁴ nən²²³　不冷不热恰到好处的水温

凉 liɑ̃⁴³³

凉唰唰 liɑ̃⁴³³⁻⁴⁴ ɕyəʔ⁵⁻⁴ ɕyəʔ⁵　凉飕飕

冷 lɛ²²³

冰冷 pin³²⁴ lɛ²²³

烫 tʰɔ̃⁵²　热：水忒～

　　烫人 tʰɔ̃⁵²⁻⁴⁴ nin⁴³³

干扭扭 kuə³²⁴⁻³² ȵiɯ⁴⁴⁵⁻⁵⁵ ȵiɯ⁴⁴⁵⁻⁰　干巴巴

　　干牙牙 kuə³²⁴⁻⁴⁴ ŋo⁴³³⁻⁴³ ŋo⁴³³⁻²³¹　‖"牙牙"是后缀

燥 sɔ⁵²　干：衣裳晒～了

焦燥 tɕiɔ³²⁴⁻³² sɔ⁵²　焦干，没有一点儿水分

　　燥屁屁 sɔ⁵²⁻⁴⁴ pʰi⁵²⁻⁵⁵ pʰi⁵²⁻⁰

湿 tɕʰiaʔ⁵

糊湿花 u⁴³³⁻²² tɕʰiaʔ⁵⁻⁴ xua³²⁴　湿漉漉

　　糊塌花 u⁴³³⁻²² tʰɑʔ⁵⁻⁴ xua³²⁴

嗲嗲渧 dəʔ²³⁻² dəʔ²³⁻² tia⁵²　湿淋淋‖"嗲嗲"拟声词

汗溜下脱 əʔ²³¹⁻²² liɯ²³¹⁻²² ʑia²³¹⁻²² tʰəʔ⁵　大汗淋漓

干净 kuə³²⁴⁻³² z̻-ɕin²³¹⁻⁵²

　　干干净净 kuə³²⁴⁻⁴⁴ kuə³²⁴⁻⁴⁴ ʑin²³¹⁻⁴³ ʑin²³¹　‖生动形式

清趣 tɕʰin³²⁴⁻³² tɕʰy⁵²　清爽

　　清清趣趣 tɕʰin³²⁴⁻⁴⁴ tɕʰin³²⁴⁻⁴⁴ tɕʰy⁵²⁻⁴⁴ tɕʰy⁵²　‖生动形式

清楷 tɕʰin³²⁴⁻⁴⁴ kʰa⁴⁴⁵　清晰

　　清清楷楷 tɕʰin³²⁴⁻⁴⁴ tɕʰin³²⁴⁻⁴⁴ kʰa⁴⁴⁵⁻⁴⁴ kʰa⁴⁴⁵　‖生动形式

糊哒哒 u⁴³³⁻⁴⁴ dɑʔ²³⁻⁴³ dɑʔ²³　黏糊糊，不清爽

龌龊 o⁻⁴⁴ tɕʰyəʔ⁵　脏

邋遢 laʔ²³⁻² tʰɑʔ⁵

油脂加耐 iɯ⁴³³⁻⁴⁴ tsʅ³²⁴⁻⁴⁴ ko³²⁴⁻⁴⁴ na²³¹　油乎乎

黏 ȵiɛ³²⁴　具有黏性的

黏脂疙瘩 ȵiɛ³²⁴⁻⁴⁴ tsʅ³²⁴⁻⁴⁴ kɑʔ⁵⁻⁴ tɑʔ⁵　黏糊糊

塎 ən⁴⁴⁵　尘土飞扬的样子

上白毛 dʑiɑ²²³⁻²² baʔ²³⁻² mɔ⁴³³　发霉

齐 zʅ⁴³³

整齐 tɕin⁴⁴⁵⁻⁴⁴ zʅ⁴³³

　　整整齐齐 tɕin⁴⁴⁵⁻⁴⁴ tɕin⁴⁴⁵⁻⁴⁴ zʅ⁴³³⁻²² zʅ⁴³³　‖生动形式

上下挈爿 dʑiɑ²²³⁻²² ia²²³⁻²² tɕʰiaʔ⁵⁻⁴ bã⁴³³　上下不整齐

肆抓 sʅ⁵²⁻⁴⁴ tsa³²⁴　① 铺张浪费。② 杂乱

匀净 yən⁴³³⁻⁴³ ʑin²³¹　匀称

大头细撮 do²³¹⁻²² d-təɯ⁴³³⁻⁴⁴ ɕia⁵²⁻⁴⁴ tsʰəʔ⁵　头尾粗细不均

早 tsɔ⁴⁴⁵

老早 lɔ²²³⁻²² tsɔ⁴⁴⁵　很早

　　老早早 lɔ²²³⁻²² tsɔ⁴⁴⁵⁻⁴⁴ tsɔ⁴⁴⁵

宽 kʰuã³²⁴

紧 tɕin⁴⁴⁵

要紧 iɔ⁵²⁻⁴⁴ tɕin⁴⁴⁵　紧急，急切

快 kʰua⁵²　① 速度大，与"慢"相对。② 锋利：刀～

快手 kʰua⁵²⁻⁴⁴ ɕiɯ⁴⁴⁵　极快：～险，一记便做好了

慢 mã²³¹　① 与"快"相对。② 迟

耐吞吞 na²³¹⁻²² tʰən³²⁴⁻⁴⁴ tʰən³²⁴

　　慢吞吞 mã²³¹⁻²² tʰən³²⁴⁻⁴⁴ tʰən³²⁴

善＝ ʑiɛ²²³　缓慢，轻缓

　　善＝火 ʑiɛ²²³⁻²² xo⁴⁴⁵

懈 ga²²³　① 弛缓。② 松懈

疲沓 bi⁴³³⁻⁴³ tʰɑʔ⁵　松懈拖沓

钝 də²³¹　不锋利

现 iɛ²³¹　很及时：工钱～险

热闹 ȵiəʔ²³⁻⁴³ nɔ²³¹

静 ziŋ²²³　安静，幽静

刷静 ɕyəʔ⁵ ziŋ²²³　寂静

　　刷刷静 ɕyəʔ⁵⁻⁴ ɕyəʔ⁵ ziŋ²²³　‖ 生动形式

生疏 sɛ³²⁴⁻⁴⁴ su³²⁴　陌生

七老八生疏 tsʰəʔ⁵⁻⁴ lɔ²²³⁻²² paʔ⁵⁻⁴ sɛ³²⁴⁻⁴⁴ su³²⁴　很陌生

落角 ləʔ²³⁻² kəʔ⁵　偏僻

四通八达 sɿ⁵²⁻⁴⁴ tʰən³²⁴⁻³² paʔ⁵⁻⁴ daʔ²³

损 sə⁴⁴⁵　严重，蒙受害处程度深：病得～险

牢 lɔ⁴³³　结实，牢固

　　扎实 tsɑʔ⁵⁻⁴ zəʔ²³

脱脱落 tʰəʔ⁵⁻⁴ tʰəʔ⁵⁻⁴ ləʔ²³　松松垮垮

破 pʰa⁵²　残破：衣裳～了

烂里烂瘌 lã²³¹⁻²² li²²³⁻⁴⁴ lã²³¹⁻⁴³ dʑya⁴³³⁻²³¹　破烂不堪，乱糟糟

　　烂吱瘌 lã²³¹ tɕi⁵²⁻⁵⁵ dʑya⁴³³⁻⁰

细理 sɿ⁵²⁻⁴⁴ li²²³　精细

服 vəʔ²³　严实：门没关～

笔服 piəʔ⁵ vəʔ²³　很严实：门关起～

服帖 vəʔ²³⁻² tʰiəʔ⁵　① 平整，合身：爱件衣裳真～。② 驯服，服从

　　服服帖帖 vəʔ²³⁻² vəʔ²³⁻² tʰiəʔ⁵⁻⁴ tʰiəʔ⁵　‖ 生动形式

落落嵌嵌 ləʔ²³⁻² ləʔ²³⁻² kʰã⁵²⁻⁴⁴ kʰã⁵²　很平整，很合身

抠抠门门 kʰɯ³²⁴⁻⁴⁴ kʰɯ³²⁴⁻⁴⁴ mən⁴³³⁻²² mən⁴³³　刚刚好

半中拦腰 pə⁵²⁻⁴⁴ tən³²⁴⁻⁴⁴ lã⁴³³⁻⁴³ iɔ³²⁴　半截儿

　　半山拦腰 pə⁵²⁻⁴⁴ sã³²⁴⁻⁴⁴ lã⁴³³⁻⁴³ iɔ³²⁴

从头到尾 ziõ⁴³³⁻²² dəɯ⁴³³⁻⁴³ təɯ⁵²⁻⁴⁴ mi²²³　完完整整

一五一十 iəʔ⁵⁻⁴ n̩²²³⁻²² iəʔ⁵⁻⁴ zəʔ²³

有头没尾 iɯ²²³⁻²² dəɯ⁴³³⁻⁴³ mei⁵²⁻⁴⁴ mi²²³

　　起头弗搭尾 tsʰɿ⁴⁴⁵⁻⁴⁴ dəɯ⁴³³⁻⁴³ fəʔ⁵⁻⁴ taʔ⁵⁻⁴ mi²²³

成双成对 ʑin⁴³³⁻⁴³ ɕiɔ̃³²⁴⁻³² ʑin⁴³³⁻⁴³ tei⁵²

生 sɛ³²⁴

熟 ʑyəʔ²³　① 熟：烧～了。② 熟悉

半生烂熟 pə⁵²⁻⁴⁴ sɛ³²⁴⁻⁴⁴ lã²³¹⁻⁴³ ʑyəʔ²³　没完全成熟

新鲜 ɕin³²⁴⁻⁴⁴ ɕiɛ³²⁴　① 指物没有变质、没有经过加工处理、没有枯萎。② 指人精神状态好

现成 iɛ²³¹⁻²² ʑin⁴³³　① 非刚宰杀或烹调的食物：弗烧了，～菜吃吃。② 饭菜放置时间长：菜～了，没法吃了

味道 mi²³¹⁻²² dɔ²²³　① 滋味：尝尝～望。② 味儿鲜美：渠烧个鱼真～！

气色 tsʰɿ⁵²⁻⁴⁴ səʔ⁵　气味

气味 tsʰɿ⁵²⁻⁴⁴ mi²³¹

清味 tɕʰin³²⁴⁻⁴⁴ mi²³¹　爽口

咸淡 ã⁴³³⁻⁴⁴ dã²²³　咸淡的味道：～尝记望 尝一下咸淡

咸 ã⁴³³

淡 dã²²³

铁刮淡 tʰiəʔ⁵ kuaʔ⁵⁻⁰ dã²²³　毫无味道

酸 sə³²⁴

甜 diɛ⁴³³

甜味味 diɛ⁴³³⁻⁴³ mi²³¹ mi²³¹　甜丝丝

苦 kʰu⁴⁴⁵

辣 lɑʔ²³

香 ɕiã³²⁴

喷香 pʰən⁵²⁻⁵⁵ ɕiã³²⁴

臭 tɕʰiɯ⁵²

烂喷臭 lã²³¹⁻²² pʰən³²⁴⁻⁴⁴ tɕʰiɯ⁵²　臭烘烘

烂喷天臭 lã²³¹⁻²² pʰən³²⁴⁻⁴⁴ tʰiɛ³²⁴⁻³² tɕʰiɯ⁵²　臭气熏天

馊臭 ɕiɯ³²⁴⁻³² tɕʰiɯ⁵²　馊

腥气 ɕin³²⁴⁻³² tsʰɿ⁵²　腥：鱼～

油臭 iɯ⁴³³⁻⁴³ tɕʰiɯ⁵²　瓜子、果仁、饼干等含油食物日久变质败味
　　腌气 iɛ³²⁴⁻³² tsʰɿ⁵²
涩口 səʔ⁵⁻⁴ kʰɯ⁴⁴⁵
软 ȵyə²²³
硬 ŋɛ²³¹　① 坚固，与"软"相对。② 刚强，有骨气
硬扎 ŋɛ²³¹⁻²² tsɑʔ⁵　坚固，坚挺
　　硬硬扎扎 ŋɛ²³¹⁻²² ŋɛ²³¹⁻²² tsɑʔ⁵⁻⁴ tsɑʔ⁵　‖生动形式
松 sən³²⁴　松脆
喷松 pʰən⁵²⁻⁵⁵ sən³²⁴　非常松，多指食物酥脆可口
花 xua³²⁴　熟烂：肉没烧～
粉 fən⁴⁴⁵　松软的粉末状，口感绵柔：爱⁼种番薯～～个，真好吃
焦 tɕiɔ³²⁴
焦气 tɕiɔ³²⁴⁻³² tsʰɿ⁵²　食物烧焦的气味
火烟气 xo⁴⁴⁵⁻⁴⁴ iɛ³²⁴⁻³² tsʰɿ⁵²　烟火的气味
生洗⁼ sɛ³²⁴⁻⁴⁴ sɿ⁴⁴⁵　食物半生不熟：饭～个
糊泥气 u⁴³³⁻²² ȵi⁴³³⁻⁴³ tsʰɿ⁵²　泥土味儿，多指泥塘养的鱼做成菜后所带的味儿
　　泥气 ȵi⁴³³⁻⁴³ tsʰɿ⁵²
老 lɔ²²³
老气 lɔ²²³⁻²² tsʰɿ⁵²　① 老成。② 形容服装样式陈旧等
老蒂蒂 lɔ²²³⁻²² ti⁵²⁻⁵⁵ ti⁵²⁻⁰　老成，指小孩儿
出老 tɕʰyəʔ⁵⁻⁴ lɔ²²³　显老
后生 əɯ²²³⁻⁴³ sɛ³²⁴　年轻
　　年轻 ȵiɛ⁴³³⁻⁴³ tɕʰin³²⁴
嫩 nə²³¹
嫩相 nə²³¹⁻²² ɕiã⁵²　相貌显年轻
嫩孺 nə²³¹⁻²² ʐy⁴³³　稚嫩，幼稚：渠还～猛
健 dʑiɛ²³¹　硬朗
　　清健 tɕʰin³²⁴⁻³² dʑiɛ²³¹

没喉个 mei$^{52-55}$ əɯ$^{433-43}$ kə^{0}　嗓音不佳

痛 tʰən^{52}

大痛 do$^{231-22}$ tʰən^{52}　剧痛

痒 iã^{223}

寒 uə^{433}　人体虚寒，有怕冷、手脚冰凉、喜暖等表现：身体～猛

懵懂懂 mən$^{223-22}$ tən$^{445-55}$ tən$^{445-0}$　昏沉沉

　　懵丁懂 mən$^{223-22}$ tin$^{324-55}$ tən$^{445-0}$

排场 ba$^{433-22}$ dziã^{433}　（宴席）阔气、体面、光彩、热闹

盲坛⁼ mɛ$^{433-22}$ dã^{433}　破败衰落：生意做～

富 fu^{52}

给 da^{433}　从容，松弛：吃吃嬉嬉，真～

给怀 da$^{433-22}$ ua^{433}　日子惬意，生活舒爽

穷 dʑyən^{433}

苦头 kʰu$^{445-44}$ dəɯ^{433}　①艰苦：真～。②苦难：吃了弗少～

空 kʰən^{52}　闲

没空 mei$^{52-55}$ kʰən^{52}

忙 mɔ̃^{433}

大忙 do$^{231-22}$ mɔ̃^{433}　繁忙

吃力 tɕʰiəʔ$^{5-4}$ liəʔ^{23}　累

　　着力 dziəʔ$^{23-43}$ liəʔ^{23}

有味 iɯ$^{223-43}$ vi^{231}　有趣，有意思

没味 mei$^{52-55}$ vi^{231}　没趣，没意思

畏 uei^{52}　因次数过多而感到无聊或厌烦：做～了｜吃～了

高兴 kɯ$^{324-32}$ ɕin^{52}

　　开心 kʰei$^{324-44}$ sən^{324}

唱花梨赖⁼ tɕʰiã$^{52-44}$ xo$^{324-44}$ li$^{433-43}$ la^{231}　很开心

灵 lin^{433}　①灵活，有灵性。②灵验，有效验

聪明 tsʰən$^{324-44}$ min^{433}

灵巧 lin$^{433-44}$ tɕʰiɔ^{445}

七孔八窍 $tsʰəʔ^{5-4} kʰən^{445-44} pɑʔ^{5-4} tɕʰiə^{52}$　机灵，灵活

手和脚样 $ɕiɯ^{445} xo^{445-44} tɕiəʔ^5 iã^{223-0}$　笨手笨脚

摸 $məʔ^5$　行动迟缓：真～，半大日没做好

摸虱 $məʔ^{5-4} səʔ^5$　捉虱子，比喻动作缓慢：～样，半大日没做好

快手快脚 $kʰua^{52-44} ɕiɯ^{445-44} kʰua^{52-44} tɕiəʔ^5$　动作灵敏快捷

慌 $xõ^{324}$　① 慌张：心堉真～。② 急着：嫑～讲

慌急大忙 $xõ^{324-44} tɕiəʔ^{5-4} da^{231-22} mõ^{433}$　慌慌张张

躁 $tsɔ^{52}$　烦躁，急躁：真～｜～死

烦躁 $vã^{433-22} tsɔ^{52}$

急 $tɕiəʔ^5$

耐 na^{231}　①（性）缓。②（动作）迟缓。③ 腻：麻糍一记便吃～了

定 din^{231}　镇静，安稳：心弗～

定板 $din^{231-22} pã^{445}$　沉着稳定，不慌不忙

　　定定板板 $din^{231-22} din^{231-22} pã^{445-44} pã^{445}$　‖生动形式

在行 $zei^{223-22} õ^{433}$　内行

　　明功 $min^{433-43} kən^{324}$

杀手 $sɑʔ^{5-4} ɕiɯ^{445}$　行动快速，麻利：～去

杀心 $sɑʔ^{5-4} sən^{324}$　用劲，狠命：～点做去

杀 $sɑʔ^5$　① 厉害，狠：渠讲话真～。② 受损，伤害程度深：晒得～险

正常经 $tɕin^{52-44} dziã^{433-43} tɕin^{324}$　正儿八经

　　常慢=经经 $dziã^{433-22} mã^{-22} tɕin^{324-44} tɕin^{324}$　‖"慢="本字调不明

野 ia^{445}　不受约束，不能专心：爱=个人心真～

小心 $ɕiɔ^{324-44} sən^{324}$

认真 $n̠in^{231-43} tsən^{324}$

仔细 $tsɿ^{445-44} sɿ^{52}$

粗心 $tsʰu^{324-44} sən^{324}$

粗心大意 $tsʰu^{324-44} sən^{324} da^{231-22} i^{52}$

专心 $tɕyə^{324-44} sən^{324}$

心弗搭肺 $sən^{324-32} fəʔ^5 tɑʔ^{5-4} fi^{52}$　心不在焉

清楚 tɕʰin³²⁴⁻⁴⁴ tsʰu⁴⁴⁵

 清清楚楚 tɕʰin³²⁴⁻⁴⁴ tɕʰin³²⁴⁻⁴⁴ tsʰu⁴⁴⁵⁻⁴⁴ tsʰu⁴⁴⁵ ‖ 生动形式

明白 min⁴³³⁻⁴³ baʔ²³

灵清 lin⁴³³⁻⁴³ tɕʰin³²⁴   明白，清楚：讲弗～

糊涂 u⁴³³⁻²² du⁴³³

糊里糊涂 u⁴³³⁻²² li²²³⁻⁴⁴ u⁴³³⁻²² du⁴³³

一塌糊涂 iəʔ⁵⁻⁴ tʰɑʔ⁵ u⁴³³⁻²² du⁴³³

顺 ʑyən²³¹

安脚 uə³²⁴⁻⁴⁴ tɕiəʔ⁵   ① 安宁：弗让人～。② 圆满：还没做～

落彻 ləʔ²³⁻² tɕʰiaʔ⁵   圆满，妥当

倒灶 tɯ⁴⁴⁵⁻⁴⁴ tsɔ⁵²   时运不济，不吉利

出鬼 tɕʰyəʔ⁵⁻⁴ kuei⁴⁴⁵   比喻离奇古怪，出怪事

 见鬼 tɕiɛ⁵²⁻⁴⁴ kuei⁴⁴⁵

停当 din²³¹⁻⁴³ tɔ̃⁵²   完蛋：真～，没办法了

消磨灭 ɕiɔ³²⁴⁻⁴⁴ mo⁴³³⁻⁴³ miəʔ²³   糟糕：真是～

 消磨绝灭 ɕiɔ³²⁴⁻⁴⁴ mo⁴³³⁻⁴⁴ ʑyəʔ²³⁻⁴³ miəʔ²³

空辣辣 kʰən³²⁴⁻⁴⁴ lɑʔ²³⁻⁴³ lɑʔ²³   徒劳无功，一场空

好做 xɯ⁴⁴⁵⁻⁴⁴ tso⁵²

 简单 kɑ̃⁴⁴⁵⁻⁴⁴ tɑ̃³²⁴

  容易 iɔ̃⁴³³⁻⁴³ i⁵²

难 nɑ̃⁴³³

危险 uei³²⁴⁻⁴⁴ ɕiɛ⁴⁴⁵

(三) 品性

好 xɯ⁴⁴⁵

尚好 ʑiɑ̃²³¹⁻²² xɯ⁴⁴⁵   ① 好端端的：～个人，一记便弗会走了。

 ② 倒不如……更好，表示事与愿违：去了一点意思都没，弗去

 ～｜我自吃了～

还好 uɑʔ²³⁻² xɯ⁴⁴⁵   不坏：我考得～

还过得去 uɑʔ²³⁻² ko⁵²⁻⁵⁵ tiəʔ⁵⁻⁰ kʰɯ⁵²

一般性 iə?$^{5-4}$ bə$^{433-43}$ ɕin^{52}

扎 tsɑ?^{5}　很好，很不错：爱⁼个人真～

　　呱呱叫 kua?$^{5-4}$ kua?^{5} tɕiɔ$^{52-0}$

弗好 fə?^{5} xɯ^{445}　不好

疲 ɕiə?^{5}　① 坏：人～。② 差：东西质量～

　　推板 t^{h}ei$^{324-44}$ pã^{445}

坏 ua^{231}　变质，不好：菜～了｜爱⁼个生意乞渠弄～了

恶 ə?^{5}　凶狠

做恶 tso$^{52-44}$ ə?^{5}　① 干坏事。② 遭罪受苦，可怜：真～

对 tei^{52}

赚 dzã^{231}　错

点点落 tiə?$^{5-4}$ tiə?$^{5-4}$ lə?^{23}　一无是处：讲起别人呗～

真 tsən^{324}

正宗 tɕin$^{52-44}$ tsən^{324}

假 ko^{445}

量气大 liã$^{231-22}$ ts^{h}ɿ$^{52-55}$ do^{231}　大方

　　手门开 ɕiɯ$^{445-44}$ mən$^{433-43}$ k^{h}ei^{324}

小气 ɕiɔ$^{445-44}$ ts^{h}ɿ^{52}

　　精 tɕin^{324}

　　手门紧 ɕiɯ$^{445-44}$ mən$^{433-43}$ tɕin^{445}

放涴弗生虫 fɔ$^{52-44}$ u^{52} fə?^{5} sɛ$^{324-44}$ dzyən^{433}　比喻一毛不拔

死板 sɿ$^{445-44}$ pã^{445}

　　古板 ku$^{445-44}$ pã^{445}

　　一根筋 iə?$^{5-4}$ kə$^{324-55}$ tɕin^{324}

大佬 do$^{231-22}$ lɔ^{223}　不易接近：爱⁼个人真～

纯情 ʐyən$^{433-22}$ ʑin^{433}

任让 ȵin$^{231-43}$ ȵiã^{231}　任性

热肉 ȵiə?$^{23-43}$ ȵyə?^{23}　亲密，贴心

鼻头朝天 bə?$^{23-2}$ dɯ$^{433-43}$ dʑiɔ$^{433-43}$ t^{h}iɛ^{324}　形容高傲自大，傲慢

耳朵骨软 n̻$^{223-22}$ to$^{445-44}$ kuə^5 n̻yə^{223}　比喻没有主见，容易听信别人的话

严肃 n̻iɛ$^{433-43}$ sə^5

憨 xə^{324}　傻

　　半憨 pə$^{52-44}$ xə^{324}

半憨烂赚 pə$^{52-44}$ xə$^{324-44}$ lã$^{231-43}$ dzã^{231}　傻不拉几

　　憨弗愣噔 xə$^{324-32}$ fə$^{5-4}$ lən$^{433-43}$ dən^{231}

笨 bən^{231}

街狗上踏硁 ka$^{324-44}$ kɯ^{445} dziã$^{223-22}$ dɑ$^{23-2}$ tei^{52}　笨手笨脚

附 vu^{231}　愣，呆，迂腐

附弗愣噔 vu^{231} fə$^{5-4}$ lən$^{433-43}$ dən^{231}　愣乎乎

木 mə^{23}　呆笨

半三奇枷= pə$^{52-44}$ sã$^{324-44}$ dzɿ$^{433-22}$ go^{433}　不正经

　　半奇三枷= pə$^{52-44}$ dzɿ$^{433-22}$ sã$^{324-44}$ go^{433}

　　奇枷= dzɿ$^{433-22}$ go^{433}

骚 so^{324}

直爽 dziəʔ$^{23-2}$ sõ^{445}

□ ŋɛ^{324}　犟：脾气～

勤力 dz-tɕin$^{433-44}$ liəʔ^{23}　勤快

用劲 iõ$^{231-43}$ dzin^{231}　努力，用力

懒 lã^{223}

贪懒 tʰə$^{324-44}$ lã^{223}　偷懒

好吃懒做 xəɯ$^{445-44}$ tɕʰiəʔ$^{5-4}$ lã$^{223-22}$ tso^{52}

偷奸 tʰəɯ$^{324-44}$ kã^{324}　① 偷懒。② 偷工减料

爽 sõ^{445}　舒爽

贪爽 tʰə$^{324-44}$ sõ^{445}　贪图舒爽

听话 tʰin$^{52-44}$ o^{231}　乖

慧 uei^{231}　① 乖。② 能干

贤惠 iɛ$^{433-43}$ uei^{231}

本事 pə$^{445-44}$ zƖ^{231}

  本领 pə$^{445-44}$ lin^{223}

厉练 li$^{231-43}$ liɛ^{231} 厉害,干练

没用 mei$^{52-55}$ iɔ̃$^{231-0}$ 不中用,无能

没卵用 mei$^{52-44}$ lə$^{223-43}$ iɔ̃^{231} 一无是处

屁袋 p^{h}i$^{52-44}$ dei^{231} ① 毫无用处。② 空无一物

尿 zən^{433} 无能,没本事：乞人望～了

罪过 zei$^{223-22}$ ko^{52} 可怜

老实 lɔ$^{223-43}$ zəʔ^{23}

本分 pə$^{445-44}$ vən^{231} 老实厚道

实柎 zəʔ$^{23-43}$ bu$^{433-231}$ 实在

横 uɛ^{433} 专横,豪强

  强横 dʑiã$^{433-22}$ uɛ^{433}

刁 tiɔ^{324} 狡猾

调皮 diɔ$^{231-22}$ bi^{433}

  皮 bi^{433}

骨辣 kuəʔ$^{5-4}$ lɑʔ^{23} 顽皮,淘气

  辣骨 lɑʔ$^{23-2}$ kuəʔ^{5}

生钻 sɛ$^{324-44}$ tsə^{324} ① 刁钻。②（小孩）好动

  生钻挖窟窿 sɛ$^{324-44}$ tsə$^{324-44}$ uɑʔ$^{5-4}$ k^{h}əʔ$^{5-4}$ lən^{223}

贱 ʑiɛ^{231} 轻贱,下贱

滑头 uɑʔ$^{23-2}$ dəɯ^{433} 狡诈、圆滑

  滑头滑脑 uɑʔ$^{23-2}$ dəɯ$^{433-43}$ uɑʔ$^{23-2}$ nɔ^{223}

生横百记 sɛ$^{324-44}$ uɛ$^{433-44}$ pɑʔ^{5} tsƖ$^{52-0}$ 无事生非

直记横记 dʑiɔʔ^{23} tsƖ$^{52-0}$ uɛ$^{433-43}$ tsƖ^{52} （思想、主意等)变化多端

奇里古怪 dzƖ$^{433-22}$ li$^{223-22}$ ku$^{445-44}$ kua^{52} 奇特,古怪

老三老四 lɔ$^{223-43}$ sa^{324} lɔ$^{223-22}$ sƖ^{52} 自以为是、摆老资格的样子

懒不理事 ga$^{223-22}$ pəʔ$^{5-4}$ li$^{433-55}$ zƖ$^{231-0}$ 吊儿郎当

弗三弗四 fəʔ$^{5-4}$ sã$^{324-32}$ fəʔ$^{5-4}$ sƖ^{52} 不三不四

灯草牌坊 tin³²⁴⁻⁴⁴ tsʰɔ⁴⁴⁵⁻⁴⁴ ba⁴³³⁻⁴³ fɔ̃³²⁴　虚有其表

天弗搭地 tie³²⁴⁻³² fə⁵⁻⁴ tɑʔ⁵⁻⁴ di²³¹　不靠谱

神经兮兮 zən⁴³³⁻⁴³ tɕin³²⁴⁻³² sʅ⁻⁵⁵ sʅ⁻⁰　‖"兮"单字调不明

心肝大细叶 sən³²⁴⁻⁴⁴ kuə³²⁴⁻³² do²³¹⁻²² ɕia⁵²⁻⁴⁴ iəʔ²³　偏心

脚手弗好 tɕiəʔ⁵⁻⁴ ɕiɯ⁴⁴⁵ fəʔ⁵ xəɯ⁵⁴⁵　① 手脚不干净，会小偷小摸。

　② 手脚笨拙，活计质量不高

稀奇 sʅ³²⁴⁻⁴⁴ dzʅ⁴³³　① 稀少奇特。② 得意忘形

做人家 tso⁵²⁻⁴⁴ nin⁴³³⁻⁴³ ko³²⁴　节俭：渠真～

　省 sɛ⁴⁴⁵

应野门 in⁵²⁻⁴⁴ ia²²³⁻²² mən⁴³³　歪门邪道

半三二羯 pɔ⁵²⁻⁴⁴ sã³²⁴⁻⁴⁴ n̠i²³¹⁻²² tɕiəʔ⁵　手艺不精

卵样 lə²²³⁻⁴³ iã²³¹　自以为是

得人憎 tiəʔ⁵⁻⁴ nin⁴³³⁻⁴³ tɕin³²⁴　惹人嫌

　犯得人憎 vã²²³⁻²² tiəʔ⁵⁻⁴ nin⁴³³⁻⁴³ tɕin³²⁴

二十五、数量词

(一) 数词

零 lin⁴³³

一 iəʔ⁵

二 n̠i²³¹

三 sã³²⁴

四 sʅ⁵²

五 n̩²²³

六 ləʔ²³

七 tsʰəʔ⁵

八 pɑʔ⁵

九 tɕiɯ⁴⁴⁵

十 zəʔ²³

十二 zəʔ²³ n̠i²³¹⁻⁰

廿 ȵiɛ²³¹　二十

三十 sã³²⁴⁻³² zəʔ²³

一百 iəʔ⁵⁻⁴ paʔ⁵

一千 iəʔ⁵⁻⁴ tɕʰiɛ⁵²

一万 iəʔ⁵⁻⁴ mã²³¹

一百万 iəʔ⁵⁻⁴ paʔ⁵ mã²³¹⁻⁰

一千万 iəʔ⁵⁻⁴ tɕʰiɛ⁵²⁻⁵⁵ mã²³¹⁻⁰

一亿 iəʔ⁵⁻⁴ i⁵²

一百零五 iəʔ⁵⁻⁴ paʔ⁵ lin⁴³³⁻⁴⁴ n̩²²³

一百十 iəʔ⁵⁻⁴ paʔ⁵⁻⁴ zəʔ²³　一百一十

一百十一 iəʔ⁵⁻⁴ paʔ⁵⁻⁴ zəʔ²³⁻² iəʔ⁵　一百一十一

一百十二 iəʔ⁵⁻⁴ paʔ⁵⁻⁴ zəʔ²³ ȵi²³¹⁻⁰　一百一十二

一百廿 iəʔ⁵⁻⁴ paʔ⁵⁻⁴ ȵiɛ²³¹　一百二十

一百五十 iəʔ⁵⁻⁴ paʔ⁵⁻⁴ n̩²²³⁻⁴³ zəʔ²³
　一百五 iəʔ⁵⁻⁴ paʔ⁵⁻⁴ n̩²²³

三百十 sã³²⁴⁻⁴⁴ paʔ⁵⁻⁴ zəʔ²³　三百一十

廿万 ȵiɛ²³¹ mã²³¹⁻⁰　二十万

一千九 iəʔ⁵⁻⁴ tɕʰiɛ⁵²⁻⁴⁴ tɕʰiɯ⁴⁴⁵

一万四 iəʔ⁵⁻⁴ mã²³¹⁻²² sɿ⁵²

三万四千 sã³²⁴⁻³² mã²³¹ sɿ⁵²⁻⁵⁵ tɕʰiɛ⁵²⁻⁰
　三万四 sã³²⁴⁻⁴⁴ mã²³¹⁻²² sɿ⁵²

百七八 paʔ⁵⁻⁴ tsʰəʔ⁵⁻⁴ paʔ⁵　一百七十一百八十左右

千七八 tɕʰiɛ⁵²⁻⁴⁴ tsʰəʔ⁵⁻⁴ paʔ⁵　一千七百一千八百左右

万七八 mã²³¹⁻²² tsʰəʔ⁵⁻⁴ paʔ⁵　一万七千一万八千左右

头个 dəɯ⁴³³⁻⁴³ ka⁵²　第一个

第一 di²³¹⁻²² iəʔ⁵

第二 di²³¹⁻⁴³ ȵi²³¹

两两 lɛ²²³⁻⁴³ liã²²³⁻²³¹　二两：～酒

头两个 dəɯ⁴³³⁻⁴³ lɛ²²³⁻⁵⁵ ka⁵²⁻⁰　前几个

刨⁼两个 bɔ²³¹ lɛ²²³⁻⁵⁵ ka⁵²⁻⁰

爱⁼两个 ei⁻⁵⁵ lɛ²²³⁻⁵⁵ ka⁵²⁻⁰　这几个

单 tã³²⁴

单个 tã³²⁴⁻³² ka⁵²　一组中或两个成对的中的一个：~卖

单个 tã³²⁴⁻⁴⁴ ka⁵²⁻⁴⁴⁵　单独一个：渠老嬷没了，~了_{他老婆没了，独自一人了}

凑单 tsʰəɯ⁵²⁻⁴⁴ tã³²⁴　形成单数

双 ɕiɔ̃³²⁴

双个 ɕiɔ̃³²⁴⁻³² ka⁵²　两个

凑双 tsʰəɯ⁵²⁻⁴⁴ ɕiɔ̃³²⁴　形成双数

几个 kei⁴⁴⁵⁻⁴⁴ ka⁵²

个把 ka⁵²⁻⁵⁵ pu⁴⁴⁵⁻⁰　少数，一两个

十把个 zəʔ²³ pu⁴⁴⁵⁻⁵⁵ ka⁵²⁻⁰　十来个

十几个 zəʔ²³⁻² kei⁴⁴⁵⁻⁴⁴ ka⁵²

廿把个 nʲiɛ²³¹ pu⁴⁴⁵⁻⁵⁵ ka⁵²⁻⁰　二十几个

百把 paʔ⁵ pu⁴⁴⁵⁻⁰　一百左右

千把 tɕʰiɛ⁵²⁻⁵⁵ pu⁴⁴⁵⁻⁰　一千左右

万把 mã²³¹ pu⁴⁴⁵⁻⁰　一万左右

半个 pə⁵²⁻⁵⁵ ka⁵²⁻⁰

整个 tɕin⁴⁴⁵⁻⁴⁴ ka⁵²

个半 ka⁵²⁻⁴⁴ pə⁵²　一个半

两个半 lɛ²²³⁻²² ka⁵²⁻⁴⁴ pə⁵²

斤半 tɕin³²⁴⁻⁴⁴ pə⁵²　一斤半

两中半 lɛ²²³⁻²² tən³²⁴⁻⁴⁴ pə⁵²　一分为二

中半 tən³²⁴⁻⁴⁴ pə⁵²　对半：~分

两样 lɛ²²³⁻⁴³ iã²³¹　① 两种。② 各异，不同：渠和我~个

两样生 lɛ²²³⁻⁴³ iã²³¹ sɛ³²⁴　各异，不同

好勒⁼ xəɯ⁴⁴⁵⁻⁵⁵ lə⁵²⁻⁰　① 挺多：~人弗肯去。② 挺：今日~热‖ "勒"是近音字

一大勒⁼ iəʔ⁵⁻⁴ do²³¹⁻²² lə⁵²　很多：~东西

一色一样 iəʔ⁵⁻⁴ səʔ⁵ iəʔ⁵⁻⁴ iã²³¹　一模一样

上下 dʑiã²³¹⁻²² ia²²³　用在数量词后,表示概数

　　左右 tso⁴⁴⁵⁻⁴⁴ iɯ²³¹

　　样 iã²³¹⁻⁰

出头 tɕʰyəʔ⁵⁻⁴ dəɯ⁴³³　放在整数之后,表示略有超出

两记 lɛ²²³⁻²² tsɿ⁵²　两下,实数:试了～都爬弗上

两记 lɛ²²³⁻⁵⁵ tsɿ⁵²⁻⁰　① 几下,表示少数量的不定次数:稍微走～。
② 办法或本领:尔真有～

头日 dəɯ⁴³³⁻⁴³ nəʔ²³　① 第一天。② 前一天

老大 lɔ²²³⁻⁴³ do²³¹　① 同一时段出生中最先出生的人。② 一个群
体中的领导者或最出色者 ‖ 与"老大很大"[lɔ²²³⁻²³¹ do²³¹⁻⁰]有异

老二 lɔ²²³⁻⁴³ ȵi²³¹

老三 lɔ²²³⁻⁴³ sã³²⁴

老细 lɔ²²³⁻²² ɕia⁵²

整大个 tɕin⁴⁴⁵⁻⁴⁴ do²³¹⁻²² ka⁵²　完整的一大个

整大粒 tɕin⁴⁴⁵⁻⁴⁴ do²³¹⁻⁴³ ləʔ²³　完整的一大颗

整大掼⁼ tɕin⁴⁴⁵⁻⁴⁴ do²³¹⁻⁴³ guã²³¹　完整的一大串

整大蓬 tɕin⁴⁴⁵⁻⁴⁴ do²³¹⁻⁴³ bən²³¹　完整的一大丛

一点点 iəʔ⁵⁻⁴ tiəʔ⁵ tiəʔ⁵⁻⁰ /iəʔ⁵⁻⁴ ti⁵²⁻⁵⁵ ti⁵²⁻⁰ /iəʔ⁵⁻⁴ ȵi⁵²⁻⁵⁵ ȵi⁵²⁻⁰　‖ "点"
　　读音特殊

(二) 量词(记数词为"一"时量词的读音)

个 kəʔ⁵　① 个:一～人。② 头:一～猪。③ 只:一～苍蝇

匹 pʰiəʔ⁵　一～马

头 dəɯ⁴³³⁻²³¹　一～牛

只 tsaʔ⁵　一～猪、狗、鸡

根 kə³²⁴⁻⁵²　条:一～鱼、蛇、绳、路、大溪、头发、筋

䅆⁼ kuaʔ⁵　用于直长条的东西:一～箸

瓜 ko³²⁴⁻⁵²　用于小块儿、小条的东西:一～橘

张 tiã³²⁴⁻⁵²　① 张:一～纸、嘴。② 座:一～桥。③ 辆:一～车。

④ 架：一～飞机

支 tsɿ$^{324-52}$ ① 张：一～桌、凳。② 用于杆状的东西：一～笔

支光 tsɿ$^{324-44}$ kɔ̃^{324} 瓦,灯光的计量单位。一支光相当于一支蜡烛的光亮：一百～

把 pu$^{445-52}$ 一～刀、枪、交椅

块 kʰuei^{52} ① 块,用于块状的东西：一～石头、香皂、肉、砖头。② 元,用于钞票：一～钞票

床 ʑiɔ̃$^{433-231}$ 一～被

领 lin$^{223-231}$ 一～草席

件 dʑiɛ$^{223-231}$ 一～衣裳

通 tʰən$^{324-52}$ 套：一～衣裳

双 ɕiɔ̃$^{324-52}$ 一～鞋

管 kuã$^{445-52}$ 把：一～锁

副 fu^{52} 一～眼镜

面 miɛ^{231} 一～镜

部 b-pu$^{223-52}$ 辆：一～车

退 tʰei^{52} 座：一～屋

进 tɕin^{52} 旧式房院层次。平房一宅之内分前后几排,一排房子就叫一进：爱=退屋有三～

套 tʰɔ^{52} 一～商品房

层 ʑin$^{433-231}$ 一～皮、楼

托 tʰəʔ^{5} 层,级：一～蒸笼

间 kã$^{324-52}$ 一～店面

窠 kʰo$^{324-52}$ ① 孔：一～坟。② 窝：～细猪、鸟

墩 tən$^{324-52}$ 棵,株：一～树

蓬 bən$^{433-231}$ ① 棵,多用于根茎分蘖的植物：一～草、花。② 股：一～气色

彭 bɛ$^{433-231}$ 群：一～人

段 dən^{231} ① 条形物的一截：一～线、毛竹。② 时间的一节：一

～时间

棁 bu⁴³³⁻²³¹　朵：一～花

粒 ləʔ²³　颗：一～米、珍珠

串 tɕʰyən⁵²　一～葡萄、细响炮

掼⁼ guã²³¹　串，多用于穿在绳上的一组东西：一～钥匙

□ naʔ²³　一手抓起或握住的数量，相当于普通话"把""束"：一大～米｜一～草

丘 tɕʰiɯ³²⁴⁻⁵²　用于水田：一～田

畦 y⁴³³⁻²³¹　用于菜地的分区：种了一～白菜

瞵 lin²³¹

坡 bəʔ²³　用于成团的东西：一～烂糊泥、浼

坒 bi²³¹　层，用于重叠、积累的东西：一～砖‖坒，《广韵》至韵毗至切。《说文》："地相次坒也。"

厨 dʑy⁴³³⁻²³¹　顿：一～饭

餐 tsʰã³²⁴⁻⁵²　口：一～饭

帖 tʰiəʔ⁵　剂：一～中药

肚皮 du²²³⁻²³¹ bi⁴³³⁻⁰　肚子：一～气

包 pɔ³²⁴⁻⁵²　一～豆

刀 təɯ³²⁴⁻⁵²　一～肉

罐 kuã⁵²　一～猪脂

钵头 pəʔ⁵⁻⁴ dəɯ⁴³³　一～猪脂

□ kɛ⁴⁴⁵⁻⁵²　盒：一～洋火

本 p-bə⁴⁴⁵⁻²³¹　一～书

埭 da²³¹　① 行：一～字。② 排：一～桌。③ 趟：去了一～

横 uɛ⁴³³⁻²³¹　行：一～字

封 fən³²⁴⁻⁵²　一～信

轴 dʑyəʔ²³　一～图画

句 tɕy⁵²　一～话

随 zei⁴³³⁻²³¹　阵：一～雨

阵 dzən²³¹　① 阵：一～雨。② 伙：一～人

担 tã⁵²　一～水

壶 u⁴³³⁻²³¹　一～茶

爿 bã⁴³³⁻²³¹　一～肉

揪 tɕiɯ³²⁴⁻⁵²　用于小束状物：一～头发

绺 liɯ²²³⁻²³¹　条,用于布条以及条状图案、痕迹、伤痕：一～布

股 ku⁴⁴⁵⁻⁵²　① 用于条状物：一～线。② 用于力气、念头、情绪等：一～劲、心事

股 ku⁴⁴⁵　股份的单位

场 dziɑ⁴³³　用于事情经过的次数：一～好事

朝 dziɑ⁴³³⁻²³¹　伙：一～人

班 pã³²⁴⁻⁵²

份 vən²³¹　① 户：一～人家。② 计算定量事物的单位：一～工作、资料

堂 dõ⁴³³⁻²³¹　① 场：一～佛事。② 用于成套的祭祀用品：一～利市香烛

样 iã²³¹　① 种：一～东西。② 件：一～事干

点 tiəʔ⁵/ti⁵²/n̩i⁵²　点儿：一～东西

勒= lə⁵²　些：一～东西 ‖ 本字不明,无同音字,"勒"是近音字

角 kəʔ⁵　毛：一～钞票

分 fən³²⁴⁻⁵²　① 货币单位,一分钱是 0.1 角：一～钞票。② 土地面积单位,一分地是 0.1 亩：一～田

厘 li⁴³³　货币单位

毫 ɔ⁴³³　货币单位

公里 kən³²⁴⁻⁴⁴li²²³　长度单位：一～路

里 li²²³⁻²³¹　长度单位：一～路

米 mi²²³　长度单位 一～线

丈 dziã²²³⁻²³¹　长度单位 一～布

尺 tɕʰiaʔ⁵　长度单位 一～布

寸 tsʰə⁵² 长度单位 一～布

亩 məɯ²²³⁻²³¹ 土地面积单位：一～田

石 tɑ̃⁵² 中国市制容量单位，一百二十市斤为一石

升 ɕin³²⁴ 容量单位

吨 tən⁵² 重量单位：一～货

公斤 kən³²⁴⁻⁴⁴ tɕin³²⁴ 重量单位：一～米

斤 tɕin³²⁴⁻⁵² 重量单位：一～米

两 liã²²³⁻²³¹ 重量单位：一～米

钿 diɛ⁴³³⁻²³¹ 钱，重量单位

肖 ɕiɔ⁵² 年龄相差十二岁为一肖：比我大一～

叉 tsʰo³²⁴⁻⁵² 张开大拇指和食指两端的距离

岁 ɕy⁵² 比我大一～

记 tsʅ⁵² ① 下：打一～。② 会儿：坐了一～

操 tsʰɔ³²⁴⁻⁵² 顿，用于斥责、劝说、打骂等行为的次数：打一～

愫 sɔ⁵² 阵子，一段时间：等了一～

直 dziəʔ²³ 趟：上海去过一～

遍 piɛ⁵² ① 遍：书望了一～过。② 次，回：渠帮我做过一～

垡 vaʔ²³ ① 茬，用于在同一块田地上种植庄稼的次数：种了两～。② 次，回，一段时间：归去一～｜头～我没望着尔

熟 ʑyəʔ²³ 季，指一年内在同一块地里种庄稼的遍数：种一～

二十六、方位、趋向

(一) 方位

朝向 dziã⁴³³⁻⁴³ ɕiã⁵² 房屋、建筑物或门窗坐落的方向：爱⁼退屋～好

齐向 zʅ⁴³³⁻²² ɕiã⁵²

方向 fɔ³²⁴⁻³² ɕiã⁵²

上头 dziã²³¹⁻²² dəɯ⁴³³⁻²²³ 上面：从～滚落来

下头 ia²²³⁻²² dəɯ⁴³³⁻²²³ 下面：从～爬上去

上磡 dʑiã²³¹⁻²² kʰə⁵²　　上边坡

下磡 ia²²³⁻²² kʰə⁵²　　下边坡

□手面 tɕya⁻⁴⁴ ɕiɯ⁴⁴⁵⁻⁴⁴ miɛ²³¹　　左边

顺手面 ʐyən²³¹⁻²² ɕiɯ⁴⁴⁵⁻⁴⁴ miɛ²³¹　　右边

中央 tən³²⁴⁻⁴⁴ iã³²⁴　　中间：排队排～

中央心 tən³²⁴⁻⁴⁴ iã³²⁴⁻⁴⁴ sən³²⁴　　中心

前头 ʑiɛ⁴³³⁻⁴³ dəɯ⁴³³⁻²³¹/ʑiɛ⁴³³⁻⁴³ d-təɯ⁴³³⁻³²⁴　　排队排～

　　前面 ʑiɛ⁴³³⁻⁴³ miɛ²³¹

后头 əɯ²²³⁻⁴³ dəɯ⁴³³⁻²³¹/əɯ²²³⁻⁴³ d-təɯ⁴³³⁻³²⁴　　排队排～

　　后面 əɯ²²³⁻⁴³ miɛ²³¹

老末塌 lɔ²²³⁻²² məʔ²³⁻² tʰɑʔ⁵　　末尾：排队排～

对面 tei³²⁴⁻⁴⁴ miɛ²³¹

两对面 lɛ²²³⁻²² tei³²⁴⁻⁴⁴ miɛ²³¹

门头前 mən⁴³³⁻²² dəɯ⁴³³⁻²² ʑiɛ⁴³³　　面前

　　门前 mən⁴³³⁻²² ʑiɛ⁴³³

当面 tɔ̃³²⁴⁻³² miɛ²³¹

背脊后 piəʔ⁵⁻⁴ tɕiəʔ⁵⁻⁴ əɯ²²³　　身后，背后

背后 pei⁵²⁻⁴⁴ əɯ²²³　　① 在…后面。② 私下

肚内 du²²³⁻⁴³ nei²³¹　　里面：匽～_{躲里面}

　　内头 nei²³¹⁻²² dəɯ⁴³³⁻²²³

外头 ua²³¹⁻²² dəɯ⁴³³⁻²²³　　外面：衣裳晒～

口头 kʰɯ⁴⁴⁵⁻⁴⁴ dəɯ⁴³³　　口子处

身边 sən³²⁴⁻⁴⁴ piɛ³²⁴　　① 身体的近旁。② 概数助词，相当于普通话"左右"：70 岁～

边沿 piɛ³²⁴⁻³² iɛ⁴³³⁻²³¹　　旁边

　　沿头 iɛ⁴³³⁻⁴³ dəɯ⁴³³⁻²³¹

邻近 lin⁴³³⁻⁴⁴ gə²²³　　附近

隔壁 kaʔ⁵⁻⁴ piəʔ⁵　　空间毗邻，仅一墙或一壁之隔：渠个屋便徛我～_{他的房子就在我隔壁}

角落头 kəʔ⁵⁻⁴ləʔ²³⁻²dɤɯ⁴³³　角落：坐～

　　角头角脑 kəʔ⁵⁻⁴dɤɯ⁴³³⁻²²kəʔ⁵⁻⁴nɔ²²³

上横头 dʑiã²³¹⁻²²uɛ⁴³³⁻²²dɤɯ⁴³³　座席或厅堂中面对门口的尊位，即

　　上座：舅舅坐～

边 piɛ³²⁴　边儿：桌～

唇 ʑyən⁴³³

碗唇 uã⁴⁴⁵⁻⁴⁴ʑyən⁴³³　碗的上端边缘

角 kəʔ⁵　角儿：桌～

…垯 tɑʔ⁵/dɑʔ²³　①…上：坐凳～。②…里：坐间～。③…这儿；…那儿；…家：我～｜哥哥～‖当前字读阴平、阳平时，"垯"读"dɑʔ²³"，其余情况一般读"tɑʔ⁵"。与人称代词"我""尔""渠"组合有特殊表现，当"垯"读"dɑʔ²³"时，表示"…家"；当"垯"读"tɑʔ⁵"时，表示"…这儿""…那儿"

…头 dɤɯ⁴³³　①…上：镬灶～。②…边：大桥～｜茅坑～

…头 dəɯ²²³/dəɯ²³¹　方位词后缀：上～｜下～｜前～｜后～｜内～

…下 ia²²³　桌～

…内 nei²³¹　板壁～

…外 ua²³¹　大门～

…边 mə⁵²　①方位，侧：东～｜西～。②部位，方面：两～｜我～我这边‖"边"读音特殊

天垯 tʰiɛ³²⁴⁻³²dɑʔ²³

　　天上 tʰiɛ³²⁴⁻³²dʑiã²³¹

地垯 di²³¹tɑʔ⁵　①地上：没凳坐，坐～。②田地里：种～

地下 di²³¹⁻²²ia²²³　①地上：没凳坐，坐～。②地底下：钻～去

山垯 sã³²⁴⁻³²dɑʔ²³　山上

山前 sã³²⁴⁻⁴⁴ziɛ⁴³³

山后 sã³²⁴⁻⁴⁴əɯ²²³

前山 ziɛ⁴³³⁻⁴³sã³²⁴

后山 əɯ²²³⁻⁴³ sã̃³²⁴

对面山 tei³²⁴⁻⁴⁴ miɛ²³¹⁻⁴³ sã³²⁴

水墦 ɕy⁴⁴⁵⁻⁴⁴ tɑʔ⁵　水里

水底 ɕy⁴⁴⁵⁻⁴⁴ ti⁴⁴⁵

路墦 lu²³¹ tɑʔ⁵　路上

路边 lu²³¹⁻⁴³ piɛ³²⁴

　　路沿 lu²³¹⁻⁴³ iɛ⁴³³⁻²³¹

路口头 lu²³¹⁻²² kʰɯ⁴⁴⁵⁻⁴⁴ dəɯ⁴³³　路口

路中央 lu²³¹⁻²² tən³²⁴⁻⁴⁴ iã³²⁴　路中间

转弯角 tɕyə⁴⁴⁵⁻⁴⁴ uã³²⁴⁻⁴⁴ kəʔ⁵　转角处

街路墦 ka³²⁴⁻³² lu²³¹ tɑʔ⁵　街上

人家头 nin⁴³³⁻⁴⁴ ko³²⁴⁻⁴⁴ dəɯ⁴³³　人家家里：从～买卵

屋前 əʔ⁵⁻⁴ ziɛ⁴³³

屋后 əʔ⁵⁻⁴ əɯ²²³

大间内壁 do²³¹⁻⁴³ kã³²⁴⁻³² nei²³¹⁻²² piəʔ⁵　中堂的里侧

大间外壁 do²³¹⁻⁴³ kã³²⁴⁻³² ua²³¹⁻²² piəʔ⁵　中堂的外侧

大间中央 do²³¹⁻⁴³ kã³²⁴⁻³² tən³²⁴⁻⁴⁴ iã³²⁴　中堂的中间

板壁沿 pã⁴⁴⁵⁻⁴⁴ piəʔ⁵⁻⁴ iɛ⁴³³　屋内木墙板的旁边

楼上 ləɯ⁴³³⁻⁴³ dʑiã²³¹

楼下 ləɯ⁴³³⁻⁴⁴ ia²²³

楼梯头 ləɯ⁴³³⁻⁴⁴ tʰei³²⁴⁻⁴⁴ dəɯ⁴³³　楼梯上端的顶部

门口头 mən⁴³³⁻⁴⁴ kʰɯ-kʰəʔ⁴⁴⁵⁻⁴ dəɯ⁴³³

　　门口 mən⁴³³⁻⁴⁴ kʰɯ⁴⁴⁵

门内 mən⁴³³⁻⁴³ nei²³¹

门外 mən⁴³³⁻⁴³ ua²³¹

门扇后 mən⁴³³⁻⁴⁴ ɕiɛ³²⁴⁻⁴⁴ əɯ²²³　门后

大门口 do²³¹⁻²² mən⁴³³⁻⁴⁴ kʰɯ⁴⁴⁵

大门外 do²³¹⁻²² mən⁴³³⁻⁴³ ua²³¹

窗门外 kʰã⁴⁴⁵⁻⁴⁴ mən⁴³³⁻⁴³ ua²³¹　窗外

床沿 kʰã⁴⁴⁵⁻⁴⁴ iɛ⁴³³　窗沿

墙内 ʑiã⁴³³⁻⁴³ nei²³¹

墙外 ʑiã⁴³³⁻⁴³ ua²³¹

墙脚沿 ʐ-ɕiã⁴³³⁻⁴⁴ tɕiəʔ⁵⁻⁴ iɛ⁴³³　墙脚边缘

床地下 ʐ-ɕiã⁴³³⁻⁴⁴ di²³¹⁻²² ia²²³　床底下

床横头 ʐ-ɕiã⁴³³⁻⁴⁴ uɛ⁴³³⁻²² dɯ⁴³³　床的两头

床内壁 ʐ-ɕiã⁴³³⁻⁴⁴ nei²³¹⁻²² piəʔ⁵　床的里侧

床外壁 ʐ-ɕiã⁴³³⁻⁴⁴ ua²³¹⁻²² piəʔ⁵　床的外侧

车墥 tɕʰia³²⁴⁻³² dɑʔ²³　车上：坐～

车内头 tɕʰia³²⁴⁻³² nei²³¹⁻²² dɯ⁴³³⁻²²³　车内

车外头 tɕʰia³²⁴⁻³² ua²³¹⁻²² dɯ⁴³³⁻²²³　车外

车前 tɕʰia³²⁴⁻⁴⁴ ʑiɛ⁴³³

　　车前头 tɕʰia³²⁴⁻⁴⁴ ʑiɛ⁴³³⁻⁴³ dɯ⁴³³⁻²³¹

车后 tɕʰia³²⁴⁻⁴⁴ əɯ²²³

　　车后头 tɕʰia³²⁴⁻⁴⁴ əɯ²²³⁻⁴³ dɯ⁴³³⁻²³¹

缸底 kɔ̃³²⁴⁻⁴⁴ ti⁴⁴⁵

镬底 əʔ²³⁻² ti⁴⁴⁵　锅底

碗底 uã⁴⁴⁵⁻⁴⁴ ti⁴⁴⁵

心墥 sən³²⁴⁻³² dɑʔ⁰　心里：记～

东 tən³²⁴

南 nə⁴³³

西 sɿ³²⁴

北 pəʔ⁵

东南 tən³²⁴⁻⁴⁴ nə⁴³³

西南 sɿ³²⁴⁻⁴⁴ nə⁴³³

东北 tən³²⁴⁻⁴⁴ pəʔ⁵

西北 sɿ³²⁴⁻⁴⁴ pəʔ⁵

四路八圈 sɿ⁵²⁻⁴⁴ lu²³¹⁻²² pɑʔ⁵⁻⁴ tɕʰy³²⁴　四面八方

打横 nɛ⁴⁴⁵⁻⁴⁴ uɛ⁴³³　横着：～困

顶吊头 tin$^{445\text{-}44}$ tiɔ$^{52\text{-}44}$ dəɯ^{433}　上下颠倒：～挂树埣

顶反覆 tin$^{445\text{-}44}$ pã$^{445\text{-}44}$ pʰəʔ^{5}　① 180°翻转、翻身。② 里外颠倒：衣裳～着起

(二) 趋向动词

来 lei^{433}

去 kʰɯ-xə$^{52\text{-}0}$

上 dʑiã^{231}

落 ləʔ^{23}

上来 dʑiã^{231} lei$^{433\text{-}0}$

上去 dʑiã^{231} kʰɯ-xə$^{52\text{-}0}$

落来 ləʔ^{23} lei$^{433\text{-}0}$　下来

落去 ləʔ^{23} kʰɯ-xə$^{52\text{-}0}$　下去

归来 kuei$^{324\text{-}32}$ lei$^{433\text{-}0}$　回来，进来

转来 tyə$^{445\text{-}44}$ lei$^{433\text{-}0}$　回来

归去 kuei$^{324\text{-}32}$ kʰɯ-xə$^{52\text{-}0}$　回去，进去

转去 tyə$^{445\text{-}44}$ kʰɯ-xə$^{52\text{-}0}$　回去

出来 tɕʰyəʔ^{5} lei$^{433\text{-}0}$

出去 tɕʰyəʔ^{5} kʰɯ-xə$^{52\text{-}0}$

过来 ko$^{52\text{-}55}$ lei$^{433\text{-}0}$

过去 ko$^{52\text{-}55}$ kʰɯ-xə$^{52\text{-}0}$

开 kʰei^{324}

起 tɕʰiəʔ^{0}　趋向动词，起来：倚～‖ "起" 韵母特殊，促化

二十七、代词

(一) 人称代词

我 o^{223}　～姓王

尔 n̩^{223}　你：～也姓王

渠 gɯ^{223}　他：～姓张

我两个 o$^{223\text{-}22}$ lɛ$^{223\text{-}55}$ ka$^{52\text{-}0}$　我们

我拉⁼ o²²³⁻²² la⁻⁵⁵　‖"拉⁼"是"两个"的合音。也有发音人认为仅是"上角腔"的说法，但据我们调查，目前已是城里人较普遍的说法，故列入词表。下同

我勒⁼人 o²²³⁻²² lə⁵²⁻⁵⁵ nin⁴³³⁻⁰　‖"勒"是近音字

化⁼人 xo⁻⁵⁵ nin⁴³³⁻⁰　咱们 ‖ "化⁼"本字调不明

　化⁼拉⁼ xo⁻⁵⁵ la⁻⁵⁵

　化⁼两个 xo⁻⁵⁵ lɛ²²³⁻⁵⁵ ka⁵²⁻⁰

　化⁼勒⁼人 xo⁻⁵⁵ lə⁵²⁻⁵⁵ nin⁴³³⁻⁰

尔两个 n̩²²³⁻²² lɛ²²³⁻⁵⁵ ka⁵²⁻⁰　你们

　尔拉 n̩²²³⁻²² la⁻⁵⁵

　尔勒⁼人 n̩²²³⁻²² lə⁵²⁻⁵⁵ nin⁴³³⁻⁰

渠两个 gɯ²²³⁻²² lɛ²²³⁻⁵⁵ ka⁵²⁻⁰　他们

　渠拉⁼ gɯ²²³⁻²² la⁻⁵⁵

　渠勒⁼人 gɯ²²³⁻²² lə⁵²⁻⁵⁵ nin⁴³³⁻⁰

大齐 da²³¹⁻²² zɿ⁴³³　大家

　大齐人 da²³¹⁻²² zɿ⁴³³⁻⁴³ nin⁴³³⁻⁵²

自 zɿ²³¹　自己

我自 o²²³⁻⁴³ zɿ²³¹　我自己

尔自 n̩²²³⁻⁴³ zɿ²³¹　你自己

渠自 gɯ²²³⁻⁴³ zɿ²³¹　他自己

自两个 zɿ²³¹ lɛ²²³⁻⁴³ ka⁵²　① 咱自己。② 自己几个人：渠～

自勒⁼人 zɿ²³¹ lə⁵²⁻⁵⁵ nin⁴³³⁻⁰　自己人

个人 ka⁵²⁻⁴⁴ nin⁴³³⁻²²³　独自：我自～去

别人 biəʔ²³⁻² nin⁴³³

　别个 biəʔ²³⁻² ka⁵²

我个爹 o²²³⁻²² kə⁰ tia³²⁴　我爸

　我埧爹 o²²³⁻⁴³ dɑʔ²³ tia³²⁴

尔个爹 n̩²²³⁻²² kə⁰ tia³²⁴　你爸

　尔埧爹 n̩²²³⁻⁴³ dɑʔ²³ tia³²⁴

渠个爹 gɯ$^{223-22}$ kə^0 tia^{324}　他爸

渠垯爹 gɯ$^{223-43}$ dɑʔ^{23} tia^{324}

我垯 o$^{223-43}$ dɑʔ^{23}　① 我家：～没车。② 我家的。常用在自己家中成员或拥有物之前：～哥哥没车｜～车没法开了

尔垯 n̩$^{223-43}$ dɑʔ^{23}　① 你家：～没车。② 你家的。常用在家中成员或拥有物之前：～哥哥没车｜～车没法开了

渠垯 gɯ$^{223-43}$ dɑʔ^{23}　① 他家：～没车。② 他家的：～哥哥没车

我垯 o$^{223-22}$ tɑʔ^5　我这儿

尔垯 n̩$^{223-22}$ tɑʔ^5　你这儿

渠垯 gɯ$^{223-22}$ tɑʔ^5　他这儿

化$^=$人垯 xo^{-55} nin$^{433-55}$ tɑʔ^5　咱们这儿

自垯 zl̩^{231} tɑʔ^5　自己家

我自垯 o$^{223-43}$ zl̩^{231} tɑʔ^5　我自己家

尔自垯 n̩$^{223-43}$ zl̩^{231} tɑʔ^5　你自己家

渠自垯 gɯ$^{223-43}$ zl̩^{231} tɑʔ^5　他自己家

别人垯 biəʔ$^{23-2}$ nin$^{433-43}$ dɑʔ^{23}　别人家

别个垯 biəʔ$^{23-2}$ ka$^{52-55}$ tɑʔ^5

(二) 指示代词

爱$^=$个 ei^{-55} ka$^{52-0}$　这个‖"爱$^=$"本字调不明。"爱$^=$"[ei^{-55}]与"阿$^=$"[aʔ^5]是又读,因本字不明,故分别写两个代音字

阿$^=$个 aʔ$^{5-4}$ ka^{52}

夺$^=$个 dəʔ$^{23-2}$ ka^{52}　那个‖"夺$^=$"[dəʔ^{23}]与"特$^=$"[diəʔ^{23}]是又读,因本字不明,故分别写两个代音字

特$^=$个 diəʔ$^{23-2}$ ka^{52}

爱$^=$勒$^=$ ei^{-55} lə$^{52-0}$　这些

阿$^=$勒$^=$ aʔ$^{5-4}$ lə^{52}

夺$^=$勒$^=$ dəʔ$^{23-2}$ lə^{52}　那些

特$^=$勒$^=$ diəʔ$^{23-2}$ lə^{52}

垯 tɑʔ^5　这里：坐～望｜～没人

爱⁼埃 ei⁻⁵⁵ tɑʔ⁵⁻⁰

　阿⁼埃 aʔ⁵⁻⁴ tɑʔ⁵

夺⁼埃 dəʔ²³⁻² tɑʔ⁵　那里

　特⁼埃 diəʔ²³⁻² tɑʔ⁵

爱⁼边 ei⁻⁵⁵ mə⁵²⁻⁰　这边

　阿⁼边 aʔ⁵⁻⁴ mə⁵²

夺⁼边 dəʔ²³⁻² mə⁵²　那边

　特⁼边 diəʔ²³⁻² mə⁵²

爱⁼记 ei⁻⁵⁵ tsʅ⁵²⁻⁰　这时

　阿⁼记 aʔ⁵⁻⁴ tsʅ⁵²

夺⁼记 dəʔ²³⁻² tsʅ⁵²　那时

　特⁼记 diəʔ²³⁻² tsʅ⁵²

爱⁼杂⁼ ei⁻⁴⁴ zə²²³　① 这样：～做。② 这么：～贵噶

　阿⁼杂⁼ aʔ⁵⁻⁴ zə²²³

夺⁼杂⁼ dəʔ²³⁻² zə²²³　那样

　特⁼杂⁼ diəʔ²³⁻² zə²²³

爱⁼杂⁼样子 ei⁻⁴⁴ zə²²³⁻²² iã-ã²³¹⁻⁵⁵ tsʅ⁴⁴⁵⁻⁰　这样：～做‖"样"介音脱落

　阿⁼杂⁼样子 aʔ⁵⁻⁴ zə²²³⁻²² iã-ã²³¹⁻⁵⁵ tsʅ⁴⁴⁵⁻⁰

夺⁼杂⁼样子 dəʔ²³⁻² zə²²³⁻²² iã-ã²³¹⁻⁵⁵ tsʅ⁴⁴⁵⁻⁰　那样

　特⁼杂⁼样子 diəʔ²³⁻² zə²²³⁻²² iã-ã²³¹⁻⁵⁵ tsʅ⁴⁴⁵⁻⁰

杂⁼样子 zə²²³⁻²² iã-ã²³¹⁻⁵⁵ tsʅ⁴⁴⁵⁻⁰　① 这样。② 那样

杂⁼ zə²²³　① 这样,那样：～做。② 这么,那么：走得～慢噶

其他 dzʅ⁴³³⁻⁴³ tʰa³²⁴

（三）疑问代词

直⁼人 dʑiəʔ²³ nin⁴³³⁻⁵²　谁

直⁼个 dʑiəʔ²³ ka⁵²　哪个

直⁼勒⁼人 dʑiəʔ²³ lə⁵²⁻⁵⁵ nin⁴³³⁻⁰　哪些人

直⁼两个 dʑiəʔ²³ lɛ²²³⁻⁵⁵ ka⁵²⁻⁰　哪几个

直⁼埃 dʑiəʔ²³ tɑʔ⁵　哪里

直⁼个堘地 dzɿəʔ²³ kə⁰ dɑʔ²³⁻² di²³¹⁻²²³　什么地方

直⁼个地方 dzɿəʔ²³ kə⁰ di²³¹⁻⁴³ fɔ̃³²⁴

直⁼时节 dzɿəʔ²³ z-sɿ⁴³³⁻⁵⁵ tɕiəʔ⁵⁻⁰　什么时候,多指哪个时间点、哪个时间段：尔~去？五更还是午晡？

　　直⁼时节儿 dzɿəʔ²³ z-sɿ⁴³³⁻⁵⁵ tɕiã⁻⁰

　　直⁼时候 dzɿəʔ²³ zɿ⁴³³⁻⁴³ əɯ²³¹

几时 kei⁴⁴⁵⁻⁴⁴ zɿ⁴³³　何时,多指哪天、哪月、哪年：尔~去？明日还是后日？

哪杂⁼ nə²²³⁻²² zə²²³ /ȵiɛ²²³⁻²² zə²²³　① 怎样：尔个鞋是~个？② 怎么：爱⁼个字~写？‖ "哪"读音特殊,[ə]是受后一韵母影响的读音,[iɛ]是[ə]腭化后的读音

　　哪杂⁼样子 nə²²³⁻²² zə²²³⁻²² iã-ã²³¹⁻⁵⁵ tsɿ⁴⁴⁵⁻⁰ /ȵiɛ²²³⁻²² zə²²³⁻²² iã-ã²³¹⁻⁵⁵ tsɿ⁴⁴⁵⁻⁰

直⁼勒⁼ dzɿəʔ²³⁻² lə⁵²　① 哪些：~人会来？② 什么：爱⁼个是~字？

　　直⁼垃⁼ dzɿəʔ²³⁻² lɑʔ⁵　‖ 仅限于作定语

直⁼式 dzɿəʔ²³⁻² ɕiəʔ⁵　什么：尔寻~？

争⁼意 tsɛ³²⁴⁻³² i⁵²　为什么：尔~弗去？

　　做争⁼意 tso⁵²⁻⁴⁴ tsɛ³²⁴⁻³² i⁵²　干什么

　　做直⁼式 tso⁵²⁻⁴⁴ dzɿəʔ²³⁻² ɕiəʔ⁵　干什么：尔~？

几许 kei⁴⁴⁵⁻⁴⁴ xə⁵²　① 多少,问数量：养了~鸡？② 多少,问程度：有~重？‖ "许"读音特殊。后接名词、形容词

几 kei⁴⁴⁵　① 多少,问数量：鸡有~只？② 表示不定的数量,用于陈述句：有~个弗肯去。‖ 后接量词

几两 kei⁴⁴⁵⁻⁴⁴ lɛ²²³⁻³⁵　① 多少,问大概的数量：鸡有~只？② 表示不定的数量：有~个弗肯去。‖ "两"声调特殊。后接量词

二十八、副词

(一) 时间

快 kʰua⁵²　就要,快要：天~亮了

便乐 bəʔ²³ ŋə²²³ ‖"便"韵母促化

便 bəʔ²³　① 就：我饭吃了～去。② 就要，快要：天～亮了

还寻= uɑʔ²³⁻² zən⁴³³　① 刚：我～到,尔再讲遍添。② 才：九点了,～来上班！

将将 tɕiã³²⁴⁻⁴⁴ tɕiã³²⁴　刚刚：我～讲过

老老 lɔ²²³⁻⁴⁴ lɔ²²³⁻³²⁴　经常：我～去

　　经常性 tɕin³²⁴⁻⁴⁴ ziã⁴³³⁻⁴³ ɕin⁵²

一贯 iə⁵⁻⁴ kuã⁵²

　　一直 iə⁵⁻⁴ dziəʔ²³

从来 ziɔ̃²²³⁻²² lei⁴³³

本身 pə⁴⁴⁵⁻⁴⁴ sən³²⁴

　　本来 pə⁴⁴⁵⁻⁴⁴ lei⁴³³⁻²²³

从细 ziɔ̃²²³⁻²² ɕia⁵²　从小：渠～便会吃苦猛

临时 lin⁴³³⁻²² zl̩⁴³³

　　临急临时 lin⁴³³⁻²² tɕiəʔ⁵⁻⁴ lin⁴³³⁻²² zl̩⁴³³

　　临急卯时 lin⁴³³⁻²² tɕiəʔ⁵⁻⁴ mɔ²²³⁻²² zl̩⁴³³

马上 ma²²³⁻⁴³ ziã²³¹

早慢 tsɔ⁴⁴⁵⁻⁴⁴ mã²³¹　早晚

已经 i²²³⁻⁴³ tɕin³²⁴

亦 iəʔ²³　又：渠～来了

还 uɑʔ²³　① 仍然：渠～没归。② 更加：我比渠～大两岁。

　　③ 尚,勉强过得去：我身体～好

先 ɕiɛ³²⁴

再 tsei⁵²

徛墡 gei²²³⁻²² tɑʔ⁵　正在：尔打我电话个时候,我～开车

连去 liɛ⁴³³⁻⁴³ kʰɯ-xə⁵²⁻⁰　接连,持续：～做一个月

(二) 程度

真 tsən³²⁴　今日～热

好点 xəu⁴⁴⁵⁻⁵⁵ tiəʔ⁵⁻⁰　挺：今日～热

死人 sๅ⁴⁴⁵⁻⁴⁴ nin⁴³³　很,非常：做得～快｜～甜｜～紧张

十分 zəʔ²³⁻⁴³ fən³²⁴

特别 diəʔ²³⁻⁴³ biəʔ²³　今日～热

没救个 mei⁵²⁻⁵⁵ tɕiɯ⁵²⁻⁵⁵ kə⁰　不得了：今日～热

大 do²³¹　表程度深：～热｜～睏｜～吃｜～癫

更 kɛ⁵²　今日比昨暝～热

越 yəʔ²³　越发：讲讲渠,渠还～弗听话

忒 tʰiəʔ⁵　太：～贵,买弗起

顶 tin⁴⁴⁵　最：哥弟三个渠～高

　甚 zən²²³

稍微 sɔ³²⁴⁻³² uei²³¹　‖"微"声调特殊

有点 iɯ²²³⁻²² tiəʔ⁵　有点儿：～难过

有点点 iɯ²²³⁻²² tiəʔ⁵ tiəʔ⁵⁻⁰　有一丁点儿：～难过

没几许 mei⁵²⁻⁵⁵ kei⁴⁴⁵⁻⁴⁴ xə⁵²　没多少,不怎么：今日～热险

弗大 fəʔ⁵ da²³¹⁻⁰　不怎么：～热｜～痛｜～吃｜～睏

比较 pi⁴⁴⁵⁻⁴⁴ kɔ⁴⁴⁵　表示具有一定程度：今日～热

将好 tɕiã³²⁴⁻³² xɯ⁴⁴⁵　恰好,正好：弗大弗细,分我～着穿

　将将好 tɕiã³²⁴⁻⁴⁴ tɕiã³²⁴⁻³² xɯ⁴⁴⁵

(三) 范围

都 to³²⁴

共总 gən²³¹ tsən⁴⁴⁵⁻⁰　一共

统统 tʰən⁴⁴⁵⁻⁴⁴ tʰən⁴⁴⁵　全部,完全

一律 iəʔ⁵⁻⁴ liəʔ²³

做一记 tso⁵²⁻⁴⁴ iəʔ⁵⁻⁴ tsๅ⁵²　一起：我和尔～去

　做记 tso⁵²⁻⁴⁴ tsๅ⁵²

　做堆 tso⁵²⁻⁴⁴ tei³²⁴

全个 ʑyə⁴³³⁻⁴³ ka⁵²　① 整个。② 全然：～弗听｜～做弗来

断点 də²²³⁻²² tiəʔ⁵　全然：～弗听｜～弗会做

　完全 uə⁴³³⁻²² ʑyə⁴³³

断别= də²²³⁻⁴³ biəʔ²³　① 全然：～弗听｜～弗会做。② 完全不会：渠是全个～个

差点 tsʰa³²⁴⁻³² tiəʔ⁵　差点儿：～跌去

　　差了 tsʰa³²⁴⁻⁴⁴ liɔ²²³

另外 lin²³¹⁻⁴³ ua²³¹

便 bəʔ²³　只：我～去过一埭

　　总 tsən⁴⁴⁵

也 ia²²³

没埚 mei⁵²⁻⁵⁵ dɑʔ²³⁻⁰　无处：～寻

(四) 肯定、否定

肯定 kʰən⁴⁴⁵⁻⁴⁴ din²³¹

　　笃定 təʔ⁵ din²³¹⁻⁰

没 mei⁵²　没有：昨暝我～去

弗 fəʔ⁵　不：明日我～去

嫑 fa⁵²　① 别：尔～去。② 不用，不必：尔～客气

没必要 mei⁵²⁻⁵⁵ piəʔ⁵ iɔ⁵²⁻⁰

(五) 情状、语气

尽量 zən²²³⁻⁴³ liã²³¹　～帮尔做好

情愿 zin⁴³³⁻⁴³ ȵyə²³¹　宁可：～买贵个

作特 tsəʔ⁵⁻⁴ diəʔ²³　① 故意：～敲破个。② 特意：我是～来望尔个

　　作特意 tsəʔ⁵⁻⁴ diəʔ²³⁻² i⁵²

特意 diəʔ²³⁻² i⁵²

凑 tsʰəu⁵²　任凭，随便：～去弗去

凑自 tsʰəu⁵²⁻⁴⁴ zɿ²³¹　随自己：～包，包几许红包

随便 zy⁴³³⁻⁴³ biɛ²³¹

带便 ta⁵²⁻⁴⁴ biɛ²³¹　顺便：我去接细人，～买点菜归来

单单 tã³²⁴⁻⁴⁴ tã³²⁴　偏偏：～轮着我值班

还好 uɑʔ²³⁻² xəu⁴⁴⁵　幸好：～尔来帮我

横直 ue⁴³³⁻⁴³ dziəʔ²³

  反正 fã⁴⁴⁵⁻⁴⁴ tɕin⁵²

没数 mei⁵²⁻⁵⁵ su⁵²⁻⁰　也许：我～弗去

可能 kʰo⁴⁴⁵⁻⁴⁴ nin⁴³³

大概 da²³¹⁻²² kʰei⁵²

绝对 zyəʔ²³⁻² tei⁵²

确实 kʰəʔ⁵⁻⁴ zəʔ²³

实在 zəʔ²³⁻² zei²²³

总归 tsən⁴⁴⁵⁻⁴⁴ kuei³²⁴　　终究：爱＝点钞票渠～会还转尔个_{这点钱他终究会还给你的}

  总是 tsən⁴⁴⁵⁻⁴⁴ dzʅ²²³

快手 kʰua⁵²⁻⁴⁴ ɕiɯ⁴⁴⁵　　赶紧，赶快

  讴＝悛 ɔ³²⁴⁻³² sɔ⁵²　　‖悛，《集韵》号韵先到切："快也"

白 baʔ²³　　徒然，白白：～做了一日，没用

尚好白地 ziɑ̃²³¹⁻²² xɯ⁴⁴⁵⁻⁴⁴ baʔ²³⁻² di²³¹　　平白无故

胡乱 u⁴³³⁻⁴³ lɔ²³¹　　任意，随便：～讲｜我～做做，都比尔做得更好

箸＝命 dzʅ²³¹⁻⁴³ min²³¹　　拼命，使劲：～做

宽慢劲＝ kʰuã³²⁴⁻⁴⁴ mã²³¹⁻²² dzin²²³　　慢慢来：～做，嫑慌｜～啊，再来啊

  宽慢 kʰuã³²⁴⁻³² mã²³¹

好好暖＝ xɯ⁴⁴⁵⁻⁴⁴ xɯ⁴⁴⁵⁻⁴⁴ nə²²³　　好好儿，恭谨：对渠～讲

大排场 do²³¹⁻²² ba⁴³³⁻²² dziɑ̃⁴³³　　大肆，肆意：渠～癫罢｜渠～动手做罢

二十九、介词、连词

乞 kʰəʔ⁵　　被：我～街狗啮去了

  分 fən³²⁴

照 tɕiɔ⁵²　　按：～渠个要求做

替 tʰiəʔ⁵　　① 介词，帮，为：～我开记门｜～渠做了三日。② 介

词，把：～碗敲了‖也有少数人读音是[tɕʰiəʔ⁵]

帮 pɔ̃³²⁴

用 iɔ̃²³¹　凭，拿：～铅笔写

和 xo⁻⁴⁴　①介词，和：明日，我再～渠讲记。②连词，和：我～他都姓王‖"和"只有连读调

对 tei⁵²　渠～我好险

望 mɔ̃²³¹　往：～东走

朝 dziɑ⁴³³　～后头望望

从 ziɔ̃²²³　～今日起

趁 tɕʰyən⁵²　沿：～溪沿走

到 təɯ⁵²　～杭州去

徛 gei²²³　在：～杭州工作

勾 tɕiɯ³²⁴

比 pi⁴⁴⁵　我～尔多

问 mən²³¹　向：～渠借书

向 ɕiɑ̃⁵²　～尔学习

为了 uei²³¹ lɑʔ⁰

傍 bɔ̃²³¹　趁：～热吃

傍早 bɔ̃²³¹⁻²² tsɔ⁴⁴⁵　趁早：～去

一面 iəʔ⁵⁻⁴ miɛ²³¹　一边：两个人～走，～讲

一边 iəʔ⁵⁻⁴ piɛ³²⁴

越 yəʔ²³　～走～快

若讲 zəʔ²³⁻² kɔ̃⁴⁴⁵　如果：～落雨，我便弗去

个话 kə⁰ o²³¹　的话：落雨～，我便弗去

弗管 fəʔ⁵⁻⁴ kuɑ̃⁴⁴⁵　不管：～落雨弗落雨，我都乐去

弗但 fəʔ⁵ dɑ̃²³¹　不仅：～我弗同意，渠两个都弗同意

弗然 fəʔ⁵ ɕiɛ³²⁴　不然：～没人去

弗然个话 fəʔ⁵ ɕiɛ³²⁴⁻³² kə⁰ o²³¹　不然的话：主要我乐上班，～我送尔去

既然 tsʅ⁵²⁻⁵⁵ʑiɛ⁴³³

乐呗 ŋɔ²³¹ pə⁰　要么，要不：～我去，～渠去，总归乐有人去

弗呗 fəʔ⁵ pə⁰

阿⁼呗 aʔ⁵⁻⁴ pə⁰　那么：～我去

再呗 tsei⁵²⁻⁵⁵ pə⁰　再则：～我也弗想去

三十、唯补词、助词等

猛 mɛ²²³　① 用在被修饰词语后，表示程度深，相当于普通话的"得很"：今日热～。② 用在被修饰词语后，表示完全可能，有能力：吃得落～｜睏得去～。③ 用在被修饰词语后，表示"早就该"：十二点了，好吃～了｜天都乌了，好去～了。④ 用在被修饰词语后，相当于普通话的"大致""基本"：差弗多～

险 ɕiɛ⁴⁴⁵

添 tʰiɛ³²⁴　① 用在谓词性词语后面，表示再度、追加，相当于把"再"后置于动词之后：吃碗～｜等记～。② 用在谓词性词语后面，表剩余：还有两日～。③ 用在有"还"修饰的谓词性词语后面，表示意料之外，相当于"却""甚至于"：渠还弗肯去～｜我还钞票贴渠～｜渠还没我快～

哆⁼ do²²³　① 用在谓词性词语后面，表示该动作、事件发生在前，或表示先完成这个动作、事件，以便为后续的动作、事件做准备以及继续后续的动作、事件：让我吃了～再做｜买来～｜开去～｜坐记～。② 用在时间词后面，表示暂以此作为动作或事件开始的时间：明日～

过 ko⁵²　① 用在谓词性词语后面，相当于"重新再……"，前面可同时用"再"：做个～｜再买个～。② 用在"得""弗"后，表示能否胜过、通过或适应：打得～｜路忒狭，车开弗～｜吃弗～

望 mɔ̃²³¹/mɔ̃²³¹⁻⁰　看，尝试体标记：尔听记～｜试试～

伥⁼ tɕʰiã⁻⁰　尝试体标记：尔听记～｜试试～

着 dziəʔ²³　用在动词后，表示达到目的或有了结果：寻～了

起 tɕʰiəʔ⁰　起来，表示动作正在进行或状态的持续：面红～讲｜门关～睏‖"起"韵母促化

得 tiəʔ⁵⁻⁰　用在动词性词语后面，表示可以，许可：吃～｜做～

落 ləʔ²³　用在"得""弗"后，表示能否容纳，能承受：坐得～｜睏弗～

去 kʰɯ⁵²　用在"得""弗"后，表示能否进行动作或进入状态：开得～｜睏弗～

牢 lɔ⁴³³　用在"得""弗"后，表示动作能否持续：听得～｜做弗～

倒 təɯ⁴⁴⁵　用在"得""弗"后，表示能否承担：吃得～｜买弗～

逮 dei²³¹　① 用在"得"后，表示来得及：开得～｜走得～。② 用在"弗"后，表示来不及或迫不及待采取行动：讲～｜走～

个 kə⁰　① 结构助词，的、地：我～车｜偷偷～望。② 语气助词，的：我会去～

了 lɑʔ⁰　① 在动词或形容词后，表示动作或变化已经完成：做～两日。② 在句子末尾或句中停顿的地方，表示变化，表示出现新的情况：去弗成～

哦 fɑʔ⁰　吗，"弗啊"的合音，用在句末，表示疑问或反诘的语气：尔去～？｜尔会吃～？

噶 ka⁰　语气词，"个啊"的合音，相当于普通话"的啊"：讲过了～

欸 ɛ⁰　语气词，相当于普通话"呀"：有点难～

嘞 lɛ⁰　语气词，相当于普通话"呢"：渠还没去～

哩呗 li⁰pə⁰　呢，用在句中表示强调停顿，引出话题：车～弗想开了罢｜我～好讲险

　　哩 li⁰

呗 pə⁰　呢，用在句中表示停顿：渠～想去，我～弗想去

罢 bɑʔ⁰　语气词，相当于普通话"了₂"：我吃歇了～

喂 uɛ⁰　语气词，表示对事实的确认或强调：我吃歇了～｜尔自两个人乐讲好～

讲 kɔ̃⁴⁴⁵⁻⁰　用在句末，表示对所听之事的转述、强调，相当于普通

话"说是""听说"：渠吃好了～｜今日乐落雨～

咾 lɔ⁰　附加语气词，是寻求回应的话语标记，相当于普通话"是吧""对吧"：渠弗想去，～｜尔吃过了，～‖"咾"的轻声调值低，相当于[223][22]

唠 lɔ⁰　用在陈述句末，表示对事实的确认或强调，常与"个_的"或"杂⁼_{这样}"组合：老大块个～_{很大块的呢}｜杂⁼～_{这样的呢}‖"唠"的轻声调值高，相当于[52][55]

嚷 nɑ̃²³¹　叹词，表提示：～，做好了

第六章
语法概况

本章讨论宣平话的语法。

为了行文方便,将例句中的常用字列举如下:尔_你,渠_他,爱=_这,阿=_这,夺=_那,特_那,勒=_些,堉_{表位置、处所},杂=_{这么},个_的,弗_不,乐_要,嫑_{不要},乞_{给、被}。

第一节 构 词 法

常见的构词手段有两种:复合和派生。派生构词的主要方式是:词缀和重叠。

一、复合构词

(一) 复合词的结构

复合构词是宣平话最主要的构词手段,主要有并列、偏正、动宾、动补、主谓等。例如:

(1) a. 并列:口嘴_{嘴巴},大细_{大小},长大_{高大},追逃_{追逐},强横_{蛮强专横}

b. 偏正:佛豆_{蚕豆},雄鸡_{公鸡},头髻_{发髻},嫩儿_{婴儿},天雷_{雷电}

c. 动宾:现窠_{腾起乌云},上云_{涌起乌云},寻事_{找茬儿},拉天_{吹牛},讲笑_{开玩笑}

d. 动补:生好_{好看},记着_{记得},冻去_{着凉},见去_{觉得},变死_{言行不合常理}

e. 主谓:痧闭_{中暑},枪毙,棒戳_{担挂},心火热_{忌妒}

(二) 特色复合词

宣平话有一些语序或词根有特色的复合词,列举如下:

(2) 逆序词：人客 客人，鞋拖 拖鞋

(3) 以"洋"为词根的名词，指称早年外国流入或现代机制的物品：洋车 缝纫机，洋灰 水泥，洋钉 机制铁钉，洋铁 镀锡铁皮或镀锌铁皮，洋锹 铁锹，洋剪 理发用的推子，洋皂 肥皂，洋油 煤油，洋火 火柴，洋烛 洋蜡烛，硬洋 银元，白洋 银元，洋布 机器织的平纹布，洋纱 机器纺的棉纱，洋线 缝纫机用的绕成圆柱形的棉线，洋红 一种用来点缀糕点或染鸡蛋的红色颜料，洋绿 一种用来点缀糕点的绿色颜料，洋奶 一种罐装的甜炼乳，洋面 机制面条，洋蜂 海外引进的蜂种

(4) 以"野"为词根的动词，指称随意胡乱的动作：野做，野讲，野念，野烧，野吃

(5) 以"空"为词根的动词，指称毫无意义的动作：空做，空讲，空念，空叫 瞎哭，空望 瞎看

(6) 以"大"为词根的形容词或动词，指程度义深、动作幅度大：大热 炎热，大痛 剧痛，大响 响亮，大睏 沉睡，大讲 敞开讲，大吃 敞开吃，大癫 狂癫

(7) "X＋人"式自感形容词，"X"为动词与形容词的兼类词。词例较少：烫人 烫，戳人 锋利扎人，耐人 指食品含油脂量过高或馓得发腻，使人吃不下

(8) 借喻构词：赖叫猫 爱哭的人（以猫喻人），哮千＝猫 哮喘的人（以猫喻人），三脚猫 技艺不精的人（以猫喻人），半羯鸡 非母语的话语说得不标准的人（以鸡喻人），告嘴胭 爱打小报告的人（以女阴喻人），接嘴胭 爱接嘴的人（以女阴喻人）

(9) 借代构词：嘉陵 摩托车（嘉陵集团生产的摩托车），民警蓝 藏蓝色（中国72式警服的颜色）

(10) 讳饰构词：表大 表姐，表大姊 表姐（因为"表姊""婊子"同音，都读［piɔ⁴⁴⁵⁻⁴⁴ tsɿ⁴⁴⁵］）

(11) 声调别义：

老大 排行第一的人［lɔ²²³⁻⁴³ do²³¹］｜老大 很大［lɔ²²³⁻²³¹ do²³¹⁻⁰］

爷爷 祖父［ia⁴³³⁻²² ia⁴³³⁻⁵²］｜爷爷 公公［ia⁴³³⁻⁴³ ia⁴³³⁻³²⁴］

娘娘 皇后［n̠iã⁴³³⁻²² n̠iã⁴³³］｜娘娘 伯母［n̠iã⁴³³⁻⁴⁴ n̠iã⁴³³⁻⁵²］

埫 这儿［tɑʔ⁵］：我埫 我这儿［o²²³⁻²² tɑʔ⁵］

尔埫 你这儿［n̠²²³⁻²² tɑʔ⁵］

渠埫 他这儿［ɡɯ²²³⁻²² tɑʔ⁵］

埭家里[dɑʔ²³]：我埭我家里[o²²³⁻⁴³ dɑʔ²³]

尔埭你家里[n̩²²³⁻⁴³ dɑʔ²³]

渠埭他家里[gɯ²²³⁻⁴³ dɑʔ²³]

二、加缀构词

宣平话的词缀不丰富，主要词缀有"老"[lo²²³]、"初"[tsʰu³²⁴]、"第"[di²²³]、"刷"[ɕyəʔ⁵]、"头"[dəɯ⁴³³]、"子"[tsɿ⁴⁴⁵]、"三=添="[sã³²⁴⁻⁴⁴ tʰiɛ³²⁴]。

（一）前缀"老、初、第"

宣平话前缀"老、初、第"与普通话基本一致。例如：

(12) a. 前缀"老"：老师，老鼠，老大，老三，老早

b. 前缀"初"：初一，初八

c. 前缀"第"：第一，第八

宣平话没有"阿"前缀，亲属称谓、人名的昵称一般采用重叠式。

（二）前缀"刷"

(13) "刷+形容词语素"构成状态形容词，"刷"是代音字：刷直笔直，刷尖很尖锐，刷正很正、毫无偏差，刷静寂静，刷清很清澈

（三）后缀"头"

后缀"头"语义宽泛，构词能力强。"头"有成词功能，除"砖头砖"等个别词之外，绝大部分词不能省略"头"。

(14) a. "名词性成分+头"表人或事物名称：砖头砖，镬灶头灶台，路头门路，龙头龙灯

b. "名词性成分+头"表处所，多指相关处所的"上""边"等区域：衫袖头袖口，大桥头大桥边，北门头北门那儿，大门头大门口、大门上，茅坑头厕所边、厕所上，水缸头水缸边、水缸上，人家头人家家里，口头口子处

c. "方位语素+头"表方位：前头，后头，上头，下头，外头，内头里面，沿头旁边

d. "数量词+头"表具有该数量的某一事物：一角头一角面额的钞票，十块头十元面额的钞票，半斤头半斤面额的粮票，一斤头一斤面额的粮

票，十斤头 +斤面额的粮票

e. "时间词＋头"表某个时间段或时间点：正月头 正月，时节头 节日，日午头 中午

f. 附在形容词、动词词根之后，构成名词。词例较少：苦头 苦难，赚头 利润，做头 做的价值

(四) 后缀"子"

宣平话的后缀"子"不具有能产性，"子"缀词例不多，且基本与普通话相同。例如：

(15) 包子，饺子，牌子，骰子，狮子，样子，面子

以上词例除了"饺子"，都不读轻声。

(五) 后缀"三═添═"[sã$^{324\text{-}44}$ tʰiɛ^{324}]

宣平话的"三═添═"[sã$^{324\text{-}44}$ tʰiɛ^{324}]不能独立使用，仅限于用在表任意乱来的动词性成分后，增强任意妄为义。例如：

(16) 乱念三═添═ 乱说，野做三═添═ 乱做，乱缠三═添═ 胡搅蛮缠，乱吃三═添═ 乱吃，乱踏三═添═ 乱踩，乱写三═添═ 乱写

(六) 后缀"相"[ɕiã^{52}]

宣平话的"相"后附形容词，增强形容词的程度义。例如：

(17) a. 渠一点都弗清楚相。（他一点都不没有自知之明。）

b. 真难望相！（真难看！）

c. 渠60岁了？真嫩相。（她60岁了？真年轻。）

d. 渠还寻═40岁，真老相。（她才40岁，真苍老。）

e. 真惊人相！（真吓人！）

三、重叠构词

重叠也是宣平话的一种构词手段，主要构成重叠式名词、重叠式形容词和重叠式副词。

(一) 重叠式名词

宣平话的重叠式名词主要集中在亲属称谓、人名的重叠式。因为没有"阿"前缀，亲属称谓、人名的重叠式则显得较为丰富。重叠式亲属称谓

可加排行,且不限于面称。为表示亲昵,一般是对人名的后字采用重叠式。另外有少数社会称谓词、动物名词以及儿童语也有重叠式名词。例如:

(18) a. 亲属称谓:爷爷 祖父[ia⁴³³⁻²² ia⁴³³⁻⁵²],爷爷 公公[ia⁴³³⁻⁴³ ia⁴³³⁻³²⁴],妈妈 奶奶,伯伯 爸爸(呼称),大伯伯 大伯父,细伯伯 小伯父,娘娘 伯母[ȵiã⁴³³⁻⁴⁴ ȵiã⁴³³⁻⁵²],叔叔,婶婶,舅舅,表舅舅 母亲的表兄弟,妗妗 舅妈,表妗妗 母亲表兄弟的妻子,哥哥,大哥哥,细哥哥 小哥哥,弟弟,妹妹

b. 人名:玲玲,莎莎,丽丽,东东,鑫鑫

c. 社会称谓:太太 有身份地位或养尊处优的女人,娘娘 皇后[ȵiã⁴³³⁻²² ȵiã⁴³³],头头 头儿

d. 动物:蛛蛛 蜘蛛,蛐蛐 蟋蟀

e. 儿童语:饭饭

(二) 重叠式形容词

宣平话的重叠式形容词有以下几类:AA、老 AA、ABB、AABB、BBA。各类重叠式的能产性不均衡,AA 重叠式词例多于老 AA、ABB、AABB 重叠式,BBA 重叠式词例极少。

1. AA

AA 式重叠在作谓语、定语、补语、状语时一般要带后附助词"个的""个地"。例如:

(19) a. 谓语:水**清清**个。(水清清的。)

b. 定语:一碗**满满**个饭。(一碗满满的饭。)

c. 补语:吃得**光光**个。(吃得光光的。)

d. 状语:**定定**个坐特⁼墶。(镇静地坐那儿。)

2. 老 AA

"老 AA"的程度义较"AA"式更强。构成"老 AA"式重叠的仅限于"多""粗""高""长""阔 宽""厚""壮 肥""重""远""早""响"等"表示分量足、程度高"的"强态性形容词"。相应的"少""细""矮""短""狭 窄""薄""瘦""轻""近""慢"等"表示分量小、程度低"的"弱态性形容词"无"老 AA"式。例如:

(20) 老阔阔_{很宽},*老狭狭_窄;老厚厚,*老薄薄;老远远,*老近近

并不是所有"表示分量足、程度高"的形容词都能构成"老AA"式,例如,"大"是典型的"强态性形容词",没有构成"老大大"的重叠式。

除"老早"之外,其余"老A"不成词。虽然构成老AA式的"A"有条件限制,但老AA式的使用率却比较高,而且有些单音节形容词只有老AA式却没有AA式。例如:

(21) 老多多_{很多},*多多;老长长_{很长},*长长;老重重_{很重},*重重;老响响_{很响},*响响

在实际语用中,当表达程度需要加深时,对"老AA"结构一般采用拖长发"老"字音的方式。

3. ABB、AABB

ABB式、AABB式的基式不同。ABB式由单音节形容词A加叠音后缀BB构成,AB一般不成词,大部分B的本字不明,采用同音字。AABB式是双音节形容词构成的重叠,AB成词。例如:

(22) 白脱脱_{洁白},*白脱;红刮刮_{鲜红},*红刮;耐吞吞_{慢悠悠},*耐吞;热蓬蓬_{闷热},*热蓬

(23) a. 做事干**定板**点。(做事情沉稳些。)

b. 渠做事干**定定板板**个。(他做事情很沉稳的。)

c. 渠还**清健**险。(他身体还很硬朗。)

d. 两个老人家都**清清健健**个。(两个老人的身体都很硬朗。)

4. BBA

BBA式有两类,一类A是形容词语素,一类A是动词性语素,加叠音前缀BB构成形容词,BA不成词。BBA式词例不丰富,就目前调查所得穷尽列举如下:

(24) a. 刷刷静_{寂静},水水红_{粉红},粉粉红_{粉红}

b. 嗲嗲渧_{湿淋淋},呱呱叫_{很好},点点落_{一无是处}

(三) 重叠式副词

宣平话重叠式副词的词例不多,不具有能产性。例如:

(25) 统统,偏偏,单单,将将_{刚刚}

第二节 人 称 代 词

一、三身代词

宣平话有一套完整的三身代词系统"我""尔你""渠他"以及相应的复数形式。一般是在单数形式上后加"两个"[lɛ²²³⁻⁵⁵ ka⁵²⁻⁰](不同于实数"两个"[lɛ²²³⁻²² ka⁵²])、"拉═"[la⁻⁵⁵]("两个"的合音)、"勒═人些人"[lə⁵²⁻⁵⁵ nin⁴³³⁻⁰]来表示复数形式"我们""你们""他们",包括式"咱们"的复数形式略有不同。具体见表 6-1。

表 6-1 宣平话人称代词

	单 数	复 数
第一人称	我 o²²³	我两个我们 o²²³⁻²² lɛ²²³⁻⁵⁵ ka⁵²⁻⁰ 我拉═我们 o²²³⁻²² la⁻⁵⁵ 我勒═人我们 o²²³⁻²² lə⁵²⁻⁵⁵ nin⁴³³⁻⁰ 化═人咱们 xo⁻⁵⁵ nin⁴³³⁻⁰ 化═两个咱们 xo⁻⁵⁵ lɛ²²³⁻⁵⁵ ka⁵²⁻⁰ 化═拉═咱们 xo⁻⁵⁵ la⁻⁵⁵ 化═勒═人咱们 xo⁻⁵⁵ lə⁵²⁻⁵⁵ nin⁴³³⁻⁰
第二人称	尔你 n̩²²³	尔两个你们 n̩²²³⁻²² lɛ²²³⁻⁵⁵ ka⁵²⁻⁰ 尔拉═你们 n̩²²³⁻²² la⁻⁵⁵ 尔勒═人你们 n̩²²³⁻²² lə⁵²⁻⁵⁵ nin⁴³³⁻⁰
第三人称	渠他 gɯ²²³	渠两个他们 gɯ²²³⁻²² lɛ²²³⁻⁵⁵ ka⁵²⁻⁰ 渠拉═他们 gɯ²²³⁻²² la⁻⁵⁵ 渠勒═人他们 gɯ²²³⁻²² lə⁵²⁻⁵⁵ nin⁴³³⁻⁰

下面对表 6-1 做三点说明。

1. 宣平话第一人称复数可以严格区分排除式和包括式,两者不会混淆。"我两个""我拉═""我勒═人"是"我们"意思,属于排除式。"化═人""化═两个""化═拉═""化═勒═人"是"咱们"意思,属于包括式。"化═"[xo⁻⁵⁵]本字不明,[55]是连读调,或许是"和尔和你"的合音,暂写

作"化⁼",记音[xo⁻⁵⁵]。例如:

(26) a. **我两个**还没动手吃,**尔两个**吃好了?(我们还没开始吃,你们吃好了?)

b. **化⁼人**嫑慌吃,等记**渠两个**。(咱们不要急着吃,等一下他们。)

2. 后加成分"两个""拉⁼""勒⁼人"的所指数量有异。"两个""拉⁼"所指数量少,但并非是确数,"我两个""我拉⁼""尔两个""尔拉⁼""渠两个""渠拉⁼"一般用于"少数人"的复数;"勒⁼人"所指数量多,"我勒⁼人""尔勒⁼人""渠勒⁼人"一般用于"一些人"的复数。

3. 宣平话的人称后加成分"两个""拉⁼""勒⁼人"并非一个成熟的复数词缀,与普通话复数词缀"们"有如下差异。

首先,构词能力有异。"两个""拉⁼""勒⁼人"虽既能用在代词之后,也能用在指人名词(包括称谓、姓名)的后面,但指人名词的附着范围不如普通话"们"强。例如,普通话能说"男人们""女人们""大人们""老人们",宣平话没有"短⁼子人勒⁼人""媛主家勒⁼人""大人勒⁼人""老人家勒⁼人"等说法。

其次,表义有异。宣平话"勒⁼人"用在指人名词(包括称谓、姓名)的后面,并不表示复数意义,只表示集体意义,相当于"XP那些人""XP等人""XP他们"。如例(27)"领导勒⁼人""书记勒⁼人""舅舅勒⁼人""张建伟勒⁼人"所指群体不一定是"很多领导""很多书记""很多舅舅""很多张建伟"的复数形式,更多的是指和"领导""书记""舅舅""张建伟"有关系一个群体。

(27) a. 领导**勒⁼人**还徛墥开会。(领导们还在开会。)

b. 书记**勒⁼人**来了没?(书记他们来了吗?)

c. 舅舅**勒⁼人**明日来。(舅舅他们明天来。)

d. 张建伟**勒⁼人**弗肯去。(张建伟那些人不肯去。)

二、反身代词、旁称代词和统称代词

(一)反身代词

宣平话一般用"自"[zɿ²³¹]表示自己,有以下特点。

1. 可以独用,但不常见。一般用于句首,或是习语中。例如:

(28) a. **自**没去过便嫑胡乱念。(自己没去过就不要瞎评议。)

b. **自**做过便晓得了。(自己做过就知道了。)

c. **自**做**自**吃,弗麻烦别人。(自食其力,不麻烦他人。)

d. **自**照**自**,嫑管别人。(按自己的方式行事,不要理睬他人。)

2. 多与代词连用,包括代词的复数形式,以"代词+自"的形式表示反身。例如:

(29) a. 我**自**去。(我自己去。)

b. 我两个**自**去。(我们自己去。)

c. 化=人**自**去。(咱们自己去。)

d. 尔两个**自**去。(你们自己去。)

e. 渠勒=人**自**去。(他们自己去。)

3. 与人称代词表复数的后加成分连用,以"自+两个""自+勒=人"的形式表示复数形式反身。例如:

(30) a. **自两个**开车先去,嫑等渠勒=人。(咱自己开车先去,不要等他们。)

b. 让渠**自两个**做。(按他们自己做。)

c. 尔**自勒=人**弗听。(你们自己不听。)

4. 与"埭"连用,表示"自己家"。例如:

(31) a. **自埭**个车更好开。(自家的车更好开。)

b. 尔**自埭**寻寻望。(你自己家找找看。)

c. 渠**自埭**有车。(他自己家有车。)

(二) 旁称代词

宣平话旁称代词有"别人""别个",其中"别人"比"别个"更常用。

1. "别人""别个"是"其他人"的意思,所指对象可以是单数,指别的某一个人,也可以是复数,指别的某些人。例如:

(32) a. 尔弗去,我便讴**别人**去。/尔弗去,我便讴**别个**去。(你不去,我就叫别人去。)

b. **别人**个话嫑听。/**别个**个话嫑听。(别人的话不要听。)

2. 在责备、埋怨听话者时,"别人""别个"所指的其他人包括说话者自己本人。例如:

(33) a. 便是尔个人忙,**别人**都空险!/便是尔个人忙,**别个**都空险!(就你一个人忙,其他人都很空闲!)

b. 相像**别人**都没去过样。/相像**别个**都没去过样。(好像其他人都没去过似的。)

3. "别人墭""别个墭"表示"别人家",既可作主语、宾语(多作介词的宾语),也可作领属结构的修饰语。例如:

(34) a. **别人墭**也弗一定有。/**别个墭**也弗一定有。(别人家也不一定有。)

b. 渠赖**别人墭**便弗肯归。/渠赖**别个墭**便弗肯归。(他赖在别人家不肯回去。)

c. **别人墭**个事干尔嬲管。/**别个墭**个事干尔嬲管。(别人家的事情你不要管。)

(三) 统称代词

宣平话统称代词是"大齐""大齐人",其中"大齐"比"大齐人"更常用。例如:

(35) a. 讴**大齐**都去。/讴**大齐人**都去。(叫大家都去。)

b. 爱=个菜**大齐**都没吃过。/爱=个菜**大齐人**都没吃过。(这道菜大家都没尝过。)

c. 今日**大齐**都忙猛。/今日**大齐人**都忙猛。(今天大家都很忙。)

第三节 指 示 词

宣平话的基本指示词包括近指和远指两套系统,其中"爱="[ei⁻⁵⁵]、"阿="[aʔ⁵]为近指,"夺="[dəʔ²³]、"特="[diəʔ²³]为远指。"爱="[ei⁻⁵⁵]、"阿="[aʔ⁵]是又读,因本字不明,故分别写两个代音字。"爱="[ei⁻⁵⁵]应是宣平城区老派的说法,"阿="[aʔ⁵]是"爱="[ei⁻⁵⁵]的变异。"夺⁼"[dəʔ²³]、"特⁼"[diəʔ²³]是又读,因本字不明,故分别写两个代音字。"夺⁼"[dəʔ²³]应是宣平城区老派的说法,"特⁼"[diəʔ²³]是"夺⁼"[dəʔ²³]的变异。与普通话的"这""那"不同,宣平话中的"爱⁼"[ei⁻⁵⁵]、"阿⁼"[aʔ⁵]与"夺⁼"[dəʔ²³]、"特⁼"[diəʔ²³]都是粘着语素,需后接量词、方位名词或时间名词等成分才能指代具体对象。

表 6-2 宣平话的指示系统

		近　　指	远　　指
方位指示		爱⁼墥这里 ei⁻⁵⁵ tɑʔ⁵⁻⁰ 阿⁼墥这里 aʔ⁵⁻⁴ tɑʔ⁵	夺⁼墥那里 dəʔ²³⁻² tɑʔ⁵ 特⁼墥那里 diəʔ²³⁻² tɑʔ⁵
		爱⁼边这边 ei⁻⁵⁵ mə⁵²⁻⁰ 阿⁼边这边 aʔ⁵⁻⁴ mə⁵²	夺⁼边那边 dəʔ²³⁻² mə⁵² 特⁼边那边 diəʔ²³⁻² mə⁵²
		墥这儿;那儿 tɑʔ⁵	
人或物指示	个体	爱⁼个这个 ei⁻⁵⁵ kɑ⁵²⁻⁰ 阿⁼个这个 aʔ⁵⁻⁴ kɑ⁵²	夺⁼个那个 dəʔ²³⁻² kɑ⁵² 特⁼个那个 diəʔ²³⁻² kɑ⁵²
	群体	爱⁼勒这些 ei⁻⁵⁵ lə⁵²⁻⁰ 阿⁼勒这些 aʔ⁵⁻⁴ lə⁵²	夺⁼勒那些 dəʔ²³⁻² lə⁵² 特⁼勒那些 diəʔ²³⁻² lə⁵²
时间指示		爱⁼记这时 ei⁻⁵⁵ tsɿ⁵²⁻⁰ 阿⁼记这时 aʔ⁵⁻⁴ tsɿ⁵²	夺⁼记那时 dəʔ²³⁻² tsɿ⁵² 特⁼记那时 diəʔ²³⁻² tsɿ⁵²
方式指示		爱⁼杂⁼样子这样 ei⁻⁴⁴ zə²²³⁻²² iɑ̃⁻ã²³¹⁻⁵⁵ tsɿ⁴⁴⁵⁻⁰ 爱⁼杂这样 ei⁻⁴⁴ zə²²³ 阿⁼杂这样 aʔ⁵⁻⁴ zə²²³⁻²² iɑ̃⁻ã²³¹⁻⁵⁵ tsɿ⁴⁴⁵⁻⁰ 阿⁼杂这样 aʔ⁵⁻⁴ zə²²³	夺⁼杂⁼样子那样 dəʔ²³⁻² zə²²³⁻²² iɑ̃⁻ã²³¹⁻⁵⁵ tsɿ⁴⁴⁵⁻⁰ 夺⁼杂那样 dəʔ²³⁻² zə²²³ 特⁼杂⁼样子那样 diəʔ²³⁻² zə²²³⁻²² iɑ̃⁻ã²³¹⁻⁵⁵ tsɿ⁴⁴⁵⁻⁰ 特⁼杂那样 diəʔ²³⁻² zə²²³
		杂⁼样子这样;那样 zə²²³⁻²² iɑ̃⁻ã²³¹⁻⁵⁵ tsɿ⁴⁴⁵⁻⁰ 杂这样;那样 zə²²³	
程度指示		杂⁼这么;那么 zə²²³	

一、方位指示

(一) 指示语素+"墥"[tɑʔ⁵]/"边"[mə⁵²]

宣平话的近指方位指示词主要有"爱⁼墥这里"(又读"阿⁼墥")、

"爱⁼边这边"(又读"阿⁼边"),相对应的远指方位指示词主要有"夺⁼垯那里"(又读"特⁼垯")、"夺⁼边那边"(又读"特⁼边")。这几个方位词在句中常作主语、宾语或定语。例如:

(36) a. **爱⁼垯**我去过了,**夺⁼垯**我还没去过,我想去嬉记。(这里我去过了,那里我还没去过,我想去玩玩。)

b. 我坐**爱⁼垯**,渠坐**夺⁼垯**,两个人没法讨论。(我坐这儿,他坐那儿,两个人没法讨论。)

c. **爱⁼垯**个番薯比**夺⁼垯**个番薯更好吃。(这里的红薯比那里的红薯更好吃。)

(37) a. **爱⁼边**我守牢,**夺⁼边**尔来守。(这边我守住,那边你来守。)

b. 尔个书园**爱⁼边**,渠个书园**夺⁼边**,嫑弄赚了。(你的书放这边,他的书放那边,不要弄错了。)

c. **爱⁼边**个田还有水,**夺⁼边**个田没水了。(这边的田还有水,那边的田没水了。)

(二)"垯"[tɑʔ⁵]

1. "垯"[tɑʔ⁵]后附于名词或人称代词表方位,不区分远近,相当于"XX 处"。例如:

(38) a. 我手机园**人家垯**,没带来。(我手机放家里,没带来。)

b. 衣裳挂**树垯**,嫑懵记了。(衣服挂树上,不要忘记了。)

c. **我垯**快做好了,**渠垯**还乐好点时间。(我这儿快做好了,他那儿还需好长时间。)

2. "垯"[tɑʔ⁵]直接表方位。与远指词对举时,相当于近指的"这儿",无远指词对举时,不区分远近。

(39) a. **垯**我寻过了,没。你再到**夺⁼垯**寻寻望。(这儿我找过了,没有。你再去那儿找找看。)

b. 化⁼人便坐**垯**望算了,嫑到**夺⁼垯**去轧。(咱们就坐这儿看好了,不要去那儿挤。)

c. 渠坐**垯**弗想走了。(他坐这儿不想走了。)

d. 渠徛**墥**等尔个,尔快点去啊。(他在那儿等你的,你快点去吧。)

二、人或物指示

1. 宣平话"指示语素＋量词"表示对人或物的指示。最常见的表近指的个体指示词主要是"爱=个_{这个}"(又读"阿=个"),相对应的表远指的个体指示词主要是"夺=个_{那个}"(又读"特=个"),在句中常作定语、主语或宾语。表近指的群体指示词是"爱=勒=_{这些}"(又读"阿=勒="),相对应的表远指的群体指示词主要是"夺=勒=_{那些}"(又读"特=勒="),在句中常作作定语、主语。例如:

(40) a. **爱=个**我望弗懂。(这个我看不懂。)

b. 我想买**夺=个**。(我想买那个。)

c. **爱=个**菜真好吃。(这个菜真好吃。)

(41) a. **夺=勒=**都是卖弗了,剩落来个。(那些都是卖不完,剩下来的。)

b. **爱=勒=**车都是贵猛个。(这些车子都是很贵的。)

2. 指示语素不能直接和名词组合,只有"指示语素＋量词"或方位指示词才能和名词组合。例如:

(42) a. **爱=个**茶叶好猛,尔呷呷望。(这个茶叶很好,你喝喝看。)

　　＊**爱=**茶叶真好,尔呷呷望。

b. **特=件**衣裳忒长,我弗买了。(那件衣服太长,我不买了。)

　　＊**特=**衣裳忒长,我弗买了。

c. **特=墥**路狭猛,车弗好开。(那儿路很窄,车子不好开。)

　　＊**特=**路狭猛,车弗好开。

3. 当个体数量为"一"时,"指示语素"与"量词"之间不能加数词"一"。例如:

(43) a. **爱=本**书我都望过了。(这本书我都看过了。)

　　＊**爱=一本**书我都望过了。(这一本书我都看过了。)

b. **爱=枘**花还是**特=**枘花更道地。(这朵花还是那朵花更漂亮。）

＊**爱**⁼一朵花还是**特**⁼一朵花更道地。（这一朵花还是那一朵花更漂亮。）

4. 当个体数量大于"一"时，可构成"指示语素＋数词＋量词"的结构。例如：

(44) a. **爱**⁼三个袋忒细，齿弗落。（这三个袋子太小，装不下。）

b. **爱**⁼四本书是我借来个，弗是我自个。（这四本书是我借来的，不是我自己的。）

c. 还是尔煮个**特**⁼三碗菜更好吃。（还是你烧的那三碗菜更好吃。）

d. **特**⁼四个字没写好，尔再写过。（那四个字没写好，你再重新写。）

三、时间指示

"指示语素＋记"是宣平话最常用的时间指示词。"爱⁼记这时"（又读"阿⁼记"）是表近指的时间指示词，"夺⁼记那时"（又读"特⁼记"）是相对应的表远指的时间指示词，在句中常作状语。例如：

(45) a. 尔**爱**⁼记还会做哦？（你现在还会做吗？）

b. **爱**⁼记渠弗会听尔了。（现在她不会听你的了。）

c. **夺**⁼记渠告我，渠作业做好了。（那时他告诉我，他做完作业了。）

d. 吃饭**夺**⁼记我望着渠过。（吃饭那会儿我看到过他。）

四、方式指示

（一）有指示语素

有"指示语素"构成的方式指示词主要有"爱⁼杂⁼样子这样"（又读"阿⁼杂⁼样子"）、"爱⁼杂⁼这样"（又读"阿⁼杂⁼"），相对应的远指方位指示词主要有"夺⁼杂⁼样子那样"（又读"特⁼杂⁼样子"）、"夺⁼杂⁼那样"（又读"特⁼杂⁼"）。其中，"爱⁼杂⁼这样"（"阿⁼杂⁼"）应是"爱⁼杂⁼样子

第六章 语法概况 463

这样"("阿⁼杂⁼样子")的省略式,"夺⁼杂⁼那样"("特⁼杂⁼")应是"夺⁼杂⁼样子那样"("特⁼杂⁼样子")的省略式。这类方式指示词除了近远指方式需要对举,一般比较少用,特别是远指方式指示词尤其少用。例如:

(46) a. 我讲尔听,事干是**爱⁼杂⁼样子**个,弗是**夺⁼杂⁼样子**个。
（我讲你听,事情是这样的,不是那样的。）
b. **爱⁼杂⁼样子**做是对个,**夺⁼杂⁼样子**做是赚个。（这样做是对的,那样做是错的。）
c. 我想买部**爱⁼杂⁼**个车开开。（我想买辆这样的车子开。）

(二) 无指示语素

宣平话多使用无"指示语素"的方式指示词"杂⁼样子""杂⁼"。其中,"杂⁼"应是"杂⁼样子"的省略式。"杂⁼样子"和"杂⁼"无近远指之分,基本相当于普通话的"这样",有时也相当于普通话的"那样",具体对应得看实际语境。例如:

(47) a. 尔嫑**杂⁼样子**笑渠。（你不要这样笑话他。）
b. 尔**杂⁼样子**讲,我便晓得了。（你这样讲,我就知道了。）
c. 我**杂⁼**做都是为尔好。（我这样做都是为你好。）
d. **杂⁼**个人都有噶!（这样子的人都有的!）
e. 渠**杂⁼样子**做是弗对个,尔嫑跟渠学。（他那样做是不对的,你不要向他学。）

五、程度指示

宣平话的程度指示词无近远指"这么""那么"之分,只有"杂⁼"[zə²²³]一个指示词,具体对应得看实际语境。"杂⁼"常修饰形容词,在句中作状语成分。例如:

(48) a. 尔来得**杂⁼**早噶!（你来得这么早啊!）
b. **杂⁼**冰冷个东西尔都敢吃?（这么冰冷的东西你都敢吃?）
c. 渠**杂⁼**小气,尔明年还想帮渠做?（他这么小气,你明年还想帮他做?）

d. 我动作没渠**杂**=快。(我动作没他那么快。)

e. 尔**杂**=长,渠**杂**=矮,尔两个一点都弗相像亲哥弟。(你这么高,他那么矮,你俩一点儿都不像亲兄弟。)

第四节 数词和量词

一、数词

与普通话相比,宣平话的数词有以下几个特殊情况。

1. 基数"二十"用"廿"表示。例如:

(49) 廿,廿一_{二十一},廿二_{二十二},廿三_{二十三},廿九_{二十九},七百廿二_{七百二十二},八千廿_{八千零二十}

2. "二"和"两"的用法有异。

"二"和"两"都可用于数数,例如,可以说"一两三四五",也可以说"一二三四五"。

当概数的总数仅个位数时,"两"可用于表概数,"二"不可用于表概数。例如,只能说"一两个""两三个",但不能说"一二个""二三个"。当概数的总数非个位数时,"二"可用于表概数,"两"不可用于表概数。例如,只能说"千一二""千二三",但不能说"千一两""千两三"。

"两"可与度量衡"两"结合,"二"不可与度量衡"两"结合。例如,只能说"两两",不能说"二两"。

3. 当最大位数词前的数字是"一"时,"一"可以省略。例如:

(50) 百四_{一百四},千七_{一千七百},万九_{一万九千}

二、量词

(一)量词与中心语的搭配

宣平话的量词与普通话有一些差异。例如,"鱼、蛇、路、溪"等长条形物体,普通话的量词是"条",宣平话的量词是"根"。再如,"猪"的量词,普通话是"头"或"只",宣平话可以说"一个猪"。又如,"桌""凳"的量词,普通话是"张",宣平话是"支"。宣平话量词与中心语的搭配情况,详见第五章第二十五节第二部分"量词",此不再赘述。

(二) 量词重叠

宣平话量词主要有"量量""量+过[ko^{52}]+量""一量一量"三种重叠式。

1. "量量"式、"量+过+量"式

"量量"、"量+过+量"式都表示"每一"。名量词、动量词,以及表时间的兼类词都能进入该重叠式。但较之下面的"一量一量"式,进入"量量"、"量+过+量"式的量词还是有一些限制,比如,度量衡量词能构成"一量一量"式,但不能构成"量量"、"量+过+量"式。例如:

(51) a. 个个,只只,根根,记记_{每次},年年,日日,暝暝_{夜夜}

　　b. 个过个,只过只,根过根,记过记_{每次},年过年,日过日,暝过暝_{夜夜}

　　c. *米米,*尺尺,*分分,*米过米,*尺过尺,*分过分

"量量"式、"量+过+量"式一般作主语,两者可以互换,但"量+过+量"式比"量量"式更具有"全部""所有"的强调性。例如:

(52) a. **个个**都讲渠好。(所有人都说他好。)

　　b. **个过个**都讲渠好。(所有人都说他好。)

　　c. 碗,**个个**都没洗干净。(碗,每个都没洗干净。)

　　d. 碗,**个过个**都没洗干净。(碗,每个都没洗干净。)

　　e. 爱=勒=字,渠**个个**都认着了。(这些字,每个他都认识了。)

　　f. 爱=勒=字,渠**个过个**都认着了。(这些字,每个他都认识了。)

　　g. 我埠个街狗,**只只**都乞人敲伤了。(我家的狗,每一只被人打伤了。)

　　h. 我埠个街狗,**只过只**都乞人敲伤了。(我家的狗,每一只被人打伤了。)

2. "一量一量"式

"一量一量"式能产性高于"量量"式、"量+过+量"式,大部分量词都能进入该重叠式。"一量一量"式主要充当状语,表示"逐一"。例如:

(53) a. 桌**一支一支**背出去。(桌子一张一张地背出去。)
　　 b. 嫑慌,**一张一张**数。(不要慌,一张一张地数。)
　　 c. 用袋**一袋一袋**齿起。(用袋子一袋一袋装好。)

部分"一量一量"式充当主语或定语,表示"一量又一量""一量接一量"。例如

(54) a. **一个一个**都乞渠謷叫起。(一个个都被他骂哭了)
　　 b. **一只一只**细鸡都逃出去了。(一只又一只小鸡逃走了。)

部分"一量一量"式后加"个"构成"的字短语",表示与该量词相关的形状。例如:

(55) a. 切做**一块一块**个。(切成块状的。)
　　 b. 做成**一托一托**个。(做成层级状的。)
　　 c. 脉起**一绺一绺**个。(撕成长条状的。)

(三) 量词的修饰语

宣平话部分量词能受形容词"大""细小"修饰,分别表示物体单个计算单位的量大与量小,度量衡量词、动量词除外。例如:

(56) 大串,细串 小串;大枓 大朵,细枓 小朵;大只,细只 小只;大件,细件 小件

部分"大+量词"结构前可加副词"老""点点",以"老+大+量词""点点+大+量词"的结构分别表示物体单个计算单位的极大量与极小量,两者互为反义。例如:

(57) a. 老大个 很大个,老大只 很大只,老大块 很大块,老大粒 很大颗,老大双 很大双
　　 b. 点点大根 很小根,点点大把 很小把,点点大件 很小件,点点大张 很小张

部分"大+量词"结构前可加数词,以"数词+大+量词"的结构表示一个或多个量大的单位,数词多为个位数,一般是"一+大+量词"

的结构最常见。例如：

(58) 一大泲一大滴，一大坡一大团，一大串，三大丘

部分"大＋量词"结构前可加形容词"整"，以"整＋大＋量词"的结构表示一个完整的量大的单位。例如：

(59) 整大泲完整的一大滴，整大坡完整的一大团，整大串完整的一大串，整大块完整的一大块

三、"数量名"结构

和普通话一样，"数量名""指量名"结构是宜平话常见的用法，并且也存在数词"一"省略的"量名"结构。"量名"结构一般只出现在宾语的位置，不能出现在主语或话题位置。主语或话题位置必须是"数量名""指量名"结构。例如：

(60) a. 买了**一只**大雄鸡。（买了一只大公鸡。）

　　b. 买了**只**大雄鸡。（买了一只大公鸡。）

　　c. **一只**大雄鸡没了。（一只大公鸡没了。）

　　　＊只大雄鸡没了。

　　d. **爱⁼只**大雄鸡真生重。（这只大公鸡真沉。）

　　　＊只大雄鸡真生重。

　　e. **特⁼只**大雄鸡，全部鸡都吓渠。（那只大公鸡，所有的鸡都怕它。）

　　　＊只大雄鸡，全部鸡都吓渠。

四、概数的几种形式

1. 数词"两"[lɛ²²³]连读调是[22][43]时为基数词，连读调是[55]时为约数词，表示不定数目，相当于普通话的"几"。例如：

(61) a. 我埲爹和我埲娘**两**[lɛ²²³⁻²²]个人都会来。（我爹和我娘两个人都会来。）

　　b. **两**[lɛ²²³⁻²²]个苹果，我一个，尔一个。（两个苹果，我一个，你一个。）

c. 爱=**两**[lɛ²²³⁻⁴³]样东西都乞我。（这两样东西都给我。）

d. 爱=**两**[lɛ²²³⁻⁵⁵]样东西都乞我。（这几样东西都给我。）

2. 两个相邻基数词连用时，表示概数。例如：

(62) 两三个，十一二个，八九十个_{八十至九十个左右}，百三四_{一百三十至一百四十左右}，千七八_{一千七百至一千八百左右}，万五六_{一万五千至一万六千左右}。

3. 概数助词"来"[lei⁴³³⁻⁰]位于数词（只有一个位数词的整数）与量词之间，指比该数目略小或略大的概数。例如：

(63) a. 30**来**岁便做大老板了。（30岁左右就做大老板了。）

b. 雇了四百**来**个人。（雇了四百人左右。）

c. 五千**来**块一个月。（五千元左右一个月。）

d. 卖了三万**来**斤莲子。（卖了三万斤左右莲子。）

4. 概数助词"把"[pu⁴⁴⁵⁻⁰]位于数字"廿"与量词之间，或位于"十""百""千""万"等位数词与量词之间，表示数量略小或略大这个单位数。"把"和量词之间还可加"来"。当中心语是"人""钞票"，位数词是"百""千""万"时，量词"个""块_元"可以省略。例如：

(64) a. 葡萄摘了廿**把**串。（葡萄摘了二十串左右。）

b. 卖了千**把**张票。（卖了一千张票左右。）

c. 鸡有百**把**来只。（鸡有一百只左右。）

d. 赚了千**把**来块。（赚了一千元左右。）

e. 厂墢有百**把**人。（厂里有一百人左右。）

f. 存了万**把**钞票。（存了一万元钱左右。）

"把"位于量词（除"个"外，大部分是度量衡量词）的后面，表示数量略小或略大这个单位数。例如：

(65) a. 弗远，便是里**把**路。（不远，只有一里路左右。）

b. 弗贵，块**把**钞票一斤。（不贵，一元钱左右一斤。）

c. 买斤**把**吃吃。（买一斤左右尝尝。）

5. 概数助词"多"[to³²⁴]位于数词、数量短语或概数助词"把"之后，指比该数目略大的概数。例如：

(66) a. 乞我五千**多**一个月。（给我五千多一个月。）

b. 再过两个**多**钟头便到了。（再过两个多小时就到了。）

c. 养了百**把**多只鸡。（养了一百多只鸡。）

d. 有斤**把**多重。（有一斤多重。）

6. 概数助词"上下"[dziã²³¹⁻²² ia²²³]、"左右"[tso⁴⁴⁵⁻⁴⁴ iɯ²³¹]、"样"[iã²³¹⁻⁰]位于数词、数量短语或其他概数形式的后头,且数目一般是只有一个位数词的整数时,表示比该数目略小或略大的概数。其中"样"读轻声,相当于普通话的"光景"。例如：

(67) a. 渠年记弗大,也便是 40 **上下**。（他年纪不大,也就 40 岁左右。）

b. 西瓜卖了百把斤**左右**。（西瓜卖了一百斤左右。）

c. 一年赚七八十万**样**。（一年赚七八十万光景。）

7. 概数助词"身边"[sən³²⁴⁻⁴⁴ piɛ³²⁴]位于数词、数量短语的后头,且数目一般是只有一个位数词的整数时,表示接近该数目的概数。例如：

(68) a. 70 岁**身边**个人,还不肯歇。（近 70 岁的人,还不肯歇。）

b. 工资弗高,一个月五千**身边**。（工资不高,一个月差不多五千元。）

c. 渠 10 岁**身边**便会烧饭了。（他差不多 10 岁左右就烧饭了。）

8. 概数助词"出头"[tɕʰyəʔ⁵⁻⁴ dəɯ⁴³³]用在整数之后,表示该整数之后还有零数,实际数值是已经超过该整数的数目。例如：

(69) a. 渠大概有 70 岁**出头**了。（他大概有 70 多岁了。）

b. 一年赚 10 万**出头**是有个。（一年能赚 10 万多。）

c. 爱⁼只猪我估估 300 斤**出头**了。（这头猪我估计 300 多斤了。）

9. 概数助词"上"[dziã²³¹]位于数词、数量短语的后头,表示实际数值已经超过该数目。"上"相当于普通话的"以上"。例如：

(70) a. 渠讲,40 岁**上**便乐开始保养了。（他说,40 岁以上就得开始保养了。）

b. 若讲有 30 斤**上**,我便车开来撅。(如果有 30 斤以上,我就车子开来取。)

五、序数词

宣平话常见的序数词除了和普通话一致的"第＋基数""初＋基数"之外,还有"头"[dəɯ⁴³³]、"刨⁼"[bɔ²³¹],以"头""刨⁼"与量词组合的结构表示次序在前。两结构在组合能力和表义上略有差异。

1. "头"既可与数量短语组合,也能直接后接量词,"刨⁼"一般只与数量短语组合,例如:

(71) a. 头个_{第一个,上一个};刨⁼一个_{第一个},*刨⁼个

b. 头日_{第一天,前一天};刨⁼一日_{第一天},*刨⁼日

c. 头只_{第一只,上一只};刨⁼一只_{第一只},*刨⁼只

d. 头遍_{第一回,上回};刨⁼一遍_{第一回},*刨⁼遍

2. "头＋量词(或数量短语)"除了表示"次序在前""第一"之外,还有表示"在某个时间之前"的意思。"刨⁼＋数量短语"仅表示"次序在前"。例如:

(72) a. 头一个_{第一个,上一个};刨⁼一个_{第一个}

b. 头三年_{开头三年,之前三年};刨⁼三年_{开头三年}

c. 头十日_{开头十天,之前十天};刨⁼十日_{开头十天}

d. 头埭_{第一趟,上一趟};刨⁼一埭_{第一趟}

3. 个别特殊现象。

"刨⁼"直接后接量词,仅见于"刨⁼个月"或"刨⁼个月日",表示"第一个月"。

个别"头＋量词"组合只表示"第一",不表示"之前"。例如:"头名"仅指"第一名",不指"上一名"。

个别"头＋量词"组合的意思已经固化,例如,"头记"指"刚才"。

第五节 领属结构

一、"个"字领属结构

宣平话中的"个"[kə⁰]是常用的表领属关系词,相当于普通话的"的"。例如:

(73) a. 我**个**车停埻。(我的车子停这儿。)
　　 b. 渠**个**鞋忒细,我没法着。(他的鞋子太小,我无法穿。)
　　 c. 我便是渠**个**舅舅。(我就是他的舅舅。)
　　 d. 爱⁼部是老师**个**车。(这辆是老师的车子。)
　　 e. 特⁼退是我**个**屋。(那幢是我的房子。)

二、"埻"字领属结构

宣平话中的"埻"[tɑʔ⁵/dɑʔ²³]可表领属关系,相当于普通话的"某处的"。当前字读阴平、阳平时,"埻"读[dɑʔ²³],其余情况一般读[tɑʔ⁵]。

(74) a. 老三**埻**田没水了。(老三家的田没水了。)
　　 b. 老三**埻**囡还没归。(老三家的女儿还没回来。)
　　 c. 田**埻**水都乞渠派了了。(田里的水都被他放完了。)
　　 d. 墙**埻**图画我都撷了。(墙上的画我都取掉了。)
　　 e. 菜篮**埻**菜我都洗过了。(菜篮子里的菜我都洗过了。)
　　 f. 尔问问我**埻**大姨望。(你问问我大姨看。)

"埻"与人称代词"我""尔""渠"组合有特殊表现,当"埻"读[dɑʔ²³]时,表示"…家",当"埻"读[tɑʔ⁵]时,表示"…这儿"。例如:

(75) a. 我**埻**[dɑʔ²³]停电了。(我家停电了。)≠我**埻**[tɑʔ⁵]停电了。(我这儿停电了。)
　　 b. 衣裳囥尔**埻**[dɑʔ²³]。(衣服放你家。)≠衣裳囥尔**埻**

[tɑʔ⁵]。(衣服放你这儿。)

c. 渠**埭**[dɑʔ²³]人少猛。(他家人很少。)≠渠**埭**[tɑʔ⁵]人少猛。(他这儿人很少。)

三、无关系词的领属结构

无关系词的领属结构在宣平话中也比较常见,例(73)a、b、c三句都可以转换为无关系词的领属结构。例如:

(76) a. 我车停埭。(我的车子停这儿。)

b. 渠鞋忒细,我没法着。(他的鞋子太小,我无法穿。)

c. 我便是渠舅舅。(我就是他的舅舅。)

若是判断句,且中心词非表称谓,则不能转换为无关系词的领属结构。例(73)d、e两句不能转换为如下句子。

(77) a. *爱⁼部是老师车。(这辆是老师的车子。)

b. *特⁼㡳是我屋。(那幢是我的房子。)

中心词是表亲属的领属结构有"有'个'""有'埭'""无关系词"三种表述方式。例如:

(78) a. 我的妈妈:我**个**姆妈=我**埭**姆妈=我姆妈

b. 他的爷爷:渠**个**爷爷=渠**埭**爷爷=渠爷爷

c. 你的表姐:尔**个**表大=尔**埭**表大=尔表大

第六节 助 词

一、结构助词

(一)结构助词"个"

宣平话定中结构和状中结构助词都是"个"[kə⁰],相当于普通话的"的""地"。例如:

(79) a. 爱⁼碗是日午**个**菜。(这碗是中午的菜。)

b. 下间**个**地滑溜险。(厨房的地面很滑。)

c. 笔直**个**徛我边沿。(笔直地站在我边上。)

d. 满满**个**齿起。(满满地装着。)

单音节副词作状语,一般不用加"个",有些双(多)音节副词作状语加不加"个"均可,若加上,有强调的意味,意在突出状语。例如:

(80) a. 尔好好暖⁼**个**讲。(你好好儿地说。)

b. 尔好好暖⁼讲。(你好好儿说。)

"个"还常组成名词性的"个"字短语,作主语或宾语,相当于普通话的"的"字短语。例如:

(81) a. 细**个**弗肯来。(小的不肯来。)

b. 买点吃**个**。(买点吃的。)

(二) 结构助词"得"

宣平话中补结构助词"得"[tiəʔ⁰]的用法和普通话基本相同。例如:

(82) a. 晒**得**真乌。(晒得真黑。)

b. 吃**得**饱猛。(吃得很饱。)

c. 讲**得**忒惊人相。(讲得太吓人。)

二、动态助词

(一) 动态助词"了"

宣平话的动态助词"了"[laʔ⁰]的用法与普通话"了₁"基本相同,用在动词、形容词后面,表示动作的完成或状态的持续。例如:

(83) a. 今日上**了**四节课。(今天上了四节课。)

b. 我吃**了**一碗面食。(我吃了一碗馄饨。)

c. 爱⁼个星期,我望**了**三本书。(这个星期,我看了一本书。)

d. 头痛**了**一暝。(头疼了一夜。)

详见本章第十节第五部分"持续体"和第六部分"完成体"。

(二) 动态助词"㝎"等

普通话的动态助词"着"用在动词、形容词的后面,表示动作在进行或状态在持续。宣平话表持续的动态助词比较复杂,有"堷"[tɑʔ⁵/dɑʔ²³]、"爱˭堷这儿"[eiˉ⁵⁵ tɑʔ⁵⁻⁰](也说"阿˭堷"[aʔ⁵⁻⁴ tɑʔ⁵])、"夺˭堷那儿"[dəʔ²³⁻² tɑʔ⁵](也说"特˭堷"[diəʔ²³⁻² tɑʔ⁵])、"起起来"[tɕʰiəʔ⁰]等。例如:

(84) a. 灯让渠亮**堷**。(让灯亮着。)

b. 水开**夺˭堷**,懵记了关。(水开着,望了关。)

c. 嫑睏**起**望书。(不要躺着看书。)

详见本章第十节第五部分"持续体"。

(三) 动态助词"过"

和普通话一样,宣平话的动态助词"过"[ko⁵²]用在动词、形容词后面,表示曾经发生这样的动作或曾经具有这样的状态。例如:

(85) a. 爱˭本书,我望**过**。(这本书,我看过。)

b. 渠今日叫**过**。(他今天哭过。)

c. 灯好两日没亮**过**。(灯好几天没亮。)

详见本章第十节第七部分"经历体"。

三、语气助词

"了"[lɑʔ⁰]、"罢"[bɑʔ⁰]是宣平话常用的语气助词。

1. 当"了"独自处于句末时,相当于普通话的语气助词"了₂",或动态助词"了₁"与语气助词"了₂"的结合。例如:

(86) a. 落了两日雨**了**。(下了两天雨了。)(句末"了"相当于普通话"了₂")

b. 落两日雨**了**。(下两天雨了。)(相当于普通话"了₁"与"了₂"的结合)

c. 渠叫了半日**了**。(他哭了半天了。)(句末"了"相当于普通话"了₂")

d. 渠叫半日**了**。(他哭半天了。)(句末"了"相当于"了₁"与"了₂"的结合)

2. 宣平话中的语气助词"罢"相当于普通话的语气助词"了₂","罢"可独立使用,也可"了罢"组合,但不可"罢了"组合。"了罢"组合中

的"了"相当于普通话的动态助词"了$_1$"。例如:

(87) a. 落雨**罢**。(下雨了。)

b. 落雨**了罢**。(下雨了。)

*落雨**罢了**。

c. 叫起**罢**。(哭起来了。)

d. 叫起**了罢**。(哭起来了。)

*叫起**罢了**。

四、比况助词

宣平话比况助词"样"[iɑ̃$^{231\text{-}0}$]附着在名词性、动词性、形容词性词语后面,表示比喻。相当于普通话的"一样""似的"。例如:

(88) a. 车开得快猛,相像飞起**样**。(车子开得很快,好像飞起来似的。)

b. 渠埭杨梅真大个,相像乒乓球**样**。(他家的杨梅真大个,好像乒乓球一样。)

c. 铁**样**硬,晓弗得是直=式东西。(铁一样硬,不知道是什么东西。)

第七节　谓词及谓词性短语

一、动词重叠

(一)"VV"式

1. 单音节动词 VV 重叠式表示时间短,或语气轻缓、委婉。和单音节动词 V 比较,句法功能有同有异。

和单音节动词一样,VV 重叠式可作主语、谓语。例如:

(89) a. **听听**便得。(听听即可。)

b. 一年**做做**也有百把万**赚赚**。(一年干干也有百把万可赚。)

c. 我乐和尔两个**念念**。(我得和你们聊聊。)

单音节动词 VV 重叠式可后加宾语,但一般不可带数量短语,偶有例外。例如:

(90) a. 两个人做记**吃吃**饭。(两个人一起吃吃饭。)

b. 整日便是**趄趄**街路。(整天就是逛街。)

c. 我和尔**念**两句。(我和你聊两句。)

*我和尔**念念**两句。

d. 我**呷**碗茶便去。(我喝碗茶就去。)

*我**呷呷**碗茶便去。

e. 渠便是帮我**带带**两个细人。(她只是帮我带带两个孩子。)

和单音节动词一样,单音节动词 VV 重叠式可后加补语。下述例句的重叠式都可转换为单音节动词。例如:

(91) a. 鞋带**缚缚**好,嫑散了。/鞋带**缚**好,嫑散了。(鞋带系好,不要散了。)

b. 别人**吃吃**过个东西嫑吃。/别人**吃**过个东西嫑吃。(别人吃过的东西不要吃。)

c. **开开**到便点把钟了。/**开**到便点把钟了。(开到就一点钟左右了。)

d. **跳跳**过去也没事。/**跳**过去也没事。(跳过去也没关系。)

e. 架先**搭搭**起再讲。/架先**搭**起再讲。(架子先搭好再说。)

部分单音节动词构成 VV 重叠式后语法功能增强,可直接与表追加的后置成分"添"、表暂先完成动作的后置成分"哆⁼"[do²²³]组合。例如:

(92) a. 嫑慌讴渠,让渠**睏睏**添。(不要急着叫他,让他再睡睡。)

*嫑慌讴渠,让渠睏添。

b. **歇歇**哆⁼再做。(先歇歇再接着做。)

*歇哆⁼再做。

2. 单音节动词 VV 重叠式后加"望"或"倡⁼"表尝试。尝试助词

"望""倡⁼"无差异,可自由选用。"望"可读本调,也可读轻声;"倡⁼"[tɕʰiɑ⁰]本字不明,或是"起"的儿化音。单音节动词一般不与"望"或"倡⁼"组合。例如:

(93) a. 尔**讲讲望**。(你讲讲看。)

　　　*尔讲望。

　　b. 尔**讲讲倡⁼**。(你讲讲看。)

　　　*尔讲倡⁼。

　　c. 让我来**做做望**。(让我来做做看。)

　　　*让我来做望。

　　d. 让我来**做做倡⁼**。(让我来做做看。)

　　　*让我来做倡⁼。

(二)"V 记 V 记"式

宣平话部分表持续动作且动作可反复进行的单音节动词构成"V 记 V 记"重叠式,表示动作反复,次数多,相当于普通话的"一 V 一 V""V 了又 V"。"V 记 V 记"在句中主要充当谓语,少数也可以充当状语,充当谓语时不可带宾语、补语。例如:

(94) a. 渠徛门口**望记望记**。(他在门口看了又看。)

　　b. 口嘴**绷记绷记**。(嘴巴一张一张。)

　　c. 渠**跳记跳记**来了。(他一跳一跳地来了。)

　　d. 渠**跷记跷记**来了。(他一跷一跷地来了。)

部分动词与形容词的兼类词所构成"V 记 V 记"重叠式具有状态形容词的特点。例如:

(95) a. 桥**挠记挠记**,弗敢走上去。(桥摇摇晃晃的,不敢走上去。)

　　b. **摸记摸记**,一日做弗得几许生意。(磨磨蹭蹭的,一天干不了多少活儿。)

个别"V 记 V 记"重叠式还有"V₁ 记 V₂ 记"式,其中"V₁""V₂"是同义词、近义词或反义词。有些"V₁ 记 V₂ 记"式结构凝固,已构成固定的四字词,如下例 a、b。有些"V₁ 记 V₂ 记"式是常见的临时组合,如下例 c、d。

(96) a. 渠个手呗没好空,便喜欢**捴记搭记**。(他的手停不下来,总是不停触碰他物或招惹他人。)

b. 渠哩呗**直记横记**,我乞渠弄死。(他变化多端,我被他搞死。)

c. **走记停记**,半大日都还没到。(走走停停,大半天了还没到。)

d. 眼睛**开记合记**。(眼睛一开一合。)

二、双宾结构

表示"给予、取得、询问、称说"等意义的动词一般可以带双宾语。宣平话这类动词有"乞给""分给""驮拿""撴拿""借""付""欠""还""找补回差额""送""卖""教""问""讴叫"等等。例如:

(97) a. 渠**乞**我廿块钞票。/渠**分**我廿块钞票。(他给我二十元钱。)(同 b、c)

b. 渠**驮**我廿块钞票。/渠**驮乞**我廿块钞票。(他拿给我二十元钱。)(同 a、c)

c. 渠**撴**我廿块钞票。/渠**撴乞**我廿块钞票。(他拿给我二十元钱。)(同 a、b)

d. 渠**借**我廿块钞票。/渠**借乞**我廿块钞票。(他借给我二十元钱。)

e. 渠**付**我廿块钞票。/渠**付乞**我廿块钞票。(他付给我二十元钱。)

f. 渠**还**我廿块钞票。/渠**还乞**我廿块钞票。(他还给我二十元钱。)

g. 渠**找**我廿块钞票。/渠**找乞**我廿块钞票。(他找给我二十元钱。)

h. 渠**送**我一本书。/渠**送乞**我一本书。(他送我一本书。)

i. 渠**卖**我一本书。/渠**卖乞**我一本书。(他卖给我一本书。)

j. 渠**教**我一句话。/渠**教乞**我一句话。(他教我一句话。)

k. 渠**欠**我廿块钞票。（他欠我二十元钱。）

l. 渠**问**我一个问题。（他问我一个问题。）

m. 我勒=人都**呕**渠老师。（我们都叫他老师。）

宣平话的双宾结构还有以下几点说明。

1. 动词"分给""驮拿""摭拿""借""付""还""找补回差额""送""卖""教"可后加"乞给"，也可不加，加或不加，句子结构与语义均不变。例句见(97)(b-j)。

2. 上述例句(97)(b—j)还可转化为同义的非双宾格式"动词＋受事宾语＋乞＋与事宾语"。例如：

(98) a. 渠**驮**廿块钞票**乞**我。（他给我二十元钱。）

b. 渠**摭**廿块钞票**乞**我。（他给我二十元钱。）

3. 表称说的双宾句，近宾语和远宾语之间常加入"做"[tso⁵²]，相当于普通话的"称…为…"。例如：

(99) a. 我勒=人都**呕**渠**做**老师。（我们都称他为老师。）

b. 渠**呕**我**做**表大。（他称我为表姐。）

4. 当动词是"给出"义的"分给""乞给""借""还""赔"时，近宾语和远宾语位置比较灵活，可以互换。例如：

(100) a. 我**乞**渠钞票。（我给他钱。）

b. 我**乞**钞票渠。（我给他钱。）

c. 我**借**渠一百块。（我借给他一百元。）

d. 我**借**一百块渠。（我借给他一百元。）

e. 我**赔**渠一件。（我赔给他一件。）

f. 我**赔**一件渠。（我赔给他一件。）

5. 当远宾语的中心语提至动词前，由数量短语作远宾语时，远宾语离动词近的结构更常见。当远宾语的中心语提至动词前，由量词作远宾语时，只有远宾语离动词近的结构，即远宾语必须前提至动词之后。例如：

(101) a. 笔**乞**我两支。（给我两支笔。）

b. 笔**乞**两支我。（给我两支笔。）（更常用）

  c. 钞票**分**渠一百块。(给他一百元钱。)

  d. 钞票**分**一百块渠。(给他一百元钱。)(更常用)

  e. 书**驮**本我。(书给本我。)

   * 书**驮**我本。

  f. 信**写**封渠。(信写封给他。)

   * 信**写**渠封。

三、动补结构

下面按补语的类别分析宣平话的动补结构。

(一) 结果补语

1. 结果补语表示动作、行为导致的结果，常用的是形容词，少数是动词。例如：

(102) a. 两个字写**赚**了。(两个字写错了。)

  b. 鞋着**破**了。(鞋子穿破了。)

  c. 间垹坐**满**了。(房间里坐满了。)

  d. 手跌**断**了。(手摔断了。)

2. "了"[liɔ^{223}]、"好"[xəu^{445}]、"歇"[ɕiəʔ^{5}]、"着"[dʑiəʔ^{23}]、"牢"[lɔ^{433}]是宣平话常用的唯补词。

"了"相当于普通话的"完尽"，指动作所关涉对象竭尽、穷尽。例如：

(103) a. 书望**了**了，我没书望了。(书看完了，我没书看了。)

  b. 饭吃**了**了，我还没吃饱。(饭吃完了，我还没吃饱。)

"好"相当于普通话的"完毕"，指动作或事件完成、结束，有圆满完结的意思。常与"了"共现于动词之后，受事宾语一般前置作主语。例如：

(104) a. 书望**好**了，动手写字了。(书看好了，开始写字了。)

  b. 饭吃**好**了，我乐眮一记。(饭吃好了，我得睡一下。)

  c. 五更烧**好**了，快来吃得了。(早饭烧好了，快来吃。)

  d. 会开**好**了。(会议结束了。)

"歇"相当于普通话的"停止",指动作或事件中止、住手,无圆满完结的意思。例如:

(105) a. 唱**歇**了,没力气唱了。(停止唱了,没力气唱了。)

　　　b. 癫**歇**了,睏去了。(停止发癫了,睡着了。)

"着"相当于普通话的"到""着"(zháo),表示动作达到目的或有了结果。例如:

(106) a. 我听**着**渠讴我名字。(我听到他喊我名字。)

　　　b. 吃**着**好吃个,分点乞我吃吃。(吃到好吃的,分点给我吃吃。)

"牢"相当于普通话的"住""着"(zhe),表示稳当或牢固、停顿或静止。例如:

(107) a. 拖**牢**我弗肯放。(抓住我不肯松手。)

　　　b. 跟**牢**尔两个走。(跟着你们走。)

　　　c. 渠望**牢**我做。(他看着我做。)

3. 部分单音节 VV 式也能带结果补语。例如:

(108) a. 手**洗洗干净**再吃。(手洗干净了再吃。)

　　　b. 两个人乐**讲讲好**。(两个人得谈好。)

　　　c. **睏睏醒**再做。(睡醒了再做。)

一般来说,所带的结果补语是说话者想要追求的积极结果,而不是不想得到的消极结果。但在训斥、威胁等语境也会出现 VV 后带消极结果的现象。例如:

(109) a. 我火起呗帮尔**敲敲死**。(我火起来就把你打死。)

　　　b. 让渠**饿饿死**算了。(让他饿死算了。)

(二) 情态补语

情态补语是由于动作、性状而呈现出来的情态。中心语和补语之间一般有结构助词"得"[tiəʔ],有时"得"之后再加语气助词"呗"[pə⁰],是为了凸显情态的一种夸张表达方式。例如:

(110) a. 叫得**流﹦喉都声烟**了。(哭得喉咙都哑了。)

　　　b. 几个人做堆搞得**真有味**。(几个人在一起玩得真开心。)

c. 做得呗**真吃力**。（干得真累。）

（三）趋向补语

趋向补语表示事物随动作移动的方向，一般由趋向动词充当。

宣平话的趋向补语有"来""去""上来""上去""落来下来""落去下去""归来回来,进来""归去回去,进去""转来回来""转去回去""出来""出去""过来""过去""开""起起来"等。例如：

(111) a. 坐**落来**便动手吃。（坐下来就开始吃。）

b. 趏**过去**望望倡=。（跑过去看看。）

c. 买**归来**吃吃望。（买回来吃吃看。）

d. 徛**起**吃。（站起来吃。）

e. 开到前头再调头调**转来**。（开到前面再调头调转回来。）

f. 书乞渠撅**去**了。（书被他拿走了。）

g. 我走**开**了。（我离开了。）

部分单音节 VV 式也能带趋向补语。例如：

(112) a. 渠便**走走开**，理都弗理我。（他就径直离开，理都不理我。）

b. 渠**走走过来**，搧了我一个巴面光。（他走过来，扇了我一个耳光。）

c. 大齐手机都**交交上来**。（大家的手机都交上来。）

d. 尔去帮渠个车**开开归来**。（你去把他的车子开回来。）

（四）数量补语

1. 一部分数量补语由表动量的量词短语充当，表示动作发生的次数。例如：

(113) a. 杭州我去过**三埭**。（杭州我去过三趟。）

b. 电视望**一记**便睏去了。（电视看一会儿就睡去了。）

c. 乐多讲**两遍**。（得多说几遍。）

2. 一部分数量补语由表时间的量词与数词组成的数量短语充当，或用"数量名"短语充当，表示动作持续的时间。例如：

(114) a. 做了**三日**还寻=做好。（干了三天才干好。）

b. 徛渠堘睏了**一暝**。(在他家住了一夜。)

c. 等了**一个午前**。(等了一个上午。)

(五) 可能补语

可能补语主要由动词、形容词充当。

1. 一部分可能补语用"得"[tiəʔ⁵]或"弗得"[fəʔ⁵⁻⁴ tiəʔ⁵]充当,表示有无可能进行。例如:

(115) a. 我随便直=式东西都**吃得**。(无论什么东西我都能吃。)

b. 我辣个菜**吃弗得**。(辣的菜我不能吃。)

c. 爱=个书细人也**望得**个。(这个书小孩也能看。)

d. 爱=个话**讲弗得**。(这话不能说。)

2. 一部分可能补语是在趋向补语和中心语之间插入"得"或"弗",表示动作的结果、趋向可能不可能实现。例如:

(116) a. 弗难当,**睏得去**。(不难受,能睡着。)

b. 生疏床,**睏弗去**。(陌生床,睡不着。)

c. 忒狭嘞,50个人都弗一定**坐得落**哦。(太窄啦,50个人都不一定能坐下哦。)

d. 忒狭嘞,50个人肯定**坐弗落**。(太窄啦,50个人肯定坐不下。)

(六) 程度补语

宣平话程度补语一般用"猛"[mɛ²²³]、"险"[ɕiɛ⁴⁴⁵]、"死"[sɿ⁴⁴⁵]表达到极点或很高程度,用量词"点"[tiəʔ⁵]表示很轻的程度。例如:

(117) a. 渠两个搞得有味**猛**。(他俩玩得很开心。)

b. 乞渠打得痛**死**。(被他打得很疼。)

c. 街堘热闹**险**。(街上很热闹。)

d. 缧缚忒紧,宽**点**。(不要捆太紧,松一点。)

四、性质形容词和状态形容词

根据朱德熙(1956)的分类,我们把宣平话的形容词分为性质形容词和状态形容词。性质形容词单纯表示性质,状态形容词所表示的性质有量的成分。性质形容词大都能受程度副词修饰,但是状态形容词因为有量的成分,本身带有某些程度意义,所以,不能再受程度副词修饰。

(一) 性质形容词

我们参考刘丹青(2008:533—535)分析宣平话修饰性质形容词的程度副词。

1. 偏小量

程度义按照从低到高的等级排列,宣平话修饰偏小量性质形容词的程度副词有:弗(不)＜有点点＜有点＜没几许(没多少)、弗大(不怎么)。其中"没几许(没多少)""弗大(不怎么)"两词无明显的程度差异,未形成等级序列。这些词在修饰形容词时,都位于形容词的前面。例如:

(118) a. 今日**弗**冷。(今天不冷。)

b. 今日**有点点**冷。(今天有一点点儿冷。)

c. 今日**有点**冷。(今天有点儿冷。)

d. 今日**没几许**冷。(今天没多少冷。)

e. 今日**弗大**冷。(今天不怎么冷。)

2. 偏大量

程度义按照从低到高的等级排列,宣平话修饰偏大量性质形容词的程度副词有:比较＜好点＜猛(得很)、险(得很)＜真＜死人＜没救个。其中"猛(得很)"与"险(得很)",两词无明显的程度差异,未形成等级序列。除了"猛(得很)"与"险(得很)"后置于形容词,其他词在修饰形容词时,都位于形容词的前面。例如:

(119) a. 今日**比较**热。(今天比较热。)

b. 今日**好点**热。(今天好点热。)

c. 今日热**猛**。(今天很热。)

d. 今日热**险**。(今天很热。)

e. 今日**真**热。(今天真热。)

f. 今日**死人**热。(今天非常热。)

g. 今日**没救个**热。(今天不得了热。)

3. 过量

过量是指"说话人觉得超过需求,并因此有负面作用的程度。"(刘丹青 2008:534)宣平话的程度副词"忒_太_"表过量。修饰形容词时,位于形容词的前面。例如:

(120) a. 药**忒**苦,我弗想吃。(药太苦,我不想吃。)

　　　b. 价钿**忒**贵,没钞票买。(价钱太贵,没钱买。)

4. 比较量

宣平话用于性质形容词比较范畴的程度副词是"顶_最_""更_更加_"。例如:

(121) a. 我埭姊妹三个我**顶**长。(我家姐妹三个我最高。)

　　　b. 爱⁼个菜比特⁼个菜还**更**咸。(这个菜比那个菜更咸。)

(二) 状态形容词

大部分状态形容词是在性质形容词的基础上通过重叠、附加等手段来构词的,是一种表情态的生动形式,用以表示程度加深,有较浓的主观评价意味。

1. 和普通话一样,一部分 BA 式状态形容词是"表程度语素+性质形容词"结构,B 是表具体事物的"名词",修饰限制"形容词"A,属于偏正结构。这些词可以转换成"像'B'一样'A'"从修辞学造词法的角度分析,属于修辞学造词法中的比喻式。例如:

(122) 铁硬,冰冷,墨黑,雪白,笔直,骨轮,屁轻,精瘦

2. 从目前调查来看,所有能构成"像'B'一样'A'"的 BA 式状态形容词都不能构成"BBA"式重叠。本章第一节第三部分"重叠构词"提到的形容词"BBA"式,"BA"不能成词,也不能转为"像'B'一样'A'"比喻式。例如:

(123) a. 铁硬(像铁样硬),*铁铁硬;雪白(像雪样白),*雪雪白

　　　b. *水红(*像水样红),水水红_粉红_;*啳渧(*像啳样渧),啳啳渧_湿淋淋_

3. 部分 BA 式中间可插入中缀 Y,构成三音节的 BYA 格式。"BY"不成词,"YA"也不成词,Y 无实义,是处于 B 与 A 之间的虚语素。例如:

(124) a. 卷光光溜，一点儿不剩——卷塌光光溜，一点儿不剩
b. 糊花湿漉漉——糊塌花湿漉漉
c. 串⁼新簇新——串⁼刮新簇新
d. 烂臭很臭——烂喷臭很臭

第八节 介词和介词短语

一、表"处所"的介词

(一) 徛,㧅

1. "徛"[gei²²³]"㧅"[tɕiɯ³²⁴]是宣平话表"在"的常用处所介词。"徛""㧅"的本义有异,"徛"的本义是"站立","㧅"的本义是"躲藏",当用作动词与介词的兼类词表示"在"时,"徛""㧅"无差异,可互换。(125)(126)例句中的"徛""㧅"互换不会影响表达。选用"徛"或"㧅",看个人的语用习惯。

(125) a. 我**徛**校埵。(我在学校。)(动词)
b. 我**徛**校埵吃日午。(我在学校吃午饭。)(介词)
c. 我日午**徛**校埵吃。(我中午在学校吃。)(介词)

(126) a. 我**㧅**间埵。(我在房间里。)(动词)
b. 我**㧅**间埵望书。(我在房间里看书。)(介词)
c. 我午前**㧅**间埵望书。(我上午在房间里看书。)(介词)

2. 普通话"在"能独立成句回答问题,宣平话"徛""㧅"没有该句法功能。例如：

(127) 问：今日尔**徛**校埵弗？(今天你在学校吗？)
a. 答：**徛**校埵。(在学校。)
　　*徛。
b. 答：弗**徛**校埵。(不在学校。)
　　*弗徛。

(128) 问：今日尔**勼**校墥吃弗？（今天你在学校吃吗？）

  a. 答：**勼**校墥吃。（在学校吃。）

   ***勼**。

  b. 答：弗**勼**校墥吃。（不在学校吃。）

   *弗**勼**。

3. 普通话介词"在"带处所宾语时能位于动词之后，宣平话"徛""勼"没有该用法，必须得前置作状语，或省去"在"。例如：

(129) a. 普通话：他睡在学校里。

  b. 宣平话：渠**徛**校墥睏。

  c. 宣平话：渠睏校墥。

  d. 宣平话：*渠睏**徛**校墥。

(130) a. 普通话：我坐在房间里。

  b. 宣平话：我坐间墥。

  c. 宣平话：*我坐**勼**间墥。

4. 当处所词是"人家墥₍家里₎"时，介词"徛""勼"可以省略，成为无介词句。例如：

(131) a. 今日没人人家墥吃。（今天没人在家吃。）

  b. 有两个人人家墥吃。（有两个人在家吃。）

(二) 否定式

1. "否定词＋介词"式

介词"徛"[gei²²³]"勼"[tɕiɯ³²⁴]前加否定词"弗"[fə⁵]、"没"[mei⁵²]表示"不在"。例如：

(132) a. 明日我**弗徛**人家墥吃。/明日我**弗勼**人家墥吃。（明天我不在家吃。）

  b. 昨暝我**没徛**人家墥吃。/昨暝我**没勼**人家墥吃。（昨天我没在家吃。）

  c. 渠**没徛**间墥望书。/渠**没勼**间墥望书。（他没在房间里看书。）

  d. 我**弗徛**校墥吃日午。/我**弗勼**校墥吃日午。（我不在学校吃中饭。）

2. "省略介词"式

当否定句的处所词是"人家垟_家里_"时,介词"徛""勾"可以省略,直接用"弗"[fəʔ⁵]、"没"[mei⁵²]表示"不在"。见例句(133)a、b。当用否定句表示疑问或反问时,介词"徛""勾"可以省略,直接用"弗"表示"不在"。见例句(133)c、d。

(133) a. 明日我**弗**人家垟吃。(明天我不在家吃。)
   b. 昨暝我**没**人家垟吃。(昨天我没在家吃。)
   c. 渠**弗**间垟望书啊?(他不是在房间里看书吗?)
   d. 昨暝尔**弗**校垟吃噶?(昨天你不是在学校吃的吗?)

二、表"起点""经由""方向"的介词

(一) 从

"从"是普通话常用的表起点、经由的介词。宣平话也有介词"从"[ziõ⁴³³],这是受普通话影响的新派说法,见"/"后的例句。老派宣平话一般不用"从",见"/"前的例句。

(134) a. 尔是直⁼垟来个?/尔是**从**直⁼垟来个?(你是从哪里来的?)
   b. 昨暝,渠楼垟跌落来。/昨暝,渠**从**楼垟跌落来。(昨天,他从楼上摔下来。)
   c. 爱⁼部车是柳城开武义个。/爱⁼部车是**从**柳城开到武义个。(这辆车是从柳城开到武义的。)
   d. 去北京乐过南京过。/北京乐**从**南京过。(去北京要从南京经过。)
   e. 记牢,乐走大门过。/记牢,乐**从**大门走出去。(记住,得从大门走出去。)

(二) 望

"望"[mɔ̃²³¹]是宣平话表"往""朝"的常用方向介词。"望"的本义是"看",如"望电影""望书"。例如:

(135) a. **望**车站走去。(往车站走去。)

b. 眼睛**望**落望。（眼睛往下看。）

c. **望**顺手走。（往右走。）

"望＋名词成分"的介词短语多充当状语，不能充当补语。例如：

(136) a. **望**车站赶。（赶往车站。）

　　　*赶望车站。

b. 渠**望**我走过来。（他走向我。）

　　　*渠走望我过来。

(三) 朝

"朝"[dziɔ⁴³³]也是宣平话的方向介词，但不如"望"常用。例如：

(137) a. **朝**内头望望，亦**朝**外头望望。（朝里看看，又朝外看看。）

b. **朝**我望。（朝我看。）

c. **朝**南走。（朝南走。）

(四) 趁

宣平话的"趁"[tɕʰyən⁵²]相当于普通话的"沿着"，引介动作、行为所遵循的路线。例如：

(138) a. **趁**溪沿走。（沿着溪边走。）

b. **趁**细路走。（沿着小路走。）

三、表"目的地"的介词

宣平话表目的地的介词有"到"[təɯ⁵²]、"走"[tsəɯ⁴⁴⁵]。例如：

(一) 到

1. 介词短语"到＋目的地"可独立作状语，也可后附"去""来"。无后附"去""来"，说明话语者的位置比较自由。后附"去"，说明话语者尚未到目的地。后附"来"，说明话语者已到目的地。例如：

(139) a. 人家垟寻弗着，我**到**校垟寻寻望。（家里找不到，我去学校找找看。）（话语者或已到学校，或未到学校）

b. 人家垟寻弗着，我**到**校垟去寻寻望。（家里找不到，我去学校找找看。）（话语者未到学校）

c. 人家垟寻弗着，我**到**校垟来寻寻望。（家里找不到，我来

学校找找看。)(话语者已到学校)

d. 渠勒⁼人都**到**大溪垟洗衣裳。(他们都去河里洗衣服。)(话语者或已在河里,或未到河里)

e. 渠勒⁼人都**到**大溪垟去洗衣裳。(他们都去河里洗衣服。)(话语者未到河里)

f. 渠勒⁼人都**到**大溪垟来洗衣裳。(他们都来河里洗衣服。)(话语者已到河里)

2. 介词短语"到+目的地"可作补语。例如:

(140) a. 一阵人趑**到**柳城来嬉。(一群人跑到柳城来玩。)

b. 送**到**路口再归。(送到路口再回去。)

c. 开**到**转弯角再歇力。(开到转角处再休息。)

(二) 走

"走"用作介词组成"走+目的地"介词短语时,与介词"到"的第一点句法功能相同。例句(128a—f)中的"到"均可更换为"走"。但"走+目的地"介词短语不具备介词"到"的第二点句法功能,无法充当补语。

四、表"时间起始"的介词

在时间起始方面,宣平话有"从+时间词+起""时间词+起"两种结构形式,"起"读[tsʰ1⁴⁴⁵]。例如:

(141) a. **从**上个月**起**,我便弗吃烟了。(从上个月开始,我就不抽烟了。)

b. 上个月**起**,我便弗吃烟了。(从上个月开始,我就不抽烟了。)

c. **从**1号**起**,到8号,都放假。(从1号开始,到8号,都放假。)

d. 1号**起**,到8号,都放假。(从1号开始,到8号,都放假。)

e. **从**今日**起**,开始收费。(从今天开始收费。)

f. 今日**起**,开始收费。(从今天开始收费。)

五、表"施事""受事"等的介词

(一) 乞

宣平话介词"乞"[kʰəʔ⁵]可以表示与格、被动意义。

1."乞"表与格时,一般用于以下两种结构:

结构一"动词+乞+间接宾语"。该结构中的"乞"有时读[xəʔ⁵],声母失落闭塞成分,塞音擦化。例如:

(142) a. 我弗卖乞尔。(我不卖给你。)

　　　b. 我还乐烧乞尔吃。(我还得烧给你吃。)

　　　c. 钞票借乞渠快一年了。(钱借给他快一年了。)

　　　d. 手机是送乞尔个。(手机是送给你的。)

该结构中的"乞"有时并非强制,如上例(142c—d),省去"乞"的句式也比较常见。

结构二"动词+直接宾语+乞+间接宾语"。例如:

(143) a. 我包个红包乞尔。(我包个红包给你。)

　　　b. 尔驮张纸乞我。(你拿张纸给我。)

　　　c. 渠买了一双鞋乞我。(他买了一双鞋给我。)

同结构一,该结构中的"乞"也可省去。

2."乞"表被动意义,引出动作的施事。具体参见本章第九节第二部分。

(二) 替

宣平话介词"替"[tʰiəʔ⁵]/[tɕʰiəʔ⁵]可用于受益格,可引介受事对象。

1."替"用于受益格,表示"帮某人或为某人做事"。受益对象一般置于主要动词之前,即"替+受益者+动词谓语"。例如:

(144) a. 渠替我幛桌。(他帮我擦桌子。)

　　　b. 替我和渠讲记。(帮我和他说一声。)

　　　c. 我替渠带人。(我帮他带小孩。)

　　　d. 尔替我菜买点归来。(你帮我买点菜回来。)

　　　e. 大齐人都是替尔做。(大家都是为你干。)

2. "替"相当于普通话"把",以"替+受事宾语"的格式引介受事对象。例如:

(145) a. **替**桌帻帻干净。(把桌子擦擦干净。)

b. **替**碗都敲了。(把碗给打破了。)

c. **替**衣裳收起。(把衣服收起来。)

六、表"关涉对象"的介词

(一) 问

宣平话介词"问"[mən²³¹]相当于普通话"向",即向某人或某方面要东西,引介出被要对象。该介词在一定程度上保留了动词"问"表"询问"的词汇意义。例如:

(146) a. 渠**问**我借一万块钞票。(她向我借一万块钱。)

b. **问**村塆讨补贴。(向村里要补贴。)

c. **问**我撼合同。(向我要合同。)

(二) 和

宣平话介词"和"[xo⁻⁴⁴]表示"对、向""伙同、跟从""与、同"。"和"单字调不明,只有连读调[xo⁻⁴⁴]。

1. "和"表示"对、向",引介出的对象不是动作的发出者。例如:

(147) a. 我没**和**渠讲过。(我没对他讲过。)

b. 渠**和**我笑。(他对我笑。)

c. 渠**和**我叫。(他对我哭。)

d. 渠弗帮我,我弗**和**渠好了。(他不帮我,我不和他好了。)

2. "和"表示"伙同、跟从",引介出的对象和主语同动作。例如:

(148) a. 渠**和**我去望戏。(他和我去看戏。)

b. 尔嫛等我,我**和**我舅舅做堆走。(你不要等我,我和我舅舅一起走。)

3. "和"表示"与、同",引介出比较的对象。例如:

(149) a. 尔**和**老师一样长。(你和老师一样高。)

b. 我个想法**和**渠个弗一样。(我的想法和他的不一样。)

第九节　致使、处置和被动结构

据曹茜蕾(2007)研究,从历时角度看,"处置""致使""被动"三个结构有以下内在语义发展关系:处置＞致使＞被动。本节将这三个语义关系较密切的结构放一起讨论。

一、致使结构

致使从广义的角度可分为"使役致使""允让致使"两类。

(一) 使役致使

宣平话一般使用"讴叫"[ɔ³²⁴]、"害"[ei²³¹]等实义动词表使役致使。

1."讴叫"在致使结构中表命令义或使成义。例如:

(150) a. **讴**尔嫑去,尔便乐去。(叫你不要去,你就是要去。)
　　　b. 渠**讴**我和尔做记去买菜。(她叫我和尔一起去买菜。)
　　　c. 老师**讴**大齐人快点去排队。(老师叫大家快去排队。)

2."害"强调消极结果义,即某事件导致产生具有消极结果义的某事件。例如:

(151) a. 渠野乱讲,**害**我一暝没睏。(他胡说八道,害得我一夜没睡。)
　　　b. 渠车乱开个,**害**我坐吐了。(他车子乱开,害我晕车吐了。)
　　　c. 告我九点钟开会,**害**我迟到了。(告诉我九点钟开会,害得我迟到了。)

(二) 允让致使

宣平话表允让致使的动词有"让"[ȵiɑ²³¹]、"随便"[ʑy⁴³³⁻⁴³ biɛ²³¹]、"乞"[kʰəʔ⁵]、"分"[fən³²⁴]等。例如:

1."让"在致使结构中表允许义。例如:

(152) a. 嫑**让**渠野乱吃。(不要让他胡吃。)

b. **让**我歇两日哆⁼。(让我先歇几天。)

c. 渠乐搞,便**让**渠搞。(他想玩,就让他玩。)

2. "随便"在致使结构中表任凭义。例如:

(153) a. **随便**尔吃弗吃。(随便你吃不吃。)

b. 酒多险,**随便**呷。(酒很多,随便喝。)

3. 当动词是"逃"时,"乞""分"字句中的施事和受事是同一对象,这是一种特殊的允让致使结构,属于非自愿的允让。例如:

(154) a. 鸡嫑**分**渠逃了。(不要让鸡逃走了。)

b. 人嫑**乞**渠逃了。(不要让人逃走了。)

二、被动结构

宣平话表被动的介词是"乞"[kʰəʔ⁵]、"分"[fən³²⁴],介词义均由动词义"给"虚化而来。

1. 宣平话没有长短被动句之分,常见的被动结构是"乞/分+施事者","乞""分"后的施事者不能省略。普通话能说"帽子被吹走了""他被骂哭了""一万块钱一个月就被花完了",这样的句式宣平话不成立。例如:

(155) a. 帽**乞**风吹去了。(帽子被风吹走了。)

＊帽**乞**吹去了。

b. 渠**分**我骂叫起了。(他被我骂哭了。)

＊渠**分**骂叫起了。

c. 一万块钞票一个月便**乞**渠用了了。(一万块钱一个月就被他花完了。)

＊一万块钞票一个月便**乞**用了了。

若施事者在语境中不明确,则用"人"充当。例如:

(156) a. 车**分**人撞了,没法开了。(车被撞了,不能开了。)

＊车**分**撞了,没法开了。

b. 望望清楚,嫑**乞**人骗了。(看看清楚,不要被骗了。)

＊望望清楚,嫑**乞**骗了。

c. 我个手机寻弗着了,没数是乞人偷了。(我的手机找不到了,可能是被偷了。)

*我个手机寻弗着了,没数是乞偷了。

2. 被动结构一般用于表达不幸、非常态或是超出预期的事件,积极的事件一般不用被动结构,直接用受事主语句表达。例如:

(157) a. 我乞渠害了。(我被他害了。)

b. 渠帮了我。(他帮了我。)

*我乞渠帮了。

c. 车分我骑去了。(车子被我骑走了。)

d. 手机乞我寻着了。(手机被我找到。)

3. 表否定被动结构中的否定成分应该置于介词"乞"之前。例如:

(158) a. 钞票嫑分渠跌了。(钱不要被他丢了。)

*钞票分渠嫑跌了。

b. 我没乞人打过。(我没被打过。)

*我乞人没打过。

三、处置结构

(一) 句义

1. 一部分处置结构表达的是已然事件,其中大部分是超出预期的或主观上认为不积极的事件。例如:

(159) a. 渠帮我个衣裳摛去着了。(他把我的衣服拿去穿了。)

b. 我替渠赶出去了。(我把他赶出去了。)

c. 尔埭儿替我个车撞了。(你儿子把我的车子撞了。)

2. 一部分处置结构用于祈使句,所表达的是未然事件。例如:

(160) a. 尔去替间埭个灯关了。(你去把房间的灯关了。)

b. 替碗洗了再去嬉。(把碗洗了再去玩。)

c. 尔嫑帮渠吓了。(你不要把她吓着了。)

(二) 句式

宣平话的处置结构有以下两种句式。

1. "替＋受事对象＋谓语""帮＋受事对象＋谓语"是和普通话结构相同的处置句式。介词"替"[tʰiəʔ⁵]/[tɕʰiəʔ⁵]、"帮"[põ³²⁴]与受事对象组成介词短语作状语，表示对事物加以处置。该结构用于已然句，也用于表祈使的未然句。"替"[tʰiəʔ⁵]/[tɕʰiəʔ⁵]、"帮"[põ³²⁴]无差异，具体语用看个人选择。例如：

(161) a. 渠**替**我个车开去了。（她把我的车子开走了。）

　　b. 两个人用劲做,年底**替**账还还了。（两人努力干,年底将账还掉。）

　　c. **替**楼梯擦擦干净。（把楼梯擦擦干净。）

　　d. **帮**灯开起。（把灯开起来。）

2. "受事对象＋替渠＋谓语""受事对象＋帮渠＋谓语"是一特殊的处置句式。受事对象前置,位于介词"替""帮"之前,起到凸显、强调的作用。介词"替"或"帮"与"渠他"组合,"渠他"是对受事对象的复指,"替渠""帮渠"是"把他"的意思,表示对受事对象加以处置,而非"帮他、为他"的意思。该结构多用于表祈使的未然句,是宣平话的常用句式。例如：

(162) a. 车**替**渠开边堘去。（把车子开到边上去。）

　　b. 衫袖头**替**渠洗洗干净。（把袖口洗干净。）

　　c. 米**帮**渠齿起。（把米装起来。）

　　d. 字**替**渠写写好。（把字写好。）

该结构也可在"受事对象"和"替渠""帮渠"中间插入"主语",形成"受事对象＋主语＋替渠＋谓语""受事对象＋主语＋帮渠＋谓语"的处置句式。例句(162)可改为以下句式。

(163) a. 车尔**替**渠开边堘去。（你把车子开到边上去。）

　　b. 衫袖头尔**替**渠洗洗干净。（你把袖口洗干净。）

　　c. 米我**帮**渠齿起。（我把米装起来。）

　　d. 字尔**替**渠写写好。（你把字写好。）

（三）特点

宣平话处置结构中的谓语有以下几个特点。

1. 谓语动词一般具有处置性。不及物动词、能愿动词、判断动词、趋向动词不能称为谓语动词。

2. 谓语动词一般不是光杆动词，尤其不能是单音节动词。或后有补语、宾语、动态助词，或前有状语，或是动词的重叠式。

3. 能愿动词或否定词应在介词"替""帮"之前，不能置于介词"替""帮"之后。例如：

(164) a. 尔乐**替**账还了。/尔乐**帮**账还了。（你得把账还了。）

*尔**替**账乐还了。/*尔**帮**账乐还了。

b. 尔还没**替**账还了。/尔还没**帮**账还了。（你没把账还了。）

*尔**替**账还没还了。/*尔**帮**账还没还了。

c. 账乐**替**渠还还了。/账乐**帮**渠还还了。（得把账还掉。）

*账**替**渠乐还还了。/*账**帮**渠乐还还了。

d. 账还没**替**渠还了。/账还没**帮**渠还了。（还没把账还了。）

*账**替**渠还没还了。/*账**帮**渠还没还了。

第十节 时 体 范 畴

与普通话以及大部分汉语方言一样，宣平话没有高度语法化的时范畴，但体范畴比较发达。下面我们讨论宣平话各类体标记的用法。

一、先行体

宣平话的先行体标记有"先"[ɕiɛ³²⁴]、"哆⁼"[do²²³]。

(一) 先

先行体标记"先"用在谓词性词语前面，是"领先"的意思，表不同施事对象要施行同一动作的情况下，某施事对象的次序安排在前。例如：

(165) a. 阿⁼呗我弗客气，我**先**吃罢。（那我不客气，我先吃了。）
　　　b. 让渠**先**去，化⁼人等记再去。（让他先去，咱们等会儿再去。）
　　　c. 尔**先**吃，嫑等我。（你先吃，不要等我。）
　　　d. 尔**先**交钞票，票我再乞尔。（你先交钱，票我再给你。）
　　　e. 吃弗牢做，尔**先**去睏。（吃不消干，你先去睡。）

（二）哆⁼

先行体标记"哆⁼"[do²²³]用在谓词性词语后面，是"优先"的意思，表先施行并完成该动作，再有后续的动作或情况发生。例如：

(166) a. 嫑慌，吃了**哆⁼**。（不要慌，先吃。）
　　　b. 尔钞票交了**哆⁼**，票我再乞尔。（你先交钱，票我再给你。）
　　　c. 吃弗牢做，歇记**哆⁼**。（吃不消干，先歇会儿。）

"哆⁼"也可以与"先"组合，一起表"先行体"。"先"位于谓词性词语之前，"哆⁼"位于谓词性词语之后。例如：

(167) a. 管渠好弗好，我先买来**哆⁼**。（管他是否好，我先买来。）
　　　b. 嫑等渠，尔自先开去**哆⁼**。（不要等她，你自己先开去。）
　　　c. 乐先想好了**哆⁼**再做。（得先想好了再做。）

二、行将体

宣平话的行将体标记是"快"[kʰua⁵²]。"快"用在谓词性词语前面，表示"将"的意思。可独立使用，也常与"乐要"[ŋə²²³]组合使用。当"快""快乐快要"前附副词"便就"[bəʔ²³]时，表示"即将""就要"的意思。例如：

(168) a. 我**快**去罢。（我快去了。）
　　　b. 渠**快乐**吃好了。（她快吃好了。）
　　　c. **快乐**落雨了。（快要下雨了。）
　　　d. 嫑慌，再等记添，车**便快**到了。（不要慌，再等一下，车子就要到了。）

e. 我个车**便快乐**没油了。(我的车子就快没油了。)

三、起始体

宣平话的起始体标记有"**动手**开始"[dən²²³⁻²² ɕiɯ⁴⁴⁵]、"**开始**"[kʰei³²⁴⁻⁴⁴ sɿ⁴⁴⁵]、"**起**起来"[tɕʰiəʔ⁰]、"**来**"[lei⁴³³]。

(一) 动手、开始

1. 起始体标记"**动手**开始""**开始**"用在谓词性词语前面,表示"开始"。

2. "动手"侧重于开始去做某件事情,一般用于动作的开始。"开始"的使用范围广,既可用于动作的开始,也可用于状态的开始。例如:

(169) a. 我**动手**烧罢。(我开始烧了。)

　　　b. 我**开始**烧罢。(我开始烧了。)

　　　c. 渠勒⁼人已经**动手**吃了。(他们已经开始吃了。)

　　　d. 渠勒⁼人已经**开始**吃了。(他们已经开始吃了。)

　　　e. 灯**开始**亮了。(灯开始亮了。)

　　　　＊灯**动手**亮了。

3. "动手"一般不与"起起来""来"组合,"开始"能与"起起来""来"组合使用,特别是用于状态开始的句子,两者组合较为常见。例如:

(170) a. 两个人亦**开始**打**起**了。(两个人又开始打起来了。)

　　　　＊两个人亦**动手**打**起**了。

　　　b. 渠**开始**讲**来**了。(他开始讲了。)

　　　c. 面**开始**红**起**了。(脸开始红了。)

　　　d. 天**开始**热**起**了。(天开始热了。)

4. "**动手**开始""**开始**"还可以互换位置组合成"状中"结构,表示开始的意思。另外,"开始动手""动手开始"还可成为谓语中心词的状语,其中"开始动手"的说法更常用。例如:

(171) a. 我**动手开始**了。(我开始了。)

　　　b. 我**开始动手**了。(我开始了。)

c. 我**开始动手**做了。(我开始干了。)

d. 我**动手开始**做了。(我开始干了。)

e. 渠**开始动手**写了。(他开始写了。)

f. 渠**动手开始**写了。(他开始写了。)

(二) 起_{起来}、来

1. "起_{起来}"[tɕʰiaʔ⁰]、"来"[lei⁴³³]也是宣平话的起始体标记,用在谓词性词语后面,后面多有表事态变化的助词"了""罢",表示状态的"开始"。例如:

(172) a. 今日冷**起**了。(今天开始冷起来了。)

b. 渠慌**起**了罢。(他开始慌了。)

c. 渠叫**起**了。(他开始哭了。)

d. 汗滴**来**了罢。(开始滴汗了。)

e. 眼睛眙**来**了,想瞓了。(眼睛开始闭合,想睡觉了。)

f. 大水推⁼**来**了,快点逃。(洪水开始冲来了,快点逃。)

2. "起_{起来}""来"可单独使用时,也可和"开始"组合使用,表动作或状态的开始。例(172)中的谓词性词语都可前加"开始"。例如:

(173) a. 今日开始冷**起**了。(今天开始冷起来了。)

b. 渠开始慌**起**了罢。(他开始慌了。)

c. 渠开始叫**起**了。(他开始哭了。)

d. 汗开始滴**来**了罢。(开始滴汗了。)

e. 眼睛开始眙**来**了,想瞓了。(眼睛开始闭合,想睡觉了。)

f. 大水开始推⁼**来**了,快点逃。(洪水开始冲来了,快点逃。)

四、进行体

普通话的进行体标记是"在",以"在+动词"结构表示某个事件正在进行。宣平话位于动词之前的进行体标记是"徛[gei²²³]+方位成分"或"勼[tɕiɯ³²⁴]+方位成分"结构,其中"徛""勼"既是处所动词,又是处所介词,该内容本章第八节第一部分已讨论,此不再赘述。

进行体标记中的"徛""勾"是"在"的意思,"堵"是最常见的方位成分。"堵"本义可指"这儿"。如"我坐堵望_{我坐这儿看}""堵我没来过_{这儿我没来过}"。"徛堵"[gei²²³⁻²² tɑʔ⁵]、"勾堵"[tɕiɯ³²⁴⁻³² tɑʔ⁵]仅表某个事件正在进行,不强调近指还是远指。例如:

(174) a. 今日没生意,我**徛堵**嬉。(今天没活儿,我在玩。)

b. 我**勾堵**做作业,尔勒⁼人嫑吵我。(我在做作业,你们不要吵我。)

c. 爱⁼两日柳城**徛堵**办宣莲节,尔来嬉哦?(这几天柳城在举办宣莲节,你来玩吗?)

d. 我**徛堵**望电视,尔**徛堵**做直⁼式啊?(我在看电视,你在干什么?)

e. 渠**徛堵**睏,尔嫑来吵渠。(他在睡,你不要来吵他。)

f. 渠**徛堵**开车,没法接尔个电话。(他在开车,不能接你的电话。)

当方位成分是"爱⁼堵_{这儿}"[ei⁻⁵⁵ tɑʔ⁵⁻⁰](也说"阿⁼堵"[aʔ⁵⁻⁴ tɑʔ⁵])、"夺⁼堵_{那儿}"[də²³⁻² tɑʔ⁵](也说"特⁼堵"[diə²³⁻² tɑʔ⁵])时,"徛+方位成分""勾+方位成分"结构是"在这""在那"的意思,不仅表某个事件正在进行,还强调事件的方位。例如:

(175) a. 大齐人都**徛堵**寻渠个时候,渠**徛夺⁼堵**趗街路。(大家都在找他的时候,他在那儿逛街。)

b. 渠**徛夺⁼堵**吃饭,尔寻渠争⁼意啊?(他在那儿吃饭,你找他干什么?)

c. 渠**徛爱⁼堵**叫,尔来帮我劝记渠。(他在这儿哭,你来帮我劝一下他。)

"徛+方位成分""勾+方位成分"之前可加"将好_{正好}""还"等副词,表示"正在""尚在"。

(176) a. 我将好**徛堵**开车,尔电话打来了。(我正在开车,你电话打来了。)

b. 渠两个来个时候,我将好**勾堵**睏。(他俩来的时候,我正在睡觉。）

c. 尔打我电话个时候我还**勾墑**吃饭。（你给我打电话的时候我还在吃饭。）

d. 柳城还**倚墑**落雨，尔武义呢？（柳城还在下雨，你武义那儿呢？）

五、持续体

普通话的持续体标记是"着"。"着"用在动词、形容词的后面，表示在进行或状态在持续。宣平话位于谓语动词之后的持续体标记有两类词，一类是方位词："墑"[tɑʔ⁵/dɑʔ²³]、"爱⁼墑这儿"[ei⁻⁵⁵ tɑʔ⁵⁻⁰]（也说"阿⁼墑"[aʔ⁵⁻⁴ tɑʔ⁵]）、"夺⁼墑那儿"[dəʔ²³⁻² tɑʔ⁵]（也说"特⁼墑"[dieʔ²³⁻² tɑʔ⁵]）；一类是趋向助词："起起来"[tɕʰiəʔ⁵]。这两类词分别与前面已讨论的进行体、起始体有一些关联，下面具体分析。

（一）方位类

1. 与大部分吴方言一样，"墑""爱⁼墑这儿"（也说"阿⁼墑"）、"夺⁼墑那儿"（也说"特⁼墑"）等方位词既是进行体标记，又是持续体标记。同持续体，"倚墑""勾墑"仅表某个事件正在进行，不强调近指还是远指。当方位成分是"爱⁼墑这儿"（也说"阿⁼墑"）、"夺⁼墑那儿"（也说"特⁼墑"）时，"倚＋方位成分""勾＋方位成分"结构是"在这""在那"的意思，不仅表某个事件、状态正在持续中，还强调事件的方位。但进行体、持续体中的"倚＋方位成分""勾＋方位成分"结构也有一些差异。进行体中的方位词需与"倚""勾"组合，以介宾短语的形式位于动词之前充当状语。持续体中的方位词独立位于动词之后充当补语。例如：

(177) a. 我**倚墑**开门。（我在开门。）（进行体）

b. 我门开**墑**。（门我开着。）（持续体）

c. 我**倚夺⁼墑**烧菜。（我在那儿烧菜。）（进行体）

d. 我菜还烧**夺⁼墑**。（菜我还在那儿烧着。）（持续体）

2. "动词＋方位词"一般表示由某动作引起的状态的延续，动词所

表示的动作不但可以延续,而且可以产生持久的影响。例如:

(178) a. 门开**埳**,嫑关。(门开着,不要关。)

b. 门关**夺=埳**,没人人家埳。(门关着,没人在家。)

c. 灯让渠开**夺=埳**,尔嫑去关。(灯让它亮着,你不要去关。)

d. 车发**特=埳**,车埳没人。(车发动着,车里没人。)

3. 普通话表示存在类句子仍可用"动词+着"的持续体结构,如"桌上放着一本书""门口站着两个人""墙上挂着一张画"。此类表达宣平话有两种句子结构。

一种是,持续体标记"动词+方位词"置于句末,存现宾语位于"动词+方位词"之前,且前加"有"。形成"有+存现宾语+动词+方位词"的结构。其中的方位词由话语者根据实际场景做选择。例如:

(179) a. 桌埳有一本书园**夺=埳**。(桌上放着一本书。)

b. 门口有两个人徛**埳**。(门口站着两个人。)

c. 墙埳有一张图画挂**夺=埳**。(墙上挂着一张画。)

一种是,采用与完成体相同的句式予以表达。例如:

(180) a. 桌埳园**了**一本书。(桌上放着一本书。)

b. 门口徛**了**两个人。(门口站着两个人。)

c. 墙埳挂**了**一张图画。(墙上挂着一张画。)

(二) 趋向助词类

1. 趋向助词"起起来"置于动词之后,既可以是起始体标记,又可以是持续体标记,但两者也有一些差异。进行体句末一般是表事态变化的助词"了""罢",持续体无此表现。例如:

(181) a. 面红**起**了。(脸开始红了。)(起始体)

b. 面红**起**,弗敢讲。(红着脸,不敢说。)(持续体)

c. 眼泪流**起**了。(开始流眼泪了。)(起始体)

d. 眼泪流**起**,便晓得叫。(流着眼泪,就知道哭。)(持续体)

e. 鼻头涕挂**起**了。(开始挂鼻涕了。)(起始体)

f. 鼻头涕挂**起**,晓弗得幰。(挂着鼻涕,不知道擦。)(持续体)

2. 趋向助词类持续体结构常作状语。例如：

(182) a. 叫**起**趑过来。（哭着跑过来。）

　　　b. 笑**起**和我讲。（笑着和我说。）

　　　c. 坐**起**和我讲。（坐着和我说。）

六、完成体

(一) 了

宣平话中的完成体"了"[lɑʔ⁰]与普通话用法大致一样，用在动词、形容词后面，表示动作的完成。当"了"位于动宾之间时，"了"相当于普通话"了$_1$"。见例(183)a、b。当"了"出现在句末时，"了"相当于普通话"了$_1$""了$_2$"的合体，兼有动态助词和语气词的作用。见例(183)c、d。当"了罢"连用时，宣平话的"了"相当于普通话的动态助词"了$_1$"，"罢"相当于普通话的语气助词"了$_2$"。见例(183)e、f。例如：

(183) a. 今年渠赚**了**三十万左右。（今年他赚了三十万左右。）

　　　b. 渠做好**了**两样作业。（他完成了两项作业。）

　　　c. 渠作业做好**了**。（他作业做好了。）

　　　d. 菜冷**了**。（菜凉了。）

　　　e. 渠作业做好**了**罢。（他作业做好了。）

　　　f. 菜冷**了**罢。（菜凉了。）

(二) 过

宣平话中的"过"[ko⁵²]表示完成体，常与"了"共现于动词之后。该类句子与表经历体"过"的差异在于，所完成的是常规性的事件，如"吃""睡""拉""洗"等，或是预期的事件，而非体验性、尝试性的事件。句子中的受事宾语一般前置作主语。例如：

(184) a. 饭我吃**过**了。（我吃过饭了。）

　　　b. 我睏**过**了。（我睡过了。）

　　　c. 雨落**过**了。（下过雨了。）

　　　d. 尔讴我写字，我写**过**了。（你叫我写字，我写过了。）

七、经历体

宣平话中的"过"[ko⁵²]用于经历体,相当于普通话"曾经",表示主体经历过某事或有过某种体验。该经历、体验可以重复,常被计数。与完成体一样,受事宾语一般前置作主语。例如:

(185) a. 北京尔去**过**几埭?(北京你去过几趟?)
  b. 爱⁼个东西尔肯定没吃**过**。(这个东西你肯定没吃过。)
  c. 渠个车我开**过**。(我开过他的车子。)
  d. 铃响起**过**。(铃声曾经响起。)

若有时量短语,时量短语可位于"过"之后,也可插入动词和"过"之间。例如:

(186) a. 爱⁼本书我便望**过**一遍。(这本书我仅看过一遍。)
  b. 爱⁼本书我便望一遍**过**。(这本书我仅看过一遍。)
  c. 渠垱我去**过**两埭。(他家我去过两趟。)
  d. 渠垱我去两埭**过**。(他家我去过两趟。)

若表示否定,时量短语得位于"没V过"之前。例如:

(187) a. 爱⁼本书我一遍都没望**过**。(这本书我一遍都没看。)
  b. 我一埭都没去嬉**过**。(我一趟都没去玩过。)
  c. 渠一日书都没读**过**。(他没上过一天学。)
  d. 尔个钞票我一分都没用**过**。(你的钱我一分都没用过。)

八、重复体

宣平话中的"过"[ko⁵²]还可用于重复体,相当于普通话"重新",表示对某事件、某物不满意而再一次实施行为动作,部分实施的行为动作是之前的重复,也有部分实施的行为动作与之前不一样。"过"用在动词后,动词前可加"再",也可不加。例如:

(188) a. 账算赚了,再算**过**。(账算错了,重新再算。)
  b. 衣裳忒短了,乐买件**过**了。(衣服太短了,得重新买一件了。)

c. 爱⁼个没法用,再做个**过**。(这个不能用,重新再做一个。)

d. 化⁼人再去嬉**过**。(咱们再去玩过。)

e. 爱⁼个弗道地,我调个**过**。(这个不好看,我换一个。)

动词和"过"之间可插入量词,表示重新实施动作的动量数或名量数,不过插入的一般是光杆量词,表单一数量。例如:

(189) a. 弗喜欢样呗尔自再择个**过**。(若不喜欢你就自己再挑一个。)

b. 老屋忒狭,买套**过**。(老房子太挤,重新买一套。)

c. 尔两个人个位置调记**过**。(你俩的位置重新换一下。)

九、反复体

宣平话还有"V 了 V"的反复体结构,表示"多次 V""反复 V"。"V 了 V"其实是"V 了又 V"的省略。例如:

(190) a. 我是**讲了讲**个,渠都弗听。(我是讲了又讲的,他不听。)

b. 渠**望了望**,没买。(他看了又看,没买。)

c. 我**擦了擦**,擦弗干净。(我擦了又擦,擦不干净。)

十、尝试体

尝试体是指尝试做某个动作,该动作的用时较短,呈现出轻松貌。宣平话的尝试体标记是"望看"[mɔ̃²³¹]/[mɔ̃²³¹⁻⁰]、"倡⁼"[tɕʰiɑ⁰],以"VV 望""VV 倡⁼""V 记望""V 记倡⁼"结构表示尝试做某事。"望"本义是"看","倡⁼"本字不明,或许是"起"的儿化音。"望""倡⁼"无差异,话语者根据自己习惯自由选择。"记"是动量词,相当于普通话"下"。例如:

(191) a. 尔开开**望**,好开弗好开?/尔开开**倡⁼**,好开弗好开?(你开开看,好开不好开?)

b. 尔来掇掇**望**,掇得动哦?/尔来掇掇**倡⁼**,掇得动哦?(你来端端看,能否端得动?)

(192) a. 尔吃记**望**,好吃哦?/尔吃记**倡**⁼,好吃哦?(你吃吃看,好吃不?)

b. 望记**望**,还落雨哦?/望记**倡**⁼,还落雨哦?(看一下,还下雨吗?)

"VV""V 记"和"望""倡⁼"之间可插入宾语,宾语也可前置。例如:

(193) a. 尔开开渠个车**望**,好开弗好开?/尔开开渠个车**倡**⁼,好开弗好开?(你开开他的车看,好开不好开?)

b. 爱⁼块石头尔来掇掇**望**,掇得动哦?/爱⁼块石头尔来掇掇**倡**⁼,掇得动哦?(这块石头你来端端看,能否端得动?)

(194) a. 尔吃记我烧个菜**望**,好吃哦?/尔吃记我烧个菜**倡**⁼,好吃哦?(你吃吃我烧的菜看,好吃不?)

b. 天气预报望记**望**,明日还落雨哦?/天气预报望记**倡**⁼,明日还落雨哦?(天气预报看一下,明天还下雨吗?)

"VV 望""VV 倡⁼""V 记望""V 记倡⁼"结构中"V 记"与"VV"无差异,可互换。例如:

(195) a. 尔着记**望**,忒细便嫑买。/尔着着**望**,忒细便嫑买。(你试穿一下看,太小就不要买。)

b. 爱⁼双鞋舒服猛,尔买双着记**望**。/爱⁼双鞋舒服猛,尔买双着着**望**。(这双鞋很舒服,你买双穿穿看。)

第十一节 情态范畴

本节从情态动词、情态副词两个方面讨论宣平话的情态范畴,对每个情态动词、情态副词所能表达的情态意义进行描述。

一、情态动词

下面讨论"好"[xəɯ⁴⁴⁵]、"有好"[iɯ²²³⁻²² xəɯ⁴⁴⁵]、"有法"[iɯ²²³⁻²²

fɑʔ⁵]、"乐"[ŋə²²³]、"会"[uei²²³]、"肯"[kʰən⁴⁴⁵]、"想"[ɕiã⁴⁴⁵]等情态动词以及"能性动补结构"。

（一）好

1."好"可表达被同意允许做某事，包括社会许可和条件许可，相当于"能"。例如：

(196) a. 满月了,便**好**出门了。（满月了,就能出门了。）

b. 没票个人**好**望个哦？（没票的人能看吗？）

c. 考400分,爱⁼个学堂**好**读哦？（考400分,能去这个学校读吗？）

d. 女个人55岁便**好**退休了。（女性55岁就可以退休了。）

否定可用"没好""弗好",相当于"不能",不被允许。其中"没好"比"弗好"更常用。例如：

(197) a. 没满月是**没好**出门个。/没满月是**弗好**出门个。（没满月是不能出门的。）

b. 没票个人**没好**望。/没票个人**弗好**望。（没票的人不能看。）

c. 考400分,爱⁼个学堂**没好**读。/考400分,爱⁼个学堂**弗好**读。（考400分,这个学校没得读。）

d. 55岁还**没好**退休。/55岁还**弗好**退休。（55岁还不能退休。）

2."好"可表示说话者根据某种客观条件满足的情况下,表达一种主观建议,具有敦促义,相当于"该""得"。例如：

(198) a. **好**吃得了,饭都乐冷了。（该吃了,饭都要冷了。）

b. 8点钟了,**好**挖⁼起得了。（8点了,该起床了。）

c. 明日乐考试,尔**好**去望书了。（明天要考试,你该去看书了。）

d. 连去做了1个月了,**好**歇两日了。（持续干了1个月了,该歇两天了。）

3."好"表示若具备某个客观条件,就能做某事,即外在客观条件

决定事件实现的可能性,相当于"以便"。例如:

(199) a. 早点去,**好**多嬉记。(早点儿去,就能多玩会儿。)

b. 尔帮记渠,**好**让渠早点歇。(你去帮他一下,可让他早点儿休息。)

c. 尔开快点,我**好**和渠作堆去。(你开快点,我可以和他一起去。)

d. 门开开大点,车**好**开归去。(门开大点,车子可以开进去。)

4. "好"表示事件能持续的时间以及达到的范围,多与数量短语同现,相当于"能够""足以"。例如:

(200) a. 渠个酒量,斤半白酒**好**呷。(他的酒量,能喝一斤半白酒。)

b. 爱＝个雨,我望望有个把星期**好**落。(这场雨,我看能下一个星期。)

c. 尔乞渠个钞票,渠一个月**好**用。(你给她的钱,她能用一个月。)

d. 特＝个停车场阔险,50部车**好**停。(那个停车场很宽敞,能停下50辆车。)

5. "好"表示生命个体有能力做某事,或物体有某种用途和功能,相当于"可以"。例如:

(201) a. 尔杂＝本事,**好**自当老板了。(你这么能干,可以自己当老板了。)

b. 尔是舅舅,爱＝个话,尔**好**讲个。(你是舅舅,这个话,你可以说。)

c. 爱＝个瓶**好**撬来齿酒。(这个瓶子可以拿来装酒。)

d. 特＝支凳**好**囥门口坐坐。(那张凳子可以摆在门口坐坐。)

e. 爱＝种菜**好**当饭吃。(这种菜可以当饭吃。)

f. 爱＝种饲料牛**好**吃个。(这种饲料牛可以吃。)

否定用"弗好",相当于"不可以"。例如:

(202) a. 渠还忒年轻,**弗好**自当老板。(他还太年轻,不可以自己当老板。)

b. 尔是舅舅,爱=个话,尔**弗好**讲个。(你是舅舅,这个话,你不可以说。)

c. 爱=个瓶**弗好**齿酒个。(这个瓶子不可以装酒。)

d. 特=支凳**弗好**囥门口坐。(那张凳子不可以摆在门口坐。)

e. 爱=种菜**弗好**当饭吃。(这种菜不可以当饭吃。)

f. 爱=种饲料牛**弗好**吃个。(这种饲料牛不可以吃。)

(二) 有好

1. "有好"的用法同上面"好"的第1点。可表达被同意允许做某事,包括社会许可和条件许可,相当于"能"。否定用"弗好""没好",相当于"不能"。例如:

(203) a. 满月了,**有好**出门了。(满月了,就能出门了。)

b. 没票个人**有好**望个哦?(没票的人能看吗?)

c. 没满月是**弗好**出门个。(没满月是不能出门的。)

d. 没票个人是**没好**望个。(没票的人是不能看的。)

2. "有好"表示接下来事件会持续发展,或任务加重,相当于"更是要"。例如:

(204) a. 细魔头放假了,我**有好**忙了。(小孩放假了,我更是要忙了。)

b. 渠本身便弗高兴,尔还撩渠,接落去渠**有好**叫罢。(她本来就不高兴,你还戏弄她,接下来她有得哭了。)

c. 杂=大个超市开起,尔两公婆**有好**做罢。(开这么大的超市,你夫妻俩有得干了。)

d. 赚了杂=多个钞票,**有好**爽罢。(赚了这么多钱,有得享受了。)

(三) 有法

"有法"的用法同上面"好"的第5点。表示生命个体有能力做某事，或物体有某种用途和功能，相当于"可以"。表否定时用"没法"，相当于"不可以"。例如：

(205) a. 尔杂=本事，**有法**自当老板了。(你这么能干，可以自己当老板了。)

b. 尔是舅舅，爱=个话，尔**有法**讲个。(你是舅舅，这个话，你可以说。)

c. 爱=个瓶**有法**搣来齿酒。(这个瓶子可以拿来装酒。)

d. 爱=种饲料牛**有法**吃个。(这种饲料牛可以吃。)

(206) a. 渠还忒年轻，**没法**自当老板。(他还太年轻，不可以自己当老板。)

b. 尔是舅舅，爱=个话，尔**没法**讲个。(你是舅舅，这个话，你不可以说。)

c. 爱=个瓶**没法**齿酒个。(这个瓶子不可以装酒。)

d. 爱=种饲料牛**没法**吃个。(这种饲料牛不可以吃。)

(四) 乐

1. "乐"可表示说话者根据某种道义规定，认为当事人必须做某事，相当于"得"。例如：

(207) a. 尔**乐**早点去，弗然赶弗上车。(你得早点去，不然赶不上车。)

b. 尔**乐**听话点，嫑让我勒=人担心。(你得听话，不要让我们担心。)

c. **乐**作业做好了再去搞。(得做完作业再去玩。)

d. **乐**告渠几点钟个车。(得告诉他几点钟的车。)

2. "乐"可表示说话者根据所了解的背景知识，推断将会发生某事，相当于"将要"。例如：

(208) a. **乐**落雨了，快点去收衣裳。(要下雨了，快点去收衣服。)

b. 9点钟了，店**乐**关门了，快点买。(9点钟了，店要关门了,快点买。)

  c. 快考试了,爱=个星期六**乐**补课。(快考试了,这个星期六要补课。)

  d. 车**乐**修一个多钟头,化=人先去买点东西。(车子要修一个小时,咱们先去买点儿东西。)

3. "乐"的否定形式是"孬"[fa^{52}],相当于"不要"。例如:

(209) a. **孬**告渠几点钟个车。(不要告诉他几点钟的车。)

  b. 爱=个星期六**孬**补课得。(这个星期六不要补课。)

  c. 车**孬**修一个钟头得。(车子不要修一个多小时。)

(五) 会

1. "会"可表示某个生命个体有能力做某事,这种能力一般是指后天习得的某种技能,相当于"能"。例如:

(210) a. 我**会**开车。(我会开车。)

  b. 渠**会**唱戏。(他会唱戏。)

  c. 我埭细魔头**会**走路了。(我家小孩会走路了。)

2. "会"可表示说话者根据所了解的背景知识,判断将会发生某事,相当于"将会"。例如:

(211) a. 孬慌,渠**会**告尔个。(不要慌,他会告诉你的。)

  b. 明日我**会**带尔去望病。(明天我会带你去看病。)

  c. 我望渠**会**讲出来。(我看他会讲出来。)

  d. 过两日便**会**热起了。(过几天就会热起来了。)

3. "会"可表示物体所具有的特性。例如:

(212) a. 爱=种笔孬买,**会**吐水个。(这种笔不要买,会吐水的。)

  b. 爱=种布**会**起瘤,孬买。(这种布会起毛,不要买。)

  c. 爱=种板**会**碱个,弗牢个。(这种板会开裂,不结实的。)

4. "会"的否定形式是"弗会",相当于"不会"。例如:

(213) a. 我**弗会**开车。(我不会开车。)

  b. 放心,渠**弗会**讲出来。(放心,他不会讲出来。)

  c. 爱=种板**弗会**碱,牢险个。(这种板不会开裂,很结实的。)

(六) 肯,想

1. "肯""想"都是表示意愿的情态词。例如：

(214) a. 渠**肯**帮尔哦?（他肯帮你吗?）

b. 渠**肯**吃哦?（他肯吃吗?）

c. 我**想**去望记渠。（我想去看看他。）

d. 渠**想**买车。（他想买车子。）

2. "肯""想"的否定形式分别是"弗肯""弗想"，都用于有意志的主体，相当于"不肯""不想"。例如：

(215) a. 渠弗**肯**帮尔。（他不肯帮你。）

b. 渠弗**肯**吃。（他不肯吃。）

c. 我弗**想**去望渠。（我不想去看他。）

d. 渠弗**想**买车。（他不想买车子。）

(七) 能性动补结构

"得"[tiə˧˥]、"弗"[fə˧˥]用于动补结构,可以引介可能补语。"V得"表示具有某种能力或可能性。"弗"一般位于动词和"得"之间,以"V 弗得"结构表示不具有某种能力或可能性。该句式中的受事宾语一般前置。例如：

(216) a. 辣个东西,我吃**得**,渠吃**弗**得。（辣的东西,我能吃,他不能吃。）

b. 爱⁼个文章,我背**得**落,渠背**弗**落。（这篇文章,我能背下来,他背不下来。）

c. 生疏床,我睏**得**去,渠睏**弗**去。（陌生床,我能睡着,他睡不着。）

d. 宣平话,我讲**得**来,渠讲**弗**来。（宣平话,我能说,他不能说。）

e. 爱⁼道题目,我做**得**出,渠做**弗**出。（这道题,我能做,他不会做。）

f. 日日徛人家堭坐,我坐**得**牢,渠坐**弗**牢。（天天在家闲坐,我能闲坐,他闲坐不了。）

(217) a. 爱⁼个工程,批**得**落,特⁼个工程,批**弗**落。(这个工程,能批下来,那个工程,批不下来。)

b. 我个车发**弗**起了。(我的车发动不起来。)

c. 尔嫑愁,爱⁼个病,医**得**好。(你不要担心,这个病,能治好。)

d. 爱⁼只鸡,救**弗**转了。(这只鸡,救不回来了。)

二、情态副词

宣平话的情态副词有"作特""没数""相像""横直"等,具体词例见第五章第二十八类第五小类。下面我们择要讨论几个与普通话词形有殊的情态副词。

(一) 没数

宣平话"没数"[mei⁵²⁻⁵⁵ su⁵²]既是动词,表"没底儿"或"不靠谱",见例(218)。也是情态副词,表达或然意义,表示说话人对命题真实性的推测或估计,相当于"也许",见例(219)。例如:

(218) a. 卖弗卖得了,我**没数**。(能否卖完,我没底儿。)

b. 爱⁼个人真**没数**,讲好8点钟出发,8点半了都还没来。(这个人真不靠谱,讲好8点钟出发,8点半了都还没来。)

(219) a. 明日我**没数**乐去开会。(明天也许我要去开会。)

b. 尔问渠借记望,渠**没数**会借尔1万块。(你向他借借看,也许他会借给你1万元。)

c. 今日杂⁼冷,明日**没数**会落雪。(今天这么冷,明天也许会下雪。)

(二) 相像

宣平话"相像"[ɕiã³²⁴⁻⁴⁴ dziã²²³]既是动词,表"相似",见例(220)。也是情态副词,表达若然意义,表示说话人不十分肯定的推测、判断或感觉,相当于"好像",见例(221)。例如:

(220) a. 尔两个人真**相像**。(你俩真像。)

b. 我**相像**我埔娘个。（我长得像我母亲。）

(221) a. 渠**相像**弗肯去样。（他好像不肯去的样子。）

b. 爱⁼个事干我**相像**没听着尔讲过。（这件事我好像没听你说过。）

c. 爱⁼个人我**相像**是认着个。（这个人我好像是认识的。）

d. 今日**相像**冷起了样。（今天好像冷起来了。）

(三) 和夺⁼个/和特⁼个

宣平话"和夺⁼个"[xo⁻⁴⁴ dəʔ²³⁻² ka⁵²]（又说"和特⁼个"[xo⁻⁴⁴ dieʔ²³⁻² ka⁵²]）也是表达若然意义的情态副词，表示说话人对某一行为、状况或事物加以想象和夸张，相当于"如同""就像"。"和夺⁼个""和特⁼个"分别是"和夺⁼个一样""和特⁼个一样"的省略式。例如：

(222) a. 嫑心痛，爱⁼点钞票便**和夺**⁼**个**送乞渠样。/嫑心痛，爱⁼点钞票便**和特**⁼**个**送乞渠样。（不要心痛，这点钱就如同送给他一样。）

b. 想宽点，**和夺**⁼**个**没生渠过样。/想宽点，**和特**⁼**个**没生渠过样。（想宽点，就像没生过他。）

c. 爱⁼回比赛我一点都弗紧张，**和夺**⁼**个**是来搞个样。/爱⁼回比赛我一点都弗紧张，**和特**⁼**个**是来搞个样。（这次比赛我一点都不紧张，就像来玩似的。）

d. 尔嫑做客，**和夺**⁼**个**倚自人家埔样。/尔嫑做客，**和特**⁼**个**倚自人家埔样。（你不要客气，如同在自己家一样。）

(四) 作特/作特意

宣平话"作特"[tsəʔ⁵⁻⁴ dieʔ²³]、"作特意"[tsəʔ⁵⁻⁴ dieʔ²³⁻² i⁵²]表示有意识（那样做），即明知不该或不必那样做（而那样做），相当于"故意"。或表示专为某事（而做），相当于"特意"。"作特""作特意"可以互换，不改变意思。例如：

(223) a. 瓶是渠**作特**敲了个。/瓶是渠**作特意**敲了个。（瓶子是他故意打破的。）

b. 我**作特**弗替渠洗衣裳。/我**作特意**弗替渠洗衣裳。（我故意不帮他洗衣服。）

  c. 我**作特**问渠去弗去。/我**作特意**问渠去弗去。（他故意问他去不去。）

  d. 渠是**作特**跌去个。/渠是**作特意**跌去个。（他是故意摔倒的。）

(224) a. 我是**作特**来望尔个。/我是**作特意**来望尔个。（我是特意来看你的。）

  b. 我是**作特**来送尔个。/我是**作特意**来送尔个。（我特意来看你的。）

（五）横直

宣平话"横直"[uɛ⁴³³⁻⁴³ dziəʔ²³]从语义角度看，是评价性情态副词，表示对事实和现象提出概括性的结论，并且表示在任何条件下，结论不变。相当于"反正"。从结构角度看，是反义复合情态副词。例如：

(225) a. 尔**横直**弗听，我也便弗想讲了。（你反正不听，我也就不想讲了。）

  b. **横直**考弗上，我弗想去考了。（反正考不上，我不想去考了。）

（六）还好

宣平话"还好"[uɑʔ²³⁻² xɯ⁴⁴⁵]既是"副词＋形容词"结构的短语，表示"尚好""不坏"。又是评价性情态副词，相当于"幸好"。例如：

(226) a. 我个胃口**还好**个。（我的胃口还不错的。）

  b. 今年生意**还好**个。（今年生意还不错的。）

(227) a. 尔**还好**没去，弗然尔乐叫。（你幸好没去，否则你要哭。）

  b. **还好**尔告我，弗然我晓弗得渠归来了。（幸好你告诉我，要不然我不知道他回来了。）

（七）总归

宣平话"总归"[tsən⁴⁴⁵⁻⁴⁴ kuei³²⁴]表示预料、期望或肯定要发生的事情必将发生，强调事物性质不因出现某种新情况而改变，相当于"终究"。例如：

(228) a. 渠是**总归**乐去个。(他终究是要去的。)

b. 爱⁼点钞票渠**总归**会还转尔个。(这点钱他终究会还给你的。)

第十二节 否定范畴和否定句

宣平话的否定词系统是建立在"弗""没"的对立之上。否定副词"弗"表示一般否定,相当于普通话的"不";"没"表示存在否定,相当于普通话的"没""没有"。另有独立使用的否定词"嫑",是"弗"与"乐要"构成的合音词。

一、一般否定词"弗"

1. 否定副词"弗"[fəʔ⁵]表示一般否定,相当于普通话的"不",修饰动词、形容词。例如:

(229) a. 我**弗**吃。(我不吃。)

b. 渠**弗**是宣平人。(他不是宣平人。)

c. 衣裳**弗**贵。(衣服不贵。)

2. 否定副词"弗"同普通话"不",没有时态限制,可以否定过去、现在、将来。例如:

(230) a. 昨暝尔**弗**讲噶!(昨天你不说的啊!)

b. 我今日**弗**出门。(我今天不外出。)

c. 明日我**弗**开会。(明天我不开会。)

3. "弗"多构成"V 弗""V 哦""V 弗 V"表示疑问,相当于普通话的"V 不""V 吗""V 不 V"。其中"哦"是"弗"与语气词"啊"的合音。"V 弗""V 哦"可自由转换,一般"V 哦"使用率高,"V 弗"用得较少,但具体使用也看个人的语用习惯。例如:

(231) a. 尔去**弗**?(你去不?)

b. 尔去**哦**?(你去吗?)

c. 尔去**弗**去？（你去不去？）

4. "弗"一般不能独立成句，在答语中得与动词同现。但当对整个命题进行否定后，后面有新的陈述，"弗"可独立使用。例如：

(232) 问：尔去**弗**去？（你去不去？）

　　　答：**弗**去。（不去。）

　　　答：***弗**。

(233) a. 问：尔和我作堆去哦？（你和我一起去吗？）

　　　　答：**弗**，我自个人去。（不，我自己一个人去。）

　　b. 问：尔今日去好哦？（你今天去好吗？）

　　　　答：**弗**，我明日去。（不，我明天去。）

5. "弗"可作为否定语素构成一些否定复合词，如"**弗管**不管""**弗然**不然""**弗单**不仅"等。其中"弗"与"乐要"因使用率高，已构成合音词"嫑"。例如：

(234) a. **弗管**好吃弗好吃，都乐吃。（不管好吃不好吃，都得吃。）

　　b. 快去，**弗然**赶弗上车。（快去，不然赶不上车。）

　　c. **弗单**尔讲弗好吃，大齐人都讲弗好吃。（不仅你说不好吃，大家都说不好吃。）

　　d. **嫑**听渠勒=人胡乱念，照自做。（不要听他们乱说，照自己的做。）

二、存在否定词"没"

1. 宣平话的存在否定词是"没"[mei^{52}]，相当于普通话"没""没有"，可修饰动词、形容词，可带宾语。例如：

(235) a. 我还**没**做好。（我还没做完。）

　　b. 渠个面**没**红。（她的脸不红。）

　　c. 我**没**钞票了。（我没钱了。）

2. 同于普通话，宣平话的"没"一般否定过去、现在，不能否定将来。例如：

(236) a. 昨暝我**没**去望电影过。（昨天我没去看过电影。）

b. 渠到爱=记都还**没**到。（他到这会儿都还没到）

c. 到明年渠都**弗会**告你。（到明年他都不会告诉你。）

*到明年渠都**没**告你。

3. 不同于普通话，宣平话的"没"不能与"有"组合，无"没有"的说法。例如：

(237) 我**没**票。（我没有票。）

*我**没有**票。

4. 当动词是"有"，提问是否拥有某物的极性问句，宣平话一般用"有 NP 哦""有哦"表示，句末是"哦"而不是"没"。当提问已然事件，动词非"有"时，"没"可用在句末。例如：

(238) a. 尔有车**哦**？（你有车子吗？）

b. 车尔有**哦**？（车子你有吗？）

*尔有车**没**？

(239) a. 钞票乞渠赢去**没**？（钱被他赢走了吗？）

b. 车买来**没**？（车子买来了吗？）

c. 吃过**没**？（吃了吗？）

d. 渠去读书**没**？（他去上学了吗？）

5. "没"能独立成句，在答语中对整个命题进行否定。例如：

(240) a. 问：尔有钞票**哦**？（你有钱吗？）

答：**没**。

b. 问：尔瞓过**没**？（你睡过了吗？）

答：**没**。

6. "没"可作为否定语素构成一些否定复合词，如"没法_{不能}""没好_{不能}"等。例如：

(241) a. 我**没法**出面讲。（我不能出面讲。）

b. 苹果烂了，**没法**吃了。（苹果烂了，不能吃了。）

c. 时间没到，便**没好**落班。（时间没到，就不能下班。）

d. 还没到十八岁，还**没好**去考驾驶证。（还没到十八岁，还不能去考驾驶证。）

7. "没"常与副词"还"组合,根据"还"的多义性,"还没"在不同语境中的表达有差异。"还没"仅仅是对事件尚未发生的陈述,并无发生时间延后的主观意思,相当于"尚未"的意思。例如:

(242) a. 我**还没**吃,渠便来讴我了。(我还没吃,他就来叫我了。)

b. 没事,我**还没**和渠讲过。(没事,我还没和他说。)

c. 渠**还没**来,化⁼人嫑慌吃。(他还没来,咱们不要急着吃。)

"还没"不仅是对事件尚未发生的陈述,还有觉得发生时间延后过长的色彩,相当于"依然没"的意思。重音在"还"。例如:

(243) a. 尔**还没**吃啊,渠都来讴你去罢。(你还没吃啊,他都来叫你出发了。)

b. 一个月了,尔**还没**和渠讲!(一个月了,你还没和他说!)

c. 渠到爱⁼记**还没**来,化⁼人自先吃。(他到这会儿还没来,咱们自己先吃。)

三、合音否定词"嫑"

1. 宣平话否定词"嫑"[fa⁵²]是副词"弗"与动词"乐要"的合音词。"弗乐"[fəʔ⁵ ŋə²³¹]一般只用作表实际意义的动词,副词都是用合音词"嫑"或"嫑乐"(乐[ŋə²²³]),不说"弗乐"。例如:

(244) a. 别人着过个衣裳,我**弗乐**。(别人穿过的衣服,我不要。)

b. 尔**弗乐**个东西,都搣来乞我。(你不要的东西,都拿来给我。)

c. 爱⁼支笔,渠**弗乐**了。(这支笔,他不要了。)

(245) a. 尔**嫑/嫑乐**叫,我会带尔去个。(你不要哭,我会带你去的。)

* 尔**弗乐**叫,我会带尔去个。

b. 尔乐开车,**嫑/嫑乐**呷酒。(你要开车,不要喝酒。)

* 尔乐开车,**弗乐**呷酒。

c. **嫑/嫑乐**去问渠借钞票。(不要向他借钱。)

* **弗乐**去问渠借钞票。

2."嫑"一般用于祈使句,表劝诫、禁止,是"别""不必"的意思。例如:

(246) a. 渠**嫑**和化⁼人作堆去。(他别和咱们一起去。)

b. 讴渠**嫑**听别人个话。(叫他别听别人的话。)

c. 尔**嫑**烧得了,菜多险了。(你不必再烧了,菜很多了。)

3."嫑"还会与"乐要"[ŋə²³¹]组合,表示实际意义的动词"别要"。例如:

(247) a. 渠乞尔钞票,尔**嫑乐**。(他给你钱,你别要。)

b. **嫑乐**渠个东西。(别要他的东西。)

4."嫑"不能独立成句,也不单独以"嫑乐"(乐[ŋə²²³])表否定答复。"嫑"在答语中或与表可以可能的助词"得"[tiəʔ⁰]同现,以"嫑得"组合表示"不必";或与"动词"以及"得"同现,以"嫑 V 得"组合作出否定答复;或与动词同现,表否定答复。例如:

(248) a. 问:菜乐买哦?(菜要买吗?)

答:**嫑**得。(不必。)

答:**嫑**买得。(不必买。)

答:**嫑**买。(不必买。)

答:**嫑**乐买。(不必买。)

答:*　**嫑**。

答:*　**嫑**乐。

b. 问:乐我烧菜哦?(要我烧菜吗?)

答:**嫑**得。(不必。)

答:**嫑**尔烧得。(不要你烧。)

答:**嫑**尔烧。(不要你烧。)

答:**嫑**乐尔烧。(不要你烧。)

答:*　**嫑**乐。

答:*　**嫑**尔。

答:*　**嫑**乐尔。

答:*　**嫑**。

四、其他常用否定复合词

(一) 弗会

1. 宣平话"弗会"[fəʔ⁵ uei²²³]是"不会"的意思,合音是"㑎"[fei⁵²]。

2. "弗会""㑎"修饰动词或形容词,一般用于陈述句。或表示否定能力,即后面没有能力做某事;或表示不可能发生某事,出现某事。例如:

(249) a. 渠两岁了还**弗会/㑎**讲话。(他两岁了还不会说话。)

　　　b. 我**弗会/㑎**呷酒,也**弗会/㑎**做酒。(我不会喝酒,也不会酿酒。)

　　　c. 渠个儿还**弗会/㑎**走路。(他儿子还不会走路。)

(250) a. 渠到爱=记还没来,**弗会/㑎**来了。(他到这会儿还没来,不会来了。)

　　　b. **弗会/㑎**再冷起了,厚个衣裳可以囥起了。(不会再变冷了,厚的衣服可以放起来了。)

　　　c. 衣裳多着两件,便**弗会/㑎**冻去了。(衣服多穿几件,就不会着凉了。)

3. "弗会"一般不能独立成句,在答语中或是前加副词,或是后加动词、语气词,才能构成否定回答。"㑎"必须后加动词,才能构成否定回答。例如:

(251) a. 问:尔会开车哦?(你会开车吗?)
　　　　答:**弗会/㑎**开。(不会开。)

　　　b. 问:尔埤儿会自吃饭了哦?(你儿子会自己吃饭了吗?)
　　　　答:还**弗会**。(还不会。)

　　　c. 问:尔勒=人会讲出去哦?(你们会说出去吗?)
　　　　答:肯定**弗会**。(肯定不会。)

　　　d. 问:脚还会弗会痛?(脚还会不会痛?)
　　　　答:**弗会**了。(不会了。)

(二) 没告=

1. 宣平话"没告="[mei$^{52-55}$ kɔ$^{52-0}$]中的"告="本字不明,读轻声。

2. "没告="有时用作表实际意义的词,表示"没东西"。"没告="位于动词之前,中间常有由"乞给"引导的介词短语。例如:

(252) a. 尔乐归杭州去了,我**没告**=乞尔,爱=两个卵乞尔带去。(你要回杭州了,我没东西可给你,这几个蛋给你带走。)

b. 衣裳袋我摸过了,**没告**=囥袋堘。(衣服袋子我摸过了,袋子里没东西。)

c. 人家堘空空个,**没告**=乞渠偷。(家里空空的,没东西可给他偷。)

d. 尔暝堘会肚饥哦?人家堘**没告**=乞尔吃。(你夜里肚子会饿吗?家里没东西可给你吃。)

e. 渠**没告**=乞我过。(他没给过我东西。)

f. 我**没告**=和渠念。(我没话和他说。)

3. "没告="作为情态否定词位于实义动词之前,相当于"不值得"。该句式表示"无 N 可 V""无 V 的意义",即相当于"没啥好 V""不值得 V"。"好 V""VV"重叠式是该句式中实义动词的常见形式。例如:

(253) a. **没告**=望,化=人还是归去算了。(没啥可看的,咱们还是回去算了。)

b. 我想想渠呗**没告**=好癫个。(我想他没啥好发狂的。)

c. **没告**=嬉嬉,便是街路堘趑趑。(没啥可玩,就是街上逛逛。)

d. 渠两个坐堘**没告**=念念,胡乱念个。(她俩坐这儿没啥可说,瞎扯的。)

e. 爱=个事干渠两个人**没告**=好争个。(这事儿她俩没啥可吵的。)

4. "没告="的反义词是"有告="[iɯ$^{223-22}$ kɔ^{52}]。或表实义"有东西",见例(254)。或表情态义"值得",见例(255)。例如:

(254) a. 尔还想渠**有告**=乞尔啊！（你还期待他有东西给你啊！）

b. **有告**=乞尔吃便好险罢，嫑嫌七道八。（有东西给你吃就很好的，不要各种嫌弃。）

(255) a. 还是**有告**=望望个！（还是值得看看的！）

b. 杂=都**有告**=叫叫噶！（这样都值得哭！）

c. 爱=个都**有告**=讲讲噶！（这都值得说！）

（三）没好、没法

"没好""没法"也是宣平话常见的否定复合词，分别与情态动词"有好""有法"对应，互为反义。本章第十一节第一部分"情态动词"已举例讨论，此不再赘述。

第十三节　疑问范畴和疑问句

疑问句是指提出问题、具有疑问语气的句子。本节我们先根据提问的手段和语义情况，讨论宣平话的"是非问""特指问""选择问""正反问""附加问"五类疑问句式，包括五类句式的特点、常用疑问词等，然后讨论宣平话基本疑问代词以及疑问代词的活用。

一、是非问

从答语角度看，是非问是要求对整个命题作肯定或否定的回答的问句。和普通话一样，宣平话的是非问是用表疑问的上升语调或兼用语气助词的提问方式。例如：

(256) a. 渠是尔墥爷爷？（他是你爷爷？）

b. 爱=退弗是渠墥屋？（这栋不是他家房子？）

c. 我没和尔讲过？（我没和你说过？）

(257) a. 渠眠去**啦**？（他睡着啦？）

b. 尔酒都弗呷**噶**？（你酒都不喝的啊？）

二、特指问

用疑问代词和由它组成的短语来表明疑问点，说话者希望对方就疑问点作出答复的问句。下面通过列举宣平话的常用疑问代词及其例句讨论特指问。

（一）问人

宣平话表问人的疑问代词主要有"直⁼人谁"［dʑiəʔ²³ nin⁴³³⁻⁵²］、"直⁼个哪个"［dʑieiʔ²³ ka⁵²］、"直⁼勒⁼人哪些人"［dʑiəʔ²³⁻² lə⁵²⁻⁵⁵ nin⁴³³⁻⁰］、"直⁼两个哪几个"［dʑieiʔ²³ lɛ²²³⁻⁵⁵ ka⁵²⁻⁰］。这几个词有以下特点：

1."直⁼人谁""直⁼个哪个"表单数，"直⁼勒⁼人哪些人""直⁼两个哪几个"表复数。"直⁼勒⁼人哪些人""直⁼两个哪几个"从严格意义上看是短语，因其与"直⁼人谁""直⁼个哪个"分指单复数，所以我们将之当词讨论。例如：

（258）a. 渠是**直⁼人**个弟弟？（他是谁的弟弟？）

b. **直⁼个**是尔堉因？（哪个是你女儿？）

c. 尔和**直⁼勒⁼人**做堆去？（你和哪些人一起去？）

d. **直⁼两个**弗肯去？（哪几个不肯去？）

2."直⁼个哪个""直⁼两个哪几个"除了表问人，还可表问物，分别指"哪个东西""哪几个东西"。例如：

（259）a. 尔想买**直⁼个**啊？（你想买哪个？）

b. **直⁼两个**更便宜？（哪几个更便宜？）

（二）问事物

除了上文提到的"直⁼个哪个""直⁼两个哪几个"是兼"问人""问物"的疑问代词之外，宣平话表问物的疑问代词还有"直⁼勒⁼哪些,什么"［dʑiəʔ²³⁻² lə⁵²］、"直⁼垃哪些"［dʑieiʔ²³⁻² laʔ⁵］、"直⁼式什么"［dʑieiʔ²³⁻² ɕiəʔ⁵］。这几个词有以下特点：

1."直⁼勒⁼哪些,什么""直⁼式什么"既可单独表疑问点，也可后附"东西"构成短语表疑问点，"直⁼垃哪些"只能作定语。

2."直⁼勒⁼哪些,什么""直⁼垃哪些"一般表复数，"直⁼式什么"既可表单数，也可表复数，具体由语境决定。例如：

(260) a. 爱⁼个是**直⁼式**东西啊？（这是什么东西啊？）

b. 渠讲**直⁼式**啊？（他讲什么？）

c. 尔**直⁼勒⁼**懵记了？（你忘了哪些？）

d. **直⁼勒⁼**歌更好听？（什么歌更好听？）

e. 还有**直⁼垃⁼**东西没带去？（还有哪些东西没带走？）

（三）问处所

宣平话表问处所的疑问代词主要是"直⁼垯哪里"[dziəʔ²³ tɑʔ⁵]，另有两个均表示"什么地方的"短语"直⁼个垯地"[dziəʔ²³ kə⁰ dɑʔ²³⁻² di²³¹⁻²²³]、"直⁼个地方"[dziəʔ²³ kə⁰ di²³¹⁻⁴³ fɔ̃³²⁴]。这几个词有以下特点：

1. "直⁼个垯地""直⁼个地方"用法无区别。

2. "直⁼个垯地""直⁼个地方"比"直⁼垯"提的处所疑问点更具体。

例句如下：

(261) a. 尔是**直⁼垯**人？（你是哪里人？）

b. 尔想到**直⁼垯**去嬉？（你想去哪里玩？）

c. 尔是柳城**直⁼个垯地**人？（你是柳城哪个地方人？）

d. 渠垯大姊嫁金华**直⁼个地方**？（他姐姐嫁金华哪个地方？）

（四）问时间

宣平话表问时间的疑问代词主要有"直⁼时节"[dziəʔ²³ z-sɿ⁴³³⁻⁵⁵ tɕiəʔ⁵⁻⁰]、"直⁼时节儿"[dziəʔ²³ z-sɿ⁴³³⁻⁵⁵ tɕiã⁰]、"直⁼时候"[dziəʔ²³ zɿ⁴³³⁻⁴³ əɯ²³¹]、"几时"[kei⁴⁴⁵⁻⁴⁴ zɿ⁴³³]。这几个词有以下特点：

1. "直⁼时节""直⁼时节儿""直⁼时候"都是"什么时候"的意思，问哪个时间点、哪个时间段。"直⁼时节儿"是"直⁼时节"的儿化形式，"直⁼个时候"是受普通话影响的后起词。这三个词的用法无差别。例如：

(262) a. 问：尔明日**直⁼时节**去？（你明天什么时候去？）

答：五更。（早上。）

b. 问：渠是**直⁼时节儿**和你讲个？（他是什么时候和你说的？）

答：午前。（上午。）

c. 问：药**直⁼时候**吃？（药什么时候吃？）

答：饭吃了吃。（饭后吃。）

2. "几时"是"何时"的意思，问哪天、哪月、哪年。例如：

(263) a. 问：尔**几时**归来个？（你是什么时候回来的？）

答：昨暝。（昨天。）

b. 问：尔**几时**望着渠过？（你什么时候看到过他？）

答：上个月。（上个月。）

c. 问：化⁼人**几时**放假？（咱们什么时候放假？）

答：下个星期。（下个星期。）

（五）问行动

宣平话主要以短语"做争⁼意"[tso⁵²⁻⁴⁴ tsɛ³²⁴⁻³² i⁵²]、"做直⁼式"[tso⁵²⁻⁴⁴ dziəʔ²³⁻² ɕiə⁵]来表行动的疑问点，相当于"做什么事"。"做直⁼式"比"做争⁼意"提的行动疑问点更具体，可后加"生意事情"。例如：

(264) a. 好两日没望着尔过了，尔倚人家堉**做争⁼意**啦？（好几天没看到你了，你在家干什么？）

b. 店弗开，尔准备到杭州去**做直⁼式**？（店不开，你准备去杭州干什么？）

c. 爱⁼两日尔**做直⁼式**生意杂⁼忙哇？（这几天你做什么事这么忙？）

d. 两个人杂⁼用劲，倚堉**做直⁼式**啦？（两个人这么起劲，正在干什么？）

"做争⁼意干什么"还有质问原因"为什么"的含义。例如：

(265) a. 亦没尔个事干，尔归来**做争⁼意**哇？（又没你的事儿，你回来干什么呀？）

b. 作业弗做，书弗望，尔是**做争⁼意**哇？（作业不做，书不看，你这是干什么呀？）

（六）问原因

宣平话表问原因的疑问代词主要是"争⁼意为什么"[tsɛ³²⁴⁻³² i⁵²]。例如：

(266) a. 尔**争**=**意**弗讲出来？（你为什么不说出来？）

　　　b. 尔**争**=**意**叫？（你为什么哭？）

　　　c. 渠**争**=**意**弗帮尔做？（他为什么不帮你干？）

（七）问方式

宣平话表问方式的疑问代词主要是"**哪杂**=怎样,怎么"[nə$^{223-22}$ zə^{223}/nie$^{223-22}$ zə^{223}]。"哪"读音特殊，或读[nə^{223}]，或读[nie^{223}]。[ə]是受后一韵母影响的读音，[ie]是[ə]腭化后的读音。"杂="本字不明。例如：

(267) a. 好点时间没望着过了,晓弗得**哪杂**=了？（好长时间没见面了,不知道怎样了？）

　　　b. 爱=两日渠身体**哪杂**=？（这几天他身体怎样？）

　　　c. 渠喜欢**哪杂**=个颜色？（他喜欢怎样的颜色？）

(268) a. 爱=句话用宣平话**哪杂**=讲？（这句话用宣平话怎么说？）

　　　b. 接落去**哪杂**=做？（接下去怎么做？）

（八）问数量

宣平话表问数量的疑问代词主要有"**几许**"[kei$^{445-44}$ xə^{52}]、"**几**"[kei^{445}]、"**几两**"[kei$^{445-44}$ lɛ$^{223-55}$]，相当于"多少"。这几个词有以下特点：

1. "几许"后接名词。例如：

(269) a. 尔上个月用了**几许**钞票？（你上个月用了多少钱？）

　　　b. 今年尔墭种了**几许**莲子啊？（今年你家种了多少莲子呢？）

　　　c. 村墭有**几许**人去？（村里有多少人去？）

2. "几""几两"后接量词问数量，"几两"问的是大概的数量。例如：

(270) a. **几**块钞票买得来？（多少钱能买到？）

　　　b. **几两**块钞票买得来？（大概多少钱能买到？）

　　　c. 尔今日卖了**几**斤莲子？（你今天卖了几斤莲子？）

　　　d. 爱=只鸡有**几两**斤重？（这只鸡大概有多少斤重？）

3. 问年龄的"几岁""几两岁"无年龄段限制,可老可幼。例如：

(271) a. **几**岁个细人嬷买票得？（几岁的小孩无需买票？）

b. 渠埠爷爷有**几两**岁啦？（他爷爷大概有几岁啦？）

c. 渠埠儿有**几**岁啦？（他儿子有几岁啦？）

（九）问程度

宣平话表问程度的疑问代词主要有"几许"[kei⁴⁴⁵⁻⁴⁴ xə⁵²]，相当于"多少"，后接形容词。问年龄的"几许大_{多大}"仅限于幼者，不能用于成年人。例如：

(272) a. 绳有**几许**长啊？（绳子有多长呢？）

b. 渠有**几许**重啊？（他有多重呢？）

c. 尔讲讲望，有**几许**难啊？（你讲讲，有多少难呢？）

d. 尔埠儿**几许**大啦？（你儿子多大啦？）

*尔埠爷爷**几许**大啦？

三、选择问

宣平话的选择问句用连词"还是"连接多个项目，构成"……还是……"或"是……还是……"格式，供对方选择。当前一选项有其他动词时，可前加"是"，也可以不加。当前一选项无其他动词时，一般得前加"是"。例如：

(273) a. 明日开会尔去**还是**渠去？/明日开会**是**尔去**还是**渠去？（明日开会是你去还是他去？）

b. 尔喜欢吃粥**还是**喜欢吃饭？/尔**是**喜欢吃粥**还是**喜欢吃饭？（你喜欢吃粥还是喜欢吃饭？）

(274) a. 爱⁼个人**是**老师**还是**医师？（这人是老师还是医生？）

*爱⁼个人老师**还是**医师？

b. 尔吃个**是**苹果**还是**橘？（你吃的是苹果还是橘子？）

*尔吃个苹果**还是**橘？

四、正反问

正反问是疑问信息由正反并列结构组成的问句。由根据其结构，我们将宣平话正反问句分为"正反式正反问"（VP＋Neg＋VP）、"简省式正反问"(VP+Neg)两类。

(一) 正反式正反问(VP+Neg+VP)

正反式正反问是指构成疑问信息的肯定式和否定式谓语均并列呈现的问句形式,即"VP+Neg+VP"格式,宣平话能进入该结构的否定词是"弗""没"。例如:

(275) a. 尔听**弗**听?(你听不听?)

b. 谷卖**弗**卖?(稻谷卖不卖?)

c. 我个面红**弗**红?(我的脸红不红?)

d. 渠店埒个东西便宜**弗**便宜?(他家店里的东西便宜不便宜?)

(276) a. 尔吃**没**吃?(你吃了吗?)

b. 渠去**没**去?(他去了吗?)

c. 饭熟**没**熟?(饭熟了吗?)

(二) 简省式正反问(VP+Neg)

简省式正反问是指构成疑问信息的肯定式和否定式谓语未能并列呈现,即省去后一谓语的"VP+Neg"问句格式,句末由否定词"弗""没"或否定词的变体"哦"收尾。我们之所以称"哦"为否定词的变体,并将该句式列入简省式正反问,是因为"哦"是否定词"弗"与语气词"啊"的合音。且在实际语用中,"V弗""V哦"的用法无差别。例如:

(277) a. 尔听**弗**?(你听吗?)

b. 谷卖**弗**?(稻谷卖吗?)

c. 我个面红**哦**?(我的脸红吗?)

d. 渠店埒个东西便宜**哦**?(他家店里的东西便宜吗?)

(278) a. 灯亮了**没**?(灯亮了吗?)

b. 渠去过**没**?(他去过了吗?)

(三) 语用

游汝杰(2003:152)指出,VP+Neg+VP型问句可能是两宋之交随着北方移民进入南部吴语的,明代之后才开始盛行于吴语区。据林素娥(2014)研究,19世纪以来吴语正反问句一直以VP+Neg为基本类型,但 VP+Neg+VP 的使用随着官话对吴语的影响而逐步增多。

据我们调查,目前宣平话的 VP+Neg 式使用频率仍高于 VP+Neg+VP 式。

1. "V 弗 V"多用于强调或质问,一般情况多用"V 弗""V 哦"。例如:

(279) a. 尔帮我注意记,渠会**弗**会听?(尔帮我关注一下,他会不会听?)→(特别强调)

b. 尔帮我注意记,渠会听**哦**?(尔帮我关注一下,他会不会听?)→(一般提醒)

(280) a. 尔去**弗**去?(你去吗?)→(质问,态度较为强硬)

b. 尔去**弗**?(你去吗?)→(一般的提问)

2. "V 没""V 没 V"基本用于已然提问,"V 没"比"V 没 V"更常用。例如:

(281) a. 渠吃过**没**?(他吃过了吗?)→(常见)

b. 渠吃过**没**吃过?(他吃过了吗?)→(少说)

c. 尔听着**没**?(你听到了吗?)→(常见)

d. 尔听着**没**听着?(你听到了吗?)→(少说)

e. 饭熟**没**?(饭熟了吗?)→(常见)

f. 饭熟**没**熟?(饭熟了吗?)→(少说)

五、附加问

附加问是指先把一个陈述句说出,再加上表疑问的成分,希望听话人证实自己判断的疑问句式。陈述句和附加成分两者之间有停顿。宣平话的附加问主要有附加"V 哦"式、附加语气词"咾"式。附加语气词"咾"式主要表达求取核实的愿望,附加"V 哦"式除了希望确认判断之外,还可表希求应允的意愿。

(一) 附加"V 哦"式

附加问"V 哦"式中的谓词性成分多是"对""好""是",即在陈述句后加"对哦""好哦""是哦"。例如:

(282) a. 尔是老师,对哦?(你是老师,对吗?)

b. 明日尔自开车去,好哦?(明天你自己开车去,好吗?)

c. 尔开车来个,是哦?(你开车来的,是吗?)

(二)附加语气词"咾"式

"咾"[lɑ⁰]本字不明,或许是"对啊"合音后的变音,同属吴语上丽片丽水小片的丽水话音为[tɕɑ⁰]。本书暂写作"咾"。表疑问的语气词"咾"附加在陈述句之后,陈述句与"咾"之间有停顿,不像一般的句末语气词紧密地粘附在前一个音节之后。该疑问句是当提问的人对前面所叙述的事实不敢肯定,而需要向对方加以证实时所提出的问句。相当于普通话的"对吧""是吧"。例如:

(283) a. 尔还没吃过,咾?(你还没吃,对吧?)

b. 渠写好了,咾?(他写好了,对吧?)

c. 渠弗想来,咾?(他不想来,对吧?)

d. 明日哆⁼,咾?(明天再看,对吧?)

e. 尔两个讲好了喂,咾?(你们讲好了,对吧?)

六、基本疑问代词以及疑问代词的活用

下面讨论宣平话的基本疑问词"直⁼""几"以及疑问代词的活用现象。

(一)直⁼

基本疑问代词"直⁼"[dziəʔ²³]本字不明,意义相当于普通话"哪",但自由度不如"哪",是个粘着词,必须与名词性成分同现,用于询问人、物、处所、时间。其中与通用个体量词"个"、表不定数量的语素"勒⁼些"、表住所的语素"埭"以及名词"人"的组合:"直⁼个哪个、谁""直⁼勒⁼哪些""直⁼埭哪里""直⁼人谁",已固化为高频词。

(284) 直⁼+量词(名量、动量):直⁼个哪个、谁,直⁼勒⁼哪些,直⁼支哪支,直⁼埭哪趟

直⁼+名词:直⁼人谁,直⁼埭哪里,直⁼时节哪时候,直⁼时候哪时候

直⁼+两+量词(名量、动量):直⁼两个哪几个,直⁼两日哪几天,直⁼两埭哪几趟

(二) 几

基本疑问代词"几"以及以"几"为词首的疑问代词主要用于询问数量、程度。

1. "几＋量词"，包括名量、动量，用于询问数量。例如：

(285) 几个，几许_{多少}，几支，几年，几埭_{几趟}

2. 以"几"为词首的"几许"，相当于"多少"，后接名词、形容词，用于询问数量、程度。具体用法及例句见本节第二部分"特指问"。

3. 以"几"为词首的"几两"，相当于"多少"，后接量词，用于询问数量。具体用法及例句见本节第二部分"特指问"。

(三) 疑问词的活用

宣平话疑问词有表无定、任指、反问等非疑问的用法。

1. 表无定。疑问代词指称不确定的人、物、时间、处所等。例如：

(286) a. 我相像徛**直**=**埪**望着渠过。（我好像在哪儿见到过他。）

b. 渠想乞**直**=人便乞**直**=人。（他想给谁就给谁。）

c. 我相像**直**=**式**憷记了带。（我好像忘记带什么了。）

d. 尔讲**几许**便是**几许**。（你说多少就是多少。）

2. 表任指。疑问代词泛指任何人、物、时间、处所等，一般要前加"随便"，相当于"无论什么"。例如：

(287) a. 尔真好，随便**直**=**式**都好。（你真好，什么都好。）

b. 渠随便**直**=**埪**都弗想去。（他哪儿都不想去。）

c. 随便**直**=人我都弗吓。（谁我都不怕。）

d. 随便**直**=**时节**都好望。（随时可以看。）

3. 表反问。无疑而问，以反问的形式强调要肯定的内容，其中的疑问代词不具有疑问性。例如：

(288) a. 尔晓得**直**=**式**哇？（你知道什么呢？）

b. **直**=人会和尔一样？（谁会和你一样？）

c. 我**争**=**意**便乐听尔个话？（我为啥就要听你的话？）

d. 我**哪杂**=会没听着呢？（我怎么会没听到呢？）

第十四节　比较范畴和比较句

本节讨论宣平话的等比、差比、极比、比拟结构。

一、等比句

(一) 等同

宣平话表等同的词是"一样"[iəʔ⁵⁻⁴ iã²³¹]，在以下两种结构中表等同。

1. 结构一："比较项＋一样＋形容词"表两事物的性质特点相同。比较项之间可用连词"和"连接。例如：

(289) a. 两个人**一样**长。（两个人一样高。）
　　　b. 两件衣裳**一样**新。（两件衣服一样新。）
　　　c. 爱⁼个间和特⁼个间**一样**阔。（这个房间和那个房间一样宽敞。）

否定词修饰"一样"，表否定。例如：

(290) a. 两个人**弗一样**长。（两个人不是一样高。）
　　　b. 两件衣裳**弗一样**新。（两件衣服不是一样新。）
　　　c. 爱⁼个间和特⁼个间**弗一样**阔。（这个房间和那个房间不一样宽敞。）

2. 结构二："比较项＋维度名词＋一样"表两事物的性质特点相同。比较项之间可用连词"和"连接。例如：

(291) a. 两根绳粗细**一样**。（两根绳子一样粗。）
　　　b. 两件衣裳大细**一样**。（两件衣服一样大。）
　　　c. 爱⁼个和特⁼个颜色**一样**。（这个和那个颜色一样。）

否定词修饰"一样"，表否定。例如：

(292) a. 两根绳粗细**弗一样**。（两根绳子不一样粗。）
　　　b. 两件衣裳大细**弗一样**。（两件衣服不一样大。）

c. 爱ᵗ个和特ᵗ个颜色**弗一样**。（这个和那个颜色不一样。）

（二）近似

宣平话表近似的句式有以下四种结构。

1. 结构一："比较项＋差弗多＋形容词"表两事物的性质特点相近。副词"差弗多"是"差不多"的意思，比较项之间可用连词"和"连接。例如：

(293) a. 两只袋**差弗多**重。（两个袋子差不多重。）
　　　b. 两个人个声音**差弗多**响。（两个人的声音差不多响。）
　　　c. 今日和昨暝**差弗多**热。（今天和昨天差不多热。）

2. 结构二："比较项＋维度名词＋差弗多"表两事物的性质特点相近。副词"差弗多"是"差不多"的意思，比较项之间可用连词"和"连接。例如：

(294) a. 两样东西价钿**差弗多**。（两样东西价钱差不多。）
　　　b. 渠两个年纪**差弗多**。（他俩年龄差不多。）
　　　c. 今日和昨暝温度**差弗多**。（今天和昨天温度差不多。）

3. 结构三："比较项A＋有＋比较项B＋杂ᵗ这么（或"杂ᵗ样"）＋形容词"表两事物的性质特点相近。副词"杂ᵗ"是"这么、那么"的意思，不可缺。相当于"A有B的性质特点"。例如：

(295) a. 尔**有**渠**杂**ᵗ样快。（你有他那么快。）
　　　b. 风吹来**有**电风扇**杂**ᵗ凉。（风吹来有电风扇那么凉快。）
　　　c. 刀疤**有**指头**杂**ᵗ粗。（刀疤有指头那么粗。）
　　　d. 渠**有**尔**杂**ᵗ慧。（她有你这么乖。）

4. 结构四："比较项A＋和＋比较项B＋样＋谓动词"表两事物的性质特点相近。其中"样"是"像……一样"的意思，不可缺。相当于"A如同B"。例如：

(296) a. 尔和渠**样**慌。（你像他一样慌。）
　　　b. 声音和广播**样**响。（声音像广播一样响。）
　　　c. 渠和渠埭爹**样**老大个。（他和他爹一样很大个。）
　　　d. 渠今日和哑口**样**弗开口。（他今天像哑巴一样不开口。）

二、差比句

(一)"比"字句

1. 结构一:"比较项 A(VP)＋比＋比较项 B＋形容词""比较项 A＋比＋比较项 B(VP)＋形容词"。若比较的义项不是单纯的体词,还有谓词,那么,谓词部分可以和比较项 A 组合成,也可以和比较项 B 组合。例如:

(297) a. 尔**比**渠慢。(你比他慢。)

　　　b. 尔讲得**比**渠慢。(你说得比他慢。)

　　　c. 尔**比**渠讲得慢。(你比他说得慢。)

"结构一"可在形容词前加程度副词"更",形成"比较项 A(VP)＋比＋比较项 B＋更＋形容词""比较项 A＋比＋比较项 B(VP)＋更＋形容词"句式。

(298) a. 尔**比**渠更慢。(你比他更慢。)

　　　b. 尔讲得**比**渠更慢。(你说得比他更慢。)

　　　c. 尔**比**渠讲得更慢。(你比他说得更慢。)

2. 结构二:"比较项 A＋比＋比较项 B＋形容词(VP)＋数量词"。该格式不仅体现了两个比较项之间的差比关系,而且以具体的数据反映出了差比的结果。该格式中充当谓语的可以是形容词,也可以是动词。例如:

(299) a. 尔**比**渠慢一个钟头。(你比他慢一个小时。)

　　　b. 尔**比**渠重廿斤。(你比他重二十斤。)

　　　c. 尔**比**渠大好两岁。(你比他大好几岁。)

　　　d. 尔**比**渠慢了一个钟头。(你比他慢了一个小时。)

　　　e. 尔**比**渠卖贵了十块。(你卖得比他贵十元。)

　　　f. 尔**比**渠早半个钟头。(你比他早半个小时。)

3. 结构三:"比较项 A＋和＋比较项 B＋比＋可能补语"。可能补语多由表否定的"弗起"来充当。例如:

(300) a. 我**和**渠比弗起,渠更有。(我和他比不了,他更富。)

b. 尔和渠比弗起,渠几许用劲嘞。(你和他比不了,他不知有多用功。)

(二)"乞_被"字句

介词"乞_被"进入比较句,构成"比较项 A＋乞_被＋比较项 B＋形容词＋数量词"格式。"乞_被"字句没有出现比较词"比",取而代之的是"乞_被"。该格式中的比较义项基本是单纯的体词,充当谓语的都是形容词,且均为表强势、量大的形容词。例如:

(301) a. 尔乞渠重廿斤。(你被他重二十斤。)

b. 尔乞渠大好两岁。(你被他大好几岁。)

c. 尔乞渠多十个。(你被他多十个。)

"乞_被"字句与"比"字句"结构二"相比,两类结构的差比结果完全相反。"比"字句"结构二"是比较项 A 强于比较项 B,"乞_被"字句是比较项 B 强于比较项 A。例如:

(302) a. 尔比渠长一个头。(你比他高一个头。)(结果:你比他高。)

b. 尔乞渠长一个头。(你被他高一个头。)(结果:你比他矮。)

c. 爱＝回考试,尔比渠多十分。(这回考试,你比他多十分。)(结果:你分数高。)

d. 爱＝回考试,尔乞渠多十分。(这回考试,你被他多十分。)(结果:你分数低。)

(三)"还是"句

以"还是"连接比较项,以"比较项 A＋还是＋比较项 B＋谓语词"句式表差比,"还是"相当于"不如"。该句式中的谓语词不限于是形容词,且一般不会是光杆形容词,或前有程度副词修饰,或后有补语。例如:

(303) a. 渠还是尔听话点。(他还是你更听话。)

b. 尔还是渠趁得更快。(你还是他跑更快。)

c. 爱＝个菜还是特＝个菜味道好点。(这个菜还是那个菜味道好。）

  d. 尔**还是**我嬉得更爽。（你还是我玩得更爽。）

(四)"没"字句

"比较项 A＋没＋比较项 B＋杂=这样（或杂=样）＋形容词"句式否定两事物的性质特点相近，其中副词"杂=这样"（或"杂=样"）可省略。例如：

(304) a. 尔**没**渠杂=样快。／尔**没**渠快。（你没他快。）
  b. 风吹来**没**电风扇杂=凉。／风吹来**没**电风扇凉（风吹来没电风扇凉快。）
  c. 刀疤**没**指头杂=粗。／刀疤**没**指头粗。（刀疤没指头粗。）
  d. 渠**没**尔杂=慧。／渠**没**尔慧。（她没你乖。）

三、极比句

极比句是指在某个范围里某事物的某方面胜过或比不上其他一切事物。下面讨论宣平话两种类型的极比句。

(一) 最高级的差比句

"比"字句、"没"字句等差比句中的比较对象是任指的，形成与同类一切事物相比的范围，从而形成最高级的差比。例如：

(305) a. 尔**比**随便直=人都慢。（你比谁都慢。）
  b. 没东西**比**爱=个更好吃。（没东西比这个更好吃。）
(306) a. 随便直=人都**没**渠杂=快。／随便直=人都**没**渠快。（谁都没他快。）
  b. 随便直=埚都**没**爱=埚杂=好嬉。／随便直=埚都**没**爱=埚好嬉。（哪儿都不如这儿好玩。）

(二)"顶"字句

宣平话表示"最"的副词主要有"顶"，用副词"顶"构成极比句时，"顶"可位于表最高级的对象后，也可位于表最高级的对象前。例如：

(307) a. 化=人四个人，尔**顶**长。／化=人四个人，**顶**尔长。（咱们四个人，你最高。）

b. 我埻渠**顶**会扮。/我埻**顶**渠会扮。（我家她最会打扮。）

c. 爱⁼个月今日**顶**空。/爱⁼个月**顶**今日空。（这个月今天最空。）

d. 算尔做得**顶**快。/**顶**尔做得快。/尔**顶**做得快。（你做得最快。）

四、比拟句

宣平话主要用"相像"[ɕiã³²⁴⁻⁴⁴ dziã²²³]、"相似"[ɕiã³²⁴⁻⁴⁴ zɿ²²³]、"好像"[xəɯ⁴⁴⁵⁻⁴⁴ ziã²²³]、"样"[iã²³¹]构成比拟句。其中"样"可以和"好像""相似""好像"组合，也可以独立运用构成比拟。

（一）相像

"A 相像 B 样"是宣平话最常见的比拟句句式，"相像"相当于"好像"。例如：

(308) a. 爱⁼根绳花花个，**相像**蛇样。（这根绳子花花的，像蛇一样。）

b. 渠**相像**小喇叭样，到处讲。（他好像小喇叭一样，到处讲。）

（二）相似

宣平话用"A 相似 B 样""A 好像 B 样"构成比拟句，不如"A 相像 B 样"常用。例如：

(309) a. 一个个黄柿，远远望去**相似**细灯笼样。（一个个柿子，远远看去好像小灯笼一样。）

b. 渠力气真大，**相似**牛样。（他力气真大，好像牛一样。）

（三）样

"……样"也是宣平话比较常见的比拟句句式，"样"相当于"一样"。例如：

(310) a. 吃得滚壮，细猪**样**。（吃得肥肥的，小猪一样。）

b. 石头**样**铁硬个，啮都啮弗动。（石头一样硬硬的，咬都咬不动。）

第十五节　语序与后置成分

一、话题和语序的关系

(一) 已然句

1. 受事成分是有定形式

当句子的谓词表已然事件，且受事成分是有定形式时，该受事常前置处于话题位置，或是位于主语和动词之间，一般不出现在动词之后。当受事成分位于动词之后时，有些句子需要后续小句才能表达完整的句意。例如：

(311) a. **夺⁼部车**我卖了。（我卖了那辆车。）（最常见）

　　　b. 我**夺⁼部车**卖了。（我卖了那辆车。）

　　　c. *我卖了**夺⁼部车**。（我卖了那辆车。）

　　　d. 我卖了**夺⁼部车**，账也还是还弗了。（我卖了那辆车，也还是还不完账。）

(312) a. **夺⁼本书**我还了。（我还了那本书。）（最常见）

　　　b. 我**夺⁼本书**还了。（我还了那本书。）

　　　c. *我还了**夺⁼本书**。（我还了那本书。）

2. 受事成分是无定形式

当句子的谓词表已然事件，且受事成分是无定形式时，该受事一般只能出现在动词后，不能前置处于话题的位置。例如：

(313) a. 上个月，我买来**一部新车**。（上个月，我买了一部新车。）

　　　b. *上个月，**一部新车**我买来。（上个月，我买了一部新车。）

(314) a. 旧年，渠办了**一个大厂**。（去年，他创办了一个大厂子。）

　　　b. *旧年，**一个大厂**渠办了。（去年，他创办了一个大厂子。）

（二）未然句

1. 受事成分是有定形式

当句子的谓词表未然事件，受事成分是有定形式时，该受事的位置是自由的。可以前置处于话题的位置，也可以位于主语和动词之间，或是位于动词之后，但以前置的说法居多。例如：

(315) a. **爱⁼本书**我明日再望。（我明天再看这本书。）（最常见）
   b. 我**爱⁼本书**明日再望。（我明天再看这本书。）
   c. 我明日再望**爱⁼本书**。（我明天再看这本书。）

2. 受事成分是无定形式

当句子的谓词表未然事件，且受事成分是无定形式时，该受事一般只能出现在动词后，不能前置处于话题的位置。例如：

(316) a. 明日，我到柳城去买**一通新衣裳**。（明天，我到柳城去买一套新衣服。）
   b. *明日，**一通新衣裳**我到柳城去买。（明天，我到柳城去买一套新衣服。）

二、动词谓语句中宾语和补语的位置

（一）受事成分前置句

宜平话的祈使句，动补结构中的受事成分一般前置，同时，动词和补语之间得加上一个有复指代词的介宾结构"帮渠""替渠"，是"把他"的意思。例如：

(317) a. **米帮渠**齿起。（把米装起来。）
   b. **字尔乐替渠**写写好。（你得把字写写好。）
   c. **碗尔帮渠**洗洗干净。（你把碗洗洗干净。）
   d. **爱⁼袋东西尔帮渠**摔摔了。（你把这袋子东西扔了。）

（二）宾语、补语位置灵活

1. 肯定式

在动词带可能补语以及有代词作宾语的肯定式句子中，宾语一般出现在整个动补短语之后，也可出现在动补助词"得"和补语之间，但

不能位于动词和动补助词"得"之间。例如:

(318) a. 渠比我大,渠管得着**我**。(他比我大,他能管到我。)

　　　 b. *渠比我大,渠管**我**得着。(他比我大,他能管到我。)

(319) a. 嫑慌,尔肯定追得上**渠**。(不要慌,你肯定能追上他。)

　　　 b. *嫑慌,尔肯定追**渠**得上。(不要慌,你肯定能追上他。)

(320) a. 渠打得过**我**。(他打得过我。)

　　　 b. 渠打得**我**过。(他打得过我。)

　　　 c. *渠打**我**得过。(他打得过我。)

2. 否定式

在动词带可能补语以及有代词作宾语的否定式句子中,宾语既可以出现在动词之后,也能出现在整个动补短语之后。例如:

(321) a. 尔嫑管我,尔管**我**弗着。(你不要管我,你管不到我。)

　　　 b. 尔嫑管我,尔管弗着**我**。(你不要管我,你管不到我。)

(322) a. 算了,嫑追得啦,尔肯定追**渠**弗上。(算了,不要追啦,你肯定追不上他。)

　　　 b. 算了,嫑追得啦,尔肯定追弗上**渠**。(算了,不要追啦,你肯定追不上他。)

(323) a. 渠打弗过**我**。(他打不过我。)

　　　 b. 渠打弗**我**过。(他打不过我。)

　　　 c. 渠打**我**弗过。(他打不过我。)

三、常见后置成分

宣平话常见后置成分有"添"[tʰiɛ³²⁴]、"哆⁼"[do²²³]、"过"[ko⁵²]、讲[kɔ̃⁴⁴⁵]、猛[mɛ²²³]、险[ɕiɛ⁴⁴⁵]。

(一)添[tʰiɛ³²⁴]

"添"既可以后置于谓词性成分表"追加或继续""剩余""意料之外",也可以前置于谓词性成分表"增多"。

1. 表追加或继续

第一,宣平话中的"添"位于谓词性成分之后,表示动作行为重复

或继续延伸,或形状程度继续加深,相当于普通话的"再"。常用于祈使句,或表达期望。例如:

(324) a. 尔还没吃饱哦,再吃碗**添**啊。(你还没吃饱呢,再吃一碗吧。)

　　　b. 我想睏记**添**,尔嫑吵我。(我想再睡会儿,你不要吵我。)

　　　c. 尔若讲便宜点**添**,我便会买了。(你若是再便宜一点,我就会买了。)

第二,"添"一般不直接位于动词、形容词之后,多见位于量词(包括不定量词以及数量词结构)之后,或位于宾语之后,少数也能位于重叠式动词之后。例如:

(325) a. 渠有事干先去罢,尔没事干坐记**添**啊。(他有事情先走了,你没事儿再坐会儿吧。)(最常见)

　　　b. 渠有事干先去罢,尔没事干**坐坐添**啊。(他有事情先走了,你没事儿再坐会儿吧。)

　　　c. *渠有事干先去罢,尔没事干坐**添**啊。(他有事情先走了,你没事儿再坐会儿吧。)

(326) a. 爱=种米好吃猛,我还乐买 **10 斤添**。(这种米很好吃,我要再买 10 斤。)

　　　b. *爱=种米好吃猛,我乐买**添**。(这种米很好吃,我要再买。)

(327) a. 养了两只猫,渠还想养**只添**。(养了两只猫,他还想再养一只。)

　　　b. 养了两只猫,渠还想养**街狗添**。(养了两只猫,他还想再养狗。)

　　　c. *养了两只猫,渠还想养**添**。(养了两只猫,他还想再养。)

(328) a. 爱=只鸡忒细只,还乐大只**点添**。(这只鸡太小了,还得再大一点的。)

　　　b. *爱=只鸡忒细只,还乐大只**添**。(这只鸡太小了,还得再大一点的。)

(329) a. 爱˭根绳忒短,还乐长**点添**。(这根绳子太短了,还得再长一点儿。)

b. *爱˭根绳忒短,还乐长**添**。(这根绳子太短了,还得再长一点儿。)

第三,动词、形容词前可加"再",与"添"同现。也可以不出现"再",后置的"添"独立表示追加或继续。例如:

(330) a. 再做两日**添**便做好了。(再干两天就做好了。)

b. 做两日**添**便做好了。(再干两天就做好了。)

(331) a. 布料若讲再厚点**添**便更好。(布料若是再厚点就更好。)

b. 布料若讲厚点**添**便更好。(布料若是再厚点就更好。)

2. 表剩余

第一,宣平话中的"添"位于"有""剩"等谓词性成分之后,表示"剩余",包括剩余量以及剩余物。例如:

(332) a. 快猛了,还有十把日**添**便过年了。(很快了,还有十几天就过年了。)

b. 便是剩尔三个人**添**,渠勒˭人都归去了。(就只剩下你们三个人了,他们都回去了。)

c. 啤酒没了,便剩烧酒**添**了。(啤酒没了,只剩下烧酒了。)

第二,"添"一般不直接位于动词之后,多见位于数量词结构之后,或位于宾语之后,少数也能位于动词"有""剩"、重叠式动词以及补语之后。例如:

(333) a. 便是十分钟**添**了,店乐关门了。(就剩下十分钟了,店要关门了。)

b. 还有两里路**添**便到学堂了。(还有两里路就到学校了。)

c. 我想想是没告˭吃了,想弗着还有杂勒˭菜**添**。(我想是没东西吃了,想不到还有这么多菜。)

d. 一个月两千块,我认为尔弗够用,想弗着还有剩**添**。(一个月两千块,我以为你不够用,想不到还有剩余。)

e. 十点了,我认为没公交车了,想弗着还有**添**。(十点了,我以为没公交车了，想不到还有。）

f. 便煮了一点点饭，我认为会弗够吃，想弗着还有剩落来**添**。（只烧了一点点饭，我以为会不够吃，想不到还有剩余下来。）

g. 老了弗会做了，便是徛人家埲嬉嬉**添**了。（老了不会干活儿了，就只有在家玩玩了。）

第三，"添"可与"有""还有""剩"等表"存现""剩余"的词以及副词"便"同现，有时后置的"添"也可独立表剩余。例如：

(334) a. 便尔个人**添**了，快点吃去。（就剩你一个人了，快点儿吃去。）

b. 尔个人**添**了，快点吃去。（就剩你一个人了，快点儿吃去。）

(335) a. 还有一记**添**，我便写好了。（再过一会儿了，我就写好了。）

b. 一记**添**，我便写好了。（再过一会儿了，我就写好了。）

(336) a. 剩廿块钞票**添**，没告＝好买了。（只剩二十块钱，没什么可以买的了。）

b. 廿块钞票**添**，没告＝好买了。（只剩二十块钱，没什么可以买的了。）

3. 表意料之外

第一，宣平话中的"添"位于谓词性成分之后，表示"意料之外"的非常情常理事件、现象。该句式一般有两个分句，前后句的句意有转折，"添"相当于普通话的"却""竟然"。例如：

(337) a. 别人都老早早便去种田了，渠还睏**添**。（别人都很早就去插秧了，他还在睡。）

b. 渠弗告我，我还晓弗得**添**。（你不告诉我，我还不知道。）

c. 渠帮我车借去开，还撞了**添**。（他借我车子开，还撞车了。）

d. 我自都欠账，渠还问我借钞票**添**。（我自己都欠账，他还问我借钱。）

e. 渠一点都晓弗得吃力,还越做越快添。(他一点儿也不觉得累,还越做越快。)

第二,不同于表"追加、继续"与"剩余",该句式中的"添"可直接位于动词、形容词之后。例如:

(338) a. 我问渠借车,渠还弗肯添。(我问他借车,他还不肯借。)

b. 我去帮渠,我还乞渠謷添。(我去帮他,我还被他骂。)

c. 想弗着,雨还越落越大添。(想不到,雨还越下越大。)

d. 我讴渠陪我去,渠还弗肯去添。(我让他陪我去,他却不肯去。)

e. 我晓得弗好吃,想弗着还杂=苦添。(我知道不好吃,想不到还这么苦。)

第三,"添"与"还"同现于后句,且位于后句的句尾。例如:

(339) a. 我送渠一只手机,渠还没了添。(我送给他一部手机,还被他遗失了。)

b. 我想弗着,今日还冷起添。(我想不到,今天还冷起来了。)

c. 渠体格弗好,还野乱吃添。(他身体不好,还乱吃东西。)

d. 渠没本事,还好吃懒做添。(他没本事,还好吃懒做。)

4. 表增多

第一,"添"可前置于谓词性成分,表示动作行为次数、量度的增加。相当于普通话的"多"。

(340) a. 嫚慌,尔添写两遍便会记牢了。(不要慌,你多写几遍就会记住了。)

b. 今日比昨暝添走了半个钟头。(今天比在昨天多走了半个小时。)

c. 糯谷我今年乐添种点。(糯米稻谷今年我要多种点儿。)

d. 爱=记晓得来弗逮啦!平常时尔添睏睏啰!(这会儿知道来不及啦!平时你多睡睡!)

第二,虽然一些"添"后置表"追加或继续"句子可转为"添"前置表

"增多"的句子。但两者比较,还是有一些差异。

首先,后置"添"侧重于在原来已完成或已知动作行为量上的增加与继续,前置"添"侧重于动作行为总体量的增多。例如:

(341) a. 我还弗想归去,我想嬉记**添**。(我还不想回去,我想再玩玩。)

b. 我还弗想归去,我想**添**嬉记。(我还不想回去,我想多玩玩。)

(342) a. 今日个肉好猛,尔再买点**添**。(今天的肉很好,你再买点儿。)

b. 今日个肉好猛,尔**添**买点。(今天的肉很好,你多买点儿。)

(343) a. 时间还没到,尔再写两个字**添**。(时间还没到,你再写几个字。)

b. 还写忒少,尔再**添**写两个字上去。(还是写太少,你再多写几个字上去。)

(344) a. 钞票带点**添**。(钱再带点儿。)(在已知原数量的基础上继续增量)

b. 钞票**添**带点。(钱多带点儿。)(在未知原数量的基础上提增总量)

其次,表"追加或继续"的后置"添"能修饰形容词,表示形状程度继续加深,前置"添"无此用法。例如:

(345) a. 明日尔还乐快点**添**。(明天你还得再快点儿。)

b. *明日尔还乐**添**快点。(明天你还得再快点儿。)

(346) a. 我见去应该再亮点**添**。(我觉得应该再亮一点儿。)

b. *我见去应该再**添**亮点。(我觉得应该再亮一点儿。)

再次,表"追加或继续"的后置"添"多用于未然句,一般不能用于已然句,前置"添"能用于未然句,也能用于已然句。例如:

(347) a. 我再讲两句**添**。(我再讲两句。)

b. *我讲了两句**添**。

c. *我讲两句**添**了。

d. 我再**添**讲两句。(我再多讲两句。)

e. 我**添**讲了两句。(我多讲了两句。)

(348) a. 盐买四包**添**。(盐再买四包。)

b. *盐买了四包**添**。

c. *盐买四包**添**了。

d. 盐**添**买四包。(盐多买四包。)

e. 盐**添**买了四包。(盐多买了四包。)

(二) **哆**⁼[do²²³]

"哆⁼"既可以后置于谓词性成分,表示该动作、事件发生在前,或表示先有该动作、事件,再继续后续的动作、事件;也可用在时间词的后面,表示暂以此作为动作或事件开始的时间。

1. 表领先或暂且进行某个动作、事件

第一,"哆⁼"后置于谓词性成分,表示该动作、事件发生在前,或表示先有该动作、事件,以便为后续的动作、事件做准备以及继续后续的动作、事件。相当于普通话的"先""暂且"。例如:

(349) a. 我去**哆**⁼,尔勒⁼人再坐记添。(我先走,你们再坐会儿。)

b. 尔是先吃饭**哆**⁼?还是先洗衣裳**哆**⁼?(你是先吃饭?还是先洗衣裳?)

c. 今日没数会落雨,雨伞尔带去**哆**⁼。(今天可能会下雨,雨伞你先带上。)

d. 尔先和渠讲了**哆**⁼,做弗做由渠自决定。(你先和他讲,做不做由他自己决定。)

e. 钞票园起**哆**⁼,嫑乱用。(钱先放着,不要乱花。)

f. 热头撑出来**哆**⁼,谷再晒出去。(太阳出来了,稻谷再晒出去。)

第二,"哆⁼"句中的谓词常有副词"先"修饰,后一动作、事件句中的谓词常有副词"再"修饰。例如:

(350) a. 嫑慌做,尔两个先讲好**哆**⁼。(不要急着做,你俩得先谈好。）

b. 今日热头好猛,我先去洗衣裳**哆⁼**。（今天太阳很好,我先去洗衣裳。）

c. 尔讲了了**哆⁼**,我再讲。（你先说完,我再说。）

d. 等渠来了**哆⁼**,尔再做。（等他来了,你再做。）

e. 雨细点**哆⁼**,我再去买。（雨小点了,我再去买。）

第三,"**哆⁼**"句中的谓词常带动量词"记",表示暂时先用小段时间做该动作。例如:

(351) a. 嫑做得忒吃力,尔先去睏记**哆⁼**。（不要做得太累,你先去睡会儿。）

b. 饭还没烧好,尔等记**哆⁼**再吃。（饭还没烧好,你先等会儿再吃。）

c. 没力气做便先去歇记**哆⁼**。（没力气做就先去歇会儿。）

d. 尔先茶呷记**哆⁼**,我过记再和尔念。（你先喝会儿茶,我等会儿再和你说。）

2. 表动作或事件的暂时起始时间

"**哆⁼**"后置于时间词,表示暂时以此作为动作或事件开始的时间,同时该时间也是实施动作、事件的条件。"时间词＋**哆⁼**"是"等到 XX 时间"的省略式,相当于普通话"待到 XX 时间"。后一句子常有副词"再"修饰表动作、事件的动词。例如:

(352) a. 我今日忙猛,明日**哆⁼**,我再和尔讲。（我今天很忙,明天,我再和你讲。）

b. 买屋,还乐明年**哆⁼**,我爱⁼记没钞票。（买房子,还得明年,我这会儿没钱。）

c. 端午**哆⁼**,我再归去。（端午,我再回去。）

d. 星期**哆⁼**,化⁼人再做记去嬉。（周末,我们再一起去玩。）

e. 我爱⁼记有事干,九点**哆⁼**,我再打电话乞尔。（我这会儿有事儿,九点的时候,我再给你电话。）

（三）过[ko⁵²]

宣平话中的"过"后置于谓词性成分，或用于经历体，相当于普通话的"曾经"，或用于重复体，相当于普通话的"重新"。

1. 表曾经

第一，"过"在经历体中后置于谓词性成分，相当于普通话的"曾经"。例如：

(353) a. 我问渠**过**，渠讲渠做弗来。（我问过他，他说他不会做。）

　　　b. 渠两个人打起**过**，鳗让渠两个人做一记做。（他两个人曾经打过架，不要让他俩在一起做事。）

　　　c. 渠跌水埠去**过**，便弗敢落水了。（他曾经落过水，就不敢下水了。）

第二，当谓词后面有宾语或数量短语作补语时，"过"也可以前置，位于谓词与宾语或谓词与补语之间。后置与前置，句意无任何差异。例如：

(354) a. 以前我还没吃着杂⁼辣个菜**过**。（以前我从未吃到过这么辣的菜。）

　　　b. 以前我还没吃着**过**杂⁼辣个菜。（以前我从未吃到过这么辣的菜。）

(355) a. 我上个星期謷渠**过**。（我上个星期骂过他。）

　　　b. 我上个星期謷**过**渠。（我上个星期骂过他。）

(356) a. 北京，我去嬉两埭**过**。（北京，我去玩过两趟。）

　　　b. 北京，我去嬉**过**两埭。（北京，我去玩过两趟。）

(357) a. 爱⁼只眼睛今日痛起好两遍**过**。（这只眼睛今天好几次发痛了。）

　　　b. 爱⁼只眼睛今日痛起**过**好两遍。（这只眼睛今天好几次发痛了。）

(358) a. 昨暝五更没落大雨**过**。（昨天早晨没下过大雨。）

　　　b. 昨暝五更没落**过**大雨。（昨天早晨没下过大雨。）

第三，当谓词后面无宾语以及非数量短语作补语时，"过"只能后

置,不能前置。例如:

(359) a. 渠替我个衣裳撼去着记**过**。(他把我的衣服拿去穿过一下。)

b. *渠替我个衣裳撼去着**过**记。

(360) a. 渠个车乞我开记**过**。(他的车子给我开过一下。)

b. *渠个车乞我开**过**记。

(361) a. 謷记**过**便算了,嫑敲渠。(骂过一下就行了,不要打他。)

b. *謷**过**记便算了,嫑敲渠。

2. 表重新

第一,"过"在重复体中后置于谓词性成分,相当于普通话的"重新",或是重新实施相同的动作行为,或是重新实施另一动作行为,予以弥补。不同于经历体,重复体中的"过"只能后置。例如:

(362) a. 爱˭件衣裳尔弗喜欢,阿˭呗我明日再去买**过**。(这件衣裳你不喜欢,那么我明天再去重新买。)

b. 我没听懂,尔再讲遍**过**。(我没听懂,你再重新讲一遍。)

c. 今年没考好,我想明年再考**过**。(今年没考好,我想明年重考。)

(363) a. 渠两个人坐做一记吵猛,位置乐调记**过**。(他两个人坐一起很吵闹,位置得重新调整。)

b. 尔手机没用了,我帮尔撼去修记**过**。(你手机没用了,我帮你拿去修一下。)

c. 爱˭个弗好,尔再调个**过**。(这个不好,你再换一个。)

第二,多与副词"再"同现,也常与动量词"记"同现。例如:

(364) a. 索面烧忒咸了,我再烧碗**过**。(面条烧太咸了,我重新再烧一碗。)

b. 尔爱˭遍没嬉好,下遍我陪尔再去嬉**过**。(你这次没玩好,下次我陪你重新玩。)

c. 没事,我改记**过**。(没事,我重新改一下。)

d. 爱˭个字没写好,尔再写记**过**。(这个字没写好,你重新写一下。)

(四) 讲[kɔ̃⁴⁴⁵]

宣平话中的"讲"后置于谓词性成分,表示对所听之事的转述、强调,相当于普通话"说是""听说"。常读轻声。例如:

(365) a. 渠吃过了**讲**。(他说是已经吃过了。)

b. 字写好了**讲**。(说是字已经写好了。)

c. 特⁼个细人寻着了**讲**。(听说那个小孩找到了。)

d. 接落去乐落雪了**讲**。(听说接下去要下雪了。)

e. 渠今年乐结婚了**讲**。(听说他今年要结婚了。)

(五) 猛[mɛ²²³]、险[ɕiɛ⁴⁴⁵]

"在形容词之后加'猛'构成'A 猛',相当于普通话的'很 A'。除了浦江方言以外,婺州方言普遍都能用这种方式。"(曹志耘 2016:598)"关于'险'字句,从地理上看,后置成分'险'主要分布在浙江省西南部处州、衢州的部分地区,如遂昌、松阳、云和、丽水、常山等县市,以及东南部温州片的部分地区。"(王文胜 2023:426)宣平话虽属吴语上丽片,但因与吴语金衢片的武义接壤,所以即使是柳城镇城区,后置的"猛""险"都有分布,两者词义无差异,但不同的人有不同的语用倾向。宣平话的"猛""险"后置于谓词性成分,主要有以下几种情况。

1. 后置于有形容词或心理动词的谓词性结构

"猛""险"后置于有形容词或心理动词的谓词性结构,表示程度深,相当于普通话的"得很"或"很 A"。例如:

(366) a. 今日渠高兴**险**。(今天他很高兴。)

b. 今日我讲得快**猛**。(今天我讲得很快。)

c. 爱⁼件衣裳我喜欢**猛**。(这件衣服我很喜欢。)

d. 爱⁼个工作难做**猛**。(这个工作很难做。)

e. 渠恨我**险**。(他很恨我。)

2. 后置于有能愿动词"好得"的结构

"猛""险"后置于有能愿动词"好得"的结构,表示某一事件"完全应该""完全可以""早该"发生。例如:

(367) a. 尔字好写**猛**了。(你完全可以写字了。)

　　　b. 弗早了,尔好去**险**了。(不早了,你完全可以走了。)

　　　c. 连去做了十日了,好歇**猛**了。(连着干了十天了,完全可以歇歇了。)

　　　d. 明日便乐去了,票好买**猛**了。(明天就要走了,票完全该买了。)

　　　e. 尔埭稻好割**险**了。(你家的稻子完全可以割了。)

3. 后置于结果补语

"猛""险"后置于结果补语,表示某一事件、某一结果"完全可能"发生。例如:

(368) a. 渠吃得落**猛**。(他完全能吃下。)

　　　b. 我睏得去**险**。(我完全能睡去。)

　　　c. 嫑慌,来得逮**猛**。(不要慌,完全来得及。)

　　　d. 渠有钞票,买得倒**猛**。(他有钱,完全能买。)

　　　e. 爱⁼个字,我写得来**险**。(这个字,我完全能写。)

4. 后置于"差弗多差不多"

"猛""险"用在"差弗多差不多"后,相当于普通话的"大致""基本"。例如:

(369) a. 爱⁼两件衣裳价钿差弗多**险**。(这两件衣服的价钱基本差不多。)

　　　b. 渠个颜色和尔个差弗多**猛**。(他的颜色和你的基本差不多。)

第十六节　复句和连词

复句是由两个或两个以上意义相关、结构上互不作句法成分的分句加上贯通全句的句调构成的。用关联词来表示复句中的各分句之间的关系的叫作"关联法",不用关联词而是直接组合分句的方法叫作"意合法"。宣平话复句较少用连词严谨地关联各分句,多采用自由的意合法直接组合各分句,所以,只能依靠语境来感知句意,判断分句之间的关系。下面我们简要分析宣平话中一些有显性连词的复句。

一、并列复句

(一) 表平列

宣平话表平列的关联词有"也……也……""有两记……有两记……""一记……一记……""一面……一面……"。例如:

(370) a. 尔**也**弗去,渠**也**弗去,便没人去了。(你也不去,他也不去,那就没人去了。)

b. 比过了,**有两记**是我更快,**有两记**是渠更快。(比过了,有时是我更快,有时是他更快。)

c. **一记**讲爱=杂=样子做,**一记**讲特=杂=样子做,究竟乐哪杂=样子做?(一会儿说这样做,一会儿说那样做,究竟得怎样做?)

d. 渠**一面**走**一面**叫。(他一边走一边哭。)

(二) 表对举

宣平话表对举的关联词有"弗是……是……""是……弗是……"。例如:

(371) a. **弗是**我弗肯去,**是**我没时间去。(不是我不肯去,而是我没时间去。)

b. **是**渠弗乞我去,**弗是**我弗肯去。(是他不让我去,不是我不肯去。)

二、顺承复句

宣平话表顺承的关联词有"先……后头……""……便……""……接落去……"。例如:

(372) a. 渠**先**是讲乐来吃饭个,**后头**亦讲有事干弗来了。(起先他是说要来吃饭的,后来又说有事情不来了。)

b. 渠驾驶证一考出来,**便**去买车了。(他一考出驾驶证,就去买车了。)

c. 水先烧滚,**接落去**再囥面食。(水先烧开,然后再放馄饨。)

三、解说复句

宣平话表解说的关联词有单用的"……便是讲……"。相当于普通话的"即""就是说"。例如:

(373) a. 一年我乐交乞渠三万六,**便是讲**平均一个月我乐乞渠三千块。(一年我要交给他三万六,即平均一个月我要给他三千块。)

b. 渠讲渠自都乐问别人借钞票,**便是讲**渠没钞票借乞我。(他说他自己都要向别人借钱,就是说他没钱可以借给我。)

四、选择复句

(一) 表未定选择

宣平话表未定选择的关联词有"是……还是……""弗是……便是……""弗呗_{要么}……弗呗_{要么}……""乐呗_{要么}……乐呗_{要么}……"。例如:

(374) a. **是**上海更好嬉,**还是**北京更好嬉?(是上海更好玩,还是北京更好玩?)

b. **弗是**懵记了,**便是**生病了,渠老老弗来开会。(不是忘记了,就是生病了,他经常不来开会。)

c. **弗呗**我个车开去,**弗呗**尔个车开去。(要么我车子开去,要么你车子开去。)

d. **乐呗**我去接,**乐呗**尔去接,总归乐有人去接渠。(要么我去接,要么你去接,总之要有人去接他。)

(二) 表已定选择

宣平话表已定选择的关联词有"……还弗如……""情愿……也(都)……"。例如:

(375) a. 尔杂⁼样子做得乱七八糟,**还弗如**我自做更好。(你做得这么乱七八糟的,还不如我自己做更好。)

b. 我**情愿**自辛苦点多做点,**也**弗会讴尔做。(我宁愿自己辛苦点多做点,也不会叫你做。)

c. 渠**情愿**烂便宜卖去乞渠,**都**弗会卖去乞我。(他宁愿很便宜卖给他,都不会卖给我。)

五、递进复句

(一) 表一般递进

宣平话表一般递进的关联词有"弗单……还(也)(都)……"。例如:

(376) a. 渠杂⁼做,**弗单**解决弗了以前个问题,**还**会产生更多新个问题。(他这样做,不但解决不了以前的问题,还会产生更多新的问题。)

b. 渠**弗单**字写得好猛,歌**也**唱得好猛。(他不但字写得很好,歌也唱得很好。)

c. 杂⁼便宜个价钿,**弗单**我个人弗肯卖,大齐人**都**弗肯卖。(这么便宜的价钱,不仅我一个人不肯卖,大家都不肯卖。)

(二) 表衬托递进

宣平话表衬托递进的关联词有"连(都)……更嫑讲(便嫑讲)……""嫑讲……连……"。例如:

(377) a. 渠**连**水都吞弗落去了,**更嫑讲**吃饭了。(他连水都吞不下去了,更不用说吃饭了。)

b. 今日个课,**连**渠都没听懂,**便嫑讲**我了。(今天的课,连他都没听懂,就不用说我了。)

c. **嫑讲**渠吃弗牢做,**连**我爱⁼个后生人都吃弗牢做。(不要说他吃不消做,连我这个年轻人都吃不消做。)

d. **嫑讲**会弗会洗碗了,渠**连**自个衣裳都弗会洗。(不要说会不会洗碗了,他连自己的衣服都不会洗。)

六、偏正复句

(一) 表充足条件

宣平话表充足条件的关联词有"只乐(一旦)……便……""……便……"。例如:

(378) a. 爱⁼个生意,**只乐**尔愿意做,**便**肯定有好赚。(这个生意,只要你愿意做,就肯定有得赚。)

b. **一旦**落雨,街路埭**便**没几个人了。(一旦落雨,街上就没几个人了。)

c. 衣裳着着暖点,**便**弗会冻去了。(衣服穿暖点儿,就不会着凉了。)

(二) 表必要条件

宣平话表必要条件的关联词有"除非……弗然……""……弗然……"。例如:

(379) a. **除非**有10个人来帮尔做,**弗然**尔根本来弗逮做。(除非有10个人来帮你做,要不然你根本来不及做。)

b. 渠会帮尔差弗多,**弗然**尔没杂⁼多个钞票买屋。(他会帮你差不多,要不然你没那么多钱买房子。)

c. 尔便宜点添,**弗然**我弗会买。(你再便宜一点,要不然我不会买。)

(三) 表无条件

宣平话表无条件的关联词有"弗管……都……"。例如:

(380) a. 下个星期**弗管**会弗会落雨,运动会**都**乐开。(下个星期不管会不会下雨,都要开运动会。)

b. **弗管**渠同意弗同意,明日我**都**乐去车站接人。(不管他是否同意,明天我都要去车站接人。)

c. **弗管**好吃弗好吃,**都**乐吃。(不管是否好吃,都要吃。)

七、假设复句

(一) 表一致关系

宣平话表一致关系的假设复句关联词有"若讲(万一)……便(阿⁼呗)……""……个话……"。例如：

(381) a. **若讲**明日落雨，化⁼人**便**都开车去，孃走路去。（如果明天下雨，我们就都开车去，不要走路去。）

b. **若讲**渠便弗肯去，**阿⁼呗**我也没办法。（如果他就是不肯去，那么我也没办法。）

c. **万一**我来弗逮做，**阿⁼呗**尔勒⁼人都乐来帮记我。（万一我来不及做，那么你们都要来帮下我。）

d. 明日渠埵割稻**个话**，大齐人都去帮忙啊！（如果明天他家割稻子，大家都去帮忙啊！）

e. 杂⁼多个人，饭弗够吃**个话**，我再去买点来。（这么多的人，如果饭不够吃，那么我再去买点儿回来。）

(二) 表相背关系

宣平话表相背关系的假设复句关联词有"便是……也……""便算……也……"。例如：

(382) a. 杂⁼难个题目，**便是**尔告我了，我**也**还是弗会做。（这么难的题目，即使你告诉我了，我也还是不会做。）

b. 尔**便是**欠了多猛个账，渠**也**还是会帮尔做个。（你即便是欠了很多账，她也还是会帮你干的。）

c. **便算**渠会借乞尔钞票，爱⁼个店尔**也**撑弗落去了。（就算他会借给你钱，这个店你也撑不下去了。）

八、因果复句

(一) 表说明

宣平话表说明的关联词有"因为……所以……""……所以……""……是因为……"。例如：

(383) a. **因为**渠讲今日会落雨，**所以**谷我没晒出去。（因为他说今天会下雨，所以稻谷我没晒出去。）

b. 我弗会做，没人告我哪杂⁼做，**所以**到爱⁼记都没做好。（我不会做，没人告诉我怎么做，所以到现在都没做好。）

c. 上个星期渠没去读书，**是因为**渠冻了，会嗽。（上个星期他没去上学，是因为他冻着了，会咳嗽。）

（二）表推论

宣平话表推论的关联词有"既然……啊⁼呗（便）……""……所以讲……"。例如：

(384) a. **既然**大齐人都弗想做，爱⁼个生意**啊⁼呗**便算罢。（既然大家都不想做，那么这个生意就算了。）

b. **既然**答应落来了，我**便**会想办法做好个。（既然答应下来了，我就会想办法做好的。）

c. 杂⁼简单个事干都做弗好，**所以讲**渠便是混日子个。（这么简单的事情都做不好，所以说他就是混日子的。）

九、目的复句

（一）表求得

宣平话表求得的关联词有"……好让……""……是为了……"。例如：

(385) a. 尔开车开开快点，**好让**我早点到电影院。（你车子开快点儿，好让我早点到电影院。）

b. 今日顶好是有大热头，**好让**我堹谷晒晒燥。（今天最好是有大太阳，好让我家的稻谷晒晒干。）

c. 我杂⁼早挖⁼起，**是为了**早点到医院去望我舅舅。（我这么早起床，是为了早点儿到医院去看我舅舅。）

（二）表求免

宣平话表求免的关联词有"……省得……"。例如：

(386) a. 尔嫑乞渠杂⁼多个钞票，**省得**渠便晓得好吃懒做。（你不要给他这么多钱，以免他只会好吃懒做。）

b. 尔替我带碗面食归来，**省得**我趋出去买。（你帮我带碗馄饨回来，省得我跑出去买。）

c. 多吃点，吃吃饱点，**省得**一记功夫亦讲肚饥了。（多吃点，吃饱点，免得一会儿又说肚子饿了。）

十、转折复句

（一）表重转

宣平话表重转的关联词有"虽然……但是(也)……""虽然……不过(也)……""是……但是(也)……"。例如：

(387) a. **虽然**今年赚了好点钞票，**但是也**用了好点钞票。（虽然今年赚了好多钱，但是也花了很多钱。）

b. **虽然**渠有驾驶证好两年了，**但是**渠高速没开过。（虽然他有驾驶证好多年了，但是他没开过高速。）

c. **虽然**今日雨大猛，**也**还是有多猛人来送渠。（虽然今天雨很大，也还是有很多人来送他。）

d. **虽然**有车开来接，时间**也**是有点紧张个。（虽然有车子来接，时间也是有点紧张的。）

e. 渠**是**答应会便宜点，**但是**我还没问过渠堆老嬷。（他是答应会便宜点，但是我还没问过他老婆。）

（二）表轻转

宣平话表轻转的关联词有"……便是……""……可惜……"。例如：

(388) a. 渠爱ⁿ个人聪明是聪明猛个，**便是**忒懒了。（他这个人聪明是挺聪明的，就是太懒了。）

b. 渠自是想来险个，**便是**渠个体格忒疲了。（他自己是很想来的，就是他的身体太差了。）

c. 今日个豆腐做得好猛，**可惜**做得忒少了。（今天的豆腐做得很好，可惜做得太少了。）

第七章
宣平畲话

畲族自明末清初从闽东、浙西南等地陆续迁入宣平。据《武义柳城镇志》(1989：331)记载："民国17年(1928年)4月14日,宣平县长张高在呈文中统计:'畲民有蓝、雷、钟三姓,人口总数共计男丁二千六百七十四人,妇女二千二百六十一人'。"目前,柳城畲族镇(原宣平县治)是浙江省规模最大的民族乡镇柳城镇,畲族3 600余人,约占全镇总人口的12%(武义县人民政府网2023年数据)。畲族对内说畲话,对外说宣平话、武义话、普通话。如今,当地40岁以上的畲族基本会说畲话,年轻一代的畲族因为语言环境变化,会说畲话的比例在逐渐降低。

本章以柳城畲族镇车门村下湖源自然村为调查点记录宣平畲话。

第一节　宣平畲话语音

本节讨论宣平畲话的声韵调系统、音韵特点、文白异读、连读变调以及小称。

一、声韵调系统

(一) 声母
宣平畲话有20个声母(包括零声母)。见表7-1。

表 7-1　宣平畲话声母表

p 八兵飞风	pʰ 派爬蜂饭	m 麦尾问	f 副飞风蜂宽火花	
t 多东洞桌	tʰ 跳天甜读	n 脑南年泥		l 老蓝连路
ts 酒争静烛	tsʰ 草拆茶抄		s 丝祠皂山	
tɕ 竹纸权主	tɕʰ 抽车春丈	ȵ 热软月鱼	ɕ 船手十香	
k 高角共厚	kʰ 轻裙宽欠	ŋ 我熬牛	x 坑好海糠	
∅ 安活温云药				

说明：

1. 声母[f]唇齿摩擦不明显，略带双唇清擦音[ɸ]的色彩。
2. [tɕ]组声母发音部位略偏后，声母[ɕ]尤为明显。
3. 声母[x]发音部位略偏后。
4. 零声母音节开头前略有紧喉。

(二) 韵母

宣平畲话有 80 个声母（包括自成音节的[ŋ̍]）。见表 7-2。

表 7-2　宣平畲话韵母表

ɿ 紫市师试	i 斧闭移四溪	u 火师路富浮	y 猪鱼水饥
a 哈	ia 爷写遮车	ua 淮人名槐人名	
ɔ 牙瓜挂敲	iɔ 蹂	uɔ 话桠	
e 嘅语气词	ie 世移便~宜		
o 多坐喉做	io 靴茄梳	ou 禾	
ɯ 扣			
ai 那米拜柴帝	iai 鸡街芥		
ɔi 我大带		uɔi 歪拐怪	
ei 稗戏递溪			
oi 对妹来灰使岁		uoi 盖	yoi 税吹

续表

au 笑饱鸟沟	iau 刁爪椒绕		
ɑu 左宝老好			
eu 凑豆料透	ieu 桥票摇表		
	iu 油浮扭玻	ui 蓑块围鬼灰	
	in 心肩近冰兵星	un 关拳云吞门笋	yn 根斤春匀熏
an 痰衔剑甜坛山剪年	ian 尖店眼仙还动词		
ɔn 陷懒班饭宽		uɔn 款惯弯宽	
en 帘簟连电凳甥钉	ien 盐染变牵院县		
ən 肾邓芬闷曾姓			
on 贪乱本憨恨		uon 官罐碗瘟	yon 丸远近砖玄
		uŋ 双痛笼棕东瓮龙	
aŋ 打冷井星	iaŋ 梗平镜成兄		
ɑŋ 蓝杉淡			
ɔŋ 忙霜光江松树	iɔŋ 丈凉箱撞容	uɔŋ 黄皇王旺	
	iuŋ 荣囧风虫龙种		
	iʔ 笔逼一橘力	uʔ 缚捉谷福	yʔ 出熟叔竹肉
aʔ 吓百客麦迹	iaʔ 炙赤石削壁		
ɔʔ 毛东西	iɔʔ □ȶɕiʔ 泼洒	uɔʔ 划~出来	
oʔ 莫落学默木烛	ioʔ 脚镯药绿浴	uoʔ 镬	
əʔ 族测			
	iuʔ 滴湿粒汁	uiʔ 骨窟掘佛	
aiʔ 八篾铁	iaiʔ 滑缺		
eiʔ 跌北色踢	ieiʔ 舌血密职		
ɔiʔ 辣雪割夺		uɔiʔ 活澄袜	
oiʔ 掇阔雹		uoiʔ 国	yoiʔ 刷月决束缺

			续　表
auʔ 塔掐接贴	iauʔ 插蝶嚼		
ɑuʔ 盒鸭擦			
	ieuʔ 叶翼页		
ŋ̍ 五午			

说明：

1. 韵母[ei][eiʔ][ieiʔ]中[i]尾较弱，发音不稳定。

2. 韵母[en][ien]中元音[e]的舌位偏低，实际音值是[ɛ]。

3. [ɔi][ɔn][ɔiʔ]组韵母的实际音值为[ɔʌi][nʌɛ][iɛ]。

4. [oi][on][oiʔ]组韵母的实际音值为[ieo][nɛo][ieəi]。

5. 韵母[uŋ][iuŋ]（与[p]组声母相拼除外）中元音[u]的实际音位略低，实际音值是[ʊ]。

6. 韵母[ŋ]的发音部位略偏前，实际音值是[n̩]。

7. 入声韵中喉塞尾[ʔ]前的元音[i]舌位略低，实际音值为[ɪ]。

8. [ɯ][əʔ]本是宣平话的借韵，因读音已见于一些常用字，故列入音系。

(三) 声调

宣平畲话有单字调6个。见表7-3。

表7-3　宣平畲话声调表

调　　类	调　　值	例　　　　字
阴平	42	东该灯风通开天春，有，近，冻怪半四痛快寸去
阳平	22	门龙牛油铜皮糖红
上声	35	懂古鬼九统苦草，老五
去声	21	路硬乱洞地饭树，动罪后近
阴入	4	谷百搭节急塔刻赤，六
阳入	2	麦叶月夺白盒罚

说明：

1. 阴平[42]的实际音值为[442]或[443]。

2. 阳平[22]有时尾部略降，实际音值接近[221]。

3. 上声[35]开头部分略有降势，但未到[325]。

4. 小称调有[35][445][55]。一些字的单字调只读小称调[55][445]。例如：鸟 tau⁻⁵⁵ | 兔 tʰu⁻⁵⁵ | 猫 ȵiau⁻⁴⁴⁵ | 燕 an⁻⁴⁴⁵ | 痣 ki⁻⁴⁴⁵ | 柿 kʰi⁻⁴⁴⁵。

5. 个别古清入字只读从宣平话借入的[5]。因仅在个别字词中零星出现，一般不能单念，尚未形成体系，故不列入音系。例如：室_教~ səʔ⁵ | 鸽_白~ kəʔ⁵ 。

二、音韵特点

(一) 声母

1. 古全浊声母

古全浊声母今读全部清化，今读清塞音、塞擦音有送气和不送气两类读音，读送气音的多为口语常用词，有些单字的白读和文读有相应的送气和不送气的对立，可见送气音属于较早的读音。例如：

平_并母_：pʰiaŋ²²_~路_/pin²²_名字_

塘_定母_：tʰɔŋ²²_鱼~_/tɔŋ²²_新~：地名_

材_从母_：tsʰoi²²_棺_/tsai²²_~料_

2. 非组

较多非、敷、奉母字今读重唇音声母[p][pʰ]，除个别非口语常用字，大部分微母字今读重唇音声母[m]。部分单字的白读和文读有相应的重唇和非重唇的对立。例如：

飞_非母_：pui⁴²_~上天_/fui⁴²_~机_

蜂_敷母_：pʰiuŋ³⁵_蜜蜂_/fuŋ⁴²_~皇浆_

份_奉母_：pʰun²¹_有~_/fun²¹_股~_

味_微母_：mi²¹_味道_/fi²¹_趣味_

3. 尖团音

尖团音呈现出有分有混的特点。一部分精见组声母拼今细音时读同拼洪音，一部分精见组声母拼今细音时腭化。例如：

酒精 tsiu³⁵ ≠ 九见 kiu³⁵ ≠ 灸见 tɕiu³⁵

浆精 tɕiɔŋ⁴² ＝ 疆见 tɕiɔŋ⁴²

死心 si³⁵ ≠ 喜晓 ɕi³⁵

箱心 ɕiɔŋ⁴² ＝ 香晓 ɕiɔŋ⁴²

4. 个别精母从母字读声母[t]。例如：

棕精，~蓑；蓑衣 tuŋ⁴² | 自从，~家；自己 ti²¹

5. 少数知组字读舌头音声母[t]。例如：

张知，量词 胀知 账知 桩知 tiɔŋ⁴² | 桌知 toʔ² | 啄知 toʔ⁴ | 沉澄阵澄，有~；有件 tin²²

6. 少数知庄章组字读舌根音[k][kʰ]。例如：

[k]：铸章 ky⁴² | 枝章，~~；竹条子 ki²¹ | 枕章，~头 kin⁵⁵ | 砖章 kyon⁴² | 痣章 ki⁻⁴⁴⁵

[kʰ]：柿崇，柿子 kʰi⁻⁴⁴⁵

7. 较多溪母字读擦音[f][x][ɕ]，同大部分晓匣母的读音。例如：

[f]：箍 fu⁴² | 苦用于味道 fu³⁵ | 裤 fu⁴² | 开白，~门 foi⁴² | 恢 fui⁴² | 宽白 fɔŋ⁴² | 阔 foiʔ⁴ | 睏睡 fun⁴² | 窟 fuiʔ⁴

[x]：口—~~ xɑu³⁵ | 掐 xauʔ⁴ | 糠 xɔŋ⁴² | 壳 xoʔ⁴ | 坑 xaŋ⁴² | 客 xaʔ⁴ | 肯白，唔~；不肯 xen³⁵

[ɕ]：去 ɕy⁴² | 快白，与"慢"相对 ɕiai⁴² | 起 ɕi³⁵ | 丘 ɕiu⁴² | 牵白，手~手 ɕien⁴²

8. 少数匣母字读声母[k][kʰ]。例如：

[k]：厚 kau²¹ | 峡山~；狭窄的山谷 kauʔ² | 衔 kan²²

[kʰ]：环门~ kʰɔn²² | 痕一个~；一个印迹 kʰɔn²²

(二) 韵母

1. 古阴声韵的字今读基本是开尾韵或元音尾韵，古阳声韵今读基本保留鼻音尾，古入声韵今读基本保留塞音尾。仅个别字例外。

(1) 个别古阴声韵字读同古阳声韵：拿 naŋ⁴² | 奴 nuŋ²² | 奶 nen²¹。

（2）个别古阴声韵字读同古入声韵：夫~娘；妻子 puʔ⁴。"夫"还有不促化的读音：夫丈~pu⁴²。"夫"促化音有词汇条件限制，并不单说。

（3）个别古阳声韵字读同古阴声韵：铅~角崽；硬币 kʰa⁻⁴⁴⁵ ｜ 便~宜 pie²² ｜ 黏 nei²¹ ｜ 线文，毛~ɕie⁻⁵⁵ ｜ 娘爷~；爹娘 ȵia³⁵ ｜ 擎举 kʰia²²。"铅、便"是从宣平话借入的读音。

（4）个别古入声韵字读同古阴声韵：拉 la⁴² ｜ 饺 tɕiau⁻⁵⁵ ｜ 忆亿 i⁻⁵⁵。基本同普通话。

2. 鱼虞韵基本合流，以读韵母[y]为主，但虞韵的非组字多读[u]。例如：

[y]：猪鱼珠虞 tɕy⁴² ｜ 箸鱼 tɕʰy²¹ ｜ 区虞 tɕʰy⁴² ｜ 书鱼输虞 ɕy⁴² ｜ 余鱼 y²²

[u]：夫虞，白，丈~pu⁴² ｜ 麸虞付虞 fu⁴² ｜ 腐虞，豆~fu²² ｜ 府虞 fu³⁵ ｜ 父虞，师~fu²¹

3. 有"咍泰有别"的残留。

咍韵端系字多读韵母[oi]，咍韵见系字多读韵母[ai]。例如：

咍韵：胎 tʰoi⁴² ｜ 来 loi²² ｜ 该 kai⁴² ｜ 海 xai³⁵

泰韵个别字读读韵母[ɔi]，与咍韵今读有异。例如：

泰韵：带 tɔi⁴² ｜ 赖 lɔi²¹

4. 效开一二未合流，一等读[ɑu]韵，二等读[au]韵。流开一精母见晓组部分字读[ɑu]韵，与效开一合流。例如：

宝效开一 pɑu³⁵ ≠ 饱效开二 pau³⁵

告效开一 kɑu⁴² ≠ 教效开二 kau⁴²

扫效 sɑu⁴² ＝ 瘦流 sɑu⁴²

好效 xɑu³⁵ ＝ 口流，一~xɑu³⁵

5. 曾梗摄有别。曾摄开口一等字基本读韵母[eŋ][eʔ]，三等字基本读[iŋ][iʔ]韵。梗摄开口二等字基本读[aŋ][aʔ]韵。例如：

蒸曾 tsiŋ⁴² ≠ 争梗 tsaŋ⁴²

北曾 peiʔ⁴ ≠ 擘梗 paʔ⁴

6. 较多开口四等字以及少数三等字今读洪音韵母。例如：

蟹开四：米 mai³⁵ ｜ 低白帝 tai⁴² ｜ 底白 tai³⁵ ｜ 剃 tʰai⁴² ｜ 啼 tʰai²² ｜ 弟白 tʰai⁴² ｜ 齐 tsʰai²² ｜ 西白细白婿 sai⁴² ｜ 洗 sai³⁵ ｜ 泥 nai²² ｜ 犁 lai²² ｜

齐 tsʰai²² | 梯 tʰoi⁴² | 妻 tsʰei⁴² | 计₀ kei⁴² | 溪₀契 kʰei⁴² | 髻 kei²¹

效开四：钓吊 tau⁴² | 调~动 tau²¹ | 鸟 tau⁻⁵⁵ | 挑₀掉 tʰau⁴² | 跳 tʰau²² | 尿 nau²¹ | 撩逗 leu²¹

咸开三：廉镰帘 len²² | 殓 len²¹

咸开四：点~火 tan³⁵ | 添 tʰan⁴² | 甜 tʰan²² | 簟 ten²¹ | 贴 tʰauʔ⁴ | 叠 tʰauʔ² | 跌 teiʔ⁴

山开四：边东~ pan⁴² | 扁 pan³⁵ | 天 tʰan⁴² | 田 tʰan²² | 填 ten²² | 电殿垫 ten²¹ | 年 nan²² | 捻 nan³⁵ | 怜莲楝苦~树 len²² | 练炼 len²¹ | 篾 maiʔ² | 铁 tʰaiʔ⁴ | 节 tsaiʔ⁴ | 捏 neiʔ⁴

7. 少数开口一二等常用字今读细音韵母。例如：

果开一　荷 kʰiai⁴²动词，只有一头挂有物品的挑担动作；用条状物小心翼翼地拨拉；~出来

蟹开二　芥街 kiai⁴²

效开二　猫 ȵiau⁻⁴⁴⁵ 爪 tɕiau³⁵

流开一　后皇~₁以~ ɕieu²¹

山开二　间量词 kian⁴² | 间房间 kian²¹ | 眼 ȵian³⁵

江开二　桩 tɕioŋ⁴² | 撞 tɕioŋ²¹ | 窗 tɕʰioŋ⁴² | 腔 kʰioŋ⁴²

梗开二　梗番薯~ kʰiaŋ³⁵

8. 同一韵摄今读韵母比较丰富，有些是存古残留。例如：

（1）鹅果开一 ŋɑu²² ≠ 我果开一 ŋoi⁴² ≠ 饿果开一 ŋo²¹。其中，"鹅果开一"读[ɑu]同效开一，是歌豪通押的表现；"我果开一"读[oi]是上古汉语歌部有[i]尾的表现。

（2）双江开二 suŋ⁴² ＝送通合一 suŋ⁴² ≠ 霜宕开三 soŋ⁴²。"双江开二"读同"送通合一"，是早期江东不分的残留。

(三) 声调

今读 6 个调类。分阴阳的调类，阴调的调值都比阳调的调值高。古舒声字基本读舒声调，古入声字基本读入声调。

1. 主要归派规律

古清平字、古清去字，读阴平[42]；古浊平字，读阳平[22]；古清上

声字、古次浊上字，读上声[35]；古全浊上字、古浊去字，读去声[21]；古清入字，读阴入[4]；古浊入字，读阳入[2]。

2. 特殊归派

（1）少数古次浊平、古次浊上、古全浊上、古次浊去字今读[42]调，同阴平调。这些字基本是口语常用字，此例外现象同客家话。例如：

古次浊平：拿 naŋ^{42}｜毛 白，头~；头发 mɑu^{42}｜流 白，~水 liu^{42}｜聋 luŋ^{42}｜燎~火头；引火 leu^{42}

古全浊平：渠 他 ki^{42}

古次浊上：我 ŋoi^{42}｜马 白，骑~ mɔ^{42}｜卤 名词，盐~ lu^{42}｜你 ȵi^{42}｜尾 mui^{42}｜有 白，~人 xo^{42}｜懒 lɔn^{42}｜暖 nɔn^{42}｜软 ȵyon^{42}｜两 斤~ liaŋ^{42}｜养痒 ioŋ^{42}｜冷 laŋ^{42}｜岭 liaŋ^{42}｜领 量词，一~衫；一件衣服 iaŋ^{42}

古全浊上：坐 tsʰo^{42}｜弟 兄~ tʰai^{42}｜被 被子 pʰi^{42}｜舐 舔 ɕiai^{42}｜是 ɕi^{42}｜倚 站 kʰi^{42}｜妇 新~；儿媳妇 pʰiu^{42}｜淡 tʰɔn^{42}｜旱 xɔn^{42}｜近 白，~远 kʰyon^{42}｜丈仗 tɕʰioŋ^{42}｜上 ~山 ɕioŋ^{42}｜重 轻~ tɕʰiuŋ^{42}

古次浊去：骂 mɔ^{42}｜露 白，~水 lu^{42}｜艾 植物 ŋai^{42}｜面 脸 mien^{42}｜问 mun^{42}

（2）少数古平声、古清上、古次浊上、古清去字今读[21]调，同去声调。我们认为，大部分字的今读调是早期低降小称调固化的结果。例如：

古清平：

歌 畲歌 ko^{21}｜沙 沙子 sɔ^{21}｜堆 toi^{21}｜箕 畚~ ky^{21}｜钩 kɑu^{21}｜先 ~去 ɕian^{21}｜桑 ~叶 sɔŋ^{21}｜缸 酒~ kɔŋ^{21}｜星 星星 saŋ^{21}｜葱 tsʰuŋ^{21}

古浊平：

箩 lo^{21}｜麻 芝麻 mɔ^{21}｜芽 ŋɛ^{21}｜鱼 ȵy^{21}｜姨 阿~；妻子的姐妹 i^{21}｜篮 lɔn^{21}｜盐 ien^{21} 名词｜蚊 ~帐 mun^{21}｜猴 xɑu^{21}｜牢 牢固 lɑu^{21}｜痰 tan^{21}｜弹 ~琴 tʰɔn^{21}｜钱 钞票 tsʰan^{21}｜蝉 ɕien^{21}｜连 甚至于，~我都去 len^{21}｜缠 手~ kʰien^{21}｜盆 脚~ pʰun^{21}｜绳 ɕin^{21}｜筒 烟~ tʰuŋ^{21}｜虫 tɕʰiuŋ^{21}

古清上：挂 动词 tu^{21}｜纪 白，年~ ki^{21}｜哽 kaŋ^{21}｜顶 白，~门 taŋ^{21}｜子 日~ tsi^{21}

古次浊上：奶 nen^{21}｜礼 ~数 lei^{21}｜染 ȵien^{21}｜领 颈~；衣领 liaŋ^{21}

古清去：髻 kei²¹

（3）少数古次浊入字今读短促[4]调，同清入字。例如：

粒 liuʔ⁴ | 裂 动词,碗~啊 laiʔ⁴ | 捏 neiʔ⁴ | 摸 moʔ⁴ | 日~~ɲiʔ⁴ | 络 loʔ⁴ | 蜡 黄~ lɑuʔ⁴ | 额 白,额头 ŋaʔ⁴ | 六陆 lyʔ⁴ | 肉 ɲyʔ⁴

三、文白异读

下面主要讨论宣平畲话声母和韵母的文白异读，并将畲话的文读音和宣平话进行比较。

（一）声母

古全浊声母、非敷奉母、见组声母字，宣平畲话今读声母有比较系统的文白异读对立，较多字的文读声母与宣平话今读声母有相似的特征。具体例字见表7-4。

1. 部分古全浊声母字宣平畲话白读送气清塞音、塞擦音，文读不送气清塞音、塞擦音，这些字宣平话也读不送气音。

2. 部分非敷奉母字宣平畲话白读重唇音声母[p][pʰ]，文读声母同宣平话，读非重唇音。

3. 部分见群疑母字宣平畲话白读[k]组声母，文读声母同宣平话，读[tɕ]组声母。

4. 部分溪母字宣平畲话白读擦音声母[f][x]，文读声母同宣平话，读塞音[kʰ]，个别读塞擦音[tɕʰ]。

表7-4　宣平畲话文白读声母与宣平话声母对照表①

	畲话白读	畲话文读	宣平话
婆並母	pʰo²² 两~；夫妻俩	po²² 媒~	bu⁴³³/bo⁴³³
步並母	pʰu²¹ ——~	pu²¹ ~兵	bu²³¹
排並母	pʰai²² ~队	pai²² ~油烟	ba⁴³³

---

① 例字按古全浊（奉群疑母挪后）、非敷奉母、见组顺序排列。

续　表

	畲话白读	畲话文读	宣平话
别并母	$p^hei\textipa{P}^{22}$～人	$piei\textipa{P}^2$区～	$bi\textschwa\textipa{P}^{23}$
平并母	$p^hia\eta^{22}$～路	pin^{22}名字	bin^{433}
萍并母	$p^hia\eta^{22}$浮～	pin^{22}名字	bin^{433}
代定母	t^hoi^{21}上～	toi^{21}～表	dei^{231}
弟定母	t^hai^{42}兄～｜t^hai^{35}表～	ti^{21}～妇：弟媳	di^{223}
桃定母	$t^h\textscripta u^{35}$桃子	$t\textscripta u^{22}$村：地名	$d\textopeno^{433}$
条定母	$t^h\textscripta u^{22}$量词	$ti\textscripta u^{22}$～件	$di\textscripta^{433}$
头定母	t^heu^{22}身体部位	teu^{21}石～(老派多说"石牯")	$d\textturnm^{433}$
断定母	$t^h\textopeno n^{42}$绳～啊	ton^{21}～水	$d\textschwa n^{223}$
唐定母	$t^h\textopeno\eta^{22}$～朝	$to\eta^{22}$姓～	$d\tilde\textopeno^{433}$
塘定母	$t^h\textopeno\eta^{22}$鱼～	$to\eta^{22}$新～：地名	$d\tilde\textopeno^{433}$
像邪母	$t\textctc^hio\eta^{55}$～样：好像	$t\textctc ia\eta^{21}$相～：相似	$dzi\textscripta^{223}$
夫非母	pu^{42}丈～	fu^{42}～人	fu^{324}
飞非母	pui^{42}～上天	fui^{42}～机	fi^{324}
发非母	$pui\textipa{P}^4$～虱：长虱子	$foi\textipa{P}^4$～展	$f\textscripta\textipa{P}^5$
分非母	pun^{42}～钞票	fun^{42}～数	$f\textschwa n^{324}$
粉非母	pun^{35}麦～	fun^{35}～笔	$f\textschwa n^{445}$
放非母	$pio\eta^{42}$手～掉	$fo\eta^{42}$解～	$f\tilde\textopeno^{52}$
风非母	$piu\eta^{42}$大～	$fu\eta^{42}$～中	$f\textschwa n^{324}$
番敷母	$p^h\textopeno n^{42}$一～桌：一张桌子	fon^{42}～茄	$f\tilde\textscripta^{324}$
纺敷母	$p^hio\eta^{35}$～纱	$fo\eta^{35}$棉～厂	$f\tilde\textopeno^{445}$
蜂敷母	$p^hiu\eta^{35}$蜜蜂	$fu\eta^{42}$～皇浆	$f\textschwa n^{324}$
浮奉母	p^hiu^{22}～上来	fu^{22}上～	vu^{433}

	畲话白读	畲话文读	宣平话
妇 奉母	pʰiu⁴² 新~：儿子老婆	fu²¹ ~女主任	vu²²³
份 奉母	pʰun²¹ 有~	fun²¹ 股~	vən²³¹
房 奉母	pʰiɔŋ²² 共~：同宗族	fɔŋ²² ~地产	võ⁴³³
建 见母	kien⁴² 福~	tɕien⁴² ~设	tɕiɛ⁵²
结 见母	kiei⁴ 打死~	tɕiei⁴ ~束	tɕiəʔ⁵
卷 见母	kien³⁵ ~手椀：卷袖子	tɕyən³⁵ ~起来	tɕyən⁴⁴⁵
巾 见母	kyn⁴² 儒~：用于背孩子的长布带	tɕin⁴² 手~：手绢	tɕin³²⁴
筋 见母	kyn⁴² ~脉	tɕin⁴² 动脑~	tɕin³²⁴
景 见母	kin³⁵ ~宁	tɕin³⁵ 风~	tɕin⁴⁴⁵
经 见母	kin⁴² ~念~	tɕin⁴² ~过	tɕin³²⁴
琴 群母	kʰin²² 胡~	tɕin²² 名字	dzin⁴³³
健 群母	kien²¹ 健朗	tɕien²¹ ~康	dziɛ²³¹
近 群母	kʰyon⁴² 与"远"相对	tɕin²¹ ~视	dzin²³¹
菌 群母	kʰun²¹ 香~：香菇	tɕyən⁻⁴⁴⁵ 细~	tɕyən⁴⁴⁵ 细~
愿 疑母	ŋɔn²¹ 还~	ȵyon²¹ ~意	ȵyə²³¹
苦 溪母	fu³⁵ 味道~	kʰu³⁵ 生活~	kʰu⁴⁴⁵
开 溪母	foi⁴² ~门	kʰuoi⁴² ~支	kʰei³²⁴
快 溪母	ɕiai⁴² 与"慢"相对	kʰɑu⁴² ~活 | kʰua⁴² ~递	kʰua⁵²
口 溪母	xɑu³⁵ 一~ | ɕieu³⁵ 开~	kʰieu³⁵ ~言：口才	kʰɯ⁴⁴⁵
牵 溪母	ɕien⁴² 手~手	kʰien⁴² ~连	tɕʰiɛ³²⁴
宽 溪母	fɔn⁴² 与"紧"相对	kʰuɔn⁴² ~大处理	kʰuã³²⁴
劝 溪母	ɕyon⁴² ~酒（宴席上）	tɕʰyon⁴² ~人	tɕʰyə⁵²
肯 溪母	xen³⁵ 唔~：不肯	kʰən³⁵ ~定	kʰən⁴⁴⁵

(二) 韵母

开口四等字、止摄三等字、梗摄开口三四等字,宣平畲话今读韵母有比较系统的文白异读对立,较多字的文读韵母与宣平话今读韵母有相似的特征。具体例字见表 7-5。

1. 部分开口四等字宣平畲话白读洪音韵母,文读韵母同宣平话,读细音。

2. 部分蟹摄四等字、止摄三等字宣平畲话白读韵母[i][u][ie][ai][ei],文读韵母同宣平话,读[ɿ]。

3. 部分梗摄开口字宣平畲话白读韵母主元音[aŋ][iaŋ],文读韵母同宣平话,读[in]。

表 7-5 宣平畲话文白读韵母与宣平话比较表

	畲 话 白 读	畲 话 文 读	宣 平 话
米蟹开四	mai³⁵ 糯~	mi³⁵ 度量单位	mi⁴⁴⁵
低蟹开四	tai⁴² 高高~~	ti⁴² ~血压	ti³²⁴
提蟹开四	tei²² ~头	ti²² ~问题	di⁴³³
底蟹开四	tai³⁵ 鞋~	ti⁻⁵⁵ 到~	ti⁴⁴⁵
礼蟹开四	lei²¹ ~数(红白喜事)	li²¹ 送~(人情)	li²²³
吊效开四	tau⁴² ~上	tiau⁴² ~孝	tiɔ⁵²
挑效开四	tʰau⁴² ~劈;挑刺	tʰiau³⁵ ~美女	tʰiɔ⁴⁴⁵
点咸开四	tan³⁵ ~火	tian³⁵ 两~钟	tiɛ⁴⁴⁵
片山开四	pʰan³⁵ ~面~;毛巾	pʰien⁴² 名~	pʰiɛ⁵²
前山开四	tsʰan²² ~年	ɕian²² 以~	ziɛ⁴³³
西蟹开四	sai⁴² ~北 | si⁴² ~瓜	sɿ⁴² ~装	sɿ³²⁴
计蟹开四	kei⁴² 打肚~;思考,谋划	tsɿ⁴² ~划	tsɿ⁵²
自止开三	ti²¹ ~家;自己	sɿ²¹ ~由	zɿ²³¹
师止开三	su⁴² 老~	sɿ⁴² ~父	sɿ³²⁴

续 表

	畲话白读	畲话文读	宣平话
子止开三	tsu³⁵狮~ ｜ tsi²¹日~	tsɿ⁻⁵⁵包~	tsɿ⁴⁴⁵
思止开三	su⁴²~量:商量	sɿ⁴²~想	sɿ³²⁴
事止开三	ɕie²¹做~:干活 ｜ su²¹做好~	sɿ²¹~干;事情	zɿ²³¹
时止开三	ɕi²²~辰	sɿ²²~间	zɿ⁴³³
基止开三	ki⁴²地~	tsɿ⁴²~本上	tsɿ³²⁴
纪止开三	ki²¹年~	tsɿ⁴²~律	tsɿ³²⁴年~/tsɿ⁵²~律
季止开三	ki⁴²月~花	tsɿ⁴²~度	tsɿ⁵²
命梗开三	miaŋ²¹算~	min²¹~令	min²³¹
京梗开三	kiaŋ⁴²北~	kin⁴²~剧	tɕin³²⁴
影梗开三	iaŋ³⁵人~	in³⁵~响	in⁴⁴⁵
名梗开三	miaŋ²²有~	min²²~堂	min⁴³³
领梗开三	iaŋ⁴²量词,件 ｜ liaŋ²¹领子	lin³⁵~工资	lin²²³
岭梗开三	liaŋ⁴²爬~	lin³⁵凡~脚:地名	lin²²³
净梗开三	tɕiaŋ²¹洗~:一种宗教仪式	ɕin²¹干~	zin²³¹
性梗开三	saŋ⁴²~紧;性急	sin⁴²~格	ɕin⁵²
声梗开三	ɕiaŋ⁴²~音	ɕin⁴²无~响	ɕin³²⁴
顶梗开四	taŋ²¹~大门	tin³⁵~大	tin⁴⁴⁵
厅梗开四	tʰaŋ⁴²大~	tʰin⁴²~长	tʰin³²⁴
青梗开四	tsʰaŋ⁴²颜色	tsʰin⁴²~田:地名	tɕʰin³²⁴
星梗开四	saŋ²¹星星	ɕin⁴²~期	ɕin³²⁴

四、连读变调、小称及其他语法音变

(一) 宣平畲话两字组广用式连读变调规律

宣平畲话的连读变调比宣平话简单很多。

1. 仅阴平[42]、上声[35]作前字时会有连读变调,且变读规律不受后字调影响。

2. 前字阴平[42]变读为[44]调,后字阴平不变。

3. 前字上声[35]变读为[55]调,后字阴平不变。

4. **词汇成分、语法结构不影响变调规律**,偏正结构、动宾结构、动补结构等结构基本按照同一规律变调。例如:

阴平[42]→[44]:酸菜 sɔn$^{42-44}$tsʰoi^{42} | 半日 pɔn$^{42-44}$ȵiʔ^4

见面 kian$^{42-44}$mien^{42} | 变化 pien$^{42-44}$fɔ^{42}

规矩 kui$^{42-44}$tɵy^{35} | 医师 i$^{42-44}$sɿ^{42}

阴平[35]→[55]:水井 ɕy$^{55-35}$tsaŋ^{35} | 粉笔 fun$^{55-35}$piʔ^4

倒水 tau$^{35-55}$ɕy^{35} | 讲话 kɔŋ$^{35-55}$uɔ^{21}

颈焦(口渴) kiaŋ$^{35-55}$tsau^{42} | 紧张 kin$^{35-55}$tɕiɐŋ^{42}

宣平畲话两字组广用式连调规律见表 7-6。首列为前字本调,首行为后字本调。表中各栏两字组的实际声调用"-"相隔,"-"前是前字连读调,"-"后是后字连读调。例字标连读后的实际调值。

表 7-6 宣平畲话两字组广用式连读变调规律表

	阴平 42	阳平 22	上声 35	去声 21	阴入 4	阳入 2
阴平 42	44 - 42 春分 tɕʰyn^{44}fun^{42}	44 - 22 算盘 sɔn^{44}pʰɔn^{22}	44 - 35 班长 pɔn^{44}tɕiɐŋ^{35}	44 - 21 山路 san^{44}lu^{21}	44 - 4 钢笔 kɔŋ^{44}piʔ^4	44 - 2 中毒 tɕiuŋ^{44}tuʔ^2
阳平 22	22 - 42 棉被 mien^{22}pʰi^{42}	22 - 22 蛇皮 ɕia^{22}pʰi^{22}	22 - 35 茶米① tsʰɔ^{22}mai^{35}	22 - 21 蛇洞 ɕia^{22}tuŋ^{21}	22 - 4 牛肉 ŋau^{22}ny^4	22 - 2 柴叶 tsʰai^{22}ieuʔ^2
上声 35	55 - 42 老气 lau^{55}kʰi^{42}	55 - 22 草鞋 tsʰau^{55}xai^{22}	55 - 35 酒盏 tsiu^{55}tsan^{35}	55 - 21 水路 ɕy^{55}lu^{21}	55 - 4 水鸭 ɕy^{55}aʔ^4	55 - 2 草药 tsʰau^{55}ioʔ^2
去声 21	21 - 42 运气 un^{21}kʰi^{42}	21 - 22 大人 tʰɔi^{21}ȵin^{22}	21 - 35 糯米 no^{21}mai^{35}	21 - 21 大路 tʰɔi^{21}lu^{21}	21 - 4 糯谷 no^{21}kuʔ^4	21 - 2 树叶 ɕy^{21}ieuʔ^2
阴入 4	4 - 42 押金 auʔ^{4}kin^{42}	4 - 22 发财 fɔiʔ^{4}tsai^{22}	4 - 35 黑板 xeiʔ^{4}pan^{35}	4 - 21 铁路 tʰaiʔ^{4}lu^{21}	4 - 4 脚骨 kioʔ^{4}kuiʔ^4	4 - 2 作业 tsɵʔ^{4}ȵieiʔ^2
阳入 2	2 - 42 力气 liʔ^{2}kʰi^{42}	2 - 22 麦芒 maʔ^{2}mɔŋ^{22}	2 - 35 麦粉 maʔ^{2}pun^{35}	2 - 21 落难 loʔ^{2}nɔn^{21}	2 - 4 蜡烛 lauʔ^{2}tsoʔ^4	2 - 2 绿石② lioʔ^{2}ɕiaʔ^2

① 茶米:茶叶。

② 绿石:萤石。

(二) 小称

1. 宣平畲话的小称音主要体现在声调和入声韵母的变化上,声母一般不发生变化。

2. 原单字调为入声的音节读小称后,韵尾[ʔ]脱落,元音不变化,也不再产生新的韵尾。所有小称韵都在单字音的韵母系统内。例如：iʔ→i｜aʔ→a｜aiʔ→ai｜ieiʔ→ie｜uɔiʔ→uɔi。

3. 宣平畲话常以声调变化表示小称,以小称调的形式指称小、少或者表达感情上令人喜欢的事物以及语气的亲切。变化规律如下：

(1) 阴平[42]、阳平[22]和阴入[4]变成[445]。例如：鸡 kiai$^{42\text{-}445}$｜柴 tsʰai$^{22\text{-}445}$｜壳 xoʔ-xo$^{4\text{-}445}$。

(2) 上声[35]变成高平调[55]。例如：米 mai$^{35\text{-}55}$｜水 ɕy$^{35\text{-}55}$。

(3) 去声[21]、阳入[2]变成高升调[35]。例如：话 uɔ$^{21\text{-}35}$｜麦 maʔ-ma$^{2\text{-}35}$。

(4) 小称音例外。例如：

落生_花生_ loʔ^2 saŋ$^{42\text{-}55}$（按规律："生"阴平[42]应读[445]小称调）

禾镰_镰刀_ uo^{22} len$^{22\text{-}35}$（按规律："镰"阳平[22]应读[445]小称调）

今晡日_今天_ kin$^{42\text{-}44}$ pu$^{42\text{-}44}$ ȵiʔ-ȵin$^{4\text{-}445}$（"日"出现鼻尾。该鼻尾或是声母[n]影响所致增生）

(三) 方位短语的音变

雷艳萍(2011,2021)曾对浙江畲话方位短语的音变规律、条件,以及"尔_那_"的足句功能进行讨论,同样,宣平畲话也以方位短语里中心语名词的音变来指代方位义"上"和"里",其音变规律同于"小称音"。同一个词语处于方位结构、非方位结构,读音有差异,如果不发生音变就仍是普通名词,不构成方位短语结构。同时,该变调式应得到指示语素"个_这_""那_那,远指_""尔_那,更远指_"允准。其中"尔_那_"的距离指示义弱化,足句功能明显。宣平话无此表现。例如：

囥碗_摆放碗_ kʰɔŋ$^{35\text{-}55}$ uon^{35}（"碗"是名词,不音变）

囥尔碗_放在碗里_ kʰɔŋ$^{35\text{-}55}$ ŋ̍^{21} uon$^{35\text{-}55}$（"碗"表处所"碗里",音变）

装泥_装泥土_ tɕiŋ$^{42\text{-}44}$ nai^{22}（"泥"是名词,不音变）

囥尔泥放在地上 $k^h\mathrm{oŋ}^{35\text{-}55}$ ŋ̍^{21} nai$^{22\text{-}445}$（"泥"表处所"地上"，音变）

（四）名词 AA 式变调

1. 普通名词

据目前调查，除了"枝枝竹条子"[ki$^{42\text{-}44}$ ki$^{42\text{-}21}$]，宣平畬话的普通名词基本不构成 AA 式重叠。

2. 亲属称谓

宣平话有较丰富的亲属称谓重叠式，宣平畬话亲属称谓多采用"阿＋称谓"格式，例如：

阿爷 aʔ^4 ia$^{22\text{-}445}$ ｜ 阿爹 aʔ^4 tia$^{42\text{-}445}$ ｜ 阿哥 aʔ^4 ko$^{42\text{-}55}$ ｜ 阿姊姐姐 aʔ^4 tsi$^{35\text{-}55}$

只有个别亲属称谓也有重叠形式。舒声调多采用"[21]＋[55]"的形式。例如：

哥哥 ko$^{42\text{-}21}$ko$^{42\text{-}55}$ ｜ 爷爷 ia$^{22\text{-}21}$ia$^{22\text{-}55}$ ｜ 弟弟 tʰai$^{42\text{-}21}$ tʰai$^{42\text{-}55}$ ｜ 姊姊姐姐 tsi$^{35\text{-}21}$ tsi$^{35\text{-}55}$ ｜ 嬷嬷奶奶 mo^{-21} mo^{-55}

另有不同于"[21]＋[55]"的重叠：妹妹 moi$^{42\text{-}44}$ moi$^{42\text{-}55}$ ｜ 母母婶婶 mo^{-21} mo^{-21} ｜ 姑姑 ku$^{42\text{-}21}$ ku$^{42\text{-}21}$。

入声仅见两个词例"伯伯 paʔ^4 paʔ$^{4\text{-}5}$""叔叔 ɕioʔ^4 ɕioʔ$^{4\text{-}5}$"。采用前字读原调，后字变读为[5]的形式，其"[4]＋[5]"的重叠式声调与宣平话一致。但宣平话的变调规则是：前字由[5]变读为[4]，后字不变。两者的重叠变调可谓是"殊途同归"。再看宣平畬话单字"叔"以及"细叔小叔子""表叔""叔伯"中的"叔"，都读[ɕyʔ^4]，与重叠式不同韵。显而易见，"叔叔"重叠基本是受宣平话影响的结果。其他亲属称谓重叠抑或是在宣平话影响下出现的语音形式。

3. 人名称谓

同亲属称谓，宣平畬话的人名称谓一般不重叠，多采用"阿＋名字后字"格式表示昵称。例如：

阿生 aʔ^4 saŋ$^{42\text{-}445}$ ｜ 阿花 aʔ^4 fɔ$^{42\text{-}445}$ ｜ 阿水 aʔ^4 ɕy$^{35\text{-}55}$

受宣平话丰富的人名重叠式影响抑或是受普通话影响，自 20 世纪 80 年代以来，宣平畬话也有人名重叠式。因例子有限，目前仅总结出两条重叠音变规律。

阴平、阳平采用"[44]+[55]"的形式,例如:莎莎 sa$^{42-44}$ sa$^{42-55}$ | 玲玲 lin$^{22-44}$ lin$^{22-55}$ | 笑笑 ɕiɔ$^{42-44}$ ɕiɔ$^{42-55}$。

去声采用"[21]+[35]"的形式,例如:丽丽 li^{21} li$^{21-35}$。

其他声调暂未发现例子,尚待今后继续研究。

(五) 形容词 AA 式

雷艳萍(2008)曾对丽水畲话形容词 AA 式变调进行讨论。宣平畲话形容词 AA 式的音变规律与丽水畲话相同。重叠式 AA 与基式相比,前后两个 A 的声调都发生变化。其中 A_1 一律读高平调[55], A_2 的变调规律同于"小称变调",读[55][445][35]调。A 若是入声字,重叠式中 A_1 和 A_2 的韵母也会发生变化,喉塞尾[ʔ]脱落。例如:

阴平[55]+[445]:壮壮 肥肥 tsɔŋ$^{42-55}$ tsɔŋ$^{42-445}$

阳平[55]+[445]:平平 pʰiaŋ$^{22-55}$ pʰiaŋ$^{22-445}$

上声[55]+[55]:好好 xɑu$^{35-55}$ xɑu$^{35-55}$

去声[55]+[35]:顺顺 ɕyn$^{21-55}$ ɕyn$^{21-35}$

阴入[55]+[445]:阔阔 foiʔ-foi$^{4-55}$ foiʔ-foi$^{4-445}$

阳入[55]+[35]:薄薄 pʰoʔ-pʰʊ$^{2-55}$ pʰoʔ-pʰo$^{2-35}$

第二节　宣平畲话与宣平话词汇对照表

本节收录词汇条目 280 个,对宣平畲话与宣平话进行对照,可以看出两者的常用词语存在较大的差异。条目排列顺序参照《中国语言资源调查手册·汉语方言》。

一、天文地理

普通话	畲话	宣平话
月亮	月 ȵyoiʔ^2	月亮 ȵyə$^{23-43}$ liɑ^{231}
闪电	寮= 公影 lau^{22} kuŋ$^{42-44}$ iaŋ^{35}	霍闪 xə^5 ɕiɛ$^{445-0}$

续　表

普通话	畲　　话	宣　平　话
雷	寮=公 lau²² kuŋ⁴²	天雷 tʰiɛ³²⁴⁻⁴⁴ lei⁴³³
下雨	落水 loʔ² ɕy³⁵	落雨 ləʔ²³⁻² y²²³
天亮	天皓 tʰan⁴²⁻⁴⁴ xau²¹	天亮 tʰiɛ³²⁴⁻³² liã²³¹
田野	田洋 tʰan²² iɔŋ²²	田畈 diɛ⁴³³⁻⁴³ fã⁵²
地	畲 ɕia⁴²	地 di²³¹
溪	坑门=xaŋ⁴²⁻⁴⁴ mun²²	溪 tsʰɿ³²⁴
石头	石牿 ɕiaʔ² ku³⁵ 石头 ɕiaʔ² teu²¹	石头 ziəʔ²³⁻² dɯ⁴³³
火烟	火云 fu³⁵⁻⁵⁵ un²²	火烟 xo⁴⁴⁵⁻⁴⁴ iɛ³²⁴ 烟 iɛ³²⁴

二、时间方位

普通话	畲　　话	宣　平　话
今年	今年 kin-ki⁴²⁻⁴⁴ nan²²	今年 kəʔ⁵ ȵiɛ⁴³³⁻⁰
明年	明年 mɔ²² nan²²	明年 mã⁴³³⁻⁴³ ȵiɛ⁴³³⁻²³¹
后年	□年 xɑm²¹ nan²²	后年 əɯ²²³⁻⁴³ ȵiɛ⁴³³⁻²³¹
去年	起=年 ɕi³⁵⁻⁵⁵ nan²²	旧年 dʑiɯ²³¹⁻²² ȵiɛ⁴³³
前年	前年 tsʰan²² nan²²	前年 ziɛ⁴³³⁻⁴³ ȵiɛ⁴³³⁻²³¹
今天	今晡日 kin⁴²⁻⁴⁴ pu⁴²⁻⁴⁴ ȵiʔ-ȵin⁴⁻⁴⁴⁵ 今晡 kin⁴²⁻⁴⁴ pu⁴² 今日 kin⁴²⁻⁴⁴ ȵiʔ-ȵin⁴⁻⁴⁴⁵	今日 kəʔ⁵ nəʔ²³⁻⁰
明天	□头日 tʰan³⁵ tʰeu²² ȵiʔ-ȵin⁴⁻⁴⁴⁵ □头 tʰan³⁵ tʰeu²² □日 tʰan³⁵ ȵiʔ-ȵin⁴⁻⁴⁴⁵	明日 mã⁴³³⁻⁴³ nəʔ²³
后天	□晡日 xɔn²¹ pu⁴²⁻⁴⁴ ȵiʔ-ȵin⁴⁻⁴⁴⁵ □晡 xɔn²¹ pu⁴²	后日 əɯ²²³⁻⁴³ nəʔ²³

续　表

普通话	畲　话	宣　平　话
昨天	调=晡日 tɑu²¹ pu⁴²⁻²¹ n̠iʔ-n̠in⁴⁻⁴⁴⁵ 调=晡 tɑu²¹ pu⁴²⁻²¹ 调=日 tɑu²¹ n̠iʔ-n̠in⁴⁻⁴⁴⁵	昨暝 zəʔ²³⁻⁴³ mɛ²³¹ / zɛ⁻⁴³ mɛ²³¹
前天	前晡日 tɕʰien²² pu⁴²⁻⁴⁴ n̠iʔ-n̠in⁴⁻⁴⁴⁵ 前晡 tɕʰien²² pu⁴²	前日 ziɛ⁴³³⁻⁴³ nəʔ²³
每天	晡晡 pu⁴²⁻⁴⁴ pu⁴²⁻²¹ 见晡日 kian⁴²⁻⁴⁴ pu⁴²⁻⁴⁴ n̠iʔ-n̠in⁴⁻⁴⁴⁵ 日日 n̠iʔ⁴ n̠iʔ⁴ 每日 mei³⁵ n̠iʔ⁴	日日 nəʔ²³⁻⁴³ nəʔ²³ 见日 tɕiɛ⁵²⁻⁴⁴ nəʔ²³ 每日 mei²²³⁻⁴³ nəʔ²³
早晨	眼=头时 n̠ian³⁵⁻⁵⁵ tʰeu²² ɕi²²	五更 ŋ̩²²³⁻⁴³ kɛ³²⁴
上午	眼=头 n̠ian³⁵⁻⁵⁵ tʰeu²²	午前 ŋ̩²²³⁻²² ziɛ⁴³³
中午	日昼 n̠iʔ⁴ tɕiu⁴²	日午 nəʔ-nə²³⁻²² ŋ̩²²³
黄昏	好暗边 xɑu³⁵⁻⁵⁵ ɔn⁴²⁻⁴⁴ pien⁴²⁻⁴⁴⁵	乌日跟 u³²⁴⁻⁴⁴ nəʔ-n̠i²³⁻⁴⁴ kə³²⁴⁻⁴⁴⁵ / u³²⁴⁻⁴⁴ nəʔ-n̠in²³⁻⁴⁴ kə³²⁴⁻⁴⁴⁵ 乌日晓 u³²⁴⁻⁴⁴ nəʔ-n̠i²³⁻⁴⁴ ɕiɔ⁴⁴⁵
晚上	暗晡 ɔn⁴²⁻⁴⁴ pu⁴²⁻²¹	乌日 u³²⁴⁻³² nəʔ-n̠i²³⁻⁵²
夜晚	暗晡夜 ɔn⁴²⁻⁴⁴ pu⁴²⁻²¹ ia²¹⁻³⁵	暝间 mɛ²³¹ kā³²⁴⁻⁰
端午	五月节 ŋ̩³⁵⁻⁵⁵ n̠yoiʔ² tsaiʔ⁴	端午 tə³²⁴⁻⁴⁴ ŋ̩²²³
冬至	冬节 tuŋ⁴²⁻⁴⁴ tsaiʔ⁴	过冬 ko³²⁴⁻⁴⁴ tən³²⁴
这会儿	个下 kɔi²¹ xɔ²¹⁻³⁵	爱=记 ei⁻⁵⁵ tsɿ⁵²⁻⁰
家里	寮 lau⁴²⁻⁴⁴⁵	人家墥 nin⁴³³⁻⁴³ ko³²⁴⁻³² dɑʔ²³
上面	问=头 mun⁴²⁻⁴⁴ tʰeu²²⁻²¹ 尔坁 n̠i²¹ tai³⁵	上头 dziā²³¹⁻²² dəɯ⁴³³⁻²²³
下面	敲=下 kʰɔ⁴²⁻⁴⁴ xɔ²¹	下头 ia²²³⁻²² dəɯ⁴³³⁻²²³
左边	大边 tʰɔi²¹ pan⁴² 左边 tsau³⁵ pan⁴²	□手面 tɕya⁻⁵⁵ ɕiɯ⁴⁴⁵⁻⁴⁴ miɛ²³¹
右边	细边 sai⁴²⁻⁴⁴ pan⁴² 顺边 sun²¹ pan⁴²	顺手面 zyən²³¹⁻²² ɕiɯ⁴⁴⁵⁻⁴⁴ miɛ²³¹

续　表

普通话	畲　话	宣　平　话
前面	前头 ɕian^{22} tʰeu^{22}	前头 ʑiɛ$^{433-43}$ dəɯ$^{433-231}$ / ʑiɛ$^{433-43}$ d-təɯ$^{433-324}$
后面	屎头 ɕi$^{35-55}$ tʰeu$^{22-21}$ 屎头拜 □ɕi$^{35-55}$ tʰeu$^{22-21}$ pai$^{42-44}$ lai^{-55}	后头 əɯ$^{433-43}$ dəɯ$^{433-231}$ / əɯ$^{433-43}$ d-təɯ$^{433-324}$
面前	马=前 mɔ$^{35-55}$ tsʰan^{22}	门头前 mən$^{433-22}$ dəɯ$^{433-22}$ ʑiɛ^{433} 门前 mən$^{433-22}$ ʑiɛ^{433}
里面	内肚 loi$^{21-55}$ tu$^{35-55}$	肚内 du$^{223-43}$ nei^{231} 内头 nei$^{231-22}$ dəɯ$^{433-223}$
外面	□边 kʰɔ$^{-55}$ pan^{42} 外边 uɔi^{21} pan^{42} 尔□ȵi^{21} kʰɔ$^{-55}$	外头 ua$^{231-22}$ dəɯ$^{433-223}$

三、植物

普通话	畲　话	宣　平　话
花骨朵	花卵 fɔ$^{42-44}$ lɔn$^{35-55}$	花蕊 xo$^{324-44}$ ȵi^{223} 花蕾 xo$^{324-44}$ lei^{223}
藤蔓	藤 tʰen^{22}	龙 liɔ̃^{433}
荆棘	劈 nei?^{4}	刺 tsʰɿ^{52}
梨统称	果梨 ku$^{35-55}$ lui^{-35}	梨 li^{433}
柿子	柿 kʰi^{-445}	黄柿 ɔ̃$^{433-44}$ zɿ^{223}
蘑菇野生的	菌 kʰun^{21}	蕈 zən^{223}
香菇	香菌 ɕiɔŋ$^{42-44}$ kʰun^{21}	香菇 ɕiɔ̃$^{324-44}$ ku^{324}
稻子	禾 uo^{22}	稻 dɔ^{223}
稻草	秆 kɔn^{35}	稻秆 dɔ$^{223-22}$ kuə^{445}
高粱	黍 seu^{21}	芦穄 lu$^{433-43}$ tsɿ^{52}
芝麻	麻 mɔ^{21}	油麻 iɯ$^{433-22}$ mo^{433}

续　表

普通话	畲　话	宣　平　话
花生	落生 lɔʔ² saŋ⁴²⁻⁵⁵	老花生 lɔ²²³⁻²² xo³²⁴⁻⁴⁴ sɛ³²⁴
茄子	茄 kʰio⁻³⁵	辣苏 lɑʔ²³⁻⁴³ su³²⁴
丝瓜无棱的	年⁼子 nan²² tsi²¹	天萝 tʰiɛ³²⁴⁻⁴⁴ lo⁴³³
荸荠	米荠 mai³⁵⁻⁵⁵ si²²	蒲荠 bu⁴³³⁻²² zɿ⁴³³
洋芋	芋卵 fu²¹ lən³⁵ 洋芋卵 iəŋ²² fu²¹ lən⁵⁵	洋芋 iɑ̃⁴³³⁻⁴³ y²³¹
毛芋	芋卵 fu²¹ lən³⁵ 毛芋卵 mau⁴²⁻⁴⁴ fu²¹ lən³⁵ 水芋卵 ɕy³⁵⁻⁵⁵ fu²¹ lən³⁵	芋 y²³¹

四、动物

普通话	畲　话	宣　平　话
猴子	猴 xɑɯ²¹	猢狲 u⁴³³⁻⁴³ sə³²⁴
喜鹊	鸦鹊 ɔ²¹ ɕiaʔ⁴	喜鹊 sɿ⁴⁴⁵⁻⁴⁴ tɕʰiaʔ⁵
翅膀	吸⁼刀⁼ ɕiʔ⁴ tau⁴²	翼髈 iə²³⁻² pʰɔ̃⁴⁴⁵
尾巴	尾□ mui⁴²⁻⁴⁴ tin⁴²	尾巴 n̩²²³⁻⁴³ pu³²⁴
蜻蜓	黄⁼黏⁼ uoŋ²² nei²¹	车蜢 tɕʰia³²⁴⁻⁴⁴ u³²⁴
蚯蚓	蛇蟥 ɕia²² yon³⁵	糯⁼蟥 nõ⁻⁴⁴ xuə⁴⁴⁵ / nõ⁻⁴⁴ xuə⁴⁴⁵
蜘蛛	寮□ lau²² kʰio²¹	蛛蛛 tu³²⁴⁻⁴⁴ tu³²⁴
蚊子统称	蚊 mun³⁵	螟虫 min⁴³³⁻²² dʑyən⁴³³
苍蝇	白蚊 pʰaʔ² mun³⁵	苍蝇 tsʰɔ³²⁴⁻⁴⁴ in³²⁴
跳蚤	狗虱 kau³⁵⁻⁵⁵ seiʔ⁴	跳蚤 tʰiɔ⁵²⁻⁴⁴ tsɔ⁴⁴⁵
螃蟹	老蟹 lau³⁵⁻⁵⁵ xai³⁵	蟹 xa⁴⁴⁵
青蛙统称	蚜 kiai³⁵	田鸡 die⁴³³⁻⁴³ tsɿ³²⁴
公猪统称	猪牯 tɤy⁴²⁻⁴⁴ ku³⁵	雄猪 yən⁴³³⁻⁴³ ti³²⁴

续　表

普通话	畲　话	宣　平　话
公猪配种的	猪哥 tɤy⁴²⁻⁴⁴ko⁴²	公猪 kən³²⁴⁻⁴⁴ti³²⁴
小猪	猪崽 tɤy⁴²⁻⁴⁴tsoi³⁵⁻⁵⁵	细猪 ɕia⁵²⁻⁴⁴ti³²⁴ 猪儿 ti³²⁴⁻⁴⁴n̩³²⁴ 细猪儿 ɕia⁵²⁻⁴⁴ti³²⁴⁻⁴⁴n̩³²⁴
猪圈	猪栏 tɤy⁴²⁻⁴⁴lɔn²² 猪囚 tɤy⁴²⁻⁴⁴tɕʰiu²²	猪栏 ti³²⁴⁻⁴⁴lã⁴³³
狗	狗 kɑu³⁵	街狗 ka³²⁴⁻⁴⁴kɯ⁴⁴⁵
公鸡	鸡公 kiai⁴²⁻⁴⁴kuŋ²¹	雄鸡 yən⁴³³⁻⁴³tsʅ³²⁴
鹅	□鹅 tɕʰia⁻⁵⁵ŋɑu²²	鹅 ŋo⁴³³

五、房舍器具

普通话	畲　话	宣　平　话
房子统称	寮 lau²²	屋 əʔ⁵
建房子	起寮 ɕi³⁵⁻⁵⁵lau²²	徛屋 gei²³¹⁻²²əʔ⁵
厨房	镬灶下 uoʔ²tsɑu-tsɔ⁴²⁻⁴⁴xɔ²¹	下间 ia²²³⁻⁴³kã³²⁴
厕所旧式	屎楻 ɕi³⁵⁻⁵⁵uɔŋ²²	茅坑 mɔ⁴³³⁻⁴³kʰɛ³²⁴
柱子	竖墩 ɕy²¹tun³⁵	柱 dzy²²³
扫帚	秆扫 kɔn³⁵⁻⁵⁵sɑu⁴²	地帚 di²³¹⁻²²tɕiɯ⁴⁴⁵
扫地	扫寮 sɑu⁴²⁻⁴⁴lau²²	扫地 sɔ⁴⁴⁵⁻⁴⁴di²³¹ 扫地下 sɔ⁴⁴⁵⁻⁴⁴di²³¹⁻²²ia²²³
东西物品	乇 nɔʔ⁴	东西 nən³²⁴⁻⁴⁴sʅ³²⁴/tən³²⁴⁻⁴⁴sʅ³²⁴
蚊帐	蚊帐 mun²¹tɕiɔŋ⁴²	布帐 pu⁵²⁻⁴⁴tiã⁵²
抽屉	推路 tʰoi⁴²⁻⁴⁴lu²¹	推柜 tʰei³²⁴⁻³²dzy²³¹
菜刀统称	刀拜 tau⁴²⁻⁴⁴pai⁴²⁻⁴⁴	薄刀 bəʔ²³⁻⁴³tɤɯ³²⁴
酒坛子	酒缸 tsiu³⁵⁻⁵⁵kɔn⁴²⁻²¹	酒掇=tɕiɯ⁴⁴⁵⁻⁴⁴təʔ⁵

续 表

普通话	畲 话	宣 平 话
盖子	盖 kuoi^{42}	颿 kən^{445}
脸盆	面盘 mien$^{42-44}$ pʰɔn^{22}	面桶 miɛ$^{231-22}$ dən^{223}
毛巾洗脸用的	面片 mien$^{42-44}$ pʰan^{35}	面巾 miɛ$^{231-43}$ tɕin^{324}
剪刀	剪刀 tsan$^{35-55}$ tɑu^{42}	铰剪 kɔ$^{445-44}$ tɕiɛ^{445}

六、服饰饮食

普通话	畲 话	宣 平 话
衣服统称	衫 san^{42}	衣裳 i$^{324-44}$ ziɑ̃^{433}
裤子统称	裤 fu^{42}	布裤 pu$^{52-44}$ kʰu^{52}
袖子	手袱 ɕiu$^{35-55}$ uon^{21}	衫袖 sɑ̃$^{324-32}$ ziɯ^{231}
衣兜	懂＝枊＝ tuŋ$^{-55}$ kɔ^{22} 衫袋 san$^{42-44}$ tʰoi^{21}	袋 dei^{231}
扣子统称	衫纽 san$^{42-44}$ ȵiu^{35}	纽子 ȵiɯ$^{223-22}$ tsʅ^{445} 纽扣 ȵiɯ$^{223-22}$ kʰɯ^{52}
戒指	手节 ɕiu$^{35-55}$ tsaiʔ-tsai$^{4-445}$	戒指 ka$^{52-44}$ tsʅ$^{445-52}$
手链	手缠 ɕiu$^{35-55}$ kʰien^{21}	手链 ɕiɯ$^{445-44}$ liɛ^{231}
饭统称	饭 pʰɔn^{21}	饭 vɑ̃^{231}
稀饭统称	糜 moi^{22}	粥 tɕyəʔ^{5}
馅儿	心 sin^{42}	馅 ɑ̃^{231}
粽子	裹粄 ku$^{35-55}$ pɔn^{35}	粽 tsən^{52}
馃以米粉、面粉等为主要原料制作的各类食品的总称	粄 pɔn^{35}	馃儿 kuɑ̃^{445}
茶叶	茶米 tsʰɔ^{22} mai^{35}	茶叶 dz-tso$^{433-44}$ iə^{23}
吃早饭	食＝头 ɕiʔ^{2} ȵian$^{35-55}$ tʰeu^{22}	吃五更 tɕʰiʔ$^{5-4}$ ŋ$^{223-43}$ kɛ^{324}

续 表

普通话	畲 话	宣 平 话
吃午饭	食日昼 ɕiʔ² ȵiʔ⁴ tɕiu⁴²	吃日午 tɕʰiəʔ⁵⁻⁴ nəʔ-nə²³⁻²² n²²³
吃晚饭	食暗晡 ɕiʔ² ɔn⁴²⁻⁴⁴ pu²¹	吃乌日 tɕʰiəʔ⁵⁻⁴ u³²⁴⁻³² nəʔ-ȵi²³⁻⁵²
盛饭	舀饭 ieu³⁵⁻⁵⁵ pʰɔn²¹	齿饭 ti⁵²⁻⁵⁵ vã²³¹
夹菜	钳菜 kʰien²² tsʰoi⁴²	挟菜 gaʔ²³⁻² tsʰei⁵²
斟酒	斟酒 tsin⁴²⁻⁴⁴ tsiu³⁵	筛酒 sa³²⁴⁻⁴⁴ tɕiɯ⁴⁴⁵ □酒 ʑiɔ̃²³¹⁻²² tɕiɯ⁴⁴⁵
口渴	颈焦 kiaŋ³⁵⁻⁵⁵ tsau⁴²	口燥 kʰɯ⁴⁴⁵⁻⁴⁴ sɔ⁵²

七、身体医疗

普通话	畲 话	宣 平 话
头发	头毛 tʰeu²² mɑu⁴²	头发 d-təɯ⁴³³⁻⁴⁴ fɑʔ⁵
眼睛	眼 ȵian³⁵ 眼□ ȵian³⁵⁻⁵⁵ kʰiʔ²	眼睛 ŋɛ²²³⁻⁴³ tɕin³²⁴
眼珠	眼□崽 ȵian³⁵⁻⁵⁵ kʰiʔ² tsoi³⁵	眼睛乌珠 ŋɛ²²³⁻²² tɕin³²⁴⁻⁴⁴ u³²⁴⁻⁴⁴ tɕy³²⁴
鼻子	鼻洞 pʰi²¹ tuŋ²¹	鼻头 bəʔ²³⁻² dəɯ⁴³³
鼻涕	鼻 pʰi²¹	鼻头涕 bəʔ²³⁻² dəɯ⁴³³⁻⁴³ tʰi⁵²
嘴巴	嘴巴 tɕyoi⁴²⁻⁴⁴ pɔ⁴² 嘴 tɕyoi⁴²	口嘴 kʰɯ-kʰəʔ⁴⁴⁵⁻⁴ tɕy⁴⁴⁵
口水	□□水 pʰai⁻⁵⁵ lai⁻⁵⁵ ɕy³⁵	流涕 liɯ⁴³³⁻⁴³ tʰi⁵² 口涕水 kʰɯ⁴⁴⁵⁻⁴⁴ tʰi⁵²⁻⁴⁴ ɕy⁴⁴⁵
下巴	嘴自 tɕyoi⁴²⁻⁴⁴ ti²¹	下爬 o²²³⁻²² bo⁴³³
胡子 统称	嘴须 tɕyoi⁴²⁻⁴⁴ su⁴²	胡须 u⁴³³⁻⁴³ su³²⁴
脖子	颈 kiaŋ³⁵	项颈 ɔ̃²²³⁻²² tɕin⁴⁴⁵
喉咙	颈喉 kiaŋ³⁵⁻⁵⁵ xo²²	流⁼喉 liɯ⁴³³⁻⁴³ əɯ³²⁴
肩部 统称	肩头 kin⁴²⁻⁴⁴ tʰeu²²	攀=肩 pʰã⁻⁴⁴ tɕiɛ³²⁴

续 表

普通话	畲 话	宣 平 话
胳膊 统称	手颈 ɕiu³⁵⁻⁵⁵ kiaŋ³⁵	手膊待 ɕiɯ⁴⁴⁵⁻⁴⁴ pəʔ⁵⁻⁴ dei²²³
左手	大边手 tʰɔi²¹ pan⁴²⁻⁴⁴ ɕiu³⁵⁻⁵⁵ 左手 tsɑu³⁵⁻⁵⁵ɕiu³⁵	□手 tɕya⁻⁴⁴ ɕiɯ⁴⁴⁵
右手	细边手 sai⁴²⁻⁴⁴ pan⁴²⁻⁴⁴ ɕiu³⁵⁻⁵⁵ 顺手 sən²¹ ɕiu³⁵	顺手 ʑyən²³¹⁻²² ɕiɯ⁴⁴⁵
手指	手崽 ɕiu³⁵⁻⁵⁵ tsoi³⁵	指头 tsəʔ⁵⁻⁴ dəɯ⁴³³
大拇指	手公 ɕiu³⁵⁻⁵⁵ kuŋ⁴²⁻²¹	大指头 do²³¹⁻²² tsəʔ⁵⁻⁴ dəɯ⁴³³
指甲	手甲 ɕiu³⁵⁻⁵⁵ kauʔ⁴	指甲 tsəʔ⁵⁻⁴ kɑʔ⁵
大腿	大髀 tʰɔi²¹ pi³⁵	大腿 do²³¹⁻²² tʰei⁴⁴⁵
肚子	肚屎 tu³⁵⁻⁵⁵ ɕi³⁵	浼肚 u⁵²⁻⁴⁴ tu⁴⁴⁵
肚脐	肚屎脐 tu³⁵⁻⁵⁵ ɕi³⁵⁻⁵⁵ tsʰi²¹	肚脐 du²³¹⁻²² zɿ⁴³³
屁股	屎窟 ɕi³⁵⁻⁵⁵ fuiʔ⁴	屁股 pʰi⁵²⁻⁴⁴ ku⁴⁴⁵
拉屎	屙屎 oʔ⁴ ɕi³⁵	放浼 fɔ⁵²⁻⁴⁴ u⁵²
撒尿	屙尿 oʔ⁴ nau²¹	放尿 fɔ⁵²⁻⁴⁴ sɿ³²⁴
咳嗽	顿 = tun⁴²	嗽 səɯ⁵² 咳嗽 kʰəʔ⁵ səɯ⁵²⁻⁰
污垢 皮肤上的	𩪘 mɔn²¹	垢 xəɯ⁵²
看病	睇病 tʰai³⁵⁻⁵⁵ pʰiaŋ²¹	望病 mɔ̃²³¹⁻⁴³ bin²³¹

八、婚丧信仰

普通话	畲 话	宣 平 话
娶妻子	攞夫娘 lo⁴²⁻⁴⁴ pu⁴²⁻⁴⁴ niɔŋ²²	讨老嬷 tʰɔ⁴⁴⁵⁻⁴⁴ lɔ²²³⁻²² mo²²³
新郎	新郎 sin⁴²⁻⁴⁴ lɔŋ²²	新郎官 sən³²⁴⁻⁴⁴ lɔ̃²³¹⁻⁴³ kuɑ̃³²⁴
新娘	新娘 sin⁴²⁻⁴⁴ niɔŋ²²	新媛主 sən³²⁴⁻⁴⁴ yə⁴³³⁻²² tɕy⁴⁴⁵
怀孕	有□养 xo⁴²⁻⁴⁴ nuŋ⁻⁵⁵ iɔŋ⁴² 怀崽 xɔi²¹ tsoi³⁵	有好生 iɯ²²³⁻²² xəɯ⁴⁴⁵⁻⁴⁴ sɛ³²⁴ 担身子 tɑ̃³²⁴⁻⁴⁴ sən³²⁴⁻⁴⁴ tsɿ⁴⁴⁵

续　表

普通话	畲　话	宣　平　话
害喜妊娠反应	病崽 p^{h}iaŋ^{21}tsoi^{35}	病儿 bin$^{231-43}$ŋ̍^{324}
分娩	养 iɔŋ^{42}	生 sɛ^{324}
坐月子	掌寮 tɕiɔŋ$^{35-55}$lau^{22} 掌月 tɕiɔŋ$^{35-55}$ȵyoiʔ^2	做生母 tso$^{52-44}$sɛ$^{324-44}$ŋ̍^{223}
断奶	择奶 tʰoʔ^{2}nen^{21}	摘奶 taʔ$^{5-4}$na^{223}
满月	出月 tɕʰyʔ^{4}ȵyoiʔ^2 满月 mɔn$^{35-55}$ȵyoiʔ^2	满月 mə$^{223-43}$ȵyə^{23}

九、人品称谓

普通话	畲　话	宣　平　话
婴儿	古=□ku^{21}xa^{35}	嫩儿 nə$^{231-43}$ŋ̍^{324} 嫩儿花 nə$^{231-22}$ŋ̍$^{324-44}$xo^{324}
小孩三四岁的,统称	细崽孻 sai$^{42-44}$tsoi$^{35-55}$lin^{-55}	细人 ɕia$^{52-44}$nin$^{433-223}$ 细人掇= ɕia$^{52-44}$nin$^{433-22}$təʔ^5
小伙子统称	服=生崽 fuʔ^{2}saŋ^{21}tsoi^{35}	细后生 ɕia$^{52-44}$əɯ$^{223-43}$sɛ^{324}
小姑娘统称	夫妮崽 pu$^{42-44}$ȵi^{-55}tsoi^{55}	细囡暖 ɕia$^{52-44}$nã$^{223-22}$nə^{223}
乞丐	攞饭人 lo$^{42-44}$pʰɔn^{21}ȵin^{22}	讨饭人 tʰɔ$^{445-44}$vã$^{231-22}$nin^{433}
公公叙称	翁公 ɔn$^{42-44}$kuŋ^{42}	爷爷 ia$^{433-43}$ia$^{433-324}$ 祖公 tso$^{445-44}$kən^{324}
婆婆叙称	阿驰 aʔ^{4}tɕia^{-55}	嬷 mo$^{223-52}$ 大家 da$^{231-43}$ko^{324}
外祖父	姥公 tai$^{42-44}$kuŋ$^{42-55}$	外公 a^{-22}kən$^{324-52}$
外祖母	姥婆 tai$^{42-44}$pʰo$^{22-55}$	外婆 a^{-22}b-pu$^{433-52}$
父母合称,叙称	爷娘 ia^{22}ȵia^{35}	爹娘 tia$^{324-44}$ȵiɑ^{433}
父亲叙称,常用	爷 ia^{22}	爹 tia^{324} 老爹 lɔ$^{223-43}$tia^{324}

续表

普通话	畲话	宣平话
母亲叙称,常用	娘 ȵia³⁵	娘 ȵiã⁴³³ 老娘 lɔ²²³⁻²² ȵiã⁴³³
父亲呼称,常用	阿爹 aʔ⁴ tia⁴²⁻⁴⁴⁵	伯伯 paʔ⁵⁻⁴ paʔ⁵
母亲呼称,常用	阿婆 aʔ⁴ mei⁻⁵⁵	姆妈 m̩⁻⁵⁵ ma⁵²⁻⁰
岳父叙称	姥公 tai⁴²⁻⁴⁴ kuŋ⁴²⁻²¹	丈人 dʑiã²³¹⁻²² ȵin⁴³³
岳母叙称	姥婆 tai⁴²⁻⁴⁴ pʰo²²⁻²¹	丈母 dʑiã²³¹⁻²² n̩²²³
伯父统称	伯伯 paʔ⁴ paʔ⁴⁻⁵	大伯伯 do²³¹⁻²² paʔ⁵⁻⁴ paʔ⁵
伯母统称	阿娘 aʔ⁴ ȵia³⁵⁻⁵⁵	大娘娘 do²³¹⁻²² ȵiã⁴³³⁻⁴⁴ ȵiã⁴³³⁻⁵²
叔父统称	叔叔 ɕioʔ⁴ ɕioʔ⁴⁻⁵	叔叔 ɕyə ʔ⁵⁻⁴ ɕyə ʔ⁵
叔母统称	母母 mo⁻²¹ mo⁻²¹	婶婶 sən⁴⁴⁵⁻⁴⁴ sən⁴⁴⁵⁻⁵²
姑妈统称	姑姑 ku⁴²⁻²¹ ku⁴²⁻²¹	娘娘 ȵiã⁴³³⁻²² ȵiã⁴³³⁻⁵²
姑父统称	姑丈 ku⁴²⁻⁴⁴ tɕʰioŋ⁴²⁻³⁵	姑夫 ku³²⁴⁻⁴⁴ fu³²⁴
舅舅统称	娘舅 ȵia³⁵⁻⁵⁵ kʰiu²¹⁻⁵⁵	舅舅 dʑiɯ²²³⁻²² dz̩-tɕiɯ²²³⁻⁵²
舅妈统称	娘母 ȵia³⁵⁻⁵⁵ mo⁻⁵⁵	妗妗 dʑin²²³⁻²² dz̩-tɕin²²³⁻⁵²
姨妈统称	娘姨 ȵia³⁵⁻⁵⁵ i²¹⁻⁵⁵	大姨 do²³¹⁻²² i⁴³³⁻⁵² 细姨 ɕia⁵²⁻⁴⁴ i⁴³³⁻⁵² （没有统称）
姨父统称	娘姨丈 ȵia³⁵⁻⁵⁵ i²¹ tɕʰioŋ²¹⁻³⁵	姨夫 i⁴³³⁻⁴³ fu³²⁴
弟兄合称	兄弟 ɕiaŋ⁴²⁻⁴⁴ tʰai⁴²	哥弟 ko³²⁴⁻⁴⁴ di²²³
妯娌弟兄妻子的合称	两妯娌 ioŋ³⁵⁻⁵⁵ ɕiuʔ² li⁴²	叔伯母娘 ɕyə ʔ⁵⁻⁴ paʔ⁵ n̩²²³⁻²² ȵiã⁴³³
连襟合称	两姨丈 ioŋ³⁵⁻⁵⁵ i²¹ tɕʰioŋ⁴²⁻²¹	大细姨夫 do²³¹⁻²² ɕia⁵²⁻⁴⁴ i⁴³³⁻⁴³ fu³²⁴
父子俩	两子爷 ioŋ³⁵⁻⁵⁵ tsi³⁵⁻⁵⁵ ia²²	爹儿两个 tia³²⁴⁻⁴⁴ n̩³²⁴⁻⁴⁴ lɛ²²³⁻²² ka⁵²
母女俩	两子娘 ioŋ³⁵⁻⁵⁵ tsi³⁵⁻⁵⁵ ȵioŋ²²	娘囡两个 ȵiã⁴³³⁻⁴⁴ nã³²³ lɛ²²³⁻²² ka⁵²
儿媳妇叙称	新妇 sin⁴²⁻⁴⁴ pʰiu⁴²	新妇 sən³²⁴⁻⁴⁴ vu²²³
儿子叙称	崽 tsoi³⁵	儿 n̩³²⁴

续 表

普通话	畲话	宣平话
女儿叙称	女 ȵy^{35}	囡 nã^{223}
女婿叙称	女婿 ȵy$^{35-55}$ sai^{42}	郎 lɔ̃^{433}
夫妻合称	两婆 iɔŋ$^{35-55}$ pʰo^{22}	公婆 kən$^{324-44}$ bo^{433}
丈夫叙称	丈夫 tɕʰiɔŋ$^{42-44}$ pu^{42}	老官 lɔ$^{223-43}$ kuã^{324}
妻子叙称	夫娘 pu$^{42-44}$ ȵiɔŋ^{22}	老嬢 lɔ$^{223-22}$ mo^{223}

十、农工商文

普通话	畲话	宣平话
干活儿统称	做事 tso$^{42-44}$ ɕie^{21}	做生意 tso$^{52-44}$ sɛ$^{324-32}$ i^{52}
插秧	补＝田 pu^{-55} tʰan^{22}	种田 tɕiɔ̃$^{52-44}$ die^{433}
割稻子	割禾 kɔiʔ^4 uo^{22}	割稻 kuə$^{5-4}$ dɔ^{223}
放牛	暝牛 ȵiaŋ$^{42-44}$ ŋau^{22}	望牛 mɔ̃$^{231-22}$ ȵɯ^{433}
喂猪	养 iɔŋ$^{42-44}$ tɕy^{42}	饲猪 zɿ$^{231-43}$ ti^{324}
杀猪	毅猪 lɔiʔ^4 tɕy^{42}	杀猪 sɑʔ$^{5-4}$ ti^{324}
镰刀	禾镰 uo^{22} len$^{22-35}$	锁＝鑠 so^{-44} tɕiɔʔ^5
两头尖的挑担工具	尖栋＝竿 tɕian$^{42-44}$ tuŋ$^{42-44}$ kɔn^{42} 柴栋＝竿 tsʰai^{22} tuŋ$^{42-44}$ kɔn^{42}	担樾 tã$^{324-44}$ tɕʰyən^{324} 柴樾 za$^{433-43}$ tɕʰyən^{324}
臼子	□盆 xɔn^{-55} pʰun^{21}	碓臼 tei$^{52-44}$ dʑɯ^{223}
用~钱	使 soi^{35}	用 iɔ̃^{231}
称~重量	毁 ten^{35}	称 tɕʰin^{324} 赁＝lin^{231}
爆竹统称	擘杖 paʔ^4 tɕʰiɔŋ^{21}	响炮 ɕiã$^{445-44}$ pʰo^{52}
讲故事	讲古老 kɔ̃$^{35-55}$ ku$^{35-55}$ lau$^{35-5}$	讲大话 kɔ̃$^{445-44}$ do$^{231-43}$ o^{231}
嬉戏	□tsen^{21}	搞 kɔ^{445}
游玩	嫽 lau^{21}	嬉 sɿ^{324}
串门	过寮 ku$^{42-44}$ lau^{22}	嬉 sɿ^{324}

十一、动作行为

普通话	畲话	宣平话
看~戏	睇 tʰai³⁵ 瞑 ȵiaŋ⁴²	望 mɔ̃²³¹
闻	鼻 pʰiŋ²¹	喷= pʰən³²⁴
舔	□lan⁴² 舐 ɕiai⁴²	舔 tʰiɛ⁴⁴⁵
吐自主的	□lai³⁵	吐 tʰu⁴⁴⁵
拿	拿 naŋ⁴²	驮 do⁴³³ 擳 iəʔ⁵
挠~痒	野= ia³⁵	抓 tsɔ³²⁴
拔	挽 mɔn³⁵	摒 mɛ⁵²
摘~花	穿= tɕʰyon⁴²	摘 taʔ⁵
倚(人)斜靠	凭 pʰen²¹	□gɯ²³¹ 靠 kʰɯ⁵²
走	行 xaŋ²²	走 tsəɯ⁴⁴⁵
跑	走 tsɑu³⁵	趏 kuaʔ⁵
逃	走 tsɑu³⁵	逃 do⁴³³
抓	捉 tsuʔ⁴	搭 kʰo⁵²
抱	蚕= tsʰɔn³⁵	□dʑia⁴³³
遮挡	□tsʰɔ²¹	遮 tɕia³²⁴
埋	壅 iuŋ⁴²	翁= ən³²⁴ 涴 u⁵²
丢弃	疲= ɕiʔ⁴ 敩 iaŋ²¹ □tɕian²¹	掼 guã²³¹ 浴 yɔ²³ 摔 ɕyəʔ⁵
掉落	□落 ta⁻⁵⁵loʔ²	趺 lei²³¹
挑选	拣 kan³⁵	拣 kã⁴⁴⁵ 择 dzaʔ²³

续　表

普通话	畲　话	宣　平　话
睡	睏 fun⁴²	睏 kʰuə⁵²
打呼噜	鼾鼻 fɔn⁴²⁻⁴⁴ pʰi²¹	鼾 xuə³²⁴
忘记	铁＝忘 tʰaiʔ⁴ ȵiɔŋ⁴²	懵记 mən²²³⁻²² tsๅ⁵²
有	有 xo⁴²	有 iɯ²²³
没有	无 mɑu²²	没 mei⁵²
不是	唔是 ŋ²² ɕi⁴²	弗是 fəʔ⁵ dzๅ²²³
不知道	未得 mui²¹⁻⁵⁵ tiʔ⁴	弗晓得 fəʔ⁵⁻⁴ ɕiə⁴⁴⁵⁻⁴⁴ tiə⁵ 晓弗得 ɕiə⁴⁴⁵⁻⁴⁴ fəʔ⁵⁻⁴ tiəʔ⁵
会	解 xai⁴²	会 uei²²³
不会	勿 mai⁴²	弗会 fəʔ⁵ uei²²³
不认识	认唔着 ȵin²¹ ŋ²² tɕʰioʔ² 勿认着 mai⁴²⁻⁴⁴ ȵin²¹ tɕʰioʔ²	认弗着 ȵin²³¹ fəʔ⁵⁻⁴ dziə²³
叫	喥 uo³⁵	讴 ɔ³²⁴
骂	骂 mɔ⁴²	誓 zəʔ²³

十二、性质状态

普通话	畲　话	宣　平　话
红	赤 tɕʰiaʔ⁴ 红 fuŋ²²	红 ən⁴³³
崎	崎 kʰi⁴²	竖 ʐy²²³
稠稀饭～	□ kʰyoiʔ²	厚 gɯ²²³
稀稀饭～	鲜 ɕian⁴²	薄 bəʔ²
亮	皓 xau²¹	亮 liɑ̃²³¹
干燥	焦 tsau⁴²	燥 sɔ⁵²
锋利	利 li²¹	快 kʰua⁵²
破	烂 lən²¹	破 pʰa⁵²

续表

普通话	畲话	宣平话
迟	晏 ɔn⁴²	慢 mã²³¹
馋	臭酸 tɕʰiɯ⁴²⁻⁴⁴ sɔn⁴²	馋臭 ɕiɯ³²⁴⁻³² tɕʰiɯ⁵²
腥	臭腥 tɕʰiɯ⁴²⁻⁴⁴ saŋ⁴²	腥气 ɕin³²⁴⁻³² tsʰʅ⁵²
勤快	□maŋ⁴²	勤力 dʑ-tɕin⁴³³⁻⁴⁴ liəʔ²³
乖	听话 tʰaŋ⁴²⁻⁴⁴ uɔ²¹ 听讲 tʰaŋ⁴²⁻⁴⁴ kɔŋ³⁵ 嬞 sau²¹	听话 tʰin⁵²⁻⁴⁴ o²³¹ 听讲 tʰin⁵²⁻⁴⁴ kɔ̃⁴⁴⁵ 慧 uei²³¹

十三、数量

普通话	畲话	宣平话
二十	二十 ȵi²¹ ɕiɯʔ²	廿 ȵiɛ²³¹
根─～绳子	行 xaŋ²²	根 kə³²⁴⁻⁵²
只─～鞋	边 pan⁴²	只 tsaʔ⁵
张─～桌子	番 pʰɔn⁴²	支 tsʅ³²⁴⁻⁵²
顿─～饭	顿 tun⁴²	厨 dʑy⁴³³⁻²³¹
首─～歌	条 tʰau²²（四句为一首）	首 ɕiɯ⁴⁴⁵⁻⁵²
元─～钱	菟 teu⁴²	块 kʰuei⁵²
些─～米	□nai⁴²	勒= lə⁵²
会儿 坐─～	下 xɔ²¹⁻³⁵	记 tsʅ⁵²

十四、代副介连词

普通话	畲话	宣平话
我们	我人 ŋi⁴²⁻⁴⁴ ȵin²²	我两个 o²²³⁻²² lɛ²²³⁻⁵⁵ ka⁵²⁻⁰ 我拉= o²²³⁻²² la⁻⁵⁵ 我勒=人 o²²³⁻²² lə⁵²⁻⁵⁵ nin⁴³³⁻⁰

续 表

普通话	畲 话	宣 平 话
咱们	我人 ŋɔi$^{42-44}$nin$^{22-55}$	化＝人 xo^{-55}nin$^{433-0}$ 化＝两个 xo^{-55}lɛ$^{223-55}$ka$^{52-0}$ 化＝拉 xo^{-55}la^{-55} 化＝勒＝人 xo^{-55}lə$^{52-55}$nin$^{433-0}$
你们	你人 n̩i$^{42-44}$nin^{22}	尔两个 n̩$^{223-22}$lɛ$^{223-55}$ka$^{52-0}$ 尔拉＝n̩$^{223-22}$la^{-55} 尔勒＝人 n̩$^{223-22}$lə$^{52-55}$nin$^{433-0}$
他们	渠人 ki$^{42-44}$nin^{22}	渠两个 gɯ$^{223-22}$lɛ$^{223-55}$ka$^{52-0}$ 渠拉 gɯ$^{223-22}$la^{-55} 渠勒＝人 gɯ$^{223-22}$lə$^{52-55}$nin$^{433-0}$
大家	大利＝tʰɔi^{21}li^{21}	大齐 da$^{231-22}$zl̩^{433} 大齐人 da$^{231-22}$zl̩$^{433-43}$nin$^{433-52}$
自己	自家 ti^{21}kɔ$^{42-21}$	自 zl̩^{231}
这个	个个 kɔi^{21}kɔi^{42}	爱＝个 ei^{-55}ka$^{52-0}$ 阿＝个 aʔ$^{5-4}$ka^{52}
那个	那个 nai^{21}kɔi^{42} 远指 尔个 n̩i^{21}kɔi^{42} 更远指	夺＝个 dəʔ$^{23-2}$ka^{52} 特＝个 diəʔ$^{23-2}$ka^{52}
谁	哪个 na$^{35-55}$kɔi^{42}	直＝人 dziəʔ^{23}nin$^{433-52}$
这里	个 kɔi$^{21-35}$ 个里 kɔi^{21}tiʔ$^{-5}$	爱＝垯 ei^{-55}tɑʔ$^{5-0}$ 阿＝垯 aʔ$^{5-4}$tɑʔ^{5}
那里	那 nai$^{21-35}$ 远指 那里 nai^{21}tiʔ$^{-5}$ 远指 尔 n̩i$^{21-35}$ 更远指 尔里 n̩i^{21}tiʔ$^{-5}$ 更远指	夺＝垯 dəʔ$^{23-2}$tɑʔ^{5} 特＝垯 diəʔ$^{23-2}$tɑʔ^{5}
哪里	哪□na$^{35-55}$tsau^{-445}	直＝垯 dziəʔ^{23}tɑʔ^{5}
什么时候	哪下 na$^{35-55}$xɔ$^{21-35}$ 哪个时候 na$^{35-55}$kɔi$^{42-44}$sl̩^{22}ɕieu^{21}	直＝时节 dziəʔ^{23}z-sl̩$^{433-55}$tɕieiʔ$^{5-0}$ 直＝时节ル dziəʔ^{23}z-sl̩$^{433-55}$tɕi^{0} 直＝时候 dziəʔ^{23}zl̩$^{433-43}$əɯ^{231}
怎么~做	□做 tso^{22}tso^{42} □□tso^{22}seiʔ^{2}	哪杂＝nə$^{223-22}$zə^{223}/n̩iɛ$^{223-22}$zə^{223} 哪杂＝样子 nə$^{223-22}$zə$^{223-22}$iɑ̃-ɑ̃$^{231-55}$tsl̩$^{445-0}$/n̩iɛ$^{223-22}$zə$^{223-22}$iɑ̃-ɑ̃$^{231-55}$tsl̩$^{445-0}$

续 表

普通话	畲 话	宣 平 话
什么你寻～	奚毛 ɕiʔ² nɔʔ⁴	直⁼式 dziə$^{23-2}$ ɕiəʔ⁵
为什么	□个 ti²² kɔi⁴²⁻⁴⁴⁵	争⁼意 tsɛ$^{324-32}$ i⁵²
多少	几多 ki³⁵⁻⁵⁵ to⁴²	几许 kei⁴⁴⁵⁻⁴⁴ xə⁵²
很	险 ɕien³⁵（后置）	猛 mɛ²²³（后置） 险 ɕiɛ⁴⁴⁵（后置）
更	较 kʰau⁴²	更 kɛ⁵²
一起	做一下 tso⁴²⁻⁴⁴ iʔ⁴ xɔ²¹⁻³⁵ 做下 tso⁴²⁻⁴⁴ xɔ²¹⁻³⁵ 做阵 tso⁴²⁻⁴⁴ tin²²	做一记 tso⁵²⁻⁴⁴ iəʔ⁵⁻⁴ tsʅ⁵² 做记 tso⁵²⁻⁴⁴ tsʅ⁵² 做堆 tso⁵²⁻⁴⁴ tei³²⁴
仅	乃 nai²¹	便 bəʔ²³
没有	面⁼ men²¹	没 mei⁵²
不	唔 ŋ²²	弗 fəʔ⁵
别,不必	莫 moʔ²² 唔使 ŋ²² soi³⁵⁻⁵⁵	嫑 fa⁵²
和我～你讲	□nuŋ⁻⁵⁵ 抵⁼ ti⁻⁵⁵	和 xo⁻⁴⁴

参考文献

北京大学中国语言文学系语言学教研室　2003　《汉语方音字汇》,语文出版社

曹志耘　1996　《金华方言词典》,江苏教育出版社。

曹志耘　2002　《南部吴语语音研究》,商务印书馆。

曹志耘　2006　浙江省的汉语方言,《方言》第3期。

曹志耘　2011　汉语方言的地理分布类型,《语言教学与研究》第5期。

曹志耘等　2016　《吴语婺州方言研究》,商务印书馆。

曹茜蕾　2007　汉语方言的处置标记的类型,《语言学论丛》36：184-209,商务印书馆。

陈忠敏　1996　论北部吴语一种代词前缀"是",《语言研究》第2期。

傅国通等　1985　《浙江吴语的分区》,浙江省语言学会编委会。

傅国通　2010　《方言丛稿》,中华书局。

傅国通、郑张尚芳总编　2015　《浙江省语言志》,浙江人民出版社。

黄伯荣、廖旭东　2017　《现代汉语》(增订六版),高等教育出版社。

教育部语言文字信息管理司、中国语言资源保护研究中心　2015　《中国语言资源调查手册·汉语方言》,商务印书馆。

丽水市志编纂委员会编　1994　《丽水市志》,浙江人民出版社。

李　蓝　2003　现代汉语方言差比句的语序类型,《方言》第3期。

李如龙　2001　《汉语方言的比较研究》,商务印书馆。

林素娥　2014　19世纪以来吴语反复问句类型的演变,《语言研究集刊》第2期。

刘丹青　2003　《语序类型学与介词理论》,商务印书馆。

刘丹青编著　2017　《语法调查研究手册》(第二版),上海教育出版社。

刘　顺、潘　文　2008　南京方言的VVR动补结构,《方言》第1期。

柳城镇志编纂办公室编　1989　《武义柳城镇志》,浙江人民出版社。

雷艳萍　2008　丽水畲话形容词AA式的变调,《语言科学》第2期。

雷艳萍　2011　浙江畲话的变调式方位短语,《汉语学报》第4期。

雷艳萍　2019　《浙江方言资源典藏·丽水》,浙江大学出版社。

雷艳萍　2021a　浙江武义畲话的更远指代词"尔",《方言》第2期。

雷艳萍　2021b　《浙江畲话语音研究》,浙江师范大学博士论文。

梅祖麟　2014　《汉藏比较暨历史方言论集》,中西书局。

盛益民、李旭平　2018　《富阳方言研究》,复旦大学出版社。

盛益民　2021　《吴语绍兴(柯桥)方言参考语法》,商务印书馆。

施　俊　2020　《南部吴语韵母读音层次比较研究》,浙江大学出版社。

施　俊　2021　《义乌方言研究》,复旦大学出版社。

石汝杰　2018　《吴语字和词的研究》,上海教育出版社。

王福堂　2005　《汉语方言语音的演变和层次》(修订本),语文出版社。

王福堂　2010　《汉语方言论集》,商务印书馆。

王洪钟、黄晓东、叶　晗、孙宜志主编　2023　《中国语言资源集·浙江》,浙江大学出版社。

王　力　2004　《汉语史稿》,中华书局。

王文胜　2006　浙江遂昌方言的"添",《方言》第2期。

王文胜　2023　《遂昌方言研究》,复旦大学出版社。

吴金宣主编　2014　武义县宣平地方历史文化丛书,浙江古籍出版社。

武义县志编纂委员会编　1990　《武义县志》,浙江人民出版社。

许宝华、陶　寰　2015　《松江方言研究》,复旦大学出版社。

游汝杰　1999　《游汝杰自选集》,广西师范大学出版社。

游汝杰　2018　《吴语方言学》,上海教育出版社。

袁家骅　2001　《汉语方言概要》,语文出版社。

郑张尚芳　1995　浙西南方言的[tɕ]声母脱落现象,《吴语和闽语的比较研究》,上海教育出版社。

郑　伟　2013　《吴方言比较韵母研究》,商务印书馆。

朱德熙　1956　现代汉语形容词研究,《语言研究》第1期。

朱德熙　1982　《语法讲义》,商务印书馆。

朱德熙　2003　《现代汉语语法研究》,商务印书馆。

中共武义县委统战部、武义县人民政府民族宗教事务科编　1991　《武义畲族》,印刷本。

中国社会科学院语言研究所　2018　《方言调查字表》(修订本),商务印书馆。

〔清〕汤金策修,〔清〕俞宗焕纂　《宣平县志》,清道光二十年刊本影印。

〔宋〕陈彭年撰　2017　《钜宋广韵》,上海古籍出版社。

〔宋〕丁　度等编　2017　《集韵》,上海古籍出版社。

图表目录

图 1-1　宣平县区域图(1944) ……………………………… 2
图 1-2　现武义县管辖的原宣平区域图 ……………………… 5
图 1-3　宣平县域内南部吴语分布图 ………………………… 9
图 1-4　现武义县管辖的原宣平区域内的畲话、客家话分布图 …… 10
图 1-5　现武义县管辖区域的宣平话分片图 ………………… 11

表 1-1　城内话、上角腔、武义话单字音比较表 …………… 12
表 1-2　城内话、上角腔、武义话词汇比较表 ……………… 13
表 1-3　城内话、下角腔、丽水话词汇比较表 ……………… 15
表 1-4　城内话、新塘腔、竹客腔单字音比较表 …………… 18
表 1-5　城内话、新塘腔、竹客腔连读调比较表 …………… 19
表 1-6　城内话、新塘腔、竹客腔、遂昌话、松阳话词汇比较表 …… 20
表 1-7　宣平话、畲话、客家话常用词比较表 ……………… 22
表 1-8　发音人信息表 ………………………………………… 24
表 2-1　宣平话声母表 ………………………………………… 26
表 2-2　宣平话韵母表 ………………………………………… 27
表 2-3　宣平话声调表 ………………………………………… 28
表 2-4　宣平话声韵配合表 …………………………………… 30
表 2-5　宣平话两字组广用式连读变调规律表 ……………… 32
表 2-6　宣平话两字组广用式连读调举例 …………………… 36
表 2-7　宣平话量词连读调规律表 …………………………… 45

图表目录

表 3-1	古今声母比较表	51
表 3-2	古今韵母比较表之一：古阴声韵一二等	55
表 3-3	古今韵母比较表之二：古阴声韵三四等	56
表 3-4	古今韵母比较表之三：古阳声韵一二等	57
表 3-5	古今韵母比较表之四：古阳声韵三四等	58
表 3-6	古今韵母比较表之五：古入声韵一二等	60
表 3-7	古今韵母比较表之六：古入声韵三四等	61
表 3-8	古今声调比较表	66
表 6-1	宣平话人称代词	455
表 6-2	宣平话的指示系统	459
表 7-1	宣平畲话声母表	562
表 7-2	宣平畲话韵母表	562
表 7-3	宣平畲话声调表	564
表 7-4	宣平畲话文白读声母与宣平话声母对照表	570
表 7-5	宣平畲话文白读韵母与宣平话比较表	573
表 7-6	宣平畲话两字组广用式连读变调规律表	575

后　记

　　宣平，这个曾经的县级行政区域名，如今的中国行政区域版图上已不复存在。当年的县治——柳城，依旧是瓯江支流宣平溪上游的经济、文化、交通中心，并且是浙江省规模最大的民族乡镇。我所居住的畲村，人们依旧习惯将"到柳城去"说成[ɕy⁴⁴ loʔ² ien³⁵]（去落县：到县城去）。小时候懵懂的我，很长一段时间都以为[ien³⁵]是"柳城"的畲话发音，后来才明白畲话的[ien³⁵]音对应的"县城""县里"。我读初中那年，武义二中开设了民族班，初二时，班里转进一些外地汉族学生，有来自金华婺城区大应村的，也有来自丽水市莲都区老竹镇的。当年的我只知道他们说话是金华腔、下乡腔，也好奇他们为何从那么远的地方来我们这儿上学，但并不了解这些地方和我们柳城曾经有一个相同的行政区域名——宣平。后来我到丽水读书，因交通不便，曾多次步行曳岭古道往返柳城—丽水，曾经的旧县宣平区域在我的脑海中逐渐清晰。

　　2018年，我有幸负责中国语言资源保护工程项目"浙江汉语方言调查·宣平"。该课题详细记录了宣平话老派音系、1 000个单字、1 200个词、50个例句，新派音系、1 000个单字，并对5分钟的口头文化进行国际音标和方言字转写。同时，所有语料均有高质量的音视频。这个课题的成果为本书的撰写打下了良好的基础。同年9月，我全脱产到浙江师范大学在曹志耘老师门下攻读汉语方言学方向的博士学位。2022年重启宣平话调查工作，补充调查词汇和语法。首先让发音人陈周鹤参照《汉语方言词语调查条目表》(《方言》)、《汉语方言语法调查例句》《方言》）中调查条目分类录音，通过邮件发我。我根据录音完成转写，并断断续续地撰写着书稿。2023年9—10月的每个周末，我回柳城和发音人何新海逐一核对书稿记录的语料，并对宣平话的地域口音差异以及宣平境内的客家话进行调查。期间，发音人陈周鹤帮忙核对书稿"第五章分类词表"中词条的释义。非常遗憾，宣平的客家话，虽已初步调查2个分布点，由于时间仓促，终究未能整理出令自己满意的音系，因此舍弃了在本书中附上客家话音系的想法。

　　方言调查、写作、核对是一个繁杂的过程。从2018年7月开启调查至2024年2月，紧赶慢赶，写写停停，历经六年，书稿最终得以付梓，得到了许多人的帮助，在此一并致以诚挚的谢意。

　　感谢所有老师对我的关爱和指导。感谢曹志耘老师对我的悉心栽培，为我的研究奠定了坚实的基础。有幸参加曹老师主持编写《浙江方言字调查、整理和研究》《浙江方言词典》（系列）等项目，这些研究为本书稿的撰写带来了极大的帮助。感谢赵日新老师对我的指导和付出。2015年7月赵老师来柳城调查畲话。一个多星期里，每天都是忙碌地沉浸式调查，未能在宣平走一走逛一逛。后几天赵老师胃绞痛，吃了药就继续调查。每每回想起来，我愧疚不已。本书"第七章宣平畲话"是在赵老师当年指导调查的基础上写成的。感谢陶寰老师的信任，将宣平话纳入"吴语重点方言研究"系列丛书之一，让我得以进一步对宣平话的研究系统化深入。2018年7月，陶老师来柳城调查确定宣平话音系。当我完成全书初稿后，陶老师对初稿逐字认真审阅，一一指出谬误。为了赶进程，2024年1月，陶老师持续12天每天给我发详细的修订稿意见，令人感动。之后又不厌其烦地为校稿中的我答疑解惑，解决书稿的一些细节问题。感谢盛益民老师对我的指导和帮助。前期惠赐我《富阳方言研究》，帮忙联系出版。后期细心审定书稿，多次对语法部分提出宝贵的、极有价值的修改意见和建议，不遗余力地助推书稿早日出版。感谢王文胜老师、施俊老师第一时间寄给我新作《遂昌方言研究》《义乌方言研究》，让我学习参考，不断给予我鼓励。

感谢所有发音人的辛勤付出。这六年间一直不间断地打扰何新海、陈周鹤、何献云三位宣平话发音人，占用了他们很多时间。何新海大叔既是个勤劳的庄稼好手，而且爱看书有辩才。每次我到柳城调查，他都以调查为重，马上放下手头的农活儿，积极配合我的时间。为了赶进度，我们基本是白加黑的工作状态，早上七点就开工直至晚上九点结束，中晚餐他都是匆匆回家简单解决一下就返回调查场地。每当调查结束，他都非常客气地送很多农家菜让我带回丽水。发音人陈周鹤是个很难得的小伙子，他有灵气且谦逊，工作之余致力于保护传承地方文化，创立"宣平民间文化研习社"公众号。他根据我提供的调查条目帮助完成田野调查和录音，帮忙核对词汇，写作过程中，我一有疑问就通过微信给他留言。他为本书的撰写付出了很多的努力。何献云老师是有才且生活经历丰富的大哥，但因为比较忙，所以，我们基本都是微信联系，他只要一有空就会为我答疑解惑。不厌其烦地为我一一梳理旧宣平县境、宣平区域的方言分布、宣平话地域口音差异与分布等信息，耐心地告诉我一些宣平地方文化习俗，并对一些地方文化词进行详细释义，为我解决了很多难题。感谢苏国林、曾伟林、钱方规、祝洪贵、张国贤、邹祥明等发音人的合作，虽在调查之前素未谋面，但当我说明来意，就马上放下手头的事情，热情配合我调查。还要感谢许许多多不知姓名的发音人为我提供语料信息。不会忘记，2023年12月31日，在曳源村双村自然村补调查"下角腔"和客家话，在村口的空地上，村民们烧起篝火驱走严寒，聚集了很村民前来协助调查。当天的调查任务重，直至天黑我们还在奋战。一位大姐特意回家烧了粉干，让我们吃了再继续调查。

感谢丽水学院提供良好的研究条件，院系领导对我的大力支持，在课务、工作安排等方面予以我很大的便利，使我得以有大量时间外出调研，顺利完成本书的撰写。

感谢柳城镇乡贤会的大力支持，为我提供宽敞、安静的调查场地。每次调查前，乡贤会的工作员伍红美都会贴心地做好准备工作。感谢柳城镇退休干部郑湖生老师、万中一老师对本书撰写的关心、支持和帮助。因精力原因，我未能助力《柳城畲族镇志镇志》编撰，但万老师却第一时间将尚未公开出版的《镇志》内部印刷本惠赐我学习参考。

感谢所有亲朋好友无私的友情帮助。感谢师妹程朝为本书绘制了所有方言地图的底图，并向我提供武义客家话分布点，以及分享她所调查的武义两个客家话调查点的音系。感谢浙江水利水电学院雷水莲老师，同学姜平、雷炳和、沈兆洪以及学生蓝寅剑、李文富很用心地帮忙查阅资料、提供信息。

感谢家人的宽容和助力，在调查和撰写本书过程中，他们付出了很多，陪同我一起努力。我父亲不仅是本书畲话的发音人，也是宣平话的发音人之一，并为我联系"新塘腔""竹客腔"的发音人。父亲因为开诊所，白天很忙，我经常是在晚上九点半左右联系他，让他帮忙解决撰写中遇到的语料问题以及我不甚明晰的宣平概况方面的问题。我爱人当司机陪我走过每一个调查点，并在一遍又一遍的修改中精益求精地完成本书方言地图的后期绘制工作，还用丽水话启发我触类旁通地解决一些宣平话的疑难。

感谢复旦大学出版社对本书的大力支持，感谢责编杜怡顺老师的严谨、细心和耐心，为本书默默地付出辛勤的劳动，指出不少疏漏。

为了完成本书的撰写，本人尽了很大的努力，遗憾限于水平能力，书中定有不少错漏谬误之处，敬请学界专家以及家乡父老批评指正。

雷艳萍
记于丽水学院
2024 年 2 月 2 日

图书在版编目(CIP)数据

宣平方言研究/雷艳萍著. -- 上海：复旦大学出版社, 2024.6. -- (吴语重点方言研究丛书/陶寰主编). -- ISBN 978-7-309-17502-8
Ⅰ. H173
中国国家版本馆 CIP 数据核字第 2024XA9982 号

宣平方言研究
雷艳萍　著
责任编辑/杜怡顺

复旦大学出版社有限公司出版发行
上海市国权路 579 号　邮编：200433
网址：fupnet@fudanpress.com　http://www.fudanpress.com
门市零售：86-21-65102580　团体订购：86-21-65104505
出版部电话：86-21-65642845
江苏凤凰数码印务有限公司

开本 787 毫米×960 毫米　1/16　印张 39.5　字数 531 千字
2024 年 6 月第 1 版
2024 年 6 月第 1 版第 1 次印刷

ISBN 978-7-309-17502-8/H·3440
定价：168.00 元

如有印装质量问题，请向复旦大学出版社有限公司出版部调换。
版权所有　　侵权必究